KB197452

식민지 조선학계와 조선연구 2

1930년대 민간 한글신문의
연구자 소개와
논저 서평 기사 자료집

엮은이

조형열 趙亨烈, Cho Hyong-yerl
동아대학교 역사문화학부 사학전공 조교수. 고려대학교 역사교육과를 졸업하고 같은 학교 대학원 한국사학과에서 박사학위를 취득했다. 백남운·김태준·이청원 등 1930년대 마르크스주의 지식인의 학문론과 역사서술을 주제로 한 박사논문을 썼다. 고려대학교 BK21+한국사사업단과 연세대학교 근대한국학연구소 HK+사업단에서 연구교수로 일했다. 한국근현대 지식인의 의식과 생각을 다루는 사상사·학문사에 관심을 갖고 연구하고 있다. 「1930년대 마르크스주의 지식인의 학술문화기관 구상과 과학적 조선학 수립론」, 「1930년대 마르크스주의 지식인의 프롤레타리아문화운동과 '실천적 조선연구'론」, 「1930년대 조선 역사과학의 연구방법론」 등 다수의 논문을 발표했고, 『20세기 전환기 동아시아 지식장과 근대한국학 탄생의 계보』, 『동아시아 혁명의 밤에 한국학의 현재를 묻다』, 『전통과 창조-조지훈 탄생 100주년 기념 논문집』 등 공저서 작업에 참가했다.

식민지 조선학계와 조선연구 2
1930년대 민간 한글신문의 연구자 소개와 논저 서평 기사 자료집

초판인쇄 2023년 12월 20일   **초판발행** 2023년 12월 31일
엮은이 조형열   **펴낸이** 박성모   **펴낸곳** 소명출판   **출판등록** 제1998-000017호
주소 서울시 서초구 사임당로14길 15, 서광빌딩 2층
전화 02-585-7840   **팩스** 02-585-7848   **전자우편** somyungbooks@daum.net   **홈페이지** www.somyong.co.kr

값 55,000원   ⓒ 조형열, 2023
ISBN 979-11-5905-551-5   93910

이 책은 2017년 정부(교육부)의 재원으로 한국연구재단의 지원을 받아 수행된 연구임(NRF-2017S1A6A3A01079581)

연세
근대한국학HK+
자료총서
011

CHOSON ACADEMIA AND RESEARCH
DURING THE COLONIAL YEARS 2

식민지 조선학계와 조선연구 2
1930년대 민간 한글신문의
연구자 소개와
논저 서평 기사 자료집

조형열 엮음

일러두기

1. 이 자료집은 일제하 『동아일보』, 『조선일보』, 『조선중앙일보』 등 3개 신문 학예면의 연구자 소개와 논저 서평, 자료 해설 등에 관한 기사를 선별하여 묶은 것이다.

2. 대상 문헌은 '네이버 뉴스 라이브러리', '조선 뉴스 라이브러리 100', '대한민국신문아카이 브', '국사편찬위원회 한국사데이터베이스' 등의 아카이브와 『동아일보-학예면 초(抄) 영 인본』, 『조선일보-학예면 초 영인본』, 『조선중앙일보-학예면 초 영인본』 자료집을 이용 하여 선별하고 비교하며 입력·검토했다.

3. 자료집에 수록된 135종의 기사들은 본 기획의 취지에 따라 신문 지면에서 학예 관련 기사의 비율이 늘어나는 1930년대에 집중되었으며, 1부에서 조선학계 연구자 소개 기사를, 2부에 서 조선연구 논저 서평 및 자료 해설 기사를 시기순으로 수록하였다.

4. 한 종류의 기사이지만 여러 회 연재로 신문에 게재되었던 경우, 회차를 구분할 수 있도록 연재 번호를 명시했다.

5. 관련 연구자들의 연구상 편의와 가독성을 높이기 위해, 인터넷 아카이브에 잘못 제공된 글자 들을 바로 잡고자 노력했으며, 가급적 현대어 표기에 맞춰 수정했다.

6. 원자료에서 한자가 모두 노출되어 있던 것을 한글 한자 병기로 바꿨으며, 음이 같을 경우 그대로 붙여서, 다를 경우에는 [ ] 괄호를 이용했다.

7. 특별히 시대성이 담기지 않은 지명, 원자료에서 한자로 표기된 동아시아 지역 근현대 외국인 인명과 연호 등은 현대어로 변경했다. 예를 들어 불란서(佛蘭西)는 프랑스로 바꿨으나, 지 나(支那)는 바꾸지 않았다.

8. ×는 원자료에서 삭제되어 복자 처리된 부분이며, □는 몇 개 글자가 안 보이거나 읽지 못한 경우이고, 한 줄 정도 이상이 안 보일 때는 엮은이 주(註)로 '판독불능'이라 표시했다.

9. 본문의 괄호와 기호 등은 별도의 표시가 없는 한 원자료를 그대로 따른 것이다.

차례

기사 본문

1부 조선학계 연구자들의 이력과 연구 주제

연구자 소개와 논저 서평을 통한
조선연구의 진흥

조형열

1.

『식민지 조선학계와 조선연구 1-1930년대 민간 한글신문의 문화·학술 진흥론과 조선연구 방법론 기사 자료집』2022년 간행의 해제를 통해 엮은이인 필자는 1930년대 전개된 조선연구에 민간 한글신문이 미친 영향이 적지 않았으며 특히 학예면 지면을 바탕으로 한 학술활동에 주목해야 한다는 점을 간략하게나마 설명하였다. 이어서 1930년대 한글신문 학예면 안팎의 조선연구 관련 기사를 범박하게 구분하면 세 가지 형태가 있는데, 첫째로 조선연구를 제창하고 조선연구의 방법을 제시하는 것, 둘째로 자신의 학문 분야에 따른 조선연구의 성과를 선보이는 것, 셋째로 조선연구의 주체 및 결과물에 대한 관심을 정리한 것 등이라고 보았다. 그리고 이 가운데 조선연구의 담론과 실제 지형을 살펴볼 수 있다는 점에서 첫째를 자료집 1권으로, 셋째를 2권으로 발간할 것이라고 썼다.

1권 출간 이후 가급적 빠른 시간에 내놓겠다는 다짐을 지키지는 못했지만, "조선연구를 이끈 인물이나 단체 또는 자료 및 저작 등에 대해서 소개·비평하는 등 일종의 실제적 논쟁 단계를 다루는 기사들" 135편을 엮어서 또 한 권의 자료집으로 상재上梓하게 되었다. 결과적으로 두 권을 합쳐 조선연구에 대한 228편의 글을 선보이게 된 것이다. 1권에 이어 조선연구의 중층적 환경을 심층적으로 이해하는 실용적 읽을거리가 되기 위해 노력한 2권은 다음과 같은 내용들로 채워졌다.

2.

『식민지 조선학계와 조선연구 2 – 1930년대 민간 한글신문의 연구자 소개와 논저 서평 기사 자료집』은 사람에 대해 다룬 1부와 책에 대한 이야기가 중심이 된 2부로 나눠 구성하였다. 1부에는 '조선학계 연구자들의 이력과 연구 주제'라는 제목으로 65편의 기사를 수록했다. 민간 한글신문은 1930년대 이후 연재나 특별기획을 통해 조선학계를 이끌어갈 연구자들에 대한 관심을 드러냈다. 1부는 바로 이러한 기획 가운데 인문·사회 계열 연구자들의 자기소개 또는 인터뷰를 거친 기자의 소개, 또는 심도 있는 연구자 비평, 학문적 업적을 기리는 추도문 등을 담았다. 지면의 제약상 의학·과학·예술 분야 연구자를 제외할 수밖에 없었다.

1부에서는 관련 기사를 발행일순으로 배치하면서 기획의 변화과정을 엿볼 수 있었는데, 1930년대 초반의 기획이 경성제국대학이나 각종 사립전문학교에 재직하고 있는 연구자들을 조선학계의 중추로 세워내고자 하는 목적 아래 추진되었다면, 1930년대 말에는 연구자들이 전쟁 수행에 적극적으로 나서야 한다는 취지가 강조되기도 했다. 시기마다 학문을 요청하고 조선연구를 진흥하려는 의도가 다른 방식으로 표출될 수 있다는 점이 주목된다.

　1번 기사는『동아일보』창간 10주년 기념사업의 일환으로 조선어문 공로 자를 소개한 것이다. 조선어연구회가 조선연구에서 차지하는 위상을 보여주 기라도 하듯이 5회에 걸쳐 김두봉, 최현배, 이상춘, 김희상, 권덕규, 이규방, 신명균, 이윤재, 박승빈의 학력·경력·연구성과 등을 길지 않은 분량으로 정 리하였다. 박승빈이 1931년 조선어학연구회를 창립하고 1934년『정음正 音』을 창간하기 전에 작성된 기사로, 조선어연구회 관계자를 다루는 지면의 맨 마지막에 박승빈을 다루면서 "독특한 맛이 있는 단독 연구자"라고 설명한 점이 눈길을 끈다.

　2번부터 10번은『동아일보』가 기획한 '선생평판기'로 전체 15회 가운데 9 회를 수록했다. 백남운, 옥선진, 김태흡, 신의경, 이긍종, 홍성하, 조희순, 채 필근, 윤태동 등에 대한 기사를 포함시켰고, 의학과 예술 분야에 해당하는 심 호섭, 안기영, 유일준, 이용설, 이원철, 백인제 등에 관한 내용을 제외했다. 이 기획은 인터뷰 내용을 대화체로 살리는 한편 외모와 사생활에 대한 가십 성 서술도 곳곳에 배치하였다. 전문학교에 재직하던 연구자들을 선생으로서 독자들에게 친근하게 보여주는 역할을 했고, 또한 백남운의 조선경제사 집필 계획이나 이긍종의 조선화폐사 서술 계획 등의 연구주제를 일부 담기도 하였 다. '선생평판기'는 1930년대 이후 줄곧 이어지는 연구자 소개 기획의 출발 점이었다.

　11번으로는 신영우의 단재 신채호 옥중 회견기를, 12번으로는 애류생 권 덕규가 쓴 석농 류근의 조선연구에 대한 회고문을 정했다. 11번은 뤼순형무 소를 찾아가는 과정과 대화를 통해 단재의 문제의식을 확인하는 데 많은 지 면을 할애하면서도 글의 말미에는 신채호의 1910년 이전까지 조선연구의 성과를 환기한다는 점에서, 12번은 류근의 각종 일화를 소개하면서 대종교 계열 조선연구의 대표인물로 꼽는다는 점에서, 1930년대 한글신문이 '한말韓末' 이후 조선연구의 여러 갈래 계보를 발굴하는 데도 영향을 미치고 있었음을 보여준다.

13번부터 25번까지는 『조선일보』의 '연구실을 찾아서' 기획으로 20~30 대 연구자들이 자신의 연구관·연구주제에 대하여 직접 쓴 글들이다. 유진오, 김태준, 최용달, 고유섭, 신남철, 신석호, 조윤제, 박동일, 조용욱, 이희승, 김광진, 서두수, 한치진 등의 글을 실었고, 의학 전공 이인규·이선근의 글과 검열에 의해 대부분 삭제된 성낙서의 글은 포함시키지 않았다. 그런데 '연구실을 찾아서'는 경성제대 출신이거나 경성제대에 몸담고 있는 연구자만 대상으로 삼은 기획이었다. 졸업생 최창규가 당시 원고 청탁을 담당했던 데에서 일차적인 이유를 찾을 수 있을 것이며, 경성제대에 대한 사회적 관심과 기대역시 영향을 미쳤을 것이라 판단된다.

26번과 27번, 36번은 1933년 1월 세상을 떠난 『조선연극사』의 저자 노정 김재철에 대한 추도문이다. 김재철의 학문적 업적에 대해서는 짧은 생에 대한 안타까움의 표현으로 실질적인 연구경력에 비하여 여러 차례 조명되었다. 신간평79번과 고전서평124번이 각각 한 차례씩 실리기도 했다. 조선학계의 연극과 민속 연구에 기여했다는 평가가 일반적이었으며, 김태준은 프로연극 연구로 나아간 것을 정당한 방법론의 획득으로 보았다. 한편 37번 일성 이관용에 대한 추도사는 스위스에서 학위를 취득한 철학박사였지만 철학자로서 조선학계 내에서 크게 주목받지 못했던 이관용의 면모를 담은 글이다. 이 글을 쓴 홍기문은 잡지 『현대평론』 활동을 함께 했으며 이관용을 "진리에 충실하려는 양심과 대중에 뒤쫓아 갈 정열을 품은 현재 조선에 있어 드물고 귀중한 지식인"이라고 평가했다.

다음으로 28번부터 35번까지는 보성전문학교 소속 연구자에 대한 기록이다. 『조선일보』의 '교수·강사타령'은 다른 전문학교의 연구자 소개로 이어지지 못한 것으로 보인다. 이 기획 역시 대화체가 포함된 인물 비평적 성격을 띠고 있다. 기획의 변을 통해 편집자는 조선에 학자가 극히 적은 상황에서 대학·전문학교 교수·강사를 학자라고 부를 수 있을 것이라고 하며, 학자 양성의 필요성을 역설하고 그들의 프로필을 소개할 뜻을 밝혔다. 옥선진, 최태영, 유진오, 김영주, 홍성하, 백상규, 김광진 등이 대상이 되었다. 38번부터 40번까지 이어진 「명랑! 가을의 연구실에 문명의 자장가를 엿듣는다」라는 탐방기도 유사한 포맷으로 박종홍, 백남운, 안호상이 참여했다. 백남운의 경우 『조선사회경제사』 간행 시기와 맞물려 책 소개의 성격을 띠게 되었다. 이상과 같은 기획은 1934~1935년에는 크게 눈에 띄지 않다가 1936년 신년특집으로 「우문현답 상아탑 방문기」라는 형태로 다시 등장했고 윤일선, 최용달, 이훈구, 이원철에 대한 조명이 이루어졌다. 이 가운데 본문에는 최용달과 이훈구 방문기를 수록했다. 조선연구 담론과 각 분야별 조선연구가 활발하게 전개되던 시기에는 연구자에 대한 조명이 후순위 기획이 되는 것이 아닌가 추측해본다. 그리고 이는 연구자 소개가 조선연구의 주체 형성을 목적으로 한, 조선연구 진흥책의 일환으로서 사고되고 있었기 때문이라고 생각된다.

43·44·45번은 1936년 2월 옥중에서 별세한 신채호에 대한 추모문이다. 안재홍43번과 벽초 홍명희45번의 글은 단재와의 인연을 떠올리며 그의 불우했던 연구 환경을 애석해하면서도 조선어는 주시경, 조선사는 신채호라고 단재를 높게 평가했다. 그러나 홍기문44번의 글은 조선 역사학계에 있어서 단재의 역할을 사료 고증학자로서 조명하면서도 역사과학에 대해서 충분한 소양을

갖지 못한 점을 비판적으로 인식했다. 신채호의 업적을 제한적으로 긍정하는 홍기문의 시선은 선행 조선연구에 대한 또 다른 관점이라는 점에서 주목된다. 위에서 검토한 세 편의 글은 식민지시기 단재에 대한 평가의 주요한 흐름을 일부나마 드러내는 것이라 할 수 있다.

『조선중앙일보』의 학예면은 자료집 1권의 검토과정에서도 확인할 수 있었듯이 확실히 사회주의적 색채가 다른 두 신문에 비하여 두드러졌다. 그렇지만 이 신문은 참신성, 필진 활용 폭 등 기획 역량에 있어서는 두 신문보다 뒤떨어졌고, 특색 있는 코너를 많이 남기지 못했다. 조선연구 진흥 담론을 수록한 1권과 견주어 보았을 때 2권에 담긴 이 신문의 수록 기사가 현저히 적은 것도 이와 무관하지 않겠다. 그러한 가운데 '인물춘추'는 『조선중앙일보』의 대표적 기획으로, 대상 인물에 대한 공격적·비판적 성향을 여지없이 드러내기도 하였다. 이 기획은 서강백의 백남운론, 김태준의 정인보론, 김문집의 주요한론, 인정식의 안창호론 등을 실었다. 자료집 본문에는 백남운론과 정인보론을 수록했는데 김태준은 정인보를 역사학자의 범주에서 제외시키면서 사실상 학문적 극복의 대상으로 지목했다. 논지는 홍기문의 신채호 비판과 유사하면서도 보다 날선 비판이 여러 군데에 담겼다. '인물춘추'는 4회에 그쳤지만 조선연구에 대한 실명비평의 장으로 기능했다.

48번부터 51번은 1937년 신년기획으로 같은 날에 이극로, 손진태, 백남운, 양주동 등 서로 다른 학문분야에 있는 대표인물의 연구 관심을 청취하기 위해 마련되었고, 54번부터 57번은 '나의 연구테마'라는 주제 아래 작성된 강유문, 김선기, 양주동, 이인영 등의 논고를 모았다. 한편 52·53번의 '초창의 학문 순방기'와 62·63번의 '여명기의 회상록'은 각각 오세창·황의돈, 권덕규·최규동에게 분과학문의 발달사를 구술 받는 기획이었다. 조선학계의 형성과정과 조선연구의 기원을 의식한 접근방식이라고 볼 수 있다.

이상의 글들은 중일전쟁 개전 전후로 작성된 것인데, 아직까지 연구자의 포부, 연구주제 설명에 있어서 전쟁의 분위기가 크게 감지되지는 않는다. 그런데 1939년 말에는 제2차 세계대전과 맞물려 '새 시대에 학술도 동원, 사변과목을 찾아서'라는 기획을 통해 학문을 체제내화하려는 목적을 드러냈다. 과학기술을 근간으로 하는 자연과학이 인문·사회 분야보다 이러한 목표에 부합할 수 있기 때문에 안동혁, 한인석, 최희영 등 물리학, 화학공학, 의학 분야의 연구자들이 포함된 게 눈에 띈다. 그렇지만 인문·사회 분야에서도 법학의 서재원, 조선어학의 양주동이 대상이 되었으며, 양주동은 만몽어 연구의 필요성을 대동아공영권 실현과 연결시켰다.

58번부터 61번에 실린 『조선일보』의 '조선학의 외인부대' 기획은 서양인에 의한 조선연구를 되돌아본다는 점에서 의미 있다. 근대전환기부터 선교사 등에 의한 조선연구가 자리 잡기 시작하지만, 그에 대한 조명은 활발하지 못했다. 이 기획을 통해 지멜만, 원한경, 헐버트, 피숀 등의 그간 연구성과를 되돌아보는가 하면, 그들을 조선 애호가로 재조명했던 것이다. 조선연구의 범위를 확대하여 이해했다는 점에서 특기할 만한 사실이다. 그런데 이러한 시도가 1939년 4월에 마련되었다는 것도 전쟁 상황과 무관하다고 할 순 없겠다. 조선을 사랑하는 서양인을 조선연구의 범위 안으로 포섭하려는 정치성이 담긴 것이라 판단된다.

지금까지 조선학계의 연구자, 주로 조선연구를 전개한 연구자를 1930년대 민간 한글신문이 어떠한 방식으로 주목하는지 개괄적으로 살펴보았다. 각 기획들과 개별 논고들에 대한 검토를 통해 언급했지만, 연구자들을 때로는 친근하게 때로는 엄숙하게 조명하면서 조선학계를 이끌어갈 주역으로서 부각시키는 작업이 연구자 소개의 본령이었다고 짐작할 수 있다. 그리고 이 과정에서 현재 활동하는 연구자뿐만 아니라 과거에 활동했던 연구자까지 접촉하면서 조선연구의 흐름을 재조명하기도 하였다. 이렇게 본다면, 연구자 소개는 연구자의 현재적 임무를 환기하면서 조선연구의 계보를 만들어가는 과정이라고 생각된다.

이제 마지막으로 남는 질문 한 가지는, 이러한 기획들 가운데 제일 많이 주목 받은 연구자는 누구일까. 65개 기사가 민간 한글신문에 실린 연구자 소개를 모두 포괄할 것이 아니므로 섣불리 결론 내리기 어렵지만, 위에서 살펴본 바에 따르면 백남운이 가장 유력하다. 백남운은 보성전문학교 교원, 경성제대 관계자 등 백남운이 포함될 수 없는 기획 이외에는 거의 대부분 소개 대상이 되었다. 게다가 세 신문에서 모두 관심을 받고 있었다는 점도 주목된다. 특히 2부에서 검토할 서평까지 아울러 살펴본다면 백남운이 1930년대 조선학계에서 크게 주목받는 존재였다는 것을 다시 한 번 확인할 수 있다. 그가 해방직후 조선학술원 원장이 되는 것도 이러한 소개 작업과 무관하지 않다고 생각한다.

3.

2부는 '논저 서평을 통한 조선연구의 진흥과 논쟁'이라는 제목 아래 70편의 글을 담았다. 논저 서평이라고 제목을 붙였으나 그 가운데에는 연구동향에 대한 검토, 전문 연구자의 후학들을 대상으로 한 도서 추천, 사료 현황에 대한 조사 등의 기사도 함께 담았다. 한마디로 2부는 식민지시기 조선연구의 레퍼런스reference를 확인하기 위한 기초자료의 축적이라는 관점에서 중요한 의미가 있다고 생각한다. 자료집을 구성하면서 2부도 1부와 마찬가지로 게재일 순으로 기사를 배열했지만, 이에 대해서는 서평, 연구동향, 도서 추천과 자료 소개 등 세 가지 영역으로 나눠서 살펴보고자 한다.

먼저 민간 한글신문 지면을 통한 서평들을 검토해보면, 서평은 세 개 신문 모두 안정적 운영을 위해 노력한 영역이었다. 그렇지만 서평 코너의 이름은 다양하게 붙여졌는데, 내외신간평, 독후감, 독서란, 독서실, 신간평, 신간서 독후유감, 북리뷰 등의 명칭이 확인 가능하다. 대체로 신간에 대한 간단한 비평과 책 홍보를 겸하고 있었으며, 본격적인 비평이나 외부 필자의 투고 원고의 경우 특별한 별도 명칭이 없는 상태로 게재되었다. 일단 어떤 책이 서평 대상이 되었는지, 이 자료집에서 다룬 책들만 짚어보면 다음과 같다.

『백두산근참기』66번, 『조선어철자법강좌』67번, 『조선신가유편』68번, 『조선의 궁술』69번, 『조선최근세사』70번, 『수자조선연구』71 · 72 · 74 · 78 · 97번, 『조선화초와 및 그 민요의 연구』73번, 『조선민속』75번, 『조선구전민요집조선문』76번, 『조선소설사』77번, 『조선연극사』79 · 124번, 『간도소사』80번, 『철학』81번, 『조선사회경제사』82~84번, 『조선가요집성 고가편』88번, 『조선선박고』89번, 『조선소사』90번, 『보전학회논집』91번, 『진단학보』92 · 96 · 100 · 101 · 116번, 『명경의 불행』94번, 『조선농업론』98번, 『조선사회사독본』104번, 『우리말본』105번, 『조선시가사강』106 · 107번, 『조선문자 급 어학사』112번, 『역대 조선문학 정화』113 · 114번, 『조선어사전』115번, 『조선문학독본』117번, 『조선명보전도록』118번, 『조선무속의 연구』119 · 132번, 『조선문예연감』120번, 『조선민요선』121번, 『여요주석』122번, 『보리와 병정』125번, 『호암사화집』126 · 127번, 『호암전집』129 · 134번, 『성씨논

고』133번, 『조선무사영웅전』135번

　이상 38종 책 목록은 대상 도서의 중요도와 서평의 충실도를 따져 간추린 결과일 뿐, 조선연구에 대한 서평의 전체상을 보여주는 것은 아니다. 그렇지만 선별된 결과라도 당시 서평에 대한 대략적인 흐름은 파악할 수 있을 것이다. 주제를 중심으로 살펴보면, 조선어문학과 민요·전설에 대한 책이 상대적으로 많았다. 또한 전체 서평 도서 가운데 외국인 필자의 것도 73·89·90·119·125·132번 등이 포함되었으며, 단행본이 아닌 학회지 형태의 연속간행물도 75·81·91·92·96·100·101·116번 등을 통해 4종이 검토되었다.

　그렇다면 이 가운데 제일 많이 검토된 도서는 무엇인가. 이여성·김세용 공저로 5집까지 출간된『수자조선연구』가 책이 나올 때마다 관심의 대상이 되었고 공저자가 서평에 대한 반론까지 편 것을 확인할 수 있다.『진단학보』도 연구동향 점검을 통해서도 검토되는 등 중요한 연구성과로 간주되었다.『수자조선연구』,『진단학보』는 서평의 빈도나 분량 양 측면에서 민간 한글신문의 공론장에서 성가聲價를 높였다. 순수한 단행본으로서는 일본어 서적인 백남운의『조선사회경제사』가 출간 직후 주목을 받았다. 또한 문일평의 유고집인『호암사화집』과『호암전집』이 서평 대상이 되었던 것도 호암이 조선연구에서 차지하는 위상을 보여준다.

　다음으로 누가 제일 많은 서평을 썼을까. 54개 기사의 평자는 모두 47명반론자 포함으로 이은상, 함대훈, 서항석, 백남운, 이헌구가 두 차례씩, 방종현이 세 차례 집필했다. 이 가운데 방종현은 아카마쓰 지조, 아키바 다카시 공저『조선민속의 연구』를 두 번 소개하기도 했다. 그러므로 평자의 쏠림은 겉보기에 두드러지지 않는다고 할 것이다. 이러한 결과가 나온 데는 책 소개를 담당했을 것으로 예상되는 학예부 기자가 수시로 바뀌거나 신문사 내에서 돌아가며 맡았을 가능성을 생각해볼 수 있으며, 가급적 관련 전공자에게 서평을 의뢰하거나 기고를 받았기 때문이라고 추론할 수도 있다. 『진단학보』와 같은 학술지에도 서평이 거의 실리지 않던 상황에서 신문지면의 서평 운영이 조선연구 확산에 적지 않은 영향을 미쳤을 것이라 판단된다.

서평들을 추려내면서 1927년에 안재홍이 쓴 최남선 저 『백두산근참기』에 대한 감상66번을 맨 앞에 들어갈 글로 선택한 이유는 1920년대 조선연구의 핵심인물인 최남선의 저작에 대해 이후 1930년대판 조선학의 기치를 내세우는 안재홍의 비판적 계승 의식을 읽어보자는 취지이기도 했다. 『수자조선연구』에 대한 김우평의 서평71번과 그에 대한 이여성·김세용의 반론72번은 당대 식민지 조선을 어떻게 볼 것인지에 대한 논쟁이라고 할 수 있다. 김광진의 『조선사회경제사』에 대한 서평83번은 백남운이 삼국을 노예국가로 설정한데 대한 비판의 출발점으로서 의미를 갖는다. 호세이대학 소속이라고 밝힌 김우헌의 『조선사회사독본』 서평104번도 매우 논쟁적인 장편의 글이다. 김우헌은 이 책의 처음부터 끝까지 이청원의 오류를 짚고, 반봉건제의 '반'자에 대한 구체적·현실적 설명을 찾기 위한 노력이 있어야 한다는 점을 지적했다. 조선혁명을 전망하는 역사학으로서 조선적 특수성을 해결하기 위한 과학적 해명을 요구하고 있는 것이다. 양주동의 김태준의 『여요주석』에 대한 서평122번은 저자의 고려가사에 대한 해설을 완전히 부정한 것으로 욕설에 가까운 비난이 담겼다. 지면의 부족으로 이 자료집에는 싣지 못했지만 김태준은 「고려가사 시비-양주동 씨에게 일언함」이라는 반론을 3회에 걸쳐 『조선일보』1939.6.14~17에 게재했다. 논쟁의 경과에 대해서는 131번 글에서도 확인할 수 있다. 125번의 『보리와 병정』의 서평은 사실 책 내용보다는 번역자인 총독부 통역관 니시무라 신타로에 주목해보려는 의도였다.

다음으로 2부를 구성하는 두 번째 영역인 연구동향 정리와 관련해서는, 신년·연말기획으로 게재된 네 편의 글을 골랐다. 93번은 현준혁이 조선 내 인문사회 분야 전반의 경향을 스케치한 것으로 현실참여적 학문의 필요성을 고취하였다. 102번과 103번은 일본에서 활동하고 있던 이청원이 일본학계의 조선연구, 조선학계의 조선연구에 대해서 각각 기고한 글로 이청원의 관점은 차치하고라도 동시대 연구를 대부분 빠짐없이 검토했다는 점에서 의미를 찾을 수 있다. 마지막으로 131번은 1939년의 연구를 촘촘하게 검토한 박치우의 글로『진단학보』를 제외한 학술지 발간 소식이 뜸해진 현실을 안타까워하며 사립전문학교의 학술 활동이 활성화되기를 기대하며 글을 맺었다. 연구동향과 관련된 세 사람의 글은 신문사와 관계를 맺고 있던 현실적 조건에 따른 것이겠지만 마르크스주의적 성향의 인물들이 학술장의 공고화를 희망하며 이에 개입하는 모습을 보인다는 점에서 흥미롭다.

마지막으로 세 번째 영역은 현재 조선학계에 보탬이 될 수 있는 서지에 대한 소개이다. 크게 두 가지로 나눠볼 수 있을 텐데, 첫째는 조선연구의 사료에 대한 검토이다. 85·86·131번은 홍순혁의 저술로, 그는 문일평과의 관계를 바탕으로『조선일보』지면에 글을 썼다. 사료의 출처와 간행 상황 등을 상세히 정리하고 있다는 점에서 독실한 학자의 조사 결과이다. 문일평도 사료에 대한 글을 여러 차례 남겼는데 87번은 그가 연재하던 단평 '사외이문' 기획의 일부로『승정원일기』소장 상황에 대해서 썼다. 근대전환기에 대한 관심이 컸던 관계로 이에 대한 사료를 구하는 데 많은 노력을 기울인 것은 문일평의 1934년 일기를 통해서도 확인할 수 있다. 95번 김태준의 글은 이미 널리 알려진 것으로 당대 연구경향에 대한 비판이기도 하고, 조선연구에 대한 기본 사료의 소개와 '현실학파'라 명명한 이들의 저서 목록을 제시했다.

다른 글들보다 이채를 띠는 것이 99번 최문진의 「조선 고문헌의 섭렵」이다. 이 글은 현전하는 문헌들에 대한 소개이자 기록으로만 존재하는 문헌들에 대해서 상당히 많은 분량을 할애했다. "고대 우리에게는 허다한 문적이 있었던 것이다. 과거 우리의 문화가 그리 손색이 없는 문화가 아닌 이상 우리에게 문적이 없다는 것은 안 될 말"라고 하면서 새롭게 창건된 왕조의 정통론에 따라 과거 고문헌을 없앰으로써 찬란했던 조선사에 대하여 제대로 조명하지 못하고 있다는 관점을 드러냈다. 고문헌의 자취를 확인하여 조선사 연구의 새로운 전망을 만들어내고자 하는 욕망이 담긴 글이라 생각된다. 신년기획의 일환인 필자 미상의 111번도 반만년의 역사를 가졌거늘 선인의 유물이 너무나 많이 없어진 까닭에 조선사 이해에 어려움을 겪고 있다며 최근의 새로운 유물 발견 사례를 열거하였다. 개인 소장의 작품들이 세상에 나오게 된 경우들이 대부분이고, 여전히 찾아야 할 희귀서적을 글 말미에 제시하였다.

서지 소개 가운데 둘째에 해당하는 내용은 주로 후학들에게 연구 방법을 전수해주기 위한 목적에서 작성된 것들로 이러한 취지의 글들이 1930년대 후반 무렵 지면에 자주 등장한다는 것은 조선학계가 학문의 대중화와 후속세대 양성에 신경 쓰기 시작했다는 것을 보여준다. 먼저 1937년에 『동아일보』가 '독서여향, 신추등하에 읽히고 싶은 서적'이라는 제목 아래 손진태, 안호상, 이극로, 김두헌, 송석하, 이선근, 양주동 등의 글을 연재한 것이 눈에 띈다. 이 자료집에는 손진태가 민속학 관련 기본 교재 등을 소개한 108번, 이선근이 조선근세사를 연구하기 위해 일본과 서구학자들의 저술을 소개하고 있는 109번, 기획 취지와는 조금 어긋나지만 서적에 대한 추천보다 독서·연구의 태도를 강조한 양주동의 110번 글 등을 담았다.

한편 123번 김상기의 글은 신진학자의 길잡이로서 상고-중고-근세 시기 연구에 이용할 수 있는 사료에 대한 구체적인 설명을 시도했고, 129번 황의돈은 주로 고대사 연구에 필요한 사료와 유물을 정리했는데, 유물을 연구에 활용해야 한다는 점을 강조한 것이 주목된다. "역사의 백 페이지를 읽는 것보다도 한 개의 유물을 찾아보는 것이 도리어 많은 감명을 주게 되는 때가 없지 않다"고 하면서 고대사 연구와 유물 조사의 상관관계를 강조했다. 김상기와 황의돈의 글은 실제 역사 연구의 현장에서 활동하고 있던 이들의 분석이라는 점에서 의미가 있으며, 이상에서 추천된 서지와 사료들은 1930년대 조선연구를 구성하고 있는 토대였기 때문에 1920년대 또는 1940년대 조선연구와 비교하면서 세밀하게 검토될 필요가 있다.

4.

적지 않은 분량의 자료집을 편찬하면서 가지게 된 몇 가지 소회를 밝히면서 해제를 마무리하고자 한다. 1권에 이어 2권을 편찬하는 과정에서도 똑같이 직면할 수밖에 없었던 어려움은 신문지면으로부터 온라인상으로 옮겨진 기사를 지면으로 다시 한 번 옮기면서, 이미 두 단계에서 누적된 오류를 바로잡기가 생각보다 힘들었다는 점이다. 두 단계라고 말했지만 1930년대 기사를 작성한 필자가 원고를 신문사에 넘기고, 신문사에서는 식자공植字工이 입력한 뒤 담당 기자가 검토하고, 시간을 훌쩍 뛰어넘어 현대에 들어 온라인에 공개하기 위해 텍스트로 옮기는 단계를 거치니 사실상 세 단계에서 오류가 발생할 수 있었을 것이다. 자료를 꼼꼼히 검토하고 신문기사와, 또는 사료를 인용한 경우라면 직접 원문과 대조하는 등의 절차를 거치는 등 노력을 기울였지만, 지금도 여전히 한문이나 당시 학술 지형에 대한 이해 부족이 들통날까 봐 두렵다. 그러나 이미 저지른 일이므로 잘못된 부분이 있다면 엮은이의 책임이라는 걸 밝히면서 세상에 내놓게 되었다.

데이터베이스로 구축된 옛 신문을 누구나 검색해서 볼 수 있는데 힘들게 정리하는 게 무슨 의미가 있을까 의기소침해지는 순간이 있었지만, 그러한 기분을 상쇄시켜준 것은 그동안 주목받지 못했던 중요 기사를 발견하는 기쁨과 기사들에 질서를 부여하면서 민간 한글신문 학예면이라는 지면의 의미에 대해서 더욱 깊이 생각해볼 수 있는 기회를 가지게 되었다는 것이다. 1권의 해제를 통해 이 자료집의 출간이 학예면에 대한 독해 방법을 함께 모색해나가는 계기가 되길 바란다는 희망을 피력한바 있는데, 이러한 희망은 2권 작업을 마무리하는 지금도 마찬가지이다.

작업을 진행하는 기초 단계에서 동아대학교 대학원 사학과 석사생 김다훈의 도움을 받았다. 지면을 통해 고마움을 전한다. 힘든 여정이었지만 이 자료집을 엮음으로써 가장 큰 수확을 얻은 사람은 다른 누구도 아닌 엮은이인 바로 '나'이다. 기사들을 오랫동안 응시하면서 1930년대 조선연구에 대한 감각을 한층 예민하게 가다듬을 수 있었다. 이러한 느낌을 이 자료집을 만나게 되는 누군가와도 나누고 싶다. 필요한 기사를 선별해서 읽어도 좋고 그냥 처음부터 끝까지 쭉 넘겨가면서 기사들을 훑어도 좋다. 생각보다 재미있다. 관련 분야 전공자들에게 도움이 되길 바라는 마음도 1권을 내던 때와 같다. 오랫동안 쌓아두었던 마음의 빚을 내려놓으면서 긴 시간 작업의 완성을 기다려준 연세대학교 근대한국학연구소 HK+사업단과 소명출판에 감사의 마음을 전한다.

1부
조선학계 연구자들의
이력과 연구 주제

「조선어문 공로자 소개 창간 10주년 기념사업」(전5회)

『동아일보』, 1930.9.2~6

정리와 통일에 꾸준히 노력하는 조선어연구회

지금으로부터 20여 년 전 현재 조선어연구회의 전신이라 할 조선어문회라는 것이 주시경周時經 씨를 중심으로 하여 창립되어 당시 불교교무원, 현재 실천여학교 터에서 일요강습을 (판독불능-엮은이) 구반을 두어 200여 명 강습생을 수용하여 한글을 연구하여 왔으나, 갑인년에 해산을 당하고 말았음으로 실로 한글 연구기관이라고는 그림자도 없었다. 그러다가 지금으로부터 10년 전 즉, 1921년 2월 3일에 한글 연구자들이 연구기관이 없음을 유감으로 생각하여 비로소 조선어연구회를 조직하고 사무소를 휘문고보徽文高普에 두게 되었다. 작년 10월에 시내 수표정水標町 조선교육협 (판독불능-엮은이) 원이 있어 한 달에 한 번씩 제2 토요일마다 모여 한글에 대한 문제를 토의하여 통일을 기하면서 때때로 강습회를 개최하는 등 연구 방침을 세워왔으며, 또 본 연구회를 중심으로 하여 현재는 휴간 중이나 『한글』 잡지를 발간하였으며 현재 이 잡지를 계획하려고 준비 중이며 또 한편으로 조선어사전편찬회를 두어 편찬에 몰두하고 있다. 이러한 사업에도 본 연구회의 공적이 컸었지만 보다도 우리의 말과 글을 어떻게 쉽게 정리하며 통일하여 우리 글의 표준을 세우고

문화 발전에 도움을 주자는 즉, 한글운동의 방향을 확립시키자는 것이 연구회의 사업이었다고 조선어문회의 뒤를 이어 금일에 이르기까지 이 목적을 실현하는 유일의 기관으로 되어있으니 (판독불능—엮은이)1회

한글 연구의 기초를 닦아놓은 김두봉金枓奉 씨

백연白淵 김두봉 씨는 한글 연구계에 있어서 거성이다. 경남 동래군 기장機張 출생으로 지금으로부터 20여 년 전 현 중앙고보의 전신인 기호학교를 졸업하고 주시경 씨 당시에 한글 연구에 몰두하였다. 이래 경성에 있는 중동中東, 보성普成, 휘문 등 중등학교에서 조선어문법을 교수하여 널리 한글 보급에 노력하였으며, 또 광문회光文會에서 '말모이'조선어사전를 편집하다가 기미운동 이후로 상하이[上海] 방면에 건너가서도 끊임없는 한글 연구와 단독으로 조선어사전을 편집하고 있다 한다. 씨는 지금으로부터 15년 전『조선어말본』을 신문관新文館에서 출판하였고『깁더조선말본』을 또한 10년 전에 상하이에서 출판하여 한글 연구의 기초를 닦아주었으니 씨의 공헌이 실로 크다 하지 않을 수 없으며 더욱이 앞으로 우리의 기대가 또한 적지 않다.

해외 학계에 한글을 소개한 최현배崔鉉培 씨

한글을 일찍이 세계에 소개한 이는 최현배 씨다. 경남 울산 출생으로 경성제일고보 히로시마고사[廣島高師] 교토제대[京都帝大] 문학부를 졸업하고 현재 연희전문학교 교수로 재직 중인데 일찍부터 한글 연구에 뜻을 두시어 조예가 깊음은 물론이거니와 현재 학생들에게 한글을 보급시킬 뿐 아니라 조선어연구회 간사로서 이 방면에 많은 노력이 웰스『세계사대계世界史大系』에 한글에 대한 것을 제공하여 비로소 한글을 널리 세계에 소개하였으며, 저서로는『우

리말본』을 작년 연희전문학교출판부에서 출판하여 사계斯界에 큰 공헌을 하였다. 앞으로도 더욱 사계에 공헌이 있을 줄 믿는다.

9만 9천어를 단독으로 수집한 이상춘李常春 씨

백아白夜 이상춘 씨는 개성 출생으로 스물한 살 때까지 한문을 전수하였다. 그러다가 현재 송도고보의 전신인 한영서원韓英書院을 졸업한 후 동교同校 교원이 되어 현재 송도고보에 이르기까지 이래 20여 년 간 한글, 조선역사 등을 교수하는 동안 1920년으로부터 단독으로 한글 사전 편집에 시간과 노력을 다하여 10년이라는 긴 세월 동안을 한결같이 애쓴 결과 9만 9천 여 어휘를 수집하게 되었는데 경성에 조선어사전편찬회가 성립되자 그 원고 전부를 동회同會에 제공하였다. 그 외에도 조선어연구회 회원이며 조선어사천편찬회 위원으로 각 지방을 순회하며 한글 강의하기 수십 차례 있었으며 씨의 저서는 1925년에 개성 남선관南善舘 발행 『조선어문법』이 있다.2회

비교연구의 첫길을 틔워놓은 김희상金熙祥 씨

조선어 문법을 영문법과 대조하여 처음 저서를 내기는 김희상 씨일 것이다. 씨는 경성 출생으로 광무 6년에 배재학당培材學堂을 졸업하고 구한국 때 농상공부 주사로 임명이 된 것을 비롯하여 경성 보인학교輔仁學校 교사, 경성상업회의소, 매일신보사를 거쳐 지금으로부터 7년 전에 개성 호수돈여고보好壽敦女高普 교수로 취임하여 지금까지 이르렀다. 특히 씨는 다년간 교원 생활을 하는 동안 교안과 및 경험 등을 토대로 한 연구에서 한글 연구의 세 책을 간행하였으니 첫째로 융희 2년에 『초등국어어전初等國語語典』을 간행하였는데, 이 책은 국어과 초등교육용으로 학부의 검정을 받은 것이오, 둘째로 『조선어전』을 메

이지[명치] 44년에 간행했는데, 당시 경향 각 중등학교에서 교과서로 많이 채용하였었다. 또한『울이글틀』을 3년 전 경성 영창서관永昌書館에서 발간하였는데 호수돈에서 교편을 잡으며 영문법을 기초 삼아 우리 문법을 연구하여 특색 있는 문법책을 낸 것에 그 공로가 크다.

역사적 연구에 공헌이 오매 큰 권덕규權悳奎 씨

한글 연구에 조예가 깊고 한글에 대한 역사적 연구가 많은 이로는 한별 권덕규 씨를 처음으로 꼽지 않을 수 없다. 한글 연구에 있어서 거벽巨擘이니만큼 이에 소개할 필요도 없이 다 아실 줄 믿는다. 일찍이 경성 휘문의숙을 졸업하신 후 주시경 씨 때 조선어연구회에서 많은 연구를 하였고, 지금으로 10년 전에 광문회에서 '말모이'사전를 편집한 것을 비롯하여 경향 각지에서 개최되는 한글 강습회에 강사로 초빙을 받은 일이 많았음으로 각 지방에서도 모르는 사람이 적을 것이다. 뿐만 아니라 휘문고보와 중앙고보에서 10여 년 동안 한글 과목을 담임하여 지금까지에 이르는 동안 꾸준한 연구가 있었으며 현재에는 조선어연구회에서 많은 노력을 하고 있다. 그리고 저서로는『조선어문경위朝鮮語文經緯』와『조선유기朝鮮留記』가 있는데 중등학교 교과용과 참고용으로 많은 공헌을 주었다.3회

20여 년을 한글 보급에 바친 이규방李奎昉 씨

한글 보급을 위하여 21년이라는 오랜 세월을 한결같이 교육계에 종사하신 이는 이규방 씨일 것이다. 씨는 융희 4년에 한성사범을 졸업하고 동교에서 1년 동안 계셨는데 그때부터 정돈되지 못하고 통일되지 못한 한글을 정리하지 않아서는 안 되겠다는 뜻에서 20여 년 전부터 주시경 씨 문하에서 연구를 한

후, 계속하여 꾸준히 연구하여 오는 터인데 한성사범에서 1년을 지난 후 평양고등학교에서 10여 년 동안 한글 교수로 있는 동안 더욱 연구에 몰두하였었고, 다이쇼[대정] 10년에 다시 서울로 올라와서 현재 보성고등보통학교 교원으로 이래 우금까지 한글 교육에 종사하여 널리 한글 보급 사업을 하는 한편으로 조선어연구회의 회원으로서 각 지방 순회 한글 강좌도 하였다. 또 씨는 다이쇼 12년에 이문당以文堂으로부터 『조선어법朝鮮語法』을 발행하여 교과용과 참고용으로 제공한 공로도 있었다.

잡지, 교단에서 보급에 힘써오는 신명균申明均 씨

신명균 씨는 지금으로부터 20여 년 전부터 지금까지 한결같이 한글 연구를 해왔다. 일찍이 한성사범을 졸업하고 뚝섬에서 교원 생활을 8년이나 계속하는 동안 더욱 한글을 연구하다가 『신소년』 주간으로 있었고 『한글』 잡지(현금 휴간중) 주간으로 있어 지면으로 널리 한글 보급의 운동을 하여 그 사회에 대한 공로는 크다. 뿐만 아니라 각 지방에서 개최되는 한글 강습회에 강사로써 초빙을 받았고 또한 현금에도 조선어사전편찬회에서 편집에 힘을 쓰고 있다. 또 조선교육협회의 이사요, 현재 동덕여고의 교유로 많은 활동을 하고 있는 한글 보급의 은인이다.4회

실제 방면에 남달리 치중해 온 리윤재李允宰 씨

한뫼 리윤재 씨는 마산 출생으로 일찍이 베이징국립대학[북경國立大學]을 졸업하시고 마산 현재 호신학교濠信學校 전신인 창신학교昌信學校에서 다년간 교무주임으로 계시는 동안 한편으로 한글 연구에 몰두하셨고, 학생들에게도 한글 보급을 적극적으로 시켰으며 상경하여서는 계명구락부啓明俱樂部에서 3년 동안

조선어사전 편집에 종사하였으며 현재 연희전문학교 강사로 한글 교수를 계속하고 있다. 이와 같이 한글 교육에 노력하는 한편으로 경향 각지에서 개최되는 한글 강습회의 강사로 초빙을 받은 일이 많았다. 특히 한글 연구에 있어서 조선말의 실제 방면에 치중하여 표음 형식을 주창하는 분으로 단어 수집에도 공로가 많았다. 또 『동광』(휴간중), 『신생』과 같은 한글로 쓰는 잡지가 처음에는 모두 씨의 손을 거쳐 나왔다.

독특한 연구로 이채를 내고 있는 박승빈[朴勝彬] 씨

박승빈 씨의 한글 연구는 독특한 맛이 있는 단독 연구자이다. 씨는 경성 출생으로 일찍이 메이지대학[明治大學]을 졸업하여 법률을 전공하는 이외에 한글 연구에 부단의 노력을 하였다. 그리하여 씨는 씨의 연구한 바를 각 잡지 신문 지상에 발표하였었는데, 그는 종래 모든 연구자의 논한 바보다 독특한 이채를 내었으니 이것이 씨의 공로라 할 것이며, 현재 보성전문학교 교장으로 계시며 학생들에게 또한 한글 보급을 시키고 있다.5회

「(선생평판기 기1) 연전의 '골동품' 백남운 교수, 경제사료 수집에 몰두」

『동아일보』, 1930.9.7

시끄러운 서울서 서™로 10리나 떠나 송림이 우거진 그 속에 사원같이 흰 돌로 높다랗게 지은 집이 연희전문학교랍니다. 층층대를 올라 교문에 들어서 자 때마침 시간을 맞추고 알맞은 키에 검은 대모테 안경을 걸고 해죽해죽 웃 으며 나오는 백남운白南雲 선생을 만나게 되었습니다. 선생의 인도로 선생의 방에 들어가서 앉을 때에 기자의 마음속에 한 수수께끼는 풀렸으니 그는 학 생 간에 선생을 '골동품' 선생이라는 것입니다. 그 설명을 선생께 친히 묻기 는 어렵고 해서 방불한 추측을 한 결과 첫째로 선생의 책상에는 좀먹은 고서 가 있고 또 선생의 옥안玉顏에 슬기구멍이 많아 완연히 괴석怪石을 연상케 하는 것이 그 원인인 줄 알았습니다.

선생은 일찍이 수원고농水原高農을 졸업하고 계속하여 도쿄상과대학[東京商科大 學]을 지금으로부터 7년 전 조선 학생으로 처음 졸업하신 분입니다. 졸업하신 이후로 연전延專 상과商科 교수로 계시게 되었는데 선생의 깊으신 연구가 학생 들의 마음을 끈 것은 물론이지만, 그보다도 차라리 매력이 있는 미소, 잔잔한 물결 같은 어조語調가 입맛을, 아니 귓맛을 돋우어 주는 까닭에 시간에 잠자는 학생이 없답니다. 신문이나 잡지에서 선생의 논문을 가끔 볼 수 있지만, 선생은 현재 상업사를 담임하고 있는 만큼 아직 조선에 있어서 조선경제사가 없다는 것이 일대 유감이라 생각해 가지고 벌써 다년간 이 방면의 자료 수집에 시간을 아끼지 아니하여 오거니와 선생의 이 계획은 다시 10유 여 년 노력을 예상한다 하니 다른□ 학계에 큰 공헌이 될 것은 췌론불요贅論不要의 일입니다.

선생의 생활에 있어서 제일 규칙적이라고 할 것은 시간 각수恪守이니 교수教授를 끝내고는 꼭 자기 방에 들어가서 두세 시간씩 연구에 몰두하고 집에 돌아가서는 밤 열 시에 자고 여섯 시에 일어난답니다. 이는 선생의 건강이 허치 않기 때문에 수면 시간을 넉넉히 한 것이랍니다. 뿐만 아니라 남은 시간만 있으면 자기 손으로 이루어 놓은 상품진열관에 가서 계시는데 선생이 상품학을 맡았으니만큼 견본見本 모집에 힘써 현재 789점, 현가 1,200여 원치를 장만하였다 하니 이 실로 연전의 자랑거리라 할 것입니다.

선생의 내적 생활을 알기 위하여 선생도 학생 때 연애를 좀 해보셨습니까 하고 물었습니다. 선생은 "정말 밑을 들추는구려" 하며 대소大笑를 합니다. 미소微笑 선생이 대소를 합니다. 그러나 기자는 태연스럽게 대답을 기다리고 있었더니 "아닌 게 아니라 실상 도쿄[동경]에서 8년이라는 세월을 지내면서도 극단의 극기 생활, 긴장한 학구 생활을 했기 때문에 여념이 없었습니다"는 참으로 학생 앞에선 선생의 엄숙한 훈계 같은 말이었습니다. 그러나 기자의 머릿속에 전광電光과 같이 지나가는 생각은 혹 긴장한 학구 생활이라는 것보다도 차라리 곰보 학생이라고 여학생들이 따르지 않은 것이 최대 원인이 아닌가 하고도 생각했습니다.

그러나 아마도 이것은 억측일 것이 선생이 일찍이 전문학교 선생 생활을 수년 해왔으나 시계를 차본 적이 없었다는데, 선생의 영부인께서 최근에 그것을 분개하여 시계를 장만해 드린 것이라든지 언문을 열심으로 배워가지고 신문지 사회면 같은 언문 기사를 가끔 선생에게 읽어드려 안락한 가정생활을 하시는 것이 선생도 여성에게 그리 경원敬遠되는 축은 아니라는 확실한 증거 이니까.

「(선생평판기 기3) 대리석상 같은 옥선진 교수, 샌님도 연단에서 서면 사자」

『동아일보』, 1930.9.19

보전普專 옥선진玉璿珍 교수. 그의 사택 서실은 말쑥한 일식 다다미방이었다. 책상 뒤에는 꽃보에 덮여있는 축음기, 앞에는 쌀섬 가리듯한 책들, 그 위엔 철혈재상鐵血宰相 비스마르크의 사진이 걸려있다. 대체 선생은 머리를 곱게 빗어 살짝 얹은 것이라든지 살금살금 동작하는 것이라든지 그보다도 음성까지 간질간질한 여성적인데, 얼토당치않은 비스마르크의 사진은 방문 기자에게 큼직한 의문덩이였다. 아닌 게 아니라 씨가 연단에 서서 사자후를 할 때면 참으로 문자 그대로 사자 같고, 눈을 부릅뜬 비스마르크 같아서 감동과 전율을 일으킨다. 이같이 씨의 외관과 내면이 대차大差가 있는 까닭에 세평에 가면 쓰고 점잔을 뺀다는 둥, 샌님이라는 둥 하는 반면에 영웅주의자라느니 또 무엇이라느니 하는 말을 듣게 되는 것이나 아닌가. 참으로 선생은 대리석상같이 아름답고 고결한 인물이다. 이 아름답고 탐스러운 석상은 손으로 만져본다면 어째 차디찬 감각이 있을 듯하다.

선생은 일찍 중앙고보를 졸업하고 그 길로 도쿄[東京]로 건너가서 메이지대학[明治大學]에서 6년간 법학을 전공하고, 6년 전 보전 교수로 취임한 이래 법률을 담임하고 있는데 학생들의 환영은 말할 것도 없고 그 엄숙한 인격에 취한다 한다. 물론 선생은 법률에 대한 깊은 연구를 하지만 특히 정신과학에 뜻을 두시고 주야 몰두하고 있으며 그 외에는 정치 외교 등에 대하여서도 연구가 깊다. 중학시대부터 오늘날까지 매일 아침저녁으로 등산하는데 등산은 유일의 낙이요, 취미이며 씨의 고상한 인격도 등산에서 얻은 것이다. 뿐만 아니라 산에서 울었고, 웃었고, 미친 듯이 뛰었고, 외쳤으니 웅변의 터를 이곳에서 닦았다 한다.

선생의 비밀주머니인 점잔을 빼는 것의 정체를 일찍이 건드려 본 일이 없었다. 그래서 기자는 용기를 내어 "선생님? 미안스럽지만 선생은 왜 그리 점잔을 빼십니까?"

"그것 말씀입니까? 별 이유는 없습니다. 본래 어려서는 매우 경輕했는데, 그래서는 안 되겠다는 것을 각오하고는 일행일동一行一動을 신중 침착하게 하겠다는 결심을 하고 오늘까지 실행해왔습니다."

"그 이후로 탈선된 일은 없습니까?"

"없었습니다" 하는 대답에 마치 길에 떨어진 돈 가방을 집었다가 짚북데기만 들어있는 것을 발견한 것과 같은 감을 느꼈다.

선생의 열네 살 때 일이다. 많은 친우들 중에 예수를 믿는 청년이 얌전해 보이고 정이 드는 까닭에 선생도 이것을 동기로 예수를 믿기 시작하였다 한다. 이래 20년 간 우주를 창조한 신에 대한 굳은 신앙을 갖게 되었다. 성경의 진리, 예수의 정신 그대로 체험하는 곳에 종교의 의의가 있는데 현대 종교는 이에 벗어난 곳도 있다. 가식, 세인世人 이상의 죄악을 감행하는 신자도 없지 않다고 밀고자와 같은 나직한 어조로 이야기하는 데는 적이 정다웠다. 선생은 친구들에게서 종교는 미신이라고 믿지 말라는 권면도 받았지만 끝끝내 천당행을 하기로 결심이라고.

끝으로 선생의 학생시대의 연애 사건에 대하여는 선생의 은근한 부탁이 있었음으로 정직한 기자는 쓰지 않기로 한다. 그리고 이후에 다른 선생을 방문하는 때에도 이러한 부탁은 꼭꼭 들어드리기로 한다.

「(선생평판기 기6) 불전의 '모던' 중 김태흡 강사, 불교의 사회화에 노력」

『동아일보』, 1930.9.23

한때에는 머리 깎은 중놈이 서울 장안에 들어오면 불길하다 해서 멀리 산속에 내쫓아 버렸음으로 중은 시세時勢 없는 염불이나 하고 부득이 서울 들어올 일이 있으면 어둠의 막이 내린 다음에 변복하고 좀도적 쥐 모양으로 드나들던 것이었다. 가끔 굶은 범처럼 세상에 내려와 촌촌村村이 다니며 "중이 동냥 왔습니다" 하고 문 앞에서 꾸벅꾸벅하다가 장난꾼 아이들의 놀림감이 되던 때도 있었다. 그러나 이것은 옛날이야기.

불전佛專 김태흡金泰洽 강사를 만나기는 각황사覺皇寺 법당에서 포교를 마치고 검은 장삼 위에 붉은 가사를 입고 나오던 때였다. 원체 차림차림이 중이지마는 중의 허울을 벗어 버린다 하더라도 갈 데 없는 중인 것이 선생이 일곱 살 때부터 애기 중이 되어 산곡에 묻혀 있었던 만큼 언행과 온갖 태도에 중 때가 뚝뚝 흐르는 까닭이다. 그러나 중으로서는 좀 쾌활하고 어조는 빠르다. "밥을 내라" 하는 외침은 반도의 산산곡곡에도 찼고, 한가한 극락의 꿈을 꾸는 사원에도 울리게 되었다. '바나나' 종교라는 별명을 듣는 불교에서도 입산수계하던 소승라한小乘羅漢의 도를 버리고 대승보살의 도를 체봉體奉하여 출산입진出山入塵의 새 종교를 외치며, 우리도 "밥을 내라"는 무리들과 함께 어깨를 맞춰 사회적 진출을 해야겠다는 것이 선생의 의도라 한다.

경북 문경사聞慶寺에 새벽종이 울 때에 일곱 살 된 애기 중의 깨끗한 염불은 고대 기독교의 '새무얼[삼우엘]'을 연상한다. 어려서부터 불경을 송독誦讀하다가 지금으로부터 13년 전에 도쿄로 건너가 도요대학[東洋大學]에서 인도철학, 니혼대학[日本大學]에서 종교, 제대帝大(도쿄제대 - 엮은이)에서 철학, 불교를 전공하고 3년 전에 돌아오게 되었는데, 최근 수년 내 조선불교가 획시기적劃時期的 진출을 하여 신흥 기분이 발발하게 되었음에는 선생의 고심도 이에 적지 않은 기여가 있었다 할 것이다.

누구나 각황사 문 앞을 지날 때에는 커다랗게 써 붙인 일요강화日曜講話 김태흡 씨라는 것을 볼 수 있으니, 신앙을 고취시키며 불교 사회교화에 노력하심을 알 것이다. 불전에서는 사회사업이라는 과목을 담임하고 있으며, 동이 떨어져 있는 불교를 어떻게 민중화 시킬까 하는 것을 전문 연구하는 선생이다.

"선생의 의견 같아서는 불교 사회화가 전적全的 문제 같으니 그렇게 생각하십니까?"

"그야 그렇지 않지요. 여러 가지 운동이 각각 그 방향으로 나가야 하겠지요. 나는 불교에 몸을 두었으니 나는 이 방면에서 최선을 다할 뿐입니다."

"선생은 윤회전생輪廻轉生을 믿으십니까?"

"믿습니다. 한 근원의 물이라도 더러운 데 흐르면 흙물이 되고, 백사장에 흐르면 맑은 백수白水가 되는 것과 마찬가지로 선업을 많이 하면 후생에 고귀한 것으로 태어나고, 악행이 많으면 하등下等의 것이 될 것은 넉넉히 생각할 수 있는 것입니다."

마치 교단에 선 고덕高德의 설법과 같아 사바娑婆의 속인俗人이 들으니 감복感服 되는 듯도 싶었다.

"그런데 최근에 와서 중들도 취처娶妻하니 그는 어떤 까닭입니까?"

"중에는 네 가지 구별이 있는데, 비구比丘, 지계남승(持戒男僧), 비구니比丘尼, 지계여승는 250가지 엄한 계戒가 있어 그중에는 취처 말라는 것까지 있으니 이에 속한 중은 취처치 못하고, 우바새優婆塞, 신남(信男), 우바이優婆夷, 신녀는 다섯, 여덟, 열가지의 계가 있는데 이에 속한 중은 취처 혹 농상공農商工도 할 수 있습니다."

"기자는 분류한다면 우바새에 들겠지요?"

"그렇습니다."

"여기자는?"

"그야 우바이지요."

여하간 김태흡 선생은 중으로는 최신식 모던 중이다. 이야기 할 때에는 가끔 일어를 '고물' 삼아 써가며 이야기는 청산유수였다. 그의 방안에는 중 냄새나는 것으로는 장삼이 걸려 있을 뿐이고, 새로운 서적, 근대 문화주택에서 볼 수 있는 테이블과 책장이 늘어있어 적이 선생의 취미를 알려주고 있다.

「(선생평판기 기7) 누렁지 같은 신의경 강사, 독서삼매에 늙는 줄 몰라」

『동아일보』, 1930.9.24

이름부터 이화梨花이지만, 양인洋人의 이화라고들 하지요. 가끔 서양의 첨단적 예例를 조선에서는 이화에서 시사試寫한다고들 해요. "저를 만나러 오셨어요" 하며 안내하는 대로 여학생 면회실 같은 서무실 건너편 방에 들어가게 되었습니다.

이전梨專의 신의경辛義敬 선생을 처음 만나자 눈과 마음을 끄는 것은 흰 적삼에 검은 치마, 모든 차림차림이 어찌도 수수하고 구수한지 누룽지 먹는 맛이었습니다.

한참이나 여러 가지를 묻고 대답하던 끝에, 한편으로 의심이 나서

"대단 미안스럽지만 학생 때 남학생들에게서 연애편지를 받아본 일이 있습니까?"

"호호호 … 암요."

"그래 회답해 보셨어요?"

"큰일이죠. 그때가 어느 때라고 가슴이 두근거려서 얼른 부엌에 집어넣었죠."

기자의 생각에는 선생이 학생 때 실연하고 지금 와서는 그렇게 수수하게 차림차림을 하는 것이 아닌가 했더니

"암요" 하는 대답에 호기豪氣 꽤 들어있는 것을 보면, 실연을 당하기는커녕 실연을 시킨 모양입니다. 지금에 꿈자리가 편치 못할 걸요.

좀 멀리 앉았던 선생은 가까이 와서 앉으며 차근차근 이야기를 시작했습니다. 선생은 정신여학교貞信女學校를 졸업하고 다년간 사회사업에 나섰습니다. 여자기독청년회 발기에도 참여하였고, 애국부인 사건으로 3년간 옥중생활을 체험한 선생이랍니다. 그러다가 다시 학해學海로 나서서 이전 문과를 거쳐 도호쿠제대[東北帝大] 문과를 마치고 이번 봄에 이전에 와서 역사를 담임하고 한편으로는 기숙사 고문으로 계시는 선생입니다. 선생은 대학생 때 학생 생활을 늘 그리워하며 지금도 역사와 교육학 방면에 서적으로 유일의 동무를 삼고 지낸답니다.

"선생님, 여성으로 학구 생활을 하는 데 특별한 고통 되는 것 없으십니까?"

"특별한 것이 없어요. 차라리 한 살 두 살 더할수록 책의 자미滋味가 더 많아져요."

이 말은 연령과 독서에 대한 유기적 관계를 쉽게 표현한 것입니다.

선생은 편모의 따님으로 두 남매가 귀엽게 자랐답니다. 소학교 졸업 때 1주일 동안 병으로 공부 못한 까닭에 2호로 졸업하게 되었는데, 1호 못한 것이 분해서 졸업식장에서 운 일이 있고, 중학교 기숙사에서 대성통곡을 하여 선생들까지 총출동을 시킨 일이 있었다는데 그 이유는 학과 시험에 100점을 못해서 그런 것이라고.

듣건대 선생은 동생이라고는 남동생 하나뿐인데, 남동생에게 오는 연애편지는 단연 몰수했다고. 선생께도 왔다니 시기에서 나온 것은 아니었다는 것은 명확하나 그러나 지금 여학교 기숙사 고문이니 편지 감독이야 엄중하게 할 것은 불문가지이다. 그러나 어린 가슴 졸이는 분의 원망도 없지 않을 걸.

선생은 키가 크고 얼굴도 길쭉해서 일견 남자입니다. 그러나 어조만은 지극히 여성적이어서 학생들은 선생의 흉내를 낼 때면 "그랬세요, 했세요" 하고 가장 여성인 체 몸을 비꼬는 모양을 한답니다.

「(선생평판기 기10) 소인회 회장 이긍종 강사, 조선화폐사를 불원 완성」

『동아일보』, 1930.10.15

법전法專 이긍종李肯鍾 강사를 찾기는 경성부립도서관 종로분관 뒤 자택이었다. 현관을 들어서자 커다란 가죽 자루를 달아 메어놓은 뒤로 배쭉 나서며 올라오기를 권하였다. 희고도 계란형의 곱사한 얼굴, 알맞춤이 붙은 귀, 둥글몽실한 코 모든 것이 피어오르는 처녀의 얼굴같이도 탐스러워 보인다. 이 아름다운 얼굴에 가장 남자의 탈을 쓰려고 '크록스' 안경을 쓴 것이 못마땅하여 보이나 오히려 여학생 식의 팔목시계는 선생의 체모體貌에 어울려 보였다.

비록 관상에는 서투르나 내 보기에는 선생이 남자로서의 체면을 유지하고 학자로서의 위의威儀를 나타내는 것은 벗어진 대야머리이니 이는 선생의 자랑거리이요, 다만 하나인 밑천이다.

그러나 이러한 자랑거리의 호재료好材料를 가진 반면에 설움이 있다 한다. 이미 선생은 다년간 경성 소인회小人會 회장으로 계시다는 것은 다 아는 사실이지만 원체 키가 작으셔서 적지 않은 설움-키에 넘치는 설움-을 당하셨다한다. 그도 동양 천지에서 같으면 모르겠지만, 미국 건너가서 당한 일이라니 걸리버의 소인국 여행기에 호주머니에 넣고 다니는 그런 봉변도 없지 않았으리라.

선생은 경성제일고보를 거쳐 다이쇼[大正] 6년에 법전을 졸업하였다. 그리고 일본 건너가서 메이지대[明治] 연구반에서 2년간 법률을 연구한 후 도미渡米하여 콜롬비아대학에서 6년이라는 오랜 세월 동안 경제에 대한 연구를 하셨는데, 특히 금융, 외국무역을 전공하여 영예의 비·에스, 엠·에이 학위를 얻었다. 돌아와서는 경성부립도서관 종로분관 사서로, 또한 법전의 은행, 외국무역 두 가지 과목을 담임하고 있다. 미국에서 연구도 연구려니와 실제 미국 은행에서 사무를 보아 실제 지식을 닦아 조선의 금융계를 위하여 애쓰실 심산心算이었으나, 귀국 후의 사정이 여의치 않았다. 그리고 조선의 경제사, 특히 조선의 화폐사가 완성된 것이 없음을 유감으로 생각하여 벌써 3년 전부터 재료 수집에 전력을 하는데 2~3년 내외에 완성이 되어 우리 학계에 일대 공헌이 될 줄 믿는다.

선생이 이같이 경제학자로 권위를 얻게 된 숨은 노력은 갖춰 쓸 수가 없지마는, 미국 가서 식당 심부름하기와 여름에는 과자 장사, 아이스크림 장사로 남모를 설움도 맛보고 애도 썼다 한다. 물론 선생의 아름다운 모양, 여성다운 태도와 성격은 양코들의 마음을 끌었을 것이니 안 먹히는 아이스크림을 한두 잔씩 더 사 먹었을 것이 상상된다. 미국서는 남녀공학으로 자유국의 큰 애기씨네들이 가끔 금빛 곱수머리가 남학생의 빰을 건드리도록 가까이 와 앉는 일쯤은 항다반 있는 일이라 한다. 그래 멋모르는 동양 학생들은 자기에게 맘이나 있어 그런가 해서 속으로 딴전을 피우다가 헛물을 켜는 일이 없지 못해 있다는데, 그는 열이면 열이 다 참패라 한다. 선생도 큰 애기씨네 청에 못 이겨 산보도 가끔 갔다는데 꽃밭 깊숙한 곳에 나란히 앉아 재미있는 이야기 해주는 때도 있었다고. 원체 선생의 재롱스러운 모양에 큰 애기씨네들이 데리고 논 것이나 아닌지.

나오던 길에 의문의 가죽 자루에 대하여 일문—問을 하지 않을 수 없었다. 그는 조석으로 어린아이들이 주먹으로 쳐서 약한 주먹을 철퇴로 만들어 주는 것이라 한다. 어린이의 교육에 대하여 이같이 유의하는 선생의 자미있는 가정은 스윗 홈.

「(선생평판기 기11) '새우젓 장사' 홍성하 교수, 이론경제에 제1인」

『동아일보』, 1930.10.16

　필운동 막바지에 전全 경성시가를 눈 아래 깔고 있는 목제 2층집 윗층에 새 둥지 같은 서재를 꾸며놓고 있는 보전普專 홍성하洪性夏 교수를 찾았다. 때마침 학교에서 돌아와 책을 뒤적이던 때였다. 좌우에 높다라니 쌓아놓은 서적들은 모두 경제에 관한 것들이니 선생의 연구 방면을 가히 알겠고 큼직한 테이블과 튼튼한 교자는 선생의 몸집과 같이 후厚하였다. 그러나 자개 놓은 작은 책상이라든지 의복장, 모든 장식품이 선생의 체모體貌에는 어울리지 않으리만큼 산뜻하였다.

　이같이 산뜻하고 엄숙한 방에 무슨 불결함이 있으랴마는 맑고 푸른 하늘의 흰 구름 한 조각같이 나의 제육감第六感을 건드리는 냄새가 있었으니, 그는 홀아비 냄새였다. 홀로 쓸쓸한 방에서 뻣뻣한 경제 서적을 읽고 있는 선생이 그 얼마나 심적 오아시스를 구하였으랴. 산풀들과 야국野菊을 꽂아놓은 화병들이 그의 상징일 것이다. 한쪽 구석에 우두커니 서있는 재봉 기계는 마치 과부의 집에서 수마노水瑪瑙 갓끈 보는 감이 있었다. 그러면서도 어떻게 보면 주인 없는 설움을 느끼는 듯도 싶고 보다도 맹렬한 전쟁이 끝난 뒤 무너진 성터에 이리저리 흩어진 돌을 보는 듯한 감을 일으킨다.

선생이 목포상업학교를 졸업하던 때가 18~19세 때였다. 이때부터 실업주식회사라는 것을 만들어 가지고 객주客主 운송업에 착수하였으니, 이론 경제에서보다 먼저 실제 체험에서 출발한 경제학자이다. 3년간 이와 같이 실제선상에 선 선생은 '양복쟁이 새우젓 장사'라는 이름을 들었으니 그때만 해도 양복 입은 사람이 적었는데, 새우젓을 사서 운반시켜놓고 그 뒤로 양복 입고 어슬렁어슬렁 따라다녔던 까닭이다. 이 실제선에서 다시 뛰어나와 도쿄[東京]로 건너갔다. 그리하여 주오대학[中央大學] 경제과를 다이쇼[大正] 11년에 마쳤다. 처음에는 금융경제 방면을 전공하다가 방향을 돌려 사회주의 경제이론 방면에 진력하였는데, 조선에 있어서는 이 방면에 제1인이라는 칭稱까지 있다. 조선에 돌아와서부터 보전에서 경제를 담임하고 있는데 벌써 9년이라는 오랜 세월을 오로지 이에 힘을 쓰고 있다.

선생은 학생시대의 그 자유스럽고 재미있던 그때를 회고하면서 그때의 기억이 새로운 듯이 그리운 듯한 표정을 나타내었다. 한 반 동무 열 명이 어떤 새 책을 지정하여 그 책을 1주간에 읽고 그 주 내에 비판 좌담을 하였다 한다. 그리고 일요일이 되면 부근 교외 산보와 가끔 씨름도 했는데, 씨름에는 져본 일이 없다 한다. 선생이 원체 뚱뚱해서 부도옹不倒翁의 성질을 가진 까닭이겠지. 그래 동무들은 머리, 입, 힘, 이 세 가지가 선생으로 하여금 '귀신에게 철여의'라는 말을 듣게 한 소이所以라 한다.

들건대 선생은 남자보다도 여자에게 더욱 친절하다는데 목격하기 전에는 따져 말할 수는 없는 일이나 다혈질인 체격에 찢어진 눈초리 하며 모두 소질이 아님은 아니니 행여 듣는 바와 대동소이하지나 않은가 했다. 학자들의 서재처럼 평화의 낙원은 없을 것이다. 그 책들 속에는 이마가 벗겨진 학자님, 한평생 그 책을 쓰기에 생명을 마친 영감이 수백 수천이다. 그와 같은 선생들

속에 앉아있는 선생의 생활이 끝이 없이 부러웠다.

08

「(선생평판기 기12) 극문학에 조예 깊은 조희순 교수, 양복감 파는 노국인」

『동아일보』, 1930.10.17

약전藥專 조희순曹喜淳 교수는 작년 봄에 도쿄제대[東京帝大]를 갓 나온 이로 선생으로는 김이 몰캉몰캉 나는 햅쌀밥이다. 아직도 거치름한 학생티가 뚝뚝 드는데 별다른 맛이 있다. 좀 싱겁게 큰 키라든지 날카롭게 선 코라든지 활발해 보이는 동작에 그렇게 학자적 태도는 깊이 있지 않다마는 쾌활하고 해학을 좋아하는 점으로 보아 시인 '타입'이다. 그러나 험상궂은 편으로 보아서는 막노동자라는 것이 적당할 것이다. 일찍 학생시대에 프로 연극회의 회원으로 이 방면에 적지 않은 조예를 가졌다니 말이지 천부의 체격이라든지 성격, 동작할 것 없이 어떤 극중의 적역敵役을 하였으면 적재適材일 것이요, 성공의 확실성이 100퍼센트이다.

그렇다고 선생은 아주 조포粗暴의 모델이라고 오해해서는 안 된다. 선생 방문을 십수 회나 하였으나, 따뜻한 차 한 잔 권함을 받기는 선생에게서 처음이다. 뿐만아니라 현관까지 친히 나와서 친절하게도 고맙게 대접해주기는 차라리 뜻하지 않은 곳에서이다. 좀 선생에게는 미안스러운 일이나 '메피스토'역의 적재라고 느껴진 선생에게서 진정스러운 알뜰한 사랑을 받았다는 것은 서러운 기자 생활의 한 낙樂이라겠지만 사실인 즉 오히려 곤란하다. 왜 그런고 하니 그 친절은 '커미션' 성질을 띠었다. 혹이나 기자의 환심을 사서 그 무지스러운 붓을 좀 완화하게 하려는 수단인지도 모르는 까닭이다. 그만 친절에 넘어갈 리도 없고 그랬을 리도 천만 없을 것 같다마는.

선생은 대구고보 4년에서 일본 건너가 코죠중학[鴻城中學]을 졸업하고 야마구치고등학교[山口高等學校]에 들어가 3년간 로맨스 많은 학생 생활을 했다 한다. 연連하여 도쿄제대 독문과를 작년에 마치고 나와서 현재 약전의 교수로 독어를 담임하였고 여자의학강습소에도 시간을 맡았다. 선생은 독어에 능하신 것은 더 논할 필요가 없거니와 독문과를 마치고 약전, 여의교에 교편 잡는다는 것은 꿈에도 생각지 않은 일이었을 테니 한 학교도 아니요 두 학교씩이나 얼토당치 않은 학교에 막다른 것이 이 무슨 인연인고! 이것도 조선에서나 보는 기현상의 하나라 할까. 선생 자신도 이를 깨달았음인지 독어 외에는 물에 기름 탄 것이라고 한 묘한 문구는 약병 속에선 꺼낼 수 없는 문학적의 명구名句이다.

경성에서 남녀공학 하는 학교는 두 학교뿐이다. 그 중에 약전이 하나인데 가끔 화제가 이상스럽게 돌아가는 때는 중지하고 이하는 상상에 일임한다는 선언을 내린다 한다. 그런데 선생은 남학생들의 질문에서보다도 차라리 여학생들의 질문에 있어서 몇 퍼센트의 친절을 더한다는데 이 눈치를 엿보는 숭측스러운 남학생들의 눈을 피하기에 선생은 곤란하기 짝이 없다 한다. 그야 숭글숭글한 남학생들의 조작의 말일 것이다.

선생의 책상 위에 담배 뭉텅이가 놓였는데 분명히는 세지 못했으나 열두어 곽쯤이었다. 그것을 보아 선생이 얼마나 담배를 즐겨하는지를 알겠거니와 그러나 그것이 모두 '피죤'도 못되고 '마코'라는 점에서 촌스러운 풍이 뚝뚝 흐른다. 선생이 조선에 나오자 선술집 순례를 한동안 계속하였다는데 여기서 황연怳然 대각大覺한 바 있어 선술집 예찬기를 기초起草하여 경천동지의 대문자를 발표하려고 했으나 점잖은 학교 선생이 되신 뒤부터는 그런 일 없죠 하고 시치미를 떼신다 한다.

잡지나 신문에서 가끔 선생의 독일문학 소개를 보는 바이거니와 선생이야말로 숨은 애기 학자로 독일문화의 직수입상直輸入商이 될 줄 믿는다. 직수입상 말이 나왔으니 말이지, 선생의 평판을 학생들에게서 들으려고 운동장 한구석에 모여서 소곤거리는 여학생들 쪽에 귀를 기울이니 '양복감 파는 노국露國 사람'이 나온다고들 하겠지요. 미상불 적당한 평이라 할 수밖에.

09

「(선생평판기 기13) 미인 투표 당선된 채필근 교수, 교육과 전도에 일의 전력」

『동아일보』, 1930.10.19

평양은 이름 높은 색향色鄉이요, 종교의 왕국이다. 이러한 특색있고 역사가 있는 도시의 중앙에 우뚝 솟은 숭실전문학교崇實專門學校 교수 채필근蔡弼近 씨야말로 안성맞춤으로 적재適材가 적처適處에서 있는 감이 있고, 그 존재를 한층 더 빛나게 하는 큰 원인이 된 것이다. 이야기 주머니 목사로 종교 왕국의 시민이라는 것은 안성맞춤이라는 첫 소이所以이지만, 보다도 차라리 숭실학원에서 미인 투표에 영예의 1등 당선이 된 일류 미남자로 색향에 주인공이 되어 있다는 것은 또한 안성맞춤이라는 제2의 소이이다.

쌜죽하게 쭈그러든 얼굴에 삐뚤어지게 쓴 도수 깊은 안경, 새하얀 백설 머리, 깝오등한 등에 양인洋人이 버린 뜨게양복 같은 것을 입고 다니는 일견 헌 구두 깁는 노인이나 아닌가 의심하리만큼 볼꼴 없고 과겸過謙한 선생이 미인 채필근 선생이라 한다. 선생이 일찍 취과醉過 평양 장안長安하실 새 기생들의 귤橘 매 대신에 침 매를 맞았다 한다. 때때로 선생은 거룩한 목사로서 지방 순회를 하며 설교를 하였다. 함북 어느 지방에서는 선생을 어떤 목사가 소개하였는데, 교인들 중에는 낙심한 사람들이 있었다 한다. 천사 같이 믿고 기대하던 목사가 의외에도 헌 구두쟁이일 줄이야. 뜻하지 않았던 것이다. 그러나 청산유수로 천사의 대변자가 되어 죄를 뉘우치라고 강단을 구를 때에는 낙심하였던 교인들도 눈물을 머금고 그제야 그러면 그렇지, 우리 목사님! 하게 된다 한다. 이같이 전 조선 각 지방의 청함을 받아 순강巡講 하실 때, 비록 선생이 양주楊州 미인의 귤에 매를 못 맞았고, 평양기생의 침 뱉음이 되었을망정, 각 지방으로 다니며 놋그릇, 가락지, 인형, 알사탕 할 것 없이 열광리熱狂裡에 기념품 매를 맞아 선생의 맺힌 원한이 이에서 풀린다 하니 미상불 미인이랄 밖에.

선생은 일찍 숭실중학을 마치고 어느 사립학교 교원 생활을 하다가 지금으로부터 17년 전에 평양신학平壤神學을 졸업하고 교역자로 함북지방에 가서 많은 활동을 하다가 다시 방향을 돌려 도쿄[東京]로 건너가서 도쿄제국대학[東京帝國大學]에서 철학과 사학을 전공하고 다이쇼[大正] 14년에 숭실전문학교에 초빙이 되어 이래 문과 과장으로 교육계에 많은 노력을 하시는 중이다. 뿐만 아니라 부업적 사업으로 지금도 목사로 한몫을 톡톡히 한다는데 곳곳의 청함을 받아 전도 강연을 하신다고 한다.

서문통 네거리로 꼬부정하고 비린내 나는 고기 꽁지를 들고 다니는 것이라든지 민머리 바람에 똥 묻은 포대기에 귀여운 애기를 안고 오르내리는 선생을 가끔 발견한다는데 친지들을 만나도 조금도 어색함이 없이 재담으로 웃겨버리고 만다 한다. 물론 선생의 독특한 의지에서 나오는 일이지마는 그실 젊은 영부인의 사랑에 넘쳐서 부인의 수고를 덜어주기에는 순한 소가 되는 까닭이라 한다. 또한 조석朝夕으로 선생의 가정에서는 비록 곡조는 어울리지 않지만, 찬미의 '멜로디' 소리가 슴새여 나온다는데, 이는 신성한 예배인 동시에 선생의 평화한 가정생활의 한 페이지이다. 그리고 잘 가꾸어놓은 정원에는 화초도 있고 새벽에는 한 나체 조각이 있으니 이는 선생이 겨울이고 여름이고를 불구하고 매일 새벽이면 수돗물 터에 나와서 냉수 목욕을 하는 것이라 한다. 이것으로 선생이 지, 덕, 체 세 가지에 남달리 정진하고 있음을 알 것이다.

10

「(선생평판기 기14) 퉁퉁한 술부대 윤태동 강사, 낭만철학을 특히 연구」

『동아일보』, 1930.10.21

뚱뚱한 몸집에 불그스레하게 처진 두 볼은 심술궂어 보이나 이모저모 풍부하게 붙은 코, 귀, 턱할 것 없이 남자다운 체격을 가진 대예大豫 전임강사 윤태동尹泰東 선생을 충신동 자택에 가서 만나게 되었다. 영부인의 안내로 선생의 서재에 들어갔다. 옹골진 목소리 마디마디마다 기자의 마음을 때리나 그래도 솜뭉치로 치는 듯이 부드러움을 깨달았다. 그러나 정면正面하였을 때 이 부드러운 음성이 그 방정맞게 부러진 앞 이빨 사이로 나오는 것이 흉측스러웠다.

이 매력이 있는 음성이 친우親友를 끌 것은 물론이지만 선생은 친우들과 맥주병이나 터트리며 이야기하기를 좋아하는 낙천가적 풍이 있다 한다. 이같이 외모도 붉고 퉁퉁한 술부대의 감이 있지만, 사실로도 술을 즐겨한다 하니 안팎이 같이 맞는 인물이다.

선생은 경성제일고보를 마치고 일본에 건너가 오카야마제6고[岡山第六高]를 거쳐 도쿄제대[東京帝大] 문학부에서 특히 독어와 철학을 전공하고 다이쇼[大正] 14년에 교문을 나오자 경성제대 철학 조수, 수원고농水原高農의 독어, 보전교普專敎의 철학을 맡아 학생들의 환영을 받아 왔는데, 작년 봄부터는 대학 예과 전임강사로 독어를 현재 담임하여 지겟문처럼 열려진 이빨의 사이로 독어를 생산하여 학생에게 분급分給하고 있다.

선생에게는 '빈델반트'의 저『상등성相等性과 동일성에 대하여』의 번역이 있고, 현재 낭만주의시대의 철학과 문학의 역사적 연구에 몰두하고 있으며 선생의 서가 위에는 독문 원서가 그 반 이상을 차지고 있으니 선생이야말로 조선의 독일인이라 하는 것이 가합可合할 것이다. 이같이 책에서도 '저먼'이지만 활동사진도 '아메리칸'의 부화浮華한 영화에는 잠이 오지만 '저먼'들의 사색케 하는 영화에는 그 크고 뚱뚱한 속에서 눈물도 웃음도 통으로 받아낸다 한다.

어떤 학생들 가운데는 선생은 독어야 물론 잘 가르치지만, 공연히 남의 비평을 일삼기를 좋아한다고 입을 삐죽삐죽하는 학생이 없지 않다 한다. 그러나 그것은 시험 점수를 적게 받은 학생의 심술궂은 말이지, 선생이야말로 맘먹은 대로 아무 가식 없이 솔직하게 하는 성질이다.

그리하여 학생들 가운데서도 모르는 것을 아는 체하고 준비 안 해온 것도 해온체하는 그 '체'를 선생이 가장 미워한다고 한다. 선생 자신은 가르치다가 모르는 것은 사실 그대로 모르니 더 참고해 오겠다는 것을 서슴지 않고 말한다 한다. 이러한 성격이 물론 누구에게 대하여서나 본 그대로 평할 것은 그럴상 싶은 게 영부인이 임신 중이라는 것을 이야기하는 것이라든지 부인이 혹 솔직하지 못한 것을 자기가 고쳤다는 것 등을 선선하게 이야기를 하는 것을 보아 알겠다.

선생의 방에는 건물 사진, 인물 사진이 걸리었고, 한편 구석에는 큼직한 축음기가 놓여 있다. 식후면 귀여운 두 따님을 안고 노래 듣는 것을 유일의 낙을 삼는다 하니 이 지상낙원인가.

그러나 선생은 이러한 자미스러운 생활에 있으면서도 남만주에 널려있는 동포들의 어려움을 묻고 말함을 선생의 잊히지 않는 이들의 소식같이 하였다. 학자도 이 땅 사람이라 겨레의 설움이 시름되지 않을 수 없는 모양이다.

11

「조선의 역사 대가 단재 옥중 회견기」(전7회)

신영우, 『조선일보』, 1931.12.19~30

단재丹齋 신채호申采浩 씨! 그가 1910년 조선이 역사적으로 큰 변환을 하던 해, 표연漂然히 고국을 떠난 지 이미 21년에 한 번도 조선에 돌아오지 않았고, 또 그이에 대한 소식이 널리 사회적으로 전하여지지 않았으나 그러나 그이의 명성만은 은연隱然히 또 의연依然히 조선 식자층에 알려지고 그 성性이 지사志士로써 강직, 결벽한 것과 조선역사의 대가로서 깊은 조예가 누구보다도 탁월한 것은 비록 그가 최근까지 조선 내에 향하여 한 번도 그 온축을 발표한 적은 없었고, 또는 소개한 일은 없다 할지라도 그가 증전曾前 『황성신문』과 『대한매일신보』 시대에 주필로서 준열峻烈한 필봉과 웅대유려雄大流麗한 문장으로써 일세一世를 경진驚震케 하던 그 성가聲價와 함께 아직도 경모敬慕를 받고 있었다.

그러나 4년 전 단재가 동방무정부주의자연맹 사건에 관계되어 대만 타이베이[臺北]에서 체포되었다는 소식이 한 번 전하게 되자 오랫동안 끊어졌던 그의 소식이 의외의 사실로서 나타나게 되매, 일세의 경악과 흥미가 크고 많았으며 다시 최근 수개월 전부터 우리 신문지상에 그가 30유 여 년 깊은 연구와 세밀하고 넓은 조사와 꾸준하고 절륜絶倫한 노력을 경주한 '조선역사'와 '조선상고문화사'가 비로소 대중적으로 계속 발표 소개되매 심오한 내용, 풍부한 예중, 정확한 사실, 그 단아 첨예 웅혼雄渾한 필치筆致가 과연 조선역사 대가로서 추앙을 받던 소이所以를 바로 나타내며 수십만 독자에게 절대의 환영과 지지를 받고 있는 한편, 단재는 작년 4월 28일부터 뤼순형무소[旅順刑務所]에서 10년 고역苦役을 갖추고자 그날그날 철창에서 신음하고 있는 채로 소식이 묘연하였었다.

기자는 과반過般 의외 사변을 만나 이역 한천寒天에서 참담한 박해를 당하고 있는 만주 조난遭難 동포의 피난 상황을 조사하고 아울러 그들에게 일언一言의 위문이라도 하라는 사명을 받들어 만주에 갔던 것을 기회 삼아, 11월 16일 지극히 홀망忽忙한 여정에 틈을 타서 단재 신채호 씨를 뤼순 옥중으로 방문 면회하여 겨우 15분 간 서로 면대하고 돌아왔었다. 온 후 곧 단재의 옥중 소식을 전하고자 하였으나 개인의 사정으로 지금까지 천연遷延하여 만시晩時의 감이 있으나 이제 갈색의 옥중 적의赤衣를 입었을망정, 단정한 풍채를 가진 그때 그를 추상하면서 이 졸문으로 그의 최근 소식을 전하고자 하는 바이다.[1회]

11월 16일, 벌써 한 달 전 이야기다. 예년 같으면 이때에 벌써 넓은 만주 벌판에 한기가 충천衝天하고 삭풍이 살을 베일 듯한 영하 20여 도의 극한極寒이 습래하였을 것이나 금년에는 의외로 온난한 천후天候가 계속되어 전후 15일 간 남북 수천 리 만주 벌판을 몰아 다니는 사이에 한 번도 추위다운 추위를 당해보지 못하여서 만주는 추운 곳이라는 선입관 때문에 나로 하여금 오히려 만주 정취를 흐뭇하게 맛보지 못하였다는 다행하고도 섭섭한 생각을 갖게 하였다.

이날도 금번 조난 동포를 찾는 최종으로 15일 잉커우[營口]에 있어 300여 동포의 참상을 살피고 야행夜行으로 다롄[大連]을 향하는 차중車中에 '스팀'이 없어도 오히려 연일 피곤한 기자로 하여금 감몽甘夢을 탐貪케 할 만큼 기후가 춥지를 않았다. 아침 일곱 시 일본이 만몽滿蒙 발전의 정수精髓를 이곳에 모으고 근대적 가장 진보된 계획으로 장랑것 만들어 놓았다는 다롄역두驛頭에 처음으로 발을 멈추어 그 정거장 건물이 상상보다 몇 십 배 빈약하고 초라한 데 먼저 끽경喫驚하였고, 남부통藍部通 아스팔트 위로 값싼 마차를 달릴 때에 잠깐 엿본 외관이 처음으로 또 기어코 가보고자 하던 도시로서 깊은 인상은 고사하고 별다른 정취와 특색이 없어 평범하였다.

처음 펑톈[奉天]역전의 웅호雄豪한 맛과 창춘[長春]역전 대륙적인데도 다소 애수적인 북만北滿 정경과 지린시[吉林市] 중의 음울하고도 둔중鈍重한 중국미中國味와 하얼빈[哈爾賓] 기타이스카야街의 화려하고 고혹적인 러시아미[露西亞味]와 정가둔鄭家屯의 황막荒漠하여 살벌적인 몽고미蒙古味가 있어 다 각각 첫인상이 깊었으나, 다롄만은 그다지 큰 인상을 주지 아니한다. 그러나 기자가 다롄까지 온 것은 지금까지 한 번도 상대한 적은 없으나 마음으로서 늘 경모하던 단재를 옥중으로 방문 회견코자 한 것이었으므로 먼저 급하게 다롄형무소에 물어서 단재가 뤼순에 있다는 것을 다진 후 아침 9시 만선滿鮮 버스 뤼순행에 몸을 싣고 여대도로旅大道路를 달리었다.

이 도로는 러시아[露國] 제정帝政시대에 랴오둥[遼東]반도를 병탄하고 그것을 지반으로 하여 동양 진출을 꾀하고자 국력을 경주하여 여러 가지 시설한 사업 중에 한 가지 큰 자랑을 삼는 도로이니, 다롄서 뤼순까지 30리, 성유星油의 황해黃海 잔잔한 물결을 끼고 돌며 해안의 높고 낮은 산들 사이로 따라서 초복招伏하여 30리에 연장된 이 도로는 전부 콘크리트로 돌석(石) 하나, 풀초(草) 하나 없이 다져 놓은 것이 제법 굉장하고 참으로 호화스러워서 내가 지금까지 다녀본 도로 중에는 제일 좋은 것 같다.

약 한 시간 질주한 끝에 삼고지三高地의 요새 표치標幟가 멀리 바라보이니 □

□□로서 소위 난공불락의 요새지인 뤼순에 다다른 모양이다. 버스에서 내려서 미처 시가지를 살필 사이도 없이 인력거부를 잡고 서투른 중국어로 감옥으로 찾아가자고 겨우 일러가지고 이상스럽게 울렁거리는 가슴을 진정시키고자 애쓰며 형무소로 향하였다.2회

지금까지 다녀본 어느 감옥이든지 붉은 벽돌로 높이 담을 쌓고 무지한 철문이 굳게 닫혀서 보기만 하여도 미리 울입鬱壓한 기분이 나거니와 들어가려면 철문 한 조각으로 머리만 내미는 간수에게 문함門艦을 얻어 가지고 사무실로 가는 것이 대개 일정된 감옥의 구조 같았다. 그러나 뤼순감옥만은 사무실 건물이 붉은 담 밖에서 있어서 굳은 철문을 개폐하는 간수의 신세를 지지 아니하고도 곧 용무를 볼 수 있게 된 것이 감옥이라면 이상스럽게 싫증나는 생각을 가지고 오는 사람에게는 다소 경쾌한 맛을 갖게 한다. 더욱이 날은 좀 쌀쌀한 바람이 부나 맑게 갠 동절冬節 하늘이 해안도시의 독특한 청량미와 함께 기자로 하여금 경쾌하여 조금도 음울한 기분을 갖게 아니한다.

먼저 응접실 겸용으로 된 접수계에 들어가 인사를 마치고 단재 신채호 씨를 면회 왔다는 뜻을 전하였다. 감옥의 간수란 대개 오랫동안 죄수에게 많이 접촉되어 그런지 불친절하거나 □활猾하거나 그렇지 않으면 음험하여 따뜻한 인정미라고는 찾아볼 나위도 없이 대하는 사람으로 하여금 퍽 혐기嫌忌한 감정을 갖게 하는데, 이곳 접수계는 비교적 친절히 굴어서 혹시나 면회 되지 못하는 지도 모르겠다는 불안을 가지면서도 좌우간 가보기나 하자고 온 기자로 하여금 다소 안심을 준다.

면회 수속을 마치고 그 방에서 그대로 앉아서 기다리는 사이에 간수와 이것저것 이야기 하는 동안 간수가 신채호는 어떤 사람이냐고 묻는다. 기자 아는 대로 간단히 소개한 즉 간수가 다시 말을 계속하여 이곳에 수감된 후 가끔 제자

라 하고 늘 면회 오는 사람들이 있어 자기도 신채호란 이가 큰 학자인 줄 알았다 한다. 늘 그를 찾아서 오는 사람이 많은 모양이다. 기다린 지 약 40분간 계호계戒護係 있는 간수가 면회 온 이유와 친척 관계를 다시 물은 후 이말저말 구구한 다짐을 받은 뒤 비로소 면회실로 들어갔다. 보통 방안에 테이블을 중간에 놓고 서로 앉아서 이야기하게 되었다. 이것만 하여도 좀 진보된 셈인가?

약 1분이나 지났을 때이다. 간수에게 인도를 받아 단재가 들어온다. 오, 얼마나 불행한 일이냐? 기자가 어려서부터 집안 장로에게 늘 단재의 일화를 들었고, 그 천재적 재질과 강직한 성격에 늘 경모하던 나머지 더욱 멀리 와서 처음으로 대하는 선배를 이런 곳에서 이와 같이 만나게 됨은 참으로 피차에 불행한 일이다. 그러나 다시 생각하면 이것이 조선인으로서 피치 못할 사정이고 또 반드시 받아야 할 수난이라면 오히려 이런 곳에서 평시 경모하던 선배를 만남이 피차에 본회本懷일 지도 모르며 더욱 경건함을 돋우게 한다. 기자의 경험으로 보면 법정에서나 옥중에서 만나는 사람의 첫인상으로는 도저히 그 인물을 여실히 이해 인식할 수 없는 것이다.

그러나 이날 단재를 만날 때에 먼저 눈에 띄는 것이 그 날카롭고 맑은 눈동자이다. 지금까지 옥중 생활에 오랫동안 안질眼疾을 앓아 폐인이 되다시피 되었다는 소문을 듣고 제일 염려하였으며 또 그 성격으로 보아 건강이 퍽 손損했으리라고 믿고 갔던 기자에게 의외에 퍽 건강하여 보이는 것이 눈에 띈다. 서로 잠시 동안 바라만 보고 엄숙한 침묵이 계속된 다음 말문이 터지기 시작하였다.3회

"얼마나 고생 되십니까?" 기자로서부터 물었다.

"관계치 않습니다."

기자 "건강은 어떠하십니까?"

"그대로 지낼만합니다."

기자 "밖에서 소문은 안질이 생겨서 퍽 곤란하시다더니 요새는 어떠하십니까?"

"일시 곤란했으나 지금은 그것으로는 그다지 곤란치 않습니다. 좀 불편한 것은 하루에 여러 번 일어나서 소변보는 것이 이상할 뿐입니다."

생각보다는 비교적 건강한 모양이다. 그리고 그 말하는 것이 간단명료하고 솔직하다. 이와 같이 형식적 수사修辭로 한 문답에만 그치지 말고 좀 더 털어 놓고 이야기하고 싶다. 그러나 미리부터 간수에게 주의 받은 일이 있고, 또 앞뒤로 돌아앉아서 감시하고 있으니 무슨 이야기를 할 수 있느냐?

기자 "옥중에서 다소 책자를 보실 수 있습니까?"

"될 수 있는 대로 책을 봅니다. 노역에 종사하여서 시간은 없지마는 한 10분씩 쉬는 동안에 될 수 있는 대로 귀중한 시간을 그대로 보내기 아까워서 조금씩이라도 책 보는 데 힘씁니다."

그가 약관을 조금 넘어서부터 박학으로 이름 듣는 것이 결코 그의 천재에만 있지 아니하고 어려서부터 지금까지 조그만 시간이라도 아끼어서 자자孜孜히 노력한 까닭이라 하겠다.

기자 "선생이 오랫동안 노력하여 저작한 '조선역사'가 『조선일보』 지상에 매일 계속 발표됨을 아십니까?"

"네. 알기는 알았습니다마는 그 발표를 중지시켜 주었으면 좋겠습니다. 그 것은 내가 지금까지 비록 큰 노력을 하여서 지은 것이라 하나 그것이 단정적 연구가 되어서 도저히 자신이 없고 완벽된 것이라고는 믿지 아니합니다. 돌 아가시면 그 발표를 곧 중지시켜 주십시오. 만일 내가 10년의 고역을 무사히 마치고 나가게 된다면 다시 정정하여 발표하고자 합니다."

얼마나 학자로서 겸양하고 그리고 또 솔직한 말이냐. 그의 반생의 결정으로 아지我紙에 한 번 그 역사가 연재되자 그 심오한 연구, 정연한 체계, 투철한 관찰, 풍부한 예증은 현대 사기史家로서 누구나 추종을 불허하는 바이며, 절대의 열광적 환영을 받고 있음에도 불구하고 단재는 결코 그것으로서 조금이라도 자만하거나 만족함 없이 불만족을 느끼고 다시 완벽을 기期코자 생각하고 있으니 얼마나 귀중한 태도이며 학자로서 얼마나 경건한 태도이냐?

기자 "그와 같이 겸손하여 말씀하지마는 그것이 한 번 발표되자 조선에서는 큰 환영을 받고 있습니다."

"내가 그것을 지을 때에는 결코 그와 같이 연連히 발표하려고 한 것이 아니고 좀 더 깊이 연구하여 내가 자신이 생기기 전에는 발표하고자 아니한 것이 중도에 이러한 처지에 당하여 연구가 중단되었으나 다행히 건강한 몸으로 다시 세상에 나아가게 된다면 다시 계속 연구하여 발표하고자 한 것입니다. 그러고 퍽 망념忘念된 생각이나 조선사색당쟁사朝鮮四色黨爭史와 6가야사六伽倻史만큼은 조선에서 내가 아니면 능히 정확한 저작을 못하리라고 믿고 있습니다. 그러나 이 중에서는 그런 것은 쓸데없는 소리고 만일 내가 건강하게 세상에 다시 나아가게 된다 하면 이것만은 자신 있게 발표할 수 있다고 늘 생각하고 있습니다."

기자 "대관절 건강이 앞으로 능히 8년을 계속하겠습니까?"

기자로서 얼마나 각박한 물음이냐? 지금 생각하면 왜 그런 무원려無遠慮하고 대담한 말을 하였는지 후회가 난다. 그러나 그때 그 자리에서는 스스로 그와 같이 묻지 않을 수 없었다.

"이대로만 간다면 8년의 고역은 능히 견디어 가겠다고 자신합니다. 가시면 나를 위하여 걱정하는 친지에게 말씀하여 주십시오."

아무쪼록 그를 위하여 완전한 건강이 지속되기를 심축心祝한다. 4회

단재와 기자의 문답은 옆에 있는 간수의 시간 재촉으로 말이 순서 있게 못 간다. 그는 이어서 기자의 집안일을 묻고 우리 일보日報에 대한 최근 소식을 묻고 그리고 벽초碧初 홍명희洪命熹의 소식을 묻는다. 벽초는 학생 사건에 관련되어 지금 서대문형무소에서 고역 중이라는 것을 말한 즉 그는 점두點頭할 뿐 한참 있다가 같이 고생하는 친우를 다시 생각한 듯

"그래서 내가 그동안 여러 번 편지를 하였어도 아무 소식이 없었군…."

다시 한 번 간수가 시간 재촉을 한다.

기자 "무엇 부탁하실 말씀은 아니 계십니까?"

"조선에 돌아가시면 『국조보감國朝寶鑑』과 『조야집요朝野輯要』를 차입해 주십시오. 그리고 에스페란토 원문 책과 자전字典을 보내주십시오. 끝으로 서울 있는 내 자식-금년 11세로 교동보교敎洞普校에 다닌다-의 공부 시킬 것이 퍽 걱정되나 이 속에서 그런 것을 생각하는 것은 오히려 어리석은 일인 고로 아주 단념했습니다."

단재는 결코 가정의 사람은 아니다. 그가 15세에 취처娶妻를 하였으나 약관에 이르기 전부터 52세 되는 오늘까지 방랑 생활을 계속하여 가정생활과는 아주 인연이 적은 사람이었다. 13년 전 베이핑[北平]에서 박자혜朴慈惠 씨를 취하여 그 몸에서 신수범申秀凡, 2세, 신두범申斗凡, 4세 두 아들을 얻었는바 5년 전 박자혜 씨는 조선으로 돌아와 지금 인사동 125번지에서 구차한 살림으로 그 남편의 출옥을 기다리는 한편 어린 아들들의 교육을 위하여 갖은 고통과 싸워가며 지내간다. 단재는 어린 아들 수범을 극히 사랑하였다고 한다. 그러나 지금은 수천 리 아득하게 떨어져 귀여운 아들의 얼굴을 보기는커녕 소식도 가끔 듣지 못하니 얼마나 애타는 일이겠느냐? 더욱 커가는 아들의 교육문제

를 위하여 고심함도 결코 무리한 일은 아니다. 그러나 옥중에서 생각하여야 소용이 없으니 차라리 단념하겠다는 말을 들을 때 기자는 가슴이 막히는 듯 무엇이라 그 말에 응하여야 좋을는지 몰랐다.

기자 "될 수 있는 대로 너무 이것저것 생각 마시고 건강에 힘쓰시기 바랍니다."

"고맙습니다. 결코 헛된 생각은 아니하고자 합니다. 그리고 건강도 이만하면 능히 지속되리라고 자신합니다. 돌아가시면 내 소식을 묻는 이에게 전해 주십시오."

너무 시간이 지났으니 이야기를 그만 두라고 입회 간수가 명령한다.

기자 "안녕히 계십시오."

"고맙습니다. 잘 가시오."

단재는 다시 간수에게 인도되어 나가버린다. 얼마나 섭섭한 일이냐? 한 번 만나보겠다고 하던 그를 비록 이런 곳에서 만났을망정 좀 더 탄회坦懷하게 이야기하고 싶었으나 불과 만난 지 15분에 다시 헤어지고 만 것은 참으로 섭섭한 일이었다. 간수에게 그가 독방에 있는 것과 비교적 건강히 지낸다는 것을 듣고 적지 않은 안심을 가지고 옥문을 나섰다. 쌀쌀한 듯 밝게 개인 겨울 햇볕이 여전히 따뜻하게도 비췬다. 다시 단재의 건강을 심축하였다. 끝으로 이 것을 기회 하여 기자의 아는 범위에서 단재의 약력을 소개하고자 한다.5회

단재 신채호의 고향은 기자의 향제鄕第와 인접한 충청북도 청주군 가덕면加德面 화산리花山里였으나 그가 출생하기는 1879년 충남 대전군 산내면山內面 도림리桃林里이다. 그의 가계는 소위 봉건적 시대의 양반으로 선비의 생활을 하여 오던 집안이니 일찍부터 재명才名을 듣던 집이었다. 그 조부 신성우申星雨 씨는 연소年少하여 강경講經 급제로 문과 정언正言에 진사進仕하였으나 중간에 환로宦路를 끊고 은거하였으며 그 부 신광식申光植씨는 38세에 요절하였고 그 형 신

재호申在浩도 역시 20세에 요절하였으나 모두 출중한 재기로써 당시 경향에 그 이름이 높았다.

단재는 유시幼時에 부친을 사별하고 엄격한 조부와 자애한 편모의 슬하에서 생장하다가 7~8세 경에 가사의 형편으로 청주군 낭성면狼城面 고도미古道尾에 와서 자라났다. 그는 어려서부터 재질이 참으로 표일하였나니 6세에 입학하여 7~9세에 능히 통감通鑑 전질을 마치고 12~13세에 경서經書를 능히 독파하며 무엇이든지 일람첩기一覽捷記하여 신동의 이름을 들었다. 당시에 벌써 『삼국지』, 『수호지』 등을 애독하였다 한다. 단재는 그때 학자로서 이름 있던 그 조부에게 수학하였으니 그 조부의 성격이 강직 엄격하여 글 배우는 때에 무엇이든지 한 번 가르쳐 곧 알지 못하고, 또 암송하지 못하면 심히 매를 때렸다 한다. 지금 생각하면 그 교육법이 너무 봉건적이었으나 그때에는 이것으로써 능히 인재를 양성하였으니 단재가 천재적 재질에 또 그 조부의 엄격한 교육을 받아 15~16세에는 이미 대인大人으로서 성숙된 감이 있었다 한다.

그러나 어려서부터 그 성격이 외면으로 보면 못나고 흐린 듯하여 도무지 의식衣食에 무관하며 자기 감정을 표현하지 않아 동반同伴 사이와 그 부근에서 몹시 흐리다는 소리를 들었다 한다. 단재가 15세 때 그 조부가 그를 데리고 이야기하다가 세상 사람이 모두 너를 보고 흐리고 못났다 하니 무슨 까닭이냐 물었다 한다. 그 말에 단재는 "나보고 못 생겼다고 말하는 세상 사람들도 별 수 없습니다" 대답하였다는 것은 지금도 유명한 일화이거니와, 세상 사람이 비록 자기를 못났다 하여도 조금도 아무렇게 생각하지 아니하고 내명외환內明外患하여 세상을 비예睥睨하여 왔다. 그가 17세 때에 자기 조부와 같이 기자의 집을 찾아 왔을 때 기자 조부와 함께 시작한 것이 다음 시詩이니 얼마나 그때 벌써 한학의 수양이 깊었고 재질이 뛰어난 것을 알 것이다.

고원문물총의전故園文物總依前 유아풍류불용선儒雅風流不用仙 봉수옹창위특지峰

樹擁蒼爲特地 현영가백우양천峴永呵白又凉天 향수월조방성몽鄕愁越鳥方成夢 시의오잠

정입면詩意吳蠶正入眠 □음파독총겸화□吟罷讀叢兼話 한인취미신유연閒人趣味信悠然

단재 작作

조년재예요인전早年才譽耀人前 이시청도식자선爾是淸都識字仙 추수정신칭아사秋

水精神稱雅士 낙하명구탄기천落霞名句歎其天 운심고동다유취雲深古洞多幽趣 동애소첨

족취면冬曖疎簷足醉眠 구폐음시사갱□久廢吟詩思更□ 산남석기견유연山南夕氣見悠然

기자 조부 작6회

단재는 20세 경에 그 조부와 같이 상경上京하여 판서 신기선申箕善 씨의 □총
을 받아서 성균관에서 공부하는 동안 그 재명才名은 당대 장안에 높이 떨치었
고, 박학함은 누구든지 경복하였다 한다. 단재가 책을 보는 것은 그대로 책장
을 세는 것 같아 훌훌 넘기면서도 하나도 빼지 않고 모두 기억하였다 한다.
종로 서포 점두에 서서 수일 동안 점중店中에 쌓인 책을 전부 독파하였고, 친
지의 집에 가서는 그 집이 책이 얼마가 있든지 있는 대로 독파하지 아니하면
움직이지 아니한 것은 당시 유명한 일화이다.

그러나 단재는 그때부터 다만 한학에만 몰두하지 아니하고 널리 서양 문물
을 연구하였었으니, 22세에 기자의 향리 인촌隣村인 인차리仁次里에 설립된 문
동학원文東學院에 와서 시대의 변천과 한문 무용론을 주장하다가 배척을 당한
것 같은 것은 그가 벌써부터 가장 진보된 사상을 가진 것을 규지窺知할 수 있
을 것이다. 그 후를 경성에 있어 27~28세 때부터『황성신문』,『대한매일신
보』등 주필로 준열한 문장으로 일세一世를 경성警醒하였고 천하를 논하여 일대

에 문명이 날리었으며 대한협회에 참여하여 그 기관지인 회보에 투고하여 당대에 사자후 함은 지금껏 널리 기억되는 일이다.

1910년 시국의 불리를 느끼고 표연히 조선을 떠나 남북 만주로 북중국을 주유周遊하여 조선역사를 조사 연구하다가 4년 전에 붙들리어 영어囹圄의 몸이 된 것이다. 단재가 조선역사 연구에 유의한 것은 24~25세 때부터인 듯하며 그가 이래 수십 년 전심 경력傾力하여 노력함으로써 금일 조선역사 대가의 명망을 듣는 것은 보통학자로서의 탐구욕에서만 나온 것이 아니고 그가 당시 기울어지는 천하대세에 대하여 깊은 감흥을 느끼고 뜨거운 애착을 가지었기 때문이라 하겠다. 융희 2년 5월에 그가 발표한 「역사와 애국심의 관계」 같은 논문은 조선인으로서 역사론을 발표한 효시요, 또한 가장 귀중한 논문이거니와 그가 범용凡庸한 학자만이 아니었다는 것을 잘 증명한다. 끝으로 다만 옥중에서 그의 건강을 빈다.7회

12

「석농 선생의 역사 언어」(전9회)

애류생, 『조선일보』, 1932.3.26.~4.6

석농石儂 선생은 새로이 소개할 것까지는 없는 줄 안다. 지금은 사회장社會葬이란 명사가 생겼지만 10년도 옛적이라 사회장이란 그 명사가 없이 굉장한 사회장으로 그 전 동아일보 자리에서 발인되어 중간에 여러 번 노제路祭를 누리시고 영영 자취를 감추신 일은 몸소 보아 기억하는 이가 많은 것이다.

그가 돌아갈 임시臨時에는 별호別號를 고치었으니 그 까닭은 여러 가지일 것이나 간단히 말하면 하나이다. 말을 잠깐 돌려 이야기하면 그는 젊은이들하고 놀기를 좋아하였다. 그때에 젊은이들하고 놀기 좋은 늙은이는 두 분이 있었다. 곧 하나는 여기 문제하는 석농 어른이요, 하나는 또한 세상에서 잘 아는 월남月南 이상재李商在 어른이다. 그들이 연세로 말하면 10여 년 차이가 있어 월남이 존장尊長이다. 그들이 벌써 근 1세기 전이나 장유의 분별로 노소의 범절을 확실히 차리며 차릴 줄 아는 이었건마는 그들은 늙기에 미처는 그 분별 그 체면을 없이하고 너나들이를 하며 욕설까지 하여 도무지 아무 분별이 없이 지냈으니 이것은 물론 그 늙은이들이 늙기에 고독을 깨치려는 생각에서 일어난 일이라고도 하겠지마는 실상은 여러 말할 것 없이 그들이 뜻이 맞고 일이 같은 까닭이다. 그러하지마는 그래도 안 차리는 체면이 자연 차려져서 가끔 외짝 욕을 먹는 이는 나이 10여 년이나 아래 되는 석농 어른이었다.

그런데 석농 어른이 어찌하여 별호를 고쳤으며 고친 별호는 무엇인가. 앞서 말한 바와 같이 그는 젊은이들과 놀기를 좋아하며 뜻이 다른 까닭, 말하면 뜻이 없는 좋은 까닭이니 그때에 한참 주시경周時經 선생의 계통을 받아 가갸거겨를 떠들고 국문이니 국학이니 하여 이것을 바로잡고 이것을 세우자고 의논하고 외치던 끝이라. 그럼으로 그가 그러면 나도 너희와 같이 일을 해야겠고, 내가 너희만 못할 까닭이 있느냐. 위선 내 별호부터 고쳐야겠다 하여 새로이 돌놈석창(石傖)이라 하고 젊은이로 하여금 이제로부터는 돌놈이라 하라 하였다.

이 돌놈이란 뜻은 그의 설명이, 나는 아니 우리는 아무 것도 없는 사람이매 맨대 없이 따두뜨러진 돌놈 곧 '돌놈'이다. (여기에 의미가 있다.) 그러나 그가 자기 또래 곧 자기 연갑年甲 되는 이끼리 어느 시축詩軸 끝이나 무슨 문서상에 쓸 때에는 '돌놈'이라 쓰지 않고 반드시 석창이라고 썼다. 이는 물론 그가 주무르는 서적이 한적漢籍이요, 써내는 글발이 한자임으로 하여 그러하기도 하겠지마는 그가 아무리 젊은이를 쫓는 모든 것을 파격하고 좋은 뜻이 있다 하여도 이내 습관 하나에는 아주 벗어나지 못하는 까닭도 없지 않다. 그럼으로 젊은이들이 그를 만나서는 그야말로 버릇없이 그를 시달린다. 선생이 조선말로 별호를 지어 젊은이더러 그리 부르라 하시고 실제 쓰시기는 석창이라 쓰시니 선생이 어째 명실이 상부하지 아니하며, 또한 석창이라는 뜻이 돌놈하고 같습니까. 선생은 또 남에게 지지 아니하는 성미라 무엇이고 어떻게 휘어대든지 휘어대어 변명하고 말았다. 그럼으로 어느 연회 끝 재담才談 추첨에 용수 설명이 '석창 선생의 우김성'이라고 나왔다. 그리하여 그는 그것을 보고서 젊은 놈들의 아가리는 과연 버릇없다 하였다.

한번은 (판독불능-엮은이) 지한다는 말이 나서 이것이야 아무래도 한문이지 너희들이 달리 설명할 도리가 있겠느냐 하고 호지부지는 호지부지가 아니라 휘지비지니 곧 숨기고 감추어 없앤다는 뜻으로 휘지비지諱之秘之라 하였다. 그리하여 그 자리에서 소년으로의 나는 짐짓 반대하였다. 그 말이 한문으로 된 말이 아니라 순조선 말이니 말소리가 휘지비지가 아니라 호지부지이며 휘지지라 하여도 한문이 아니라 설명할 수가 있으니 휘지비지는 곧 휘지르고 비비적거려 없애고 만다는 말이라 하였다. 그러니까 그는 또 에, 그 젊은 놈들이란 할 수 없다 하였다.

또 그는 가끔 우스개 언사가 많이 있었으니 누가 신선술을 물으매 조선은 썩 예로부터 선교仙敎가 신교神敎 일파로 내리 전하여 문적과 전설이 많으며 조선의 선교가 지나支那에까지 영향을 주어 지나의 도교는 조선 선교에서 근원하였다는 설명을 일껏 하다가 마지막에 가서 내가 신선 알지, 신선은 장생법長生法과 비승술飛昇術을 가지는데 어떤 사람이 신선이 되어 하늘로 올라간다 올라간다 하고 이것 봐라 이것 봐라 하다가 그만 올라가 없어졌단다 하고 손을 번쩍 들었다. (좌중이 하하)

주시경 선생은 조선말로 이름을 '한힌샘'이라 하였으니 그 뜻은 아마 태백천太白泉일 것이다. 주 선생이 돌아가셨을 때에 선생은 놀라는 말씀으로 아, '두루때벼리'가 죽었어, 쓸 사람은 죽어, 내나 죽지 하고 애석하는 마음과 늙은이의 정을 표하였다. 그런데 이 '두루때벼리'란 말은 주 선생이 조선말을 연구한다 하여 그때 보통 생각으로 '조선말을 연구하라고' 그러면 저도 주시경이라 하지 말고 '두루때벼리'라 하지 하고 조롱한 말들이 있었는데, 선생이 늘 이 말로써 주 선생을 희롱한 까닭이다. 그런데 주 선생 집은 야소교도耶蘇教徒임으로 선생의 상청喪廳을 베풀지 아니하였다. 그리하여 석농 어른은 그래 그 거룩한 사람의 상청을 아니 해놓다니 야소교 믿는 놈은 제 아비를 생각하고 기념하는 자리를 차려 놓는 것도 마귀야, 아비도 마귀야 하고 더욱 애석을 표하며 겸하여 자기의 소신을 자기의 옳다는 생각을 베풀어 마지않았다.[1회]

석농 선생을 곁으로 한 번 보면 키가 후리후리하고 얼굴이 얼금얼금하니 말소리가 덜덜하며 행동이 설설하기 때문에 누구든지 그를 처음 보고는 그가 무슨 지킴성이 있을 것 같지 아니하고 그저 한 호한好漢같이 생각되겠지마는 실상은 그 설설한 속에 뜬뜬이 있으며 얼금얼금한 속에 차분한 것이 있으며 후리후리한 속에 달안진 것이 있었다. 그리하여 자기가 지키는 데에는 쌀쌀하기 서리 같으며, 무서워 범치 못할 것이 있다 하여 그가 여생이 대단히 설설屑屑하였지마는 도무지 구길 이 없고 늘 허탄虛坦 평화하였다. 평화함으로 그를 허는 이가 없으며 허탄함으로 남이 그를 믿었다. 그러나 여기에 딸려오는 것은 살림이 점점 차게 되었다. 그러나 당堂에는 항상 손님이 그득하며 손에게는 거의 이바지가 끊임없었다. 하여서 구차한 친구가 의론議論을 오며 고학생苦學生의 졸음을 치른다 함으로 끼니를 잇지 못하되 이러한 치닥거리는 한 적이 많았다. 그러나 지키는 데는 무서웠다. 말하면 아무리 어렵다 하여도 의義를 팔지 않았다. 그럼으로 어느 쪽에서 이름만 두어주면 시수柴水의 걱정은 없으리라는 권고도 물리쳤으며 자기의 죽마의 우友요, 연사간連査間인 모씨某氏하고도 의에 어그러졌다 하여 친교를 끊었다.

선생이 이미 고인故人이지마는 정말 고인에 대한 이야기 같은 이야기다. 이러한 중에도 말에 대한 유의留意가 있으며, 틈틈이 역사를 적어 가끔 시회時諱에 쓰인 적도 있었다. 그리고 시에는 특장이 있는지라 이사 언행으로 펴지 못한 언행이 시로 드러나 있다. 그가 성질이 설설하니 만큼 우스개와 실없는 장난이 많았으니 박겸곡朴謙谷 은식殷植 선생하고는 일찍부터 교분이 깊어 글을 같이 쓰고 일을 같이 지내이매 공무를 같이 본 적도 오래였다. 『황성신문』에서 붓을 잡을 적이다. 이 선생들이 점심을 매양 2전 5리짜리 설렁탕으로 이었는데, 겸곡 선생은 영변寧邊 어른이라 서울 사정에 익지 못하여 아니 시골 양반이라 그러한 것보다 그전 선비들이란 그러한 것으로 물정에 어두운지라 설렁탕을 자시되 소금과 양념을 타는 주의가 없었다. 그리하여 간 없는 맨 설렁탕을 4~5일이나 계속하였다. 5~6일째 되는 날에 다시 점심들을 시키는데 또 설렁탕으로 의론이 도는지라 겸곡 선생이 계시다가 천천히 입을 열어 "에이 나는 설렁탕 싫어" 하였다. 석농 선생이 옆에서 왜 그리하나 하였다. 겸곡 선생이 "어이, 싱거워. 나는 싫어" 하였다. 이것은 다 석농으로부터 시작하여 좌중이 박장대소하였다. 이것은 다 석농 선생이 겸곡이 설렁탕 자실 줄을 모르니 며칠 장난을 해보자 하고 다른 친구에게도 눈짓을 하여 소금 양념 타는 것을 알리지 아니하기로 귀뜸하였던 것이다. 겸곡이 석농을 탁 치며 "이놈아 사람을 그렇게 속여 모두가 네 짓이지. 어른을 모르고" 하였다. 참 태고적 양반들이시다.

이렇게 허탄 평화로 지내시는 동안에 세상은 이들과 같이 평화치 못하였다. 덧없는 세상은 사람과 어기어 소시素沙에서 일청日淸이 씨름을 건 지가 10년 전이오, 월미도 밖에 일러[日露]가 어울리기는 바로 그 해다. 조일朝日 친선이 날로 도탑든 끝에 귀찮은 외교권을 일본에 맡기는 조약이 맺어졌다. 선생이 이에 그의 무기인 붓을 빼었다. 이때에 초草한 것이 세상에서 떠드는 소위 「시일야방성대곡是日也放聲大哭」이다. 이 때문에 『황성신문』은 필화를 당하고 이 글 주인은 책임상 장위암張韋庵 지연志淵으로 알게 되었다. 그러나 어쩐 일인지 선생은 위암에게 대하여 늘 불마땅함을 가졌다.

심지어 어떠한 술자리에서 웃음 겸하는 말로 "너는 이름은 지연이나 뜻은

다 풀어지고 너 가진 것은 없다" 하였다. 그러나 장위암은 그때에 무슨 뜻을 가졌던지 그 잘 웃는 솜씨로 하하 소리를 치며 워낙 좋은 사이라 대꾸를 하지 아니하고 "석농, 자네 어서 술 먹게, 나는 술이나 먹지" 하였다. 이때에 석농은 바둑을 즐기는지라 바둑판으로 돌아앉았다. "자, 누구 바둑 두자" 하며 바둑을 꺼내 쥐고 대국하는 이에게 "네까짓 바둑이야 바둑이냐. 어른만큼이나 두어야지. 그러나 나도 옛적 사람만은 못하여 삼국三國적은 모든 것이 융성하니만치 유희인 바둑도 장족진보하여 당나라서 신라에 사신을 보낼 적에 정사正使는 선비인 외교가를 보내지마는 부사는 반드시 바둑의 선수善手를 보냈는데" (이 선비란 말은 학자라는 뜻이다) 하고 이때의 그는 바둑 두는 것 같지를 아니하고 무슨 역사 강연을 하는 것 같았다.

그리고 무슨 뜻으로 이 글을 읊는지 글을 읊었으니 곧 선생단제무신세先生壇帝戊辰歲하여 안급기왕호마한眼及箕王號馬韓을 시조체로 한 번 읊고 "자, 어서 두어라" 하고 바둑을 땅땅 놓았다. 그런데 이 글은 단종端宗 때에 홍소총洪篠叢 유손裕孫이 남추강南秋江 효온孝溫의 금강산 구경 간다는 말을 듣고 홍이 먼저 가서 절벽에 써놓고 추강을 속여 장난하던 글이다. 생각건대 아마 대국하던 이가 자기와 대단히 상합相合하던 이인가 한다.2회

선생은 유학자이지마는 보통 유학자가 아니었다. 학學이 신구를 통하여 가위 다방면이었다. 말하면 옛말로 백가百家를 회통會通하였으며 근래로는 동서를 섭렵하여 그에게는 나반那般 아만阿蠻만 있는 것이 아니라 아담[亞當] 하와[夏娃]도 있으며, 공구孔丘 도척盜跖만 있는 것이 아니라 예수[耶蘇] 파순波旬도 있으며, 장주莊周 순향荀鄕밖에 아리스토텔레스[亞理斯多德] 칸트[康德]도 있고 반초班超 장건張騫과 같게 알렉산더[亞歷山大], 각관閣觀도 있고, 사대육신四大六身만 아는 것이 아니라 200여 골격骨骼도 알고, 태양이 동출서몰하는 것이 아니라 지구가

공사전公私轉을 하는 것이라고 설명까지 하였다. 이것은 그가 무슨 일어를 배웠거나 영문을 공부하여서 그런 것이 아니라 그가 일찍부터 지나로부터 오는 한역漢譯 서적을 얻어 보아 그때 말로 말하면 일찍 개화한 까닭이다. 그러나 그가 그것쯤으로만은 만족하지 아니하였다. 그리하여 그의 입에서 가끔 나오는 말이 내가 만일 돌이켜 어학을 공부하였다면 좀 더 해볼 것이 있는 것을 하였다. 지금까지 태서泰西니 법덕法德이니 화차륜선火車輪船하고 말이 쓰이는 것은 다 그들이 보고 쓰던 말이다.

선생은 또 생각하였다. 사람은 반드시 믿는 데가 있어야 한다. 곧 종교가 있어야겠다는 것이다. 이는 그냥 세상에서 떠드는 그러한 무슨 종교가 아니라 사람이 믿음이 있어야 마음이 튼튼하며, 마음이 튼튼하여야 하는 일에 자신이 있다는 것이다. 그리하여 자기가 의신依信한 데는 조선 상고로부터 내려오는 대종교大倧敎이다. 그가 여기에서 교敎의 의식을 받들며 대종大倧의 교리를 깨는 것은 물론이지마는 옆으로 종교 더욱 조선 고래의 종교를 조사 연구하며 조선祖先 전래의 언어 습속과 문헌 전적을 채집 토색討索하였다. 함으로 그가 어휘도 많이 알며, 민족적 종교 심리도 매우 짐작하여 그를 보면 그의 언행의 민족적-조선적 국수國粹에 많이 쏠림으로 그가 남보기에 한 국수주의자-국학國學 전주자專主者 같이 보이기도 하였으려니와 아무튼지 그가 사람이 믿는 데가 있어야겠다 하였으며 자기 생각으로는 대종교가 가장 자기가 의신할 데라 생각한 것 같다. 이 대종교로 하여 그의 여년餘年에 조선학 소양이 더욱 깊었으며 소신이 더욱 컸었다. 그리하여 그의 말이 갑갑하지 아니하고 행동이 구김이 없었다 하여서 그 이야기가 가끔 신교神敎大倧敎 선교에 당한 것이며, 외우는 글이 그쪽의 것이 많았다. 먼저 바둑을 두면서 외우던 시도 역시 선파仙派의 시임을 보아 알 것이다.

마침 세소世騷를 알러 다니는 정찰偵察군을 만났다. 이 군이 좌중인의 성명을 모두 알아 가다가 선생에 갔다. "당신은 성명이 무엇이오", 선생이 대답하기를 "유근柳瑾이를 몰라, 젊은 사람이 늙은이에게 버릇없이 임진란壬辰亂에 유근柳根이는 군량미를 날렸지마는 이 유근이는 그대네들의 전조선 민량民糧을 대려 하는데." 이 군이 뜻밖에 당하는 일이요, 그 늙은이의 하는 말이 좀 이상하여서 어찌 생각하였는지 "당신이 부자요" 하였다. 선생이 "저런, 부자가 누구 양식 대나. 우리 대종교는 조선 사람의 양식부터 대는 종교야" 하였다. 이 군이 그제야 알아듣고 그들의 말대로 "당신 대종교군이요, 늙은이가 말 좀 조심하시오" 하였다. 이때에 옆에서 누가 그 군과 안면이 있는지라 그만 두어, 석농 유근 선생을 몰라서 그리하여 하였다. 그분이 석농이란 말을 유근보다 많이 들은지라 유근이 석농인 줄은 그제야 잘 알고 "아, 노인 선생이 바로 말씀하시지 왜 그러시오" 하여 한바탕 웃은 이야기가 되었다.

선생의 행의行儀가 많이 이러한 지라 우스운 이야기가 더러 있다. 한번은 광문회光文會에서이다. 추인秋人 정교鄭喬라 하면 또한 아는 이가 많이 있다. 그는 지금 배재고보, 예전 배재학당과 관계가 있으며 서양 사람과의 교제를 하던 늙은이로 영어를 아는 이요, 또한 자긍이 있는 이라, 어학 이야기가 나오면 영어 이야기를 하고, 더욱 문법은 자기가 잘한다 하여 자랑까지 한다. 석농 선생이 막역간이라 "자네 영어야 그것을 가지고 영어라고 할 수가 있나, 영어는 나만큼이나 해야" 하였다. 추인이 비웃으며 "네가 영어라니 어디 해 보아라" 하였다. 선생이 천연天然히 그럼 영어를 못하여 내 한마디 할 터이니 네 들어 보아라 "아-성-농 간나영미이만" 하고 소리를 뚝 그치며 "자 무엇이냐" 하였다. 추인이 이에 그것은 참 나도 모를 영어다 하고 웃고 옆에 사람은 무슨 영문인지를 몰라 멍멍하였다. 선생의 설명이 있다. 추인 내 영어도 모르니 영어를 안다 하여 내 설명하지 말게. "아석농간나영미我石儂看那英米이만"이란 말이다. 추인이 그것이 어디 영어냐, 나는 '간나' 어쩌고 하기에 '캔낫' 무엇인 줄 알았지 하고 선생이 그러기에 용한 영어가 아닌가 하여 젊은이의 허리를 부르질렀다. 이때는 선생이 신자전편찬新字典編纂으로 골몰하고 젊은이들은 조선어사전을 편찬하느라 떠들던 판이다.3회

　선생이 평화의 인물인 것은 이미 말하였거니와 선생은 또한 풍류의 사람이다. 글이 실재實在였다. 시를 잘하겠다, 시조도 알고 바둑도 잘 두고 술도 잘 자시며 외입판 경우도 많이 짐작하겠다. 이와 같이 방면이 좁지 아니함으로 그를 학자라 일컫기보다는 선비로, 그냥 선비가 아니라 상식이 풍부한 선비며 행세가 점잖기 때문에, 아니 수조守操를 하기 때문에 진실로 선생님이다. 말하면 글 하는 선비로의 선생뿐이 아니라 행의行儀 점잖은 선생, 과연 본 것 받고 우러를 만한 선생이다.

　하여 그는 세상 젊은이에 대한 공편公偏한 꾸지람은 있으되 집안 자질子姪에게 대한 사사私事의 꾸지람은 없으며 세상 살림에 대한 큰 걱정은 있으되 집안 살림에 대한 작은 걱정은 없었다. 선생이 어떤 젊은이가 술 먹고 실수하였다는 말을 들었다. 그리하여 그 젊은이에게 꾸짖는 말씀이 사나이가 술을 먹으면 술을 이겨야지 술에 져서 실수가 무엇이냐, 예전 늙은이 호랑이 때려잡지 아니한 늙은이 없다고 내가 시하侍下로 있을 적에 부모 몰래 술을 먹은 것이 아니다. 그러나 술 먹고라도 (판독불능-엮은이) 어버이 앞에 손을 맞잡고 섰을 때에 술기운이 어디 범한단 말이냐. 술을 먹고라도 주의 끝하면 실수할 까닭이 없다고 점잖이 정답게 꾸짖으셨다.

　이 말과 같이 선생은 술을 자시되 실수한 적이 없었다. 남이 못 보는 실수는 있는지 모르되 남 보는 실수는 없었다. 술 이야기가 났으니 말이지 그가

술을 자시고 얼큰하였을 적에 여흥의 시조를 부를 판에는 과연 풍류다웠다. 한 번은 여러 젊은이로 더불어 청량리로 가서 소일消日을 갔었다. 낮 동안 실컷 노닐고 저녁 때 해가 뉘엿뉘엿 넘어가고 마을 집 저녁저녁 연기가 술술 올 때였다. 일행이 발을 돌려 보금자리를 찾아 돌아오는 길에 선생이 구당矩堂이 시를 잘하지, 그의 취량시鷲梁詩에 다소전가청초반多少田家靑草畔에 취연희견일서류炊煙稀見日西流 같은 것은 가위 유지有志의 시지, 저 아직까지 굴뚝에 연기가 나지 아니하는 집은 양식이나 없지 아니한 것인지 하고 적잖이 걱정하였다. 옆에서 어떤 젊은이가 "선생, 구당이 누구야요" 하고 물으니, 선생이 "허허, 구당을 몰라. 한말 지사 유길준俞吉濬 씨를 몰라. 이놈들아, 조금 있으면 유근이도 모르겠구나" 하여 자기의 본조本調를 드러내었다.

일행이 혹 앞서고 혹 뒤져서 그야말로 인영人影이 산란散亂한데 선생이 뒤에서 앞에 젊은이들을 부르셨다. 이때에 선생이 서신 곁에는 어떤 늙은이 한 축이 술이나 반이 넘어 취하여 풀을 깔아 자리하고 흥에 겨워 시조를 부르는 판이다. 선생이 젊은이들에게 너희들이 문학을 공부하고 시조를 짓는다 하되 정말 시조를 들어본 적이 없을 터이다. 이 노인들이 정말 시조를 부르니 이 고조古調를 한 번 들어보자 하고 그 늙은이들에게 한 번 듣기를 청하였다. 그들이 선생을 대하여 "당신이 시조를 아오 그려. 근래 젊은 애들의 시조야 그것이 시조요, 겨우 천자千字짜리지" 하며 당신이 시조를 아는 듯하니 하나 불러 보라고 도로 선생을 시험하였다. 선생이 그리 말하고 옥자초체낙월동玉字迢遞落月東 창파만경홀번홍滄波萬頃忽飜紅을 하고 한 번 고조를 읊었다. 그들이 무엇이 상통相通한 것 같이 과연 옛날 선비요, 율률律에 맞는데 하고 한 늙은이가 "짚방석方席 내지 마라 낙엽엔들 못 앉으리" 하고 한 가락을 들어 뽑는데, 어찌 된 셈인지 소리는 멀리 구름밖에 들리고 소리하는 사람은 그림 같이 앉았다. 근래에 들으면 다 죽은 듯한 그 궐중^{厥症}나는 시조가 그의 부르는 소리는 슬플 대로 슬프고, 고울 대로 곱고 웅장할 대로 웅장하고, 활발할 대로 활발하여서 듣는 이로 하여금 참으로 감흥하여 하여금 울게 하고 하여금 뛰게 한다.

이 늙은이들이 한 늙은이를 더하여 한바탕 주거니 받거니 노니는 판에 그만 젊은이들은 세상을 뺏기었다. 우리는 과연 그런 시조다운 시조는 그때 한 번 듣고 다시 못하였다. 뒤에 들으니 그들은 근세에 들레던 가객歌客 안민영安玟英의 계통을 받은 예전 말로 우대 늙은이였다. 선생이 그만큼 가사에 소양이 있는 것은 신문관新文館 발행인 고본古本 춘향전 머리에 '여객旅客 같은 이 천지에 손님 같은 광음光陰이라'의 한 편을 보면 알 것이다.^{4회}

이조의 유교정치란 폐단의 한극限極이어서 건건사사件件事事가 음모 시기 등의 이루 형언키 어려운 중 더욱 사상 속박에 있어서는 기가 막히다 못하여 말이 나가지 아니한다. 윤백호尹白湖가 경서經書에 해석을 달리하여 토를 고쳤다는 것으로 하여 목숨을 바친 것은 한 집안에서 사상이 배치됨이니 사문난적이라 함이 오히려 가可하거니와 최간이崔簡易가 장자구해莊子句解를 했다 하여 시비를 들으며 이의한 구해남화진경판句解南華眞經版이 제주도로 귀양을 간 따위는 참으로 고금에 못 듣던 바이요, 화서국華胥國에도 없는 바이다. 일이 여기까지 가고야 다시 무슨 말을 하며 그 나종那終이 어찌될 것이냐. 하늘을 우러러 오직 한숨이나 지을 수밖에 없는 것이다. 500년 선비를 길렀다는 것이 다만 편협 악착 아유阿諛의 무리를 양출釀出한 것뿐이니 이금대李錦帶가 사학邪學의 죄로 몰려 죽을 때에 선비가 마땅히 학문을 주장할진대 모름지기 박식을 힘쓴 것이거늘 불행히 사상이 좁은 때에 나서 글자 한 죄로 죽으니 인간에 식자識字하는 사람이 되기도 어렵거니와 또 한 나라를 위하여 한심하다 하였다. 이 한심한 이야기를 선생이 하실 때에 후생인 우리는 과거가 과연 그러하였던가 하여 스스로 망연하지 아니할 수 없었다. 말이 중복에 가깝지마는 책판冊版이 귀양을 간다는 말은 세상에 없는 괴상한 일로서 역사에 한 페이지를 얹을 만한 것이다.

선생이 이런 탄한嘆恨하는 말씀을 하다가도 사람이 워낙 구식의 사람인지라 선배의 두호斗護가 적지 않다. 옆에 있던 한 젊은이가 그놈의 세상을 때려 부수지 눈으로 그것을 보고 있어 하여 제가 친히 당하여 분풀이나 하는 것 같이 주먹을 쥐고 들썩이매, 선생의 말씀이 옛적이라고 다 그렇기야 하겠나, 그 중에 나은 사람도 있었지. 그러기에 군신강상설君臣綱常說을 타파하고 민중군경설民重君輕說을 창출한 정죽도鄭竹島도 있으며, 유학파 중에도 정주程朱 퇴계退溪의 집지은 일파 외에 따로 한 학파를 이룬 윤휴尹鑴 심대윤沈大允들도 있으며, 사방의 모든 민족이 다 중토中土에 들어가 거기에 임금할 일 있으되 오직 조선이 못하였으며 내가 만일 중국의 육동시대六東時代에 났더라면 돌림 천자天子는 어떠하였을 것이라고 한 임백호林白湖도 있으며, 내 기운이 이만하면 단신으로 넉넉히 북벌을 할 수 있다 하여 혼자 압록강을 건넌 풍덕豐德 김생원金生員 같은 의기 있는 사나이도 있었다 하여 옛 사람이라고 모두 한 바퀴에 쓸어 넣을 것이 아니라고 옛 사람의 흠집을 얼마만큼 끌어 덮은 후에 말을 슬그머니 돌려 우스운 이야기로 갔다.

미상불 과거는 악착하여서 약간 숨기 있는 놈이야 견딜 수가 있나, 그리하여 천치 아니라도 천치 행세를 해야 하며 어수룩한 세상이라 흐릿한 양반도 많이 있었지 하며 충청도 오吳 선생 이야기를 내놓았다. 오 선생은 도내에 유명하던 큰 선비로 과거를 여러 번 보았으되 낙제를 하고 자기로는 그만 과거에 단념을 하고 은연 매문賣文으로 업을 하였다. 아니 업이라기보다 소일을 하였다. 그가 차작借作을 하여주고 얼마 얻은 돈을 가지고 시골로 가던 중 돈이

엽전이라 처리가 거북하고 무게가 심하여서 도저히 몸에 지닐 수가 없으며, 그렇다고 남에게 맡기기도 어떠하여서 그 돈 처리할 방도를 생각한 것이 돈을 사평沙平 이 모래펄에 묻고 기름한 목패木牌에 쓰되, 오모吳某 매전처埋錢處라 하였다. 그 후에서 올라올 일이 있어 올라오다가 노비路費로 쓰기 위하여 그 돈을 찾아보았다. 이런 불미한 일이 세상에도 있나, 남이 묻어둔 돈을 벌써 꺼내갔다. 그리하여 그는 세상은 고약한 세상이라 하고 다시는 돈을 그리 묻어두지 아니하기로 하고 그 다음부터는 돈이 생기면 어떻게든지 자기의 손으로 써버리기로 하여 여행의 중에 괜히 유련流連해 가며 다 쓰고 갔었다.

그런데 그는 소문과 같이 글을 잘 하는지라, 언젠가 저녁에 사랑마루에 나서 거니노라니 문득 동東으로서 달이 항연亢然히 올라 마당가 부러진 개죽나무 사이로 비추었다. 그리하여 그는 예例의 글을 지었다. 글을 짓되 이두문 식의 명사를 넣어 가승수절헌영월假僧樹折軒迎月이라 해놓고 이 글짝을 채우기를 힘쓰되 잘 생각나지 아니하며 더욱 가승수의 짝이 없어서 걱정이었다. 하루는 봄이라 따뜻한 기운을 따라 우연히 나가 산골짜기로 산보하게 되었다. 마침 나물 캐는 아이를 만나 벗을 하던 중에 나물 이름을 묻게 되어 하나씩 알아가다가 '참며느리나물'이라는 말이 나왔다. 그리하여 그는 무릎팍을 탁 치며 옳다 되었다, 무엇인고 곧 가승수의 대對는 진부소眞婦蔬로 하기로 한 것이다. 그리하여 이어 글을 만들되 '가승수절헌영월'이라 하여 자기의 고심을 풀었으며 홍겨워 읊조리었다.

이때에 그 조카 되는 이가 왔다. 그런데 이 조카는 이미 급제를 하여 벼슬의 몸으로 이름이 상당히 있던 이라. 자기 숙부의 글 읊는 소리를 듣고 무엇입니까 물었다 하니 그가 그 글의 잘된 것이며 그 글 지은 내력을 자세히 이야기하였다. 그 조카가 시치미를 떼고 깜짝 놀라며 큰일났습니다 하였다. 무슨 까닭이냐 하니 곧 며느리와 중하고 짝한 것이 망발妄發이라는 것이다. 그리하여 이 글을 읊지 아니하기로 하고 조카에게도 이야기 말라고 부탁하였다. 그러나 그 조카는 이 글이 자기의 소작所作이라 하여 퍼뜨리매 세상이 명구名句라 하여 외웠다. 선생이 이글을 예로 하여 한시 이야기를 많이 하며 또한 조선어사전을 편찬하는 데도 이런 한시로 하여 얻는 어휘가 많으리라고 한학자적 설명을 내놓았다. 소년으로의 나는 '참며느리나물'이 있는 것을 이때에 선생에게 처음 들었다.5회

한말에 있어서 회라는 명칭이 하나둘이 아니요, 다 뜻 있는 이의 모임이라고 하였지마는 그중에 가장 소위 글자 하는 이 모임으로는 광문회보다 나은 것이 없었다. 옛적에 있어서는 충선왕忠宣王의 만권루萬卷樓도 있었고, 근래에 와서는 집집이 만권루, 뉘 집의 서재하여 감람료鑑覽料를 받지 아니하는 도서관이 많이 있었지마는 이 광문회의 서적이라는 것은 여러 사람이 모여서 여러 사람이 모으고 아무쪼록 여러 사람에게 보이고 알리어, 이른바 문화를 향상시키기로 목표한 회로는 광문회를 칠 수밖에 없었다 하여 여기에 모이는 이는 다종多種 다방면이어서 학자도 있으며 정치가도 있으며 재산가도 오고 빈한자貧寒者도 오며 외입쟁이도 뫼고 장독기掌讀家도 있어서 말하면 광문회라는 것은 한갓 학자로의 학문을 연구하는 회뿐이 아니라 그때 소위 내로라하고 떠들고 뽐내는 사람은 다 이곳을 들려고 이곳에 관련되지 아니한 사람이 없었다.

이만큼 이 회가 그때에 한 자리를 차지하였기 때문에 무릇 글자를 하는 사람과 출세를 하려는 사람은 인사조人事條라도 이 기관 속에 발그림자를 들여놓지 아니한 사람이 없었다. 이만큼 뜻있는 발기였고, 기관이었기 때문에 세상이 이 기관의 발기인인-곧 주인인 육당최六堂崔라는 사람을 이야기하게 되고

아끼게 되었다. 그리하여 그 주인인 최라는 사람은 남이 그렇게도 알려니와 자기 스스로도 그렇게 자처하며 또한 얼마만큼 오올敖兀도 있어서 그 불경제不經濟의 메투리를 일부레진 길에 끌었으며 신사紳士의 입으로 점잖지 못한 말을 입에 담으려는 소리까지 한 것이 사실이었다. 이만큼 된 지라 어떤 외국인이 조선의 지사라고 과연 아낄만한 사람이라고 신문이나 잡지에까지 소개한 일까지 있었다. 과연 그 사람은 그때의 젊은 사람 중 뜻있는 사람으로 세상이 말하게 되었다.

하루는 선생이 일하고 나머지 틈을 타서 이 광문회 주인 최하고 바둑을 대하게 되었다. 최란 그 사람이 역시 선생보다 기벽氣癖이 지지 아니하는 사람이라 선생과 바둑을 두다가 자기에게 불리한 점이 있으면 연해 무르게 되었다. 선생이 역시 벽癖에 과한 이라 네가 최칠칠이를 모르느냐 칠칠이가 바둑을 두다가 대국자가 무르니까 바둑을 무르기로 하면 누구든지 불리한 때에는 자꾸 무를 터이니 그러하면 바둑판이 끝날 때가 있겠느냐 하여 바둑판을 쓸었다는 이야기를 하시며 이놈아 어른하고 바둑을 두면서 그렇게 버릇없이 무를 법이 어디 있어 하고 주먹을 쥐어 최의 귀퉁이를 쥐어박았다 하니 이때에 최가 선생에게 대하여 말하기를 제가 이때까지 출세한 뒤에 남에게 귀퉁이를 맞아본 적이 없는데 이것은 대단히 억울합니다 하여 선생에게 짐짓 대항하였다. 하니까 선생이 다시 주먹으로 최를 쥐어박으며 네까짓 놈 남선南善이를 내가 못 쥐어박아, 남산이고 북산이고 내가 알 까닭이 있나 하고 선생의 데데한 목소리로 한바탕 떠들었다. 그런데 이 남산이고 북산이고 하는 말은 산자음山字音이 선자음善字音 근사近似하기 때문에 놀기 좋아하는 선생이 일부러 끌어다 쓴 것이다. 그리하여 그로 하여금 이야기가 되고 술이 생기고 하고 이 또 한때의 기담奇談이 되었다.

하몽何夢 이상협李相協 하면 언론기관의 자리에 앉은 이치고는 모를 이가 대개 없으며 이 사람이 또한 그때에 「무궁화」라는 소설을 쓰던 때라. 선생이 젊은이와 놀기를 좋아하며 탈이 없는 늙은이라 참으로 자기 소설 중에 선생을 선생님으로 모델 한 일이 있었다. 이것이 자연 선생에게 알려져서 또한 선생의 예투例套로 젊은 놈들은 버릇이란 도무지 없어, 선생을 갖다가 소설 중 한 사람을 만들다니, 그러나 이놈이 재조가 있어 쓸 만한 놈이야, 앞으로 잘 힘써 가거라 하고 웃으신 일이 있다. 이때는 선생이 광문회로, 중학 교장으로, 신문사에까지 여러 방면에 관계가 많은 때였다.6회

선생을 소설 중에 모델로 삼아 쓴 것도 그 사람이 선생을 장난한 것이거나 호기심으로 그리 한 것이 아니라 함으로, 쓰는 그 사람도 아무 거리낌 없이 쓴 것이요, 모델 된 선생도 이것으로 하여 꾸지람-아니 실망한 일이 없었다. 이같이 선생이 젊은이에게 친한 사람이요, 말하면 허물없는 간격 없는 사람이라. 정상한 말로 모범할 늙은이, 모범적 선생이라 젊은이들이 무엇을 하려면 반드시 의론하며 그를 모시어 일을 하여 나아갔다. 인촌仁村 김성수金性洙 군이 학교라 회사라 신문사라 모든 기관을 경영할 때에 그때마다 반드시 선생을 중심으로 하고 선생을 위에 얹은 것이 까닭이 있는 것이다. 일언一言으로 당蔽하여 선생은 선비로, 깨끗함으로, 사랑함으로, 사람다움으로 과연 모범적 선생이다.

그리고 다른 것은 다 얼마 아니하여 뒷사람이 모름으로 하여 그 그림자가 없어지는지 모르되 그의 문자적 공로-곧 문자적 공로는 영원히 남아 없어지지 아니할 것이 있으니 그것이 무엇이냐 하면 곧 그의 손을 거쳐 나온 언어, 곧 조선말과 역사, 곧 조선역사이다. 이 역사 언어에 대한 서적 그 책자가 반드시 선생의 명의名義로써 드러난 것도 아니요, 남이 그 내용을 아는 이밖에

잘 알지 못하지마는 알고 보면 역사 언어에 대한 선생의 공로는 말을 중복하여 영원히 끼쳐갈 것이니 그가 무슨 역사를 전공하였거나 언어를 위구爲究하여 그런 것이 아니라 그의 지식이 좁지 아니함으로 그의 생각이 보통과 다름으로 하여 섭렵하고 탐채探採하여 놓은 나머지에 남이 모르는 가운데에 드러나 끼친 바 있는 것이다. 그가 친속親屬을 찾는 동안에, 시를 짓는 나머지에, 약주를 자시는 속에, 보통 이 뜻하지 아니한 역사 언어를 뜻하여 그 바쁘고 어렵고 한 중에 더욱 그가 전공하지 아니한 방면에다가 그만한 공功, 그만한 혜惠를 끼쳐 준 것이 전공專攻이 있고, 경우가 허락되는 사람의 손으로 된 것보다 참으로 아낄만하고 생각할 만할 뜻 있는 선생의 하여낸 것으로 하여 생각하여 마지아니할, 아니 못할 것이다.

더욱 역사보다도 언어는 예전 선비의 예전 늙은이의 돌보지 않던 것으로 이 선비, 이 늙은이가 유의하였다는 것이 희한한 것이 아니라 지금 글자 하는 이 서안書案에 한 책씩 갖추어 있는 광문회의 편찬의 『신자전新字典』을 본다면 그 자전 해석에 쓰인 번역된 조선말이 선생의 손으로 된 것을 알 것이요, 따라서 선생의 공이 어떠함을 알 것이다. 세상이 흔히 당장 보이는, 드러난 공로는 알고 떠들어 마지아니하되 드러나지 아니한 숨은 공로는 늘 아는 이 이외에 일반으로 알려지지 아니하는 것이라.

경의經義 해석과 경전 번역에 대한 공을 이야기 할 때에 퇴계 율곡 등의 여러 선생을 꼽을 줄 알지마는 그 선구인 경서經書 구결九訣이 모두 유석헌柳石軒 숭조崇祖에게서 된 것은 오히려 적게 알며 두시杜詩 언해諺解가 실상 유윤겸柳允謙이라는 이 손에서 되었지마는 그 이름은 류씨보다 조매계曹梅溪 위僞에게로 몰아가고 이 언해를 소개하고 비평할 만한 정도의 선비로도 늘 류씨를 옆에 두고 조씨를 드러내는 것을 보아 같은 공, 오히려 많은 공을 가지고도 그 사람 그 때 노력의 여하로 하여 이름이 더하고 덜함을 말미암아 알려지고 아니함을 볼 때에 세상 인심이 어떠나 짐작하려니와 또한 세상 사람의 찰찰察察치 아니함도 살필 것이라.

선생이 석헌石軒 선생의 후예인 관계로 가加하여 드러나지 아니한 공이 서로 같음으로 하여 그 비교의 좋은 자료도 되려니와 그 선생의 후예도 선생이 있음이 우연치 아니한 마땅한 일이라 한다. 선생은 과연 남이 모르는 일, 숨겨 있는 주선 활동이 많이 있으니 한 때에 어떤 젊은이의 쓴 자녀중론子女中論으로 부로父老들의 시비가 적지 아니한 일이 있었다. 그리하여 선생이 이 일로 하여서도 자녀 중심의 옹호가 많은 중에 하루는 한말 문호인 김운양金雲養을 만나게 되었다. 이야기 끝에 운양이 역시 이 문제를 꺼내어 그 글 주인이 그 젊은이가 어떤 사람이냐, 그대는 젊은이와 상종相從이 많으니 그런 젊은이들을 좀 주의하여 이르라는 좀 실망적 질문이 있었다.

그리하여 선생은 그 덜덜하는 말솜씨로 대개 글 하는 사람이 자기의 생각을 어떠한 형식으로든지 발포할 수 있는 것이요, 또한 붓대가 내려가다가 더러 우격寓激할 수도 있는 것이라. 그 글이 우의영시偶意影寫가 아니요, 한갓 시대를 걱정하는 직설노포直說露布한 것이라 하여 선진으로서들 그다지 떠들 것이 없고 오히려 돌이켜 생각할 점이 있으며 나아가 젊은이를 더 바른 길 좋은 길로 더불어 이끌어 갈 것이 아니냐 하고 운양 노인은 글 하는 이요, 시대를 잘 요량料量하는 이라, 선생이 친한 사이로 얼마만큼 핍박의 답변을 하였다. 운양 노인이 그래그래 글을 쓰다가 그렇게 되기가 쉬운 것이야, 그래 그 젊은이가 사람으로 쓸 만한가, 그럴만하면 작히 다행인가 하여 젊은이를 중심으로 한 좋은 문답이 많았다. 이것은 소년으로의 내가 저녁 때 품팔이를 하고 나오던 곳에 선생을 모시어 선생에게 오늘 아무개의 글로 하여 운양 노인과 이런 문

답이 있었다는 말씀을 들은 것이다.7회

지금은 안현安峴 등성이를 넘노라면 그 거리가 책사冊肆에, 고물상에, 요리집 양복집 하여 참차부제參差不齊에 어수선 산란하고 재동 네거리쯤 가서는 동東으로 운현궁의 사당집만이 갑자기 새 시가를 옛 경치로 꾸며 주지마는, 십수 년 전만 하여도 지금 보이는 성냥갑 같은 층層집 시가 한참이 안평궁安平宮이란 한 집의 행랑채였고, 옛 경치도 보이는 동양풍의 사당집이란 수백 채 되는 크나큰 속에 쌓여 점잖은 체면을 함부로 내어놓았을 리 없다. 더구나 한 반세기를 돌이켜본다면 지금 그 사당 속에 신위神位로 모시어 계신 그 대감大監이 양이침 범洋夷侵犯에 비전즉화非戰則和라, 양洋코나 외이外夷 늘 만대萬代이기로 통할 때가 있겠느냐 하고, 남산을 따라 보아 큰 기침하던 그의 큰 사랑이 그의 사당집 그 앞이 다 아무리 죽어서 넋이 사라진다 하기로 살아서 천지를 흔들던 그 정령이 자기의 눕던 그 자리까지 생각 아니한 삐죽한 양옥으로 변한 것을 바로 뒤 사당채에 앉아서 흘겨볼 까닭이 아마 없을 것이요, 만일 정령이 있다면 저 구름 밖 어디로 떠서 자재自在히 거닐거나 그렇지 아니하면 어디가 높직이 걸터앉아 세상을 노려볼 것이다.

십수 년 전에 있어 지금 그 어수선한 층집 시가의 안평궁 행랑채를 남南으로 하고 조그마한 고古책사가 하나 생겼으니 그 집 간판은 일석서장一石書莊이요, 그 주인은 늙은이다. 그런데 이 주인 늙은이를 찾아오는 이는 늙은이보다 오히려 젊은이가 많으니 지금 이 글을 보는 이도 짐작해 알려니와 그 책사가 물론 그때 사람들이 잘 아는 석농 선생의 책사이다. 이 책사라는 것이 고서적이 그리 많은 것도 아니요, 업業을 하노라 하여 분주히 우왕좌왕하는 것도 아니며, 때로 오는 손님이 역시 책 사러 오는 고객같이 보이지 아니하고 무슨 이야기인지 이야기가 많으며 가끔 주안酒案이 벌어져 썩 조용치도 아니하며 또한 늙은이는 시회詩會도 이따금 있어 간판만으로는 분명한 책사인데 그 장사하는 모양이란 도무지 답지 아니하다.

옛 늙은이의 다 그런 것 같이 논둑을 막으려면 선방先防 기기其 원源을 외우고 장사를 한다면 장수선무長袖善舞를 말하지마는 선생 물론 장사 밑천을 얻을 줄 모르며 수원水原을 막는 것이 (판독불능-엮은이) 솜씨여서 남으로도 (판독불능-엮은이) 딱하기 짝이 (판독불능-엮은이) 는 걱정할 줄도 모르는 것 같았다. 그 중에도 술상 밑 재떨이 옆에 두루마리 한 축軸이 있어서 앉았다 쓰고 써놓고 보며 보다 읊조리고 그러다가 찢어버리고 대도 쑤시며 코도 씻으니 누구나 그것이 글 하는 늙은이의 장난 겸 소일이라 하지 아니할 수 없으며, 정찰을 일삼는 이조차 그 두루마리는 살필 까닭이 없었다. 그리하더니 책사는 걷어 치우고 집조차 옮기게 되었다. 그 책사나마 실패한 것은 사실인데 그 두루마리만은 다 찢어 없앴는지 어□하였는지 이내 없어지고 말았다.

선생이 보통 선비와 같이 주회도 하고 음풍吟風하는 것은 선비요, 보통 늙은이의 하는 것이나 그는 틈틈이 역사를 보고 편찬도 힘써 전문으로의 사가史家는 아니라 할지라도 사가로 하나 치지 아니할 수 없으며, 전고典故나 수즙收葺으로나 더욱 일사逸史에 대하여 들은 것 배울 것 많았는데, 이때에 이 방면으로 가장 쟁쟁하기는 무원茂園 김교헌金敎獻 선생이라. 그리하여 두 선생은 의誼도 형제요, 교敎로 형제며, 어떠한 일, 어떠한 주의로 통하기는 오히려 친형제에 지난 점도 없지 않아 있었다. 더욱 대종교에 관한 문헌을 수집하는 데에는 전심專心과 치력致力을 하였으니 대종교로서 발포된 『단조사고檀朝事攷』나 『신단실기神檀實記』는 이들의 손으로 나온 것이며 비록 그 중 한 분의 이름으로 간포刊佈되었다 할지라도 서로 보조의 적지 않음을 누구나 알 것이다.

이 두 분의 각각 독찬獨撰을 말한다면 『신단민사神檀民史』, 『배달강역고倍達疆域

考』는 물론 무위 선생의 것이요, 『신찬초등역사新撰初等歷史』 3권은 선생의 것이다. 이것은 체재體裁의 정비하다는 점으로 하여 일본 사가의 인용 서목으로 들어지거니와, 선생의 수속手續의 든 것으로 아주 세상이 모르며 오직 몇 사람 아는 이밖에 아는 이 없는 것이 하나 있으니 곧 상하이[上海]에서 간포된 각국 근세사 중 『한국×사韓國×史』가 그것이다. 그런데 이 ×사는 태백광노太白狂奴라는 익명으로 간포된 것이요, 태백광노는 박겸곡 은식 선생의 서유西遊 후의 희호稀號인데 겸곡 선생과 선생과의 사이와 관계도 앞서 얼마 논급한 것으로 이의 부탁이 있고, 선생이 역시 응하여 재료 수집으로 되는 대로 초抄하여 간 것이 있었다 하며 겸곡 선생은 자기도 모으고 이것을 보태고 하여 그것을 마투 재어 다듬고 만들어낸 것이다. 이 두 선생이 지금에 어디 계신지 생각컨대 좋은 세상에 선생들이 멀리 아니실지라, 술상 아래 시축詩軸을 놓고 예전 설렁탕 자시던 일로부터 일석서장에 석파石坡 이야기를 아울러 우주백년인사의宇宙百年人似蟻를 부를 것이다.8회

선생이 늙은이 중에 행세를 젊은이로 하고, 젊은이를 인연因緣하여 더욱 젊게 되었으니 그때 소년으로의 내가 선생밖에 여러 숙유宿儒를 모시어 놀게 되기는 물론 선생으로 하여서이다. 잠깐 이글에 관계되는 몇 분을 적으면 윤우당尹于堂, 이파당李杷堂, 원장은元漳隱들이니 그때 이들이 다 임무를 띠어 있으나 틈만 있으면 반드시 모이며, 모이면 반드시 글을 문답하고 일을 의론하며 이리 하노라 우스개도 나오고 말다툼도 있으며 그 끝에 잔을 잡고 그 끝에 노래가 있다. 이 노래라는 것은 정말 노래를 노래하는 것이 아니라 고금의 시 내지 자기의 소작所作을 조調에 맞추어 읊조리며 그 조야 맞고 아니하고 옳아 좋아 하여 즐기는 것이다.

어느 때 일이다. 이들이 얼큰한 판에 우스개에 희담戱談이 벌어지더니 그중

한 분이 어떠한 젊은이에게 너 이놈 아무개야 네 조상이 누구이요, 편으로 무슨 편이지 하여 장난의 말이 있었다고. 그밖에 다른 양반들이 이것이 실수라 하여 취중에도 정당한 책망이 나오고 선생은 더욱 그 덜덜한 목소리로 늙은이가 점잖은 사람이 젊은이를 후생을 잘 이르고 이끄는 것이 아니라 소견 좁은 예전 늙은이가 하던 찌꺼기 소리로다가 장래 촉망 있는 젊은이에게 더 할 (판독불능－엮은이) 있느냐 하여 그들이 서로 잘못이다, 그래 그래하고 떠든 일이 있었다.

또 그 뒤 어느 때에 무슨 통문通文으로 하여 「가명인두상假明人頭上에 일봉一棒」이란 글이 신문지상에 드러났다. 그 때문으로 하여 노소老少의 사이에 얼마만큼 충돌이 생기어 시비로 조정으로 심지어 월남 선생까지 이 때문에 신문에 붓을 든 적이 있었는데, 선생들이 늘 말씀한 것 같이 젊은이는 마땅히 늙은이가 양해하고 보호할 것이요, 한갓 떠들어 꾸짖을 것만이 아니라 하여 늙은이 사이에 알선이 많았다. 이와 같이 선생은 뒤를 돌아보아 사는 늙은이가 아니라 앞을 바라보아 나아가는 젊은이였다. 그리하여 얼른 말하면 세상의 걱정을 걱정하는 늙은이였다. 이 늙은이가 한 때에 젊은이 때문에 자유롭지 못한 길을 한 적이 있었다. 다녀와 하는 말씀이다. 거의가 이 일을 내가 젊은이를 거느려 한 것으로 생각하지마는 실상은 내가 젊은이에게 더불려 한 것이다. 어찌 내가 늙은이가 젊은이를 당할 수가 있나 한 것을 보아도 이는 늙은이보다 젊은이를 본위로 한 늙은이요, 자기보다 세상을 본위로 한 늙은이다.

선생은 가끔 만주를 이야기하였다. 그가 속에 무슨 뜻이 있었는지는 모르되 그의 말씀은 이러하였다. 사람이 널리 놀아야 뜻이 갑갑하지 아니하며 사람이 커지는 것이다. 공부도 그러하고 일도 그러하다. 더욱이 만주는 우리 조상이 뒤굴던 데로 우리 대종大倧이 베푸신 데라. 이것을 모르는 세상의 어린이들은 이곳을 생각에 걸지도 아니하지마는 소위 문자하는 뜻 있는 사람으로 저 컴컴한 구덩이를 그냥 버려둘 수가 있나 하였으니, 곰곰이 말을 캐어 본다면 그 뜻의 범연치 아니함을 여러 방면으로 짐작할 것이다.

지금에 그가 몸은 이 세상을 떠났지마는 그의 수택手澤으로 영원히 볼 것은 「시일야방성대곡」으로부터 자전字典 ×사史 등 역사 언어로 그의 생각을 놓지 못할 것이 많은 것이다. 끝으로 그가 최후에 태화초부太華樵夫란 이름으로 발포發布한 「시체소년행時體少年行」은 그야말로 그의 우시탄세憂時嘆世한 장편長篇으로 또한 죽지竹枝의 하나로 볼 것인데 번繁을 피하여 잠깐 한두 구句를 소개하면, 군불견남인지부북인귀君不見南隣之富北隣貴한다, 부중덕의단중전不重德義但重錢을. 이것은 이 글의 허두虛頭로 그러하려니와 가식례수서인투假飾禮數西人套, 조해언어동경변粗解言語東京邊이며 왕세기전연백장往歲己典延白庄, 금춘도매제경전今春都賣堤頃田들이 얼마나 지금 형편을 딱하게 그린 것이며 거의 끝으로 망망경사무념와茫茫經事撫念臥하니 회지하급욕사천悔之何及欲死遄은 그가 딱하다 못하여 '차라리' 하고 쓴 글이다.

이를 생각하는 맨 나중으로 그에 대한 이야기 하나가 생각나는 것은 어떤 외국 사람이 선생을 보려던 차에 이 사람이 마침 선생을 길에서 만나 인사를 드리고 자꾸 말을 청하였다. 그러나 선생은 도무지 대답이 없었다. 그리하여 그 외국 사람이 이 선생 이 사람으로 좋을 뿐이 아니라 교제로도 능한 이인데 어찌한 일인가 하여 여보 당신이 유 선생 아니요 물었더니 그가 의외로 나는 유 선생이 아니요, 이×라 하여 그 사람이 낭패한 일이 있다. 그런데 그 사람이 이 이×을 석농 선생으로 알게 된 것은 얼굴이 얽고 키가 비슷한 연고緣故로이다. 그러면 이 이李는 누구인가. 아는 이는 잘 알만한 이로 어느 중등학교의 교원으로 계신 ×헌軒이라는 선생이요, 내가 근래에 ×헌 선생을 가끔 뵐

때에 석농 선생이 자꾸 연상이 되어서 붓이 여기에 미친 것이다. 다만 ×헌
선생은 이로써 너무 꾸짖지 않으시기를 바라며 더욱 건강하여서 길이 석농
선생을 그리는 정신까지 아울러 뵙기를 비옵는 바이다.9회

13

「(연구실을 찾아서) 박제된 학문」

유진오, 『조선일보』, 1932.11.26

세계적 입장으로 보아 조선학계로 실로 적요寂寥함을 느끼지 않을 수 없다. 그러나 그 실에 있어서 학계라는 상아탑 속 일은 손쉽게 외인外人의 판단으로 헤아리기 어려운 일이다. 또 최근에 있어서 우리 학계에도 허다한 신진학자가 배출되어 기왕의 기숙嗜熟과 아울러 바야흐로 광휘 있는 길을 걷고 있는 중이다. 그러면 현하 우리 학계의 기숙과 신진은 누구누구인가? 이들 상아탑 속에서 외계外界라 인연을 끊고 있는 이 또 외계와의 접촉을 망설이고 있는 이들을 이 기회에 단연 외계로 끌어내어 보기로 하였다. 무순無順

연구실-그 중에도 실험 기계 등속을 늘어놓지 않은 사회과학 관계의 연구실이란 사각진 창과 책장과 먼지 쌓인 책밖에는 아무것도 없는 살풍경殺風景한 곳이다. 이곳에 앉아있으면 눈에 뜨이는 것이 책, 책, 오직 책이오, 그중에도 새 잉크 냄새나는 신간서보다는 양피羊皮 껍질한 중세기 때 것, 또는 그렇게까지는 안 가더라도 우리가 세상에 나기 전 50년, 100년, 200년 전의 낡은 책들이 대다수를 점하고 있고, 사각진 창으로 내다보이는 것은 오직 클로버 깔린 운동장, 빈 창고 같은 바라크 교사敎舍 뿐이다. 이것이 연구실에서 보이는 풍경의 전부이다.

이러한 연구실, 박제된 학문의 곰팡내로 가득 찬 이러한 연구실을 나는 증오한다. 그러나 증오하면서 어느덧 나는 만 4년의 연구실 생활을 계속해왔다. 흔히 동무들은 이 연구실 생활을 부러워한다. 박제의 학문들이 직업 삼지아니치 못하는 이 생활을. 나는 이런 말을 들을 때마다 혼자 생각한다. 제군은 연구실 생활에 의하여 제군 자신은 박제가 되어도 그래도 연구실 생활을부러워하겠는가? 하고.

그러나 만일 내가 오직 이러한 학구 생활에 대한 증오감만을 갖고 있으면서 4년이나 이러한 생활을 계속해왔다면, 그것은 너무나 모순의 말이다. '십자가두十字街頭'로 뛰어나올 것을 공상하면서 상아탑 속에 처묻히지 아니치 못하던 구리야가와 하쿠손[廚川白村] 류의 무기력을 표명함에 지나지 아니한다. 나의 연구실 생활에는 적어도 나로서 이 모든 증오의 속에 한 개의 의의를 보고 있는 것이다. 연구실 속 먼지 쌓인 한 책 속에 박혀있는 학문은 박물관에놓인 동물 표본같이 박제된 것임에 틀림없다. 그러나 다시 보라! 이 연구실속에 쌓여있는 학문은 과연 박제된 것인가를, 학문을 박제된 것으로 생각하는 것은 종래 학문을 일삼지 아니하던 사람들이 일반으로 빠지고 있던 잘못오(誤)이다. 학문은 아무리 고상, 난해, 무기력한 것일지라도 결코 생명을 잃은표본이 아니다. 학문을 박제된 것으로 생각하던 것은 학문의 이론성, 이론의비실천성, 이성과 행동의 분리를 믿는 곳으로부터 온 것이었다.

그러나 모든 학문은 — 그것이 처음부터 생활을 목표로 하고 나온 때에는물론 전연 생활로부터 유리된 것 같은 외관을 가진 때에도 결코 생활로부터유리된 공중누각이 아니다. 역설적 표현을 빌린다면 생활로부터의 유리를 주장하는 주장은 정(正)히 이곳에 생활과의 긴밀한 관계를 생활에 대한 의의를 갖고 있는 것이다. '모든 길은 로마[羅馬]로 통한다'는 고언古諺이 있다. 모든 인간의 노력은 생활로 통한다는 똑같은 명제가 성립되리라고 믿는다. 이렇게 생각해올 때 일견 박제된 듯한 학문은 가장 생생한 활기를 띠고 나타나며 가상 사회로부터 멀리 떨어진 듯한 연구실의 사각진 창은 그 실사회로 직접 통하는 문이 된다.

연구실의 상아탑적 존재를 공상하는 사람은 그 자신이 공상을 통해 인생의 대도大道에 연결된 것이다. 'All or Nothing'의 영웅주의를 품은 사람은 모든 것을 버리고 가두에 뛰어나서거나 그렇지 아니하면 영영자자營營孜孜히 개인적 생활, 개인적 환락만을 따를 것이라 생각한다. 그러나 나의 생각은 이와는 다르다. 우리의 생활은 본질적으로 사회적이다. 사회로부터 격리된 생활이 있다 하면 그 생활은 정히 그 격리된 곳에 사회적 성격을 갖고 있는 것이다. 너의 직장의 사회적 성격을 정당히 인식하라. 그리고 이 인식의 기초 위에 너의 할 수 있는 최선을 다하라. 물론 이러한 인식과 행동이 너의 직장을 파괴하거나 아니하거나는 제2차적의 문제인 것이다.

약력 : 1906년 경성에서 출생. 경성제일고보를 통해 쇼와[昭和] 4년 경성제대 법문학부 법률과 졸업 즉시即時 동 연구실원. 쇼와 6년 동 예과 강사, 현 보성전문 강사

14

「(연구실을 찾아서) 연중研中 일제—題」

천태산인, 『조선일보』, 1932.11.30

조선의 문학은 중국의 문학보다 한 시대씩 뒤떨어진다는 것이 이덕무李德懋를 비롯하여 일반 고대문학 연구자들의 견해였다. 그렇다! 중국의 당시唐詩가 융성할 때에 조선에서는 사육변려四六騈儷를 배우고 중국 송학宋學의 발흥할 때에 조선에서는 이제야 당시를 전주專主하였고, 중국의 전사填詞 희곡戲曲과 고증학이 크게 풍미할 적에 조선에는 송학, 송문宋文이 한참 융성하게 되었다가 그나마 막을 닫고 말았다. '허허, 한문만 가지고는 안 되겠다.' 이 말은 어느 시골서도 수십 년 전의 진부한 표어처럼 부르는 말이었다.

여러 번의 큰 정치적 대세가 묘안처럼 변할 적에 그리고 집에 앉아서 서반구西半球 저편의 워싱턴회의[華府會議] 소식을 라디오로써 들으며 일본의 내왕來往 쯤은 시간으로써 단위를 삼게 된 오늘에 있어서 일본 가나[假名]나 로마자[羅馬字] 모르는 사람은 지나간 세기 사람으로 매장코자 하게 되고, 인텔리층의 거의 전부가 일본어를 통하여 구미歐米의 문화를 맛보고 있는 만큼 일본의 책이라면 창작이 번역되는 대로 조선 독자에게 전입傳入된다. 한 시대씩 뒤떨어진다는 말은 통용치 못하리라.

나는 중국과 조선의 신문예를 병탄하여 보고자 하는 광망狂妄한 지식욕의

□사使를 받아 그 거죽이라도 핥아보려 하였으나 그러나 양편兩便의 문예운동
은 결국 동일한 목표를 향하여 용진勇進하고 있을 뿐이다. 그러나 만주사변 후
의 중국 문학계의 □민한 발전에 반하여 조선은 너무 □□증症에 걸리고 있다.
과정이라니 언제까지 과정이냐? 전야前夜라니 언제까지 전야이냐? 진실한 싸
움꾼이 가장 득得할 때이다. 그런데 중국 사람은 조선에 많은 관심을 가진 듯
도 해서 □□가 「안중근극安重根極」을 짓고 궈모러[郭沫若]가 「금강산애회金剛山哀
話」를 짓고, 장광츠[蔣光慈]가 「압록강강상鴨綠江上」을 짓고 또 씨는 『이방異邦에
고국』에서 조선 청년을 많이 언급하고 또 최서해의 「탈출기」가 『현대학
생』에, 조선 우보牛步(누구?)의 작품 「대만臺灣」이란 육막극六幕劇이 또한 잡지
『척황자拓荒者』에 번역된 지라. 양자의 문학적 교섭은 이제부터 더욱 다단多端
할 터이니 중국문학 연구 내지 중국사회의 연구-이를테면 연중구락부硏中俱樂
部 조직의 필요가 식자識者의 사이에 운운하여 오는 것도 당연하다.

중국을 연구할 필요가 없다면 어찌 조선의 신문 잡지의 지면의 대부분을
중국문제 기사에 소비하고 있는가. 그리고 마찬가지 문명의 후진국인 중국은
어떠한가? 그들도 문학혁명으로써 고대의 한문-문언체-을 폐지하고 백화문
을 쓰며 근일에 와서는 차이위안페이[蔡元培], 쳰쉬안퉁[錢玄同] 제씨諸氏 같은 선
진들이 진두陣頭에 서서 한자폐지론까지 외치고 있다. 그리하여 일본의 문학
을 대량으로 수입하여 혹은 '□탄呑'도 하며 혹은 '□금釜'도 더해서 5·4운동
당시의 상공계급 각성을 초래한 신문학운동, 그 후 토호土豪 열신劣紳의 퇴폐
몰락으로 인한 낭만주의 문학 또는 소자산 계급의 몰락으로 인한 자연주의
문학 또는 이상의 혼합형의 문학, 최근에는 프로계급의 계급××의 격렬화와
첨단화 됨을 따라 프로계급 문예가 대두되어 이제는 작가의 자기청산보다도
창작의 형식 문제보다도 대중과의 관계와 (더욱 중국××구區에서는) 기성 문단

극계劇界들의 소탕에 애를 쓴다.

아, 중국에서 일본의 것이라면 무엇이든지 배척한다 해도 일본 문학만은 보이콧할 수 없다. 그러하나 조선에 비할 적에 어떨까? 신흥문학을 위해서 주위가 부자유하고 부자연하기는 서로 같고, 출발한 시일도 비슷해서 진전하는 보조는 대차가 없지마는 조선보다 열정적이요, 대량 생산적이요, 또 무대가 크고 양이 많은 만큼 질로써 승勝한 것도 많다. 그러나 이제 와서 조선문학이 중국문학보다 중국을 연구하는 이가 몇 분이나 될까? 황하를 건너 저들의 고함치는 소리를 듣는 것이 바로 우리네의 경종이 되며 제휴가 되지 아니할 것이냐? 나는 다시 중국보다 한 시대씩 떨어지는 시대가 있을까 두려워한다. 그러므로 좀 더 백화문 즉, 중국의 현대문을 배워야 할 것이고 그러함에는 '연중'구락부 같은 기관이 급속히 필요될 것이다.

약력 : 1931년 경성대학 졸업, 중국문예 전공, 필명 천태산인天台山人. 저著 『조선한문학사』, 『조선소설사』(지금 출판 중), 경학원 겸 명륜학원 강사

「(연구실을 찾아서) 역사성을 부인하는 역사성, 현실의 긍정적 이해와 부정적 고찰」

최용달, 『조선일보』, 1932.12.2

18세기의 대고전大古典 경제학자는 근대적 생산관계를 '영원한 자연법칙'이라고 선언하였고, 이와 거의 동일한 순간에 모든 법 이론의 근저를 형성하는 자연법학파가 등장하였으니 그들은 '영원불멸의 존재'로서의 법을 정립한 것이다. 여기에서는 발전의 양극兩極은 전연 무시되고 다만 한 개의 추상적 존재만이 남아있다. 그것은 발생되고 발전되는 존재가 아니라 소여所與의 존재인 것이다. '대저大抵 사회가 있는 곳에 법이 있다'는 말이 있다. 이 가운데 표현된 사회는 원시사회도 고대사회도 아니고 봉건사회도 자본주의사회도 아닌 그러나 동시에 이러한 모든 사회를 포함한 역사성을 잃어버린 추상적 인류사회를 말하는 것이며, 따라서 법은 이러한 추상적 인류의 영구적 부속물인 동시에 이러한 사회에 소여된 존재인 것이다.

그러나 우리는 역사성을 부인하는 이론의 가지가지를 하필 18세기에서 찾을 필요는 없다. 우리가 경험하여 온 사회에 있어 도서관이고 강의실이고 연구실이고를 물론하고, 그 속에서 제조되고 가공되는 허다한 이론은 거의 이러한 종류의 이론을 대표하는 까닭이다-근대적 대규모의 제조공장이 사용가치와 교환가치라는 근본적으로 모순된 두 개의 가치의 통일체인 상품을 제조하고 가공하는 것과 방불彷佛하다-. 그러나 18세기를 끝어낸 데는 꽤 큰 의미가 없지 않다. 그때는 벌써 극혹화極酷化된 봉건 패속覇束을 깨뜨리고 발전 형태에 충만된 근대적 생산관계가 확립되던 시대인데 반하여 이때는 그 발전 형태가 또다시 동요되고 질곡화하는 시대인 까닭이다. 따라서 그 시대의 이론은 가장 적나라한 소박한 형태를 취하였음에 반하여 우리 시대의 그것은 어쨌든 싫건 좋건- 화장化粧이 필요한 것이다. 전자는 운동적임에 반하여 후자는 보수적인 까닭이다.

이론은 다만 이론으로서의 존재가 아니고 그것을 사회적 실로實路를 통하여 형성되는 것이며, 형성된 이론은 또 다시 실천에 옮겨진다. 그럼으로 18세기 이래 금일까지에 역사성을 부정하는 모든 이론은 그 자체가 각자로 충분한 사회적 역사성을 가지고 있는 것을 알아야 한다. 현실은 완강한 것이다. 현실은 이러한 역사성을 몰각하는 종류의 이론을 부정하고 있다. 그러나 이러한 이론의 존재도 또한 현실임에 틀림없는 이상 과거의 소위 역사주의가 한 것과 같이 이것을 기계적으로 부정하여서는 안 된다. 이것은 맹목적으로 현실을 위하여 다만 현실을 부정하는 데 불과한 까닭이다. 우리는 현존하는 것의 긍정적 이해 가운데서 동시에 그 자체의 부정적 방면을 고찰하여야 한다. 발전과정을 긍정적으로 이해하는 동시에 그 필연적 소멸과정을 이해하여야 한다. 여기에서 역사성을 부정하는 역사성의 구명이 요청되며 모든 실현된 형태를 '정지靜止'에서가 아니고 '운동'에서 고찰치 않을 수 없게 된다. 1932.11.28.

약력 : 강원도 양양 태생, 경성제대 법문부 졸업, 현재 보성전문학교 강사

16

「(연구실을 찾아서) 굶어 죽는 취미」

고유섭, 『조선일보』, 1932.12.3

지금 베를린[伯林] 가있는 일우一友가 나에게 농담 삼아 동심童心을 의식하면서 '무엇 하려 공부하느냐'고 물은 적이 있다. 나는 본능적으로 '할 것 없어 공부한다' 하였다. 내가 처음에 전공과를 선택할 때 남 아니하는 미학美學을 취하였다. 담임교수는 넌지시 불러서 하는 말이 가세家勢에 여유가 있거든 해도 좋지만, 없으면 그만두는 것이 좋다고 충고를 받았다. 그러나 나는 원래 가세커녕 남의 밥을 먹고 남의 돈을 써가며 공부한 터이다. 그럼으로 타산打算할 여지도 없이 돈을 벌어야 집안사람을 살리고 나를 살릴 수 있을 것이다.

그러나 아무리 생각하여도 나 이외의 몸은 고사하고 나 자신을 살릴 아무 승산이 없다. 위선 나의 무능도 무능이려니와 대세가 틀렸는 데야 할 수 없지 않은가. 나뿐이 아니라 조선 사람이 다 굶어 죽을 것 같다. 기왕 굶어 죽을진대 취미에서나 죽자, 굶어 죽어도 취미에서 — 이것이 나의 운명을 결정한 나의 논리였다. 이것이 6년 전 일이다. 그 후 3년 본업을 마치고 동 연구실에 남아 있는지 우금于今에 3년, 그야말로 문자 그대로의 상아탑 생활을 하고 있다.

예술이 어떠니 미가 어떠니 하고 담배의 푸른 연기 같은 환상을 창공에 고물고물 그리고 있다. 그러나 세상에는 나같은 찬□청설餐□聽雪에 만족하려는

사람도 없는 것 같아서 찾아오는 이마다 나체화를 보여달라는 둥 자미滋味있
는 그림을 보여달라는 둥 한다. 그러나 이것은 오히려 무죄한 편이다. 어떤
자는 벽지를 떼어 와서 감정을 청하고 인쇄된 그림을 오려 와서 (물에 빠트려
오는 이도 있다) 감정을 청한다. 이 감정을 나에게 청하면 조선 사람 동족이니
까 무식을 무식으로 몰려 보내면 그만이요, 창피할 것도 없거니와, 기어이 교
수에 감정을 청하신다. 면박하여 그만두라기 어려워 눈치를 보이면 기어이
더 보이려 한다. 자기 수치를 이렇게 외인外人에게 보일 필요가 어디 있는지
모르겠다.

그런가 하면 한편에는 60~70전 받고 팔아 버린 것이 외인의 손에서 3만
원 내지 5만 원의 호가를 내게 한다. 본보本報 기자 씨는 나를 끌어내며 미학의
고설高說을 내어 휘두르라고 하신다. 끌어내어 주시는 것은 감사하지만 마침
내 횡로橫路로 들어가고 말아 죄송하기 짝이 없다. 그러나 이곳에 끄적거린 말
은 횡설수설하게 되었지만, 그 사실이라 이 사실을 어떻게 논리 잡아 귀결을
지어야 할지 연구실 3년에 이때껏 해결치 못함에 위선 제방諸方에 교시를 받
은 후 다시 주문에 당當하여 볼까 한다.

약력 : 1905년 인천 산, 1925년 보성고보 졸업, 이래 성대城大 미학연구실
재적

「(연구실을 찾아서) 파르메니데스적 방법과 헤라클레이토스적 방법」

신남철, 『조선일보』, 1932.12.6

열한 시쯤 되면 햇살이 책상 위에 비친다. 펴놓은 책에 반사하여 눈이 부시다. 알파벳이 춤을 춘다. 커튼을 내리고 담배를 피워 물면 연기는 회회 몰며, 황등색黃橙色 커튼에 가늘게 서린다. 전혀 자기 아닌 자기의 환상적 존재를 추상에 의하여 발견한다. 그러나 그러한 도취된 경지도 역시 구체적인 자기의 현실적 의식이었다. 책상 위에 구지레하게 늘어놓은 책, 책, 책…의 내용이 담배에 어질해진 머리에 복사열같이 일시에 들이닥친 것이었던가.

오로지 가다듬지 못한 상태에서 고요한 이 밤을 나의 인간적 존재까지도 함유시켜서 객관화한다. 그 객관화의 작용이 시작될 때 나의 의식은 바야흐로 명징하게 되려고 하는 것이다. 두뇌에 번역되는 현실적 존재의 착잡은 어떠한 이론적 계통의 실마리에 붙들리어 매게 된다. 알파벳은 춤을 함께 추고 그쳤다. 잉크를 찍는 손과 책장을 넘기는 손은 율조적律調的으로 결코 서로의 임무를 방해하려고 하지 않는다. 이때에 나는 참된 면학의 제호미醍醐味를 비록 순간이라 할망정 느끼는 것이다.

그러나 그러한 소위 제호미라는 것은 결코 어떠한 '몰沒'이론적 의식 상태를 말하는 것이 아니다. 그것은 객관적으로 계획적인 '칙則'이론적인 생동하는 의식 상태이다. 나는 계획적이라는 것을 강조한다. 그것이 계획적인 까닭으로 '칙'이론적인 것은 목적의식적인 것이다. 목적의식적인 까닭으로 체계적 방법과 발전적 방법을 자력自力의 안에 내포하지 않으면 아니 된다. 왜 그러냐 하면 그것은 이론적이고 또 실제적이 아니면 아니 되므로 그러한 두 개의 방법, 환언하면 체계적 사색과 역사적 사색은 계획적으로 '칙'이론적인 것에서 그 통일을 발견한다.

파르메니데스적 방법그것은 체계적 사색의 예로 들 수 있다과 테라클레이토스적 방법그것은 발전적 사색의 예로 들 수 있다은 영원히 상교相交하지 않는 평행선이 아니라 계획적으로 '칙'이론적인 것에서 그 구체적 통일을 가져오지 않으면 아니 된다. '진리는 어떻게 나타나느냐'와 같이 '무엇이 진리이냐'의 두 가지 질의는 제3자에서 그 합일된 형태를 발견하지 않으면 아니 될 것이다. 진리는 화폐가 아니다. 즉 기성품은 아니다. 그것은 체계적 사색과 역사적 사색의 계획적 '칙'이론적인 것에서 실천적으로 입증된다.

학문은 영구히 포만飽滿이라는 것을 알지 못하리라. 포만에서 자족하는 학문이 있다면 따라서 그것은 학문이 아니리라. 상술의 두 가지 방법은 서로 만족이라는 것을 알지 못하고, 음양 양극같이 끌어당기고 있다. 화화火花가 난다. 그곳에서 진리는 실천적이 될 것이다. 자기의 빈곤을 의식함은 학문의 태도이다. 그 빈곤의 자각이야말로 학문의 값없는 영광이다. 그러나 이러한 학문에 종사하는 자의 사회적 용납에 있어서는 불우不遇인 것을 본다. 이곳에 탄탈로스의 오뇌懊惱가 있다. 탄탈로스를 해방하라. 프로메테우스여 나오너라.

체계적 사색과 역사적 사색이 지식의 빈곤의 자각에서 현실적으로 실천적 통일을 마련하려고 할 때 탄탈로스의 오뇌는 머물 바 모르고 뻗어 나아간다. 더구나 소위 상아탑적 연구가 얼마만큼 사회에 있어서의 계획적 '칙'이론적인 것이 될 것인가. 그러나 각모를 벗어 내던진 지 1년 유여有餘에 나의 학문에의 관심과 지식의 빈곤을 자각함에 있어서 현재의 내 자신을 발견할 때 스스로 자신의 이만한 심화를 느끼어마지 않는다. 일종의 '관觀'이라는 소극적 태도를 혼자서 즐기기도 한다. 그러나 그 '관'은 끝까지 '관'에 머물러서는 아니 될 것이다. 타트행行에로 뻗어 나아가자! 그곳에 진리의 실천적 입증이 있다. 혼자서 고요히 부르짖기도 한다.

파르메니데스의 유有의 헤라클레이토스의 화火는 실로 아직 미숙한 나 같은 사색자에게는 비길 데 없는 흥미와 참을 느끼게 한다. 전자를 관의 사색이라고 하면 후자는 행의 사색이다. 이 관과 행과는 분리하여 상대적 존재일 수는 없다. 그것은 진리의 실증에 있어서의 속성으로 볼 수가 있을 것이다. 이 두 가지의 태도는 타他를 배척하는 것이 아니라 서로 색인索引하는 것일 것이다. 이론과 실천과의 통일은 계획적 '칙'이론적인 것에 있어서 필연적이다.

나의 사유는 붓을 들면 멎을 바 모르고 달아나려고 한다. 까딱하면 탈선하려고 한다. 이것을 정상의 궤도에 돌려놓으려고 할 때 탄탈로스의 오뇌는 또한 시작되는 것이다. 우리의 나라 그곳에서 나는 참된 이론가, 참된 사상가의 면전에서 실컷 온갖 문제를 이야기하고 싶다. 조선의 젊은 세대는 그러한 현실적 사상자를 대망한다. 우리의 전 정열과 인간적 신뢰를 바칠 만한 사색의 사람을 바라는 마음은 절실하다. 우리 사회에는 이론의 학문 진리를 '칙'이론적으로 실천하려고 하는 태도에 대한 관심이 너무 냉정하다. 우리의 세대는 온갖 의미에 있어서 신흥의 세대이다. 이 '칙'이론적 태도도 그러한 신흥의 세대에 있어서의 일一 징표가 아니면 아니 될 것이다. 나는 이 나라 사람의 철학에 대한 관심의 흥기를 바라서마지 않는 바이다. '철학은 빵을 굽지 않는다'는 서양 이언俚言이 있다. 그러나 그것은 종래의 유한有閑(스콜라) 철학을 두고 한 말이다. 농장에서 가두에서 일어나는 구체적 이론을 들으라. 생명 있는 절실한 이론에의 사념思念은 타고 타고 또 탄다.

종일 책과 같이 싸우다가 (사실로 책으로 더불어 싸운다고 말한다.) 어둑어둑할 때에 가방을 들고 길에 나선다. 그 길은 '자유의 대도'도 아무것도 아니었다. 핼쑥한 눈이 전등에 어슬핏하게 비취는 것이었다. 그 눈들! 그 웅숭그린 모양들! '연구실' 소위 연구실이라는 곳에서 학문이라는 것의 참을 세월과 더불어 알아갈 때 실로 3척尺 내외의 나의 가슴은 가지가지의 사념에 타오르고 그리하여 뿌듯한 아픔을 느끼는 것이다. 사변思辨에 타는 열정이고 또한 열정에 불 붙는 사변이기도 한다. 사변의 연구실만이 아니라 정열의 연구실도 가지려고 한다. 사변, 정열 그리고 비非 '자유의 대도'!

약력 : 1907년 출생, 중앙고보를 지나 경성제대 예과 동 법문학부 철학과를 작년 1931년 3월 졸업, 현 법문학부 연구실에

18

「(연구실을 찾아서) 자아를 알자」

신석호, 『조선일보』, 1932.12.7

폐허에 굴러있는 깨진 개와蓋瓦 쪽, 도기陶器의 파편, 석와石瓦들을 볼 때 대개
는 사람은 이에 대하여 무관심하게 간과하나 우리 역사 연구가들은 이에서
민족문화의 정수를 발견하려고 하고 낡은 문서와 헌 책자를 보통은 수세미통
에다 던져 버리나, 우리는 이것을 다시없는 귀중한 재료로써 취급하고 있다.
그러므로 역사 연구실이라고 하면 고서적, 고문서류가 많이 쌓여져 있는 것
은 다시 말할 것도 없거니와 개와, 도기, 석편石片, 기타 우리의 실생활에 아무
가치 없을 뿐더러 도리어 듣기만 해도 몸서리가 날 만한 고총古塚 중에서 발굴
한 물건까지도 진열하여 있다. 이러한 연구실을 볼 때에 '저와 같이 낡은, 어
려운 서적을 어떻게 무슨 자미로 보고 있나, 저와 같은 귀신이나 다름없는 골
동품은 무엇에 쓰나' 하고 모두 비웃으나 그러나 우리는 여기에서 민족문화
의 연원을 밝히며 그 발전 형적을 찾아내고 있다.

무릇 한 민족으로서 그 민족의 역사를 모른다면 그 얼마나 큰 수치이냐. 그
러나 우리 조선 사람은 예로부터 지금까지 이 수치를 감행하고 있다. 과거 조
선의 소위 정치가 내지 학자들 모두 지나支那의 역사를 읽을 줄은 알았으나,
조선의 그것은 알려고도 하지 아니하였고, 현재 소위 지식층들 또한 외국의

역사는 다소 아나 조선의 그것은 역시 '제로'이다. 물론 여기는 종종의 원인이 있으나 한 가지 큰 원인은 조선 사람은 자아를 멸시하고 이를 연구하지 아니한 까닭이다. 다시 말하면 남을 너무 숭배하고 자기를 너무 무시한 까닭이다. 자기보다 우월한 선진국의 문화를 숭배하고 이를 적당히 섭취하는 것은 무관하나 오히려 추장推獎할 일이나 그렇다고 그 껍질만 맛보고 곧 도취하여 자기 고유의 문화는 헌신짝 버리듯 던져 버리고, 심지어 그의 역사까지 알려고 하지 아니한 데 대하여 어찌 통탄하지 아니하랴.

과거는 다시 말할 것도 없거니와 만근晚近에 이르러 수삼數三 선배가 이에 유의하여 연구에 저몰沮沒하나 양으로나 질로나 어디로 보든지 일본 학자의 연구에 비하여 떨어지는 것은 부정할 수 없는 사실이다. 우리의 역사를 우리 손으로 완전히 연구하여 기술하지 못하고 남의 손을 빌려서 술述한다면 이 또한 얼마나 큰 수치이냐. 물론 우리의 역사라 할지라도 지금에 있어서 연구에 편리는 가지지 못하였으나, 그렇다고 우리 어찌 이를 방치하랴. 나는 조선 사람으로서 조선역사 연구가가 많이 나기를 바라며 또 그들은 불면不眠, 불휴不休하고 진실하게 연구하기를 바란다.

어떠한 민족의 역사를 물론하고 이를 연구함에 냉정한 태도를 취하여야 될 것은 말할 것도 없거니와 특히 조선사에 있어서 당론黨論을 연구할 때에 이것이 더욱 필요한 것이다. 자기의 조선祖先이 노론老論이라 하여 선입주견先入主見으로 곧 남인南人과 북인北人, 소론少論을 배격하여서는 아니 되며 또 한 가지 사실의 잘잘못으로 다른 사실까지 일방을 두호斗護하고 타방을 박격駁擊하여서는 아니 된다. 어디까지든지 공평무사한 태도를 취하여야 될 것이다.

끝으로 나는 일반이 조선사에 대하여 많이 알기를 바란다. 자기의 역사를 모르고 남의 역사부터 먼저 안다는 이와 같은 큰 모순이 또 어디 있느냐.7행략

이력 : 경북 봉화 태생으로 중동학교를 거쳐 경성제대 사학과 졸업 이래 조선사편수회에서 이조 중엽연산군-선조 간을 편찬하고 있음.

19

「(연구실을 찾아서) 학자의 생활은 모순에서 모순에」

조윤제, 『조선일보』, 1932.12.9

    나의 과거 3년 동안의 상아탑 생활과 현재 생활에는 적지 않은 모순이 있다. 그중에도 나에게 가장 많은 고민을 준 문제, 또한 주는 문제는 학자와 교원과의 관계다. 내가 여기 말하는 교원은 주로 중등학교 교원을 말하는 것이다. 교원은 자기의 지식을 꺼내어 다른 사람에게 전달하는 직책을 갖고 있는 것이다. 이 지식의 전달이라 하는 것은 곧 자기 지식의 활용을 의미하는 것인데 우리 학문 연구의 궁극의 목적은 결국 그 활용에 있다 할 것이다. 만약 활용력이 없는 학문이 있다면 그 학문은 생명 없는 고사枯死의 학문이 되고 말 것이다. 그럼으로 학문이 학문인 이상에는 여하한 의미로든지 각기 활용력을 가지고서 비로소 그 가치를 발휘할 수 있는 것이라 생각한다.

    그러면 학자와 교원과는 무엇이 다른가. 이것이 나로 하여금 한참동안 고민에 방황하게 한 문제가 되었거니와, 학자와 교원은 그 문학文學 자체가 가르치는 바와 같이 섞지 못할 엄연한 구별이 있다. 학자라 하는 것은 어떠한 정도까지 학문을 상대로 하는 것이고, 교원은 인간을 상대로 하는 것이라 하겠다. 학자라 하면 현 사회에 벗어난 초현실적 생활을 용서할 수 있지마는 교원은 그러할 수 없다. 장래는 사회에 내보내서 한 사람의 인격을 가지고 사회의 중견이 될 인물을 양성하는 만큼 항상 사회와 접촉하여 그 동향에 주시하고 현실 사회에 자기를 살리지 않으면 아니 된다.

그럼으로 학자와 교원은 다 같이 절차탁마切磋琢磨하여 자기의 지식을 넓히는 데는 틀림이 없으나 그 연구의 정신에 있어서는 많은 다름이 있다. 즉 학자의 연구는 학문 그 자체에 가치와 목적을 가지고 있고, 그 활용은 자연적 발휘로 나타나는 것은 불감사不敢辞이언정 그것을 목적으로 하는 것은 아니거니와 교원의 연구는 도리어 학문 그 자체는 제2차적이 되고 활용이 중요 목적이 된다. 어떤 재료를 삼으면 곧 맨 처음 교육적이라는 것을 머리에 생각하고 그 표준 하에서 정리 연구하는 것이 교원의 학문 연구 방법이 된다. 그래서 나는 전자를 적극적 연구라 하고, 후자를 소극적 연구라 하고자 한다. 이것은 제각기 존재의 가치와 특색을 가지고 있는 것으로, 이것으로써 저것을 공격할 이유는 조금도 없으나 쌍방이 또한 서로 조화되지 못한 것은 사실이다.

나는 지금 이 조화되지 못하는 두 기로 상에서 앞을 내다보고 있다. 학자도 아니면서 학자인 체하고 교원도 아니면서 교원인 체하고 장래토록 학구적 생활을 하지 못할 줄 알면서 또 하지 않으면 아니 될 것을 생각하고 들어와서 좀 먹은 낡은 옛 책을 뒤적거리는 버릇에 나가서는 해말쑥한 새 책을 사고 서지 않으면 아니 되고, 나의 학문은 활용을 위한 학문이 아니라면서도 가끔 활용도 하여보는 것이 나의 생활이다. 이 생활은 처음부터 끝까지 모순된 생활인 것을 잘 안다. 그러나 나는 또 그 모순된 생활에서 벗어나려고 애쓰지도 않는 모순성을 가지고 있다. 모순이 모순을 낳고 그 모순이 다시 모순을 낳는다. 그러면 결국 나의 생활은 모순인가?

기자 형, 조선 문학에 관한 이야기라도 하여달라 하는 부탁이 있었음에도 불구하고 쓸데없는 이러한 잡담을 하게 되었습니다. 이것도 역시 한 모순의 재현인 것을 양해하시고 용서하시오. 끝으로 형의 꾸준한 노력을 기다리며 귀보貴報의 속간을 축합니다- 따뜻한 겨울날 유리창을 통하여 무너져가는 궁장宮墻을 이상히도 바라보면서-.

약력 : 1929년 경성제대 조선문학과 출신, 이후 3년간 동 대학 연구실 근무, 현 경성사범학교 겸 중앙불교전문학교 강사

20

「(연구실을 찾아서) 천사만사는 객관자의 정서」

박동일, 『조선일보』, 1932.12.11

인생은 짧고 예술은 길다고 누가 갈파하였다. 이 말은 곧 인생은 짧고 진리
는 길다는 말이다. 그러면 짧은 인생이니만치 발 벗고 나서서 진리를 다듬어
도 오히려 부족한 것이 사실이다. 옳다, 한限 있는 생이 어찌 한없는 이理를 그
리 용이히 찾을 수 있으랴, 알 수 있으랴. 요要는 여기 있다. 곧 쉽게 알 수 없
고, 쉽게 찾을 수 없기 때문에 발 벗고 가슴을 졸여가며 천유불식격川流不息格으
로 매진해야만 될 것이다.

그런데 지금 어여於予엔 여하한가. 학창을 떠난 지 벌써 4~5성상星霜이 거연
居然히 흘렀고, 학문을 사귄 지 10여 성상이 또한 그렇게 흘렀다. 이 동안이 짧
은 인생의 한동안이니만치 얼마 안 되는 등 아니지마는 어여의 생을 표준하
면 짧지 않은 퍽 긴 동안이다. 이 동안에 학문이 찾은 진리가 질로 양으로 과
연 얼마나 될까, 발 벗고 나댔대도 아마 묘창해渺蒼海의 일속一粟이었을 것이 사
실인데 어여엔 발 벗고 했다고 할 수 없으니 아마 무無요, 영零이라고 하는 것
이 거짓 아닌 사실일 것이다.

생각하면 남이 무어라든지 환경이 어찌 되었든지 시대말로 하면 빵이 있다
든지 없다든지를 불구하고 그저 부단히 소향所向의 목표를 걸고 꾸준히 전개된

진리를 아는 것이 타당한 것이지만 묘한 것은 그렇게 되지를 아니하니 어떤 셈일까. 대철大哲 석씨釋氏의 말씀을 좇으면 심부동心不動을 얻지 못한 소이에 불과한 것이겠지만 중생인지라 현실과 이상, 이 너머도 격재隔在하다고 밖에 생각 안 되니 내하柰何오, 여기서 경우의 불운과 환경의 모순을 운위하게 된다.

그러한 사람에게 있는 이상은 공상에 가깝고 이러한 사람이 안 진리가 그림자 진리다. 그러면 나의 이상이 반공상이고 나의 안 진리가 그림자 진리다. 이렇고 보니 세상 사람은 나를 악평할 것을 자기自期한다. 체시諦思한다. 여기서 다시 거짓 생각을 아니하는 사람이 얼마나 될까 하는 것을 그림자 진리를 엿보지 않는 사람이 얼마나 될까 하는 것을 고백 거짓 아닌 고백, 이러한 고백은 그림자 진리에 취한 사람에겐 그림자 아닌 진리의 일단一端을 포착한 것과 동일하다고 나는 생각한다.

좌우간 상아탑은 높고, 멀고, 크고, 장엄스럽다. 이 탑 위에 앉아 일사일물一事一物을 간래간거看來看去하면 곤곤장강동서수滾滾長江東逝水로 무진無盡한 취미가 있고, 무한한 학정學情이 있는 것은 참말이고 정말이다. 말하면 청빈하지만서도 이 취미로 살고 박행薄幸하지만서도 이 학정으로 살아가는 것이다. 천사만사千思萬思는 객관자客觀子의 정서인데, 이것을 어떻게 설파할까. 설파할 수가 없으면 무언無言이 오히려 나은 것이다.

나도 상화想華를 난진難盡이라 무언을 종宗하려 하였는데, 외우畏友 최창규崔昌圭 형의 긴탁緊託을 고부孤負키 어려워 체계 없는 단상이 너무 길었는가 한다.

약력 : 충북 청주군 문의文義 생, 다이쇼[大正] 13년 3월 중앙고보 졸업, 쇼와[昭和] 4년 4월 경성제대 법문학부 철학전공 졸업, 쇼와 4년 4월 대구공립고보 교원 피임被任, 쇼와 5년 4월 이래 중앙불교전문학교 재직

21

「(연구실을 찾아서) 몰각된 자기」

조용욱, 『조선일보』, 1932.12.15

학문은 생활의 추상이다. 생활에 근거한 학문은 다시 생활을 정돈하고 윤색한다. 그러나 나와 학문, 특히 문자와의 교섭은 차차 소원해지는 듯하다. 나의 호개好個 양우良友인 중동문고中東文庫의 만권서萬卷書가 매일 안전眼前에 전개되니 염서심念書心이 늘 서질간書帙間에 두류逗遛하나 실제는 구중口中에 형극荊棘이 짙어진 지 오래이다. 이 행行에 여력이 없는 소이所以일까? 나의 태만일까? 실사구시가 실공實功 아님이 아니지만 박학어문博學於文이 적은 이상 조리條理 얻기가 어렵다. 그러므로 독서! 그는 나의 단순한 취미나 혹은 어떤 상아탑적 야심에서가 아니라 일용 사물간에 나의 부족, 나의 모순을 발견할 때 일보 나아가 세간의 많은 난문제에 봉착할 때마다 긴절히 요구된다. 독서는 나에게 광명과 조리를 주는 까닭이다.

잠깐 우리 환경을 돌아보자. 그는 실로 소연騷然하다. 기다幾多의 생활문제—나의 독서력 내지 창작력까지 앗아가는—의식주 그와 관계된 수많은 못 살겠다, 죽겠다 등등, 마치 중병환자와 같은 □□처연한 신음상□ 비약秘藥은 한 개의 '돈', 모두가 극도의 궁병窮病 환자들이다. 다른 사회, 다른 국가, 세계 구석구석에도 이 환자의 충만함을 본다. 크고 적고 단체나 개인이나 이 병에 걸려 있지 않음이 없다. 따라서 이 병 근치根治가 이 세기의 제일의적 중대 문제의 하나임도 안다.

염기염래念去念來에 어느덧 반영되는 이 가여운 현실은 빈약한 나에게 일종 파우스트적 오뇌를 가져올 뿐이니 흉세凶歲에 자제子弟 다폭多暴이란 말도 있거니와 보통은 이 환자일수록 이기적이요, 악화惡化다. 그 산 표본이 얼마나 많은가. 자기 이외에 또 무엇이 있느냐는 듯이 모두가 자기중심이면서도 가소로운 것은 사실 자기몰각이다. 여지없이 빈약한 자기는 차치하고, 시비 사정邪正에 관한 주의와 용력用力이 타인 위해서만을 준비되어 있는 듯하다. 우리 사회의 허다 무가치한 중상中傷과 험구파쟁險口派爭과 논전論戰을 보라. 그 결과는 거룩한 공멸共滅!

물론 시비관是非觀도 필요하나 무용한 시비관은 절대 금물이다. 당인불양어사當仁不讓於師적 자존심에서 먼저 자기 충실에 구심적, 집중적 용공用功이 긴요할 줄 안다. '궁자후이박책어인躬自厚而薄責於人'이란 말과 같이 연구에 매사에 꾸준히 이 태도로 노력하는 곳에 자기 내지 사회생활의 진전을 기할 수 있는 까닭이다. 그리하여 자기로부터 환경을 검토 연구하는 한편에 혼란한 우리 생활을 개□ 통제할 사상적 원동력 발견에 힘썼으면 한다.

약력 : 전북 익산군 함열咸悅 출생, 1924년 중동학교 졸업, 1929년 경성제대 철학과 졸업, 현 모교 중동학교 교원, 불교전문학교 강사

22

「(연구실을 찾아서) 제 것을 멸시」

이희승, 『조선일보』, 1932.12.20

제 것 멸시하기에 세계적 기록을 가질 이는 확실히 조선 사람일 것이다. 당돌히 이런 말을 함부로 하였다가는 불호령 날이나 톡톡히 얻어 듣고 주먹세례라도 받을지 모르나 사실은 무엇보다 웅변이다. 보라! 제 조상 묻어두고 남의 조상 떠받들기 '다 팔아도 내 땅이라'는 궤변을 희롱하여 제 땅 잘 팔아먹기(물론 그저 주는 것은 아니오, 대가를 받고 파는 것이라 할지라도 조선 사람처럼 땅 잘 팔아먹는 민족은 드물 것이다), 세계에 비류比類가 없을만한 좋은 글자를 조상에게서 물려받고도 가장 천대하는 '않글'이란 말로써 극도로 무시하기, 외국말 깨나 쓸 줄 알고 양복때기나 외국 옷 조각이나 입고 나서면 영ㅅ 바람이 나서 제 동족을 모욕하기에 외국어로써 하는 등의 심리는 참으로 이가 갈릴 만큼 밉살스럽다.

'우리 아버지', '우리 어머니' 하여야 할 경우에 '가엄家嚴', '가친家親'이라 하며 '당신 아버님' '당신 어머님' 할 때에 '춘부장春府丈', '대부인大夫人' 하여야 행세를 하고 '아드님', '따님', 하는 대신에 '자제子弟', '영애令愛'라든지 '내 아들놈' 할 때에 '가돈家豚'이니 도야지니 하여야 셈평이 필 모양이니 이렇고야 독에 들어간들 그 앙화殃禍와 천벌을 면할 수 있으랴. 이와 같이 제 뼈다귀나

집이나 옷이나 글을 천히 여기는 사람으로서 터진 입으로 힘 안들이고 나오는 말쯤이야 멸시한다기로서니 그리 대수롭지 않은 일 같이도 생각되기 쉬우나 말이란 그렇게 값싼 물건이 아니다.

인류가 가진 20세기의 찬란한 현대 문명은 그 어디로부터 왔는가? 물론 지식의 소산이다. 그리고 그 지식은 우리의 체험한 결과를 사고 작용에 의하여 판단내린 것일 것이다. 어느 개인이 경험으로서 얻은 사상과 지식은 신이 아니오, 인간인 이상 완전 원만할 수는 없다. 비로소 타인의 사상의 전수를 받아 비교 취사하는데 사고력은 닳아서 지식은 진보 발달된다. 타방으로는 또 그 개인이 아무리 훌륭한 사상 지식을 가졌을지라도 타인에게 전하여 줄 방법이 없으면 그 지식, 가위 화중지병畵中之餠에 불과할 것이다. 지식을 전달하는 수단 방법으로 우리는 말을 가졌다. 우리가 소유한 현대의 지식은 시간적으로 몇 만대를 내려오며 언어 문자를 통하여 그들의 체험을 모은 결과요, 공간적으로 또 몇십 억 인의 사고를 언어 문자를 매개로 하여 종합하여 놓은 산물이다.

현대 문명에 대하여 가장 공헌이 큰 자는 무엇보다 언어일 것이다. 우리가 멸시하는 가장 천하고 하잘 것 없는 편언片言, 척어隻語라도 우리가 현재 소유한 최고 가치를 가진 무엇보다 비싼 것이다. 그뿐 아니라 말과 우리의 인연도 가장 오래고 가장 밀접하다. 헤아릴 수 없는 아득한 옛날부터 인류가 인류 노릇하기 시작할 때부터−전지우傳之又傳하여 받은 것이다.

그리하여 언어는 그 민족과 생사영고生死榮枯를 같이 하는 끊으려려야 끊을 수 없는 끊는 날은 저도 죽어버리는 절대의 관계를 가진 것이다. 만주어를 보라. 그들의 말이 없어지는 동시에 그들의 고유한 정신과 문화는 최후의 말편末片까지 한족漢族의 큼직한 가마[부釜] 속에서 눈 녹듯 쓸어버리었다. 말을 박대薄待

한 응보應報로 받는 재앙은 오직 그 말을 다시 사랑할 줄 알고 북돋으려는 성
의와 노력으로써만 □할 수 있다고 생각한다. 이 말의 보옥寶玉을 탁마체차啄磨
砌磋함은 말 자신만을 살리는 소이가 아닐 것이다.

약력 : 경성제국대학 조선문학 및 어학과 출신, 경성사범학교 교유 역임,
현재 이화여자전문학교 교수

23

「(연구실을 찾아서) 무기로써의 경제학」

김광진, 『조선일보』, 1932.12.21

경제학은 처음부터 (약略) 적 성질을 가지고 탄생하였던 것이다. 중세기 말의 신흥 부르주아 계급은 자기의 세계사적 사명을 수행하기 위하여 자기의 진로를 장애障碍하는 봉건사회를 먼저 철저히 분쇄하지 않을 수 없었다. 그리하여 신흥과학인 경제학은 봉건제도를 날카롭게 비판하고 신생산양식과 자유세계 무역을 전취戰取하기 위한 부르주아의 중요한 사상적 무기의 하나로써 발생하였던 것이다.

신흥 부르주아 경제학은 이같이 설명한다. 자본가의 기업은 그들의 경영으로 '국민의 부'를 창조하여 만인을 공양共養할 수 있다. 즉 자본가에게는 이윤을, 노동자에게는 노임을, 지주에게는 지대를 분배함으로 사인私人 자본의 자유 활동을 위하여 봉건적 장애와 국가의 모든 간섭을 타파하여 '자연적 조절'에 맡김이 '국민의 부'를 증진하는 유일의 방책이고 '신의에 적합한' 제도라고. 그럼으로 고전 경제학은 부르주아지 복음서이고 또 그 의미에서 사상적 무기의 하나였다. 서구에 있어서의 부르주아적 세계 혁신의 전 투쟁은 고전 경제학의 시조 아담 스미스와 리카도의 사상적 병기창兵器廠에서 그 무기를 공급하였다. 그리고 1800년 초엽에 있어서의 아담 스미스는 나폴레옹과 아울

러 가장 유력한 구주의 지배자였다고 누구인가는 기술하였다. 마치 현금의 (약) 나 (약) 같이

이와 같이 경제학은 원래 자본주의의 출현을 위한 학문으로써 탄생하고 자본가적 생산양식의 발전 법칙을 증명함에 그 임무가 있었다고 하면 그 피치 못할 결론은 경제학은 결국에 있어서 자본주의의 (약) 의 법칙도 발견하여야 된다는 것이다. (약) 는 종래의 모든 경제 형태와 같이 사회적 발전의 일 단계에 불과하고 그것이 영원히 존속할 것은 (약) 다. 그러나 고전경제학의 시조들은 신흥 유산자 사회의 대두를 바라보며 많은 희망과 감격을 가지고 '신의에 적합한' 새로운 사회는 영구의 질서를 보전하리라는 굳은 신념을 품고 있던 것이다. 그렇지만 산업혁명 이래 나날이 격화하여진 계급투쟁, 특히 파리 (약) 을 지난 후로부터는 이 영구성을 가진 '신의에 적합한' 부르주아 사회에 대한 신념은 점차 (약) 지게 되었다.

이리하여 자본주의의 출현에 대한 학설은 계급대립이란 지혜의 과실을 먹은 후에는 (약) 주의의 (약) 에 관한 학설로 변하여지고, 자본가적 생산양식의 법칙을 구명하는 과학은 고도의 생산양식에의 지양止揚을 지시하는 과학으로 변하였다. 즉 부르주아지-의 사상적 무기였던 경제학은 (약) 의 (약) 을 위한 이론적 (약) 가 되었다. 그러면 이후의 경제학의 운명은 어떻게 될까. 즉 경제학이 자본가적 생산양식의 발생, 발전, (약) 의 법칙에 관한 과학이라면 그 생산양식이 존재를 (약) 게 될 때에는 그와 동시에 경제학도 그 존립의 토대를 잃게 될 것은 명백하다. (4행 약)

약력 : 1904년 평양서 출생, 1921년 평고보平高普 졸업, 1928년 도쿄상대[東京商大] 졸업, 그후 성대城大 법문학부 연구실에 재직, 금년부터 보전普傳에 재근在勤

24

「(연구실을 찾아서) 내방來房 속에서」

서두수, 『조선일보』, 1932.12.27

　학생 때에는 식가食價야 밀려도 내 일찍이 주인마님 안색을 보지 않으면 험악하던 태풍도 그냥 구구九九 머리로 남하南下하여지겠다. 돈 안내니 속상하다는 판인지 왈칵 갖다 놓는 암치고기 밥상이나마 그는 무생물이 된 지라 무슨 죄랴, 내 무연憮然히 얼른 당겨 흔연欣然히 대하여 먹고 나니 나는 욕심은 눈치코치 모를 새라 공부를 하여야지 하고 무엇 그리 신통할 것이라고 학문의 연구라는 뜬구름에 애틋이 마음 조이던 것도 사실이었답니다. 그 길로 공부니 목적이니 하고 타칭 연구실에 내방살이를 시작한지도 벌써 3년이랍니다.

　공부에 돈 일까부냐 하시는 가봉加俸 상전上典님네 책상 넘기는 흉내를 낼 양으로 도서관에서 책을 몇 권 빌려다 놓고, 테이블 머리에 앉기는 하여도 혹 그날 아침에 집주인 영감과 집세 까닭에 일기당천一騎當千의 기세로 오구□치거나 ××비에 빡빡살이 내리도록 졸린 다음 같을 때는 그 열이 쉽사리 식지를 않아 마음은 싱숭생숭 나도 모르게 타칭 연구실 건너편 한길에서 양성되는 조음噪音에 더 정신이 흐려질 때가 태반입지요. 그러다가는 일양 자기 운명은 뒤 제쳐두고 목에 핏대를 세우면서 불쌍한 대중을 제도하려는 성자聖者, 장님, 점占바치가 지나거나 또는 뉘 술도가 상책商策인지 술통을 꽁무니에 달고

술 먹읍소 하는 셈인지 서일필署—띄도 없는 것을 괜히 뿌뿡 명동鳴動시키며 지나는 자동차 바람에 가라앉으려는 화가 또 슬며시 치밀어 저절로 이맛살이 찌푸려지는 불수의不隨意 운동의 반대 운동처럼 책에 눈을 던지기를 하니 진정 남 모양 생활 태도와 연구 방침을 어쩌니 저쩌니 할 팔자야 아이 꿈엔들 참 골치만 아프지요!

아시다시피 가봉학원에서 가봉문학도 공부하였건만 내 본래 호인好人이라 가봉은 단연 그들에게 솔선수범하여 사절하였지요. 그리고 그저 밥이나 먹여 줍소 한들 이것도 사절시킬 눈치이니 차此 장將 내히奈何오?외다. 욕질이나 중상中傷이나 그렇지 않으면 룸펜 된다는 과학적 예언으로 가지각색 신경이 시달리니 뉘들같이 창밖 '포라타'의 봄빛 가을 소리를 벗하여 책을 보니 어떻고 저떻고 하는 연구의 안락경安樂境이야 꿈에도 못 본답니다. 그저 습여성성習與性成이랄지 하던 버릇으로 상전 눈독을 맞을 각오로 그네들 흉을 뱁새가 황새 따르는 격으로 하고 있습니다. 물론 많은 일이 골몰하여 그것조차 거북합지요. 말하자면 체념도 아니고 용약勇躍도 아닌 채 타칭 연구실 내방살이를 풍타죽낭타죽風打竹浪打竹으로 계속하고 있습니다. 정말 한심한 노릇이외다.

또 인심 좋은 책장사님네는 어람건御覽件이니 내사건內賜件이니 하고 갖다 보입니다. 혹은 고려판高麗板이니 무어니 하기도 하지요. 생각하면 헌 누더기와 같이도 생각되나 공연한 욕심도 나지요. 참 우습습니다. 사면 빚, 못 사면 마음이 꽁, 이것도 연구실 내방살이에 골 틀리는 일이랍니다. 헛수작만 하여서 미안합니다.

약력 : 1907년 경상도 군위軍威 태생, 대구고보를 거쳐 1930년 성대城大 문학과 졸업, 이래 동 대학 연구실에

25

「(연구실을 찾아서) 비'스콜라'적 태도」

한치진, 『조선일보』. 1932.12.28

생동하는 구체적 현실의 세계, 그 가운데에 자기 자신이 실제적으로 투입함으로써 현실 그 자체를 구체적으로 여실히 인식, 파악할 수가 있다고 하면 또는 이러한 방법으로서만 우리가 일상 취급하며 우리의 안전眼前에 전개되는 여러 가지 이론의 실마리가 확증이 되는 동시에 이론 그 자체가 일개의 참된 이론으로서의 존립권을 주장할 수가 있다고 하면 과연 연구실의 생활으로서의 모든 이론을 이론답게 할 수 있겠는가 하는 것이 의문이라고 하지 않을 수가 없게 된다. 여기에서 나는 나의 연구실의 생활을 다시 한 번 반성하여 보게 된다.

날마다 같은 일을 반복함으로 조금도 변화가 없으며 아무 신기한 맛이 없는 생활, 그야말로 무미건조한 생활 이것이 연구실의 생활이다. 온종일 방안에 들어앉아도 누구나 한 번 찾아와서 자미스러운 이야기라도 들려주는 일이 드무나 혹시 서점원이나 며칠에 한 번씩 방문을 노크하는 소리만 들릴 뿐이나 이런 사람들은 자기 일만 필畢하면 그만 가버림으로 나의 담화의 상대자가 되지 않는다. 책상 위에 펼쳐 놓은 책, 사벽四壁에 둘러싸인 책, 이것들만이 나의 유일한 벗우(友)이 될 것뿐이다.

이러한 생활환경이란 말하자면 실제 회사와는 퍽이나 거리가 먼 것 같이 생각된다. 아니 사실상 그러한 것이다. 따라서 이런 생활은 자연히 일종의 권태를 느끼게 되는 것이다. 뿐만 아니라 거기에서 취급하고 있는 모든 이론은 마치 실천의 세계를 떠난 이론, 즉 단순히 이론을 위한 이론인 것 같이 보인다. 그런 까닭에 나의 연구실에 있어서의 연구 태도란 개념의 유희, 공리공론의 희롱, 말하자면 일종의 '스콜라' 학자적 학學 연구 태도에 빠지지 않았는가 하는 것이 항상 의문이 된다.

여기에서 나는 새삼스럽게 학문 연구의 비'스콜라' 학자적 태도를 절규하게 된다. 이와 같은 태도를 가지려면 필연적으로 이론적 연구 영역에 있어서의 실천적 요소의 특별성을 고려하지 않으면 안 될 것이라고 생각한다. 이론과 실천과의 밀접 불가능의 관계의 존재에 대하야 재언再言할 필요가 없는 것이다. 그러므로 이론적 세계와 실천적 세계와의 교섭성에 대한 명확한 인식이야말로 학문 연구의 출발점이 된다고 할 수가 있다. 이와 같은 인식을 갖지 못한 연구는 항상 '스콜라'학적이 될 것이다.

철학적 영역에 있어서도 실천 문제가 퍽이나 중요한 지위를 갖고 있다. 보통 철학을 순수이론 인식의 학으로서의 이론 철학과 실천 생활의 학으로서의 실천 철학과의 두 가지로 대별한다. 그러나 원래 철학이란 인간의 구체적 실천 생활의 문제를 떠나서는 존립할 수가 없는 것이다. 인간 생활이란 철학 아니, 모든 학문의 성립 지반이 되지 않으면 안 될 것이다. 이와 같이 인간의 구체적 생활이라는 것이 철학적 영역에 있어서 가장 중요성을 띠는 한, 인간적 실천의 문제는 철학 전반에 있어서의 중요 문제가 아니면 안 될 것이다.

그러므로 나는-독단적? — 철학은 엄밀하게 이론 철학과 실천 철학과의 두 가지로 구별할 수가 없다고 생각한다. 그런 까닭에 옛날 희랍希臘의 철인 소크라테스와 같은 이는 진리 탐구는 실천 철학으로써만 가능하므로 그것만이 유일한 학문이라고 주장하였으며 그것에 제1차적 의의를 부여하기도 하였다. 그러므로 적어도 철학권 내에 있어는 실천적 요소를 무시할 것이 아니라 항상 이론계와 실천계와의 구체적 통일 관계의 존재를 확인함으로써 그 연구를 진행하는 것이 가장 필요하지 않을까 한다-연구실 생활의 일- 감상 -.

약력 : 송도고보松島高普 졸업 후 경성제대 예과를 거쳐 1931년에 동 대학 법문학부 철학과 졸업 이래 동 학부 연구실에

26

「고 노정 김재철 군을 조^弔함」

김태준, 『조선일보』, 1933.1.31

노정蘆汀 김재철金在喆 군이 이번 1월 27일 저녁 오후 8시에 합연溘然히 장서하였다는 실음實音에 접하였다. 군이 항상 탐독하는 롱펠로의 '생명은 짧고 예술은 길다'의 일구一句가 이제 군을 위한 시참詩讖이 될 줄이야 누가 능히 역도逆覩하였을까? 방년 27세를 맞이하는 봄 벽두에 군은 누추한 인생의 현실의 세계를 버리고 인간에서 쓰던 모든 무기, 식기, 악기를 버리고 멀고 먼 영원의 나라로 다시 못 볼 죽음이 되어 가고 말았구나! 천재 단명이라는 일어一語가 또한 군에게까지 적용될 공리公理가 될 줄이야 누가 능히 알았을까? 나는 군을 천재 예술적 천재라고 불렀다. 이제 군의 과거를 다시 한 번 회고하여 보자!

나와 군과 서로 알게 되기는 대학 예과 때부터였다. 당시의 군은 '큰 장난꾼'이라는 첫 인상을 주었다. 쾌활 기변奇變하여 군이 한 번 웃으면 반드시 전 클래스가 웃고야 말았다. 웃지 않기로 유명한 T교수도 분반대소噴飯大笑를 자주자주 하였다. 그러나 당시의 군의 머리에는 사랑과 열熱이 있을 뿐이요, 물론 학과같은 것은 군의 부업과도 같았다. 이 생활은 군의 대학시대까지 계속되어 당시에 『중외일보』를 통하여 발표한 군의 시편詩篇은 열정적 로맨티시즘, 센티멘털리즘 이외에 아무것도 없었다. 그 잡념 일속一束 서울 광진곡狂進曲,

시골 광진곡이 모두 서생구기書生口氣를 그대로 가지고 있었다. 당시에 나에게 준 군의 '월광곡'이 아직도 내 손에 있는데

"바람조차 잠들은 H강에는 / 달그림자 곱게도 흘러 내려가 / 뽀-트에 님 마저 실어있으니 / 끝이야 어디이든 자꾸 저어라 / 달을 에운 뭇별도 반짝거리며 / 다이아의 눈동자 떴다 감았다 / 적막한 밤 강 위에 노래 부르니 / 월광의 곡 허공에 멀리 올라가 / 계수나무 가지들 흔들었는지 / 내려보던 저 달은 빙그레 웃네 / 오늘밤이 새도록 노래 부르자 / 출렁출렁 강물을 갈라가면서 / 저어가자 노래에 장단 맞추어 / 고개 짓고 따르자 월광의 곡에"

그러나 총명한 군은 언제까지든지 계수를 꺾고 월광곡에 도취하지 아니하였다. '아이들뽀이' 같고도 실속은 '공부충'이었고, 만사태평이요, 사시장춘四時長春같은 그 기상에도 각근恪勤하고 솔직하고 엄숙하고 책임감이 깊은 군이었다. 그러므로 K박사에게 풍류남아라는 명예스럽지 못한 칭예稱譽를 받으면서도 군의 학적學績은 월등한 것이었다. 『조선연극사』의 저작도 이때에 된 것이요, '한글', '민요', '토속·아리랑', '김삿갓'의 연구도 이때의 일이었다. 그러나 총명한 군은 언제까지 국고정리國故整理, 향토문학 청산에만 급급하고 있는 것은 환멸하여 가는 현실 사회의 죄악이라고 느꼈다. 그의 상아탑적 신앙탑은 점점 붕괴하여 버리고 그의 일면적 노력에 장차 '새로운 김군'을 괄목하고 기다렸다. 군은 어느 날 돌연히 대발견이나 한 듯 현실에 대한 정확한 관찰법을 얻고 당당히 군의 우주관, 인생관을 토로하는 것이었다. 그 후의 군은 러시아 연극을 전문으로 연구하여 미래 사회의 역자役者가 될 것을 호언하는 것이었다.

군의 동경하는 사회를 그리고 유물적, 변증법적으로도 반드시 미래에 즐겁게 군을 맞아줄 그 사회를 그 대중을 버리고 군은 다시 어디로 안식의 정토淨土

를 구하였던가? 젊은 투사의 혼령은 어디로 가고 젊은 조선의 땅덩어리 위에는 한 주먹 흙이 늘었을 뿐이니 허무하다. 오군吾君의 왔다간 자취에 다시 무엇이 남아 있는가? 사즉청산일배토死則靑山一杯土라. 영결의 눈물을 아무리 뿌려도 오군의 영운英蕓을 아무리 불러도 군은 알 바 없으리라. 군이여 군은 몇 달 전에 "이 불완전한 몸이나마 ××에 바쳐버리지요", 이렇게 말하지 않았는가? 젊은 천재는 다시 문단에 일점一點 성광星光을 가리우고 이 사회에는 다시 천재 단명의 실체를 남겼을 뿐이다. 미아리 어느 산에 군의 혼을 찾아볼까? 산애포사山哀浦思의 숨은 눈물을 두고두고 뿌리리라.

학생시대의 '큰 장난꾼' 같이 보이던 군의 의기와 열혈은 장래에 '큰 일꾼'이 되리라고 믿었다. 많은 계발과 촉망을 주던 군이여, 정말로 인생은 짧고 예술은 길구나! 군의 습작시대의 유고인 각본과 소설이 설사 군의 자신에 또는 겸손적 태도로 나아가던 군의 앞에 다소 불만하였다 할지라도 군의 기도企圖하던 사업은 영구히 군의 신뢰하려던 대중을 위하여 전개될 줄로 믿는다. 그러면 군이여 나의 편뢰片誄를 웃지 말고 구원九原에 명목瞑目하라.

27

「고 노정 김재철 군-회보 제6호를 추도호로 내면서」

이희승, 『동아일보』, 1933.3.5

오토총총烏兎忽忽하여 광음光陰이 여시如矢란 진부한 말이면서도 변치 않는 진리다. 아! 벌써 한 달이 지났구나. 노정 김재철 군의 명일命日이다. 지난 1월 27일 삭풍이 음호陰號하여 부골腐骨이 소연疏然하고 모색暮色이 창망蒼茫하여 천지가 암담한 오후 8시! 군은 군이 아! 머나먼 불귀의 길을 거연遽然히 떠나 버리지 않았는가. 그것이 벌써 어느덧 한 달이 지나다니, 군아 지금은 어느 곳에 있는가? 부요扶搖를 치고 청천靑天에 올라가 대붕大鵬과 한 가지 물 외에 소요하는가. 신천사申天師, 홍도객鴻都客의 인도를 받아 광한전廣寒殿 너른 마루에 고침감수高枕甘睡를 마음껏 즐기는가. 태상노군太上老君의 뒤를 사모하여 요지경연瑤池瓊筵에서 질탕迭蕩한 연향宴饗에 도취되었는가. 어찌하여 군은 한 번 가고 돌아올 줄을 잊으시는가? 아! 안타깝도다. 군의 광안光顔을 어디 가 찾아보며 군의 옥음玉音을 들어볼 길 바이 없도다. 전일에 군은 그 얼마나 호방쇄탈豪放灑脫하였는가. 그 기상천외의 해학이 지금 어느 조좌稠座를 절도絶倒시키며 군은 그 얼마나 용의주도하였는가.

군은 일찍 패기 발발勃勃한 선풍아旋風兒였다. 얄궂은 현실을 백안白眼으로 비예睥睨하지 않았는가? 군은 일찍 피 끓고 눈물 있는 열정 시인이였었다. 그

다정다한多情多恨한 유주遺珠는 더욱 나의 눈물을 자아내는구나. 군은 항상 yes 나 no의 동일한 가치성을 고조하였었지. 그리하여 '글쎄'나 '가만있어'를 열熱없는 식어버린 재라 하여 극도로 증오하였었지? 아! 군은 지금 yes를 철저하지 못할진대 no로써 진정한 영생을 구하려 함이 아닌가. 그리하여 이 좁은 현실계의 옹색스러운 생을 탐탁히 여기지 않고 네 활개 훨씬 펴고 마음대로 □유遊할 새 생을 추구함이 아닌가? 아! 나는 군의 생명이 우주에 미만瀰滿하여 있음을 보노라. 우주로 더불어 다함이 없을 것을 믿노라. 그와 같이 군은 현세의 무상한 생을 부인하면서 와각蝸角 위에 석화 같은 생을 말살하면서 어찌하여 나의 적은 머릿속에 또렷이 인印 처진 군의 기억을 말살하여 주지 않는가. 군이 그와 같이 총총히 갈진대 차라리 차라리 그 기억마저 지워주려무나.

8월 27일에 나서 27세를 일기로 27일에 다시 적멸寂滅에 빠졌으니 이 '27' 이란 군에 대하여 무슨 수기數奇한 숫자냐. 재성명단才盛命短은 고금이 일반인 듯하여 해동일우海東一隅에 나서 일시 큰 울음을 우리 시사詩史에 남겨 놓고 간 허난설헌許蘭雪軒 같은 불세출의 재원才媛도 또한 27세가 액년厄年이 아니었던가. 그러나 그는 '부용삼구타芙蓉三九朶 홍타월상한紅墮月霜寒'이라 하여 '39'란 참구讖句로써 후인後人의 핑계거리가 되었거니와 우리는 군에게서 그와 같은 아무아무 조시兆朕도 보지 못하였으니 너무도 불의의 일에 더욱 애닯구나 안타깝구나.

군은 매사에 적극적이었다. 활동적이었다. 우리 조선어문학회의 조직과 회보 간행을 가장 먼저 창도한 것도 군이었다. 동인 중에는 시기 미숙을 이유로 주저하는 이도 있었으나 군은 단연 분기하여 스스로 그 편집의 임에 당當하였었다. 군이 아니었던들 우리 회의 오늘이 어찌 있으리오. 그러나 그러나 우리가 가장 안타깝게 여기는 바는 군의 그 가다듬은 기운과 부르걷은 팔로 조선문화라는 거칠은 묵은덩이를 좀 더 이룩하였을 것을 군은 몇 덩이 흙을 파헤

치지 못하고 괭이를 멘 채로 넘어진 것이다. 이것이 이것이 우리의 가슴을 가장 아프게 하는 것이 아니고 무엇이냐.

그러나 군은 창시자다. 시작은 반이다. 군은 우리의 일에 확실히 그 절반을 이루었다. 그 남은 절반이 우리의 일이다. 우리 동인은 유종의 미를 이루려 자서自誓한다. 그리하여 군의 평안한 명목瞑目을 기원하여 마지않는다. 그러나 어이 하리오, 일은 거창하고 힘은 가녈픈 것을. 마음이 자연 쓰라리고 어깨가 스스로 무거워짐을 등골 새 흐르는 땀과 함께 깨닫노라. 군이 우리 문화전文化田에 뿌리고 간 씨로는 각본이 있고, 시가 있고 논문이 있다. 양으로 보아 반드시 많다 할 수 없으나 군의 짧은 일생에 비하여 결코 적다고는 할 수 없다. 더욱 군의 심혈을 쏟아 모아놓은 것으로 『조선연극사』와 같은 것은 일찍이 동아東亞 지상에 연재되어 이미 학계의 정평이 있는 바이다. 군은 이것을 단행본으로 상재하려고 다소의 수정을 더하여 원고의 정서精書를 채 맞추기 전에 그만 쓰러지고 말았구나. 천天은 군에 빌린 생명에 이다지도 인색하던가. 우리는 군의 유지를 이어 그 출판의 준비에 착수하였노라. 군은 안심하고 명목할지어다.

이제 회보 제6호를 군의 추도호로 하여 동인들의 뇌사만가誄辭挽歌를 싣고 조선어문에 관한 짧은 논문을 수편數篇 부쳐 배전倍前의 지수紙數로 세상에 보내노니, 군아 이것을 군의 위패位牌 앞에 피우는 향人불의 가는 연기로 받으시라. 군의 무덤 앞에 드리는 한 잔의 제주祭酒로 받으시라. 어허 애닯도다. 슬프도다. 노정아 재철 군아 어이어이. 1933.2.26

28

「(교수 · 강사타령 보성전문학교 편) 법과 과장 옥선진 씨」

『조선일보』, 1933.4.26

프롤로그 : 일정한 연구 대상을 가지고 1년, 2년, 10년, 20년 쉬지 않고 꾸준한 연구를 계속하는 학자-학자는 조선에 극히 적다. 극히 적은 까닭에 극히 귀하고 극히 귀한 까닭에 조선은 학자를 많이 양성하지 않으면 안 될 것이다. 극히 귀한 까닭에 학자는 일층 자重하지 않으면 안 될 것이다. 조선에 학자는 많지 않지만 그러나 대체로 보아 일반이 학자로 지칭하고 본인 또한 학자로 자임하는 층은 대학, 전문학교의 교수 또는 강사라고 아니할 수 없다. 각설, 이제부터 각 학원을 순례하여 여러 선생의 프로필을 그려보려 하거니와 혹시 붓이 비틀어져서 '교수 시간에 시간을 보내기 위하여 내용 없는 이야기를 한다든가', '학생이 질문하는 것을 좋아 안한다든가' 하는 학생의 속삭임을 간혹 끄적거려도 교수 강사 제씨여, 과히 허물을 마시오.

조선에서 가장 웅변가인 교수를 든다고 하면 보성전문학교 법과 과장으로 있는 옥선진玉璿珍씨를 들 수 있을 것이다. '오호, 청춘은 가는구나' 하는 연제演題로 지금으로부터 5~6년 전 시내 기독청년회관에서 묘령 여학생을 울리도록 옥 같은 음성으로 웅변을 엮어 내린 것은 씨다. 씨는 어디를 가든지 연단

위에서 웅변을 하는 그 곱고 억양이 풍부한 음성과 허리를 조금도 굽히지 않는 꼭 바르고 단정한 자세를 잃지 않는다. 씨는 길을 걸어갈 때, 교단에 섰을 때, 집안에 꿇어앉았을 때, 기타 어떠한 때를 불구하고 그 단정한 자세를 변함이 없고 그 음성을 달리함이 없다. 둘이 마주 앉아서 이야기를 할 때도 물론 연설식이거니와 교실에서도 씨가 학생에게 재미있는 이야기를 하여줄 때에도 학생은 그의 연설에 취해서 연설을 듣고 난 후에는 어떤 내용의 이야기를 하여주었는지 모를 지경이라 한다.

씨는 수양의 인-아침 여섯 시 경에 일어나면 사택은 가회동인지라. 아침 일찍이 삼청동 산에 오르고, 약 1시간 운동하고 돌아와서는 씨의 단정한 자세로 정좌하여 책을 본다. 책은 상속법, 채권법 등 씨가 담임한 학과에 관해서는 물론이나 근래는 특히 정치 방면에 흥미를 가지고 국제연맹에 관한 것을 연구 중이라 한다. 씨는 주저하여 말하지 않으나 소식통에게 들으면 대논문을 준비 중이라고 한다. 학교 시간을 보고는 총독부도서관, 그리고 집에 돌아와서 공부하는 시간은 밤 열한 시까지.

씨는 수양의 인이라 하였거니와 특히 건강과 체육에 유의하여 매일 등산하는 외에 연무관研武館에서 유도를 수련하고 체육연구소에서 역기를 배운다. 씨는 특히 기억력이 강하다고 하는데 학생이 잘하고 못한 점에 대하여도 좀처럼 잊지 않는 엄격하고 주도한 기억력을 가지고 있다고 한다. 학생 훈련의 중임을 맡은 과장으로서 없지 못할 특점이라고 할까.

씨의 고향은 전남 순천, 일찍이 메이지대학明治大學 법학부를 졸업하고 보성전문에 취임한 지 8년, 작년 법과 과장의 중요직을 맡게 된 장년 학도다.

29

「(교수·강사타령 보성전문학교 편) 법과 교수 최태영 씨」

『조선일보』, 1933.4.27

보성전문에서 최태영崔泰永 선생이라고 하면 대단히 온순하고 학문에 □실하고 학생들 가르치는 데 책임감이 강하다 호평이 있는 이인데, 그러나 그는 10년 간 학생을 속여 온 유일한 비밀이 있다. 씨가 10년 동안 학생을 속여 온 것은 씨가 본래 거짓말을 잘하여서 그런 것이 아니라 생존경쟁이 심한 인생생활을 하는 데는 학자도 별 수 없는지라. 보호색을 쓰지 않으면 아니 되었던 것이다. 여하간 씨가 10년 동안이나 거짓말을 하여왔기 때문에 보성전문 출신은 씨의 나이를 35인줄 아는 이로부터 43으로 아는 이까지 있다. 그것은 씨가 지금으로부터 10년 전에 메이지대학[明治大學] 법학부에서 법률학을 전공한 후 스물네 살 때에 보전 선생으로 취임하였는데, 나이 너무 젊은 까닭에 여러 가지 관계상 그때부터 34~35재才라고 하는 것이 10년이 지난 오늘에까지 이른 까닭이다. 사실은 금년이 34재다. 해마다 35재라고 같은 나이를 부르고 있는 까닭인지 모르나 얼른 보기에 씨는 젊고도 늙고, 늙고도 젊어 보인다.

최 선생 공부 시작하는 시간이 되면 1분을 놓칠까 하여 속히 교실에 들어가서 학생이 좋아하는 세상이야기 한마디 하는 일이 없이 자기가 맡은 학과는 끝을 내고야마는 근력을 가지고 열심히 강의를 계속한다 한다. 그러나 학자답고 착실하다고 학생 간에 호평인 최 선생-나이를 속일만한 기지機智가 불무不無하거니와 자기는 궤변을 잘 한다고 소크라테스라고 자칭하는 농담을 간혹 한다는데 그것은 선생이 다방면이라고 하는 뜻이라고. 그러고 보니 선생은 확실히 다방면이다. 우선 나이가 가지각색이오, 맡은 과목이 무려 6~7과목-왈曰 민법, 법학, 그리고 보험법, 상법 총론, 수형법, 상행위 등등 상법에 관한 것은 6과목, 총 교수 시간 1주일에 무려 15시간이요, 취미도 각 방면이다. 그의 저서로는 '아브라함 링컨'의 번역, '헬렌 켈러의 자서전'의 번역이 있고, 아호雅號도 상당히 많다는데 그중 하나만을 골라잡으면 우현又玄이라고.

씨의 고향은 황해도 장연, 보전에는 5~6년 전에 1년 동안 쉰 일이 있으나 우금于今 10년 동안을 법학 연구에 전심하고 있으며 근일에는 특히 고대법을 연구 중이라 한다.

30

「(교수 · 강사타령 보성전문학교 편) 전임강사 유진오 씨」

『조선일보』, 1933.4.28

어떤 사람이 유진오兪鎭午 씨를 찾아 갔다가 이마가 넓고 작지 않은 눈이, 좀쑥 들어간 키도 얼마 크지 않은 사람이 "내가 유진오입니다"는 씨의 자기소개에 깜짝 놀랐다 한다. 그 방문객은 씨의 소설을 보고 또는 그의 명성을 듣고 씨의 나이가 적어도 40은 된 줄 알았다고. 씨는 소설가, 희곡 작가로 이름이 있고 문예비평가로 이름이 있다. 연전年前에 어떤 미술전람회 평을 쓰고 그 예리한 관찰과 고도의 미술 비평안으로 사계斯界의 전문가를 감탄케 한 일이 있는 것을 아는 이면 씨를 미술가로 알지도 모를 것이다. 그만큼 씨는 문예 내지 예술에 대하여 많은 취미와 조예와 열성을 가지고 있다. 사실 씨는 법률 선생으로보다도 작가로 더 많이 세상에 이름이 있다. 현재 씨는 소설집 단행본을 준비 중.

그러나 씨의 원래의 전공은 법률, 경성제대에서 법학과를 졸업하고는 4년간 법과 조수로 있으면서 대학 예과 강사를 겸임하여 1년간 법학통론을 교수하였으며, 조수시대에 고대 희랍希臘부터 현대에 이르기까지의 수백 권 서적을 섭렵하여 '정의'에 대한 대논문을 썼고, 현재는 보전 법률 선생으로 헌법, 행정법, 국제공법 등을 담임하고 있다. 그리고 정치 법률 방면에 있어서도 아는 것이 다방면일 뿐 아니라 그 연구가 또한 깊다고 일반의 평이 있다. 씨는 보전에서 법률에 관한 영어 원서 강독을 맡아 본다는데 영어를 능통할 뿐 아니라 독일어, 프랑스[佛蘭西]어도 영어보다 못하지 않게 안다. 씨는 어학 재조, 문학에 관한 조예, 창작가로서 기능, 법률, 정치, 사회과학에 관한 연구, 그뿐 아니라 음악, 무용 등 모든 것에 대한 일가견이 있다고 하여 이름 짓기 좋아하는 친구는 씨를 말하기를 조선의 괴테라고 한다. 씨의 나이는 금년이 만 27세.

대학 조수라고 하면 동경에 있는 각 대학에서는 교수의 '알'[卵]이라고 하는 모양이다. 우수하고 장래에 유망한 학도를 선택하여 조수로 있어 1~2년 연구를 계속하게 하고 이어서 구미에 유학을 보내거나 또는 그렇게 하지 않고라도 조교수, 교수로 임명하는 것이 통례인 까닭이다. 그런데 경성제대에서 유진오 씨를 대학 교수 또한 조교수로 채용 안 한 것은 조선에서만 볼 수 있는 알고도 모를 일이다. 씨는 작년 경성제대 조수로 있으면서 보전의 선생을 겸임하고 있다가 현재는 보전의 전임강사로 있는데, 씨의 학식과 재조로 여기서도 교수가 아니고 하필 강사의 이름을 가지고 있는고!

씨는 다른 사람하고는 목욕하기를 즐겨하지 않는데 그 원인을 탐색한 바에 의하면 몸이 강하고 부대하지를 못하여 그 가는 몸을 다른 사람에게 보이기를 싫어하는 까닭이라고. 밤은 두시 세시가 되도록 무섭게 공부를 하고 그 대신 아침은 학교 시간이 없는 때에는 열시나 열한 시 반에 기침起寢, 학생들에게는 조금도 싫은 소리 안 하고 시간에 학생들이 얘기를 하여 달라면 짧은 이야기라도 하나 하면서 어떻게 그것을 강의와 연락시켜서 강의를 계속한다고. 재조 있는 선생이라고 학생 간에 호평판이라고.

31

「(교수 · 강사타령 보성전문학교 편) 상과 과장 김영주 씨」

『조선일보』, 1933.5.1

김영주金永柱 씨는 고향은 강원도 영월, 일찍이 도쿄상과대학[東京商科大學]의 전신인 도쿄고상[東京高商]을 마치고 1920년, 지금으로부터 13년 전에 보성전문그 당시는 보성법과상업학교에 와서 지금까지 있는 '후루카부' 교수다. '후루카부'라고 하면 나이도 많은 것 같이 생각되나 씨는 금년이 39세의 장년 교수. 눈에는 정기精氣가 있고, 몸에는 빈틈이 없다. 일견 보기에 학자라는 것보다 이런 말이 있을지도 모르나 정치가적 사무가, 정력가, 실업가… 이러한 감을 주는 바이다.

"선생은 요새 어떤 책을 보십니까?"

"맡아보는 학과에 관한 것을 많이 보게 되지요."

씨가 맡은 학과는 상업정의商業定義, 화폐론, 상업부기, 매매론 등.

"특히 연구 하시는 방면에 관해서 요새 새로이 보시는 책은?"

"이것저것 봅니다마는… 공부는 별로 많이 못합니다. 학교의 여러 가지 사무를 맡아 보게 된 이후로는 학교 시간도 한 주일에 여섯 시간으로…."

학문을 교수할 뿐 아니라 학문을 연구하는 교수로서 한 주일에 여섯 시간은 결코 적은 시간은 아니다. 학자로서의 책을 많이 안 본다고 하는 것은 학자의 겸양일 것이나 여섯 시간을 담임하고 학교 사무를 보자면 여간한 정력가가 아니고는 어려운 일이다.

씨는 보성전문의 교무주임의 일을 보다가 과장제가 생기는 동시에 상과 과장이 되고 이번 4월에 다시 전무이사의 일원이 되어서 보전의 학무 관계는 물론 재무 관계에도 관계하는 중임을 맡게 되었다. 씨는 일을 하는 데 공평무사하고 일을 하는 데 성심성의로 남의 일이라도 자기 일같이 하고 일에 조포 粗暴함이 없어 교실에서 교과서를 쓰는 경우에는 그것까지라도 한 줄 한 자 빼놓음이 없이 다 가르쳐 준다고 하여 학생들은 씨의 '비지니스 라이크'한 점에 대 경탄을 불금不禁인 모양. 씨는 상과 과장과 전무이사가 된 이후로는 일층 대소사에 주도면밀하고 교수 시간 같은 것이라도 시계와 같이 1분도 어기지 않으려고 노력한다고 진실한 학생 간의 대호평이다. 씨는 교실에서 또는 교실 외에서 별로 말이 없다 한다. 말이 없는 까닭에 흉도 없는 모양이나 상과 학생들 주산반을 놓아가지고 과장 선생은 근검저축하여 놀러가도 과자를 많이 사오지 않는다고 대불평. 망언다사.

32

「(교수·강사타령 보성전문학교 편) 상과 교수 홍성하 씨」

『조선일보』, 1933.5.2

보성전문학교에서 경제학, 은행부기, 재정학, 사회정책, 주산 등을 담임하고 있는 홍성하洪性夏 씨는 니혼대학[日本大學] 경제과를 졸업하고 보성전문에 부임한 당초부터 동교 체육부장이 되어 만년 체육부장으로 있다. 얼마 전에도 일본 전국 종합농구선수권대회에 학생과 같이 원정을 간 일이 있거니와 정구, 축구 또는 야구, 농구를 물론하고 보성전문에 원정이 있을 때마다 학생을 인솔하고 나서는 이는 반드시 씨다. 씨는 특별히 잘하는 운동은 없으나 또한 조금씩이라도 못하는 운동도 없다고.

운동부장으로서의 씨를 학생들이 좋아하는 것은 씨가 운동을 이해한다는 점에만 있지 아니하고 실로 씨의 쾌快하고 직直한 성격에 있지 않을까 한다. 학자라고 하면 학자적 괴벽怪癖이 있는 것 같이 생각되나 씨는 그렇지 않다. 얼마 크지 않고 통통한 몸이 얼굴에 빙글빙글 항상 희색喜色을 띠우고, 스틱을 휘휘 저면서 가는 양樣은 누구가 보나 말이 실례에 흐를지 모르나 쾌남이라고 아니할 수 없다. 씨는 대수롭지 않은 일에 얽매이지 아니하고 꼬물꼬물하는 성질이 없다. 학교 강의에 있어서도 시간을 꼭 맞추어 들어와서 한 장 두 장 중등학교, 영어교수식으로 강의하는 것이 아니고 시간이 되어서 아무 때나 그 시간에 들어오면 얼른얼른 가르칠 것만 충분히 가르치면 나가버린다 한다. 대학식이 다 그런 까닭에 어려운 대목에는 시간이 넘도록 강의가 얼마 나가지 못할 때도 있으나 그와 반대로 교과서 같은 것은 하루에 100엽頁이라도 넘어갈 때가 있다 한다. 첫 자부터 마지막 글자까지 일일이 읽어가지 않고 학생이 공부해서 충분히 이해할 수 있는 것은 학생 자신의 연구에 맡기는 것은 현명한 교수법.

씨는 스포츠라이크한 쾌활미가 있는 동시에 스포츠라이크한 솔직미와 좋은 의미의 조야성粗野性, 그리고 상당히 강한 자부심이 있다고 학생 간의 호평이다. 그런 까닭에 씨가 혹시 격激하여서 군인과 같이 솔직하고 소박하게 꾸짖을 때에는 학생들은 마음으로 머리를 설레설레 흔들 때가 불무하나 사람에게 아첨함이 없이 할 말은 누구에게나 직언하고 옳다고 생각하는 것은 어디까지 해보고야 마는 씨의 성격에 '쾌'를 부르짖지 않을 수 없다고.

씨는 재조 있는 사람- 뇌는 명석하고 기억력은 강하다. 왼손으로도 바른손보다 못하지 않게 주산을 놓는 기재를 가지고 은행부기 시간에는 전前에 나왔던 숫자를 보지 않고 얼른얼른 써버리고 그 계속을 시작하는데 학생들은 그 숫자를 보고 쓰기에도 정신을 차리기 어려울 지경이라고. 학생들이 씨를 좋아하는 것은 씨의 쾌한 성격, 엉뚱한 재조, 그리고 21일경이 되면 강의를 쉬는 때가 불무한 것도 한 원인이 된다고 하는 모양이나 학생들이 탄복하는 또 한 가지는 씨의 유창한 일본말과 솔직한 학자적 태도 "시바라꾸 고맨나사이, 시혼슈기 샤카이니오이테와 쇼꿈모 프치부르 나이시 부르주아노 무스꼬데 아루가(잠깐 용서하십시오, 자본주의 사회에 있어서는 여러분도 프티부르 내지 부르주아의 자제이나)." 씨가 경제학에서 자본주의와 상품을 강의하게 되었을 때의 강의의 일- 구절. 씨는 금년 39재의 장년 학도다.

「(교수 · 강사타령 보성전문학교 편) 교수 백상규 씨」

『조선일보』, 1933.5.5

"보성전문학교의 백상규白象圭라는 선생은 집이 큰 부자라지?"

"암, 그렇고 말고! 한성漢城 두취頭取 백완혁白完爀 씨의 자제 분인데."

"그러면 취직난이 격심한 이 시대에 학교를 졸업하고도 놀고 있는 가난한 독학자에게 그 교수 자리를 좀 양보하는 것이 어때?"

"이 사람아, 내가 백상규 씨인가? 그러고 부자는 선생 못하라는 법이 어디 있나? 그뿐 아니라 백씨로 말하면 영어 잘하기로 조선에 유명한 인데."

이것은 지난 2월 래來 어떤 대학 졸업생의 공론하는 이야기. 이 이야기가 생각나기에 잡지 『삼천리』의 잡지 『반도재산가총람』을 보니 그 조사의 확실 여부는 기자 단정할 수 없으나 30만 이상의 재산가이다. 씨가 영어를 영국 사람보다도 잘하고 영문법에 능통하다는 것은 보전 학생들이 탄복하는 일뿐 아니라 세간 일반의 정평인 모양이나 씨는 영어학이 전문이 아니라 미국 브라운대학 경제과를 전공한 경제학사로 부르주아 경제학에 관하여서는 조예가 깊다.

씨는 금년 54재의 중로中老이지마는 원기가 강장强壯, 전년에 보전 교수 제씨가 교외에 산책을 갔다가 중거리 경주하게 되었을 때에 단연 장년 교수를 압도하고 제2착이 되어 어떤 방면에 있어서도 기운차다는 찬사를 받았다는 에피소드가 있다고 한다. 사실 씨는 무엇을 하든지 기운찬 것이 청년 같다고 하니, 이것은 나이 40만 되어도 늙었다고 짜증을 하는 조선에 있어서 크게 본받을 만한 일. 구미 유학생으로 돈은 많고 늙어도 마음은 젊은 백 선생은 보성전문에 옷 말쑥하게 입기로 학생 간의 이야깃거리다.

"넥타이를 또 바꾸어 맸네. 한 주일에 여덟 번은 바꾸어 맬 걸?"

"이 사람아, 한 주일에 여덟 번이라니."

"아니 그렇단 말이야. 저 새파란 와이셔츠를 좀 보아요. 마치 연애하는 청년과 같이."

교실에서 예복을 입고 안경알들을 겹친 쌍안경을 쓰고 그의 능한 영어를 할 때에는 학생들 왈

"얘, 꼭 서양식이다— 씨는 어디까지 젠틀맨이다."

씨는 보전에서 영어와 논리학을 담임하고 있으며 취미의 하나는 고대 풍속에 관한 연구라 한다. 씨의 고향은 경성. 망평다사.

34

「(교수 · 강사타령 보성전문학교 편) 상과 교수 김광진 씨」

『조선일보』, 1933.5.11

김광진金洸鎭 씨는 금년 30세의 독학자다. 키가 보통 키보다 조금 크고 몸이 후리후리한 것이 강하고 얼굴빛이 햇볕에 탄 것 같은 건강 색을 띠우고 있다. 씨는 노해 본 적이 없는 사람 같다. 항상 '마지며'하고도 평화스러운 얼굴을 하고 가령 '미스터 조선'하고 씨를 부르면 '에, 그럼' 하고 씨 독특의 눈을 크게 뜨고 웃는다. 그 웃을 때의 포즈, 거기에 우리는 씨의 솔직미, 친절미, '히도노요사'를 엿볼 수 있다. 경성제대 교수 아베 요시시게[安部能成] 씨는 씨를 조선에서 제일 남자답게 잘생긴 남자라고 하여 미스터 코리아라고 한 일이 있거니와 미스터 코리아에 이의를 부르는 사람이 혹시 있어도 씨가 호신사라는 점에는 누구나 이의가 없을 것이다.

강의 시간에 세 가지 특징-이라고까지 할 것은 없지마는 씨는 학생의 질문을 잘 받아주는 것이 한 가지 특징- 시간이 파하여 학생이 의문점을 물으면 이라고 하는지 어라고 하는지 분명치 않은 씨 독특의 말장단을 맞추어 가면서 요령 있게 학생의 의문점을 철저히 해명하여 준다고 학생 간의 호평인데, 씨가 말할 때에 이, 어하는 간음間音을 넣어서 혼자 장단을 맞추는 것은 씨의 '히도노요사'에서 나오는 제2의 특징. 어떤 학교를 물론하고 시간이 넘도록

□□한 □□□□□하는 선생, 강의할 것은 다 하고도 종을 울리기만 기다리는 선생은 밉고 아니꼬운 법인데 씨는 예정한 강의만 끝나면 시간이 되거나 안 되나 그만 강의를 멈추는 것이 제3의 특징. 학생 왈, '선생 앗사리시데아루.'

학생들이 씨를 사모하는 이유는 씨의 좋은 인상, 씨의 학자다운 솔직한 태도, 그리고 씨의 학식 등 여러 가지가 있겠지마는 학생들이 씨를 방문하면 씨는 과자를 권하고 차를 권하고 선생이 학□에 취하면 술까지 권하는 때가 있다고 하니 차를 권하고 술을 권하는 친절미가 또 한 가지 원인이 아닐까 한다. 차, 술 그것이 무엇이랴만 후배를 사랑하고 지도하여 주려는 인간미가 흐른다 하니 선생의 순정으로 나오는 인간적 태도-이것은 빼빼 마른 조선에서는 마른나무에 이슬이다.

씨는 독학자. 밤이 새도록 공부를 계속하는 악습관을 가지고 있다. 그리고 어디를 가든지 책을 가득 넣은 누런 가죽 가방을 떠날 때가 없으니 심지어 연회에 갈 때까지도 두 손으로 잔뜩 끼고 다닌다. 현재 보전에서 담임한 학과는, 상업사, 상업통론, 상품학, 상품지리, 취인소론, 보험론, 경영경제신탁, 세관, 창고 등 놀랄 만하게 많으나 씨의 장기는 금융론과 미두米豆 취인에 관한 연구라 한다.

씨는 도쿄상과대학 출신, 경성제대 경제학 연구실에 조수로 있으면서 불교전문, 연희전문의 강사를 겸임하고 있다가 작년부터 보성전문 전임으로 있다. 고향은 평양, 8대 독자 외아들이란 말을 들었다. 망평다사.

35

「(교수 · 강사타령 보성전문학교 편) 제제다사」

『조선일보』, 1933년 5월 13일

보성전문의 강사 제씨 타령을 일일이 다 하려면 아직 전도요원하지마는 우선 이것으로 보성전문 편은 끝을 막고 후념後念으로 들어가겠습니다.

작년 3월에 김기중金琪中, 김경중金暻中, 양 노인이 보성전문에 사재의 일부분 5천 석을 기부하였을 때에 전 재산 5천 석을 기부하여 보성전문의 재산을 만석으로 만들고, 그 기초를 일층 견고히 한 사람이 있으니 그는 전임강사로 있는 오천석吳天錫 박사입니다. 5천석과 오천석을 합하면 만석이 아닙니까? 오천석 박사는 금년 32세의 진실한 학자, 미국 콜럼비아대학 교육학 전공, 지금은 보전에서 영어, 심리학을 담擔하고 있으나 씨가 도미渡美하기 전에는 다정다한한 시인이었습니다. 그의 아호는 천원天園, 학교에서는 한 얌전 선생이라고 평판이 있습니다.

보성전문에는 조선에 있는 학교 중의 누구에게도 지지 않게 정력적으로 무섭게 욕심 사납게 충실하게 학문을 연구하는 독학자가 한 분 있는데-라고 하면 보성학생은 이구동음으로 최용달崔容達 선생이라고 할 것입니다. 씨는 경성제대 법학과를 졸업하고 이어 조수로 동 대학 사법연구실에 있으면서 정치경제를 2년간 연구하고 있다가 작년부터 보성전문과 법정法政에서 사법, 헌법 등을 담임하고 있는데, 정치론으로는 조선의 1인자라고 하여도 과언이 아니라는 평자評者가 있습니다. 자기가 맡은 학과는 끝을 내고야마는 충실한 선생이라고 학생 간에는 호평이 자자. 인물은 정직하고 우정 있고, 시간을 엄수하는 이며 그리고 자부심이 강한 입니다.

후념=보성 선생 타령을 한 기자의 의견을 종합하여 보면 보전에는 강사가 많고 교수가 적은 것, 한 교수의 담임 학과의 종류가 불소不少한 것이 눈에 띈다고 합니다. 그러나 보전 교사敎舍의 기지基地는 시외 영도사永導寺 부근에 준비되고 건축 개공開工도 불원不遠하다 하니 모든 설비가 완성됨을 따라 교수, 강사 제씨가 각기 전공하는 학과를 전심 연구하는 시간과 기회를 얻을 시기가 불원하겠지요.

오천석, 최용달 씨의 타령을 본격적으로 못한 것과 그 밖에도 이관구李寬求, 성일돈成逸敦, 현상윤玄相允, 이상기李相基 등 제씨를 말하지 못한 것은 대 유감입니다. 그리고 타령 대상에 오른 교수, 강사 제씨에 관해서도 기자가 알지 못하는 타방면의 특징, 장기를 말하지 못하여 그 전용全容을 나타내지 못한 것이 미안하거니와 학자도 사람이라 단점도 불소할 것을 못 쓴 것도 유감이라고, AB … FG기자의 하소연입니다. 보전 편 종終.

36

「고 노정 김재철 군의 생애와 그 유저」(전2회)

성재학인, 『조선중앙일보』, 1933.8.4~5

인생은 짧고 예술은 길구나. 고 노정 김재철 군은 짧은 인생의 반도 다 못 채우고 27세를 일기로 지난 1월 하순에 불귀의 객이 되었지만, 그의 남긴 예술의 선물은 황량한 조선학계에 있어서 갈수록 빛이 난다. 군은 이미 불우의 시인 김삿갓을 세간에 소개한 이래 조선민요, 조선연극 기타에 관한 조예 깊은 연구를 왕왕 발표하였다. 그중에도 조선의 민요와 연극에 관하여는 군이 가장 심혈을 경주하여 구구究究한 바로 문헌의 섭렵한 범위도 실로 호한浩瀚하거니와 구비로 전하는 외에 빙거憑據할 길이 없는 허다한 진중한 재료를 궁탐멱득窮探覓得하기에 이르러서는 그 바친바 노력이 심상치 않았었다. 우리는 그 대성을 촉망하여 마지않던 터에 불행천절不幸天折하였으니 이는 조선학계를 위하여 일대 통한사라 할 것이다. 군을 통석하는 나머지 이제 군의 생활의 편린과 아울러 군의 유저遺著를 들어 간단히 소개하려 한다.

군은 1907년 8월 27일 충북 괴산에서 출생하여 가세家勢도 견디는 문한文翰 가정에서 자라났으니 유시幼時로부터 독실한 교육을 받아 그 수일秀逸한 부품夫稟은 더욱 빛났었다. 그 유시 작作으로 전하는 편구片句의 2~3을 들어볼진대 8세 시 소작所作인 운당시雲堂詩의 '수렴간지수收廉看池水 상하천일쌍上下天一雙'이라

든지 9세 시 소작인 세연시洗硯詩의 '필봉열립□강심筆峰列立□江深 호득청풍공좌
음好得淸風共坐吟 제제다사근고사濟濟多士勤苦事 원상타일청운심願上他日靑雲心'과 추야
시秋夜詩의 '객상서루월재동客上西樓月在東 무□추색사망동 無□秋色四望同 노화오엽
삼경야露華梧葉三更夜 왕왕청취면면풍往往淸吹面面風'이라든지에 그 재기의 환발煥發
함을 엿볼 수 있다.

14세 시에 괴산공보를 졸업하고 19세 시에 경성제일고보를 마치고 경성
제대 예과를 거쳐 25세 시 경성제대 조선문학과를 필업畢業하기까지에 언제
든지 발군의 성적을 나타내었다. 그러나 이만한 재품才稟을 가지고도 평소 접
인接人에 겸허자비謙虛自卑하고 괄담쾌활佸淡快活하여 학료學寮의 경애를 일신一身에
모으고 있었다. 더욱이 담소 간에 발하는 독특한 유머는 듣는 자로 하여금 웃
음과 함께 무엇인지 생각게 하는 바가 많았다.

그러나 군에게서 가장 고귀한 무엇을 찾아내려면 이는 조선을 알고 조선을
위하려는 일편단성一片丹誠일 것이다. 이는 군에게 있어서는 한 종교적 신념에
가까웠다. 군이 조선연극사의 연구에 뜻을 붙여 전인미도前人未到의 황무경荒蕪
境을 개척한 것도 이 점에 있으며 조선민요 수집에 온갖 공을 다 들인 것도 이
점에 있었다. 성대城大 중심으로 조선어문학회가 결성되매 군은 그 성장에 진
성갈력盡誠竭力하여 늘 우이牛耳를 잡고 활동함도 이 점에 있었다. 그의 은사 모
씨某氏가 군을 애지중지하여 졸업 즉후 군을 발탁하여 그 의발衣鉢을 전하려고
그 앞에서 연구해주기를 역권力勸함도 군의 출중한 재품에 경탄된 까닭이겠지
만 군은 불패불반不覇不絆의 연구를 계속키 위하여 이를 완곡히 사양하고 26세
시에 평양사범학교의 초빙을 받아 육영에 종사하면서 목적한 연구에 정진하
고 있었다. 그의 서재에는 그의 유고가 짐으로 싸여 있건만 그것도 채 정리
못하고 지난 1월 27일에 갑자기 세상을 하직하다니!1회

군의 유저를 일별해볼진대 조선의 연극과 민요에 관한 것이 많으니 이는 군의 연구한 주요 과목이 이 두 가지였던 까닭이다. 군의 생전에 발표한 논문 중 전자에 속한 것은 『조선연극사』, 「조선 푸로연극운동의 전조」, 「외사外使와 조선연극」, 「조선인형극 꼭두각시」 등이 있고, 후자에 속한 것은 「민요 '아리랑'에 대하여」, 「조선민요 만담」, 「'아리랑'과 세태」 등이 있으나 아직 발표하지 못한 미정고未定稿 중의 「조선민요집」은 실로 얻어 볼 수 없는 귀중한 재료가 많다 한다. 필자 일일이 군의 유고를 섭렵하지 못하였음으로 여기에 상세히 소개치 못함을 유감으로 생각하나 다른 것은 후일로 미루고 우선 『조선연극사』를 소개함에 그치려 한다.

조선연극사를 연구하게 된 동기로 말하면 군이 재학 중에 도서관을 출입하면서 서가를 검색해보다가 조선연극에 관한 체계적 연구가 없음을 발견하고 크게 유감으로 생각하여 성대 재학 중에 발분 연구하기 시작한 것이니 이 방면의 계통적 연구는 군으로써 선편先鞭을 취하게 된 것이다. 그 논문의 대부분은 이미 재학 중에 기초한 바로 졸업 즉후 1931년 4월 15일로부터 6월 28일까지에 『동아일보』 지상에 발표하여 사계斯界의 주목을 끌었었다. 그 후에 군은 이에 퇴고를 거듭하는 동시에 또 보족도 하여 1편을 완성하였으니 이것이 군의 몰후沒後 지난 5월에 조선어문학회에서 단행본으로 출판한 『조선연극사』다.

조선의 연극이란 사회에서 극히 천대하던 것으로 근대에 이르러 더욱 그러하였으니 자고로 전해오는 유흔遺痕이라야 매우 지리멸렬하고 호도몽롱糊塗朦朧하여 그 계통을 찾아 연구하기에는 약간의 노력이 드는 것이 아니다. 군이 그 발생 변천으로부터 그 상호의 관계를 연구하여 써 전폭적으로 계통을 세우기에 이르는 동안 얼마나 많은 곤란을 경험하였을까. 우리는 넉넉히 상상된 바이다. 그러나 군은 그 예리한 관찰을 종횡한 필치로 솜씨 있게 엮어 내려갔으니 이것이 군의 처녀작인 점에서 더욱 놀라지 아니할 수 없다.

그 내용을 이제 살펴볼진대 가면극, 인형극, 구극과 신극의 3편과 결론, 그리고 부록으로 꼭두각시극 각본 1편을 가하여 구성되었다. 그런데 여기에 군이 가장 주력한 곳은 제1편 가면극으로 이는 내용으로도 귀중한 것이거니와 양으로도 본서의 반을 차지하였다. 군은 삼국 이전으로부터 시작하여 신라의 검무劍舞, 처용무處容舞 등을 논술한 다음 나례禮, 산대도감山臺都監, 무당巫堂에 미치기까지 그 변천 관계를 밝히고 다시 무대 구조와 가면의 구조를 증명하고 내종乃終에는 가면극의 계통을 구명하였다. 다음 인형극에 들어서는 인형극의 어의語意와 발생을 서술하고 인형극의 일반을 개관한 다음 그 내용에 관하여 종횡자재한 시찰을 시험한 후 역시 그 계통을 천명함으로써 맞추었다. 제3편 구극과 신극에 들어서는 가까운 연대의 사실이라 재료 수집도 비교적 용이할 것 같으나 그러나 최근 신극과 같은 출몰이합出沒離合이 무상無常하여 갈피를 잡기 어려운 것까지도 일목요연하게 기술하였다. 결론에 이르러서는 영성零星한 조선 극계의 상황을 한탄하는 동시에 많은 암시를 주었으나 그 1편 중 거의 3분지 1이 삭제되어 일반이 구람求覽할 수 없게 된 것은 실로 유감이다. 부록으로 꼭두각시극 각본은 조선의 구전속극口傳俗劇을 처음으로 기록에 남긴 것으로 매우 진중한 재료라 할 것이다.

그 유서遺書가 이밖에 허다하나 여기서는 다만 제목만을 별기別記와 같이 소개함에 그친다. 이로부터 그의 유서는 조선어문학회에서 속속 간행한다고 하니 적이 고인의 영을 위로하기에 족할만한 성사盛事일뿐더러 조선 문학계에 많은 공헌이 있을 것을 믿어 의심치 않는 바이다.

유저 기간부旣刊部

「방랑시인 김삿갓」,『동아일보』, 1930.12월 중

「민요 '아리랑'에 대하여」,『조선일보』, 1930.7.11~16

「조선연극사」,『동아일보』, 1931.4.15~6.28(조선어문학회 발행 단행본 1933.5.18)

「조선민요 만담」,『신흥』5월호, 1931.7

「조선 푸로연극운동의 전조」,『신흥』6호, 1931.12

「외사와 조선연극」,『조선어문학회보』, 1호

「'아리랑'과 세태」, 동同 2호

「술과 문학자」, 동 2호

「Palatalization에 대하여」, 동 4호

「조선어회朝鮮語化와 조선」, 동 5호

「조선인형극 꼭두각시」,『동광』제4권 11호, 1932.12

시 약간 편,『중앙일보』

미간부未刊部

「조선민요집」

「세계연극사」

「조선 위인 선집」

「푸로레타리아 연극의 국제적 결성」

각본(국경, 이혼, 셋방살이와 메데이, R군에게, 양철집, 황야에 서서, 쓸 데 없는 걱정 등)2회

「일성 선생을 곡함」

홍기문, 『조선일보』, 1933.8.26

선생이 돌아가신 후 나 홀로 웁니다. 선생을 우는 사람이야 어찌 나뿐이오리까? 선생에게는 자녀가 있고, 형제가 있고, 그 외에도 수많은 친구들이 있습니다. 그 사람들은 선생을 위하여 애도하고 비탄하고 심하면 몸부림치며 통곡합니다. 그러나 선생이 돌아가신 후 나는 나 홀로의 울음을 웁니다. 선생은 우는 사람이 많다고 하여도 나와 같은 울음을 울 사람이 또 누가 있으리까? 나는 다른 사람들과 같이 선생의 횡사橫死를 우는 것도 아니요, 선생의 단명을 우는 것도 아닙니다. 나는 홀로 새로운 길로, 새로운 선생의 노력이 영구히 실현되지 못하고 선생의 관구棺柩와 함께 땅 아래 묻혀버림을 웁니다. 오늘날까지 선생의 일생을 가져서는 아무리 선생을 칭송하고 경앙한다고 하여도 참다운 선생을 떠나서 선생을 이해함에 그칩니다. 선생에게는 숨은 결심과 감춰진 용기가 있었건만 이제 이르러 지하의 선생 곧 아니라면 이 세상의 나 하나가 알뿐입니다. 그러나 선생이여! 그 용기, 그 결심을 다 던져버리시고 어디로 돌아가십니까? 선생의 최후는 선생이 스스로 뜻하던 바나 또 내가 선생에게 바라던 바보다 너무나 빠르고 허무치 않습니까? 불행하게도 선생에게는 좀 더 이른 기회가 오지 않았고, 좀 더 긴 수명이 허락되지 못하였습니다. 이와 같은 선생의 불행은 선생이 스스로 울지 못하니 내가 대신 웁니다.

　나는 선생이 친히 교도教導하고 또 가장 사랑하던 오직 한 사람의 후진입니다. 나는 선생을 아저씨라고 불렀고, 또 실상 친숙부나 다름없이 알았습니다. 선생과 가친은 죽마고우요, 또 같은 사상을 가지고 같이 일하여 정의情誼 자별하다고 하지만 선생과 나의 정의가 그보다 더하면 더할지언정 결코 못하지 않았습니다. 나는 어르신네 친구가 아니요, 자네 친구일세 하고 선생이 흔히 장난삼아 던지던 그 말씀은 선생과 나의 깊고 두터운 정의를 이야기하던 것입니다. 그러나 나는 사적 정의 아래 헛된 칭송과 지나친 경앙을 빌어 구구히 선생을 빛내고자 안 합니다. 생전의 안 그대로를 사후에까지 머물러 지키고 내가 머물러 지키는 그대로를 남에게 전하겠습니다. 선생이 현재 인류의 지식 계단을 뛰어넘어 새로운 발견이나 커다란 집성을 할 학자냐 하면 그도 아니요, 포탄을 무릅쓰고 대중의 선두에 서서 용감히 싸울 투사냐 하면 그도 아닙니다. 한갓 선생은 진리에 충실하려는 양심과 대중에 뒤쫓아 갈 정열을 품은 현재 조선에 있어 드물고 귀중한 지식인입니다. 작태 없이 자연스러우나 의외에 날카로운 선생의 성격이 혹 정도에 지나치는 경모도 끌고 혹 정당치 못한 조소와 비난도 받았지만, 그러한 종작없는 훼예로는 감히 선생을 흔들어 움직이지 못 합니다. 선생에게 대하여 나의 바른 인식은 생전의 선생이 항상 고개를 끄덕이고 들으시던 바이거니와 지금 사후의 선생을 울며 한 번 되풀이하지 않을 수 없습니다.

　그러나 선생은 참말로 돌아가셨습니까? 이 땅을 버리고 이 무리를 버리고 아니 나를 버리고 참말로 돌아가셨습니까? 유계幽界가 명명冥冥하다니 선생을 우는 나조차 선생은 이미 잊으셨으리다. 선생은 과연 나를 잊으셨습니까? 선생은 무정한 이요, 또 선생은 무리한 이입니다. 독일어를 공부하라고 나더러 권하시더니 중도에 그치고 가면 누구에게 묻고 배우랍니까? 경제학을 연구하겠다고 나더러 도우라시더니 선생을 만날 곳이 없으면 어떻게 도우랍니까? 선생이 계신 신문사로 나를 끌어들이시고는 혼자만 어디로 가십니까? 어느 때든지 나를 데리고 외국으로 나가겠다고 굳게 약속하시고서 혼자만 어디로 가십니까? 나는 선생의 유한遺恨을 대신 울뿐이 아니라 내 설움도 함께 웁니다. 앞으로 내 일생을 통하여 두고두고 나는 울 것입니다. 광나루의 선생 댁은 경치도 좋고 살기도 좋다고 선생에게 늘 말씀 듣던 곳인데, 이번 선생의 관구를 뒤따라갔었습니다. 가는 비에 옷을 적시며 강 언덕을 내려서니 돌아가신 선생과도 다시 한 번 긴 작별입니다. 선생이여! 선생도 생전에 안 나를 사후에까지 그대로 가져주십시오. 사람은 잘 변합니다마는 나까지 변할 리는 만무합니다. 선생이여! 선생은 나를 믿으십시오. 이 다음날 만일 나에게 그만한 기회가 있다면 그 모든 결과를 가져 선생의 무덤 앞에 고하오리다.

38

「(명랑! 가을의 연구실에 문명의 자장가를 엿듣는다) 철학은 미소한다, 초월하는 하이데거-성대 교수 박종홍 씨」

『조선일보』, 1933.9.17

학문에 근거를 두지 못한 이론과 지식은 한갓 상식에 불과하다. 우리는 벌써 상식으로만 만족할 수 없는 현대인이다. 사람은 여기에서 학문을 요구하고 따라서 학자를 찾는다. 조선의 학계, 그것은 현재 빈약한 존재임이 틀림없다. 그러나 언제든지 빈약해서는 안 된다. 우리는 이론과 실천이 겸비한 학자를 절실히 요구하고 있다. 이제 우리는 장차 크나큰 임무를 수행하여야 할 그러나 아직 성장과정에 있는 혹은 완성된 우리 학도들의 가을 연구실을 방문하고 현재 연구하고 있는 테마를 독자 제씨에게 소개코자 한다. ㄴ기자

씨는 현재 경성제대학원京城帝大學院에서 하이데거의 철학을 연구하고 잇는 당년 31세의 소장학도이다. 일찍 대구고보에서 교편을 잡고 있다가 지금으로부터 5년 전에 성대에 입학하여 금일에 이른 것이다. 그는 현재 기고 중에 있는 대학원 연구보고논문 테마 -하이데거에 초월Transzeudenz에 대하여- 하이데거의 존재론에 있어서 주제가 되어 있는 존재Sein는 존재자를 존재자로 규정하는 것, 즉 그것으로 말미암아 존재자가 존재자로서 현시顯示될 수 있다

는 것이다. 그리하여 존재와 존재자를 단연히 구별한다.

존재는 존재자의 류類가 아니다. 그것은 존재자와 존재자가 가지고 있는 모든 성격을 초월해있다. 존재는 곧 초월 자체이다. 하이데거는 그의 저서 *Sein und zeit*에서 세계 내 존재로서의 인간적 존재의 존재를 Sorge관심(關心)로 파악하고 다시 그 의미를 시간성으로 해석한 후 결국 그 시간성 자신이 초월의 내면적 가능성을 가지고 있다는 것을 증명하려고 하였다.

그리고 *Kant und problems der metaphysik*이라는 저서에서 칸트의 선천적 종합 판단을 문제로 하여 가지고 초월의 내면적 가능성을 논술하였고, *Was ist metaphysik*이라는 저서에서는 무無가 존재자를 전체로서 부정하면서 오히려 그것을 지시하는 곳에 초월이 있다고 보았다. 다시 *Vom Wesen des Grundes*라는 저서에서 근거 문제의 논의될 영역으로서의 초월을 논한 것이다. 그 어느 것을 물론하고 존재 문제는 결국 초월을 명백히 하려는 기도企圖에 불과한 것이다. 하이데거의 존재는 곧 'apriori'다. 존재 이해를 완성하려는 존재론적 해석은 곧 선험적 인식인 것이다. 존재니 초월이니 하는 것은 간단히 비유하면 존재자를 비춰주는 광선이다. 초월이라는 광선에 비춰서 비로소 존재자가 존재자로서 우리에게 현시된다는 것이다. 거기에서 소위 초월은 존재자를 있는 그대로 비춰줄 뿐이고 추호도 가공함이 없이 있는 그대로 비춰주며 일층 명백히 비춰주려는 것이 하이데거의 해석학적 현상학이다.

여기에서 말한 소위 초월이란 독일 관념론의 근본문제이다. 위에서도 말하였거니와 대체로 초월이란 'apriori'다. 결국은 칸트가 선험성에서 사물을 인식하려고 한 것과 상통된다고 생각한다. 나는 이 'apriori'이니 관념이니 하는 것은 실천을 관조觀照할 수는 있어도 실천 혹은 현실을 제약할 수는 없다.

관조는 현실의 모순을 극복하고 지양하고 종합할 수는 없다. 그러므로 요컨대 현실적인 것에서 출발하여 모순을 일층 심각성에서 파악하고 싶다는 것이 씨의 말이다.

하이데거의 철학을 제3기의 방향 잃은 철학이라고 말한 사람이 있거니와 씨도 이에 많은 불만을 가지고 있는 모양. 만일 초월을 어떤 의미에서 의식이라고 할 수 있다면 그는 철학 비판의 규준인 의식과 존재물질과 생산관계를 말함. 하이데거의 그것과는 다름의 관계 문제에 봉착하고 있는 것이 아닐까. 여하간 그는 건실한 사색가인 만큼 그의 후일은 크게 주목된다. 망언다사.

39

「(명랑! 가을의 연구실에 문명의 자장가를 엿듣는다) **우리들도 군혼을 지내왔 단다-연전 상과연구실 백남운 교수**」

『조선일보』, 1933.9.22

연희궁延禧宮의 옛터에 깃들인 가을의 송림 속을 뚫고 다시 고개를 넘어 연 희학원 언더우드홀 상과연구실로 씨를 찾았다. 씨는 '접근하기 쉬운 이', '지 극히 침착한, 그리고 인간미 있어 보이는 이'였었다. 이[齒] 짬으로 새는 말 소리는 그것이 일편 흉이면서도 그의 부드러운 얼굴과 오히려 잘 조화되었 다. 기자는 먼저 이번 개조사改造社에서 출판된 씨의 저서 『조선사회경제사』에 대한 소감을 물었다. 씨는 잠깐 무엇을 회상하는 듯이,

"아, 그거요. 그것은 나의 처녀 저작입니다. 그러나 이번 그 책을 세상에 보 내는 데 대하여 제일 미안한 것은 여러 선배들의 학설을 함부로 뒤집어 놓은 것입니다. 그것은 역사에 기축인 민중생활 내지 사회구성의 발전과정이 제외 되었고, 역사적 사상事象의 단순한 나열이었기 때문에 역사의 계기적 변동의 법칙이 결여되었다고 생각합니다." "연구 중 제일 흥미 있는 점이요, 그것은 고대 씨족단체인데 그중에도 푸날루아식 가족을 발견한 것은 자미있는 일이 었습니다. 조선에도 모녀간 남편을 공유하고 자매간 남편을 공유한 적이 있 었습니다. 현재 쓰이고 있는 동서라는 말은 친분 관계를 표시하는 말로서 이

말의 어원을 어의학적으로 찾아보면 조선의 군혼제도의 잔영을 말하는 것이라고 생각합니다. 요컨대 조선의 원시적 가족 형태의 한 진화과정으로 동서 가족이 있었다는 것, 동서 가족의 내용은 자매의 부 공유, 형제의 처 공유제입니다. 그러므로 조선에 푸날루아 가족제도가 있었다는 것, 동서 가족은 형제자매혼의 다음 계단이고 씨족제의 모태이었던 것을 알 수 있습니다. 이것은 나의 관찰입니다." "지금 연구하는 것이요. 그 계속입니다. 이번은 원시 씨족공산체의 태양態樣과 삼국시대의 노예경제이었습니다마는. 그 이후부터 현대에 이르기까지의 것을 연구 중입니다" 운운.

조선에 들어온 새 세계관의 파문은 크다. 그러나 우리와 가장 관계 깊은 백교수가 던진 파문은 더욱 크다. 종래의 학자는 일층 더 우리 앞에 놓여진 이 이론 전개에 대하여 어떤 이론으로써 당當하는가 하는 것은 세인의 주목을 끌고 있는 점이다. '그것은 관점이 다르니까'라는 말로만은 만족할 수 없을 것이다. 여기에 응전應戰할 이론이 없으면 안 된다. 우리의 걸어온 자취를 학적으로 분절하여 체계화한 첫 시험자라는 점만으로만도 씨의 학계 공헌은 크다. 문책文責 기자記者.

「(명랑! 가을의 연구실에 문명의 자장가를 엿듣는다) 철학의 대도를 걷는 젊은 파우스트-독일 철학박사 안호상 씨」

『조선일보』, 1933.9.26

"지금 무엇을 연구하느냐구요." 언제든지 쾌활한 씨는 이렇게 반문하여 놓고는 잠깐 기운차게 웃었다. 학창생활로 30에 고개를 넘은 씨는 사기邪氣 없는 서양 청년 같았다. 다시 말을 이어

"요새는 철학개론을 집필 중인데 지금은 그 중에 인식론을 쓰고 있었던 터입니다. 인식론은 벌써 4, 5년 전부터의 나의 연구 주제입니다. 이밖에 헤겔을 연래年來로 보아오는 것인데 이것은 비단 인식론 연구 때문만은 아닙니다. 독일 철학을 연구하는 데 헤겔을 빼놓을 수 없으며 또한 그는 위대한 사상의 소유자였습니다. 내가 인식론을 연구하는 것은 다음의 두 가지 이유입니다.

① 논리 인식은 역대 철학의 중심지, 윤리도덕론으로 된 유교도 구극의 원천은 오직 지知 즉, 인식이라고 나는 주장합니다. 뿐만 아니라 태서泰西의 철학사를 보더라도 희랍의 대철大哲 플라톤과 아리스토텔레스, 독일의 대철 칸트, 헤겔 등에게서 논리 인식론의 문제를 빼버리면 속 뺀 수박과 같으리라는 것은 철학사를 아는 사람은 누구든지 긍정할 겁니다.

② 논리 인식론은 철학 연구의 대법大法, 대도大道입니다. 논리적 사색과 인

식론적 판단이 빈약한 두뇌에는 깊은 철학적 사상이 있을 수 없습니다. 인식론은 기본입니다" 운운.

씨는 현재 성대城大 대학원에 재적하고 있는데 10월 1일부터 보성전문학교에서 철학 강좌를 담임하게 되었다. 그는 1924년부터 29년 봄까지 과거의 독일 대철학자 라이프니츠, 쉬라, 헤겔, 피히테 등을 배출한 예나대학에서 브루노 바우어의 지도하에서 독일 절대 이상주의 철학을 공부하여 로체의 논리학에 대한 논문을 동同 교수에게 제출하여 학위를 얻었다. 그리고 29년부터 30년 봄까지 영국 옥스포드대학에서 철학과 교육학을 연구하고 30년 봄 학기에는 다시 예나대학 법과에 입학하여 독일 헌법과 철학을 연구하였다. 31년 봄부터 32년 봄까지 교토제대[京都帝大]에서 다나베[田邊] 교수의 지도하에 '아리스토텔레스를 헤겔의 판단론'이라는 제목으로 동 교수에게 논문을 제출하였고, 32년에 성대 대학원에 입학하여 아베[安倍] 미야모토[宮本] 양 교수 지도하에 연구 중 「논리학에 대한 변증법과 사색성」이라는 논문을 제출하고 방금 심사를 받고 있는 중이다.

「(우문현답 상아탑 방문기 2) 최용달 씨를 찾아서」

『동아일보』, 1936.1.3

법률 없는 사회는 언제 오나, 최용달 씨를 찾아서

시時 : 12월 11일 오후 2시

소所 : 보성전문연구실

문　　우리 인류는 장래에 법률 없는 사회를 건설할 수 있을까요?

답　　퍽 막연한 말씀이외다. 법률이란 것을 역사적 범주로 본다면 그럴 수도

　　　있겠지요. 법률의 존재와 발전은 역사적 존재에 의거하는 것이외다. 법

　　　률, 그것은 별 것이 아니라 일상생활의 한 개의 법칙화한 것이외다. 우리

　　　생활에 반드시 어떤 규범이 생기고, 그것이 일반화해가지고 법률화 한

　　　것이니까. 아마 법률 없는 사회란 것이 우리 인류의 이상이랄 것은 없겠

　　　지요.

문　　예수의 사랑, 불佛의 자비가 예수와 불의 이상 그대로 우리 생활에 실현

　　　되면 법이 무슨 소용이 있겠습니까?

답　　법과 도덕 문제로 들어갑니다마는, 바이블은 한 종교 조리條理요, 법전은

규범의 법칙화한 것이외다. 법이나 도덕이 모두 원칙적으로는 같은 데서 출발하였으나 사랑과 자비 그것이 법을 제거할 능^能은 없습니다.

문 카추샤를 지금의 법률로 다시 재판하면 어떻게 되겠습니까?

답 카추샤에 관한 것을 내가 모르니 대답이 딱한데요.

문 법률가는 소설도 읽지 않나요?

답 글쎄 오늘 같은 딱한 일을 당할 뻔 했으면 보아둘 걸 그랬습니다.

문 고왕금래古往今來의 명판관名判官은 누구누구인가요?

답 옛날에는 원님이니 성주니 하는 이가 법률에 의함이 아니라 그 기지奇智로서 판단을 내렸으므로 일반의 경탄할 만한 판결이 있었다고도 하겠지마는 현대는 법률의 적용 여하에 달렸다고 할 수 있지 않을까요?

문 이수탁李洙倬은 1심, 2심이 모두 사형 판결을 받았는데 3심에서 무죄를 내렸으니, 명판결이 아닐까요?

답 그야 3심의 재판관이 이수탁 사건에 그 사실을 좀 더 명백히 하였다는 것뿐이겠죠. 원래 그 사건은 증거가 충분치 못했고, 또 그 아비를 독살할 만한 이유도 박약했던 거니까요.

문 감옥을 개방하고 옥수獄囚를 전부 백방白放하면 어떻게 될까요?

답 허허, 노형이 꽤 공상가로구려! 그야 모두 내놓아 보아야 알 일이지마는 미상불 좋은 결과는 없으리다.

문 요순 쩍에는 가령 죄진 사람이 있으면 동그랗게 금을 그어 놓고 그 안에 죄인을 들어 세우는 것으로만도 제재의 효과가 있었더라는데 귀견여하貴見如何.

답 그 말씀은 두 가지로 해석되는군요. 첫째는 벌의 원시형태를 볼 수 있고, 둘째로는 도덕적으로 보아서 현대 법률에의 일종 반항 심리로 원시적의 도덕을 추모하는 것으로 볼 수 있습니다. 설마 죄인을 벌한다면서야 금이나 그어 놓고 들어 세우기만 하였겠습니까?

문   인류의 두뇌에서 사유재산의 관념을 제거하면 절도, 강도나 사기횡령 같은 범죄는 없어질까요?

답   사유의 필요가 없어지면 절도의 필요도 없어질 테죠. 그러나 인간성으로 유전하는 습관이라는 것은 그렇게 용이히 제거치 못하는 겝니다. 그때에는 이런 습관적 범죄가 있겠지요.

문   가령 그런 습관적으로 범하는 절도, 강도 같은 범죄까지도 없어지는 사회가 오더라도 아마 애욕愛慾갈등으로 인한 치정적 범죄는 의연할까요?

답   천만에! 결국 그런 사회가 온다면 그때는 벌써 인간개조 이후이니까. 그때의 인간의 애정 형태도 현대와는 다를 것입니다. 아마 범죄까지 나지 아니치 못할 애정관계란 없으리라고 생각합니다. 그것도 역시 절도, 강도, 기타의 범죄와 마찬가지로 소멸되겠지요.

문   사형 폐지는 과연 부당합니까?

답   이 문제는 전부터 법학자들에게는 논의가 많았습니다. 그러나 여기는 도덕적 요소가 다분히 섞인 것이외다. 우리도 결국에 있어서 폐지론을 지지하지마는 아직은 론으로서는 서지 않는 줄 압니다.

씨의 약력 : 양양 출생, 함흥고보, 경성제대 법문학부를 졸, 동 대학 조수를 거쳐 현재 보전 강사

「(우문현답 상아탑 방문기 3) 이훈구 씨를 찾아서」

『동아일보』, 1936.1.4

백년 후엔 조선 인구 1억

시 : 12월 16일 오후 1시

소 : 숭전崇專 농과 과장실

문   『조선농업론』의 저자인 선생으로서 조선 농촌의 현상을 간단히 말씀하여주시면.

답   농촌의 전 재산의 반 이상이 농민의 손에 있지 않습니다. 경제적으로 조선 농민의 처지를 살펴본다면 생명선이 반 이상 끊어진 셈입니다. 작금昨今 양년兩年에 농촌 경기가 좋은 것 같으나 이는 일시적이오, 결코 농촌의 제문제가 근본적으로 해결된 것은 아닙니다.

문   그 까닭은 무엇입니까.

답   그만둡시다. (부답不答)

문   조선의 천산품天産品은 인구가 얼마나 증가될 때까지 충족할까요.

답   에헷 (눈을 동그랗게 뜨고) 현재에도 부족합니다. 가령 일본 내지인의 생활을 표준하고 말씀하면 일본 내지인의 미米 소비량은 1인에 대하여 연평균 1석 1두로서 현재 조선 사람의 전 인구가 2,300만이라면 적어도 2,500만 석은 필요할 것이외다. 그런데 말씀이오. 조선의 미 생산고는 대개 1,800만 석인데 그의 반절 900만 석을 수출하고 900만 석이 조선 사람에게 배당되는 셈이 되니, 900만 석의 수출은 실로 나는 이 현상을 기아 수출이라고 합니다.

문 고려 초년과 이조 초년에는 조선 인구가 얼마나 되었나요?

답 내가 이때까지 조사한 바에 의하면 고구려시대의 인구에 관한 문헌은 도무지 없습니다. 이조 초년 태종대왕 때의 것이 있는데 그때 인구가 36만이고 고종 원년에 이르러서는 682만 명이었습니다.

문 그 시대의 인구 조사 방법은 어땠습니까?

답 관에서 동장洞長을 시켜 조사하면 이를 집계하는데 태종대왕 때에는 3년만에 한 번씩 인구 조사를 행하고 전부 3통通을 작성하여 경성 호조戶曹에 한 통, 본도本道에 한 통, 본읍本邑에 한 통씩을 보관해 두었지요.

문 그런데 조선의 인구가 1억에 달하자면 몇 해나 경과해야 될까요?

답 현재 조선 인구의 증가율을 볼 것 같으면 천 명에 대하여 열 명 반이 증가되는 셈인데 40년 만에 배가되므로 지금으로부터 100년 후이면 1억에 달할 것입니다.

문 인구 2,300만에 불과하는 현재에도 생활이 곤란한데 100년 후에 조선 인구가 1억에 달한다면 어떻게 살겠습니까?

답 살 수 있습니다. 첫째는 생산의 분배 방법 여하에 달렸고, 둘째로는 과학을 응용할 것입니다.

문 농업 노동자와 공장 노동자와의 생활 필수의 최저임금은 얼마나 되어야 하겠습니까.

답　조선의 농업 노동자를 표준하여 말씀하면 매일 평균 80전은 있어야 합니다.

문　그 근거는?

답　현재 우리 농민들의 생활을 살펴보면 한 사람이 하루에 21전 7리로서 생활을 유지하고 있는데, 농업 노동자 한 사람이 네 사람을 부양한다면 그런 숫자가 나타날 것이외다.

문　한 사람이 21전으로 하루를 살아갈 수 있을까요.

답　그것은 조선인 전체의 소비량을 평균으로 해서 말함인데.

문　그러면 21여 전으로 겨우 연명을 할 터인데, 교육비는 인상치 않는가요.

답　교육비도 21전 7리 속에 들어있습니다. (미소)

문　최저 임금을 결정하는 표준은 무엇입니까.

답　'웨이지'에 대한 기준의 학설은 아홉 가지가 있습니다. 그런데 대개는 리카도 설에 근거한 '생활 유지에 필요한 임금' 지불이 각국의 통례로 되어 있습니다.

문　지금도 한편에서 협동조합운동을 주창하는데 협동조합적인 개선으로써 조선 농촌은 구제될까요.

답　협동조합의 성공은 의문입니다. 민간의 협동조합운동이 약 15년 간 되었는데, 한때에 우후죽순같이 여기저기 생기던 조합이 지금은 불과 몇 개에 지나지 못합니다.

문　이 앞으로는 협동조합운동은 불가능하겠군요.

답　불가능합니다.

문　조선에 아직까지 남아있는 봉건적인 것의 대표적인 것은 무엇이겠습니까. 특히 물질적인 것으로.

답 봉건이란 명사부터가 적당치 않습니다. 일본이나 서양 각국에는 봉건적 시대가 있었지마는 학술적으로 보아 조선에서는 봉건시대라고 하지 말고 '전前 자본주의시대'라고 부르고 싶습니다. 어떤 사람은 경제사를 쓰는데 봉건적 시대라고 하였지마는 나는 정치적으로 보아서나 경제적으로 보아서나 '전 자본주의시대'라고 하고 싶습니다. 그래서 그의 유물로서는 각종의 가내공업을 들 것입니다.

문 조선의 토양은 만주, 일본의 그것과 비하여 차이가 어떠한가요.

답 별 다른 것은 없습니다.

문 조선에서 가장 효과적인 수확을 얻으려면.

답 조선에서는 현재 소맥小麥, 대맥大麥이 지하작물로 되어있지만 조선 사람이 마령서馬鈴薯를 먹고 살 수 있다면 대맥, 소맥을 심은 면적에 마령서를 심으라고 권하고 싶습니다. 왜 그런고 하니 영양 가치로 보아서 마령서는 대맥이나 소맥보다 칼로리가 배나 더 많습니다.

문 선생은 앞으로 무엇을 연구하시겠습니까.

답 시간 있는대로 농촌과 관계된 학술을 연구하겠습니다.

문 요새에는 무얼 연구하십니까.

답 별로 연구하는 것은 없고 '조선 농촌구제책'이라고 할까 하는 것을 쓰고 있는데 명년明年 중으로 출판하겠습니다.

문 내용을 간단히 말씀하여 주셨으면.

답 이 다음에나.

씨의 약력 : 서천 생. 수원고농, 도쿄대[東大] 농학부, 미국 캔사스주립농업대학을 졸. 중국 금릉대학金陵大學의 교수를 거쳐 현직에.

43

「오호 단재를 곡함」

안재홍, 『조선일보』. 1936.2.27

세歲 병자丙子 2월 24일 오후 고故 단재丹齋 신채호申采浩 유골이 경성역에 도착하였다. 향일向日 필자 속사俗事로 향리에 왕반往返하는 도중 홀연 단재 위독의 비보가 보도되었고, 그 가족 및 친우가 창황부향倉皇赴向하는 즈음 나는 전연 무관한 듯 형편이었다. 유감의 극極이다. 이날 정오까지나 수시數時 여餘에 총총 전보를 듣고 급거 역두에 달려가니 북차北車가 마침 내착來着하여 출영한 지구知舊 다수 위요한 중에 미망인은 유골을 받들어 내려섰다. 지구는 모두 처창태식凄愴太息, 희허유체唏噓流涕하고 미망인은 드디어 실성호곡失聲號哭한다. 소심하여 카메라를 향하는 것은 각 사社의 기자들이오, 제배儕輩를 몌별袂別하고 새로 남행의 차에 오르는 것은 연경燕京 동고同苦하던 그의 구교舊交들이다. 고인은 충북 청주의 사士이니 이제 그 유택幽宅을 고산故山의 벌에 경영코자 함이다. 살아서 산하를 등졌고, 죽어서 고원에 되돌아오니 인세人世의 비극이다.

개인으로서의 단재는 고사高士요, 석학이라고 일찍 유儒를 업業하여 태학박사太學博士가 되었고, 후에 동방 풍운이 격동함에 임하여 연대椽大의 필筆을 한성보계漢城報界에 잡았으니 그의 쟁영崢嶸한 기기와 고매한 견見과 해박한 학學과 서리犀利한 안眼이 다만 격월웅경激越雄勁한 논봉論鋒만에 그치지 않아 추연변난推演辯

難 개척 창작의 공이 실로 진역震域 문예부흥의 영상英爽한 선구로 된 것이다. 이는 논의의 여지가 없다.

동아의 시정 변국이 바야흐로 다난할 때 표연히 북새北塞를 건너 흑해항에서 보관報館을 일으키고 요아遼野 흑수진인흥체黑水震人興替의 고지高地를 발섭跋涉하여 연도오회燕都吳會 종횡하는 풍운의 길에 올라 가추 그 신산辛酸을 맛보았으니 그가 고인古人의 유음遺音인 산궁수진山窮水盡 가곡역난歌哭亦難을 차탄嗟嘆한 것은 즉 그 적[경頃]의 일이다. 그는 창량愴凉한 고종孤踪으로 간관만리間關萬里하는 동안 깊이 도해蹈海의 비悲를 품었던 것이다.

기미己未의 이후, 그는 호상滬上에서 분골奔汨하였고, 연경에 북정北征하매 이래 더욱 간험艱險을 겪었다. 그의 초매超邁한 질이 한편으로 사서史書의 연찬研鑽에 경도되매 스스로 중인衆人의 추종을 허許치 않는 바이러니 왕년1928년 흑색사건黑色事件에 좌坐한 바 되어 계繫하여 관동關東의 옥에 들어간 지 무릇 8년에 마침내 불귀의 길을 떠난 것이다.

그의 저술로 천명擅名한 자者, 『이충무공전李忠武公傳』, 『최도통전崔都統傳』, 『을지문덕乙支文德』, 『조선사연구초朝鮮史研究草』 등이 있어 이미 간행된 것이오, 『조선시朝鮮史』, 『조선상고문화시朝鮮上古文化史』는 그의 일대一大 저술이라. 왕년『조선일보』지상紙上에 수백 회를 연재한 바이니 저금抵今 미간행한 것으로 오히려 학계 진중珍重의 문헌이 되었다. 이외에 「대가야국천국고大伽倻國遷國考」, 「정인홍공약전鄭仁弘公略傳」 등은 전혀 미발표된 것이오, 그의 연박淵博한 고징考徵과 예리한 변절辯折은 동방고시東邦古史에 관하여 반드시 전인미발前人未發의 창견創見을 이룬 바 더욱 있겠는데, 이제 그것이 고인과 함께 두터이 지하에 묻히니 애哀하다. 2월 21일 오후 4시 그가 한 많은 57세를 일생으로 옥리에서 운殞할 새 이미 의식이 어두워 일언을 발發치 못하였다. 거듭 애하지 아니할 수 없다.

필자 고인을 알기는 융희隆熙시대의 일이다. 그는 11년의 전배前輩이오, 또 사회의 선달先達이라 심교深交가 없었고 다음 호상滬上 객사客舍에서 만났으나 삼상연홍參商燕鴻 오래 서로 친할 겨를이 없었다. 후에 경성에서 모 회를 창설함에 미쳐 나-척서로써 그 발두인發頭人 됨을 권한 데 그는 반신返信으로써 이를 사辭하되 그 절절한 논지가 모두 긍경肯綮에 맞았으니 이는 단재의 진면목을 보임에 족한 것이다. 몇 해를 지나 신영우申榮雨 군이 조선일보사를 인因하여 만주에 사使할 때 그를 형문荊門에 찾아 근절近節을 묻고 그의 구고舊稿 조선사가 지상에 연재되는 사유를 말하게 하였는데 그는 '미고未稿이라 수정 보철補綴을 요할 바 있으니 학계에 향하여 미안하노라'고 술회하고 '정인홍전'과 '대가야고'의 복고腹稿가 있어 한 번 발표할 의도임을 명언明言하였던 바이다. 이후 나는 부누負累의 몸이 오히려 녹록碌碌 문필만 일삼고 단재는 음신音信 구조久阻한 끝에 드디어 영원한 나그네로 마쳤는가? 나-비悲하지 아니할 수 없다. 그 사상과 정치적 경향은 이에서 건드리려 아니하나 그러나 다만 그는 학계의 지보至寶이라. 이 지보로써 불행 옥사하되 일찍 위하여 구명의 계計를 못하였으니 나는 사회에 면식眠食하는 1인으로서 감히 회한하는 참월僭越을 갖는다. 이에 무사蕪辭로써 애오라지 지구知舊의 정을 부치고 겸하여 고인의 사서를 위하여 일언으로 변弁하여 둔다. 오호嗚呼 노연魯連의 혼을 불러 그 동해에 들던 심회를 물었으면 하노라.

44

「조선 역사학의 선구자인 신단재 학설의 비판」(전8회)

홍기문, 『조선일보』, 1936.2.29.~3.8

한편으로 신단재申丹齋는 가친의 가장 가까운 친우요, 또 나의 가장 경모하는 선배다. 그렇다고 구구한 사정으로써 이 붓을 굽히어 그에게 맞지 않는 예찬禮讚과 쓸데없는 존숭尊崇을 올리지는 않으리라. 다른 한편으로 나는 신단재의 사상에 대하여 동감을 표하지 못하는 사람이다. 그렇다고 내 또한 편파한 감정으로써 억설과 궤변을 가져 그의 업적을 훼방치는 않으리라. 일언으로 말하건대 나는 오직 신단재가 끼친 그대로를 보고 그대로를 비평코자 한다. 학도로서 나의 태도는 항상 여기에 종시終始코자 노력하여 왔거니 이제 새삼스러운 변함이 있을 리는 만무하다. 아니, 지하로 돌아가신 신단재도 후생의 불손을 도리어 웃고 맞아주실 것이요, 방금 친우의 상사로 병환을 더치신 가친도 불초不肖의 방자放恣를 구태여 책망치는 안 하실 것이다. 설사 유명으로 갈리신 그 두 분이 다 함께 미타未妥하게 생각하신다고 하더라도 나의 학도적 양심만은 어디까지 만족함을 고백한다.

신단재의 저서는 기간旣刊으로 『이순신전』, 『을지문덕』, 『최도통』, 『조선사연구초』 등이 있고, 미간未刊으로 『조선사』가 있을 뿐이다. 그중에도 『이순신전』, 『을지문덕』, 『최도통』은 그의 초기 저작인 만큼 역사가로서 자기의 연구 결과를 발표하기 위한 저작이 되지 못하니 오직 나의 비판 대상을 이루는 것은 『조선사연구초』와 『조선사』, 양종兩種에 지나지 못한다. 『조선사연구초』는 가친이 그의 원고를 청하여 온 것인바 나도 일찍이 그 원고까지 본 일이 있고, 『조선사』는 그가 초抄하다가 던지고 간 원고를 모씨가 정리하여 본보本報에 연재하던 것이라는데 그조차 끝을 막지 못하고 말았다. 그럼으로 『조선사』는 모씨의 가필加筆이 어느 정도에 미치었을까, 필자의 본의를 과연 손상함이 없었을까 등 의문이 떠오르는 터로 그의 저작 중 완전히 신빙할만한 것은 『조선사연구초』일 권一卷에 한한다고 보아서 무방하다. 그러나 선배의 글을 정리하는 분으로서 그에 대한 경의로라도 근본적으로까지 임의의 가감을 행했을 리는 없을 것이다. 직접 그분으로부터 정리에 대한 경과를 듣지 못한 것은 섭섭한 일로 남겨두고 그만치만 신빙해서는 무방하지 않을까 생각한다.

가친의 이야기로 들으면 신단재는 자기가 일껏 저작을 해가다가 말고 갑자기 없애 버리는 버릇이 있다고 한다. 그래서 『조선사연구초』도 그 출간에 동의하여 원고까지 보내놓고서는 돌연 중지를 간청하였더라는 것이다. 그것은 가친의 서문에 상세히 적히어 있다. 만일 가친의 강권이 아니었던들 그나마 상재上梓를 보게 되지 못하였을는지도 모른다. 가친은 그 서문에 있어 그를 멘텔리로 비比하여 가면서 그의 괴벽怪癖을 못내 차탄嗟嘆하였으나 그래도 그로써 몇 권의 저작을 끼치어 있다는 것은 불행 중 다행한 일이다. 그 저작을 뒤에 끼치어 주도록 노력하여주신 가친이라든지 또는 조선사를 정리한 분이라든지 조선역사를 위하여 조선문화를 위하여 함께 고마운 뜻을 표하지 않을 수 없다.

최근의 유서遺書삼아 가친에게 보낸 신단재의 사신私信으로 보건대 그에게는

「대가야천국고大伽倻遷國考」와 「정인홍공약전」이 복중腹中에 감추어 있던 모양으로 영영 발표치 못하고 말 것은 자못 한사恨事로 여기었다. 그 개인의 한보다는 우리 후생의 분함이 더 한층 크지 않을까 한다. 하여튼 신단재는 근년에 있어 조선 역사학의 연구를 진흥시킨 선구자니 어느 의미로 보아서는 조선 역사학의 개조開祖라고까지 말할 수 있다.

조선어에 있어 주시경周時經 씨와 같이 조선역사에 있어 그의 공로는 실로 거대한 바라. 그 점만으로도 그는 후진학도의 상당한 경의를 받기 넉넉하다. 더구나 그의 천재적 안광眼光이 전인미도前人未到의 형극荊棘을 뚫어 비침이랴? 수數 적은 그의 저작으로써도 우리에게 다량의 유산을 상속시키어 줌이랴? 불행히 그는 역사 연구의 과학적 방법을 알지 못하였고, 그래서 그의 천재에 비추어서는 그의 유산이 오히려 풍부치 못하였다. 이 논문을 초抄하기 위하여 나는 다시 한 번 그의 저작을 통독하다가 중간에 책장을 덮고 길게 탄식함을 금치 못하였다. 철두철미 냉정하여야 할 학도의 태도로서 지금까지 나의 논조는 너무나 경앙해지지 안했는가? 불운한 조선의 학계요, 불운한 그의 선구자이니, 난들 어이 뜨거운 정열을 금하리? 독자여! 용서하라. 이로부터 붓끝을 차게 가다듬어 그 학설의 곡직曲直을 논변하겠다. 참월僭越한 죄는 내 이미 각오한 바이니 구태여 중구衆口의 시비를 가리고자 않는다.1회

'조선사상 일천년래 제일대 사건'이라는 제목 아래 단재는 다음과 같이 말하였다.

민족의 성쇠는 매양 그 사상의 추향 여하에 달린 것이며, 사상 추향의 혹 좌혹우或左或右는 매양 모종 사건의 영향을 입는 것이다. 그러면 조선 근세의 종교나 학술이나 정치나 풍속이 사대주의의 노예가 됨이 무슨 사건에 원인함

인가? 어찌하여 효孝하며 어찌하여 충忠하라 하는가? 어찌하여 공자를 높이며 어찌하여 이단을 배척하라 하는가? 어찌하여 태극이 양의兩儀를 낳고 양의가 팔괘를 낳는다고 하는가? 어찌하여 신수연후身修然後에 가제家齊요, 가제연후에 국치國治인가? 어찌하여 비록 두통이 날지라도 관망冠網을 끄르지 않으며 티눈이 있을지라도 버선을 신는 것이 예이었던가? 선성先聖의 말이면 그대로 좇고 선대의 일이면 그대로 행하여 일세一世를 몰아 잔약殘弱, 쇠퇴, 부자유의 길로 들어감이 무엇에 원인함인가? 왕건의 창업인가? 위화도의 회군인가? 임진의 난인가? 병자의 호란인가? 사색四色의 당파인가? 반상의 계급인가? 문귀무천文貴武賤의 폐인가? 정주학설程朱學說의 유독遺毒인가? 무슨 사건이 전술한 종교, 학술, 정치, 풍속 각 방면에 노예성을 산출하였는가? 나는 일언一言으로 회답하여 가로되 고려 인종 13년 서경 전역戰役- 즉 묘청妙淸이 김부식金富軾에게 패함이 그 원인이라 한다.『조선사연구초』제56엽(頁)

아니 그보다도 사史의 정의와 조선사의 범위란 제목 아래 단재는 또 다음과 같이 말하였다.

역사란 무엇이뇨? 인류사회의 '아我와 비아非我'의 투쟁이 시간부터 발전하며 공간부터 확대하는 심적 상태의 기록이니 세계사라 하면 세계 인류의 그리 되어온 기록이며 조선사라면 조선 민족이 그리 되어온 기록이니라. 무엇을 아라 하며 무엇을 비아라 하느뇨? 깊이 팔 것 없이 얕게 말하면 무릇 주시적主視的으로 선 자를 아라 하고 그 외에는 비아라 하느니 이를테면 조선인은 조선을 아라 하고 영로법미英露法美…등을 외아라 하지만 영로법미…등은 다 각기 제 나라를 아라 하고 조선을 외아라 하며, 무산계급은 무산계급을 아라 하고 지주나 자본가…등을 비아라 하지만, 지주나 자본가…등은 다 각기 제 붙이를 아라 하고 무산계급을 비아라 하면 이뿐 아니라 학문에나 기술에나 직업에나 의견에나 반드시 본위本位인 아가 있으면 따라서 아와 대립된 비아가 있고, 아의 중에 아와 비아가 있으면 외아의 중에도 아와 비아가 있어 그리하여 아에 대한 비아의 접촉이 번극煩劇할수록 비아에 대한 아의 분투가 더욱 맹렬하여 인류 사회의 활동이 휴식될 사이가 없으며 역사의 전도前途가 완결될 날이 없나니, 그러므로 역사는 아와 비아의 투쟁의 기록이니라.『조선사』제1편 제1절

　장황함을 무릅쓰고 이와 같이 긴 구절을 그대로 인용한 것은 그의 역사관을 그 자신으로 하여금 스스로 논술케 하고자 함이다. 그의 저작이 널리 읽혀지지 못한 오늘날 그렇게 하는 것이 좀 더 신중치 않을까 생각한다.

　그런데 전기前記 인용구로서도 대략 짐작할 바와 같이 단재는 창달건쾌暢達健快한 동시 다분多分 감정에 달리는 문장의 소유자로서 자기의 견해를 간명직재簡明直裁하게 표시해 주기에는 그 문장이 도리어 다소의 장애를 이루는 점도 없지 않다. 그러므로 그의 저작으로부터 자자구구字字句句를 훑어 가지고 선先은 이런데 후後는 어째 이러냐는 식으로 따져서는 취모멱자吹毛覓疵에 지나지 않는다. 그러나 하여튼 단재는 사상 추향의 여하가 민족 성쇠를 결정한다고 하고 모종 사건이 다시 그 사상 추향을 결정한다고 하지 안 했는가? 그 모종 사건의 한 예로는 묘청 반란, 단재의 설명에 의하여 유교사상에 대한 화랑사상花郞思想의 쟁패−그것의 실패를 들지 안 했는가? 또 단재는 역사를 아와 비아에 대한 투쟁에 의한 심적 상태의 기록이라고 하지 안 했는가? 심지어 유사有史 후 역사의 중요한 근간을 이루는 계급 대립까지도 아와 비아의 투쟁이라는 막연

한 개념 아래 심상尋常하게 포함시키지 안 했는가? 아무리 호의로 보더라도 그가 역사의 원동력을 정신에서 찾으려고 했다는 것만은 부인치 못 한다. 그점에 있어 그는 종래의 관념론적 역사가로부터 일보도 더 나아가지 못하고 있다.

다시 말하여 그는 역사의 원동력이 물질적 생산력에 놓여 있다는 것도 이해치 못하였고, 또 유사 후의 역사가 계급대립의 역사라는 것도 이해치 못하였다. 그래서 그의 역사학은 항상 그 당시, 그 사회의 가장 중요한 생산관계에 대하여 전연 관심도 가지지 않고, 오직 국가의 분합分合이라든지 국위의 소장消長이라든지 종교사상의 변역變易이라든지 내지 영주英主의 위적偉蹟이라든지 명장의 전공이라든지 등등 피상적 현상을 어루더듬기에 종시하였다. 『조선사연구초』를 한 번 보라. 만일 그것은 각 부문 단편단편의 연구 논문을 모은 것으로 또 좀 다르다고 할진대 다시 『조선사』를 보라. 모구검毋丘儉의 내침來侵, 수당隨唐의 패전을 말하기에 급급할 뿐 삼국시대의 경제생활 내지 계급관계 같은 데로는 눈을 돌리지 안 했다. 차라리 연개소문淵蓋蘇文 개인의 인물됨을 논평키 위하여는 몇 백 언言을 허비할망정 그런데는 일언도 비치지 않은 것이다.

단재와 같은 역사관 아래서는 진정한 역사가 찾아질 리 결코 없는 일이다. 이것은 그를 위하여 거의 근본적 불행을 의미한다.[2회]

단재에 의하건대 중국인들은 망자절대妄自節大하는 완악頑惡한 전통을 가져 조선에 대한 문자를 많이 왜곡하고 또 많이 개삭改削하였으며, 심지어는 조선에 있는 비명碑銘, 책자 등까지 없애고 고치었다고 한다. 그것이 어느 정도의 사실일는지도 모른다. 또 다시 단재로부터 듣건대 김부식 이하 역대 사가史家는 조선의 중화화中華化로써 무상無上의 영예를 삼아서 오직 중국의 문자만을 존중하고 그것의 인용만을 일삼을 뿐 아니라 한 걸음 나아가서는 중국의 풍속과 중국의 습관으로써 조선의 모든 것을 변장시키어 버리었다고 한다. 그 역시 어느 정도의 사실일는지도 모른다. 아니 오늘날도 사이비과학의 그럴싸한 논거로써 모멸의 감정을 담아서 얼마든지 왜곡하고 개삭할 수 있지 않은가? 그러면 이번에는 과학이란 미끼에 속아서 또 많은 사람이 부화뇌동하지 말란 법이 있는가? 물론 여기서 과학이라고 한 것은 자칭 과학의 관념론적 역사관을 지적하는 것이다. 행여나 진정한 과학, 그것과 혼동할까 아주 주의하여 둔다.

하여튼 여기 대하여 단재는 어떠한 태도를 가지었던가? 즉 상기上記와 같이 혼란되는 조선사에 대하여 단재는 어떻게 바로 잡으려고 노력하였던가? 자기 자신도 관념적 역사가에 속하는 그로서는 오직 선세先世의 광휘를 빛내고 선민先民의 위세를 드러내어 조상의 거룩함을 자랑하고 그들의 자손 됨을 만족케 하는 역사로써 대항하는 이외 더 다른 방법이 없었다. 그러므로 저편에서 키워놓은 하자는 될 수 있는 대로 말살치 못하여 걱정이요, 저편에서 줄이어놓은 사적事蹟은 될 수 있는 대로 과장치 못하여서 근심이다. 본래 단재는 1894년 이후 조선 사회의 싹트기 시작한 정치적 의식 아래 조선역사로 걸어 갔고, 1910년 조선의 정치적 변동과 함께 더 한층 조선역사에 대한 집착을 굳세게 한 분이다. 그러한 분이었던 만큼 역사가 과학의 대상으로보다도 배타자존의 연장으로 더 높게 평가되기 쉬웠던 것이다. 그렇게 생각해 가다가 보니 그에게 있어서는 관념론적 역사관이 배타자존의 역사를 산출시키어 준 것이 아니요, 도리어 배타자존의 강렬한 감정이 종생終生 관념론적 역사관으로부터 벗어나지 못하게 하였다고도 추찰推察된다. 최근에 이르러 정치사상에 있어서는 그가 어떠한 변동을 일으켰는지 몰라도 끝까지 역사에 있어서만은 농후한 국수정신의 발산을 면치 못하고 말았다.

나의 붓은 지금 탈선의 이야기로 옮기고 있지 않은가? 도로 돌이켜 본제本題를 찾아가자.

이편이나 저편이나 비교적 문헌이 완비한 근세에 있어서는 용무用武의 여지가 적음으로 항상 기록이 불비不備한 고대로 올라가서 혼전混戰의 터를 찾게 된다. 거기서는 다 각각 아전인수의 몇 마디 인증을 끌어온 다음에 또 다 각각 천마행공天馬行空의 한바탕 상상을 붙이면 각자 자기 목적에 부합되도록 역사의 한 페이지를 훌륭히 창작할 수 있는 까닭이다. 소중화인小中華人의 자랑거리던 기자조선은 신단재의 인증 아래 말살되고『조선사』 중 상고문화사 제3편 제2장 참조 현재 일파의 학자로부터 거부되는 단군조선은 신단재의 인증 아래 3경京 5부部의 거대한 판도를 가진 대국으로 건설되었다.상기(上記) 제1편 제1장 참조 이러한 예는 얼마든지 있겠지마는 구태여 일일이 들 것도 없는 일이요, 오직 단재의 배타자존하는 열도熱度를 보이기 위하여 끝으로 연개소문에 대한 그의 논단을 소개해둔다.

단재의 말을 들으면 당인唐人 장열張悅의 기록으로 홍염객虹髯客의 사실이 전하는데, 그 이야기의 골자는 부여국인扶餘國人 홍염객이 중국에 건너가서 이정李靖과 사귀고 그 처 홍불기紅拂技와 남매를 맺고 중국의 제왕을 꿈꾸다가 이세민李世民, 당태종을 본 뒤 그만 부여로 돌아와서 부여왕이 되었다는 것이라고 한다. 그는 이러한 이야기의 뒤를 이어 어떤 선배도 부여는 즉 고구려, 홍염객이요, 즉 연개소문이라고 하였지마는 개소문이 중국 정대征代의 장지壯志를 품고 그와 같이 적정敵情 정찰의 길을 다니었을 것은 사실인가 한다고 논단하였다.상기 제10편 제1장 참조 또 단재의 말로 들으면 항간에 돌아다니는 소설로 「갓쉰동전傳」이라는 것이 있는데, 그 내용은 연국혜라는 재상이 갓 쉰에 아들을 낳아서 갓쉰동으로 이름을 짓고 귀엽게 키우는 중 도사道士의 말을 듣고 재액災厄

을 면케 하기 위하여 멀리멀리 내쫓았더니 갓쉰동이가 달딸국으로 가서 그 왕자에게 죽게 되는 것을 공주의 구원으로 간신히 살아난 뒤 고국으로 돌아와서는 다음날 달딸국을 정복하였다는 것이라고 한다. 단재는 이 이야기의 뒤를 이어 개소蘇를 갓, 소문을 쉰으로 해석하는 동시 연국혜는 개소문의 아버지 태조太祚로 달딸국은 당나라로 되어 그 역시 연개소문의 사적事蹟이라고 단정하였다.상동(上同) 그는 한 걸음 나아가 홍염객전과 갓쉰동전을 비교한 결과 홍염객전을 버리고 갓쉰동전을 취하기로 하였다. 그래서 연개소문의 서유기西遊記를 버젓한 역사로 꾸미어 놓았다.상동

물론 소설, 전설, 모든 데 사료로 취할 것이 있다. 소설, 전설 등이라고 일소一笑해 버릴 것은 아니다. 그러나 그것도 유만부동類萬不同이지 무조건, 갓쉰동전을 가지고 곧 연개소문의 열전처럼 평가할 수야 있겠는가? 그의 일생을 굉장히 꾸미어 놓으려는 선입견 아닌들 단재로서 설마 이렇게 졸렬하고 이렇게 맹랑한 지경에까지야 떨어졌을라고? 단재는 구경究竟 조선역사를 헐뜯는 무리들과 다른 의미의 같은 정도로 불충실한 태도를 보이었다. 이것도 그를 위하여 적지 않은 불행을 의미한다.3회

예전은 예전대로 현재는 현재대로 진정한 조선사가 드러나지 못하였다고 단재는 통탄하여 사史의 개조를 제창하였으되『조선사』제1편 제5절 참조 첫째로 역사관이 틀리고, 둘째로 배타자존의 선입견에 눌려 그의 저작도 진정한 조선사와는 거리가 멀게 되었다. 자고自古 및 금今 무수한 사가들의 파람풍風을 고치기 위하여 단재는 부르짖었으나 그 손에 들린 무기는 역시 사이비 조선 사가들이 쓰던 낡은 연장으로, 그 자신조차 파람풍을 되풀이하고 말았다. 그러한 중에도 그의 무기는 또 좀 불완전하니 그것은 곧 보조과학에 대한 그의 소양이 다소 부족하였다고 보이는 점이다. 어느 부분의 과학이라고 다른 부문의

과학으로부터 보조를 전연 기다리지 않을 수 있으랴만 역사학은 인류학, 언어학, 고고학, 토속학土俗學, 비명학碑銘學 등등 좀 더 많은 보조과학을 필요로 한다. 물론 그렇다고 단재더러 그 많은 보조과학을 왜 함께 연구치 못하였느냐고 책망하는 것은 결코 아니다. 그것은 단재뿐만이 아니라 어떠한 역사학자에게 있어서도 무리한 주문에 속하는 일이다.

그러나 역사학자로서 그 모든 과학에 통하여 그 결론을 섭취할 수 있도록은 소양을 가져야 할 것이 아닌가? 그만한 소양도 없어서는 역사 연구의 많은 지장을 얻을 것이 아닌가? 표박漂迫생활 중에 있는 한사寒士로서 그는 자기의 말과 같이 서적의 구람購覽이나 각종 사료의 수집이나 모두 다 여의치 못하였을 것이 사실이다.『조선사』제1편 제3절 참조 또『해동금석원海東金石苑』과『조선고적도본朝鮮古蹟圖本』을 중요하게 평가한 것이라든지 전全 고구려, 발해의 구강舊疆 답사를 숙원으로 말한 것이라든지로 미루어서 그가 그러한 부문을 경홀輕忽히 보았다는 이보다는 오히려 힘과 겨를이 함께 미치지 못한 까닭이리라고 추측된다.상기서(上記書) 제4절 참조 그러나 그야 사사로운 애석이 아닌가? 애석하는 그 마음으로써 그의 결함까지를 엄폐시키지는 못 하리라.

그런데 보조과학에 대한 자기의 소양이 결핍되어 그 결론을 섭취치 못하는 것도 오히려 무방하다마는 함부로 아무 영역에나 틈입闖入하여 임의의 독단을 날리어서는 실로 곤란한 일이다. 그것은 아무리 호의로 해석하더라도 과학자답지 못한 무모에 지나지 못 한다.『조선사』제2편 제1장 제2절 '조선족의 동래東來'란 제목 아래 단재는 다음과 같이 말하였다.

인류의 발원지에 대하여 (갑)파밀고원 (을)몽고사막이라는 양 설이 있는 바 아직 그 시비가 확정되지 못하였으나 우리의 고어古語로써 참고하면 왕성王

姓을 해解라 함은 태양에서 뜻을 취함이오, 왕호를 불구레[불단내(弗短內)]라 함은 태양의 광휘에서 뜻을 취함이오, 천국을 환桓국이라 함은 광명光明에서 뜻을 취함이니 대개 조선족이 최초에 서방 파밀고원 혹 몽고 등지에서 광명의 본원지를 찾아 동방으로 나와 불함산不咸山— 금今 백두산을 일월日月의 출입하는 곳, 광명신神의 서숙소棲宿所로 알아 그 부근의 토지를 조선이라 칭하니 조선도 고어의 광명이란 뜻이니 조선은 후세에 이두자吏讀字로 조선이라 쓰니라.

인류 발상지에 대한 학설도 그렇게 간단치는 않거니와 조선족 동래 경로에 대한 설명에 이르러도 심히 얕아 보인다. 이러한 독단은 피하는 것이 좋지 안하였을까? 또 상기서 제3장 제4절 '한자의 수입과 이두의 창작'이란 제목 아래 단재는 다음과 같이 말하였다.

도회圖繪가 변하여 문자가 되고 형자形字가 변하여 음자音字가 됨은 인류문화사의 통칙이니 형자形字인 한자를 가져다가 음자인 이두문을 만들면 페니키아인이 이집트 형자를 따라 알파벳을 만듦과 일례로 볼만한 문자사상文字史上의 일진보라 할 것이며, 후세의 거란문契丹文, 여진문女眞文, 문가명文假名이 모두 이두문을 모방한 것인 즉 인류 문화에 보익補益된 공덕도 적지 아니하다……

문자에 대한 해설도 다소의 착오를 면치 못하는 것은 물론이거니와 거란자 등이 이두문으로부터 나왔다는 것도 아직 확증이 없는 일이다. 이러한 독단도 재미 적은 것이 아닐까?

그러나 언어학처럼 단재의 무모한 침략을 많이 받은 곳은 없을 것이다.

"나라國家의 명칭은 나루[진도(津渡)]에서 시始함이니라."『조선사연구초』 이두문 명사 해석법 참조, "나라는 고어의 라라니"『조선사』 제2편 제1장 제2절 참조 등등 그 예 과연 부지기수다. 어떻게 나라가 나루에서 나왔는가? 어째서 나라의 고어가 라라인가? 단재는 거기 대하여 도무지 명증을 보이어 준 것이 없다. 음상사音相似로서 유추한 그의 독단 이상 아무것도 아니다.

여기서 우리는 다시 역사학자로서 단재의 또 한 가지 불행을 더 세지 아니치 못하노라. 이 불행은 전기 두 가지의 불행과도 달라 태반 그의 불행한 일생으로부터 유래된 것이나 아닐는지?4회

하여튼 이때껏 나의 논증은 단재가 역사학자로서 성공하지 못하고 실패하였다는 것을 밝힌 것이 아닌가? 그와 같은 역사학자에게 향하여 천재적 안광이 형극을 뚫어 비친다는 것은 다 무엇이고 수 적은 저작으로써 많은 유산을 상속시키어 준다는 것은 다 무엇인가? 그러나 위선 이러한 의심을 가지는 것은 괴이치 않되 지금 이러한 힐난까지를 하러 덤비어서는 성급한 행동이다. 왜 그런고 하면 그렇게 말한 나로도 반드시 이유가 없지 않을 것으로 그러한 이유를 차차 진술하지 안할 리 없는 까닭이다.

누구든지 단재의 저작을 읽는다면 먼저 그의 창견創見이 궁극스러운 데 놀라지 아니치 못하고 또 다시 그와 같은 창견이 풍부한 데 놀라지 아니치 못한다. 그 창견의 내용 검토는 물론 딴 문제지마는 범용凡庸한 인물로서는 그 창견을 쳐다보기도 어려운 노릇이다. '평양패수고平壤浿水考'를 보라. 단군의 삼경오부설三京五部說을 보라. 기자箕子에 대한 변증을 보라. 하다못해 갓쉰동전을 연개소문의 사적으로 대는 그것을 보라. 적어도 거기서 그의 뛰어난 천품天稟만은 인정할 수 있지 않은? 더구나 '전후삼한고前後三韓考'를 보라. 사람으로 하여금 그의 천품을 우러러 보지 않고는 어찌 견딜 수 있게 하는가? 흔히 세간

에서는 단재의 사완史腕을 일컫는다. 역사학에 수완手腕의 완 자를 붙이는 것은 벌써 그 방법의 비과학을 이서裏書하는 것이다. 그러나 단재는 확실히 탁월한 사완을 가지고 있다. 그의 사완 아래 역사는 잃었을망정 초륜철군超倫絶群의 천품만은 빛내고 있다.

단재 이후 그와 동일 내지 유사한 경향으로써 조선사를 떠드는 사람이 하나 둘 아니건만 단재를 견수肩隨할 사람은 실상 몇몇이나 되는가? 대개는 심장적구尋章摘句로써 잔칼질에 그치지 않는다면 배타자존의 일층 과대가 아닌가? 단재로부터 일 보步 전진은커녕 기십幾十 기백幾百 하풍下風에 떨어져 있다. 방법은 같고 천품은 모자라니 그 역시 괴이할 것 없는 일이다. 혹 일부의 도배徒輩가 단재를 우습게 말한다고 하나 단재 어이 용이하리? 다른 모든 것은 다 그만두고 그 천품만으로도 실로 초절超絶한 바이 있지 않은가? 더구나 단재는 조선 역사학의 선구자가 아닌가? 지금 조선역사를 말하는 사람으로서 간접, 직접 그의 영향을 받지 안 한 사람이 그 누구인가? 그렇다고 단재의 학설을 무조건 신뢰하래서는 안 되겠지마는 단재를 함부로 모멸하는 것은 결코 용대容貸치 못할 일이다.

선구자를 존경하고 또 선구자를 정당히 비판하고 그래서 그의 끼친 업적을 앞으로 계승하는 데서 과학도는 일체의 그들 비과학도로 더불어 판이한 태도를 가지게 된다. 그뿐이 아니라 단재가 역사학에 있어서는 불행히 실패하였다고 하더라도 그가 딴 부문에 이르러 성공한 것까지를 부인해 버리자는 것은 결코 아니다. 내가 이렇게 전제하는 것은 장차 단재가 역사학보다도 딴 부문에서 성공하고 있다는 것을 지적하려는 것이다. 단재는 거대한 사료학자요, 거대한 고증학자다. 아주 분명히 말하여 거대한 사료고증학자다. 본래 사료란 말에는 광협廣狹 양의兩義가 있어서 광의로서는 사료 전부, 협의로서는 그

중의 문자로 기록된 사료만을 지칭하는 것인데 지금 말하는 사료는 광의가 아니요, 협의라는 것을 주의하여 주기 바란다. 또 사료학에는 수집, 고증 등 각개의 공작이 다 다른 터로 그의 사료학은 오직 고증에 편중되어 있으매 고증학 내지 사료고증학이라고 말하였다는 것까지 함께 증명하여 둔다. 그러나 협의의 사료학은 역사 재료에 국한한 문헌학이라 볼 것이요, 소위 청조淸朝의 고증학은 그 역시 문헌학 이외 더 지나지 않는다. 그러니까 나는 거대한 문헌학자로서 단재를 발견하고자 하는 데 지나지 않는 것이다.

이두문 명사해석법을 보라.『삼국지』동이東夷 열전 교정을 보라.『삼국사기』에 대한 그의 교정을 보라. 그 이외에도 각 편에 흩어져 있는 사료의 고증을 보라. 그를 거대한 사료고증학자로서 일컬음이 결코 나의 유견謬見만은 아니다. 나는 단재의 가치를 정당히 파악한 데 대하여 아니 새로운 단재를 발견한 데 대하여 나대로의 군세인 자신을 가지고 있다.

역사를 연구하는 데는 사료를 필요로 하고 사료를 취하는 데는 그 적확성을 먼저 구명하여야 한다. 그것은 광협 어느 의의의 사료든지 다 마찬가지다. 그럼에도 불구하고 조선의 역사학자들은 사료의 적확성을 구명하려는 아무런 노력이 없이 오직 자기 의견에 맞는 것을 뽑아오고 맞지 않는 것을 버리기에만 급급하였다. 오직 관념론적 역사학도에게뿐이 아니요, 과학적 역사학도에게까지 이러한 폐해가 흘러오고 있으니 더 한 층 차탄嗟嘆을 금치 못 할 바다.

그렇게 보아 단재는 실로 거대하다. 그의 업적을 정당히 계승할 과학도에 향하여 그 저작의 필독을 권하고 싶다.5회

고사상古史上 이두문 명사는 조선 사가로서 반드시 구명을 요하여야 할 문제다. 단재의 말씀과 같이 착오가 거기서 교정되고, 와오訛誤가 거기서 귀진歸眞되고 각 시대의 본색도 거기서 탄로되고 이미 산일散佚된 조선사상의 중대 사

적도 거기서 발견될는지 모른다.『조선사연구초』제1장 참조 그러나 개개어個個語에 대하여 독자적 해석을 내린 사람은 허다하지마는 일정한 방법을 가져 체계 있는 해석을 시험한 이로는 단재가 처음이다. 단재 자기의 말씀대로 그것이 과연 지坤 중 고적의 발굴에도 비길만한 역사 연구의 비약이라고 할진대 단재야말로 그 비약의 발견자다.상동 참조 그러면 단재의 해석이란 어떠한 것인가. 그 개요를 소개키로 하자.

(1) 본문의 자증自證

단재는 해석법의 제1 방법으로 이를 들었으니 즉『삼국사기』직관지職官志에 각간角干 일명 '서불나舒弗那', '서발한舒發翰'과 같은 예는 그 본문만으로써 해석키에 가능하다는 것이다. 그는 서불 서발을 쇠뿔, 즉 각角의 의意로, 간한한干翰邯, 한단(邯鄲)의 한과 동음 등을 전부 한의 음으로 푼 뒤 쇠뿔한의 번역이 그렇게다 각각 다른 것이니 최근까지 무관武官을 쇠뿔에 기라고 하던 것도 그 유풍이라고 하였다.『조선사연구초』제2~3장 참조

(2) 동류同類의 방증

이것이 그의 제2 해석법이니, 즉 미추홀彌鄒忽, 술이홀述爾忽, 비열홀比列忽, 동비홀冬比忽 또 조파의租波衣, 구사파의仇斯波衣, 별사파의別史波衣 등의 홀, 파의를 모아서 그 본의를 해석하자는 예다. 그는 '홀'을 골로 풀고, '파의'를 '바위'로 풀었다.상동 제3장 참조

(3) 전명前名의 소증溯證

이것이 그의 제3 해석법이니, 즉 구월산九月山의 고명古名 궁홀弓忽, 궁홀의 별

명 검모현劍牟縣 혹 궁모현窮牟縣으로 미루어 구월산의 원명을 캐자는 예다. 그는 구월산이 궁홀에 있는 명산인 까닭에 궁홀산이라고 하던 것인데, 후래後來 그 유사음을 취하여 구월산이라고 한 것이라고 풀었다.상동 제3장~제4장 참조

(4) 후명後名의 연증沿證

이것의 그의 제4 해석법이니, 즉 고구려 대형大兄 일명 근지近支 또는 태대형太大兄, 신라의 상대등上大等 내지 몽고의 성길사한成吉思汗 등으로써『삼국지』삼한전三韓傳에 보인 지智, 제관(諸官), 신지臣智, 대관(大官)의 본어本語를 찾자는 예다. 그에 의하면 몽고어로 성길成吉은 태대太大의 의義로 싱크라고 읽는데, 신지의 신은 '싱', 근지의 근은 '크'로서 상대등의 상대, 태대형의 태대가 모두 '싱크'의 의역이 아니냐고 말하였다.상동 제4장~제5장 참조

(5) 동명이자同名異字의 호증互證

그는 이를 제5 해석법으로 들었으니, 즉 사로斯盧, 하라河羅, 대량大良, 낙랑樂浪, 평양, 평나平那, 백아百牙, 대야가락大耶駕洛 등의 나, 량, 랑, 양, 나, 아, 낙 등은 모두 '라'로 천川의 의義라는 것이다. 그는 신라가 사로, 대량이 대야大耶, 가락駕洛이 가야伽耶, 낙랑樂浪이 낙량樂良 등으로 통용되는 예를 들고 다시『삼국사기』의 고국양故國壤, 일명 고국천故國川, 소나素那 일명 금천金川 등으로 그 천의 의됨을 설명하였다.상동 제5장~제6장 참조

(6) 이신동명異身同名의 호증

그는 이를 제6의 해석법으로 들었으니, 즉『요사遼史』성종본기聖宗本紀의 '압자하위혼돈강鴨子河爲混同江',『삼국사기』지리지의 '요동성遼東城 본명本名 오열홀

烏列忽', 『삼국유사』의 '요하遼河 일명一名 압록鴨綠' 또는 그 외의 '압수鴨水 일명 아리수阿利水' 등 각 곳 압록의 이름으로 보아서 압록의 원어는 '아리'라는 것이다. 그는 아리阿里, 오열烏列, 압록鴨綠은 모두 아리의 이두로 대고 다시 장백산長白山 고명古名의 아리민상견 阿里民相堅으로 아리의 의를 '장長'으로 단정하였다. 상동 제6장~7장 참조

물론 단재의 6조 해석법을 완전무결한 것이라고 말하기는 어렵다. 해석법의 항목을 세우는 데 있어 오직 문헌에만 편파하게 치우친 것도 큰 결함이려니와 그 항목을 구별하는 데 있어 심히 정밀치 못한 것도 적지 않은 결함이다.

(1)

고사상의 이두문을 해석하자면 그 시대의 고어와 그 시대의 한자음을 밝히어야 하고 또 이두 자체의 변천도 밝히어야 하는 등 많은 □□가 있지 않은가? 단지 문헌으로만 주물러서는 예기치 못한 독단에 빠지게 될 것이 아닌가?

(2)

본문 자증의 해석법은 그 기록된 문헌을 표준하여 세우고 그 나머지는 명사 자체를 표준하여 세운 것이라 그 분류의 표준이 서로 모순되지 않는가? 각간 일명 서발한도 구경究竟 동명이자의 항목 아래 포괄시키어 좋을 것인데 왜 제1의 항목을 따로 세웠는가?

그뿐이 아니라 그 해석법의 예증으로 든 데도 독단의 모험이 적지 않다. 위선 황종荒宗 일명 거칠부居柒夫, 태종苔宗 일명 이사부異斯夫로서 황을 '거칠', 태를 '잇'으로 해석하는 데는 이의가 없겠지마는 부夫 자字의 고음古音 '우'를 가져 곧 '거칠우', '잇우'라고까지 단정하는 데는 얼른 동의할 수 없는 것이다. 상동

3장참조 부의 고음은 우라고 하자. 종宗 자에 대하여는 어떻게 설명하려는가? 그러나 그러한 것은 백옥白玉의 티다. 티로써 그 옥 됨을 거부치는 못할 것이다.6회

중국인들이 아무리 나쁜 전통으로써 조선에 대한 기록을 왜곡하고 개삭改削하였다고 하더라도 그들의 기록으로써 조선사의 귀중한 사료를 삼지 않을 수 없는 것이다. 각서各書에 산재한 단편적 기록도 물론 귀중치 안 한 것이 아니겠지마는 역대사歷代史의 동이 열전과 같은 체계 있는 기록은 더 일층 귀중하다. 그러나 위서와 안작贋作이 많기로 유명한 중국의 문헌이요, 와오가 많기로 유명한 중국의 문헌이라. 청조 고증학자들의 횃불을 빌지 않고서는 경홀히 참고 내지 증거를 들기 곤란하다. 중국 문헌에 대한 선유先儒들의 오류가 그 내용에 대한 무비판에도 있었겠지마는 그와 함께 그 문헌 자체에 대한 무비판에도 없지 안 하였다. 우공禹貢 등 서전書傳의 고문은 매힐梅賾의 안작이요, 죽서기년竹書紀年은 속제束晢의 위서이며, 『산해경山海經』은 주진周秦 간 저작임에 틀림이 없다고 하나 백익伯益의 소술所述로 알아서는 큰 낭패다. 선유들은 그런 것을 알지 못하고서 오직 그것의 인용에 급급하였던 즉 그 입론이 자연 정당하게 되지 못할 것은 물론이다. 그러나 역대사에는 안작이니 위서니 말썽 될 것이 없지 않은가? 그것은 마음을 놓고 인용하더라도 무방하지 않을까? 아니다.

단재가 말씀한 바거니와 옛적 중국의 문헌은 인판印版이 없이 초사抄寫로 전해온 만큼 전도顚倒, 와오, 탈락, 증첩增疊된 자구가 허다한 것이다.『조선사연구초』 제13장참조 그러면 청조의 고증학자들이 이미 그 전부에 대하여 고증을 해 놓았을 것이 아닌가? 그들의 힘을 빌면 그만이 아니겠는가? 아니다. 그 역시 단재가 말씀한 바거니와 동이 열전 같은 것을 중요하게 보지 않는 그들로서 비교적 한각閑却한 것도 사실이요, 또 인명, 풍속 등 제반 사정에 서투른 그들로서

는 교정에 힘드는 것도 사실이다.상동 참조 그러므로 중국 문헌 중 조선에 관한 부분은 조선학자들이 중국학자보다 고증하기에 오히려 더 유리한 지위를 가질는지도 모른다. 적어도 인명, 풍속과 같은 데 대하여서만은 그렇다고 단언할 수 있다. 그러나 그 누가 과연 이 방면을 유의하고 또 착수하였는가? 오직 단재 한 분이 아닌가?

『삼국지』 동이 열전에 대한 단재의 교정은 두 부분으로 나뉜다. 첫째는 자구의 교정이요, 둘째는 내용 기사의 교정이다.『조선사연구초』 제14장~18장 참조. 이하 동 그러나 그 내용 기사는 그 저자 진수陳壽가 암만 잘못 알고 잘못 적어서 불만족한 점이 있더라도 그 잘못을 밝힘에 그칠 것이요, 그 저작 자체에까지 교정의 손길을 뻗칠 것은 되지 못한다. 단재의 본의도 오직 그 잘못을 밝힐 뿐, 그 개작을 도모한 것이 아니겠지마는 기사의 ‘교정’이라고 적고 또 자구의 교정과 함께 적은 만큼 오해를 이끌기 쉽게 된다. 여하튼 그러한 다소의 폐해를 가지고 있음에 불구하고 단재의 『삼국지』 동이 열전 교정 1편은 우리 역사학계의 막대한 보배다. 이 막대한 보배에 대하여 나는 잠깐 그 자구 교정에 한 한 개요를 적어보겠다.

(1)
‘서문’의 ‘궁추극원유오환골도窮追極遠踰烏丸骨都’는 오환골도란 지명이 도무지 없으나 아마 오골환도를 상문오환전上文烏丸傳으로 인하여 초사자抄寫者가 도사倒寫한 것이다.

(2)
‘예전濊傳’의 ‘유염치불청개려有廉恥不請匃麗 언어법속대저여구려동言語法俗大抵與句

麗同'의 '유염치불청'은 문리文理 불통이라 흠정欽定 『삼국지』 위지魏志 권20 고
증에 청을 암暗의 오誤로 잡아 '불암구려언어不暗句麗言語'로 해석하였으나, 『후
한서』 예전의 '자위여구려동종自謂與句麗同種 언어법속대저상동기인원각소기불
청개言語法俗大抵相同其人原愨少嗜不請句'으로 본다면 구句는 흉匈의 오誤요, 여麗는 연문衍
文이다.

(3)

'한전韓傳'의 '신지혹가우호신운도지臣智惑加優呼臣雲道支'는 태대大大의 어語인 '신
견臣遣'일 것이니 '운'은 하문신운신국下文臣雲新國으로 인하여 오증誤增된 것이다.

(4)

'변진전弁辰傳'의 '차읍借邑'이란 관명과 한전의 '읍차邑借'란 관명은 동일한 것
으로 양자 중 하나가 도사倒寫인데 을지乙支, 울절鬱折 등이 관명인 점으로 보아
서 읍차가 옳고 차읍이 그 예사例寫이다.

(5)

'변진전'의 '미조사미彌鳥邪馬'의 사는 야아耶牙 등 자字와 같이 모두 '라'의 음
이요, 『해동역사지리海東繹史地理』에 거據하여 현금 고령高靈이 곧 변진의 미마나
彌摩那인 즉, 사마는 마사馬邪의 도사다.

(6)

'한전'의 '사로駟盧', '막로莫盧', '마연馬延' 삼국은 첩사疊寫임으로 『해동역
사』에서 산거刪去함이 당연하다.

만일 단재로 하여금 생전에 좀 더 여유를 주거나 금후로 좀 더 수명을 길게 하여 『삼국지』이외 모든 문헌에 대한 교정을 여의케 하였던들 중국 문헌에 대한 후생의 지남指南을 완성하였을 것이 아닌가? 그 길을 보이어 준 것만도 거대한 업적이 아닌 것 아니지마는 스스로 그 완성을 자기自期하고 있던 그에게는 너무나 섭섭한 일이 아닌가? 『조선사』제1편 참조, 7회

중국 문헌에 대한 단재의 빛나는 해석은 오직 이 뿐에 그치는 것이 아니라 그 저작을 통하여 곳곳에 흩어져 있다. 그 중의 중요한 것으로 몇 가지를 다시 들어 보인다면 아래와 같다.

(1)

『관자管子』에는 '팔천리지발조선八千里之發朝鮮'이니 '발조선불조發朝鮮不朝'니 '발조선지문피發朝鮮之文皮'니 등의 말이 있고, 『사기史記』와 『대대례大戴禮』에는 '발숙신發肅愼'이란 말이 있다. 이 발發 자는 많은 경우에 문리가 통하지 않건마는 아무도 그 자의字義를 해석한 사람은 없다. 그런데 단재만이 그 발 자에 대한 의심을 품어 가지고 새로운 해석을 시험한 결과, 발조선, 발숙신은 곧 한 개의 고유명사라고 하였다. 그의 해석을 기다리어서 비로소 '팔천리지발조선八千里之發朝鮮' 등 많은 불통의 문구를 통케 된 것이다. 『조선사연구초』제37장 참조

(2)

『한서』지리지 요동군 험독險瀆의 주註에 '응소왈조선왕만도야의수험고왈험독應劭 曰朝鮮王滿都也依水險故曰險瀆, 신찬왈왕험성재낙랑군패수지동차자시험독야臣瓚曰王險城在樂浪郡浿水之東此自是險瀆也, 사고왈찬설시야師古曰瓚說是也'의 구가 잇다. 선유들은 □의 차자시험독은 응설應說에 대한 시인, 또 사고師古는 다시 찬설瓚說에

대한 시인으로 보아 3인의 말이 일치한 것처럼 여기었다. 그러나 단재는 거기 대한 의심을 가지고 새로운 해석을 시험한 결과 □이 왕험성은 낙랑성樂浪城 패수동浿水東에 있는 것으로 요동의 험독은 그저 제대로 또한 험독이라고 말하여 응소의 말에 반대하매 사고가 응소를 버리고 찬瓚을 좇음이 아니냐고 하였다. 험에 대한 이 주도 그의 해석을 기다려서만 비로소 그 본의를 알게 된 것이다.『조선사연구초』제22장 참조

(3)

　단재의 말씀을 들으면『삼국지』고구려전에 '왕기별견장추토궁진기동계문기기노해동복유인부王頎別遣將追討窮盡其東界問其耆老海東復有人否……설득일포의종해중출說得一布衣從海中出……양수장삼척兩袖長三尺……유일인항중복유면有一人項中復有面' 등 문구가 있으니, 왕흔王欣은 조위曹魏 때의 장수요 궁宮은 동천왕東川王 위궁位宮인데 그 후 범엽范曄이『후한서』를 지을 때 후한 이후의 사람 왕기나 동천왕을 쓰기 어려우니까 왕기 이하 13자를 빼버리고 고구려 기노耆老의 자언自言으로 만들어 버렸다고 한다.『삼국지』에서 대조해 보아『후한서』에서 기노 자언으로 만든 것이 일종의 속임수라는 것은 용이히 알 수 있는 일이건만 단재 이전 그와 같이 설파해 놓은 사람을 듣지 못하였다.

　그뿐이 아니라 그는 김부식의『삼국사기』에 관하여도 많은 교정을 행하였다. 거기 대하여는 극도의 증오를 금치 못하는 터로 가끔가끔 어조의 격월해짐조차 면치 못하나 그렇다고 그 교정의 값을 저하시키는 것은 아니다. 본래『삼국사기』란 재래식 사기史記에서도 가장 불비한 저작으로 저자의 문식을 의심할 정도의 오류까지 적지 않다. 단재도 말씀한 바거니와『송서宋書』의 '연불욕사홍남래璉不欲使弘南來'의 연만을 왕으로 고치어 내來 자가 웃은 게 되는 등의

예가 많다.『조선사연구초』제18장 참조 물론 『삼국사기』에 대한 교정은 이미 선유들로부터 시작되어 온 것으로 결코 단재의 새 개척이 아니다. 그 점만은 선유들에 대한 단재의 경의를 저버릴까 분명히 하여둔다.상동 참조 그러나 그 선유들과 함께 단재의 공로도 잊어서는 안 된다. 선유들에 향한 단재의 탄복을 우리는 다시 한 번 단재께 향하여 보내지 않을 수 없다. 단지 동서東西 양자兩字 상환相換에 대한 단재의 고증만은 좀 더 고구를 요하는 문제다. 그것은 단재가 보여준 증거만으로 거연히 추종키 어렵지 않을까 보이는 까닭이다.

하여튼 조선 역사학계에 있어 단재는 가장 큰 은인이 아닌가, 선구자로서도 그렇고 사료 고증학자로서도 그렇지 않은가? 그를 잃어버리었다는 것이 우리의 얼마만한 손실인가? 조선의 학계야말로 거듭거듭 불운한 것이 아닌가. 그러나 단재여 편안히 쉬소서. 당신이 끼치어 준 그 유산을 정당히 계승해다가 진정한 조선사를 완성하여서 당신의 업적을 한층 더 빛낼 날이 있으오리다. 단재 학설에 대하여 말하고 싶은 바는 오직 이것뿐이 아니나 제한된 지면 아래 여기서 그치지 아니치 못 한다. 이 글을 쓰는 중간 간접 혹 직접으로 선배 혹 제배儕輩의 많은 충고는 감사히 여기나 서론에 이미 전제한 바와 같이 시비의 분운紛紜함을 이미 각오한 터로 이 붓을 중단시키지 못한 데 대하여는 미안한 마음까지 함께 금치 못한다.8회

45

「곡 단재」

벽초, 『조선일보』, 1936.2.28

단재가 죽다니, 죽고 사는 것이 어떠한 큰일인데 기별도 미리 안 하고 슬그머니 죽는 법이 있는가. 죽지 못한다, 죽지 못한다, 나만 사람이라도 단재가 지기知己로 허하고 사랑하는 터이니 죽지 못한다 말리면 죽을 리 만무하다. 그런데 죽다니 무슨 소린고 세상 사람이 다 죽었다고 떠들더라도 나는 죽지 않았거니 믿고 싶다. 만나볼 수 있는 곳에 있어서도 보지 못하고 지냈으니 만나볼 수 없는 곳으로 가서 다시 보지 못하려니 생각하면 그만이다. 신문의 보도와 수범秀凡의 통기通奇가 나에게는 다 부질없는 일이다. 단재와 나 사이에 서신 왕복도 끊긴 지가 오래지만 이제는 아주 영원히 끊기게 된 것이 전과 다를 뿐이다. 나에게 온 단재 서신이 적지 않을 터이나 모두 분실되고 지금 남아 있는 것이 서너 장에 불과한데 그중의 한 장은 지금부터 7년 전 내가 옥중에 있을 때 온 것을 2년 후에 옥에서 나와서 본 것이다. 나에게 온 이 최후 서신을 다시 펴놓고 읽어보니 이러한 구절이 있다.

제弟는 불원간 아마 10년 역소役所로 향하여 발정發程할 것입니다. 이 세상에서 다시 면목으로 상봉하게 될는지가 의문입니다.

이금而今에 가장 애석하는 양개兩個의 복고腹稿 「대가야천국고」, 「정인홍공 약전」이 있으나 이것들은 제와 한 가지 지地 중의 물物이 되고 마는지도 모르 겠습니다.

이것이 정녕한 유서가 아니고 무엇인가. 이렇게 7년이나 전에 미리미리 기별하여준 것을 보고도 이제 와서 비로소 죽지 못한다, 죽지 않았거니 믿고 싶다, 말하는 내가 실성한 사람이 아닌가. 단재가 죽었다는데 나란 사람은 얼마든지 실성하여도 좋다. 그 서신에 또 이러한 구절도 있다.

형에게 한마디 말을 올리라고 이 붓이 뜁니다. 그러나 억지로 참습니다. 참자니 가슴이 아픕니다마는 말하려니 즉 뼈가 저립니다. 그래서 아픈 가슴을 들키어 쥐고, 운명의 정한 길로 갑니다.

영원히 가슴에 품고 간 '한마디 말'은 무슨 말일까. 이 말은 정녕코 나 개인에게보다도 우리들에게 부치고 싶은 말일 것이다. 나의 추측이 틀려도 틀리는 대종이 멀지 아니하리라. 서신이 영원히 끊기게 된 오늘날, 심상한 왕복이 분실된 것도 아깝거든 우리들에게 공개하여 좋은 서신 여러 장이 분실된 것은 아깝다, 어떻다 말할 수도 없다. 지금 나의 생각나는 것 중에 나더러 모사某社에서 퇴사하라고 권고하는 서신에는 우리의 처신을 가르친 말이 있었고, 자기가 신간회新幹會 발기인 됨을 허락하는 서신에는 우리에게 우도友道를 가르친 말이 있었다.

이러한 서신을 다시 누구에게서 받아볼까. 살아서 귀신이 되는 사람이 허다한데 단재는 살아서도 사람이고 죽어서도 사람이다. 이러한 사람이 한 줌

재가 되다니 신체는 재가 되더라도 심장이야 철석鐵石과 같거니 재가 될 리 있을까. 그 기개, 그 학식을 무슨 불이 태워서 재가 될까. 모두가 거짓말 같고 정말 같지 아니하다. 단재더러 말 한마디 물어보았으면 내 속이 시원하겠다. 간 곳이 멀지 않거든, 나의 부르는 소리를 들으라. 단재, 단재.

46

「(인물춘추) 백남운론」(전5회)

서강백, 『조선중앙일보』, 1936.4.28.~5.5

백남운白南雲 씨의 『조선사회경제사』 제1권이 개조사改造社의 손을 거쳐 천근
만근의 학적 무게를 가지고 이 땅의 서점에 나타날 때 씨의 명성은 종전의 배
가하여 조선 학단에서는 잡음을 들을 수 없으리만치 전 여론은 이 일점一點에
집중된 감이 있었다. 그러나 그것은 결코 출판업자의 영리적 확성기를 통하
여서가 아니라 과학에 진격한 허다한 학도들의 입설을 통하여 조선학계의 방
방곡곡을 여온餘蘊이 없도록 감동케 하였던 것이며 뿐만 아니라 그것이 던진
거대한 일석一石은 일파만파로 멀리 해외에까지도 파문을 일으키었던 것이니
특히 그것은 국제적 연대 책임감 밑에서 동양사에 열의를 가지고 연구하는
나라에 있어서 그러하였다고 기억된다. 『조선사회경제사』에 대한 이러한 반
향은 씨의 그것에 대한 10여 년 간의 연구와 철석같은 학자적 책임감에 상응
한 당연한 보답임은 다언多言을 불요하는 바이거니와 금일까지 관념적 편력학
도들에 의하여 반도의 소우주 내에서 혼돈저미混沌低迷하던 조선사가 씨에 의
하여 일약 세계적 수준에까지 질적 비약을 보게 된 데 대하여서는 일말의 경
이적 심회心懷조차 금키 어려운바 있음을 느끼게 된다.

일반이 이와 같이 백남운 씨의 학문적 공로를 절찬하는 소이所以는 종래의

소위 조선사가 어느 왕조의 흥망성쇠의 시간적 기록사 또는 군신君臣의 언행록이었던 데 대립하여 역사 발전의 합법칙성을 참신한 과학적 방법론을 통하여 생산력과 생산기구와의 관계 밑에서 파악하고 종래의 사가에 의하여 의식적 또는 무의식적으로 무시되어온 역사의 기본적 주체를 조선사의 전면에서 취급한 데 의거하였음은 물론이며 더욱 구체적으로는 화석화 한 친족제도의 용어와 신화, 전설, 고문헌 등을 분석 비판함에 의하여 유사 이전의 민족사회의 면모를 방불하게 하여서 그 예리한 과학적 '메스'는 조선의 '푸날루아'식 '동서' 가족 형태를 발견함에 이르렀고 연緣하여서는 법률적 노예제도의 구명에 의하여 삼국 문명의 역사적 양상을 묘사하여 그것이 본질적으로는 노예경제 이외의 아무것도 아님을 적발한 그 위대한 업적에 의존함이 사실이지만 다른 한편으로는 역사가 '유일의 과학'이라는 것, 개중에도 경제사는 다른 역사보다도 일 보 우위적 지위를 점한다는 그 학문적 특질에 의존되는바 적지 않으리라고 생각된다.

즉 노동의 부담자와 생산수단의 소유자와의 사회적 구성관계가 모든 것의 기초이며 그것의 생성 전변轉變의 반영 또는 집중적 형태가 정치사 또는 문화사의 단계를 규정하는 것인 만치 후자에 대한 과학적 구명을 위하여서는 필연적으로 그 반석으로서의 전자의 발달사, 즉 경제사의 연구를 선행적으로 요구하여 마지않는 것이니 그러므로 백남운 씨도 "조선사회경제사는 그 사회적 구성의 기초가 되는 경제조직의 역사적 진화 과정을 정치형태 내지 관념 형태와의 상호관계에서 연구한 것이므로 이 의미에 있어서 그것은 조선민족발전의 기본사"방점은 서이라고 말하였던 것이다.[1회]

역사과학 개중에도 경제사의 학문적 영역에서 점하는바 이러한 특질은 조선경제사를 혼란 무변한 종래의 사학계로부터 구출하여 그것을 일약 세계적 수준에까지 발달시킨 백남운 씨의 공적에 대하여 무조건으로 머리를 숙이게 하는 것이며 따라서 『조선사회경제사』의 계속적 출판과 그것의 완료는 조선 신흥과학 전반에 대한 새로운 출발점이 되어질 것이다. 이 점이야말로 비단 경제사에 관심을 가지는 자에게 뿐만 아니라 그것의 정당한 수립 없이는 모든 영역의 학문을 조선의 현실적 맥박 위에서 파악하지 못할 것을 잘 아는 학도로 하여금 씨의 경제사의 연속적 속판을 열망하여 마지않는 소이일 것이다.

그러나 머리를 진정하여 고요히 생각할 때 씨의 학문적 공로에 대한 다시 없는 절찬과 존경은 결코 씨의 소산이 가지는바 내용이 암흑 속에 파묻혔던 수천 년 간의 조선의 진면모를 그 형로荊路를 밟지 않고서는 능히 광명의 절정에 달하지 못하였을 유일한 방법론에 의하여 저술되었다는 사실만으로서는 불가능하였을 것이다. 저간의 사정은 금일에 이르러서는 10여 억 민중의 정신적 양식으로 되어있는 이러저러한 과학적 소산이 그것이 저술되던 당시에 있어서는 등하불명燈下不明과는 다소 사정을 달리하여 먼저 다른 나라의 피 끓는 인민층의 실천 생활에 일 보 전진적인 이론적 무기를 부여한 적도 없지 않았으며 혹은 그것이 집필된 지 오랜 후에 후세의 학도들에게 광가狂歌된 일도 비일비재하였기 때문이다.

그러므로 백남운 씨의 『조선사회경제사』가 아무리 역사적으로 특기할만한 대작이라 할지라도 이 땅의 일반 독서자의 지식 수준이 종래의 속학적 관념 형태에 구니拘泥되어 조선의 경제사를 의복 내지 주거, 농업, 수공업, 상업, 교통, 시장, 화폐, 조세, 계契 등에 관한 연대적 기록사라고 생각하는 정도이었던들 그것은 무인도에 빛나는 구슬과 다를 바 없을 것은 분명하다. 그러나 이와는 반대로 이 땅의 유독有篤한 독서자讀書者의 보편적 인식이 『조선사회경제사』라는 것이 "조선 민족의 사회적 존재를 규정한바 각 시대에 있어서의 경제조직의 내면적 관련, 내재적 모순의 발전 그리고 그것으로부터 야기되는 바 생산관계의 계기적 교대의 법칙성과 불가피성과를 과학적으로 논증"하는 것임을 잘 알며 또한 응당 그러하여야 할 것을 잘 아는 객관적 조건이야말로 중시되어야 할 점일 것이다.[2회]

이것과 씨의 역작의 주체적 조건과의 통일이 없었던들 『조선사회경제사』의 성가聲價는 그 가치대로 평가되기는 어려웠을 것이다. 이 점에 있어서 우리는 백남운 씨에게 보내는 이상의 경의와 희열을 급템포로 발전되어 가는 이 땅의 진보적 독서층에게 보내기를 주저하지 않는다.

백남운 씨와 『조선사회경제사』와는 우리의 두뇌 속에서는 결코 분리된 2개의 존재가 될 수는 없다. 그 어느 한쪽을 말하고 생각할 때 마치 물건에 그림자 따르듯이 다른 한쪽은 의례히 동시적으로 우리의 감관感官에 상기想起된다. 그러므로 백남운 씨를 말하는 한 우리는 『조선사회경제사』에 언급하게 되는 것은 극히 자연스러운 일이 아닐 수 없음으로 이상에 있어서 주로 씨를 그 저서와의 관련에서 논하였던 것이다.

그러나 사학에 문외한인 필자에게 편집자가 이 글을 부탁하는 본의는 사회경제사와의 관련에서가 아니라 보다 인간 백남운 씨를 소개하려는 의도에서 출발한 것이 아닌가 한다. 이러한 나의 관측이 사실과 과히 어그러짐이 없다면 『조선사회경제사』에 관하여 말하고 싶은 가지가지의 상념想念 개중에도 이러저러한 소위 명사들이 백귀야행격百鬼夜行格이라면 또 모르거니와 백귀야행 이상으로 문화적 반동의 독소를 뿌리고 있는 이 때에 있어서의 『조선사회경제사』 특히 그 중의 단군론檀君論 비평과 총결론이 가지는바 의의에 대하여서도 언급하기를 피하고 이로부터는 인간 백남운 씨에 관하여 몇 자 적어볼 생각이다.

문제의『조선사회경제사』의 저자로서의 백남운 씨 그리고 그것이 탄생하게 된 주체적 조건의 하나이라고 할 만한 씨의 가정적家庭的 생활! 이것은 연구의 길을 밟는 사람으로서 그 중에도 복잡하고 비조직적인 가정적 양식으로 인하여 어느 나라의 학도들보다도 가장 심대하게 연구의 장애를 받고 있는 이 땅의 학도들에게 있어서는 알고 싶은 문제 중의 하나일 것이다. 이것은 비단 예술가에게 한할 바 아니겠지만 조선의 예술가와는 차라리 모르는 것이 좋다는 말을 우리는 왕왕히 문학청년 그 외의 인사로부터 들은 적이 있거니와 이는 요컨대 평소 문장을 통하여 사숙하던 그 마음이 실제로 그 실물을 대하고 본즉 기대하였든 바와는 거리가 멀다는- 일부 작가 생활의 무절조無節操에 대한 비난을 의미하는 것일는지는 모르나 여하간 작품과 작가의 생활이 합일되지 않을 때 누구나 일루一縷의 실망을 면키 어려울 것은 추측키 어려운 바 아니다.

　　그러면 인간 백남운 씨에 있어서는 어떠한가. 일부에서 말하는 바와 같이 씨는 확실히 어느 의미로 보아 보통사람으로서는 좀체 차지하기 어려운 유리한 조건 위에서 생활하여 왔다고 하여도 잘못은 아닐 것이다. 그 이유의 하나는 씨의 어르신네가 한학에 명성이 높으신 고 백수당白遂堂 선생이시라는 것이며 다른 하나는 씨가 최고 학부에서 교편을 잡고 있을 뿐만 아니라 이 땅의 봉급생활자로서는 비교적 후한 지위에서 생활한다는 점일 것이다.

　　전자는 현대 교육을 수득修得한 자로서는 한문이 가장 어려운 관문 중의 하나임에도 불구하고 씨에게 있어서는 자유자재로 요리할 수 있는 무난無難의 관문으로 되어 있으며 후자는 이 땅의 어느 직업 부문에 있어서보다도 씨의 연구욕을 비교적 적게 방해하는 방면인 동시에 그 봉급은 어느 정도까지 씨의 서적에 대한 최저한도의 요구를 만족시킬 수 있으리라는 점일 것이다. 후자는 유리한 조건이라기보다도 외국의 학자 생활에 비교할 때 확실히 불행한 조건임에 틀림없지만 그것이 불행한 조건으로서가 아니고 도리어 일부인에게 좀체로 차지하기 어려운 행복 된 조건의 하나로 간주하게 되는 소이는 생활난의 다시없는 협위脅威 우又는 직업 전선에 있어서의 과로와 그러한 조건이 아니었다면 대성할 수 있었을 허다한 유능한 학도의 학구열을 무참히 짓밟고 있는 이 땅의 일반적 사정에 대조하여서 하는 말일 줄 믿는다. 그러나 『조선사회경제사』를 저작하게 하는 주체적 원동력은 결코 이러한 조건에 근거하는 것이 아닌가 보다. 철석같은 학자적 책임감과 씨에게 있어서 가능한 정력과 시간의 전부를 경주하는 그 자기희생적 성의에 의존됨이라 할 것이다.3회

씨는 일찍이 도쿄[東京]에 유학할 때부터 서책을 사랑하기를 생명 이상으로 한 것이니 생각만 하여도 여러 가지 의미로 인상 깊은 도쿄 대진재大震災의 걷잡을 수 없는 그 폭위暴威가 하숙집에까지 내습來襲하여 오게 되자 방안으로부터 뛰어 달아나던 씨는 위기일발의 찰나이라 할지라도 그대로 방안에 꽂혀진 서책만은 잊을 수 없어 아래로는 땅이 움실거리고 위로는 기와장이 튀는 위험에도 불구하고 다시금 하숙에 돌아와 귀중한 책 몇 권만 집어가지고 달아났다고 하니 이 일사一事로만 미루어 볼지라도 대학시대로부터의 씨의 학구열을 짐작하고 남음이 있을 것이다.

그리고 금일에 있어서도 1일 평균 두 과목 내외의 교수시간과 6~7시간가량의 취침시간을 제외한 거의 대부분의 시간은 신라통일기 이래 최근에 이르기까지의 봉건제와 현재 진행 중인 상품 생산제에 대한 연구를 중심으로 소비되며 아무리 더운 삼복 시절이라 할지라도 신촌의 송림이 오히려 분에 넘친다는 듯이 연전延傳 사택에 들어앉아 연구에 몰두하는 정력의 사士이다. 원래 신촌은 자연적 경치도 경치려니와 연전 교사校舍와 그 양옥 사택이 임립林立하여

있는 관계로 세인들로부터 '문화촌'이니 '양인촌'이니 호칭되거니와 씨의 사택도 벽돌 2층 양옥이기는 하나 문을 열고 들어서기만 하여도 그 내부는 조선의 재래식 생활에서 일 보도 벗어나지 않았음을 용이히 간취할 수 있으리만치 극도로 소박하여 그 주위의 어느 사택에서든지 으레 들을 수 있는 라디오와 레코드의 리듬도 씨의 사택에서만은 듣재야 들을 수 없는 형편이다.

그리고 씨의 생활에 있어서 특기할 일점은 살림에 대하여서는 일절로 관여하지 않는 점도 점이려니와 씨의 춘추가 이미 40여 세에 이르렀으며 신촌에 이주한 후 참경慘景을 세 번이나 보고 현재 10세 미만의 1남 1매의 영윤令胤 영양令孃이 있을 뿐이되 좀처럼 기침起寢을 자녀들과 함께하는 일이 없고 춘하추동 어느 때를 물론하고 2층 서재 겸 방 차디찬 침실에서 기거한다는 점일 것이다. 사실 이것은 용이한 일 같으되 일생의 모든 것을 조선의 신흥과학 수립을 위하여 아끼지 않는 거대한 결심 없이는 도저히 불가능한 일이니 가정적 자녀애까지를 희생하여 마지않는 철석같은 그 학자적 책임감이야말로 학學에 유의하는 자의 귀감이 아닐 수 없는 것이다.

『조선사회경제사』가 탄생하기까지에는 실로 이와 같은 가지가지의 비범한 개인생활이 그 이면을 수놓고 있나니 한 번 씨를 대하여 그 인격과 교섭할 때에는 금일까지 쌓아놓은 씨의 탑이 결코 우연한 결과가 아님을 알 수 있을 것이다.4회

씨의 체질은 우리가 학자를 생각할 때에 대개 병질病質 타입을 연상하게 되는 것과는 반대로 그 원기는 20청춘 이상으로 씩씩한 바 있으며 씨의 성격과 언어의 마디마디는 시원스럽고 명쾌하여 그 문장에 있어서와 같이 일종의 탄력을 느끼게 된다. 그리고 씨는 한때에 외교관이 되려고 생각한 적이 있었다고 한다. 여하한 의미에서 그 방면을 동경하게 되었는지는 잘 알 수 없으나

그렇다고 씨를 외교에 능하거니 생각하는 이가 있다면 큰 잘못일 것이다. 물론 씨는 사물 또는 인적 관계에 있어서 그를 과학적 사유를 통하여 주도면밀하게 파악하여 처리하느니만큼 대소사에 실패하는 일이 적음은 사실이나 권모술수에 능하며 이중성격의 화신으로서의 '현대적' 외교관과는 하등의 관련도 없음을 씨를 아는 사람은 잘 알 것이다.

최후로 씨는 나의 선배이기 전에 먼저 은사이니만치 필자 개인이 씨로부터 받은 유상무상의 교훈은 비일비재하지만 그중에서 나의 기억력과 함께 존재하며 나의 생활과 함께 성장하는 사실 중의 한 가지를 이곳에서 피력함을 허한다면 다음과 같은 일언을 소개할 수 있을 것이다.

"제군이여! 졸업 후에도 활자에 친근하기를 바란다."

이 일언은 교수로서의 씨가 필자까지를 포함한 수년 전의 연전 상과商科 졸업생 일동에게 보내는 허다한 부탁 중의 한 마디 말이었다. 물론 활자 즉 독서가 모든 것의 기초일 수는 없을 것이로되 전대미문의 위기선상에서 갈피를 못 잡고 좌왕우래左往右來하는 인텔리에게 있어서 활자는 실로 광명의 길을 열어주는 무이無二의 관문이 아닐 수 없다. 이것은 비단 이론적으로만 일리가 있을 뿐 아니라 그것이 현실적 타당성을 가졌기 때문에 비로소 이론적 일리를 가지게 되는 평범한 진리 중의 하나인 줄 믿는다. 나는 지금에 와서 씨의 교훈 중의 모든 것을 잊었을는지도 모르지만 이 한 마디 부탁은 날이 갈수록 잊으려야 잊을 수 없이 거대한 음향을 가지고 나의 두뇌 속에서 성장하면서 있다. 그리고 그것은 왕왕히 인텔리인 소이로 인하여 양장羊腸의 길에 방황하게 되는 경우에 있어서 나의 진로를 지시하여 주는 유일한 길잡이가 될 뿐만 아니라 그것은 왕왕히 직업선상에서 있을 수 있는 향락에로의 충동에 대한 방어제가 되기도 한다.

실로 인텔리 된 자로서 특히 금일의 인텔리 된 자로서 활자로부터 멀어진 다는 것은 단순히 인텔리의 조건을 상실하는 것이 될 뿐만 아니라 자기도 모르게 자신을 몰아 역사의 반역아로 또는 그 아류의 1인으로 전락시키지 않으리라고 보장키 어려움은 기다幾多의 선배의 말로末路가 여실히 좌증左證하는 바일 줄 생각한다. 그러므로 나는 이 일언을 금언 중의 금언으로 여기고 일상생활의 한 표어로서 자기 자신을 부단히 편달하여 마지않는다.

이상의 소론에 있어서 독자 제현 중에는 『조선사회경제사』가 범하고 있는 오류에 대하여서는 일언반구도 언급함이 없었다고 책責할 사람이 있을는지도 모르나 원래 본문이 가지는 바 성질이 그것의 비판에 있지 않을뿐더러 그 점은 사학에 문외한인 필자로서 감히 용훼容喙할 바도 아니기 때문이다. 오직 붓 가는대로 적어놓은 무질서한 이 글이 제목이 제시하여 주는 바와 같은 「백남운론」줄은 서이 될 수는 없다 할지라도 씨를 이해하는 데 있어서 도움 되는 바가 있다면 심행甚幸일까 한다.5회

47

「(인물춘추) 정인보론」(전4회)

천태산인, 『조선중앙일보』, 1936.5.15~19

인물 월단月旦이라 □□자들의 가장 □□로 생각하는바 한가지이다. 잘못하면 옛날사람의 묘비명처럼 송덕에 흐르게 되거나 남을 욕탈辱脫하는 □□의 나열에 지나지 못하게 되기 때문이다. 집필하는 자가 제아무리 견공무사堅公無私한 안목을 가졌다 할지라도 자칫하면 감상의 관계를 받는 편협한 술□에 빠지기가 쉬운 것이다.

나는 편집자의 청에 의하여 손쉽게 이 '□□'을 쓰기로 승낙은 했으나 그러나 나는 정씨와 그다지 □교도 없었고 정씨의 광폭한 전면을 알려고 한 적도 없었기 때문에 창졸간에 초草하는 나의 이 원고는 물론 많은 과오를 범치 않았으리라고 믿기 어려우나 나에게는 케케묵은 색목色目도 없고 또 씨에게 대하여 인간적으로는 아무러한 흥미와 □□을 가지고 있지 않던바 다만 우리네의 신조는 과학에 의하여 씨의 적나赤裸한 인격과 재□의 일면이라도 알아보고자 하는 것이나 결코 화부火夫가 화장장에 임하는 기분으로 쓰는 것은 아니다.

조선의 역사계단을 한 번 뒤집어놓은 것은 아마도 갑오개화 전후의 일일 것이다. 바로 이 시기를 전후로 하여 해외의 상품이 쇄국의 꿈속에 있는 이땅의 포구로 수입되고 새로운 문화가 수입되고 따라서 문화 또는 학문, 문학이란 문자의 의미와 개념에 변동이 생기고 '사람'이라는 문자의 의미에까지 변화가 생기었다. 이 쇄국몽을 깨지 못한 조선에서는 몇 개의 양반만이 '사람'이었다. 그것은 흡사히 현대에 있어서 돈 가진 시민만이 '사람'인 것과 같다. 그리하여 국가도 그들의 무대요, 민중도 그들의 ××들이었다. 무궁화 3천리 아름다운 강산에 돌아오는 봄, 피는 꽃과 노래하는 새가 모두 그들을 위하여 주신 하나님의 선물이었다. 그리하여 그들은 장구한 시간을 중국문자의 습득에 소비하여 그 문자로써 홀로 이 대자연의 행복스러운 기쁨을 구가하며 그들의 행장을 짓고 그들의 업적을 찬미하는 것이 그들의 문학 내지 학문의 전체였던 경우가 많았다.

그들 입으로 선생의 법도를 말하고 인의도덕仁義道德을 말하니 그들의 □□는 이욕의 앞에서는 너무도 무기력하였다. 그리하여 그들의 호사스러운 기생적 생활을 계속하기 위해서는 창피와 염치도 모르고 노론이니 소론이니 남인이니 북인이니 하고 □악한 정권쟁탈전을 감행한 것이다. 그들의 질투가 심한 당쟁은 선천성은 아니라 할지라고 유래한 지가 오래였을 것이다. 그들의 미몽이 깨기 전에 이 나라의 해안에는 자주 이양선이 출몰하였다. 그들의 용어를 빌려 말하면 '역사는 순환'(?)한다고 할까. 그들은 자기네의 구가하는 낙원이 남에게 ××될까 겁을 냈다. 과연 역사는 변하였다. '순환'이 아니라 변증법적으로 변하였다. 이 나라에는 새로운 ××이 임어臨御하게 되고 동시에 위급존망지추危急存亡之秋에 초조하고 있는 봉건귀족—소위 양반—은 분발하기 시작하였다.

정인보 씨도 갸륵한 양반 출신이다. 그는 지금도 소론이다. 그는 임당林塘의 8대손이요 □□의 □대손이요, 경산經山의 3대손이라는 피의 자랑을 가지고 있다. 만일 씨가 30~40년 전에만 낳았더라도 정승 판서는 물론이요 대사성

대제학 같은 지위는 조반早飯 전에 차지하였을 것이다. 씨를 위하여는 이런 □
□ 모르는 시대에 난 것이 여간 불행이었을 것이다. "문왕지자文王之子 무왕지
제武王之弟"가 다시 환생을 하였기로니 누가 그다지 끔찍이 알아주는가. 이런
'데모크라시' 시대가 돌아온 것은 확실히 씨를 위하여 대불행이었을는지 모
른다. 나의 관찰이 과히 틀어지지 않았다고 보는 한에서는 씨는 □□한 자부
심이라고 하기보다도 피의 자랑, 피의 □□이 씨의 덕망에 만일萬一의 누累를
이루고 있지 않은가 생각한다. 이 점은 내가 씨와 교제하는 동안에 얻은 인상
으로서 씨와 교제해본 다수인의 □□담으로도 항상 많이 들어오던 바로 씨를
위하여는 이것이 사실이 아니기를 바란다.[1회]

이 점은 씨와 동시의 비교적 가장 위대한 두 선배 육당六堂 최남선崔南善 씨와
춘원春園 이광수李光秀 씨에 비하여 접한 기분이 퍽 다르다. 사실 이분들의 유명
한 '두루마기 고무신 단군론, 화랑론' 등이 정 씨의 그것과 동일한 것 같으면
서도 정 씨의 것은 철저히 봉건귀족적 묵수주의墨守主義요, 육당 춘원은 봉건
타파의 자유주의적 진보적 문화인이었다. 그도 당연한 일이다. 육당은 유럽
[歐洲]의 중세기 상인에 해당한 중인의 출신이오, 춘원은 기호인畿湖人의 식민지
와도 같은 평안도 토반의 자제인 것이 다르기 때문이다. 그리하여 육당, 춘
원…… 제씨만은 봉건 타파의 기치를 세우고 일시는 용감하게 싸워서 조선의
신문화운동사상의 한 '페이지' 뚜렷한 공적을 남긴 과거의 인물이 된 것이다.

그러면 정 씨의 업적은? 하고 보니 씨는 무소불'위'의 '위당'이면서도[위당은
씨의 당호] 우리가 의론의 대상 삼을 공과가 그의 굉장한 명성에 비하여 비교적
쓸쓸한 것은 이 '제목'으로 하여금 살풍경殺風景하게 하고 할치割雉에 우도牛刀를
쓰는 감을 갖게 한다.

우리들 사회에는 하지 않은 것이 저널리즘에 의해서 유명해지는 경우가 퍽

많다. 안창남安昌男의 비행기, 이××씨의 사회장社會葬 모양만 잘 내는 까뚝이 등등이 모두 그 예다. 그러나 이 '제목'은 그렇게 살풍경한 것은 아니리라.

그렇다고 해서 우리 선배로서의 정 씨의 존재가 결코 미약한 것도 아니요, 내가 까닭 없이 과소평가 하려는 것도 아니다. 하나 우리는 정씨에게서 물려준 문화적 유산이 무엇인가를 정당하게 결산함이 없이 그저 정 씨의 앞에 맹목적 경의를 표시하기를 주저한다. 또 우리는 생활의 길을 위하여 성상聖像 앞에 마음에 없는 기도를 드리는 교수들처럼 누가 무서워서 무조건으로 경건한 태도만을 가질 수도 없는 것이다. 이에 우리는 선배에 대하여 정당한 비판을 가하여야 하고 또 그에 의하여 정당한 평가와 또는 존경을 가하여야 할 것이다.

정 씨의 업적은 씨가 최근 『동아일보』 지상紙上에 발표하는 명名논문 「오천년간 조선의 얼」일 것이나 씨로서는 '술사述史'가 한 외도인 것 같다. 이 사론은 다 끝난 후에 전적으로 논평할 기회도 있겠지만 나는 아직도 한유韓愈의 『순종실록順宗實錄』을 읽을 겨를이 없었다. 때때로 군데군데 씨의 '조선의 얼'을 읽었다. 그러나 그것은 씨를 위해서 미안하다는 것보다 2천만 독자를 위하여 가련한 일이었다. 그렇다고 필자와 같은 몽학蒙學에게 "네가 무얼 대인의 춘추강목春秋綱目을 쓰는 데 잔소리를 하느냐"고 하면 나는 나 역亦 나 자신의 젖[유(乳)]냄새 나는 고루한 문견聞見이 부끄러워서 감히 당돌히 "씨여 제발 좀 그 글을 끊어줍소서" 할 용기는 없으나 그렇다고 씨에게서 사가삼장史家三長을 발견하기는 곤란할 것 같다ㅡ'얼빠진 논문'이니 '세 사람'밖에 보는 사람 없는 글이니 『조광(朝光)』하는 욕설을 들어가면서 연 수백 회의 장문을 쓰는 배짱과 열성이 부럽다. 거기 대하여 구체적인 비판은 후일로 미룬다.

조선민족을 선민적選民的으로 높이려 하고 통일한 오천 년 간의 민족혼民族魂을 환기하려는 것은 역사의 왜곡된 선입견과 공연히 허장성세하려는 데서 오는 것으로 역사 그 자체를 위하여 또는 제자들을 위하여 한없는 죄악을 범한 것이라고 할 것이지만 이는 과학을 모르는 노인들이 행용하는 일이라 더구나 언론기관의 저급한 고등정책과 영합해서 저 당당 수천만 언들의 화려한 사륙 변려체四六騈儷體로 지은 대문자大文字는 필경 '학'적 궤도에서 탈선되어 있다는 점에서는 정치가의 가두연설이나 약 장사의 광고연설과 다름이 없다.

씨는 역사에서는 문헌학을 주로 하였는데, 사실 사학의 영역에 있어서는 문헌학의 역할만이 중대한 것은 아니다. 씨의 문헌학적 공헌은 보다 더 크다. 그러나 씨는 한 문헌학자로서는 씨의 부단한 노력이 계속하는 날 그 성공이 있을 것이다. 씨가 만일 메이지[明治]시대에 도쿄[東京] 등지에 나섰더라면 하야 시 다이스케[林泰輔], 나카[那珂] 박사, 나이토 고난[內藤湖南]의 역할까지를 하였을지 모른다.2회

이처럼 씨로 하여금 사가까지 겸하게 하는 것은 조선사회라는 특수 환경의 소사所使다. 이 땅에서는 문인 만능이 되지 않으면 안 된다. 한 문사가 명성이 있으면 벌써 신문사 중역이 되고, 물산장려회 위원도 되고, 무엇……도 되고 하게 된다. 결국 씨와 같은 분은 깨끗이 봉건 잔루殘壘에 농성하여 옛 나라 옛 시절을 회고하면서 두루마기이것도 조선산 면포제 입고 고무신이 원료는 외국산이다 신고 득의得意한 한문 한시나 짓고 한학 연구에나 정진함이 어떨까 한다.

"나는 문사가 아니오, 한학자요.""그럼 비승非僧 비속非俗이로구먼요." 이 말 은 씨가 나의 어떤 친우와 대화였다. 씨 자신도 스스로 한학자로 자처하고 있는 것을 알 것이다. 그렇다. 씨의 득의한 것은 한학 내지 한문학일 것이다. 더 구나 한문을 철綴하는 데 있어서는 당세當世에 이와 병구竝驅할 이가 적을 것이 다. 월상유태月象裕澤을 꼽던 것도 벌써 수백 년 전 일이요, 운양雲養 무정茂亭 같 은 고로故老들이 계차繼次로 돌아간 후 이제 남은 한문학자 수란 하도 요요寥寥

한 중에 오직 씨의 사조詞藻가 적막한 한문 문단의 최후를 장식하고 있는 것은 애오라지 우리들의 기쁨이 아닐 수 없다.

이곳은 고대에 문화가 남보다 뒤떨어졌었기 때문에 하는 수 없이 인국隣國- 즉 중국-의 문자를 빌려 썼다. 그러나 중국 문자의 습득은 그다지 용이한 일이 아니므로 이것을 배우는 것은 당시에 정치경제적 권력을 독점한 양반들의 특권이었다. 그들은 학문이라면 중국의 고대문학을 의미하였었다. 그래도 현대의 조선 청년들로서 다른 고대 문학만을 배워 가지고 이로써 세계의 지식 수양은 완료한 것으로 알 자는 없겠지? 하나 이것이 조선에서는 30~40년 전까지 사실이였었다.

이것은 기이하다면 기이하다고 볼 수도 있지만, 조선에서는 그만큼 한문이 이곳 귀족 사이에 상식화 되어 있어서 조선 사람으로서 중국의 고대문을 잘 알며 잘 짓는다는 것이 이곳 아관박대자峨冠博帶者들 사이에 가장 흠잉欽仰되는 것이다. 그러나 중국 내에 있어서 얼마나 '사문자死文字, 사문학死文學- 한문, 한자폐지운동'까지가 제창되고 있는지 아는가.「신흥」 7호, 졸고,「중국의 한자폐지운동」 참조 그러나 이곳의 선배 인텔리는 한문, 한시에 능한 사람들이었다. 그리하여 학문 일반과 중국 고대 문학과를 혼동하였다. 그리하여 문학의 내포와 한계의 규정이 퍽 모호하였기 때문에 이를테면 위당과 같은 박식으로도 '동양문학'이라는 대제목 하에 박연암朴燕岩의 '동해관일출東海觀日出' 일수一首를 연설하고 말은 것이다.

사실 씨의 이런 연설도 한 과도기의 계몽이라고 할 수 있을는지 나는 모른다. 학과학과 상식의 구별, 학문 일반과 중국 고대문학과의 구별, 조선, 중국, 동양문학 등 구별이 씨의 머리에서 전혀 혼동되어 있다. 필자가 일찍 이러한 혼동에 대해서는 일찍 씨를 위하여 세밀히 답론한 바가 있었기 때문에 여기서 약略하고 '조선의 얼'과 함께 후일의 기회에 맡기기로 한다.

엄밀한 의미의 학은 과학이다. 그것은 흡사히 3+2=5가 되는 것처럼 유일무이한 확실한 길이다. 하나 상식이라는 것은 3+2가 4가 되거나 6이 되거나 큰 책임을 지는 것은 아니다. 씨의 모든 서술에서 철학적 체계를 찾을 수 없다는 것은 그것은 과학이 아니라는 것을 입증하는 것이다. 그리고 이 과학의 길은 망양茫洋하게 넓다. 중국의 고대문학 즉 조선서 소위 한문이라는 것만이 학문 전체가 아니다, 중국문학을 해解한다고 단박에 지식자라고 할 수는 없다.3회

진정한 지식은 진정한 과학을 지식하는 데 있고, 또 여기에만 진리의 깨달음이 있으리라. 그러므로 한문, 한자를 알아도 우리는 그것을 무식하다고 볼 수 있는 것이다. 조선에는 아직도 몇 천, 몇 만의 한학 유생이 있지만 우리는 그들을 가져 인텔리라고 하기가 곤란하다. 그러나 이러한 무식층들이 자기의 시대에 뒤떨어진 무식을 깨닫고 산중처사山中處士로 은퇴를 하든지 하면 별로 해독은 없을 것이지만, 제법 '지식'을 말하려 하며 진리를 말하려 하고 도리어 청년들의 발랄한 이론적 전진을 저해하려 할 때에 그들의 반동적 역할도 적지 않은 것이다. 그런 의미에서 우리는 하루바삐 이 봉건적 잔재를 소탕하지 않으면 안 되리라 한다. 나의 경중하는 정 씨여. 구태여 씨의 곡학적曲學的 상식을 가지고 고루한 한학적 식견에서 벗어나서 '이만하면 조선에서는…' 하고 만족하지 않기를 바란다. 그것이 씨를 위함이요, 씨의 얼이 사랑하고 있는 조선까지를 위함일는지도 모른다.

씨의 한문으로 엮은 주역식周易式 문장은 너무 문채文彩를 내려고 하기 때문에 도리어 곡진曲盡할 내용을 저상沮喪시키는 때도 있으나, 섬려纖麗하고 명쾌한 문장이라 할 것이다. 그것은 씨의 언변이 극히 명쾌한 것과 같다. 씨는 확실히 사물을 설명함에 있어서 잘 호분누석毫分縷析해서 □리한 칼로 난마를 끊는

것처럼 명쾌하고 개절凱切하게 변설辯說을 해서 잘남의 양痒을 긁어주고, 남의 몽蒙을 열어주는 것이다. 씨의 쟁쟁한 음성과 미미娓娓한 변설이 청중의 매혹을 끄는 바 많다.

씨는 봉건귀족양반의 출신인 만큼 일찍 벌써 양반 가정에서 당시에 전상專尙하던 학술- 즉 중국 고대문학 또는 중국 고대철학의 일부분을 배웠다. 그 학술은 과학적 체계에서가 아니라 조잡한 글방식 '마테리알'로서 배웠다. 그리는 동안에 시대가 변하였다. 총명한 씨는 옛날에 조선 부녀 상민들이 전상하던 언문을 배웠다. 그리하여 봉건적 학술로서의 '마테리알'을 그대로 언문으로 풀어서 때로는 언문으로 사륙변려문 같은 것도 짓고 신시新詩 비슷한 것도 지었다. 이 문장은 씨의 독보獨步이면서도 반드시 장처長處는 아닐 것이다.

봉건양식의 퇴패頹敗를 통탄하는 씨는 비록 언문을 배울지언정 선왕先王의 만드신 훈민정음을 가지고 문법적으로 한글을 통일하는 데는 반대하고 있다. 그러나 나는 어디든지 철저한 맛이 있으면 좋다고 생각한다. '한글맞춤법 통일안'이 진선진미眞善眞美한 것도 아닌 이상 그것의 신봉 여부는 개인 자유라 할지라도 친지親地의 정의情誼와 자본가의 비위를 맞춰서 기회주의적으로 이런 일을 결단할 것이 아니라, 이는 민족적 대사업인 만큼 선배로서의 신중한 고려가 없어서는 안 될 것이다.

씨는 하여튼 다재多才한 인물이다. 문필가의 하는 일이면 무엇이든지 흉내 내려고 한다. 그리하여 이 과도기에 있어 자가自家의 힘 미치는 데까지 자가의 역할을 다하고 있다. 우리는 다시 노노呶呶히 이들을 논할 필요도 없다. 벌써 시대가 이미 청산하여 주는 이 사람들을… 그리고 보면 새삼스럽게 후배로서 태어난 우리 자신이 부끄러워진다. 우리는 무엇으로써 금일 또는 명일의 사회의 요구에 응할 준비를 하여두었는가를 부질없이 몇 세기 전의 화석 같은 목내이和邇 같은 인간을 내세워 큰 레테르를 붙여주고 새로운 비판을 내리우는 것만이 우리의 능사가 아니다. 현대라는 순간은 지극히 급템포로 전진하고 있다. 우리가 좌고우면하고 전진을 게을리 하는 때에는 내 자신의 앞에 다시 가외可畏할 후생의 항변의 독설과 해부의 예도銳刀가 닥쳐오리라고 느낄 때에 몸서리가 난다.4회

「한글 표준 사정에는 으뜸 되는 수훈자, 조선어사전 편찬에 혈한노심, 조선어학회 이극로 씨」

『조선일보』, 1937.1.1

적어도 반만 년의 역사를 가진데다가 남달리 옛 문화를 자랑하는 한 겨레로서 고초장이란 한 말을 가지고 고초장, 고치장, 꼬초장, 꼬추장, 꼬치장, 당초장, 당꼬초장, 당꼬추장, 당꼬치장, 당가지장, 당까지창, 매운장 등등… 하고 혀 끝 돌아가는 대로, 소리 나오는 대로 열이면 열, 백이면 백 사람 말로 글로 다 달리 쓴다는 것은 민족적 큰 부끄럼일 뿐만 아니라 모든 새문화의 발전을 막고 해롭게 하는 장본이 되는 것인 즉 이것을 "겹에서 홑으로" 즉 혼란에서 통일로 뜯어 고치자! 하는 외침에 물결을 타고 탄생된 것이 저 유명한 '한글' 학자 이극로李克魯 씨 등의 조선어학회인 것이다.

ㄱ 기역 ㄴ 니은 ㄷ 디귿 ㄹ 리을 ㅁ 미음 ㅂ 비읍 ㅅ 시읏 ㅇ 이응 ㅈ 지읒 ㅊ 치읓 ㅋ 키읔 ㅌ 티읕 ㅍ 피읖 ㅎ 히읗 ㅏ 아 ㅑ 야 ㅓ 어 ㅕ 여 ㅗ 오 ㅛ 요 ㅜ 우 ㅠ 유 ㅡ 으 ㅣ 이 등 스물 넉자의 자모를 가지고 한 글자 한 말마다 고르고 추리고 다시 뜯어 맞추고 매만지고 해서 뜻이 닿고, 부르기 좋고, 쓰기에 간편한 어여쁜 말을 만들기에 자고 먹는 것까지 잊어버리고 머리를 썩히는 이극로 씨는 너무나 유명하다.

눈보라 휘날리고 맵싸한 바람이 불어치는 추운 겨울날이건만 화동정花洞町 129번지 그 회관 안, 난로불도 없이 그 차디찬 2층 차디찬 마루방에서 케케묵은 책들을 산더미 같이 싸 넣고 섰다 앉았다 하며 옥에서 티 고르는 것과 마찬가지의 고심을 짜내고 있는 씨는 우리의 가장 큰 존경의 대상이 안 되면 안 된다.

베를린대학[伯林大學]의 철학박사[철박(哲博)]라는 학위까지 가진 씨가 어째서 아주 딴판 길인 '한글' 연구의 길을 밟았는가! 이씨의 매력을 아는 사람들은 고개를 기울여 궁금하게 생각할 것이다. 때는 벌써 까마득한 옛 이야기로 들어가려는 임자壬子년 즉, 이씨가 해외로 첫 발자국을 들여놓던 1912년 서간도西間島를 가려고 '짱크'에 몸을 싣고 압록강鴨綠江을 건너가다가 평안북도 창성昌城서 내려서 아침밥을 먹는데 씨가 고추장이 하도 먹고 싶어 주인에게 청했더니 무슨 뜻인지 못 알아듣고 어리둥절하므로 가지각색 형용을 하다가 나중엔 입을 벌려 '하…하…' 하고 매운 표정을 했더니 그제야 "오, '댕가지' 장 말인가?" 하고 내놓더란다. 여기서 이씨는 '어째서 같은 겨레로서 이토록 말이 달라서 의사를 통하기가 어려운가!' 하고 한숨지으면서 그 까닭을 곰곰 생각하게 됐다 한다. 이것이 이씨의 오늘과 같은 '한글' 학자로서의 큰 그릇을 만들게 한 첫째 기틀이 된 것이다.

그 후 이씨가 환인현桓仁縣에 있는 대종교大倧教 기관인 동창학교東昌學校에서 교편을 잡고 있을 때 함께 있던 교사들이며 일반 학생들이 이씨더러 영남嶺南 사투리꾼이라고 놀려들 대는 통에 이씨는 분연해서 자기들의 심하고 자기의 말을 다시 인식하기에 바빴던 한편, 때마침 주시경周時經 씨의 수제자로 백연白淵 김두봉金枓奉 씨와 같은 문인인 고故 김진金振 씨에게 알음을 받아 '한글'을 배우기에 일심 정력을 기울였었으니, 이것이 이씨에게는 '한글' 연구의 둘째 기회가 됐던 것이다. 그 후 세월은 흘러서 이씨가 '한글'에 대한 눈이 겨우 띄울 만해졌을 때 즉 1919년에 상하이[上海]서 김두봉 씨를 만나 비로소 '한글' 연구의 제 길을 찾아 들었으니, 김씨는 이씨의 스승이 되는 동시 이씨의 오늘은 김씨의 힘에 기대인 바가 크다 할 것이다.

그것도 그러려니와 이씨가 우리글을 살려야만 되겠다는 즉, 조선말에 대한 충성의 생각이 북돋아나기는 1923년 베를린대학에서 조선말을 가르치던 때 이었으니, 그때 독일, 네덜란드[화란], 프랑스[불란서] 등 주장 세 나라 학생들이 조선말을 배우려는 뜻을 말하므로 이씨는 그 대학 총장에게 그 뜻을 옮겨 가지고 아무 보수 없이 한 독립된 조선어학과라는 것을 세우게 됐다 한다. 그러나 배우는 학생들이 너무도 철자법이 열 갈래 스무 갈래로 뒤둥대둥한 데 기이한 눈을 뜨고 "그대 나라말은 어째서 이다지 철자법이 통일 못 됐는가? 사전이 없다니 참말인가?" 등등 하고 질문이 언제나 떠나지 않을 때마다 이씨는 "허허 이런 민족적 부끄러운 일이 어디 있담!"하고 얼굴을 붉히고 말문이 막혔다 한다. 이런 얼굴에 침 뱉는 듯한 부끄럼을 참아가면서 네 해 동안을 꾸준히 가르치다가 1928년 귀국할 때 뉴욕서 여러 동지를 만나 환영회를 받았는데, 그 자리에서 장덕수張德秀 씨가 "이 군은 장차 귀국하면 뭣을 할 텐가?"하고 물을 때 이씨는 선뜻 "응 나는 코리앤 딕슌애리를 만들러 가네" 하고 대답했다는 이야기만 가지고 봐도 씨의 결심이 그때부터 얼마나 굳었는지를 엿볼 수 있는 일이오, 또 오늘의 성공은 당연한 일인 것이다. 말하자면 그때가 이씨의 '한글'에 대한 충성의 폭발기였던 것이다.

이렇게 씨가 이 땅을 열여섯 해 동안이나 떠났다가 돌아와서 이날에 이르기까지 무릇 스물다섯 해 동안에 '한글'을 위해서 바친 충성은 말할 것도 없고, 귀국한 이후 아홉 해 동안 뉴욕서 친구들에게 맹약한 '코리앤 딕슌애리'

의 완성의 장한 뜻을 실현키 위해서 그 준비로 만들어낸『한글 맞춤법 통일안』과『사정查定한 조선어 표준말 모음』두 책은 씨의 공적을 말하고도 남음이 있다. 물론 이것이 이루어지기까지에는 씨와 뜻을 같이 한 이윤재李允宰, 정열모鄭烈模, 장지영張志暎, 신명균申明均, 최현배崔鉉培, 방종현方鍾鉉, 이병기李秉岐 씨 등등 여러분의 합친 힘의 덕이거니와 이씨는 그중에도 대표적이 될 것이다.

그렇다. 이씨의 이 장한 뜻과 갸륵한 생각은 조선말을 쓰는 우리 겨레가 다 같이 우러러 본뜨지 않으면 안 된다. 10년 적 공으로 지금까지 모여진 십 수만 개의 어휘가 활자로 회신이 되어서 '조선어대사전'이라는 호화스러운 명명을 받고 우리들의 책상으로 늠름한 자태를 나타내일 날도 눈앞에 다 닥쳐온다!

49

「우리 토속 연구의 처녀지를 개척, 연중휴대 비망록과 연필, 민속학의 권위 손진태 씨」

『조선일보』, 1937.1.1

역사의 바퀴를 돌린 것은 어찌 그 시대를 지배하여간 특권계급의 술수라고만 부를쏘냐. 상류계급 또는 귀족계급의 이해관계만이 그리고 생활기록뿐이 시대를 말하는 유일한 사료는 아니다. 경주의 금관총金冠塚에서 발굴하여낸 황금왕관만이 신라문화의 고도를 보일 수는 없다. 외갈래 길을 걸어온 역사가와 고고학자가 말하는 신라문화는 말하자면 시대 문화의 편린片鱗에 지나지 않는다. 왕후장상만이 가졌던 찬란한 문명 그늘에는 깨어진 질그릇[토기土器] 하나조차 만져보지 못하는 민중이 있었다.

종래의 역사가 이같이 편벽된 눈으로 상류계급에 이해관계가 있는 사실만이 수록되어 있고, 국가 성원의 대다수를 점령한 민중의 신앙, 경제, 사회생활이 제외되어 있다. 한 사회의 고르고 참된 기록을 만들자는 즉 종래 사학의 삐뚫어진 '핀트'를 바로 잡아야겠다는 데서 출발한 것이 기자가 쓰려는 민속학자들의 의도일 것이라고 생각한다. 그리고 민속학은 사회학, 종교학, 정치학과도 불가분의 관계에 있으니 이상 학문의 기초가 되는 것은 불언가지라고 하겠다.

이상으로 독자는 민속학에 대한 개념을 얻었으리라고 믿는다. 금일의 사회가 우리에게 준 특수 생활환경은 한 번 결심한 연구의 목표를 우러러 보며 일생을 학구學究 생활에 바치기에는 지극히 어렵게 되어 있다. 전전무상轉轉無常 청년의 마음을 걷잡을 수 없게 하는 이 시대에 십유오년간 민속학의 연구로 이미 일가를 이룬 보성전문보전(普專)의 손진태孫晉泰 선생을 기자가 왕방한 것은 병자년도 다 가려는 12월의 눈 내리는 오후였다.

선생이 민속학의 연구를 시작한 것은 중학에 재학할 때부터이다. 조선사를 연구함에 고문헌과 고대사를 섭렵하게 되었으며, 따라서 사회사의 기초가 되는 민속학, 즉 민중의 생활과 사회를 연구하게 된 것이다. 그 후 와세다대학[早稻田大學]을 마친 후에도 동양문고東洋文庫에서 4~5년 간 사학의 연구를 거듭하였다.

이 민속학은 유럽[구라파]에서 연구에 착수하여 겨우 40~50년밖에 되지 않으며, 본격적 연구가 시작된 것은 겨우 20여 년밖에 안 되니 연구 방법에 하등 과학적 체계가 선 것도 아니오, 전연 없다고 하여도 과언이 아니 되다시피 재료가 결핍한 터이라. 산 재료를 수집하기 위하여서는 불가불 각 지방으로 여행을 하여야 하며 여행을 하자면 시간과 경제에 막대한 희생을 하여야 한다. 해마다 죽어가는 이 방면의 재료를 놓치지 않기 위하여는 학술연구기관 하나 가지지 못한 조선이라 그야말로 독력독행獨力獨行을 하여야 한다. 현존하여 있는 고대식古代式 일용기구, 주택수모형 등 하나도 빼지 않고 모아야 하며, 지방지방의 전설까지라도 얻어들으며 다녀야 하는 곳에 그들 연구자의 남모를 고심이 있는 것이다. 지각없는 사람이 보면 그 사람의 정신 상태를 의아하리만치 보통 사람들이 별로 관심을 가지지 않는 짚신, 가죽신, 나막신[목화木靴], 등잔, 부채, 기명 등을 가장 소중히 모아서 간직한다. 이렇듯 민속학이라는 것이 사기를 고대한다.

이같이 오늘의 위대한 정치가의 그늘에는 아무런 혜택과 사학의 기초가 되어 있으나 지금까지 그 연구의 방법론이 별로 없었음으로 연구의 방법부터 창안을 하여야 한다. 지금까지 학자들이 연구한 것은 모두가 의복 혹은 주택이라든가 종교 등 각각 단편적인 것에 지나지 못하였는데, 이것을 곧 학문이라고 부를 수는 없음으로 각 시대 사회생활의 각 방면을 한 원리에 의하여 통일적으로 취급하여야겠다는 생각 하에 사회를 두 가지 방면, 즉 경제적으로 또는 심리학상으로 관찰하여 거기서 얻은 종합 원리로 고대인의 생활을 연구하려는 것이 현재까지의 경과라고 하나 이미 민속학 연구에 대한 독자적 견해를 얻은 바이니 지금 겨우 토대가 완성된 셈으로 앞날의 연구로 착착 건설의 보조를 옮기게 될 것이다.

선생의 새해 계획을 엿보면 지금까지의 연구를 기초로 초안된 '중국사개론'과 '조선사개론' 완성이 한 자리를 점령하고 있다. 이 두 편의 연구가 점두店頭에 나올 때에는 지금까지의 선생의 여러 가지 저술과 아울러 사계斯界의 지침이 될 것을 믿으며, 하루바삐 출판돼 회적 보수도 못 받는 자기희생적 학자들의 고심과 연구가 숨어 있다. 한 민족의 문화를 향상시킴에 있어 털끝만한 공헌도 못하는 속된 모리배들이 갖은 향락에 취하여 있는 같은 시간에 사색하는 학자가 길을 걷다가 전신주를 받고 모자를 벗어야 하며 시험관을 노리고 앉아 자기의 결혼식을 잊어야 하며, 닭알이 들어가야 할 실험실 냄비 속에는 시계가 들어가고 만다.

선생의 양해 없이 그의 사생활을 기록하는 것은 가장 실례되는 일인 줄로 생각하나 선생이 일찍 동양문고 시대에 공휴일이라는 것도 잊어버리고 연구소까지 갔다가 문이 잠긴 것을 보고야 비로소 공휴일이었다는 것을 알았다

는 것이라든가, 지금도 오히려 비망록과 연필이 몸에서 떠날 때가 없으며 안
암정安岩町 보전 도서실에서 산같이 쌓인 책 속에 파묻혀 연구를 계속하고 있
는 씩씩한 자태는 모름지기 후세 학도들의 귀감이 될 것이라고 믿는다.

50

「경제 조선의 입체적 연구, 후진에게 들려주는 연학의 오훈, 『조선사회 경제사』 저자 백남운 씨」

『조선일보』, 1937.1.1

제 고향을 사랑하고 제 궁궐을 자랑하는 것은 어느 때 어느 사람이나 다를 것이 없는 떳떳한 조리이다. 한 집안, 한 고향, 한 지방으로부터 한 사회, 한 국가, 한 민족에 이르기까지 모두 자기가 나온 그 터전이면 누구보다도 이를 간직하려 들고 어느 때 어느 곳에서든지 이를 못 잊어하려는 것이다. 그러므로 우리가 태어난 우리의 땅을 누구보다도 우리가 더욱 애호하게 되며, 우리 땅의 역사를 우리가 가장 사모하게 되는 것이다. 여기에 우리가 조선을 알고 싶어 하는 연유가 들어있는가 한다. 최근 각 방면에 베처서 조선을 연구하자는 기운이 머리를 들고 나와서 지나온 조선의 얼굴을 연구하는 분이 많아온 것은 진실로 기꺼운 일이거니와 혹은 조선말을 위하여 또는 조선문학이며 조선역사를 가지고 거의 전 생애적으로 발분망식을 하고 있는 분이 있다는 것은 우리의 머리를 스스로 수그리게 하는 거룩한 일이다.

조선연구에 있어서 조선말의 연구가 매우 시급함에 틀림이 없고, 조선역사가 또한 매우 중하고 조선문학, 조선미술, 조선음악 등등이 모두 매우 귀중한 것인 줄이야 모르는 바 아니지만, 그중에도 조선의 경제의 역사가 가장 중요한 항목이라고 생각하려 한다. 그것은 언어와 문학이며, 미술과 음악 등이 지나온 조선의 찬란히 핀 꽃이라고 하면 경제의 역사는 그 꽃을 피게 한 뿌리박은 나무둥지기 때문이다. 그러므로 조선의 역사 중에도 이 경제의 역사가 우리 겨레의 발생사인 동시에 기본사인 것이다. 기자는 이에 조선연구 중에서도 이와 같이 가장 중한 부문을 맡아서 벌써 『조선사회경제사』라는 큰 보배를 만들어준 동암東巖 선생 백남운白南雲 교수를 시외 신촌新村 연희전문학교[연전(延專)] 그의 연구실로 찾아갔다.

선생은 책 속에 파묻고 있던 머리를 들어 다정한 웃음 낯으로 맞아 주었다. 기자의 여러 가지 묻는 말에 일일이 친절하게 대답하여 주는 가운데도 매우 조심조심하는 것이 일언반구라도 소홀히 하지 않는 학자적 긴장미가 여실하게 들여다보인다. 화제를 선생의 저서 『조선사회경제사』로 돌리니 아주 겸손한 태도로 "벌써 그 책을 낸 것이 3년 전 묵은 일인데 이제 와서 무어라고 새삼스러이 말씀드릴 나위가 없습니다"고 피해버린다.

그러나 선생이 다이쇼[大正] 14년 봄에 도쿄상과대학[東京商科大學]을 마치고 곧 연희전문의 교편을 잡게 된 후 이래 거의 10년 동안이라는 긴 세월에 빚어낸 이 저서인 만큼 이 저서 속에 숨은 고심과 감회가 적지 않을 것이며, 이를 캐고 물은 즉 대범하게 다음과 같이 말한다.

제가 학생시대에 경제학사를 공부하려고 하였더니 경제사를 거치지 않고는 될 수가 없었음으로 이를 연구하기 시작하여 그대로 파들어가서 지금은 경제사를 주로 연구하고 있게 된 것입니다. 『조선사회경제사』를 쓴 것은 조선사회경제의 역사를 과학적 방법론 밑에서 시험해본 것으로 따라서 일종의 모험에 불과하였으나, 그래도 조그마한 참고거리나 된다면 고마울 따름입니다. 사회경제사이니만치 그 범위가 광범할 뿐더러 재료수집이 곤란하여 대단히 불충분한 것 같습니다만 지금 나로 생각하여서 다소의 첨삭할 바는 있을지언정 대체의 의견은 별로 변동된 것이 없나 봅니다. 그 책을 다 쓸 때까지 물론 주야로 그에 대한 생각을 하고 있게 되었고, 심지어 뒷간에 갔을 때에도 늘 그 생각을 하게 된 것은 보통 있는 일일 것입니다. 이 방면에는 첫 번 발자국이 되어서 여러 가지로 일반의 원조가 있어야만 될 것인데, 민간의 연구 기관이 도무지 없으니 매우 딱한 일입니다.

이 방면의 연구에 종사하려는 학도들에게 대한 선생의 희망을 듣기로 했다.

첫째 과거의 그 역사적 현실과정을 잘 이해하도록 노력할 것입니다. 둘째로는 일반적으로 역사에 흥미를 가져서 어떤 논쟁이 있을 때 좌우간 그 시비를 분간할 수 있도록 상식적 이해라도 해주어야 되겠습니다. 즉 공동의 문화상식이 상향해서 비평의 수준이 높아지기를 바랍니다. 그리고 셋째로는 역사재료를 잘 소화시켜서 충분히 인식한 후 자신 있게 이를 발표해주었으면 합니다. 또 넷째로는 조선의 특수사정을 간과해서는 안 된다는 것입니다. 어떠한 방법론을 가지고 미리 잣대질을 하여서는 안 될 것입니다. 다섯째로 발표는 늦게 되고 적게 되더라도 정당한 태도의 물건이기를 바랍니다.

저번 나온 저서에는 조선의 원시시대로부터 삼국시대까지의 문제가 취급되었던 바, 그 후 현대에 이르기까지의 『조선사회경제사』가 선생의 머리로 방금 연구되어 있는 중으로 금후 선생의 빛나는 저서가 이어 나올 것을 믿거니와 금후 선생의 연구계획에 대하여는 오히려 이를 말하지 않는 그 태도에 더 큰 기대를 가지게 되며, 그동안 겪은 선생의 연구도 정의 곤란한 이야기를 말할 기분을 가지지 못하는 선생의 마음을 오히려 우러러 마지않는 바이다.

51

「향가 연구에 혁명아! 오구라 학설을 전면적으로 분쇄, 학계 주시의 그의 업적, 향가 연구가 양주동 씨」

『조선일보』, 1937.1.1

고조선 문화의 새 인식으로 우리 조선문학, 최고의 연원이 되어 있는 신라시대의 향가鄕歌 연구가 있다. 향가는 지금으로부터 1,000년 내지 1,300년 전의 노래로 그 기록법은 한자의 음독音讀과 훈독訓讀을 일정한 규칙이 없이 활용하여 쓴 소위 이두문吏讀文으로 된 것이다. 노래가 문자로서 기록된 지 벌써 700~800년의 세월이 지난 오늘에 그것을 완전히 해독한다는 것은 결코 용이한 일이 아니다. 이 글이 옛날 동방조선 내지 일찍이 일본의 문화연구에 큰 관계 있음에 착목하고 연구한 이는 일본 내지의 큰 학자 몇 분이었다. 그 중에서도 이에 전력을 다한 분은 방금 도쿄제대[東京帝大] 교수로 있는 오구라 신페이小倉進平 박사이었고, 조선 사람으로서는 아직도 이에 손을 대어본 이가 없었다. 그러던 중에 재작년 가을 평양 숭실전문학교[숭전(崇專)] 교수 양주동梁柱東 씨가 그 일부를 해독하는 동시에 전기 오구라 박사의 해독에 대하여 전면적으로 그 오류를 지적하여 학계의 주목을 끌었다. 그후 양 씨의 역작에 대한 최초의 반영으로 이 방면에 역시 대가로 치는 이름 있는 가나자와 쇼자부로[金澤庄三郎] 박사가 작년 봄 도쿄대[東大] 『사학잡지史學雜誌』에 붓을 들어 양 씨의 해독을 전면적으로 지지하여 학계에 문제는 더욱 커졌다. 이제 향가를 연구한다든가 이두문에 주의를 가지려는 자는 양 씨의 설을 좇지 않을 수 없을 만큼 되었다. 이로써 향가의 문제는 10여 년을 두고 오구라 박사의 독단장인 것 같이 되어 있던 것이 이제 우리의 청년학자 양주동 교수의 연구에 의하여 새로운 빛을 가지고 천하의 학문이 되려고 하는 터이다.

다소 설명의 순서가 바뀐 듯하나 그러면 향가는 어떤 것이냐 하는 것을 잠깐 말해둘 필요가 있을 것 같다. 향가는 모두가 지금의 시조時調로 치면 한 수 내지 두 수에 지나지 않는 것으로 도합 25수밖에 안 된다. 그 기록은 고려 희종熙宗 때에 나서 충렬왕忠烈王 15년서력 1206~1278년에 몰한 승僧 일연一然의 『삼국유사三國遺事』에 14수가 있고, 또 하나는 같은 고려 문종文宗 때 고승 『균여전均如傳』서력 1075년 저에 11수가 있다. 그 기록은 비록 고려시대라 한 것이나 향가의 그 내용은 신라시대의 것임은 틀림없다.

그러면 많지도 않은 25수의 향가가 어째서 그리 큰 연구거리로 문제가 되느냐? 어느 국가나 민족을 막론하고 오늘에 발달된 민족일수록 연구의 대상은 근세나 현대에서보다 상고시대에 더 문제가 되는 것이다. 그 이유는 신문화의 건설을 위한 기초 공작을 튼튼히 하고자 함이다. 그러나 옛 것일수록 문자상 기록으로 또 유적으로 남는 것은 상고의 문화를 전면적으로 알기에는 너무 적은 것이 단편적이어서 의론이 백출하는 것이다. 신라의 문화로 보면 고구려가 망한 후 고도로 발달된 고구려의 문화를 받아들이어, 반도 통일의 정치적 안정의 시기를 힘입어 그 문화는 극히 난숙찬란하였다. 이에 신라와 긴밀한 관계에 있던 '예[왜(倭)]' — 옛날에는 '예'로 읽었다 — 백제에 못하지 않은 문화상 은혜를 입어, 일본의 고대문화 연구는 조선의 삼국시대 문화를 연구하여야 하게 되는 것이다. 그러함에 상고시대의 문화상 유산으로 특히 그 시대의 풍속, 정서, 신앙 내지는 인생관 등을 기록한 가요, 예술의 정수라할 것으로는 위에 말한 바 25수의 신라 향가밖에 없다. 그뿐 아니라 그 양은비록 적으나 질에 있어서 당시의 가요 예술로서 표현이 심상치 않음이 또한오늘의 학도로 대박의 석학 고심하는바 그 연유도 있는 것이다.

우리 양주동 교수의 업적은 크다. 아직은 그 일부만에 착수하였을 뿐임으로 앞으로 그의 임무는 더욱 큰 것이다. 실로 조선의 옛 문화 건설에 중요한초석이요, 기둥으로 문화 진영의 민족적 사명을 가졌다고 해도 가할 것이다.씨는 겸손한 태도로 자기의 연구에 대하여 말한다.

"오구라 박사 같은 이는 우리와 언어를 달리한 관계도 있겠지만 그이들이10수년을 연구해왔다는 것을 내가 그이들의 연구를 크게 도움으로 하였다고는 하지만 1~2번에 완성한다고는 경술하지 않을까 합니다. 하기는 내 자신으로는 25수 중 네다섯 자字에 의문이 걸리어 고증의 길을 찾는 중인데, 금년 새해에는 완결할 작정입니다. 해독의 완결은 그것만으로서 한 가지 일이 되겠고, 그것에 의한 가요의 특수 연구라던가 또 그 시대의 신앙생활 등 여러 가지에 대한 연구는 또 따로이 연구의 테마가 될 것이므로 우선 나는 내가 하려는첫 계단의 해독을 완결키에 힘쓰는 터입니다"고 하며 다시 말을 이어 향가의가요로서의 표현 기교가 훌륭함에 대하여 아래의 몇 가지 내용을 들었다.

능천사혜성가[融天師彗星歌] / 예로 동해가에 / 건달비乾達婆 노란성城 / 바라보고 / 예군[왜군(倭軍)]이 왔다고 / 봉화烽火를 붙들었구나. 여기에 '건달바 오란성'이란 것은 신기루를 가리킨 것이니, '건달바'의 유래는 불교에서 나온말로 서역西域의 요술꾼이요, 조선에서도 소위 놀고먹는 사람을 '건달'이라고하는 등의 말인데 '신기루'라는 것은 요술쟁이의 노릇 같다는 데서 '건달바 노란성'이라고 한 모양이고, 신기루는 동해가에 흔히 나타나는 현상입니다.

이 노래의 일절은 '예[倭]'가 신기루를 보고 쳐들어 오런다고 예군의 헛된 수고를 웃는 것이다. 그때 '건달'이란 말이 그처럼 쓰인 것만도 불교문화가 대중화 하였던 것을 알 수 있고, 또 그 다음 절에 가서 '삼화랑三花郞 오름[산(山)] 보샤올듯고 달[월(月)]도 불을 혈바에 길쓸을 별을 바라보고 혜성[혜성(彗星)]이라고 사를 사람 잇다'고 하다. 그때 사람도 혜성을 보고 싸움이나 난다고 놀라던 모양인데 세상이 혜성을 보고 놀라는 양을 비웃어 세 화랑이 산 구경 가련다는 말을 듣고 달도 불을 켜서 길을 밝히려니 빗자루 같은 혜성은 길을 쓸려고 나타난 것인데 이것을 보고 혜성이 나타났다고 세상은 떠드는구나 하고 풍자한 것이다. 그런데 그 노래를 부르자 혜성은 사라져버리고 예군도 물러 갔다는 것이다. 이 노래에서 당시의 노래가 주술적 뜻을 가졌던 것을 알 수 있다는 것이다.

다음에 예술적 향기가 가장 풍부한 노래로 씨의 역독을 소개하여 향가의 맛을 널리 독자와 같이 나누기로 한다.

석양지사석기]釋良志使錫歌, 탑을 세울 때 사녀(士女)들이 흙 나르며 부르는 애연한 노래로, 현실을 떠난 내세관이 담겨 있는 노래이다.

온다 온다 온다
온다 서럽더라
서럽다 이내여
　　　　(우리들이여)

공덕 닦그러온다.

월명사제망매영재가月明師祭亡妹營齋歌

생사로生死路는 예 있음에 저히고,
나는 간단 말도 못다 이르고
가나니 잇고
어느 가을 이른 바람에
이에 저에 떨어질 닙[엽葉]이여
같은 가지에 나고
가는 곳을 모르지만
아으 · 미타찰彌陀刹, 극락에 만날라
도를 닦아 기다리고다.

52

「(초창의 학문 순방기) 위창 오세창 선생을 찾아」

『조선일보』, 1938.3.18

아직도 우리 문화영역에 한 개의 뚜렷한 학문으로 되지 않은 것이 차차로 생성하고 수립되는 과정에 있는 것은 무엇무엇일까. 말하자면 정진 중에 있는 미완성의 학문이라고 할까 '초창初創의 학문'이라 할까?

먼저 돈의동 위창葦滄 오세창吳世昌씨 댁을 찾았다. 씨는 다 아는 바와 같이 전예篆隸의 대가로 명관일세名冠一世하는 분이지마는 동시에 추사秋史 이후의 유일한 금석학자金石學者라는 것도 아는 사람은 알고 있는 것이다. 그러나 기자가 이 분 댁에 간 것은 전예나 금석학의 이야기를 들으려는 것이 아니고 실상 씨의 비장으로 연구해오는 인보학印譜學에 대한 일반을 들으러 간 것이다.

본래 듣기에 씨는 신문기자를 잘 대하지 않을 뿐만 아니라 신문에 이름이나 사진이 나는 것을 대기大忌한다는 말을 들었기에 인터뷰가 성공을 할까 못할까 조마조마하였는데 여하간 문 안에 들어서니 남향한 서재가 문자 그대로 만벽滿壁 도서이며 정범명창淨凡明窓에 일점一點의 진애塵埃가 움직이지 않았다. 그리고 책상 옆에는 과연 백단목白檀木으로 짠 서함書函이 놓여 있는데, 거기에 쓰이기를 선생 수서手書로 '근역인수槿域印藪'라고 쓰여 있었다. 속마음으로 옳지 저것이로군 하면서 몇 마디 물으려 하니 과연 듣던 바와 같이 신문에 내겠다면 말씀도 하지 않으시겠다는 것을 어린애 응석하듯이 졸라서 대략 몇 마디 들었는데, 본래 인印이란 것이 문필하는 사람의 쓰는 것임으로 풍류용사風流龍事로 소중히 여겨왔음으로 지나支那에는 인보학이라는 것이 있고, 또 가령 안휘성安徽省, 절강성浙江省 같이 인보학이 성성盛한 데는 휘파徽派니 절파浙派니 하는 학파까지 생겼으나 조선에는 그런 것이 없었는데, 선생이 지금 하시는 것은 인보학 모으신 지가 10여 년간에 자세한 숫자는 모르겠으나 약 700~800방方 쯤 되리라고 한다.

다시 그 근역인수라고 쓰인 서함을 구경하기를 빌어 열고 보니 과연 단성丹誠의 결정結晶 같이 정세精細하게 모아서 분책한 것이 5~6권 되는데 성별姓別로 목차를 꾸미고 그 자차自次대로 분책이 되어 제일 첫 권에 나오는 것이 정다산丁茶山 인삼방印三方이었다. 그 분책과 편차가 어찌나 정세 주밀周密하던지 금방 그대로가 책으로 보이는데 선생 말씀은 아직도 더 모으는 중이며 완성은 언제 될지 모른다고 하신다. 연세 칠순을 지나서도 아직 영삭嬰鑠 풍도風度와 소장少壯을 능가할 만한 정력으로 연구와 수집에 열중하시는 양은 감격하지 아니할 수 없는 일이었다. 이 사진과 기사는 신문에 내지 말라는 명령을 받았으나 크게 허물하시지 아니할 것 같기에 지금에 소개하는 것이다.

53

「(초창의 학문 순방기) 30년 하루 같은 황의돈 씨」

『조선일보』, 1938.3.19

역사가로 장서가로 유명한 황의돈黃義敦 씨에게는 기다幾多의 재미나는 에피소드가 있다. 고서의 감정을 할 때 냄새를 맡아보면 그 책 연대를 짐작한다는 둥 진서를 사 가지고 와서는 그 고인古人께 부탁하는 말씀이 만일 내 없을 때 집에 불이 나거든 다른 것은 다 두고라도 먼저 이 책을 가지고 나가라고 하신다는 둥 애서가로서의 면목이 약여躍如한 데가 많다.

그러면 이분은 왜 이렇게 책을 모으며 책을 모으는 데는 어떻게 모으는가? 공평동 황의돈 씨 댁에 들어서니 마루, 방, 툇마루, 현반, 시렁 할 것 없이 그 야말로 겨우 용슬容膝할 만한 자리만 남겨놓고 모두 책이다. 그 책이라는 것이 양장洋裝이나 금자金字 박힌 호화판들이 아니라 얼른 보면 수지 쪽 같이 보이는 고서들뿐이어서 마치 고물상에 들어온 것 같았다. 지剌를 통한 뒤에 선생의 가지신 고서 중에서 『제왕운기帝王韻紀』라는 것이 그렇게 진장珍藏이라는데 그 것을 좀 보일 수가 있겠느냐고 물었더니마는 '네, 가만히 계십시오' 하고 건 넌방으로 가서 역시 그을음에 끌고 때 묻고 떨어진 고서를 한 아름 안고 나오 셨다.

설명을 듣건대 씨의 고서 수집은 판본학의 연구에 흥미를 가져서 시작한 것이 벌써 30여 년 되는데 씨의 가장 진장으로 아는 『제왕운기』는 고려판高麗版으로 한 700여 년 되는 것이라고 한다. 이 책의 진귀한 소이所以는 인쇄술사상印刷術史上의 고전이란 의미도 있거니와 그와 동시에 이 책이 역대 제왕사를 운문韻文으로 기록된 것이므로 단군사나 발해사 같은 데서 이때까지 미심未審하던 점이 천명된 것이 많다고 한다. 그 다음으로 남송판南宋版인 『완염집琬琰集』이라든지 조선 최초의 활자판인 『유문柳文』 전질이 모두 진본인데 본래 판본학이라는 것이 송판宋版을 중심으로 해서 성립된 학문인만큼, 판본학자들이 송판을 제일 진중히 알아오나 조선에는 송판이 흔하지 못해서 더 귀중하다고 하며 더구나 활자판인 『유문』은 구텐베르그가 활자를 발명한 서력 1485년보다 6년이나 앞서서 출판된 것이니 이것은 적어도 세계 인쇄술사상에 특서될 만한 것이라고 한다.

이 밖에도 무수한 진장에 일일이 증명을 다 기술할 수가 없으나, 고서의 감정하는 방법을 물으니 첫째 종이와 글자를 가지고 연대감별을 하는데 10년, 20년 차이는 몰라도 50년이나 100년쯤 틀리는 것은 지질紙質이나 자양字樣으로 충분히 구별할 수 있다고 한다. 가령 송판의 특징으로는 '지여선익紙如蟬翼 자여승두字如蠅頭'라고 한 만큼 이러한 특징으로도 구별되고 또 한 가지는 그 나라의 어휘御諱가 나오면 반드시 그 글자에 결획缺畫을 하므로 그것으로 국조감별國朝鑑別할 수 있다고 한다. 그래서 판본학에 대한 저술은 안 하시겠느냐고 물었더니마는 그러지 않아도 지금 준비 중에 있다고 하는데, 우리는 씨의 노력에 따라 한 개의 새로운 학문이 창건될 것을 기대할 수 있다.

54

「(나의 연구테마) 조선문화사상으로 본 조선불교사의 연구」

불전 교수 강유문, 『조선일보』, 1939.3.12

(1)

석존釋尊의 불교가 인도 역사상에서 돌현突現한 것이 아니고 그의 문화를 배경 삼아 산출된 것처럼 조선 불교사상佛敎史上의 모든 사실과 인물도 또한 조선문화 속에서 나온 것이라. 조선문화를 캐어보려면 조선불교사를 들추지 않을 수 없나니, 불교사라면 불교의 교리와 사실 그것만에만 착안한다든지 불교사라면 불교자에만 일삼을 바라 하여 돌아보지 않는다는 것은 잘못이라고 내가 생각하는 소이所以 여기 있는 것이다.

조선에 불교가 부진符秦으로부터 전래되기는 고구려 소수림왕小獸林王 2년 임신壬申, 서기372년이라 하니 지금 쇼와昭和 14년 기묘己卯로부터 1,568년 전이라. 진실로 오랫동안 조선에 퍼졌던 만큼 조선 사람의 종교가 되고 조선 사람의 심혈로 화化하여 조선의 역사, 제도, 문예, 미술, 풍속, 습관, 사상에 침윤됨이 깊다. 일례로 조선 역대의 혁명, 즉 신라에서 고려로 고려에서 이조로의 등 국체 변개에 있어서 모두 그다지 과격에 넘치지 않고 전수되었음은 불교사상의 영향이 없지 않을까 한다.

불교에서는 모든 법존재에 생生, 주住, 이異, 멸滅 4상相이 있다 하고 모든 법은 인연이 화합하여 생기한 것이라 하여 모든 법은 무상하다고 한다. 이미 무상한 법이매 춘화春花를 안고도 추월秋月을 생각할 수 있으며, 홍안紅顔에 백발도 그려볼 수 있다. 그러므로 기機에 임하고 변變에 응하는 예지叡智로 관용과 원활을 빚어내게 된다. 이 무상관無常觀, 시時에 대한 철학이 조선 사람의 마음에 꽉 박힌 까닭이 아닐까 진실로 불교라는 사상군思想軍이 지나支那에서는 재래의 강군强軍과 다소 고전에 함함陷한 바 있었으나, 조선에서는 그야말로 무인광야無人曠野를 휩쓴 느낌이 없지 않다.

(2)

불교가 지나에 들어와서는 경전 번역 사업이 대성大成되어 교리 발전에 백화난만百花爛漫한 지나불교가 되었고 조선을 거쳐 일본 내지에 들어가서는 본지수적사상本地垂迹思想으로 되어 국체로 더불어 동화 융화된 실제적, 실천적 열매를 맺은 일본불교가 되었나니 이 지나의 교리 불교와 일본의 실천 불교에 대하여 조선불교는 무엇이라 할까. 여기에 대하여 나는 아직 적당한 말을 발견하지 못하였거니와 우선 생활불교라 이름 붙이고 싶다. 혹은 조선불교를 지나불교의 일 분파라고 할 수도 없지 않으나 그래도 조선불교는 그대로의 이채가 있는 것이다.

(3)

조선에 있어 삼국불교는 창업시대인 만큼 그 신흥 정신이 자못 적극적이어서 활동불교라 할 수 있나니 신라불교가 특히 그러하고 따라서 신라 국가가 가장 동적이고 발전적이어서 통일 대업을 이룬 것도 그 사상적으로 신흥 불교의 활동성이 적지 않게 도움되었다고 할 수 있을 것이라 한다. 다음 고려시대는 불교의 전성시대라 하겠는데, 여기 전성이라 함은 교리로서 보다 교회敎會로서다. 왕자 귀벌貴閥이 출가하고 승려가 왕사王師, 국사國師 되는 외에 반승행향飯僧行香과 종종 법회는 실로 성하였다. 특히 의천義天 같은 고승이 나서 당시 각국 불전佛典을 광구廣求 수집한 것, 게다가 세계 독보의 고려대장경판高麗大藏經板이 조조彫造된 것은 대서大書할 사실이다. 이러한 고려불교 교회 전성 이유를 살펴보면 국가의 진호鎭護와 기복祈福에 있다. 그러므로 고려불교는 기도祈禱불교라 할 수 있으며, 의식불교라 할 수 있는 것이다. 끝으로 이조시대는 불교의 쇠퇴시대라 하겠는데, 신라 고려시대에 있어 국가가 추숭推崇하던 불교가, 이조에 들어 유교라는 강적이 대두하여 그의 압박을 받게 되매 오랫동안 고려조의 보호 아래서 안일하게 지내오던 수성隋性이 아무 탄력 없이 위축의 일로를 밟아 그만 산간으로 은둔하게 되면서 교리와 교회가 함께 수면 상태에 빠지게 된 것이다. 그러나 인심에 깊이 뿌리박힌 불교사상의 저류는 이조 말엽 또는 최근에 이르러 천도교 같은 속으로 흘러 이용되고 또는 보천교普天敎 같은 사교邪敎 단체로 흘러 악용되어 어디까지든지 조선 인심을 감고 돌았다. 불교 교회에서 나래 펴지 못한 불교사상은 이렇게 외도로 흘러 의연히 조선 인심을 붙들고 있었나니 이 현상을 이조불교의 특색이라고도 할 수 있을 것이다.

이렇게 조선불교는 삼국시대 흥기하여 고려시대에 전성하다가 이조시대에 쇠퇴하였으나 여기서 공통되는 점은 생활을 위한 그것이었나니 저 신라의 고승 원효元曉가 공연하게도 요석공주瑤石公主를 득得하여 현유賢儒 설총薛聰을 낳은 것과 무애가무無碍歌舞로서 천촌만락千村萬落에 행화行化한 것이라든지 원광圓光의 세속오계世俗五戒(사군이충(事君以忠), 사친이효(事親以孝), 교우이신(交友以信), 임전무퇴(臨戰無退), 살생유택(殺生有擇)) 같은 것, 고려의 가지가지 기불祈佛 행사 같은 것, 이조의 배불排

佛 국시國是 속에서도 왕가王家의 기불이 부절不絶하던 것 또는 불교사상이 외도外道로 흐른 사실은 모두가 인생 생활을 표준하여 교화를 행하였고 교계를 세웠으며 불교적 사업을 영위하였고, 내지 사도적 미신에까지 흘러들었다. 이상 사실로써 조선불교를 생활불교라고 일컫고자 하나니 인생에 있어 생활은 가장 중대한 사실인 까닭이다. 조선불교가 수입 불교만이고 신창新創이 없는 듯하면서도 독자적 색채를 엿볼 수 있으리라는 소이가 여기 있는 것이다.

55

「(나의 연구테마) 비교음성학 연구」

연전 교수 김선기, 『조선일보』, 1939.3.14

음성학 자체가 19세기 말에 발달하기 시작한 학문이라 아직 학문으로는 연천年淺하다. 우리 학계에서는 주시경 선생 이래 사학斯學의 연구가 발전하게 되었다. 그 후 최현배崔鉉培, 정열모鄭烈模, 이극로李克魯, 정인섭鄭寅燮, 이희승李熙昇 제씨의 사학을 위한 진력이 컸다. 필자도 이 학문에 뜻을 두고 6년 전에 도구渡歐하여 파리대학, 런던대학[倫敦大學], 특히 런던대학 다니엘 존스 선생 문하에서 여러 가지로 학문상 지도를 받았다. 사실 나는 런던에 있는 동안에는 엠에이M·A 학위논문 「조선어 음성학」을 쓰기에 전 시일을 들였다. 학업을 마치니 존스 선생은 과분한 서문까지 써주며 런던에서 논문을 꼭 출판하라고 하셨으나 출판비가 곧 당시 위체爲替 관계로 2,500여 원 돈이 들겠으므로 그곳서 출판을 못하고 귀국했다. 거춘去春 이래 연전延傳에 봉직하게 된 후 아직 논문을 더 연구하지 못했다. 그러므로 논문을 쓰는 동안 겪던 몇 가지 난관에 대해 간단히 적어보려고 한다. 또 다년 해혹解惑치 못하던 것을 깨달은 것 중에서 한 가지에 대해서만 가장 짧게 적어보려고 한다.

첫째로 필자는 제1편 제2장 조선어 개관에 조선어의 구조, 어족, 연대, 문자 등의 소제목들 아래에 간단한 설명을 해보았다. 이 장은 조선어에 익지 못한 외인에게 대하여 조선어 일반의 간략한 설명을 가한 것이다. 이 중 어족 관계에 대해서 쓰려 하니 전연 황무지의 느낌이 있었다. 조선말의 어족 관계를 말한 사람이 더러 있으나 오늘날 인구어학印歐語學의 엄밀 또 풍부한 연구에 비하면 문제도 되지 아니하여 18세기 말엽의 과학 이전의 상태에 불과하다. 앞으로 이 방면의 연구가 더 진보되기만 바란다. 또 나는 조선어사朝鮮語史의 연대 구별을 시試할 적에 커다란 곤란을 겪었다. 결국 나는 삼국시대를 고대, 고려조를 중고, 이조를 근세, 이렇게 갈라보았다. 그 사료로 본다면 고대 조선은 향가의 연구에 의하여 중고는 이두로 적힌 균여대사 이후의 작품과 이조 초에 한글이 난 뒤에 한글로 전사轉寫한 것 또는 외인의 수기 등에 의하여 근세어는 허다한 언해류諺解類와 창작품 등에 의하여 연구할 수 있으리란 것을 생각했다. 그리고 근세어는 현재 발견된 사료만이라도 잘 다루면 와일드의 『근세영어사 近世英語史』만한 저작도 날 수 있으리라고 생각한다. 또 한 가지 말하고자 하는 것은 고대 조선어의 음운에 관한 연구에는 한자음의 변천사의 연구가 절대 필요한데 우리에겐 칼 그랜트 같은 학자가 아직 없음이 유감이다.

또 필자는 이것은 논문을 쓰는 기초 이론으로 '포님' 이론을 채용하지 아니했다. 따라 자가견自家見을 가지고 체계를 세워 쓰려 하면 곤란이 한두 가지 아니었다. 오래 고심한 문제 중 하나는 조선어의 중모重母의 현상이었고, 세 모음 도표의 안출案出이었다. 자음 연구에는 평경平硬, 격음激音의 본질에 관한 것이었다. 카이모그라프에 의한 결과를 가장 짧게 증명하자면 이렇다.(그림은 원문 참조-엮은이)

그림의 첫째는 '빼다', 둘째는 '배다', 셋째는 '패다'이다. 세 말은 초두음初頭音에 의하여 구분되고 나머지 소리는 같다. 그런데 카이모그라프의 그림을 보면 ㅃ, ㅂ, ㅍ이 ㅃ은 무기無氣, ㅂ는 약간의 유기有氣(h), ㅍ은 ㅂ의 배의 유기

⒣ 이런 관계가 있다. 오래 이 세 음의 본질에 대해서 해혹치 못하여 답답하던 중 실험 끝에 이상의 결과를 얻었을 적에 기쁨을 금치 못했다. 이야기가 어느 사이에 전문 방면으로 흘러들었다. 현재는 이 소논문의 수정 재검토를 가하는 중이다. 후일 곧 출판되기만 바란다.

56

「(나의 연구테마) 여요·향가의 주석·기타—상대 어법사의 일 도정」

양주동, 『조선일보』, 1939.3.17

　실로 우연한 기회에 조그마한 염원으로 향가 연구를 뜻한 지가 어느덧 4~5년이 되었다. 그동안 세사와 병고에 부딪쳐 공부하는 도정에 얼마간 GAP이 생기기도 하였으나, 최근은 다시 소한小閑을 얻어 이에 전심專心하여 본다. 그 결과 다행히 향가만은 내 딴에서 고인古人과 및 후인後人에게 물어볼 만하다 생각하는 꽤 자신을 가지는 완역을 보게 되었다. 그러나 그 단 25수의 순수 어학적 주역註譯만이 (가요학적 문학적 논술은 차치하고) 인간印刊하면 무릇 500~600원의 책자를 이룰 모양이니, 지금의 형편으로는 그 간행을 바랄 수가 없다. 아직 그 실제적 주해를 착수하지 않고 복고腹稿 그대로 두어두는 소이가 여기 있다.

　향가 해독이라야 양으론 단 25수에 불과한 것이니 그 대의나 설명하자면 40~50매의 원고로도 족할는지 모른다. 그러나 나의 의도하는 바는 그 대체의 의역意譯이나 해설이 아니오, 그 일자일구의 용자례用字例의 귀납적 체계적 연구, 그 어법, 어휘, 음운의 구성, 변천 등등― 한마디로 말하면 면밀한 고어학적 체계적 연구이다. 따라서 단일자單一字의 해설이 혹은 수천 언의 고증과 방증을 요하는 수도 있고, 단일어 단일개單一個 조사助詞의 분석, 구명이 상대代 어법의 거의 전면적 고찰을 요하는 수도 있다(그러한 것의 편린적片鱗的 실례는 근근 발간될 『진단학보』 제11호 소수所收 졸고 「향가 주석 산고」에 다소 논술하였다). 그러니만치 향가의 면밀한 학적 연구는 어디까지나 명안세심明眼細心의 고찰과 체계적 공부의 노력으로서야 비로소 가능한 것임을 근래에 더욱 더 통감한다.

그래서 나는 향가 주석을 아직 복고대로 두어두고 향가보다는 비교적 용이한, 또 완전히 우리 문자로 기사記寫되어 있는 정읍사井邑詞 이하 고려가요의 주석이 선행되어야 할 것을 생각하고 그에 착수하였다. 여요麗謠라면 또 얼른 지극 용이한 것으로 생각하기 쉬우나 그것도 불과 10수數 수首이언만 기실 완전히 주석하려면 역시 기백幾百 엽頁의 논저를 요한다(정읍사 1편 근근 10수 어의 원문 주석이 이미 40~50매를 요함은 나의 최근 경험이다. 여요 중에는 꽤 상대 어법의 편린을 전한 것도 있고, 바로 향가에 있는 난해 어법을 해결할 중요한 관건이 되어 있는 것도 있다. 그러기에 나는 향가 방면에 관심을 가진 이가 있다면 먼저 여요부터 완전히 해독하여 보라고 권하고 싶다. 혹 나의 말을 믿지 않는 이가 있다면 나는 그 쉬운 여요 중에서 기다의 개소個所의 난해 처處와 상대 어법의 유흔遺痕을 들어서 현재 학계 수준에 향하여 그것을 완전히 해답할 만한 준비가 있느냐를 불손하게 질문할 용의가 있다.

나의 근간 노력하여 오는 공부의 대상은 상술한 바와 같이 위선 제1부 여요, 제2부 향가를 학적으로 체계적으로 면밀히 주석하는 것인데, 이것이 아마 원고의 탈고만도 1년쯤은 걸림 즉하다. 그 다음으론 이 '횡적'인 주해를 '종적'으로 정리, 체계화하여 고어학-주로 상대 어휘의 구성, 변천 및 특히 그 어법 발달사를 논술하는 것, 이것이 또 아무리 부지런히 진행한대도 1년 유여有餘의 세월은 요구될 즉하다. 이 두 가지가 완성된다면 나는 연래 향가풀

이의 방증 재료로 다소의 공부를 쌓아온 역사 어휘를 토대로 하여 좀 더 연찬研鑽을 넓혀 '고사 문헌에 나타난 조선어 관계 어휘 해설'로 매진하고 싶다. 즉 내외 제 사료 및 고금석문, 기타 모든 문헌 중에 나타나 있는 고대사에 관한 일체의 조선어의 '차자借字' 어휘(조선어를 한자로 기사한) ─ 국명, 인명, 지명, 관명, 기타 등등을 유취類聚하여 모조리 주석하여 보는 것이다. 이것은 단單히 어학적 뿐만이 아니오 실로 사학적으로 무척 요긴한 그러나 광범한 일이니만치 좀체 1~2년간의 공부와 노력으로써 가능할 듯 싶지 않다. 그러나 꾸준히 유의하여 공부하여 나간다면 어지간한 구명의 시기는 그리 요원하지 않으리라 생각한다.

이상의 3부 논저가 나의 고어학 연구의 주요한 당면의 지표이다. 이만한 제목은 워낙 나 한사람의 미미한 능력으로는 너무나 벅찬 짐인 것을 통감하건마는 언제나 '주어진 조건 밑에서'를 표어로 삼는 나로서는 내 딴에 최대의 노력을 쌓아가는 수밖에 없다. 이 □□ 계획 중의 1,2부만은 비록 재력의 결핍으로써 이를 공간公刊하여 학계에 물을 기회가 아직 보이지 않으나마 복고만은 약약略略 천유여 엽의 논저가 형성되어 있으니 그것으로 이 쓸쓸한 연래年來의 적은 연구의 '해조解嘲'를 삼는 수밖에 없다. 약부若夫 제3의 일이야 아직도 뇌리에만 부절히 은약왕래隱約往來하는 산만한 지견知見뿐임에 아직은 장제長提할 거리가 되지 못한다.

(부기) 문文 중에 언급한 향가 및 요여 중의 난해 처 및 문제의 개소는 근근 따로이 그것을 발췌하여 사학斯學 유의인사有意人士의 참고에 공供하고자 한다.

57

「(나의 연구테마) 사료만 남아있는 조선사-특히 북방개척에 치중하여」

성대 조선사연구실 이인영,『조선일보』, 1939.3.18

일찍 순암順庵 안정복安鼎福은 단군 전설을 비판하여 황탄불경荒誕不經하다고 하였다. 거금距今 4,000년 전에 단군이 태백산太白山 단목檀木하에 내리사 1,048 년을 수壽하였다고 함을 전혀 사실이라고 볼 수 없는 것은 물론이나 그러나 일고의 가치가 없다고는 할 수 없을 것이다.『삼국유사』나『제왕운기』나『세 종실록』지리지에 나타난 단군 전설의 문자상 내용 검토도 필요한 일이지만 단군 전설의 가치는 단군의 진위 여하에 있는 것이 아니라 오히려 단군 전설 이 고려 말엽 이후 우리 사회에 적지 않은 정신적 영향을 끼쳤다는 점에 있어 서 모름지기 우리는 그 역사적 중요성을 찾을 것이다. 다시 말하면 우리는 이 조 초기에 있어서 단군 전설이 여하히 발전하였는가를 상세히 검토치 않으면 안 될 것이니 이조는 전조前朝 고려를 대신하여 조선 사회를 통치하였을 때 민 중의 동일유일同一唯一한 조상으로써 단군의 존재를 역설하여 민심 통일의 지 도 원리로 삼았으며, 일반민중도 또한 얼마만큼 이를 용인할 만한 자아의 관 념을 포회抱懷할 기운에 도달하였던 것이라고 볼 수 있을 것이다.

원래 조선사의 연구는 조선의 문예부흥기라고 할 수 있는 이조 영조英祖, 정 조正祖 시대에 성호星湖 이익李瀷과 그 문인 순암 안정복 같은 소위 남인南人 학자들의 손에 의하여 그 단서가 열렸던 것은 사실이나, 그들보다 좀 더 앞서서는 현종조顯宗朝에 『반계수록磻溪隧錄』을 저술한 처사處土 유형원柳馨遠의 존재도 망각할 수 없을 것이다. 또 넓은 의미의 자아인식이라는 점에 있어서는 우리는 고려 말 충렬왕忠烈王 시時 승僧 일연一然의 『삼국유사』 찬술로써 조선사 역사의 출발점을 삼을 수도 있을 것이다. 그러나 현재 우리가 취하고 있는 바, 서양의 사학 연구법을 적용하는 조선사 연구는 말할 것도 없이 근래 태서泰西 문물의 세례를 받은 이후에 속하는 것으로 재검토, 재음미를 요하는 허다한 사료와 문제가 무질서하게 쌓여 있어 일일이 우리의 연구를 기다리고 있는 것이다. 그럼에도 불구하고 현재 우리들의 연구의 성과는 극히 미미하다고 아니할 수 없다.

나는 월전月前 성대城大 학보學報 지상紙上에 내가 연래로 착안하고 있는 조선사에 있어서의 북방문제에 대하여 나의 관점만을 약간 논술한 바 있었거니와 나는 그때 먼저 원래 역사라는 것은 인간 생활의 복잡성을 그 동적動的 생명에 있어서 파악하고, 그 역사적인 발전을 이론적으로 구명하는 학문이라고 할진대 과연 우리 조선사회를 일관하는 역사적 생명은 어떠한 것인가 함이 조선사의 제일 첫 문제라고 말하였다. 그러나 이 문제는 조선사의 첫 과제인 동시에 또한 최후의 과제일 것이니, 조선사의 각종 부분적 문제는 오로지 이 과제 하에 포함하여 연구하여야 될 것이라고 생각한다. 그러므로 조선사의 부분적 문제가 아직 연구 도정途程에 있는 오늘날 우리 사회를 규정하여 온 사적 조류가 무엇인가 하는 데 대하여 누구나 명확한 해답을 내리기 곤란할 것이다. 그렇지만 우리는 조그마한 사회적 조류의 하나로서 조선 사람의 북방 발전이라는 것을 지적할 수 있을 것이니, 이는 우리가 생활하고 있는 반도의 지리적 조건에 연유하는 바이다. 이 점에 있어서 신라가 우리 반도를 통일한 이래 조선 사람이 북방 개척에 거대한 공적을 남겼다는 사실과 현금에 있어서도 만주로 향하는 이민이 해마다 적지 않은 숫자에 달한다는 사실도 일괄하여 다시 고찰할 필요가 있을 것이다.

나는 아직 나의 연구테마가 이렇다는 것을 제시하여 다소도 일반 인사에게 유익될 만한 아무것도 가진 것이 없으나 다만 여기서 나로 하여금 일언케 한다면 우리는 먼저 연구에 들어가기 전에 역사라는 것은 현실을 떠나서 생각할 수 없다는 것 이외에 우리 문화 연구자들은 목전의 명예욕을 버리고 반드시 원대한 포부와 견고한 의지의 소유자가 되어야 할 것이니 또한 나는 이로써 스스로의 경종을 삼고자 하는 바이다. 아베 요시시게[安倍能成] 교수는 조선문화 연구자에게 희망한다는 글 중에서 모든 학문적 연구는 이것을 발표함에 의하여 비판을 받아 객관적 가치를 얻는 동시에 장래의 연구 완성을 촉진케할 것이나 그렇다고 해서 공연히 발표를 급히 할 것은 아니라고 하였으니, 이역시 학문하는 사람의 취할 바 태도를 말함이다. 쇼와[昭和] 14년 3월 11일

「(조선학의 외인부대 1) **고고학자의 꿈을 담은 두만강안의 고문화, 지멜만 박사 편**」(전2회)

『조선일보』, 1939.4.9~11

　최근에 이르러 구미 각국 간에는 동양에 대한 연구열이 여러 가지 각도로 갑자기 높아지고 있지만, 그 중 조선에 대한 연구도 과히 다른 연구 대상에 지지 않으리만큼 중요한 분야를 이루고 있다. 그리고 그 중에는 친히 이 땅에 파묻혀서 이르는바 조선학 수립에 몰두하고 있는 숨은 외인학도도 적지 않다. 이에 기자는 이들 숨은 학도를 소개하는 일에 커다란 기쁨을 느끼거니와 위선 맨 처음으로 회령會寧에 깊은 연구실을 가지고 있는 독일학도 '푸리드린 지멜만' 박사를 찾기로 하자. 그는 회령 천주교회당의 신부요, 또 그 부속 소학교의 교장이다.

　기자가 찾아든 그의 넓은 방은 마치 박물관처럼 수많은 수집품에 쌓여 있고, 그곳에서 언제나 기거하고 있는 박사의 용모는 동양 고대의 성자와도 같이 안여晏如하였다. 박사는 조선이름으로 민덕기閔德基라 부른다. 지금으로부터 7년 전 독일에서 일본을 거쳐 조선 땅에 찾아온 이래 7년 동안을 하루와 같이 조선 고대문화 연구에 몰두하고 있는 중이다. 박사는 조선에 건너오자 즉시로 함남 덕원德原 수도원에서 2년 동안을 조선어와 조선문 공부에 허비하였다는데 지금은 보통 대화에나 또는 한자 섞인 신서信書의 왕래에도 그다지 부자유스럽지 않은 모양이다. 박사가 현재는 함북 일대 특히 두만강 연안의 지역을 중심으로 고조선의 인류학과 민속학을 연구하고 있다 한다. 듣자면 그는 스위스[瑞西]와의 접경인 남독南獨의 소도小都 바젤에서 자라났다. 시의 중앙에는 기름진 라인강의 유구한 물줄기가 흐르고 있다다 한다. 그리고 그가 「극동과 시베리아[西伯利亞] 민족에 대하여」라는 논문으로서 철학박사의 학위를 받은 모교 비엔나대학도 유럽[歐羅巴]의 젖줄기 다뉴브라는 대하大河를 바라보는 곳에 있었다. 그에게 대하는 깊은 인상이 있는가 싶다. 라인에서 자라 다뉴브에서 배운 씨는 지금은 극동의 대하, 두만강변을 헤매이며 수집과 분류와 연구에 매일매일을 보내고 있는 터이다.

그는 재독在獨시대부터 조선민속에도 깊은 관심을 가지고 연구서는 물론 각지 박물관, 도서관에서 참고할 수 있는 것은 모조리 이용하였다 한다. 그러나 그가 현지 조선에 와서는 기대와는 판이하게 조선민속에 대한 문헌이 너무도 희소함에 놀란 모양이다. 박사는 말하되 "이왕의 문헌도 문헌이지만 현재라도, 좀 더 같이 동모하여 연구할 분이라도 많이 있었으면 좋겠습니다." 그는 궤를 열고 자기가 힘들여 수집한 석기시대의 출토품을 내어 보이면서 설명을 하기 시작하였다. 수십 종의 호미를 비롯하여 지석砥石, 석구石臼, 또는 창끝, 칼, 무려 수백 여점이다. 원시시대의 선인들은 이곳 두만강변에서 이 창과 칼을 가지고 수렵 생활을 영위하였으며 차츰 시대가 새로워지면서는 그들은 토착하여 호미를 써서 밭을 갈기를 배웠음을 알 수 있다. 그 외에 끌[추(錐)], 송곳, 석부石斧, 활, 비비, 망치, 그물촉 등은 수렵 도구로 안다. 그리고 철기 제품도 상당히 많아 이처럼 모아 놓은 석기시대로부터의 출토품이 무려 5천 여점에 달한다는데 그 모든 출토품으로 미루어 회령은 몹시 오랜 역사를 가진 곳이었던 것 같다고 말한다. 그리고 회령을 중심으로 한 문화란 순전한 조선 문화도 아니고 그렇다고 순전한 여진문화女眞文化나 만주문화도 아니라고 본다. 여러 민족과 문화가 교류한 두만강 지역은 이 같은 의미로 보아 인류학, 고고학, 또 민속학 등의 자료를 풍부히 담은 보고임을 알 수 있으며, 이 처녀지대의 보고에 발을 들인 박사의 연구의 성과도 얼만큼 중대성을 가진 것인가를 가히 짐작할 수가 있다.

가지가지 석기시대의 유물을 전후 다섯 시간이나 구경시키고 난 뒤에 이번은 그의 민속학에 대한 연구의 일단을 들어보기로 하였다. 그가 수집한 민속에 관한 자료도 퍽이나 풍부하였다. 일용 가구를 비롯하여 승구僧具, 제구祭具, 형구刑具, 무구巫具, 신발 등 기타 이같이 하여 박사는 모든 빈약한 문헌에 실망이 없이 연구의 각 부문에 수집을 위주로 하여 새로운 체계를 세우려고 노력하고 있는 것이다.상편

박사의 연구실의 서가를 둘러보매 그의 장서의 일부는 원산과 덕원에 있고 여기 있는 것은 그중 먼저 필요한 것만이라 하는데 선뜻 눈에 띄는 것은『조선사』,『삼국사기』, 손진태孫晉泰 씨의 저서, 고故 김재철金在喆 씨의『조선연극사』 등이다. 그리고 그밖에 동양 민속에 대한 서적은 상당히 많이 쌓여 있다. 지금에는 여러 가지 사정으로 잘 나오지 못한다는『진단학보』와『조선민속』이라는 두 가지 간행물을 가리키면서 이 같은 것이 계속 못 된다는 깃은 매우 유감이라고 애석을 마지아니한다. 양서로서 조선문화를 소개한 좋은 것이 없는가 하였더니 독일어로 된 원서 네 권을 꺼내어 보인다. 이 저술은 일찍이 덕원에 와 있던 신부 에커트 씨가 조선문화, 특히 조선민속을 구미歐米에 소개 선전하고자 한 것으로 조선오락 편, 조선의 종교와 미신 편, 조선의 동화 편, 조선의 미술사 편 등으로 되어 있다. 발행은 라이프치히, 매 책 국판菊判

700~800엽頁. 독어로 한 번 출판되자 이것은 곧 영역英譯되어 구미학계에 명저라는 평판이 적이 높다 한다.

대강한 설명을 다 마친 후 박사는 손수 코코아를 끓이고 케이크를 갖추어 권한다. 그는 새로 포도주병도 갖다 놓고 잔을 천천히 닦으면서 신부의 엄숙과 학도의 정적을 갖추어 "명년明年부터는 중부이남, 특히 남조선을 가보려고 합니다. 경주를 중심으로 찬연한 신라문화를 찾아보겠습니다" 한다. "조선 안에도 문화의 교류 성쇠가 매우 번잡하여 그 중심지를 여기저기 다니면서 그곳 고문화를 서로 비교 대조하여 보지 않고는 완전한 연구를 짓기 어렵습니다." "장차 조선에 관한 연구를 마치면 어디로 가겠느냐"고 물었더니 북해도北海島 아이누 종족과 몽고蒙古 방면에 대하여 연구를 거듭하고 싶다고 대답한다.

그러나 그는 끝까지 자기는 조선학에 대한 일개의 연구생에 지나지 않는다는 겸허한 태도를 버리지 않았다. 그러므로 연구과정에 있다는 생각으로인지 항상 신중하게 그의 학적 방법과 성과에 대하여 기자 앞에 공언키를 피하고 있는 모양이었다. 다만 그는 같이 연구할 수 있는 젊은 학도를 부르고 있었다. 현재 회령에서도 2~3인의 젊은이를 지도하여 같이 공부도 하고 발굴도 하고 있다 하며 뜻있는 이 있어 찾아주기를 바라며 마지않았다.

허나 국제 풍운이 험한 두만강가에 세워진 이 상아의 탑의 주인은 어떠한 정치적 견해를 가지고 있었는가. 그도 일개의 애국자로 히틀러 총통의 적극적인 찬양자였다. 유태인의 혐오에 있어서도 뒤서지 않는 모양이다. 아인슈타인 같은 학자를 잃어버린 데 대하여 같은 학자의 입장에서 어떻게 느끼느냐고 물음에서 그는 서슴지 않고 대답하였다. "학자로서는 훌륭한 학자입니다. 그 점만으로는 애석할는지 모르나 사실은 그 사람 자신 공산당과 깊은 관계가 있어 언제나 반국가적 언동을 하고 있었습니다."

　기자는 이 같은 단편적인 문답을 하는 동안 현대의 학자란 정치의 추세에
서 초연하기가 매우 힘든 모양이라는 느낌을 새삼스러이 가지게 되었다. 기
자는 이미 시각도 늦었으므로 다음날 사진을 찍기 위하여 다시 그의 연구실
을 찾기로 약속하고 물러 나왔다. 이 적은 계획의 첫 시험에 여러 가지 괴로
움을 불구하고 갖은 호의로서 대하여 주신 박사에 대하여 이곳에서 감사의
뜻을 표하며 하루바삐 훌륭한 씨의 성과가 나타나 사학斯學에 공헌함이 많기
를 바라면서 이 방문기를 마친다.하편

「(조선학의 외인부대 3) 사라져가는 자료 조선 고선박의 연구, 원한경 박사 편」

『조선일보』, 1939.4.12

연전 뒤의 조그마한 송산松山을 넘어 원한경元漢慶 박사의 집을 찾아가니 돌로 만든 희고 아담한 양관洋館이 남쪽을 향하여 멀리 한강의 물줄기를 바라다보며 조는 듯 양지 밭에 서 있다. 조용하고 적적하기 그지없다. 마치 동해를 바라보는 산중의 쓸쓸한 석굴암처럼. 그리고 왕방往訪한 기자를 맞이하려고 나온 키는 작으나 묵직하고 듬직한 박사는 정녕 이 석굴암 속의 석불을 연상시켰다. 그는 말하는 돌부처 말소리가 남보다는 반음계는 높고 반호흡이나는 빠른 돌부처님을 연상시켰다. 아닌 게 아니라 그의 응접실에는 석굴암의 부처님 사진이 법당 안처럼 둘러서 있다. 원 박사가 그 선친 때에 조선으로 나온 것이 1885년이라고 하니 금년에 55년. 박사는 이 땅에서 나고 자라서 금년에 50이나 된다.

뉴욕대학에서 철학박사의 학위를 받고 이주 나온 것은 1912년. 그러므로 그것만 하여도 28년이나 된다. 그는 반은 조선 사람이다. 그의 유창한 조선말의 솜씨와 풍부한 어휘에는 이 편이 오히려 놀랄 정도다. 그러나 우리 조선 사람 중에는 그이가 조선 선박에 대한 숨은 연구가이라는 것을 아는 이가 드물 것이다. 그이가 안내한 널찍한 서재에는 한우충동汗牛充棟으로 양서洋書가 둘러

싸여 있는데 조선에 관한 서적만 하여도 이루 다 헤일 수가 없을 만큼 많았다.

그 중에서 박사는 2~3권의 저서를 끄집어내어 보이는데, 이곳에 기록하여 본다면 모두 Royal Asrasic Society의 출판으로 *Occidental Literature on korea*조선에 관한 서양 문헌 부록에는 그 문헌 목록으로 2,882점이나 채택되어 연구자의 편의를 도모한 *Parsial Bibliography of Occidental Literature on Korea*, 그리고는 *Modern Education in Korea*조선의 근대 교육, 무엇보다도 여기서 소개할 것은 그의 특수연구다. *Korean Boats and Ships*라는 조선 선박에 관한 것이다.

"별로 배의 연구에 무슨 동기는 없습니다마는" 하고 박사는 말한다. 그이들은 여름이 되면 늘 가족 동반으로 구미포九美浦에 피서를 간다. 그곳에서 푸른 바다에 흰 돛을 달고 가고 오는 선박을 보면서 저 배를 달리는 사람들은 어떠한 항해술을 가지고 있나, 천기天氣를 보기와 조수潮水의 만간滿干에 대하여는 무슨 지식을 가지고 있나, 언제쯤부터 자석을 응용하였나 등의 이러한 막연한 호기심으로부터 조선 배의 연구에 손을 대이기 시작하였던 것이다. 그리고 현재는 관청에서도 순 조선식 선박의 신조新造를 허가치 않아 차츰 재래의 배가 줄어감으로 그것을 어떠한 형식으로나 기록하여 두는 것도 결코 의의 없는 것이 아니라 하여 저술에 착수하였다 한다.

"이 부문에도 문헌이 없음으로 여간 연구에 곤란이 아닙니다. 가령 신라시대에는 항해 선박술을 가르쳤다는 기록이 있는가 하면은 구체적으로는 무엇무엇을 가르쳤는지 그것도 분명치 않은 형편입니다"하고 한탄한 뒤 (판독불능-엮은이) 을 그치지 않고 고문헌을 섭렵하는 중에는 차츰 밝혀질 것 같기도 합니다마는." 그러면서 "아직 연구랄 것이 없으니깐 조금도 이렇다고 세상에 자랑할 것이 못 됩니다"고 겸손한다.

그의 선박에 대한 연구에 있어서도 더욱 자미 있는 것은 옛적 충무공의 거북선에 관한 것 같았다. 그의 연구에 의하면 지금까지 우리들은 거북선을 거북 모양으로 둥그스름하여 둥실둥실 떠다녔던 것으로 알고 있지만, 사실은 지금의 잠항정처럼 날쌔고 물의 저항을 적게 한 쾌속선이었으리라 한다. 박사는 웃으면서 옛적 스페인[西班牙]의 무적함대를 영국[英吉利] 해협에서 격퇴한 영장英將 프랜시스 드레이크 장군 이야기를 꺼낸다. 충무공은 바로 그와 동갑으로 1545년에 동서를 멀리하여 났으며 그들이 모두 거리전距離戰으로 새로이 근세 해군 전법을 개량한 것이라든지 또 싸움을 너무 잘하여 동료에 모함된 것이라든지 이 흡사한 두 장군의 기연奇緣을 대조하여 생각한다면 지금의 동서의 질서로 보아 감회의 깊음이 없지 않다고 한다.

이윽하여 기자가 박사의 호의를 사謝하고 물러나올 때 박사는 송산에 같이 오르면서 멀리 서쪽 안개 속에 희미하게 보이는 두 봉峰을 가리키고 저것이 강화도의 고려산이라고 하면서 맏아들이 돌아와서도 3대 째의 선교 사업을 계승하여 날마다 저 산을 바라보면서 이 고개를 넘어 다닐 것이라고 즐거운 표정을 짓는다.

60

「(조선학의 외인부대 4·5) **조선학의 개척자 헐버트 씨**」(전2회)

『조선일보』, 1939.4.13.~14

언어 비교가 일러주는 남북 민족 이동사

1910년 조선과 최후의 작별을 짓고 미국에 돌아가 지금은 메사추세츠주 스프링필드에서 70여 세의 노구를 쉬이고 있는 호머 비 헐버트 선생을 소개하는 것을 기자는 기쁨으로 생각한다. 조선학에 대하여 조금이라도 관심이 있는 사람이라면 누구나 이 선구자의 공적을 추억치 않을 수 없을 것이다.

선생은 1863년 버몬트주 뉴하벤에서 나서 대학을 졸업한 뒤에 1886년 조선에 건너와 그 당시 서구의 신지식을 수입하기 위하여 설립한 육영공원育英公院의 교사에 취임하였었다. 그러면서 조선에서 처음으로의 영문 잡지 *Korean Repository*를 주간도 하였으며, 경성에 왕실아세아협회王室亞細亞協會의 지부가 설립되자 그 발기인이 되어 활약하는 등, 조선에 있기 실로 20여 년 동안에 조선의 교육행정 사무에 참획參劃하여 수많은 자제를 교양하였을 뿐 아니라 한국정부의 고문으로 전변무쌍轉變無雙하던 당시의 정계에서도 활동한 바가 많았다.

그러나 그는 무엇보다도 조선학에 있어서 황무지이던 그 당시에 유일한 조선연구가로서 착착 학적 성과를 쌓아 올리었던 것이다. 그이가 저서나 혹은 잡지에 발표한 제종諸種 논문은 역사, 문학, 어학, 기타 각반各般의 사항에 미치어 그의 투철한 관찰은 금일의 연구가들을 계발함이 적지 않다. 그의 저서만 참고로 기록한다고 하여도,

① *The History of Korea*, 1904

②*A Comparative Grammer of the Korean Language and the Dravidian, dialedats of India*, 1905

③ *The Passing of Korean*, 1906

④ *Omjee the Wizard*, 1925

⑤ *The Face in the Mist*, 1926

⑥『사민필지土民必知』 간행 불명

기자는 물론 선생의 소론 전반에 대하여 소개를 하려고 하는 것도 아니지마는 옛날의 조선학의 연구가 헐버트 선생은 우리들의 민족과 언어에 대하여 어떠한 연구를 가졌는가를 간단히 전함으로써 선생의 노고에 조그만큼이라도 보답함이 있을까 하는 것이다.

선생은 기준箕準시대에는 남조선 지방에는 마馬, 진辰, 변弁 삼한三韓 제국諸國이 있고, 그 주민은 반도 북부의 민족과 전연 다른 종족이었다는 것을『한서漢書』동이전東夷傳의 기록을 인증하여 설명한다. 이 남방 민족은 결코 기원을 지나支那에 두는 것이 아니라 남인도의 드라비다Dravidian에 두는 것으로 더욱이 드라비다 말과 조선어와의 사이에는 구성과 단어에 유사한 데가 많다는 것이다. 그리고 드라비다인이 왜 조선인에 유사하며 또 어떻게 해야 드라비다인

이 조선반도에 이주하게 되었는가의 경위에 관하여는 대략 다음과 같이 말하고 있다.

구아歐亞 민족의 요람지 이란 고원에서 지나인의 조선祖先이 가장 먼저 그 지점을 떠났다. 그 다음에 떠난 것이 튜란 민족이었다. 그들의 일부는 시베리아[西伯利亞] 평야에 향하고 또 일부는 나뉘어 인도에 들어갔다. 다음에 원주지를 떠난 것은 아리안 민족인데, 튜란 민족을 전방에 추방하면서 인도 방면에 진출하였다. 튜란 민족은 할 수 없이 남천南遷하여 세이론과 말레이[馬來] 반도 부근에 피하였다. 즉 조선의 남방 민족은 말레이 반도로부터 도서島嶼를 건너 도래한 것이다.

요컨대 그의 의견에 의한다면 조선반도에는 옛날 지나계의 북방 민족과 원주민인 남방 민족이 살고 있었다. 그리고 남방 원주민은 본제 튜란 민족에 속하나 동아 대륙을 지나 반도로 남하하여 남조선 지방에 도달한 것이 아니라 같은 튜란 족의 일파인 인도의 드라비다 민족이 흑조黑潮를 타고 북상 침범한 것이라고 논술한다. 그는 이것을 양 민족의 체질과 언어의 비교에 의하여 증명코자 하였는데 금일의 학계로서 본다면 이 선생의 시험은 심히 애교가 있는 노릇이다.

헐버트 선생은 조선민족 기원론에만 경도한 것이 아니라 실로 조선 훈민정음의 기원에 관하여도 착실한 연구를 가지고 있다. 이 점에 대한 그의 의견은 수 회에 긍亘하여 발표되었는데, 그 최초의 것은 "The korean alphabet"1892이다. 그 가운데에 선생은 훈민정음 제정 당시 조선으로서 영향을 받을만한 가능성이 있는 문자로는 한자, 거란 문자, 여진 문자, 몽고 문자 등이 있었으나 정음正音은 그 계통을 전연 끌지 않았다고 말한다. 그의 생각에는 당시 불교 불전佛典과 같이 반도에 수입되었던 서장西藏 급及 산스크리트의 문자에 가장 많은 영향을 받았다는 것이다. 현재 자음 K·M·P·S·TCH를 표현하는 정음의 자형은 서장어西藏語의 각각의 표음문자와 거의 동일하다. 다만 서장 문자와 훈민정음 사이에 큰 상위점相違占이 있다면 그것은 모음을 표현하는 문자에 아무런 유사도 발견할 수 없는 것이다.

이상과 같이 선생은 훈민정음 중 약간의 자음은 서장 문자에 그 원류를 찾을 수 있다고 단정하면서 모음 문자에 관하여는 그 원류를 그 기원이 불명타고 한다. 그러다가 후에 다시 훈민정음에 대한 논문을 초草하여 자음문자는 한자의 고전에서 나온 것이라고 하여 정음의 기원을 고전과 서장어의 이二 방면에 구할 것으로 논술하였다.

선생은 언문 이외에 이두에 대하여도 적지 않게 주목하여 연구하였는데, 이것은 정음과는 전연 관계가 없다는 것을 명백히 지시하고 있다. 하여간 훈민정음 전체가 조선 사람의 독특한 고안철학사상에 기基하여 안출案出되었다고 하는 일부 학자의 설에 비하면 지리멸렬한 감이 없지 않으나 그 조선어 연구의 초창기에 있어서 이만큼이라도 출전적出典的 연구를 하였다는 것만도 경이에 치値한다.상편

극동에 분포되어 있는 조선어의 동족어

헐버트 선생은 조선어의 일반적 성질에 관한 의견도 발표하였는데 그것은 대략 "The Korean Language"1902라는 논문에서 참고할 수 있다. 물론 별반으로 신기한 것도 아니겠지마는 우리들 일반독자로서는 헐버트 선생의 의견을 통하여 우리말에 대한 새로운 인식을 가지는 데 조금이라도 도움이 된다

면 이곳에 그것을 초록하는 것도 결코 무의미라고는 생각지 않는다.

(1)

첫째로 조선어는 교착膠着하는 성질을 가지고 있다고 한다. 선생은 그의 논문 가운데서 말하기를 "북부조선은 북방으로부터 '튜란' 민족에 의하여 식민이 되었으며 남부조선은 남방으로부터 '튜란' 민족에 의하여 식민되었다. 그리고 양자가 서로 알게 된 것은 기원 전 193년 이후에 속한다. 최초에 그들은 상호의 관계를 부정코 있었으나 기원 690년 신라왕국이 반도를 통일함에 이르러 혼연히 귀일하였다." 그러므로 이 사실인 즉은 그들의 언어와 민족 사이에 근본적으로 유사한 데가 있었다는 증명이며 오늘의 조선의 언어가 통일되어 있는 것도 이 이유에 인하는 것이라고 한다.

(2)

그리고 조선어가 서양 언어보다도 우수한 점은 경어에 있는데, 서양어에서는 성性, 수數, 인칭人稱이 귀찮으나 조선어에서는 이것은 말하는 사람과 듣는 사람 사이에 이심전심의 힘으로 되며 그 경어법은 일견 다기다양한 것 같아도 실은 인도어의 인물 어미보다도 훨씬 간단하다는 것이다.

(3)

또 조선어의 접미사는 문법상 대단히 커다란 작용을 한다고 지적하여 예를 들어 설명한다. 동사의 '텐스'나 '무드'를 표현할 때에 서양어에서는 수다스럽게 에둘러서 말하지 않으면 많은 부사를 부쳐야만 되는데 조선어에서는 간단한 접미사를 가지고 표현할 수가 있다. 가령 '간다'는 동작이 어떤 돌연突然

된 사정에 의하여 방해되었을 때에서 서양에서는 '내가 길을 가고 있었는데 돌연…" 이렇게 되지만, 조선말로는 그렇게 기다리게 하지 않고도 "…다가"라고만 붙이면 넉넉하다고 한다.

(4)

그리고 음조音調로 본다면 세상에 조선어처럼 음색이 부드러운 것이 없겠다고 하며 연설어로서도 조선어가 훌륭한 가치를 가지고 있다는 것이다. "조선어는 영어나 기타의 어느 서양어에 대하여도 연설어로서 조금도 뒤설 데가 없다."

선생은 조선어의 계통문제에 관하여서는 철두철미 남부 '튜란'어 즉 인도 '드라비다'어와 같은 계통이라고 주장하고 있다. 거기 관한 논문은 여러 곳에서 찾아볼 수가 있으나 구체적으로는 "The origin of the Korean people"에서 14개조에 궁흘하여 두 언어 사이에 유사점을 열거하고 있는 것이 장관이다. 그리고 조선어가 드라비다어와 동계同系인 것을 주장하는 일방 또 대양주 중의 New Hebrides Island에 있는 Efate족의 언어와 대만臺灣 토어土語와도 비교하여 서로 유사하다고 논급하고 있다.

그것은 물론 선생이 드라비다족에 어훼이트족 그리고 대만인 간에 인종적으로나 언어적으로나 밀접한 관계가 있다고 인정한 결과이다. 즉 선생은 "Korean and Efate"1901라는 논문에서 "만약 조선인이 인도를 떠나 말레이와 대양 제도諸島에 산포한 대종족의 유민遺民이라면 우리는 근대 조선어와 남양제도와의 언어 사이에 우연이 아닌 계보를 인정치 않으면 안 된다"고 하면서 양자간의 음운 조직의 유사를 설명하고 수백에 궁흘한 단어의 비교를 하고 있다. 그리고 대만 토어와의 관계에 대하여도 "Korean and Formosan"1903에서 대만 토민도 대부분은 말레이 기원이니 조선인이 만약 남방으로부터 이주하였다면 이 대만 토어에서 조선어와 유사한 말을 발견할 수 있으리라고 하여 수사數詞, 명사 등 50어에 관하여 비교 연구를 한 뒤에 결론으로서 "50어 중에 확실히 동일어는 생각되는 것은 15어나 된다"고 발표하였다. "현재의 대만 어휘의 30%는 우연이 아니라 근본적으로 조선어와 유사한 것으로 '생각된다.'" 요컨대는 선생은 조선어의 계통을 북방 '투란'어에 두지를 않고 남방 '투란'어드라비다어와 말레이 제어諸語에 두는 것인데 여기 대하여는 얼마만큼 신용할 수가 있을지는 모르겠으나 선생 이후로는 이같은 설을 들고 나서는 학자가 없는 모양이더니 최근에 이르러 하인리히 코펠만 씨가 이 선생의 영향으로인지 드라비다어와 조선어와의 사이에 계통을 붙이려 하고 있는 것 같다.

끝으로 기자는 선생이 훈민정음의 로마자 전사법轉寫法에 있어서도 선구자로 영어식의 발음에 기초를 둔 간단한 전사법을 고안하여 서어西語의 사전 편찬에도 편리를 주고 있는 것을 적으며 이 훌륭한 조선학의 노대老大 은인의 건강을 축복하며 각필한다. 하편

61

「(조선학의 외인부대 7) 쇄국의 금령 하 전율하는 '개화' 전야의 정신사, 한말 종교사의 연구가 피숀 씨」

『조선일보』, 1939.4.18

일찍부터 조선에 건너와 천주교회 신부로써 포교에 힘쓰는 일방 조선의 천주교 박해사를 학술적으로 연구하기에 갖은 애를 쓰고 있는 송宋 신부, 본명 레온 피숀 씨를 이곳에 소개하는 것도 기자의 기쁨의 하나가 아닐 수 없다. 씨는 지금은 경원선 덕정德亭 천주교회의 신부로 있으면서 여러 가지 자료를 수집하기에 몰두하고 있다. 씨가 서울에 들어온 기회를 이용하여 방문하기는 바로 밤도 어지간히 깊은 때 명치정明治町 천주교회당 신부관에서이다. 씨는 순시간瞬時間에 10년 친지와 같은 인상을 주는 중년학자였다. 기자가 왕방往訪의 뜻을 고한 즉, 씨는 겸손하게 그지없는 태도로 "무슨 연구랄 것이 있습니까. 그것은 나의 생활입니다. 나는 이 조선에 건너와 생활을 하고 있었다는 것밖에 안됩니다. 신부가 교회의 역사를 살피는 것 또는 이왕以往의 교도의 생활을 조사하는 것은 연구에 드는 것이 아니고 나의 생활에 속합니다."

대략 이와 같은 의미의 감상을 말하고는 마침 대단히 훌륭한 학자가 멀리서 이곳에 와있으니 그이를 외려 만나 보는 것이 좋겠다고 권한다. 기자가 안내된 실내에는 현재 톈진공상학원[天津工商學院]에서 교편을 잡고 있는 동양 방

274   식민지 조선학계와 조선연구 2

면 고고학, 인류학의 권위 앙리 벨라르 씨가 유暇하고 있었다. 그의 널찍한 테이블 위에는 옛적 조선 지지도地誌圖의 복사 사진이 산같이 쌓여있다. 벨라르 씨는 바로 어제 내지의 명술名術 강연의 여행을 끝내고 상경上京한 터이었다. 어제 오후에는 성대城大 특별 강연회에서 서양문화와 조선문화와의 교류에 관하여 조예 깊은 연구를 발표하였다 한다. 기자는 여기서 이 두 조선학의 학자 사이에서 조선에 관한 감상을 들을 수가 있었다. 벨라르 씨는 "옛적의 조선은 훌륭하며 지금은 조선은 아름답다"고 학자적 입장에서의 말을 하는데 레온 피숀 신부는 "옛적의 조선은 무서웠으며 지금의 조선은 훌륭하다"고 신부로서의 감상을 말하는 것도 흥미 있는 일이었다.

기자는 여기 찾아온 목적이 피숀 신부에게 있으므로 씨의 약력을 소개하거니와 씨가 출생한 곳은 스페인[西班牙]에 가까운 브리타니아 반도로 파리에서 신학교를 마치고 조선에 건너온 것이 근 20년 전이라고 한다. 씨도 말하는 것 같이 그이가 조선 천주교도사를 연구하는 것은 신부로서의 생활적 프래그먼트일지는 몰라도 생각컨대는 그 동기는 역시 옛날 이곳 교도들의 수난에 대한 종교적 동심童心에서부터 발단되었는가 한다. 씨는 지금까지의 수집한 재료를 기초로 하여 『조선천주교사 자료』라는 저서를 발표하였다. 그 내용은 주로 19세기 천주교도사상天主教史上에 나타난 일대 혜성, 우리 반도의 성자 안드레아 김대건金大建 신부가 크리스도의 성명聖名을 위하여 한강 사장沙場에서 26세를 일기로 장렬한 순교를 하기 전까지 쇄국령 하의 고난의 생활 속에서 파리에 보낸 라틴어의 서한과 『일성록日省錄』으로 형성되어 있다.

그러나 씨는 이 연구를 포교적 입장에서라기보다 종교적 생활과의 접근성을 통하여 처음으로서의 조선천주교사를 완성하기 위하여 노력하고 있는 것은 우리들이 경의를 표하여도 좋을 줄로 생각한다. 씨는 이렇게 말한다. "그냥 이 연구를 계속하느냐 안하느냐는 내가 생활을 중지하느냐, 안 하느냐의 문제입니다."

벨라르 씨도 미소를 띠우며 고개를 끄덕인다. 피숀 신부는 이같이 하여 조선 각처에 다니면서 옛적 교도의 후예를 찾아 종교 탄압의 극도한 위험 속에서 왕래하던 신서라든가 또는 감상록 혹은 정부에서 발發한 금교禁敎의 명령들을 수집하여 그 당시의 정정政情은 물론 교도의 생활 감정까지라도 추찰推察하여 천주교사로서도 집대성을 하고 또 사적 문헌으로서도 이후의 연구가의 편의를 주도록 노력하는 터이다.

벨라르 씨도 만날 겸 또 씨에 피숀 신부는 자기의 연구의 일단을 보이려고 덕정으로부터 가져온 고서라든가 지하에 은닉하였던 교도간의 신서라든가 또는 참회록 같은 것을 내어 보이면서 요즘 이 같은 새로운 자료가 많이 생겼다고 매우 기뻐한다. 여기서 기자는 이미 밤도 늦었으므로 이 두 학자의 연구가 속속히 좋은 성과를 올리어 조선 고고학계에나 또는 조선 종교학계에 계몽함이 많기를 바란다는 뜻을 표하고 신부관을 나섰다.

62

「(여명기의 회상록 4) 권덕규 씨에게 조선어학 발달사를 묻는다」

『조선일보』, 1939.6.20

조선어학의 학구적 연구가 비로소 시작된 연대를 말하자면 한말 당시나 혹은 다이쇼[大正] 8년 전후를 지적할 수도 있겠지만, 일 보一步 나아가 광범위의 여명기를 생각하자면 자연히 훈민정음 반포 당시로부터 이야기해나가는 것이 순서일 것이다. 그러니까 말하자면 이것은 여명기의 이야기라는 것보다도 하나의 개념적인 한글 발달사일 것이다. 훈민정음의 정음이라는 뜻은 '다시 정리했다는 말'이니까 이 점으로 미루어 생각하여보더라도 세종대왕의 훈민정음 이전에 벌써 언문이 있었던 것을 능히 알 수가 있다.

세종대왕 당시에 일반 민중 사이에는 보편적으로 언문이나 이두가 있었지만, 학구적인 또한 이론적인 근거를 가지고 비로소 정음이 나왔던 것이다. 어떠한 세대에 허다한 난관을 경유해서야 수립되는 것이지만 당시에도 한학의 대가이던 최만리崔萬理 같은 사람은 정음 반포를 적극적으로 반대하였기 때문에 드디어 세종은 최만리를 금부禁府에 투옥시켜 감금한 후 반포의 기회를 획득하였던 것이다. 정음의 연구가 시작된 것은 세종 25년이고 반포되기는 동 28년 9월 29일이었다. 그러나 그 후 연산군 때에 이르러 정음은 비로소 제1차의 수난기를 맞이하였던 것이다. 연산군의 폭정을 언문으로 써서 가두에 방을 붙이었던 고로 그 후부터는 언문의 사용을 국법으로 금지하였다. 이러한 공포의 세기가 일과一過 후 연산군이 하세下世하자 중종 시에 이르러 언문은 다시 부흥하였다. 최세진崔世珍이란 이가 『훈몽자회訓蒙字會』를 저著하여 언문 교과서로 통용하도록 한 것은 과연 정음의 역사적 계승이라고 볼 수밖에 없다. 이때가 서기 1527년이었으니까 지금으로부터 410여 년 전이나 된다.

그 후 언문 서적의 출판이 조선사상에서 가장 왕성했던 것은 선조 때일 것으로 당시에는 맹자, 논어, 시전詩典, 서전書典 등의 각종 경서經書의 언해諺解가 족출簇出하였던 것이다. 그러나 이어서 임진란이 일어나고 병자호란이 일어나자 선조 때의 풍부하던 언해는 거의 전소되어 사상史上의 중요한 서적은 후일에 다시 볼 수 없게 되었던 것이다. 훈민정음의 원본이 소실된 것도 임진란 당시다. 임진, 병자의 양란이 지난 후 숙종 때에 이르러 약간 언문은 소생의 기력을 얻어 『주해동몽선습註解童蒙先習』이니 『역어유해譯語類解』니 등의 서적이 출판되었으나 역사적인 혹은 문헌적인 하등의 역할은 하지 못하였고, 다음 영조 때에 이르러 당시 전국적으로 대표적 학자이던 박성원朴性源이라는 분의 손으로 비로소 『화동정음통석華東正音通釋』이란 학구적인 간행이 있었던 것이다. 이 저서야말로 조선에 있어서 최초로 출판된 '조선글'의 연구 서적이었다. '조선글'로서 시조를 쓰기 시작한 것도 영조 때란 것을 잊어서는 안 될 것이다. 이런 의미에 있어서 박성원 씨야말로 후대 조선에게 '조선글'을 전달한 유일의 선구자며 공로자다 아니할 수 없다. 만약 우리가 '정음'이 발달해 나온 여명기적 과정에 있어서, 그 수훈자를 선발하여 표창할 기회를 가질 수 있다면, 우리는 응당 영조 시時의 박성원 씨에게 최대 최고의 영예를 돌려야 지당할 것이다.

그러나 세대는 바뀌어 다음 정조 때에 이르자 『고금석림古今釋林』 같은 언문의학서醫學書 류의 간행도 있었지만, 그러나 이승훈李承薰이 중국으로부터 돌아와 천주교 서적을 언문으로 번역해서 출판하므로, 유명한 순조 원년의 예수교도[耶蘇敎徒] 학살 사건이 일어나고 말았던 것이다. 당시 세력이 충천沖天하던 대원군의 윤음綸音에 어쩔 수 없이 천주의 한을 품고 하루아침에 풀끝에 이슬로 사라진 대학자의 수효는 과연 부지기수로서 이가환李家煥, 이승훈은 효시梟示되었고, 정약종丁若鍾, 정약용丁若鏞, 다산(茶山) 형제는 소위 염교자染敎者라 하여 유적流謫의 비운을 불면不免하였던 것이었다.

연산군 이후로 이때가 말하자면 '조선글'이 일찍이 경험한 제2의 수난기일 것이다. 언문으로 번역된 가톨릭 성서로 말미암아 사건은 정치적 화근에까지 미치었지만 본래의 동기는 우리의 언문이 책임져야 될 것이다. 우리가 지금 앉아서 한글 발달사의 페이지를 뒤적거리어 구태여 여명기 에피소드를 찾는다면 위에 말한 연산군 시대와 그리고 지금 말한 대원군 시대의 수난일 것이다. 이 두 세대의 세기적 수난은 정음이 발표되어 직면한 가장 비통한 역사일 것이요, 동시에 장차 앞으로도 영원히 다시 경험할 수 없을 슬프고도 그리운 기억일 것이다.

우리는 최초에 언문으로 된 서적으로서 영조 시의 박성원 저 『화동정음통석』을 기억하지만 대원군 이후 두 번째로 언문 출판물이었던 것은 순조 24년 때였다. 당시의 대학자 유희柳僖가 『언문지諺文志』 1권을 저작한 것은 오로지 한글 발달사상에 있어서 일시라도 소홀히 할 수 없는 기록이 아니면 안 될 것이다. 다음 헌종, 철종을 지나 고종 6년에 이르러 추금秋琴 강위姜瑋가 『철정국문자모분해綴定國文字母分解』를 저술하여 이에 비로소 『화동정음통석』과 및 『언문지』와 아울러 조선 문자 발달사상에 있어서 3대 한글 저작을 완성하였던 것이다.

여차如此한 3대 저작을 가진 채로 연대는 흐르고 흘러 고종 22년에 이르러 소위 신학문을 가르치는 최초의 기관으로서 배재학당培材學堂이 섰고, 다음 23년에 이화학당梨花學堂이 비로소 탄생하였던 것이다. 한글 연구가로서 근대 조선에 불후의 기념탑을 쌓은 주시경周時經 선생이 초대 입학생으로서 배재학당에 들어가니 당시 그는 18세의 어린 학도이었다. 이 고종의 세대야말로 한글 발달사상에 있어서 과연 제2의 여명기일 것이다. 조선 최초의 언문 자전字典으로서 『한불자전韓佛字典』이 프랑스[佛國] 선교사의 손으로 간행된 것은 고종 17년 때였고, 또한 조선 최초의 신문으로서 한국정부의 박문국博文局으로부터 『한성순보漢城旬報』가 발행된 것은 역시 고종 20년 때였고, 그리고 고故 유길준俞吉濬 씨가 보스톤대학으로부터 졸업하고 나와서 언한문彦漢文으로 『서유견문기西遊見聞記』를 저작한 것도 고종 24년 때였고, 또 그 후 유길준 내각이 성립되자 "금후로는 언문을 국문이라 하고 한문은 일절 폐지한다. 단旦 한문은 혹或 방주傍註로 쓸 것"이라 하여 언문의 세력이 국가적 엄호 아래에서 비로소 처음으로 자유로웠고 강력적이었던 것은 그만해도 벌써 약 50년 전의 회고담이 된다.

그 후 갑인년, 즉 다이쇼 3년에 주시경 선생이 유저遺著 『국어문법』을 최후의 간행으로 하고 별세하자 권덕규權悳奎, 김두봉金枓奉 양 씨는 주시경 선생의 사업을 계승하여 현금 수송정壽松町 각황사覺皇寺 자리에 있던 보성고보普成高普 교사校舍를 빌리어 '한글 강습원'을 시작하였다 한다. 우금于今껏 무질서하고 무통제하게 자유로 관용해 내려오던 언문이 비로소 문법적 연구와 학연적學研的 체계를 가지고, 학문으로서 알려지기 시작한 것은 바로 다이쇼 8년 직전이었던 것이다. 그 뒤로 한글은 일시침체 하여서 그냥 개인적 연구에 시종始終해 오다가 다만 다이쇼 15년에 이르러 음 9월 29일에 '정음 반포 8회갑回甲 기념회'를 내외국인 참집參集 아래 성대한 의식을 갖추고 식도원食道園에서 거행되었던 것이다. 이것이야 말로 세종이 정음을 반포하여 480년 만에 있던 최초의 기념회이었던 것이다.

기후其後 다이쇼 10년에 휘문의숙徽文義塾에서 임경재任環宰, 최두선崔斗善, 이승규李昇圭, 장지영張志暎, 이병기李秉岐, 이상춘李常春, 이규방李奎昉, 박순룡朴洵龍, 신명균申明均, 김윤경金允經, 권덕규 등 제씨의 발기로 조선어연구회가 창립되었고, 이것이 쇼와[昭和] 6년에 변하여 금일의 조선어학회가 된 것이다. 이상으로서 한글이 비로소 학문으로 수립될 여명기의 이야기는 대강 되었다고 생각하나 그러나 이것은 동시에 하나의 한글 발달사임을 말하여 두는 바이다.

63

「(여명기의 회상록 6) 최규동 씨에게 수학 발달사를 묻는다」

『조선일보』, 1939.6.22

쇄국의 철벽 안에서 오랫동안 한학의 충실한 노예가 되어 굴욕의 역사의 페이지를 넘기고 있던 조선사회에 비로소 자연과학의 서광이 비친 것은 지금으로부터 겨우 40여 년 전밖에는 안 된다. 자연과학이라 하여도 그것은 다만 수학에 그쳤고, 수학이 처음 들어오면서부터 일반 민중은 비로소 과학의 위력을 경탄의 눈으로 응시하였던 것이다. 수학계의 선구자로서 우리는 두 사람의 공훈자를 내세울 수 있으리라. 한 분은 이상설李相卨 씨고 또 한 분은 남순희南舜熙 씨다. 이 두 분은 최초로 조선에서 수학 서적을 간행한 분들이고 또한 실제로 그의 보급을 위하여 헌신한 분들이다. 물론 특수한 자기의 연구를 서술한 것은 아니라 하더라도 그 시대에 그만한 희생적인 출판을 계획하고 감행한 것을 생각할 때 저절로 머리가 숙여지는 것은 과장 없는 치하致賀의 일념一念일 것이다.

조선 최초의 산술 교과서요, 또한 이상설 씨로서도 최초의 저작인 『신산술新算術』 1권과 남순희의 교과서 저작은 과연 우리 수학계에 있어서 문헌적으로 영구보존해야 될 중보重寶가 아니면 안 될 것이다. 합병 당시에 고故 유일선柳一宣 씨가 창人골현 남미창정(南米倉町)에다 집을 빌리어 '정리사精理舍'란 간판을 내걸고 학도를 모집하여 교수하니 이것이야말로 최초로 조선이 가진 수물학數物學 교장敎場이었던 것이다. 정리사의 정리란 정신과학과 이과과학을 주로 가르친다는 의미에서 이니셜 문자를 따서 만든 이름이었다. 당시에 정신과학의 교재로서는 성서聖書와 논리와 윤리와 철학 등이었고, 이과과학의 교재로서는 수학을 필두로 하여 물리, 화학, 박물 등이었다.

정리사의 유일선 씨의 노력이란 그야말로 초인적이었다. 그는 오로지 신문화를 후대 조선에게 계승하자는 열의에서 거의 침식을 잊다시피 하며 낮과 밤을 헤아리지 않고 교단에서 온갖 정열을 소비하기에 추호도 주저하지 않았다. 그때에 정리사에 모인 학도로서는 최규동 씨를 비롯하여 안일영安一英 씨가 있었고, 그리고 한글 연구가로 후일에 이름을 떨친 고 주시경 씨가 있었다 한다. 이러한 쟁쟁한 제자를 가진 유일선 씨의 당시의 희열이야말로 컸던 것이다. 논리가 분명하고 사리가 정확한 학문으로서는 당시에 법률의 학구學究도 왕성하였지만 법률보다도 무엇보다도 수학이 단연 압도적이었다. 더구나 진리를 탐구하려는 순수한 정열적 학도들에게 수학이야말로 하나의 위대한 봉화같이 생각되었던 것이었다.

정리사의 제1회 졸업생은 단 12인에 불과하였다. 그러나 이 소수의 12인이란 양적 수효는 결코 질적 내용까지는 하등의 빈약한 영향을 주지 못하였던 것이다. 그의 대부분은 그 후 방향을 전환하기도 하고 혹은 별세하여 현재는 4~5인의 동창생을 모으기에도 힘들다 한다. 그러나 최규동, 안일영 씨를 비롯하여 양재기梁在璣 씨며 재령載寧에 있는 의사 이윤재李潤載 씨가 아직 남아서 각각 그의 특이한 방면에서 활동을 계속하고 있음을 우리는 잘 알고 있다. 그리고 다음 정리사의 제2회 졸업생으로서 현재 양정중학養正中學에 계신 장지영 씨며 휘문중학에 계신 김현장金顯璋 씨가 있다 한다. 불과 10여 평밖에는 되지 않는 교실에서 이상과 같은 인물을 배출하였다는 것을 회상하여 볼 때 우리는 고 유일선 씨의 노력과 결정을 다시 한 번 우러러보지 않을 수 없게 된다.

　그 후 5~6년이 지나 정리사가 넘어진 후 한동안 수학계도 중추를 잃어버리고 향학열에 불타는 젊은 세기의 학도는 할 수 없이 일시는 노두路頭에 방황하게 되었으나, 그러나 유 씨의 사업은 결코 중단되지는 않았던 것이다. 그의 첫 운동으로 다이쇼[大正] 3년에 박동현 수송정 일우一隅에 중동학교中東學校가 탄생하였으니, 이것이야말로 유 씨의 유일의 제자 최규동 씨의 희생적인 각오와 열화같은 발관發憤에서 이루어진 정리사 넘어간 후 첫 번으로 생겨난 수학의 배움터이었던 것이다. 중동학교를 세운 후부터 최규동 씨의 정신적 또는 경제적 고초야말로 그것은 과연 문자 그대로 형리荊莉 역사요, 고난의 기록이었던 것이다.

　창립 당시에는 불과 6~7인의 학생이 있었지만 5년이 지나 다이쇼 8년경에는 일약 500여 명의 학도가 좁은 교실을 향하고 조수같이 몰려들었던 것이다. 거기에는 물론 시대적 변천도 있었고, 문화적 욕구도 병행하였던 것은 말할 것도 없다. 최규동 씨는 이에 스스로 자진하여 그의 건강을 우려하는 동지와 친지의 충고도 듣지 않고 결연히 학급을 3부제로 고치고 아침, 낮, 밤으로 하루를 세 토막으로 나누어 교원敎援하기로 하였던 것이라 한다. 시대의 선각자 최규동 씨의 과거의 정열과 또한 현재까지 지속되는 초인간적 정력에는 누구나 지고지대至高至大의 경의와 사례를 준비하지 않으면 안 될 것이다. 최규동 씨의 제자로서 그 후 수학계에 투신하여 대성한 인물이 불소不少하지만, 그중에도 일찍이 도호쿠제대[東北帝大] 수학과를 마치고 현재 덕성여자실업학교德成女子實業學校의 부교장으로 계신 최종환崔宗煥 씨를 비롯하여 중앙중학中央中學에서 물리학의 교편을 잡고 있는 고백한高白漢 씨와 배재중학培材中學의 임창순任昌淳

씨, 휘문중학徽文中學의 김창호金昌鎬 씨 등 진실로 많은 현역 중견 교육가를 망라하고 있는 것이다. 수학계의 여명기는 오로지 유일선, 최규동 양 씨의 피의 역사요, 세기적 정세의 연소기燃燒期였다는 것을 끝으로 감히 부언하여 두는 바이다.

64

「(새 시대에 학술도 동원, 사변과목을 찾아서) 고어학자 양주동 씨」

『조선일보』, 1939.12.5

'만몽어의 연구'라는 제목을 가지고 경신학교儆新學校로 양주동梁柱東 씨를 찾은 것은 어느 날 오후-"만몽어의 연구는 언제부터 시작하시었습니까. 그 동기는?" 응접실로 들어서자 기자는 우선 이 같은 질문을 발發하였다. "내가 여기에 흥미를 느끼고 연구 노트를 정리하기 시작한 것은 벌써 여러 해 전부터입니다. 그러나 여기에 내가 남보다 수 배의 매력을 느끼고 비로소 본격적으로 몰두하기 시작한 것은 극히 최근이라 아니 할 수 없을 것입니다."

씨는 여기서 잠깐 말씀을 쉬었다가 "동기라야 별 것이 없습니다, 말하자면 당연히 우리들로서 해야 될 필요한 과목이라고 느낀 때문일 것입니다. 더구나 지나사변支那事變을 하나의 역사적 계기로 해서 대아세아大亞細亞의 건설을 목전에 둔 우리로서는 만주어 혹은 몽고어의 연구보다 더 유의미한 행사는 없을 줄 압니다. 지리적인 연결, 혹은 접근보다도 일 보 나아가 문화적인 혹은 정신적인 접촉과 연결에서 비로소 대아세아의 건설은 구현되는 것이 아닐까, 나는 이렇게 생각합니다."

본시 격정적인 씨라, 벌써 어조에는 흥분이 가하였다. "내지內地만 하더라도 일찍이 메이지[明治]년대에 있어서 여기에 대한 연구가 왕성하였습니다. 그 중에도 외국인이 섞인 것은 학계에 있어서 하나의 경이라 하지 않을 수 없습니다. Chamerlain이나 Aston 같은 유럽[歐羅巴]인의 손으로서 내선어[內鮮語]의 비교 연구가 있었습니다. 최근에 이르러서는 오구라 신페이[小倉進平] 씨 같은 이가 조선어 연구에 조예가 깊은 것은 정평입니다. 물론 이것은 우리들로서는 크게 부끄러워해야 될 문제일 것입니다. 우리의 역사, 우리의 고전을 오로지 남의 손에다만 일임하고 다만 옆에서 고스란히 방관하고 있다는 것은 우선 문화인이란 입장에서 크게 수치를 느껴야 될 줄로 압니다. 조선의 구 지명에 관한 연구도, 내지의 학자 츠보이 구메조우[坪井九馬三] 씨나, 미야자키[宮崎] 씨에 의해서 비로소 정리되고 있습니다. 이 얼마나 부끄러운 일입니까."

여기서 기자는 "그럼 현재 선생께서 연구하시는 테마는?" 하고 말씀을 가로채었다.

"가장 중요한 것으로는 내선어의 위치라는 것이 있습니다. 그중에서도 우랄알타이족에 있어서의 조선어의 위치라는 것은 어떤 것일까, 이것이 나의 제1 연구테마입니다."

"연구의 방법에 있어서 좀 구체적으로 말씀하여 주시었으면."

"이것을 철저히 하자면, 여진어, 만주어, 몽고어를 조선어와 내지어와 함께 상호 비교하지 않으면 안 됩니다. 이러한 여러 동양 민족의 언어와 문자가 상고[上古]에 있어서는 어떠한 관계를 가졌으며, 여하한 영향을 갖추어 또한 어떠한 과정을 거치어서 오늘의 발전을 보게 되었을까 나의 연구 초점은 여기에 있습니다."

"말하자면 고어 고문법을 비교 연구하는 것이겠습니다."

"물론 그렇습니다. 그러기 위하여서는 ① 상대[上代] 어법 연구가 있고, ② 국명, 지명, 인명, 관명 등의 연구가 필요하며 ③ 북방 고구려어와 만몽 고어의 비교 연구가 있어야 됩니다."

"연구 도중에서 특별히 느끼신 것은 없으십니까."

"많지요. 우선 비근卑近한 예 하나를 들더라도 우리의 시조로써 주몽朱蒙이란 이름은 다 알지만, 과연 주몽이란 문자가 어디서 어떻게 기원하였는지 아는 사람은 드물 것입니다. 『삼국사기』나 지나사支那史에서 우리는 쉽사리 주몽이라는 문자를 찾아낼 수가 있을 것입니다. 그러나 그 문자의 근거에 대해서는 극히 애매할 것입니다. 나 역시 처음 주몽이란 문자를 '춤'으로 해석한 적이 있습니다. 어떤 사람은 선시자善矢者라 하여 옛날에 활 잘 쏘는 사람을 그렇게 지칭하였다 하나 이 역시 수긍할 수 없는 허설虛說에 불과합니다. 주몽이란 문자는 우리가 만주어를 연구하여 보면 비로소 만주어의 쥐린몽[탁림몽하(卓琳蒙河)]으로부터 변화된 것을 쉽사리 알 수가 있을 것입니다."

어느덧 씨의 어조는 웅변체로 변했다. "이런 시급한 연구가 왜 지금까지 있었을까요."

"글쎄올시다. 부끄러운 일이지요. 오늘의 조선어 혹은 조선어문법의 학자가 다만 한글의 자형 구성의 방법이나 양식에만 구니拘泥되어, 위에서 말한 바 대아세적 연구에 등한한다는 것은 확실히 유감이 아닐 수 없습니다."

말씀이 끝나자 교정에서는 상학종上學鐘 소리가 시끄럽게 들려왔다.

65

「(새 시대에 학술도 동원, 사변과목을 찾아서) 전 젊은 법학자 서재원 강사」

『조선일보』, 1939.12.6

시외 안암정安岩町 보전普傳에 젊은 강사 서재원徐載原 씨를 찾으니 마침 교수를 마치고 나오시는 듯 출석부와 분필통과 노트 같은 것을 옆에 끼고 직원실로 들어선다. 명함을 드린 후 기자는 총총하게 질문의 제1탄을 던졌다.

"금년같이 다사多事한 입법의 기록을 가진 해는 없었지요?"

"그렇지요. 우선 지난 3월 25일에 끝난 제74의회에 통과한 법률만 하여도 89건이나 되고 또 국가총동원법國家總動員法도 금년 들어서 비로소 전면적으로 발동되었으니까 여간 다사한 것이 아니었습니다."

기자는 여기서 기회를 가로채어 가지고 "바로 그 총동원법입니다. 선생은 요즈음 그 방면을 특히 연구하신다지요?" 하고 자못 수식 없는 질문을 발發하였다.

서 강사는 차근차근 강의를 하시듯 말씀을 계속한다. "아직 구체적으로는 아무것도 없습니다. 그 법률 자체가 그저 일반적으로 헌법상 법률의 형식으로서만 제한 혹은 금지할 수 있는 사항을 칙령勅令의 형식으로 규정할 수 있다는 추상적인 일반적 위임을 내용으로 하고 있는 법률임에 그치고 무엇을 어떻게 통제한다는 구체적 시책에 관해서는 아무런 규정도 없는 형편이니까요."

씨는 여기서 잠시 말을 중단한다.

"그러니까 이것은 단지 전시戰時에 있어서만 연구의 대상이 될 수 있는 법률이겠습니다" 하고 방향을 전환하였다.

"그렇지도 않겠지요. 다른 부문에서도 그렇겠지만 특히 법률에 있어서는 연구를 계속하는 데 무엇보다도 필요한 것은 냉정하고도 중후한 두뇌와 태도일 것입니다. 그러니까 설혹 전시가 아니라도 우리는 우리들이 필요하다고 생각하는 과목에 있어서는 언제나 연구를 게을리 하여서는 안 될 것입니다."

작년에 고문高文을 패스하였다는 씨는 아직도 어딘지 모르게 학생다운 정열이 말끝마다 넘쳐 흐른다. 기자의 질문이 발할 사이 없이 씨의 이야기는 다시 계속한다.

"말하자면 이런 것을 가르쳐 학자의 태도라고 하는 것이 아닐까요."

기자는 씨의 이 같은 말에 쉽사리 수긍할 수 있었다. 전시에 있어서는 국제공법國際公法의 효용이란 근본적으로 파괴되고 혹은 유린될 지도 모른다. 그렇다고 해서 평시에 있어서의 국제공법 연구가 무용이라는 논법은 서지 못한다. 학문은 이렇게 지지遲遲한 것 같으면서도 정작 때가 오면 역시 효용을 발휘하는 것이다. 그렇다고 해서 어떠한 시국이 특이한 새 과제를 제공할 때조차 그것을 일부러 회피하는 것은 아마도 학자의 태만이라 이르리라. 여기에 학자로서의 미묘한 지성의 움직임이 필요한 것이리라.

"국가총동원법 중 가장 우리들의 일상생활과 관련 있는 것은?"

"그것은 지난 10월 20일부터 시행된 '가격 등 통제령'과 '지대가임地代家賃 통제령'일 것입니다. 이미 아시다시피 '가격 등 통제령'이란 것은 가격, 운송임, 보관료, 손해보험료, 임대료와 또는 가공임加工賃의 인상을 금지한 것이니 즉 말하자면 원칙적으로 지정 기일인 지난 9월 18일부터 가격을 초월하여 계약 지불, 수령을 못 하는 것입니다. 다음 '지대가임 통제령'의 내용은 재래 조선에서 시행되어오던 전세금을 포함한 의미의 지대가임을 원칙적으로 쇼와 [昭和] 13년 8월 4일조선에 있어서는 쇼와 13년 12월 31일에 정지시키어 특별한 사유 있는 경우 이외에는 증액을 한다든지 또는 차주借主의 부담이 증액될 조건 변경을 인정하지 않는 것입니다.”

여기서 씨의 증명은 또 한 번 그치었다. 상하를 물론하고 국가가 전폭적으로 동원되어 동아 신질서의 수립을 위하여 돌진하고 있는 지금에 있어서 국가총동원법에 대한 연구가 진지하게 진행되고 있음에 부디 유종의 미를 거두기를 빌며 젊은 학도의 앞을 떠나 동대문행 전차를 잡아탄 것은 어느덧 황혼이 짙은 석양이었다.

2부
논저 서평을 통한
조선연구의 진흥과 논쟁

66

「최육당의 『백두산근참기』를 읽음」(전3회)

안민세, 『조선일보』, 1927.10.13~18

가을 창 밝은 등에 정궤淨几를 향하여 책을 펴니 『백두산근참기白頭山覲參記』는 즉 육당六堂 최남선崔南善 씨의 근저近著이다. 은퇴 생활을 하고 있는 육당은 저서著書함으로써 직직職을 삼으니 일찍 본면本面에서 소개하였던 『심춘순례尋春巡禮』는 그가 기임己任으로 삼는 조선토朝鮮土 조선정신을 찾아냄을 위한 만근挽近 최초의 작作이라 할 것이오, 그의 시조집인 『백팔번뇌百八煩惱』가 금춘에 나와 아직 나의 안두案頭에 있다. 한 번 독후감을 쓰라는 부탁은 받았으나 나의 녹솔簏率함이 시詩를 논할 바 아님으로 일찍 비판의 붓을 들지 못하였고, 읽어서 매우 흥미 얻은바 있었으니 또한 유수有數한 작인 것을 수긍할 것이다. 시조의 부활 문제에 관하여는 근자 문단에서 다소의 논의가 있는 줄 알거니와 그는 어찌하였든 조선 고유 시형詩形으로서 의의와 가치를 가지는 시조에 대하여 육당은 현대에 드물은 작가이었고, 더욱이 그를 천명 부흥케 하기 위하여 퍽 노력한 바 있는 것을 다多타 하겠다.

그러나 『백팔번뇌』의 108편 시도 결국은 모두 그의 연모戀慕 숭경崇敬하는 대상이 되는 조선인 '님'과 조선국토의 예찬과 영탄詠嘆 등으로 된 것임을 볼 때에 시에 대한 시인적의 비판은 비켜놓고서도 조선, 조선토, 조선정신에 대하여 못 잊어하고 애틋해 하고 때로는 추근추근하게 답새우는 심경을 짐작할 것이다. 이와 같이 집착하고 번뇌함에 대하여 그것의 가치성을 비판하는 것보다도 그처럼 연모 우민憂悶하고 집착 번뇌까지 하는 남다른 고벽痼癖을 가진 곳에 육당의 육당 됨을 알았으면 족하다고 생각한다.

육당의 근작 중에 「고조선 그 문화」란 자 있으니 일찍 본보本報를 통하여 공포하였음으로 전말顚末을 일열 一閱한 바 있었으나, 아직 그 단행본으로서 간포刊布됨을 못 보았고, 『백두산근참기』는 그의 제호와 같이 백두산 등척登陟의 기행문인 자이다. 백두산은 조선토의 기축機軸이오, 동방산휘東方山彙의 일대 조종祖宗이다. 그를 등척하기에는 수순數旬의 시일을 요하고 연화烟火가 주접駐接한 인간세를 떠나서 거림태악巨林泰嶽의 속에 주접駐接하기를 누일累日로써 하는 것이나 그 기記를 함이 워낙 호만浩漫하려니와 육당과 같은 광장廣長한 서술가에 의하여 비로소 그 전반을 드러내게 된 것은 수월치 아니한 인연이라고 하겠다.

"백두산은 (…중략…) 동방 민물民物의 최대 의지依支요, 동방문화의 최요最要 핵심이요 동방의식의 최고 연원입니다"고 권두에 썼다. 백두산 관觀에 대한 작자로서의 태도의 대부분을 볼 것이며 이 기행문을 '근참기'로써 이름 지은 것처럼 일一 산악을 등척함이 아니요, 일개의 숭엄홍대崇嚴洪大한 존재자로서 첨알瞻謁하였음을 증證함이며 따라서 이 편의 문장이 어떠한 내용을 가졌을 것은 소위 생각이 반에 넘음을 단斷하겠다. 이러한 견지로 보아서 글의 중심은 제14장인 '어허 국사대천왕지위國師大天王之位'라고 한 부분부터에 있다 하겠고 백두산기의 더욱이 육당의 쓴 백두산기로서의 대부大部의 의의가 이 대목부터에 있다고 할 것이다.

"백두산신이 '천왕'이시겠지, 그래 '국사대천왕'이시겠지, 그가 국사신이자 산신이자 조신祖神이자 천신이신 바에 그 호는 마땅히 '천왕'이실 밖에 없으며 단군의 원의인 '천왕'일 밖에 없으며 환웅천왕桓雄天王의 '천왕'일밖에 없으며 한우님의 전역轉譯인 '천왕'일밖에 없으며 산천신山川神 삼위일체의 인격적 표현인 '천왕'일밖에 없을 것···"은 고조선에 관하여 조선학적으로 종횡 연구한 자의 "이론상으로 전설상으로 ··· 다른 군소 신산의 실례상으로" 그러하지 않을 수 없는 바이지만 총본원이오, 도지귀都指歸인 백두산 신묘神廟에서 '천왕지위' '국사대천왕지위'라고 목위木位에 대서심각大書深刻하여 엄연히 봉안한 곳에 그는 그야말로 수희찬탄隨喜讚嘆 항대막배項戴膜拜함을 저절로 깨닫지 못하였다 한다. '행행우행行行又行行'이 임임우임林林又林林'인 40리 처항령處項領의 웅심雄深한 밀림지대에서 소위 "백두산 들어서며 최초 우ㅼ 최종, 최고 우ㅼ 유일의 종교적 건물이오 부근 거민의 신앙상 중심 영장"이 된 백두산 성황당인 대신천왕묘에 대한 씨의 정감이오, 또 이륜이며 이론이오, 또 정감인 것이다.

육당은 일찍 「단군론」을 발표하여 매우 용장冗長한 고증문자를 늘어놓았었다. 그러나 냉안자冷眼者의 본 바에는 이 '어허 국사대천왕지위'라고 감탄한 문자에서 간단하나 오히려 명확하게 단군의 의의 및 그 국사적 관계를 논파하였다 하겠다. "천왕은 원시 조선에 있는 일체 문화의 최고 존재이던 것들로서 신앙상의 절대자, 권역상의 제일인, 종족의 최고조에 이 칭위稱謂가 있었으며, 다시 그 표상이 된 것, 곧 신시신사神視神事하던 사물과 신여신재神如神在하는 인직사職도 최고 유일인 방면에서 또한 '천왕'으로 일컫던 것"은 조선 고문화의 모든 자취를 살피는 것의 한 가지로 그 설說을 인認할 것이오 백두산기 중에 가장 사적史的 가치를 가진 부분이라고 하겠고, 이 '근참기'를 추천할 가치가 있는 일ー 중요 조건이다.1회

"일심으로 백두천왕께 귀명歸命합니다···" 이렇게 육당은 '대백두 대천지大天池'에서 마음으로 탄덕문嘆德文을 읽어 바치었다 한다. 그는 필경 대백두 대천왕

의 일─ 신도로서 그에게 막배귀의膜拜歸依한 것이다. 그는 자아의 온갖을 잊어 버려서 절대자와 같이 계신 대백두 대천왕께 바치고 만 일개의 백운향도白雲香徒 되고 말았다. 육당은 신비 권능만광權能萬光의 광만력光萬力의 력力을 백두산 대천지에서 영감靈感하고 아주 그냥 '일심귀명'하고 말았다. 육당은 근자 이러한 신앙적 무아無我 현상에 들어가는 일이 종종 있어서 심한 때에는 어떠한 자연의 물상物像, 이법理法의 활동에 대하여서도 자칫하면 '대갈님, 검불님'식의 인격적 경앙의 정을 부치는 말을 쓰니 근자의 그 저서를 보다가 그윽이 픽 웃게하는 때가 많다. 그러나 이러한 독자의 심경은 육당 자신이 아니고서는 감득할 수 없는 바이오, 이 때문에 보기에 용장 번잡한 부분도 적이 없지 아니하다. 그러나 육당의 저서에는 항상 그 독특한 함축이 있고 또 감격이 있어서 한번 보지 아니할 수 없는 것이 많다. 『백두산근참기』도 탄덕귀의의 문구가 너무 많은 것이 오인의 성향과는 맞지 않는 바이지만, 그의 사학적 온오蘊奧라든지 유려웅혼한 산해문장山海文章의 가치는 이 방면의 출판 중에 그 짝이 드문 것이다. 더욱이 단군학설에 관하여는 작술昨述인 외에도 지적할 점이 많다.

『삼국지』의 천군天君, 『후주서後周書』의 등고登高, 마한馬韓 고토古土에서 '무당'의 칭호인 '단굴', 조선 고전의 단군이란 것이 시방 민속의 천왕으로 된 것이니 천왕이 즉 단군으로 족조族祖이자 국조이오 신인神人이자 천인天人이란 것은 작일에 소개한 것과 한 가지 단군 및 단군을 중심으로 한 고조선사에 관하여 가장 결정적인 수확을 서기書記할 자로서 '국사'와 '천왕' 양개어兩個語의 종교적, 신화적 상호관계를 구명한 것을 아울러 전인미발前人未發을 발하였다 할 것이오, '옥수밀림玉樹密林의 천리천평千里天坪'을 지나면서 동방의 천산인 백두산이 머리에 천지, 몸에는 천하天河(승가리우라), 허리에 천평을 가지게 된 지명기원의 연유를 설설說하고 거악巨嶽에 위圍하고 장강長江이 윤潤하여 그 광대웅록

함이 고전상의 국가의 요람지로서 담정 됨이 우연 아님을 논하여, '홍익인간'하는 숭대한 이상으로 '신시'적 포치布置와 번영의 노경露境을 이루던 "단군의 탄강지誕降地요, 조선국의 출발점"인 것을 단斷한 데에는 또한 수긍키에 주저치 않게 하는 바 있다.

삼한三韓에 비리卑離, 예濊의 불이不而, 백제의 부리夫里, 신라의 벌伐, 불화(弗火) 내지 북방 제국의 부여夫餘가 군읍郡邑 내지 방국邦國을 의미하는 어語임에 의하여 천평의 평은 즉 '벌'의 역이오, 천평은 즉 '한벌'의 역자譯字로서 '한'의 환桓, 한韓 등 제어諸語와의 관계를 아울러 '한벌'일 천평이 단군 조국肇國의 고처古處일 것을 방증한 데에도 퍽 흥미를 일으키게 한다. 뿐만 아니라 금조金朝 장종 제章宗帝의 진책進冊과 청조淸朝 강희제姜熙齊의 존숭한 칭호인 '개천굉성장백산대신開天宏聖長白山大神'의 제목으로 백두산 신앙사信仰史의 내외 역대 재적載籍에 흩여져 있는 것을 역론歷論하고 씨의 소위 '불함문명不咸文明'의 근본적 내포인 '태양 산악복합문화'의 개요를 설하여 동방 제국諸國의 국조와 성산聖山의 언어, 고고考古, 전설, 종교, 토속 제학적諸學的 견지로서의 대증對證 논단을 시試한 곳에도 확실히 사적史的인 수확과 겸하여 희곡적인 탐독미를 끄는 문자인 것을 추칭推稱하기에 아깝지 않겠다.

단군과 및 단군을 중심으로 본 고조선사에 관하여 지적한바 몇 편의 기행문에서 「단군론」 이상의 간명하고 귀중한 사재史材를 함축하였다고 나는 단斷하였다. 조선 일반사에 있어서 단군을 구명할 필요가 있다 하면 하느니 만치 『근참기』는 일독할 가치 있는 글이거니와 『백두산근참기』에 있어서는 전혀 본간적本幹的이 아닌 기술이면서도 자못 중요한 사재의 하나가 되는 것은 '눈물에 젖은 정계비定界碑', '국경문제의 원인 경과' 등 편에서 보게 되는 자못 해박하고 정확한 한청韓淸 양국 국경 경쟁사 그것이다. 다른 데에서 '어허 한아버지'류의 정대납배頂戴納拜하기에 갈망을 못 한 듯한 문자보다는, 여기서야말로 학구적 냉정도 있고 국토적 정열도 보여서 일반적인 독서자에게는 이러한 수 편에서 도리어 경의를 가질 만한 일이니, 토문土門, 두만豆滿이 전연全然이 다르 다는 사실을 변辨하고 청조와 일본의 혹은 횡포 혹은 무성의하던 종종의 사태 를 박駁하여 국토적 울분의 일 — 돌기突起와 조선민족사상朝鮮民族思想 발흥의 일 대 시기인 것을 역론力論하고 천 여 리 간도間島가 부질없이 타인에게 귀속한 것 을 개탄한 곳에는 육당에게 드물게 보는 봉예鋒銳를 나타낸 바 있다. 이 일서一 書가 양서良書라고 말하기에 주저치 않게 하는 유력한 일 조건이 또 된다.2회

　육당은 학자이다. 조선학, 국학의 학자이다. 그가 조선을 위하여 집착 번뇌 하느니만치 조선학을 위하여는 왕왕히 과학적 냉정을 잃는 때가 있다는 것은 그를 가장 잘 아는 자의 선의의 평이오, 나도 또 그렇게 평하려 한다. 백두산 대천지의 숭엄 찬란 유현幽顯 신비한 경상景象의 속에 푹 파묻혀서 "뜨실 때면 천지天池가 개벽開闢, 감으시면 세계가 폐벽閉闢"이라는 논법으로 무아몽중의 객 시客視을 떠난 '탄덕'을 한 것을 어제도 말하였지마는 무릇 그 논제 되는 바와 다소의 관련이 있는 자이면 휘몰아오고 통틀어 넣어서 무슨 '휘림彙林, 유제類 祭'를 만들고 마는 데에는 나로 보아서는 수긍키 어려운 점이 적지 않다. 그러 나 이러한 것을 이런 것대로 그 특색은 따로이 특색으로 보고 싶다.

　'숭엄 웅대 유비幽秘 미묘'하고 '대기大寄 절묘 진미여호眞美如好'한 삼지미三池美 를 묘사 또 비판하여 백두산 미의 클라이막스이오, 조화造化의 가장 자신 있는 대걸작인 것을 단斷한 바와 만목황량滿目荒涼함은 눈물도 자아낼 듯 영명총백瑩 明叢白함은 옥수경림玉樹瓊林 그대로를 헤치고 나감과 같은 천평 천리千里의 겁회劫 火에 타고 남은 변환된 장면을 지나면서의 기술이라든지 "들죽 매젓 산척척山 躑躅 백합百合 금납매金蠟梅" 등의 장과醬果를 매치는 관목림灌木林과 연진烟塵을 떠

나서의 온갖의 화훼가 망망芒芒하고 총총葱葱하고 처염凄艶하고 분복芬馥하고 혹은 극청초極淸楚 극한아極閑雅한데 일대一帶를 지나서 다시 일대 분포와 배치排置는 자연의 미의 극치를 이루어서 집중적 취락적 또 배타적으로 식물 경관의 개개의 왕국을 형성하여 그 일일이 뿜어내는 향기가 스스로 천색의 천향으로 중중重重의 향해香海를 현출現出함을 서술한 것 같은 것은 소수미小須彌의 칠중향수해七重香水海를 현실계에서 보는 것처럼 그 묘의 심미가 독자조차 어느덧 황홀한 경지에 표유漂遊하고 있는 듯 하는 선화仙化의 감을 일으킨다 할 것이니 이 모든 편은 모두 순정한 기행으로서도 희유한 걸작이오, "백겁여토百劫餘土인 합란평야哈蘭平野 산해웅려山海雄麗한 함경연선咸鏡沿線"으로 '100절折 50리의 후치대령厚峙大嶺' 등을 비롯하여 혹은 금고今古 민속의 유래도 설說하고 남북 풍습의 교호交互를 논하며 위압적의 번음繁陰이 78처處의 목교木橋를 뒤덮는데 임간林間의 대전당 형형색색의 송락미松絡美 중에서 소요逍遙도 하고 냉풍한우冷風寒雨가 숙숙이肅肅이 쏟아지는데 무인절학無人絶壑에서 화톳불을 지펴 홀지忽地에 형성된 대촌락에서 밥이야 찬이야 법석이 하고 있는 야신夜神이 놀라 난찬亂竄할 듯한 장면에서 5천 년 이전 원시생활의 꿈자취를 생각하는 것 등은 다만 건조한 사적 가치를 떠나서 스스로 유원웅박幽園雄博한 감격과 심미의 생활에 들어가는 개慨가 있게 한다. 이외에도 안무와 교양이 아울러 가륵하여 산간 개창開창의 숨은 위인인 김삼암金三岩의 사적事蹟을 소개하고 이복인異服人의 성곽, 참호塹濠 판 국경 조선에서 조선인의 침입을 방수防守하는 억울한 사정을 하소한 곳에는 형언치 못할 추모 분분의 정을 일으키니 이것은 『백두산근참기』를 읽는 대체의 소감이다.

웅려정명雄麗貞明한 산하를 임하매 나의 향토인 것이 반가우며 돈후소박敦厚素朴한 민물民物을 접하매 나의 붕우朋友인 것이 탐탁하고 거야巨野와 장령長嶺, 선

민경기先民經紀하던 땅을 밟아서 그 한혈汗血의 자취가 헛된 데 돌아가려 함이
안타까우며 순결영유純潔嬰柔한 진진振振한 동몽童蒙들을 대하매 꽃봉오리 같이
피어나는 그들의 영원한 앞길이 그지없이 궁금하다. 만일 또 동탁童濯한 산하,
조폐凋弊한 촌락에는 경퇴傾頹하여 가는 사회가 철골徹骨의 한恨을 일으키고 풍
비豊肥한 전지田地, 무성한 화서禾黍, 오히려 빈척貧瘠한 인민의 고적한 방황함을
볼 때에는 나부懦夫와 같이 겁怯하던 몸에도 전의, 투지, 영원한 정전征戰의 백
열白熱한 의식이 솟아오는 것이다. 이것은 오늘날 조선토를 밟고 조선민을 찾
는 자의 인간으로서, 세계인으로서, 조선인으로서, 무릇 기혈이 있는 자의 없
을 수 없는 감격이오, 경험일 것이다. 육당의 기행을 보매 이 정情이 있고, 이
원願이 있고, 그러나 그의 믿는 바 원源을 소疏하고 유流를 홍弘함을 기임己任으
로 삼는 일념을 위하여 언언言言 부언언復言言하는 고충이 있음을 알 것이다.

　현하의 조선은 급격한 변동의 도정에 있다. 그는 필연이거니와 또 당위의
일이다. 현대적으로 과학적으로 또 혁명적으로! 이렇게 부르짖는 것이 현대
인의 시대적 요구이다. 그는 매우 옳다. 그러나 유유悠悠 5천 년 격심한 풍상
을 지내온 백겁여사百劫餘事의 조선에서 겁화劫火에 타다 남고 격랑에 쓸리다 남
은 고문화의 자취에 관하여 연모경중戀慕敬重하고 찬탄천명讚嘆闡明함을 기임己任
으로써 하는 자가 또한 병존공취並存共就할 천지天地는 자재自在할 것이다. 모든
맑스의 학도, 레닌의 학도, 혁명문학자, 그의 전투의 고취자가 배출 또 배출
함을 요함이 긴절하냐? 그 긴절하냐? 이 때에 있어서 조선학을 홀로의 임任으
로써 하는 자는 도리어 희귀하다. 위하여 독후감을 쓰는 것이다.3회

67

「『조선어철자법강좌』 장지영 씨의 신저를 읽고」 (전4회)

염상섭, 『조선일보』, 1930.11.1~7

　너의 눈썹이 몇 개인지 아느냐고 묻는 사람이 있다면 미친놈의 희담戲談이라고 웃고 말을 것입니다. 사실 아무리 할 일 없는 놈이기로 제 눈썹을 헤이고 앉았을 놈이 천지개벽 이후에 한 사람도 없을 것이니까요. 그러나 네 오른편 눈이 작다고 남이 말할 제 그렇든가 하고 새삼스럽게 거울을 내어들고 비추어 봅니다. 어찌하여 제 얼굴을 제가 모르리까마는 그만치나 무심히 넘기는 수가 많은 까닭입니다. 이것도 오히려 괜찮다고 할 수 있습니다. 그러나 심술궂은 사람은 거울에 비추어 보고 번연히 한 눈이 크고 한 눈이 작은 것을 알면서도 아예 그렇지 않다고 고집을 세우는 사람이 왕왕히 없지 않은 데 이르러서는 벌리었던 입이 막히고 맙니다. 또 그는 고사하고 남의 눈이 짝짝이라고 비웃을 줄은 알아도 정작 제 눈이 짝짝인 줄은 모르는 사람이 더 많습니다. 그리고 그러한 사람일수록 내 눈은 결코 짝짝이 눈이 아니라고 입가에 게거품을 품고 한층 더 고집을 세웁니다. 그리하여 서로 악다구니를 시작합니다. 똥 묻은 개 겨 묻은 개 나무란다는 말이 이를 두고 한 말이겠지요마는 그 꼴이란 마치 벙어리의 싸움과 같습니다. 벙어리가 벙어리를 흉보자니 한 벙어리가 '저 불 봐' 할 것을 '저 부 바'하면 또 한 벙어리는 '저 부 바가 머야

저 부 바지' 하고 비웃으나 정말 비웃을 사람은 옆에서 듣는 성한 사람이요, 벙어리의 싸움은 끝날 때가 없을 것입니다.

오늘날 우리의 한글에 대한 태도가 이러하고 한글에 대한 논의의 분분함이 또한 이렇습니다. 이조李朝조선민으로서 한글을 갖게 된 그 대행大幸을 조선祖先이 일찍부터 누리지 못하였음은 다시 말 말고라도 한글을 모름이 제 낯짝의 눈썹 수효를 모름과 같다 하여서 쓰겠습니까. 그는 오히려 용서할 여지가 있다 하더라도 제 눈이 짝짝이임을 무심히 지내듯이 짝짝이 글을 써놓고도 짝짝이 글인 줄을 몰라서야 되겠습니까. 또 한 걸음 나가서 이것도 아직 용납할 틈이 있다고 하십시다. 그러나 제 눈이 짝짝이임을 번연히 알면서도 그렇지 않다고 부득부득 자기 주견主見만 내세우듯이 자기의 쓰는 법이 옳다고만 뻗대는 데는 □□가 없지 않습니까. (판독불능─엮은이) 학리를 떠난 무식이거나 관습에서 나오는 것입니다. 날마다 비추어 보는 제 눈이 어떻게 생겼는지를 모르듯이 날마다 쓰는 제 글이 어떠한 성질과 어떠한 조직을 가졌는지 거기 대하여 판무식이요, 또 무식한 대로 관습이 되어 굳어 버린 때문이외다.

이치에 어그러진 관습도 따져보면 무식에서 나온 것이지마는 그 무식은 등한시하는 데서 생긴 병이외다. 제 눈이 짝짝이인 것을 모르는 것은 제 눈을 이때껏 보지 못하여서가 아니라 무심히─ 등한히 보아 넘기기 때문임과 같이 제 말과 제 글을 이렇게 써야 할 것을 저렇게 쓰고 저렇게 써야 할 것을 이렇게 쓰는 것은 너무나 무심한 대로 등한한 대로 함부로 써 버린 때문입니다. 그러나 제일 안 된 것은 그럴듯한 비조직적, 비과학적, 비이론적의 버릇習慣만을 앞세우고 조직적의 것, 과학적의 것, 이론적의 것을 도리어 비방하고 배척하는 일입니다.

한 가지 쉬운 예를 들어 보십시다. 가령 '수취'라는 말이나 '신앙'이라는 말을 쓸 때 '밧고, 밧다, 밧으며, 밧아서…'라 쓰고 '밋고, 밋다, 밋으며, 밋어서…'라고들 씁니다. '밧고, 밧다- 밋고, 밋다'에서는 발음이 그 글자대로 나기는 납니다. 그러나 '밧으며'는 '바스며'라고 발음이 될 것이요, '밋어서'는 '미서서'라고 발음될 것입니다. 그런데 이러한 문자를 떠나서 실제로 발음함에는 '바스며'가 아니라 '바드며'요, '미서서'가 아니라 '미더서'로 발음합니다. 그러면 '고, 다, 으며, 어서'라는 조사나 조동사는 떼어놓고 어근 '밧'이나 '밋'만을 가지고 생각할 제 '바'나 '미'에 ㅅ받침을 해야 옳겠습니까, ㄷ받침을 해야 하겠습니까, 또는 ㅅ과 ㄷ을 다 같이 써야 옳겠습니까.

그런데 여기에서 생각할 것은 ㄷ이 ㅅ음으로 날 수는 있으되 ㅅ이 ㄷ소리는 나지 않는다는 것과, 모든 과학이 그러함과 같이 글은 한 규모로 통일되어야 한다는 원칙을 잊어서는 안될 것입니다. 그러면 '밧'을 쓸 것인지 '받'을 쓸 것인지 또는 '밋'이 옳은 지 '믿'이 옳은 지 알 것이요, 따라서 철자법이 얼마나 소중한가를 아는 동시에 이때까지 우리가 얼마나 그릇 써왔는가를 깨달을 것이며 함부로 고집부리는 무식을 스스로 뉘우칠 것입니다.[1회]

말에 방언이 있음은 아직 하는 수 없다 할지라도 글이 학리적, 조직적으로 통일되어야 하겠음은 아무리 신조직체-신철자법을 눈 서툴러하고 쓰기 괴로워하는 사람들이라도 승인할 줄로 믿습니다. 글이 말이나 뜻을 대신 전달하는 기호 부호이면야 그것이 여러 갈래로 나뉘어서 천 사람이 천 갈래로 쓰기는 고사하고, 한 사람의 손으로 쓰는 것이 세 갈래 네 갈래로 뒤범벅이 되어서 분간을 할 수 없으면야 애초부터 그따위 기호나 부호를 쓸 묘리妙理가 어디 있을까 봅니까. 또한 여러분이 receive라는 영자의 스펠을 잘못하여 recieve라고 글자 하나만 전도시키거나 수취受取를 취수取受라고 글자를 뒤바꾸면 큰 무식 큰 수치임을 알면서 '받음'을 '바슴'이라 써서 파괴라는 전연히 딴 말이 되어도 그것을 조금도 무식치치無識致致라 생각지 않고 그것을 왜 부끄러워할 줄을 모릅니까.

그 원인을 여기에서 장황히 말하고자는 않습니다. 다만 그러한 것이 더 무식을 탄로함이요, 더 부끄러운 일임을 진심으로 깨달아야겠다는 말씀만 하여 둡니다. 또 어떤 사람은 귀찮게 그럴 게 무엇이냐, 새 법이 아니라도 서로 의사만 통하면 그만 아니냐, 더구나 새 법은 더 힘들고 더 알아보지 못하도록 복잡하지 않으냐고 말합니다. 이것은 아무려나 좋다는 고식주의자의 말입니다. 이러한 생각이 심하여 가면 천정이 뚫려서 하늘이 쳐다보여도 두 손만 싹싹 부비고 앉았을 위인의 말이외다. 번연히 틀린 것을 알면서도 다만 버릇이되고 익숙하다는 이유로 고치지 말자는 말이 옳고, 그른 것은 말 말고라도 가령 조선말과 글을 조금도 모르는 외국 사람이 이 말과 글을 배울 경우를 생각하여 보시면 더 말할 나위도 없을 것이 아닙니까. 우리가 그만큼 조직적으로 정돈된 영문법이나 일문법도 배우기에 힘이 드는 것을 생각할 제, 되는 대로 쓰는 지금까지의 우리글을 외국 사람이 배우자면 얼마나 그 불규칙한 데에 머리를 앓겠습니까. 화가 나면 욕지거리도 할 것입니다. 물론 지금 내가 여기에 말하는 것은 문법이 아니요, 철자법이지마는 조선문에 있어서는 철자법이한층 더 문법의 기초요, 그 중심이 되는 것을 생각하면 더욱이 여기에 치력致力하고 또 하루바삐 보급시켜야 할 것입니다.

오늘날까지의 조선말이나 글에 대한 교육이 반절 한 장을 가지고 어렸을 때 그럭저럭 깨치면 그만 내버려두는데 그치고 말았던 것이니 그 그릇됨을 나무랄 것만 아니요, 또 이에 대한 전문적 연구가 불과 20여 년래의 일이니이제야 와서 그 소수인의 연찬研鑽의 결과가 사회화됨도 늦다고 한탄할 바 아닙니다. 다만 어떻게 하면 어서어서 보급되고 일반화 하겠느냐? 또 그 한편으로는 아직까지 숙제로 남아 있는 모든 세밀한 부분까지를 속히 토구질정討究質定하여 더 손을 댈 나위 없는 완미한 어학을 세우겠느냐는 이 두 문제를 해결함에 주력하여야 할 것일까 합니다. 그러면 후자에 있어서는 금후의 보급과 일반의 관심하는 정도와 범위가 깊고 넓어짐을 따라서 연구가 더 정밀하여지고 표준사전 같은 것이 나오게 되는 대로 해결된다 할지라도 전자 즉 이 신철자법의 보급 일반화의 문제는 어떠한 수단으로 해결할까?

제반 출판물의 활자 개정과 구수口授 강습, 이 두 가지 수단밖에 없을 것이나 출판물의 활자 개정은 조선문을 인쇄하는 내외의 모든 인쇄소와 신문잡지사의 사업에 속하는 바로 비교적 거창한 사업이니 여기에서는 구체적 논의를 피하거니와 구수 강독으로 말하면 유지의 관심과 성의만 있으면 수시隨時 수처隨處에서 용이히 실적을 얻을 수 있는 바이라고 믿습니다. 현재에도 매년 하동夏冬 방학기에 각지에서 한글 강습이 열리는 모양이요, 장래에는 이러한 회합이 기회 있는 대로 또 전조선 방방곡곡이 열어야 되겠다고 심축心祝하는 바이지마는 여기에 세 가지 고마운 일이 있으니 하나는 조선일보사의 사업인 문맹퇴치운동이요 또 하나는 보통학교 교과서가 한글본으로 개정되어 가는 일이요, 셋째에는 이에 가장 조예가 깊으신 장지영張志暎 씨가 우리에게 써주신 그 신저『조선어철자법강좌朝鮮語綴字法講座』입니다. 2회

문맹퇴치운동이 문화운동에 있어서 가장 기본적, 본질적 효과를 거擧하는 대사업이요, 또 이 얼른 보기에는 작은 듯하면서 크나큰 사업이 해마다 좋은 성적을 거두어 가는 양을 보고 충심으로 기뻐함은 물론이지마는 내가 여기에서 (철자법 연구와 보급에 한하여서) 첫째로 조선일보사 주최인 문자보급반의 활동을 기뻐하는 것은 다만 문자를 보급시키어 문맹을 퇴치할 뿐 아니라 이 기회에 새로운 철자법까지를 실지 교수케 된 사실에 대하여서입니다. 문맹을

퇴치하는 그대들의 큰 사업에 비하면 신철자법의 보급을 병진竝進시킨다는 것은 그리 대수롭지 않은 일같이 생각할지 모르겠으나 이미 글을 배운 사람은 하는 수 없다 하더라도 새로 배울 사람에게야 묵은 버릇으로 가르쳐 놓고 나중에 다시 새 법으로 교정하는 것은 두 번 일이 되지요. 또 교정한다는 일처럼 어려운 이 없는 즉 이제부터 문자보급반에 의하여 학습하는 아동은 모두 신철자법을 아주 겸兼쳐서 배우게 되었으니 그것이 기쁘다는 말입니다. 사실 지난 하기의 한글원본을 보건대 그 전과 달리 신철자법을 시행하였으니 이것은 문맹퇴치운동이 그 질적으로 완미完美의 역에 들어간 것이라 할 것이외다.

다음에 조선총독부에서 편찬한 보통학교『조선어독본朝鮮語讀本』에 한글의 새 철자법을 채용함에 대하여 기쁘다 함은 관변에서까지 한글에 대하여 관심을 가지게 된 것이 기쁘다는 뜻이 아니라 이때까지 소학 아동들이 그릇된 조선문자를 배우다가 아직 다소 완전치 못한 점은 있다 하더라도 대체로서는 한글의 정통을 밟아서 신철자법에 가까워지게 된 것이 기쁘다는 뜻이외다. 사실 이때까지의 아동은 초등교육에 있어서 구관舊慣대로의 철자법을 학득學得하고 나서 중등학교에 나아가면 신철자법의 교수를 받거나 혹은 그런 기회도 없는 경우에는 충분한 이해 없이 소위 등 넘어 글로 다만 눈에 익혀 불규칙, 부정확하게 암기함에 그치던 것이 이제부터는 계통을 밟아서 바로 배우고 바로 쓰게 된 것이 다행한 일이라 아니할 수 없습니다.

그러나 여기에 우리는 한 가지 난관에 맞닥뜨리게 되었습니다. 이때까지 말한 것은 모두 배울 사람만 가지고 말하였으나 그러면 가르칠 사람은 누구입니까. 문자보급반의 운동이니 보통학교 독본의 개정이니 하여 기쁘다, 기쁘다 하였지마는 그것은 배울 사람들이 바로 배울 기회를 만났다 하여 기쁘다는 데 지나지 않음이외다. 문자보급운동에 참가하는 유지 제군이나 보통학교의 조선어를 담임한 훈도訓導 제군은 이 신철자법에 정통하는가? 개중에는 철자법에만 정통할 뿐 아니라 한글에 대한 학적 조예를 깊이 쌓은 분도 없지는 않겠지마는 그런 분이야 극히 드물 것입니다. 세상에 학문이 언어학이나 문법학뿐이 아닌 다음에야 모든 사람이 어학자나 문법학자일 것이 아니요, 또 그렇기를 아무도 요구치는 않습니다. 오직 상식적 정도에서 다소 넘치면 넘치는 이해력과 용법의 숙달만 있으면 그 말을 쓰는 백성으로서 부끄럽지 않을 것이요, 또 소학교의 교과서를 가르칠 수 있을 것이며 따라서 현하의 문자보급운동에 참가할 자격이 있을 것입니다. 그러나 오늘날 □□□계급으로 이 철자법을 이□□□ 또 이에 능숙한 사람이 얼마나 될까, 이것이 현하 우리의 봉착한 난관이라 함이외다.

하필 문자보급이나 보통학교의 개정 교과서를 담임한 훈도이신 분네의 난관이라 할 것이 아니라 무릇 문자를 해득하는 모든 사람의 난관이요, 더욱이 문필에 종사하는 자로서 일시라도 등한히 하지 못할 끽긴의 문제입니다. 그러므로 우리는 여기에서 선생을 한 분 시급히 초빙하여야 할 초미의 급에 당면하였습니다. 선생의 선생, 훈도의 선생, 문자보급운동자의 선생, 문필가의 선생, 신문잡지기자의 선생, 인쇄소에 종사하는 제군의 선생… 무릇 '가갸거겨'를 볼 줄 알고 쓸 줄 아는 조선 사람 쳐놓고 구하지 않을 수 없는 선생 한 분을 급히 모셔 와야 하게 되었습니다. 그리하여 나는 이 선생을 장지영 씨 자신과 및 장지영 씨의 신저 『조선어철자법』에서 구하였습니다.3회

내가 서투른 솜씨나마 한글의 새 본으로 글을 쓰는 것이 이번이 처음이요, 또 이만치라도 쓰는 것은 『조선어철자법강좌』를 일별한 소득이라 하면 대도 상大道上에서 주절대는 매약행상買藥行商의 광고술 같아야 대단히 천속賤俗한 언설 같고 그 저자에게 아유阿諛나 하는 것 같이 보일까 보아 불쾌도 느끼거니와

나는 다만 한글을 제대로 기르고 키우자는 한 마음과 또 그리하자면 무엇보다도 먼저 그 철자법을 개정하여 어서 널리 쓰게 하자는 생각으로 남이 보고 부질없다고 할는지 모를 잔소리를 이때까지 하여 왔고 또 이 새로운 저술을 일개 그 작자를 위함보다도 나와 같이 이에 어두워 왔고 무심히 하여 온 여러 분에게 추천하자는 미충微衷에 지나지 않습니다.

위선 내가 말하고자 하는 바는 신철자법이 어느 누가 말하듯이 영어를 배우는 것처럼 어려운 것이 아니라는 것입니다. 그렇다고 또 그처럼 쉬운 것도 아닙니다. 『조선어철자법강좌』 한 권을 속담의 상말로 개머루 먹듯이 건깡깡이로 떠들쳐보고 신철자법을 입내라도 내려는 엄두가 날 제야 결코 어려운 법 아님을 짐작할 것이외다(만일 이 말을 자기가 총혜聰慧롭다고 자랑하는 말처럼 듣는 분이 있다면 그것은 실없는 분이외다). 그러나 그렇다고 입내라도 낼 수 있고, 그렇게 얕볼만치 쉬운 것도 결코 아닙니다. 여기에서 나는 무한한 묘미를 느낍니다. 즉 처음부터 풀기 어려워서 당김도 못할 것이면 애초에 손도 대이지 않을 것이로되 얼른 터득이 되니까 자미가 나고 자미를 붙인 뒤에 차츰차츰 캐어 들어가면 어려워져서 책을 내던지고 싶으나 그때에는 알삽하던 것을 솔솔 풀어내는 맛이 붙어서 내던졌던 책도 또한 다시 들게 되는 것이외다. 무슨 학문이나 다 그렇지만 언학言學은 더 그런가 봅니다.

어쨌든 우리가 우리말과 우리글을 버리지 못 할 다음에야 우리말과 글의 통일과 정리를 하루바삐 하여야 할 것이요, 그리하자면 지금까지 연구하여 놓은 이 철자법을 알고 시행하여야 할 것이요, 또 이것이 아주 더 고칠 여지 없이 된 완벽이 아니면 아닐수록 한층 더 배우고 익혀야 할지며 더욱이 이것이 그 근본 출발에서부터 학리와 외착난 것이라 하더라도 소상히 알아놓고서야 새 길을 찾아낼 것이니 역여시亦如是 내버려둘 수는 없는 것이외다.

나 역시 이에 대한 충분한 학득이 없이 이 글을 쓴 것도 이와 같은 삼단三段의 가정 ─ (즉 전부 시인할까? 혹시惑是 혹비惑非일까? 또는 전부 부인할 날이 앞으로 있을까 하는 삼단의 가정) ─ 하에서 연구해 보십시다 하는 제의에 지나지는 않습니다마는 어차전피於此前彼에 할 일이고 보면야 속速한 것이 위주 아닙니까. 그런데 특히 장지영 씨 저著의 『조선어철자법강좌』를 앞세우는 뜻은 무엇인가? 다만 일반의 관심이 이리로 뚜렷하여 왔을 이즈음에 마침 이렇듯 간이하고 소상하고 친절한 지남서指南書가 처음으로 오직 하나가 나온 때문임에 불외함이외다. 그 내용에 대하여는 그 저작 스스로가 나의 용언冗言보다 더 잘 전하겠기로 이에는 사족을 가하지 않으려 하거니와 이 저자 장지영 씨는 여러분의 아시는 바와 같이 사계斯界의 거벽巨擘이요, 아울러 『조선일보』의 문자보급반의 총사령 총지휘의 책무를 띠신 분이니만치 더욱 신뢰함 즉하다는 말이외다. 4회

68

「(내외신간평) 손진태 씨 편, 『조선신가유편』」

이은상, 『동아일보』, 1931.2.23

광전曠前의 탐구열로 조선의 왕고往古 사실을 파고들고 하는 현상은 일부의
학자 간에만 한限한 것이 아니요, 한 개의 뚜렷한 사회적 세력을 갖게 되었다.
현하 우리에게 있어서 이 같은 조선문화의 원류적 구명, 내지 본질적 정해正解
라는 것은 그것이 문화의 기대基臺가 되는 것인 만큼 끽긴喫緊한 일이라 할 것
이다. 조선문화의 개기開基는 어떠한 것이었으며 그 구성과 추축은 무엇이었
던가? 일 보 더 나아가 조선민족의 생활 원리와 그 철학, 또는 신념이 무엇이
었던가? 이것으로부터 우리는 조선민족과 및 그 문화의 정체 내지 변이 등
모든 색미양상色味樣相을 이해하고자 노력하는 것이다. 손진태 군은 정正히 이
것의 연구자요, 그의 근편近編 『조선신가유편朝鮮神歌遺編』은 사계斯界의 호개好個
제공이다.

차서此書에 수록된 조선고신가朝鮮古神歌 7편과 무녀기도사巫女祈禱詞 7편은 쌍석
이雙石伊, 윤복성尹福成, 석성녀石姓女 등 4~5인 대무大巫들의 구술에 의한 것인 만
큼 자서(自序) 이는 실로 조선민족 고유 또는 공유의 문학이라고도 볼 수 있는 것
이다. 조선민족의 최고 또는 순수한 신앙, 즉 생활상 제諸 사실의 정신적 배경
이 어떠하였던 것을 고구考究함은 그대로 모든 문화의 정수리를 건드림이라고

하려니와 거기에 나타나는 신가와 기도사 등은 그것을 문학사상文學史上으로 논하더라도 조선의 본색적本色的 문학을 전하는 최중최요最重最要한 지위에 놓이지 않으면 안 될 것이다. 그것이 얼마만큼이나 개용변골改容變骨을 이루었는지는 단언하기 어렵더라도 그 일단의 기미氣味, 희미熹微한 형해形骸만을 맛보고 더듬어 짐작 구멍이나마 생기게 해주는 것이 있을진대 그것만으로라도 보배롭지 않을 수 없는 것이다.

차서 중의 수편首篇 「창세송創世頌」은 실로 조선의 「구약 창세기」라 할 만한 것이니 설화로나 가요로나 유일한 조선민족 특유의 창세설화요, 가요라 하기에 족한 동시에 사계에 처음 나타나는 진편珍篇이라 단언한다. 망령亡靈을 위하여 부르는 신가 「회생곡回生曲」과 「아동兒童의 신神」에게 올리는 기도사로서의 「황천黃泉혼시」와 「성조장가成造長歌」도 그 풍부한 내용에 놀랄 만하거니와 「숙영랑신가淑英郎神歌」와 「청정각시노래」 일─ 장편은 소설 이상의 흥미를 가진 것만 아니라 민족성의 일단도 음미하게 하는 것이며, 또한 희랍의 명부전설冥府傳說 등에 대조되는 중요한 일 자료라고 할 수 있겠다.

이밖에 산신産神, 성조신成造神, 정신井神, 화신火神, 칠성신七星神, 성인聖人 등을 상대로 부르는 간단한 기도가들에 이르기까지 편편編編이 우리의 학구적 주의 또는 문학적 감상을 요구하는 것이다. 그 위에 편자編者는 그 연구의 자취를 보인 것이 있으니 가歌 중에 나오는 고어와 지방어물론 조선에 있어서는 이 지방어라는 것이 그대로 고어에 속하는 것이지만를 명확히 부주附註하였고, 또 고어 내지 특유의 무속에까지도 일일이 설명한 것이 있어 초독자初讀者에게 큰 편의를 주었다. 손군이 학가學暇를 다투어 여러 해를 두고 이것을 채록하였다가 이제 학계에 한 자료로써 제공함만도 그 공로가 불소不少하거니와 더욱이 그 연구의 일단을 첨가하여준 것에는 더 한층 감사의 뜻을 표하는 것이다.

그 위에 차서의 출판이 일본학자 간에서 이루어진 관계로 단段을 상하에 끊어 상단엔 조선문을 쓰고 하단엔 일어 역譯을 달았거니와 한편으로 생각하면 조선문화를 외국에 소개하는 것이라고 볼 수도 있겠다. 이와 같은 유의의한 서적이 우리 자신의 출판계에도 많이 생기어지기를 바라며 조선학의 체계적 수립이 가까운 장래에 완성될 것을 믿고 기뻐하는 바이다.

정가 2원, 발행소 도쿄시[東京市] 소석천구小石川區 명하곡정茗荷谷町 52번지 향토연구사鄕土研究社 진체振替 도쿄 23971

69

「(내외신간평) 동예 이중화 씨 저『조선의 궁술』」

석성인, 『동아일보』, 1931.5.11

무기란 것은 인류의 생활과 그 시始를 같이한 것이다. 야수를 수렵하여 그 육을 먹고 그 가죽을 입으며 그 골각을 이용하던 태고인에게는 무기가 가장 필요한 것이었다. 무기 중에도 궁시弓矢가 그 최중한 것이었으니 이 궁시는 인류가 수렵시대를 벗어나서 차차로 문화 정도가 높아지고 생존경쟁의 열이 극심하여질수록 무비武備의 필요를 깨닫게 되었다. 그리하여 한 부락이 다른 부락을 침습侵襲하는 데나 한 나라가 다른 나라를 방어하는 데 그들의 전투 행위에 있어서 더욱이 궁시의 위력을 지藉하게 되어 마침내 무기의 수위를 점하게 되니 옛날엔 사람의 무예를 평하되 으레 '궁마弓馬의 재才가 있다'니 혹은 '기시騎射에 능하다'니 하였던 것이다. 더구나 조선에 있어서는 궁시의 무예란 것이 다른 제국에 뛰어나게 발달되어 왔고 그 시작에 있어서부터 독특한 바이었으니 그것은 문헌에서 징徵하기 전에 우리에게 나타난 그 유적만을 갖고도 알 수 있다.

조선이 선사시대로부터 궁시를 사용하였던 것은 경흥慶興, 성진城津, 회령會寧 등지에서 발굴된 타제석촉打製石鏃과 경주慶州에서 출토한 기개幾個의 동종품同種品과 기타 각지에 현출된 마제석촉磨製石鏃 등에 인하여서도 명확하다 할 것이다. 이에 조선 사학계의 권위 동예東藝 이중화李重華 씨는 『조선의 궁술』이라는 일저一著를 내었다. 저자는 먼저 조선 궁시를 역사적으로 기록함에 있어서 숙신肅慎의 고시楛矢 석노石砮와 예濊의 단궁檀弓과 고구려의 맥궁貊弓으로부터 논하였거니와 숙신의 석노 같은 것은 석기시대와 금석金石 병용시대를 지나 유사有史시대에 들어서까지도 어떠한 금속의 것으로도 이와 필적할만한 것은 없으리만큼 저명하였던 것이니 이성호李星湖가 일찍 "숙신의 고노는 천하가 보寶를 삼는다" 한 것이 진실로 그 과장이 아니라 할 것이다.

조선민족이 고래로 궁시에 능하고 궁시를 애용하였던 것은 가사假使 명확한 증언은 아닌 채로 유범애柳泛愛의 "동이의 이夷는 대궁大弓이니 대궁임으로써 아국인은 선사善射한 줄을 안다"는 말도 참고될 말이며, 그 밖에도 유서애柳西厓는 "아국인은 본시부터 선사로 호號한다" 하였고, 이성호는 "궁시의 리利함은 동방의 최最라" 하였으니 우리가 이 여러 가지를 서로 비추어 자래로 조선이 가장 중요히 여기던 무기가 궁시이었고 가장 민중화된 무예가 또한 궁술이었던 것임을 알 수 있는 것이다. 대개 궁술은 국민교육의 일과一科를 삼았던 것이니 혹은 이로써 국인을 훈련하고 심지어 이로써 인재등용의 도를 삼기까지 하여 습사習射의 풍은 드디어 국속國俗을 이루기까지 된 것이니 이 점에 있어서도 저자는 역대를 따라 상세히 설명하였다.

그런데 나는 이 저서에서 이상에 말한 궁시, 궁술의 사적史蹟보다는 역대 선사자의 약전을 더욱 재미있게 읽었으니 삼국 초의 동명성왕東明聖王, 다루왕多婁王 등으로부터 고려를 지나 근대 고종시대의 김학원金學源, 정행열鄭行烈 등에 이르기까지 100여 명 선사자에 관한 일화를 수록하였음은 궁술계의 인이 아닌 일반인에게까지도 좋은 독물讀物이며 그보다도 더욱 가치 있다고 보는 것은 궁시에 관한 200여 어휘의 수집 주해註解다. 이것은 날로 잃어가는 조선어를 붙드는 데 큰 자극이 될 뿐만이 아니요, 조선어를 연구하는 학자에게까지도 중대한 자료가 될 줄 믿는다. 이 일저一著는 조선지식, 조선취미, 조선연구에 뜻하는 이에게 보내는 역저力著요, 양저良著임을 재삼再三 언명하여 둔다.

정가 2원, 발행소 경성부 사직동공원 후後 황학정黃鶴亭 내 조선궁술연구회

70

「이선근 저 『조선최근세사』 독후감」(전4회)

고영환, 『조선일보』, 1931.5.13~16

인류의 진실한 역사는 오관五官으로써 발견할 수가 있는 모든 사건의 기록
이 아니다. 정신으로서 인식할 수가 있는 각종 경향의 사승史乘이다.

-버클

여러 가지의 점으로 보아서 말할 수 없이 이롭지 못한 객관적 정세의 지배
를 받지 아니치 못하게 되는 현금 우리 사회에 있어서 이선근李瑄根 씨 저 『조
선최근세사』와 같은 것은 참으로 얻기 어려운 우리의 '희귀한 보물' 중 하나
이라고 나는 생각한다. 다시 말하면 출판의 자유를 충분히 가지지 못함으로
인하여 외국문의 독서 능력이 없는 백의인白衣人으로서는 가히 읽을 만한 가치
가 있는 서적을 구경할 기회조차도 태殆히 절무絶無하다고 말할 수 있을 만큼
세계무비世界無比로 한산한 우리 출판계에서 이와 같이 만인 필독의 가치가 있
는 훌륭한 서적을 간행하게 된 것은 확실히 '위대한 수확'의 하나이라고 아니
할 수 없는 바이다.

우리에게는 (자타가 공인하는 바와 같이) 전통적으로 못된 성벽性癖이 있다. 즉
무엇이든지 자기의 것은 천賤히 여기고 남의 것을 귀貴하게 여기는 기성괴벽奇

性怪癖이 있다. 첫째, 글로만 보더라도 세계의 각종 문자 중에서 가장 간단명료하고 변이무쌍한 우리 한글은 비천한 언문이라고 하여 극도로 소홀히 하면서 지극 복잡난해한 중국의 한문은 고귀한 진서眞書라고 하여 절대로 존중히 하여 왔다. 이와 같이 남에게 자랑하지 못할 괴상한 성벽이 무언불식 중에 전지자傳之子 전지손傳之孫으로 수십 대 동안을 감염 침투하게 되어 외국문 숭배심이 마치 제2의 천성처럼 습관된 여독餘毒으로 인하여 근래에 이르러서는 소위 신식 교육을 받았다는 식자 계급 중에도 자기는 일日, 한문이나 구문歐文의 서적보다도 한글로 쓴 것을 읽기가 더 곤란하다는 말을 태연하게 하여 생래生來의 조선인으로서 우리의 한글을 잘 읽지 못하게 된 것을 막대한 수치로 여기기는 고사하고 도리어 한글보다 외국문을 더 잘 안다는 것으로써 자기의 외국어 잘한다는 일종의 자랑거리를 삼으려는 무치배無恥輩가 드물지 않게 발견된다.

참으로 "조선인은 조선어 모르는 것을 수치로 여기지 아니하는 용기가 있다. 조선어는 모르고 외국어를 잘 아는 것을 귀엽고 영광스럽게 아는 정신병이 있다. 그래서 노상에서까지도 변변치도 못한 외국어로 천하가 다 들어라 하고 지껄이는 고맙지 못한 재주가 있다"고 할 수가 있다. 그러므로 우리의 빈약한 신문이나 잡지상에 순전히 한글로 쓴 논문 같은 것이 간혹 발표될지라도 그런 것에 대하여는 (그 내용이 여하히 훌륭한 것이더라도) 처음부터 일별一瞥할 생각조차도 염두에 두지 않으려는 경향이 소위 지식계급에 많이 있는 것을 발견하게 되는 것은 참으로 구역질이 날만큼 태식太息 장탄長歎할 괴현상이다!

그리고 또 역사와 같이 중요 막심한 것에 대하여서도 우리는 지나支那 흥망의 단순한 통속사에 지나지 못하는 『통감通鑑』과 같은 것을 일종의 '필독적' 교과서처럼 읽게배우게 되면서도 우리 조선에 관한 것은 너무 등한히 하였다는 것보다도 전연히 불문에 붙이고 지나게 되었다. 따라서 우리가 거란의 대병大

兵 침입 시 강조康兆의 통주격전通州激戰이나 강감찬姜邯贊의 귀주대첩龜州大捷과 같은 사실에 관하여는 일반적으로 잘 모르면서도 초한전楚漢戰의 팔년풍진八年風塵 때에 장량張良이나 한신韓信 등의 위공偉功에 관한 것은 중국인에 내리지 않을 만큼 소상하게 알며 송익필宋翼弼, 호 구봉(龜峯)이나 김덕령金德齡에 관한 것보다도 제갈량諸葛亮이나 관운장關雲長에 관한 것을 훨씬 더 분명히 알게 될 것은 결코 해괴치 않은 당연의 귀결이라고 아니할 수 없는 바이다.[1회]

그러면 만일 어떤 개인이 자기의 부여祖父에 관한 것은 잘 모르면서도 남의 가문에 대하여서만 그 족보를 전부 암송할 만큼 소상하게 잘 안다고 할 것 같으면 우리는 그러한 사람을 대할 때 그 사람의 정신에 이상한 고장이 있는 일종의 기형인이라는 감상을 품지 않을 수가 있을까? 물론 우리가 개인적으로 자기에게 관한 것을 낮추고 다른 사람에게 관한 것을 높여주는 것은 소위 '동방예의지국'인으로서 당연한 겸양의 태도라고 칭찬할 일이지마는 민족적으로 자국에 관한 것을 소홀히 하고 타국에 관한 것만 존중하게 여긴다는 것은 결코 남에게 자랑하기는커녕 가히 들지도 못할 막대의 민족적 수치 ― 민족적 자존심이 없다는 증거 ― 라고 생각된다.

요컨대 한 민족의 집단적 생활에는 필수불가결할 자국의 역사에 관한 지식까지도 우리는 그것을 소홀히 하였으며 등한히 하여 왔다. 그러나 놀랄만하게 자기를 망각하였던 우리도 갑오경장甲午更張 이후로는 더욱이 조선 때문에 폭발하게 된 갑오을미년 간의 일청전쟁日淸戰爭과 갑진기사년 간의 일로전쟁日露戰爭의 대포 소리에 허구한 혼몽을 점차 깨기 시작하여 종래의 잃었던 '자기'를 다시 찾아내려고 겨우 '자기인식'을 막 좀 하려고 하다가 급전직하적 ― 사실은 결코 그런 것도 아니었으나 적어도 그 표면적으로만은 ― 시국의 변동으로 인하여 다시 객관적 정세는 우습게 되었다. 그러므로 우리는 중등학교에서 외국에 관한 역사는 매주 2~3시간씩 한 3~4년 간 들을 수가 있으나 조선역사라고는 (일반 학생의 요구가 열렬함도 불구하고) 겨우 일주 1시간씩 한 1년밖에 들을 기회를 가지지 못하게 된다. 그나마도 소위 공립학교의 학생들에게는 들을 권리가 전연 없는 형편이다.(그러한 결과로 근래에 소위 학교의 출신으로서 징기스칸[成吉思汗]이나 넬슨이 어떠한 사람인 것은 대개 짐작하면서도 광개토왕廣開土王이나 이순신李舜臣이 어떠한 인물인지를 전연 모르는 청년이 거재두량車載斗量으로 된 기현상을 이루게 될 것은 다시 더 말할 여지도 없는 바이다!)

그러면 학교교육 이외에 사회교육적 의미로 조선역사에 관한 것을 자주 문견聞見할 만한 어떤 기관이나 무슨 집회와 같은 것이 우리에게 있느냐 하면 그것은 물론 말할 것도 없이 결여하거니와 조선사에 관한 상식 혹은 개념이나 좀 얻어 볼까 하는 생각으로 그것을 다소간 자수自修 혹은 독학을 하여 보려고 할지라도 그 방면에 대한 전문적 연구자가 아닌 일반의 민중이 가히 읽을 만한 것은 거의 절무絶無한 상태이다. 물론 근래에 이르러서 소위 '조선역사'라는 제목을 가진 것이 가뭄에 콩 나듯이 간혹 책사冊肆에 나오게 되는 것은 불무不無의 사실이나 그것을 잠깐 떠들어 보면 모두 그 내용이 빈약하며 문장이 조삽粗澁하여 그 저자의 지식 정도와 참고범위가 일목요연하게 빤히 들여다보이게 되니만큼 독서자의 강독열을 조장시키지 못한다는 것보다 도리어 그것을 말살시키게 되는 것은 비록 이롭지 못한 객관적 정세의 소치라는 구실혹은 사실이 있다 할지라도 일반 독서자로서는 적지 않은 불쾌를 느끼지 아니 할 수 없는 바이다.

사실 그러므로 그 참고재료를 구득求得하기가 비교적 어렵게 된 최근세사와 같은 것에 이르러서는 소상하고도 신빙할 만한 것이 출래出來하기를 기대하기는 몽상도 못할 일이다. 그러나 최근세─ 더욱이 대원군大院君의 집정執政 10년

간과 같은 것은 만일 대원군이 저 유○만년遺○萬年할 민당閔黨에게 쫓겨나지 않고 한 20~30년 간 더 정권을 잡게 되는 동시에 아울러 쇄국주의의 고집을 버리고 세계의 대세를 통찰할만한 형안炯眼만 가지게 되었으면 능히 동양 천지를 좌우할 수 있는 시기였으니만큼 우리는 그것에 관하여 좀 상세히 알아 볼 필요도 있으며 또는 일종의 흥미도 느끼게 된다. 참으로 이선근 씨의 말과 같이,

> 대원군의 집정 10년간은 유구한 시간의 흐름으로 보아 그다지 긴 시간이 아닐지는 몰라도 반도에 일어난 역사적 사실에 비추어 본다면 이처럼 의미 깊고 중요한 시간은 없을 것이다. 대내적으로 본다면 모든 결함과 부패가 극도에 달한 귀족정치를 파괴하고 비로소 왕실 중심의 중앙집권제로 옮긴 시간이며 대외적으로는 조수같이 밀려오는 서구문명과 종래의 쇄국주의가 결정적 항쟁을 연출한 시기이니 한 말로 표현한다면 태조 건국 이래 400여 년간 조선근세사의 총결산을 짓고 고종高宗 이래 오늘까지 내려온 최근세사의 제1장을 형성하는 시기라 하여 조금도 과언은 아니다. 이선근 씨 저 『조선최근세사』의 서문 참조. 2회

사실상 고종 태황제太皇帝의 등극 전 즉 대원군 집정 전의 조선 상태야말로 추잡망측醜雜罔測하였다. 즉 이조李朝 말엽의 조선을 정치상으로 보면 현관縣官 외척배의 정권 쟁탈하는 유혈 수라장이었으며 다시 그것을 사회상으로 볼 것 같으면 토호土豪 양반□의 인민 착취하는 불한당 소굴이었다고 하는 것 이외에는 아무 다른 것이 아니었다고 말할지라도 결코 너무 지나치는 말이 된다고는 하지 못할 것이다. 다시 말하면 이선근 씨의 적평適評한 바와 같이,

대원군 이전의 조선 정치는 오랫동안 여러 가지 폐해와 부패가 그 극도에 달하였으며 외척의 압력도 무겁게 되어 내외 정계는 그야말로 누란累卵의 상태에 빠졌던 것이 사사事事이었다. 그런데 이러한 때에 강맹과감强猛果敢한 성질을 가진 대원군이 나타나 고난을 맛본 자기의 체험에 비추어 모든 종래의 악폐를 근본으로부터 개혁한 것은 속일 수 없는 사실이니 돌이켜보건대 외척의 전횡을 금하였으며 오랫동안 해독을 끼쳐오던 붕당朋黨의 싸움을 일소하고 전국의 서원을 철폐하여 양반 유생의 발호를 누른 후 예의銳意 재정 개혁에 힘써 국력의 충실을 도모하는 동시 폐풍악습을 고쳐 민기民氣의 갱신을 촉진시키고 일 보를 나아가서는 국방에 유의하여 종래 문약에 빠졌던 사기를 진작시킨 일 등은 전체로 그의 과단적果斷的인 내치가 상당한 성과를 내었다고 볼 수 있는 『조선최근세사』 제200~201엽頁

이조 말엽—특히 가장 다사다난한 대원군의 집정 10년 간에 대하여 잘 알아 둘 절대의 필요가 있음에도 불구하고 지금까지 그것을 가지지 못하게 되던 우리에게 대하여 이선근 씨의 『조선최근세사』는 마치 무변사막無變沙漠의 새로운 나침반과 같은 '보배'라고 확신하는 동시에 만천하 유심인有心人에게 반드시 한 번 읽어 보기를 당돌히 권고한다.

그러나 나는 그저 무조건적으로 이씨의 『조선최근세사』를 이렇게 추장推獎하는 것은 결코 아니다. 이씨의 본 저서는 적어도 하기下記한 바와 같은 점에 있어서 매우 우수하다는 것이다.

첫째, 이선근 씨는 해외 — 와세다대[무치] 문학부 사학과 — 에서 역사학을 전공한 신진학자로서 아울러 한문학의 조예가 풍부하니만큼 그 해박한 지식으로써 조선에 관한 내외국인의 저서 40종에서 본서의 재료를 인용 비교하는 동시에 그 출처를 일일이 명기하여 독자로 하여금 씨의 논평이 신빙할 만한 근거가 없는 씨 일 개인의 억측이나 독단이 아닌 것을 확신하게 할 뿐 아니라 그 문장이 평□하며 조리가 정연하여 누구든지 본서를 대하게 된 사람으로서는 사실상 애독 또 탐독함을 깨닫지 못하게 할 것이다.

그리고 또 이 『조선최근세사』에는 저자의 태도에 당파적 색채가 조금도 보이지 않는 점이 종래의 다른 「조선사」보다 우수한 장처라고 생각한다. 조선의 이조사는 소위 노소남북老少南北의 당파적 투쟁기에 불과하다고 할 수 있을 만큼 300~400년래 전통적 파벌심의 중독으로 인하여 춘추필법의 사승에까지도 파벌적 색채가 농후하게 된 것은 세인 주지의 사실이다. 예하면 약 100년 이전에 쓴 것으로는 더 말할 것도 없거니와 최근세의 저서 중에 비교적 호평을 듣는 『국조인물지國朝人物誌』와 같은 것은 꽤 자상하기는 하나 그래도 주의해서 읽어 보면 소위 소론파의 인물에 관하여는 비교적 간략하여 혹은 아주 빼기까지도 가끔 하여 독자 중에 누구든지 그 저자인 안종화安鍾和, 호 함재(涵齋) 씨가 노론에 가담한 것을 짐작하게 되며 또는 조선의 근대적 명저로 유명한 『당의통략黨議通略』을 떠들어 보더라도 누구든지 그 저자인 영재寧齋 이건창李建昌 씨가 표저表著한 소론가임을 직각적으로 인식할 만큼 당파적 색채가 현연顯然하게 농후한 바이다. 그러나 이선근 씨의 본 저서에도 무슨 당파적 냄새가 조금도 나지 않는 것이 둘째의 장점으로 세일 수 있는 것이다.3회

270페이지나 되는 본서의 내용을 상세하게 일일이 소개하기는 좀 곤란한 바인 즉 지금 이선근 씨가 불편부당하고 절대 공정한 사가史家인 것에 관하야 1~2의 실례만 들려고 한다. 이선근 씨는 대원군을 평하되 이렇게 말하였다. 즉 "대원군은 비록 그 성질이 너무나 강맹하고 그 정책이 너무나 쇄국주의적이어서 민심을 이반케 한 바 없지 않다. 하지만 그 충심에 있어서는 사리나

사욕을 위한 것보다 어디까지든지 왕실의 권위를 세우는 동시 국부병강하여 외모外侮를 방어하자는 충심에서 나온 것이 사실이고 민후閔后로 말하면 그 암투暗鬪의 출발점부터 나왔고 그 진전에 따라서는 일층 자가自家의 사리와 사욕을 위하여 그러한 것은 아니었다는 까닭이다. 따라서 민후 일파가 대원군을 공격하는 데 유일한 무기로 삼는 반쇄국주의의 개국주화론開國主和論도 기실其實은 결코 국가 인민을 광구匡救키 위한 정정당당한 정견 아래에 확고한 신념을 가지고 주창된 정책이 아니요, 오로지 대원군을 몰락시키기 위하여 반대를 위한 반대라는 의미에서 주장한 정책이었던 것이 사실"『조선최근세사』제190~200엽 이라고 정평하였다.

그리고 또 씨는 말하되 "대원군으로서 경복궁 중건을 꾀하기는 소위 왕실의 존엄을 고양하자는 데 있었고 결코 가렴주구를 위하여 설계한 것이 아니요, 이 같은 죄과를 범하기는 그 부하의 간이배奸吏輩가 한 것이 많음으로 어느 정도의 이해를 안 가질 수 없음은 물론 그의 개인 생활은 언제나 청렴하여 결코 사복사사私腹私事를 챙기고자 꾀하지 않았고 따라서 만년에는 생활난을 면치 못하였다고 함은 오히려 일편 동정도 금치 못할 바이다"동서(同書) 제202엽라고 하였으며 또는,

"만약 대원군이 그처럼 내정개혁을 철저히 단행한 후 다시 적극적으로 일보를 나아가 외국의 문화를 잘 수입하는 동시 차此를 스스로 소화할 수 있게 되었던들 금일의 동양 정국은 다소 별 다른 상태로 변하였을는지도 알 수 없던 것이니 오인으로 최근세사를 대할 때 그의 실책처럼 애틋하게 분석한 감을 자아내는 일은 매우 드문 것이다"동서 제206엽라든지 또는 "대원군은 내정에 성공하고 외교에 실패하여 그 영향이 이해상반하다고 볼 수 있는 것이다"라는 등의 문구는 아무리해도 공정한 사가의 적평이라고 아니 할 수 없는 바이다.

단 한 가지의 좀 미흡하다고 생각되는 점은 (본서가 비록 대원군의 집정 10년간을 주재^{主宰}로 한 최근세사라 할지라도) 근역^{槿域} 삼천리를 자기네의 금궤나 창고로 알고 마음대로 가렴주구하며 빙공영사^{憑公營私}만 시사^{時事}하다가 마침내 우리로 하여금 이 꼴이 되게 한 소위 장김^{壯金}의 8병^柄과 여민^{驪閔}의 4영^泳에 대하여 좀 더 구체적으로 상세히 기록하지 않은 것이다. 물론 나라를 망치는 난신적자가 어느 세상엔들 없으랴마는 그래도 직접적으로 저 간신배의 해독을 받게 되는 현금 우리로서는 그 도당의 행악에 대하여 좀 더 상세히 알아둘 필요가 있다고 생각된다. 그러나 이러한 점에 대하여는 앞으로 씨의 연구가 계속됨을 따라서 훨씬 더 상세히 천명될 날이 반드시 멀지 않은 장래에 있으리라고 확신하게 됨으로 적이 안심이 된다.

일언이폐지하면 우리 백의인의 반드시 일독할 가치가 있는 양서라고 단언하기를 주저치 않는다. 만일 이를 일독하시는 분이면 나의 말이 적평인가 혹은 과장인가는 각자 판단하여 보기를 바랄 뿐이다. 맨 끝으로 이 형의 수시 건강을 감히 빌며 아울러 앞으로 더욱 면려하여 아직 손 안댄 황무지와 같은 조선 역사학계에서 조선의 랑케나 사마천이가 되도록 대성하시기를 간절히 바라면서.

이선근 씨 저『조선최근세사』 발행소 경성 관훈동 유성사서점^{流星社書店} 진체 경성 200번지, 정가 70전, 송료 40전^{4회}

71

「이여성 김세용 공저『수자조선연구』」(전3회)

김우평, 『동아일보』, 1931.12.19~24

사물에 대한 과학적 사색풍思索風은 특히 과거 1~2년 간에 우리의 머리를 자극하였으며 지배하여 왔다. 그리하여 재래와 같이 사물에 대한 자아 중심의 관념론은 점차 쓰러져 가는 듯하다. 그의 일례로 우리는 언필칭 통계를 논하여 자기의 사상 및 논지라든지 저술의 기초를 숫자상에 두려 하는 것이다. 사물을 이해함에 이 얼마나 공정한 태도이며 진보된 방법이랴.

통계 숫자라 하여 마치 수학자가 1에 1을 가加하면 2가 된다고 하는 것이라든지 화학자가 시험관을 통하여 분석 연구한 결과와 같은 정확성이 있다는 것은 아니나 비교적 진보된 통계 방법에 의하여 취득한 숫자는 관념 혹은 감정을 기초로 한 것보다는 정확하다는 것이다. 즉 우리의 생활환경을 분석 연구하며, 그 추세를 고찰함에 통계 숫자에 의함이 보다 공정하고 확실한 자료가 된다는 것이다.

여사如斯히 비교적 전전한 방법으로 우리는 특히 우리의 생활환경을 분석 연구하지 아니하면 아니 될 처지임에도 불구하고 우리에게는 여사한 방법에 의한 자료가 무無함을 통탄하여 마지아니하는 이 때 이여성李如星 씨, 김세용金世鎔 씨 공저의 『수자조선연구數字朝鮮研究』야말로 우리의 생활 상태를 연구함에 귀중한 문헌이며 따라서 연구자의 호好참고가 되는 동시에 여사한 방면의 연구자에 대한 일종 자극제라 아니할 수 없다. 비록 『수자조선연구』의 참고자료가 총독부를 위시하여 각 관청 및 일본인기관의 발표에 의한 것이라 하지마는 오인吾人은 양씨兩氏의 노력에 경의를 표한다. 벌써 양씨는 제1집을 출판하고 제2집을 발표하였다. 꾸준한 노력에 재삼再三 경의를 표하고 싶다. 씨등의 제1집은 일찍 독파할 기회를 얻지 못하고 제2집의 독후감을 쓰게 됨에 유감스런 생각이 있으나 본래 독후감을 쓰려는 것이 목적이 아니라 다만 책상 위에 씨등의 저서가 놓여 있어 잠시 그 내용을 들여다보는 동안에 다소 감感한 바 있어 이에 본론을 초草하게 된 때문이다. 이에 양씨 저서인 『수자조선연구』 제2집 내용을 소개하고 그 느낀 바를 쓰려 한다.

『수자조선연구』의 내용

이 저서는 5장으로 분分하여 ① 조선 내 금융자본, ② 민족별 자본 총관, ③ 총독부 재정 해부 ,④ 조선 노동자 현황, ⑤ 조선 철도의 내막 등으로 나열하고 다시 각 장을 통하여 7절, 8절, 혹은 11절로 세분 설명한 후 마지막으로 최근 100년 간 연대표와 중요 참고서 목록과 아울러 색인까지 붙였다. 책자는 4·6판으로 155페이지인데 취급한 문제는 전부 45개에 긍亘하였다. 다시 말하면 매 제목에 4페이지 약弱을 공헌한 셈이다. 질은 하여간에 양으로 보아 일견 빈약하다고 아니할 수 없다. 그러나 이나마 없었던 우리에게는 오히려 족하다 아니할 수 없을 것이다.

독후감

독후감을 쓰는 데 편리함을 취하여 장과 절에 의하여 느낀 대로 순차로 초하여 볼까 한다. 각론에 입사하기 전에 일반적으로 느낀바 몇 가지를 적어보자. ① 통계표의 제목을 쓰지 아니한 것이다. 예를 들어 말하자면 제6, 8, 12, 19, 60, 74, 81, 144페이지 등에 기재된 통계표 등이다. 물론 통계 숫자만 정확하면 그만이지, 표제를 쓰지 아니하였다 한들 과실이라 하겠느냐 하겠지마는 숫자로 표시하는 목적이 단시간에 용이하게 인식하자는 것이다. 그러면 여사如斯한 의미에서도 표제가 필요할 뿐 아니라 통계표 그 자체의 완전을 위하여서도 불가무不可無의 요건이라 하겠다. 마치 사람에 비하면 성명과 같은 것이다.

② 통계 표제만을 쓰지 아니하였을 뿐 아니라 내역표까지 쓰지 아니한 표가 있다.60페이지 참고 뿐만 아니라 또 한 가지 부족한 감이 있는 것은 연차年次를 어떠한 표에는 표의 초두에 왕년往年 것부터 쓰고 어떠한 표에는 최근 연차를 초두에 썼다. 이것이 극히 미미한 것이라 할지나 완전한 통계표를 작성하는 데라든지 저서를 통하여 통일을 모謨함에 있어서 극히 필요한 것이다. 현대에는 최근 연차를 표의 초두에 쓰는 것이 예라고 한다.

③ 통계표를 인용함에 그 원표原表, 다시 말하면 그 출처를 명확히 하지 아니한 것이다. 다수한 통계표에는 기입하였으나 누락된 표도 불소不少하다는 것이다. 예를 들어 말하자면 제2페이지에 기재된 통화 유통액의 통계표이다. 호의로 해석하면 저자의 부주의 혹은 인쇄자의 무책임이라고도 할 수 있으며 좀 심하게 말하자면 저자의 도덕문제이라고도 할 수 있을 것이다.상편

제1장 제5절에 조선 내 은행 개황을 논함에 은행명, 공칭자본, 불입자본, 적립금, 순익금, 불입자본에 대한 순익률, 배당률 등 각 목을 거擧하고 약 1페

이지를 각 은행의 불입자본에 대한 순익률에 비費하였다. 물론 양씨가 거한 명목만으로도 은행 개황은 표시되었다 하겠으나 순익률을 장황하게 약 1페이지를 비하는 것보다 이왕 조선식산은행 조사과 편『조선금융사정개관』쇼와 [昭和] 5년 상하반기호(上下半期號) 제283페이지 통계에 의하는 것이니 원래 그대로를 이재移載하는 것이 오히려 은행 개황을 표함에는 요령 있는 것이라 하겠다.

계속하여 제6절 금융조합과 조합원이란 제목을 읽어보자. 식은殖銀 조사과 편『조선금융사정개관』쇼와 5년도 하반기의 제8 및 제9 통계표에 의하여 제작한 표를 기초로 1인 평균 불입자금 및 예금과 1인 평균 대출액을 비교하여 조선인의 금융조합 가입 목적이 결코 저축이나 금리를 얻고자 하는 것이 아니라 전연 빚내어 쓰기 위한 수단이라 하고, 이에 의하여 저자는 조선 일반 세민細民의 경제상태를 진찰하였다. 좀 더 상세히 말하자면 양씨는 "···조합원 1인 평균 불입자금과 예금액 합계는 113원 여에 불과하는 것을 볼 수 있다. 그런데 그들에게 대출한 금액을 보면 121,119,032원으로서 조합원 1인 평균 대출액을 띄워보면 184원 여에 달하여 그 1인당 불입자금과 예금액 합계보다 71원이 더 많다. 만일 이 71원의 금액을 조합원 666,482인에 승乘하여 보면 47,320,222원에 달하는 터이니 이것으로 보아 금융조합의 그 가입 목적이 결코 저축이나 금리를 얻고자 하는 것이 아니오, 전연 빚내어 쓰기 위한 수단인 것임을 밝게 알 수 있다"13페이지 참고고 논파하였다.

금융조합의 재원은 출자불입금, 정부하부政府下附, 정부차입급, 기타차입과 예금이다. 그렇다면 일반조합원의 불입자금과 예금보다 대부금이 다액多額이 될 수도 있는 것이다. 금융조합이란 것은 조합원의 소자본을 수집하여 조합원이 차此를 이용하며 동시에 일반적으로 근검저축을 장려하자는 것이다. 그런 고로 조합원 중에는 출자와 저축을 위주 하는 이도 있을 것이며, 차금借金하여 상업을 경영하기도 할지며 농사개량에도 이용할 수 있을 것이다. 현대의 업을 경영하는 자가 반드시 자기 자본만을 가지고 운용하는 것이 아니다. 도리어 자기 자본보다는 금융기관의 자본을 이용하는 편이 다多하다. 원시적 경제사회에 있어서는 자기의 자본이 주가 되었을지나 현대에 있어서는 신용만 있으면 자본을 기하幾何든지 융통할 수 있으며 차此의 이용하는 역량만 있다면 기하든지 치부할 수 있는 것은 일반이 주지하는 바다. 그렇다고 하면 금융조합원의 불입자금 및 예금액이 차용액보다 적다고 전연 빚내어 쓰기 위한 수단이라 단언하여 그 소위 조선 일반 세민의 경제가 마이너스화 된다고 하지 못할 것이다. 만일 조합원의 경제상태가 마이너스화 되어 간다는 것을 말하고 싶으면 조합원의 차입자금 용도를 분석하여 생산자금보다도 소비에 충용한 결과 조합원으로서 파산자가 속출하는 동시에 차此에 대한 통계가 있다면 차라리 이 통계를 자료로 조합원의 경제가 마이너스화 되어 간다고 장태식長太息을 하여도 가可할 것이나 양씨와 여如히, 조합원의 불입자금 및 저금액이 대출액보다 소액이라 하여 일반 세민의 경제 상태를 비관함은 타당치 못한 추리 방식에 의한 것이라 아니할 수 없다. 물론 금융조합이란 것이 서민 금융기관이라 하여 그 직능을 다한다고 칭송하는 것이 아니라 양씨의 추리 방식으로는 조합원의 경제상태가 마이너스 된다고 설명하기 난難하다는 것이다.

양씨는 씨등의 저서 전체를 통하여 조선인 대 일본인의 비교 연구에 전력을 다한 듯한데, 유독 금융조합에 있어서는 구별이 없다. 촌락금융조합에도 일본인 조합원이 약간 가입된 것이 사실이나 도시조합에는 그 수가 상당하다고 한다. 이에 여사如斯한 중요 사실을 지적하지 아니하였다는 것은 양씨의 실수라고 아니할 수 없다.

제2장 민족별 자본총관은 비교적 요령이 있게 독자에게 제시된 것 같다.

그러나 유감스런 것은 민족별 회사의 파산 수에 관한 통계표가 없는 것이다. 자본 성장의 실적을 고찰함에는 없지 못할 요목이라 할 것이다. 경성상업회의소 월보인 『조선경제잡지』를 참고함이 가하지 않을까.中篇

제3장 제4절 국비는 왜 팽창되었나라는 제목 하에 일본 세출 보조와 조선 세출 증가 보조를 비교하되44·45페이지 참고 비교의 기초가 되는 기초 지수를 일본의 그것은 메이지[明治] 24년, 조선은 메이지 43년으로 하여 그 증가 보조를 비교하였다. 차此 소위 가경可驚할 만한 통계 숫자에 의한 비교 방법이라 하겠다. 마치 통계학의 원리도 부지不知하는 것 같다. 무엇이든지 비교하려면 동일한 조건 하에서 비교해야 하는 것이다. 만일 일본의 기초 지수를 메이지 24년으로 하였으면 조선의 그것도 메이지 24년으로 정하여야 하며 조선의 기초 지수를 메이지 43년으로 정하고 싶으면 일본의 것도 메이지 43년으로 하여 비교하여야 정확한 비교 결과를 획득하는 것이다.

제6절 세입은 어디로부터라는데 조세 수입의 내용을 설명하되 이러한 해설이 없다. 소유 과세에 있어서 조선의 지주 및 농민층의 부담보다 자본가 및 시민층의 그것이 엄청나게 떨어진다고 하였다. 납세 인원별 평균부담으로 보았는가? 만일 납세 인원별 평균부담으로 고찰한 것이라면 오산이며, 납세 인원별로 비교할 줄 몰랐다면 무식을 폭로한 것 이외에는 아무 공헌이 없다. 뿐만 아니라 씨등은 대중 과세, 즉 간접세의 의미인 듯한데 이 간접세가 소유 과세보다 다액이라 하여 "소비층 학대虐待"라는 문자를 용用하였다.51페이지 참고 대체 소비층이란 것은 저자는 무엇을 의미함인가? 우리의 경제사회에 소비층이라든지 생산층이라 할 만한 구별선이 있는가? 만일 있다고 하면 산産 무엇을 표준 함인가? 경제사회에 있어 우리의 행동은 소비 행위와 생산 행위가 항시 병행되는 것이다. 즉 경제계에 있어 간접 혹은 직접으로 생산자인 동시

에 소비자가 되는 것이다. 만일 생산자가 아니라면, 환언하면 생산 프로세스에 참가하지 못하는 사람이라 하면 실업자이든지, 그 소위 한신閑散 계급에 속하는 인물일 것이다. 세제상으로 보아 직접세보다 간접세가 사회정책상 그다지 칭찬하지 못한다는 의미에서 즉 간접세가 중하면 일반 무산자의 부담이 중하게 된다는 의미에서 가급적 직접세를 우리는 주장하는 바이지, 그 소위 소비층 학대의 의미에서 간접세를 운운하는 것이 아니다.

도대체 저자는 소유 과세의 의의부터 모르는 것 같다. 대중 과세에 대립하여 쓴 것을 보면 소유 과세란 것을 직접세의 의미로 쓴 것 같다. 그러나 조선의 세제라든지 일본의 그것을 보아 또는 구미歐米 각국의 그것으로 본다면 직접세라는 것은 소득세, 수익세, 소유 과세, 교통 과세 등을 통칭한 것이다. 저자의 일고一考를 최催하는 바이다.

제4장 제6절 노동자의 1개월 수지收支에108·113페이지 참고 관하여 논하고 각필閣筆하려 한다. 씨등은 그 자료를 철도업무관계조사회 간행인『조선 공사용 각종 노동자 실상조實狀調』에서 취하였으나 극히 불완전한 통계이라 할 것이다. 엄밀하게 말하자면 차此 통계표에 의하여는 하여何如한 단안斷案을 하下하지 못할 것이다. 왜 그러냐 하면 조사 인원 지방별 업별業別 물가지수의 요건을 구비하지 못한 때문이다. 우선 수로 말하더라도 보통 인부 104인으로부터 선하운반부船荷運搬夫라든지 선부船夫에 있어서는 1인까지 있게 되었다. 그리하여 1지방 1인의 수지로써 사업에 종사하는 전반적 노동자의 수지를 대신한다는 것이 그 얼마나 대담한 짓이랴. 저자 자신이 불완전한 통계106페이지 참조라고 하니 다시 운운할 필요가 없으나 이왕 철도업무관계조사위원회의 조사 자료를 자료로 한 이상 그 자료 중에서라도 업별 인수 지방별물가지수가 구하기 난(難)하다면만이라도 고려하여 작성하지 못한 것이 유감이다. 여사한 통계는 대

개 샘플sample 제도에 의하는 것이니 저자가 논한바 인수에 있어서 전 노동자 수의 적어도 3분의 1가량106페이지 참조이니 하였으나 수는 3분의 1이 아니라 하여도 매 업에 대략 50인이면 족한 것이다. 그리고 중대 요소인 노동자의 지방별출생 지방별이 아님을 논하지 아니한 것은 실수라 하겠다. 지방에 의하여 물가도 다르며 임금도 같지 않으니 노동 수지를 고찰함에 차 요소를 어찌 경홀히 하랴.

본론 초두에 논한 바와 같이 양씨의 저서는 우리의 사회에 교시인 동시에 역작이 분명하나 이상 3회에 긍亘하여 지적한 바와 같이 『수자조선연구』는 통계를 토대로 한 것임으로 『수자조선연구』의 생명은 통계라 할 수 있는데 차次에 대한 결함이 불소不少하며 따라서 분석 연구의 착오가 있음으로 본론을 초草하게 된 것이다. 저자에게 바라는 바는 통계에 관하여 좀 더 주의하여 달라는 것이다. 이상 소논문에 실언이 있다면 깊이 용서를 청하는 바이다.하편

「『수자조선연구』 독후감을 읽고」(전6회)

동서 저자 양인, 『동아일보』, 1932.1.17~24

졸자拙者 등의 저서 『수자조선연구』는 동서의 성질상 각 방면의 신랄한 비평과 또 많은 격려도 받아온 셈이나 활자로서 나타난 공개의 독후감이라고는 김우평金佑枰 씨의 글거(去) 12월 18일부터 3회로 본란(本欄)에 연재됨이 처음인가 한다. 씨의 독후감을 읽은 졸자 등은 먼저 흔쾌함을 마지않았으나 우연히 씨의 조상祖上에 오른 동서同書가 함부로 혈관血管, 답섬答纖 등의 전단剪斷을 입어 해부도 잘못 되고 부상만 당한 사건을 봉착케 되었으므로 이때를 즈음하여 졸자 등의 본회本懷를 간술簡述하는 동시에 후래後來의 곡해曲解를 덜고자 한다.

씨는 "독후감을 쓰는 데 편리함을 취하여 장과 절에 의하여 느낀 대로 순차로 초하여 볼까 한다. 각론에 입하기 전에 일반적으로 느낀바 몇 가지를 적어 보자" 모두冒頭 하고 "①통계표 제목을 쓰지 않은 것. ②통계 표제만을 쓰지 않은 것이 아니라 내역표까지 쓰지 아니한 표가 있다." "연차를 어떠한 표에는 표의 초두에 왕년 것부터 쓰고 어떠한 표에는 최근 연차를 초두에 썼다." "③통계표를 인용함에 그 원표 다시 말하면 그 출처를 명확히 하지 아니한 것이 다수한 통계표에는 기입하였으나 누락된 표도 불소하다는 것이다" 등을 설조지적設條指摘하였다. 이것이 『수자조선연구』라는 책의 "일적一的으로 느낀바" 독후감이라 하면 위선 이것이 첫 실망을 준다.

씨는 사람의 선을 볼 때에 ① 골격, ② 근육적으로 보는 것이 아니라 ① 몸 어느 구석에 낀 때오구(汚垢), ② 피부 어느 면에 잡힌 주름적으로 보는 것 같다. 이상 씨의 지적한 "일반적 느낌" 3개 조를 다 승인한다고 할지라도 씨의 동서에 대한 일반적 느낌은 평자로서 완전히 실패한 것이라 하겠거든, 더군다나 1, 2, 3조의 지적한 바가 하나도 동서의 참으로 때(구垢)나 주름살 될 것도 없음에 있어서랴. 우리는 여기 대하여 일언一言을 비費함도 아까우나 이 또한 가볍게 치워 버리기로 하겠다. 1, 통계표 제목을 왜 안 쓴 것도 있느냐고 묻는다면 안 써도 무슨 통계표인지 훌륭히 알 수 있으니까 안 썼다 할 것이다. 동서는 그냥 통계집이 아니오, 조선 숫자 현상에 대한 연구서임으로 논문을 안 보고 통계표만 찾아보려는 사람을 그 주요 독자로 삼지는 않는다. 2, 내역표까지 왜 안 쓴 것이 있느냐 물으며 그런 것은 없다고 대답한다. 씨의 지적한 동서 60엽頁에는 조선인, 일본인을 구별한 봉급비를 보면 다음과 같다고 한 뒤 그 좌左에 유급관리 총수내 일본인 관리 총수, 조선인 관리 총수를 나눠 썼음와 관리 봉급 총액일인 관리 봉급, 조선인 관리 봉급, 일인 1인 봉급, 조선인 1인 봉급 등을 나눠 썼음을 한 표 속에 열기列記한 뒤 총수에 대한 백분비를 산입한 것이니 또 무슨 내역을 쓰란 말인가. 만약 총독부를 위하여 미말尾末 관청에 이르기까지의 관리 수와 봉급별을 매기枚記한다면 그것만 10여 엽을 비費치 아니치 못할 것이니 그런 주문은 심히 무리타 할 것이다. 그리고 연차를 우에서 시작하여 쓴 것도 있고 좌에서 시작하여 쓴 것도 있으니 나쁘다고 지적한 것이 있으나 허심虛心코 생각하여도 이는 오로지 취모멱지吹毛覓疵가 아닌가 의심난다.

3, 통계표에 인용처가 왜 누기漏記된 것이 있느냐 묻는다면 우리는 차라리 이 점에 대하여 '우리는 참으로 충실하였다'라고 답하고 싶다. 씨는 어떠한

연구서이든지 1~2의 인용처 누기 안 된 책 있는 것을 보았는가. 수십 통계표를 인용하는데 있어서 한두 군데 그것이 누기되었다 하여 "심하게 말하자면 저자의 도덕문제라고도 할 수 있다" 하는 씨의 말은 도리어 도덕문제가 아닐까 한다. 그러나 일실반락一失半落이라도 지적하여줌은 감사타 할 바이다.

이상은 씨의 동서에 대한 소위 "일반적으로 느낀 몇 가지"의 내용이거니와 이하로부터는 씨의 가장 역평力評한 각론에 대하여 시선을 옮겨보기로 하자.1회

씨의 각론 평은 동서의 제1장 제5절로부터 비롯하였다. 씨는 말하되 "조선 내 은행 개황은 논함에 은행명 공칭자본, 불입자본, 적립금, 순익금, 불입자본에 대한 순익률, 배당금, 배당률 등 각 목을 거擧하고 약 1페이지를 각 은행의 불입자본에 대한 순익률에 비하였다. 물론 양씨가 거한 명목만으로도 은행 개황은 표시되었다 하겠으나 순익률을 장황하게 약 1페이지를 비하는 것보다 이왕 조선식산은행 조사과 편 『조선금융사정개관』쇼와[昭和] 5년 상하반기호 제283페이지 통계에 의하는 것이니 원래 그대로 이재移載하는 것이 오히려 은행 개황을 표함에는 요령 있는 것이라 하겠다"라 하여 조선 내 은행 개황소개에 아주 요령 있는 방법을 교시하였다.

씨는 동서 인용서 페이지 수까지 사득査得하여 알았으니 동 인용서 중 「선내鮮內은행업무개황」이란 원표를 아마도 잘 보았을 듯싶다. 따라서 동표는 4·6배판 2엽 대大에 6호 활자를 횡서로 빽빽히 나열한 통계표인 것임을 잘 알 것이니 이 같은 원표를 4·6판 책에 "그대로 이재"치 않았느냐 하는 것은 위선 좀 무리한 말같이 들린다. 그리고 원표에는 본점 소재지, 지점 출장소 수, 예금, 차입금, 채권 발행고, 전기前期 대출금, 대출금, 예금에 대한 대출율, 유가증권, 예금 금은金銀, 전기 조월고繰越高 등이 상기上記 8목 이외에 또 게재되어 있음으로 물론 은행 사무 개황을 보는 데는 더 자세한 것임을 승인할 바이나

졸저는 은행 사무 개황을 득得코자 함이 아니오, 은행 개황이란 제목 아래서 그 가장 요령 있는 두미頭尾를 찾고자 한 것임으로 은행명, 공칭자본, 불입자본, 적립금, 순익금, 불입자본에 대한 순익률, 배당금, 배당률 등 8개목을 골라서 든 것이다. 과연 이것이 요령을 찾기 곤란한 방법일까, 또 은행의 수익을 득함에 있어서 1페이지를 비함이 씨에게는 대단 장황하였을는지 모르나 저자 등은 어떠한 뜻으로든지 도리어 대단 부족함을 느끼는 바다. 씨는 어째서 너무 간단한 것을 보고 장황타 하며 가장 요령 있는 것을 보고 요령 없다 하는가. 우리는 차라리 기이하게 생각된다.

　씨는 다음으로 제5절 금융조합개황의 원문 "… 조합원 1인 평균 불입자금과 예금액 합계는 113원 여에 불과하는 것을 볼 수 있다. 그런데 그들에게 대출한 금액을 보면 123,199,032원으로서 조합원 1인 평균 대출액을 띄워보면 184원 여에 달하여 그 1인당 불입자금과 예금액 합계보다 71원이 더 많다. 만일 이 71원의 금액을 조합원 666,482인에 승乘하여 보면 47,320,222원에 달하는 터이니 이것으로 보아 금융조합의 그 가입 목적이 결코 저축이나 금전을 얻고자 하는 것이 아니오, 전연 빚내어 쓰기 위한 수단인 것을 밝게 알 수 있다. 1인당 불입금과 예금액 합계가 그 차금액보다 71원이나 적다는 것은 타 일면으로 마이너스화 하는 조선 일반 세민의 경제 상태를 여실하게 말하는 것이 아니고 무엇일까"에 대하여 씨의 독특한 해석과 판단을 내렸다.

　　조합원 중에는 출자와 저축을 위주하는 이도 있고, 차금하여 상업을 경영하기로 할지며 농사개량에도 이용할 수 있을 것이다. 현대의 업을 경영하는 자가 반드시 자기 자본만을 가지고 운용하는 것이 아니다. 도로혀 자기 자본보다는 금융기관의 자본을 이용하는 편이 다하다. 원시적 경제 사회에 있어서는 자기의 자본이 주가 되었을 것이다. 현대에 있어서는 신용만 있으면 자본을 기하든지 융통할 수 있으며 차의 이용하는 역량만 있으면 기하든지 치부할 수 있는 것은 일반의 주지하는 바다. 그렇다고 하면 금융조합원의 불입 자금 및 예금액이 차용액보다 적다고 전연 빚내어 쓰기 위한 수단이라 단언하여 그 소위 조선 일반 세민의 경제가 마이너스화 된다고 하지 못할 것이다.

"타당치 못한 추리 방식"이라고 씨는 이와 같이 현대적 치부 학설을 역강力講하고 조선인이 금조金組에 빚내는 것도 치부의 방편인 것을 고조한 뒤 빚내어 쓰기 위한 수단이란 것을 힘써 부정코자 노력하였다.2회

우리들은 동서상기 인용에서 숫자적으로 "빚내어 쓰기 위한 수단"이라는 것을 밝게 증명한 바 있으니 "빚내어 쓰기 위한 수단"이 아니라는 것을 천언만설千言萬說하는 사람이 있다고 할지라도 우리는 어디까지든지 "빚내어 쓰기 위한 수단"이라는 우리의 본래의 언약을 포기할 수는 없다. 씨는 "빚내어 쓰기 위한 수단"이란 것을 혹은 순전한 소비를 의미하는 것처럼 해석하였는가. 그렇다면 곡해 책임은 씨에게만 있다. '빚내어 쓴다'는 것은 혹은 순소비를 의미할 때도 있을 것이며 혹은 재투자를 의미하는 경우도 있을 것이니, 씨가 이 말을 듣고 다시금 놀랄 것은 조금도 없을 것 같다. 씨는 원래 금조 차금이 세민 치부의 원동력인 것처럼 아는 터이니 금융조합 가입자의 출자금, 예금액보다 그 차용금이 여하히 많다 할지라도 그것은 대단 기쁜 현상이라 할 것이오, 그 부채자들의 전도를 아주 낙관할 것이다. 혹은 이 말이 씨의 본령이 아니라 하자. 그러면 씨는 무엇을 말하려 함인가. 분명히 씨는 '빚내어 쓴다'는 말을 결손만 본다는 말로 해석하고 그것을 부정코자 한 것이니 '빚내어 쓰기 위함이 아니다' '이익을 본다'라는 내의內意임에 틀림없을 것 같다. 혹은 이 말

도 씨의 본령이 아니라 하자. 그러면 무엇일까. 이해상반이란 말인가? 그러나 이것은 씨가 말하고자 하는 핵심이 아니오, 그 다음 출자액 및 예금액 합계보다 부채가 1배 반이나 더 많다 하여 조선 일반 세민의 경제가 마이너스화 된다는 동서의 결론을 번복키 위한 전제이었다.

씨는 차래借來한 돈의 재투자 공용功用을 이상과 같이 역설한 뒤 금조 차금액이 비록 출자액 및 예금액 이상으로 뛰어올라 출자에 대한 배당분과 예금에 대한 이식분이 그 차금 고리高利에 다 상쇄되고 또는 초과된다 할지라도 세민경제는 마이너스화는 안 된다고 한다. 적어도 마이너스화 된다는 결론을 감히 내리지 못할 바이라고 단정하였다.3회

그러나 씨는 순純 이론에 빠져서 파손破損을 생각지 못하는 '독장사의 구구九九'와 같은 오류를 범하게 된 것이니 이제 씨의 설을 식화式化하여 보면

> 출자에 대한 배당 + 예금에 대한 이식利息 = 즉접即接 이익
>
> 차금借金 → 재투자
>
> 재투자 이윤 − 차금 이자 = 간접 이익
>
> 즉접 이익 + 간접 이익 = 경제 향상

그 결론은 경제의 마이너스화가 아니라 플러스화 하는 것이다. 그러나 우리가 말하고자 하는 실제론에 의하면

> 출자에 대한 배당 + 예금에 대한 이식 = 즉접 이익
>
> 차금 → 재투자
>
> 재투자 결손 + 차금 이자 = 간접 손해

즉접 이익 – 간접 손해 = 경제의 마이너스화

그리고 차금한 것을 순 소비용으로 쓴다면 그것은 다시금 이해와 플러스, 마이너스를 나눌 필요조차 없게 된다. 씨는 우리들의 말하는 실제론이란 것을 혹은 이해치 못할지도 모르겠다. 씨는 식민지 자본주의 경제 조직하의 조선 소자산 계급이 급속도로 몰락되고 있는 과정을 잘 인식하는가(소지주 및 자작농의 몰락은 우리의 동서 제1조에서 숫자로 증거한 바 있다). 식민지의 만성화한 농업공황과 부동산 및 농산물 화폐화 과정에 대한 실제적 인식이 있는가. 또 조선인 세민 계급이 가질 수 있는 영납零納 자본의 재투자 양식과 그 일반적 대량적 추세에 대한 인식이 있는가. 만일 이러한 점에 밝은 인식과 파악이 있다면 구하지 못할 금조원金組員 파산자 통계를 찾아본 뒤가 아니라 할지라도 그 대량적 판정은 능히 내릴 수 있을 것 같다. 금조는 조선 세민의 유일하다 할만한 차자借資 기관인 동시에 또 저자貯資 기관이다. 이제 숫자를 보며 저자의 득得은 멸여滅如하고 실제로 차자의 손해만 경험하고 있는 터이니 어찌 출자 및 예금 이상의 부채자負債者 경제를 조장치 않을 것인가(출자 및 예금 이내의 부채 또한 이용 수단이 졸렬하면 출자, 예금 등을 다 까먹고도 더 넘쳐 일가一家의 경제를 뒤엎고 말 우려가 있겠지만 위험의 정도 문제 내지 파멸의 정도 문제다).

이러한 점에 있어서 금조 자본 공용론을 고조한 씨는 확실히 실제적 오류에 빠졌다. 다시 말하면 자본주의가 세민에게 주는 영향, 식민지 정치가 토착 세민에게 주는 영향 등을 몰각하고 조선 세민 생활의 실제를 몰각한 데서 파손을 깨닫지 못하는 '독장사의 구구'와 같은 착각에 떨어지고 만 것이다.

다음으로 씨는 제3장 제4절 '국비는 왜 팽창되었나'를 평함에 있어 일본과 조선의 세출 증가 보조를 잘못 비교하였다고 "통계학의 원리도 부지不知하는

것 같다"라는 맹봉猛棒을 내렸다. 과연 동서에서는 그 두 가지를 어떻게 비교하여 놓았나.[4회]

일본 것은 메이지[明治] 24년부터 쇼와 3년까지의 37년간의 증가 보조, 조선 것은 메이지 43년부터 쇼와 5년까지의 20년 간의 증가 보조를 비교하여 일본의 37년 간 증가 지수와 조선의 20년 간 증가 지수가 비등하다는 것을 말하고 조선 자본주의화의 국가적 편달鞭撻이 얼마나 급하였나 하는 것을 말하고자 한 것이다. 씨는 두 살 먹은 아이가 세 살 먹은 아이와 크기가 근사하다는 말을 듣지 못 하였을까. 20년 자란 나무가 10년 자란 나무와 길이가 같단 말을 못 들었을까. 그와 꼭 같은 방식으로 조선의 20년 간 세출 증가율이 일본의 37년 간 세출 증가율과 비등하다는 말을 어째서 못하게 될까. 씨에 의하면 조선에 메이지 43년 것을 기초 삼았으면 일본은 동년 것은 기초 삼아 비교해야 된다는 것이다. 즉 두 살 먹은 아이와 세 살 먹은 아이를 비교하여서는 안 되고, 동령아同齡兒만을 비교하여 대소를 말해야 된다는 것이다. 씨는 동령아 비교에만 흥미를 가지고 이령아異齡兒 비교에는 흥미를 못 가지는가. 씨는 어째서 이렇게 자기의 지적 질곡에서 질식되고 있는가. 우리는 씨에게 '통계학의 원리 응용도 부지하는 것 같다' 란 말로 답하게 되는 것을 유감으로 생각한다.

다음으로 씨는 동장 제6절 평에 들어가 동서에서 지주, 농민 측의 조세 부담보다 자본가, 시민 측의 조세 부담이 적다는데 대하여 그것을 납세 인원별 평균 부담으로 보았느냐고 묻고, 그렇게 고찰한 것이라면 오산이오, 그렇게 볼 줄 몰랐다면 "무식을 폭로한 것 이외 아무 공헌이 없다"라고 연창連唱하였다. 씨는 어째서 이다지 흥분되었을까. 우리는 세종稅種의 성질로 보아 지세 같은 것은 지주 농민측이 다부분多部分 부담하는 조세라 하며 소득, 영업세, 자본 이자세, 광세鑛稅, 취인소세取人所稅 같은 것은 자본가, 시민 측이 다부분 부담하는 조세라 하고, 동서에는 숫자를 들어 이것을 설명하였다. 이것을 이렇게 보지 않고 납세 인원별 평균 부담으로 보았느냐 하는 질문은 어떻게 하는 말인가. 만약 자세히 들여다 보려면 조선 전 세목에 대한 지주 및 농민, 자본가 및 시민별의 세액을 조사하여 보아야 될 것인 즉 그러한 일은 우리들 힘으로서는 거의 불가능한 일인 것을 고백한다. 그러므로 우리는 조세 성질을 분석하여 어느 세는 지주 농민 측의 주세主稅요, 또 어느 것은 자본가, 시민 측의 주세라는 것을 판정한 것이며 또 이것의 각 측 총리總利로서 어느 측의 부담이 더 무거운 것을 판정한 것이니 씨가 만약 이 방법에 이의가 있으면 씨 독특한 방법을 보여주기를 바란다. 그러나 씨는 우리의 세질稅質 분석과 숫자 계산으로 얻은 결론을 '오산誤算'이라고 일언이척지一言而斥之 하였으니 씨의 태도는 자중을 잃은 것 같이 생각된다.5회

그리고 씨는 말을 잇되 "대체 소비층이란 것을 무엇을 의미하느냐", "우리의 경제사회에 소비층이라든지 생산층이라 할 만한 구별선이 있는가", "즉 경제계에 있어 간접 혹은 직접으로 생산자인 동시에 소비자가 되는 것이다"라 하여 우리의 소비층이란 말을 귀양 보내려 하였다. 씨가 이 말을 하게 된 까닭은 동서에서 "이상 소유 과세 총액과 대중 과세, 즉 주세, 사탕소비세, 관세 등 총액과를 비교하여 보면 전자는 약 1,800만 원이오, 후자는 약 2,400만 원 정도인 바 … 이 점으로 본다고 할지라도 국가의 소비층 학대는 여실하게 나타난다"방점 필자라 한 데서 출발된 듯싶다.

씨는 첫째 소비세간접세라는 것과 무산계급과의 경제적 교섭이라는 것을 아는가 모르는가. 무산자에게는 문자와 같이 소유 과세직접세라는 것은 받아낼 거리가 없음으로 극소 또는 전무한 법이나 연초 1갑, 사탕 1봉이라도 먹게만

된다면 소비세는 대지주나 대자본가에게와 꼭 같이 징수한다. 고로 유산자와 무산자가 동률의 소비세를 낸다 할지라도 재산비財産比로 보아서는 무산자가 유산자보다 천 배 만 배를 더 내게 되는 것이다. 즉 소비세 1근 1전짜리 흑당 각 1근을 1인의 유산자와 1인의 무산자가 샀다 하면 세율은 비록 같을지라도 그 유산자는 그 무산자에 천 배 되는 재산의 소유자인 까닭에 유산자의 천 근 사는 소비세, 즉 10원을 그 무산자가 내는 것이 된다. 사탕 1근에 10원 내는 무산자가 1전 내는 유산자와 세율만 같다고 공평하다 할 것인가. 고로 유산 자 또한 소비세 내는 소비자 아님이 아니나 최다량의 소비세를 내는 최다수 의 소비자는 무산자계급이다. 따라서 소비세라 하면 이것을 통칭 대중 과세 라 일컬어 무산자에 최긴관最緊關된 세稅라 보는 바이오, 또 소비층이라 하면 이 또한 무산자를 그 최대 다수로 한 사회 저층低層을 가리킨다. 조선에는 직 접세보다도 이 소비세가 600만 원이나 더 많으니 이 어찌 "소비층 학대"라 하지 않을까. 상술한 바와 같이 씨는 벽두로부터 소비층이란 말을 부인하고 끝으로,

"즉접세卽接稅가 중重하면 일반 무산자의 부담이 중하게 된다는 의미에서 가 급적 직접세를 우리는 주장하는 바이지 그 소위 소비층 학대의 의미에 간접 세를 운운하는 것이 아니다"라 하였다. 이상에 의하면 씨는 소비층이 실질적 의미의 무산자층인 것을 전연 몰각한 것이 증거된다. 그 다음으로 씨는 우리 들에게 직접세란 것은 어떠한 것이라 하는 것을 가르쳐 주기에 또 덧없는 수 고를 하였다. 그러다가 제4장 제5절로 들어가 우리들이 불충분, 불완전한 통 계임을 엄숙히 전제하고 "위선 그 일반이라도 들추어 보기로 하자" 한 뒤 게 재한 '민족별 노동자의 1일 수지', '민족별 노동자의 1개월 수지'의 양 통계 표에 대하여 조사 인원이 소수인 것, 노동자의 지방별을 하지 않은 것, 업별

을 하지 않은 것, 물가지수를 빠트린 것 등 결함을 지적하였다. 우리는 씨의 이 지적한 것이 과연 합리한 지적인가 아닌가는 둘째 문제로 하고 좌우간 씨가 결론짓고자 하는 나쁜 통계라는 점에는 우리도 완전히 공명한다. 그러나 씨는 그 통계가 나쁜 통계라는 것을 지적하기에 급하여 업별을 명료히 하여 놓았는데도 불구하고 새삼스레 주문하는 것과 '민족별 노동자 1일 수지표' 비고備考 끝에 부기附記한 것을 보지 못하고, 무리하게 지방별을 주문하는 것과 노동자 수지 통계표에 물가지수를 부기하라는 것 등은 씨 자신이 재고를 요하는 바다.

끝으로 우리는 씨의 독후감을 통하여 유용한 자극을 받게 된 것을 감사하며 그만큼 조선 숫자에 관심하는 이로써 금후 더욱 많은 노력이 있어 주기를 바란다. 6회

「(독후감) 크레인 여사의 『조선 화초와 및 그 민요의 연구』」

하성생, 『조선일보』, 1932.3.10

우리는 조선 사람이면서도 조선에 대한 과학적 지식이 너무도 빈약함을 느
낀다. 역사적으로 보아 기개幾個한 학자님들의 문집이나 그들이 써놓은 비과
학적인 사적史籍들 이외에는 남의 앞에 이렇다고 내놓을만한 것이 별로 없으며
연구해 보려고 고심한 흔적조차 그다지 발견할 수 없다. 남들은 그들의 문화
에 조금이라도 자랑될만한 무엇이 있다면 이것을 한 사실로만 들추어내는 것
이 아니라 인류학적으로 혹은 민속학적으로 혹은 고고학적으로 이리 뒤지고
저리 뒤져 알뜰살뜰히 일반에게 소개하고 자랑하는 바이며 그들의 문화를 알
려고 남의 문화까지 속속들이 캐보는 것이 사실이거늘 우리가 우리에 대한
지식과 및 연구는 이 얼마나 부끄러운 상태에 빠져있는 것이랴? 저간에는 정
치적, 경제적 모든 조건이 흠썩 불리한 처지에 있어 그렇다고도 할 수 있겠지
만, 우리는 그 성의와 열□, 노력과 인내에 있어서도 남에게 뒤지는 바가 적
지 않다.

현재의 학계로 보더라도 우리의 역사, 우리의 정치, 우리의 경제, 우리의
문화, 우리의 민속… 그 어느 방면의 연구를 따져보나 남에게 뒤졌고 남에게
배우게 되었으니 이 현상으로 몇 세기고 지나간다면 우리의 몰골이 그 무엇

이 될 것이냐? 필자 최근 미국인 구례인具禮仁 여사의 역저力著『조선 화초와 및 그 민요 연구*Flower and Folklore from far Korea*』라는 책을 손에 들 때 이상과 같은 느낌이 배나 더하여진다. 이제 이 책의 내용을 간단히 소개함으로 우리네 연구에 조그만 주의라도 일으켜 볼까 한다.

구례인 여사는 어려서 그의 본국에 있을 때부터 식물 회화에 뛰어나는 재조를 가져 일반에게 많은 촉망을 가졌든 터인바 조선에 온지 19년 동안 선교사업에 종사하는 일면 자기의 취미를 버리지 않고, 조선의 화초를 연구하며 스스로 화필을 삼아 이를 정밀하게 그리는 동시 그에 대한 조선 고유의 민요 및 전설을 영문으로 번역 소개한 것이라고 한다. 그 위에 전하는 소식을 의하면 이 책 한 권을 저술하기에 그는 근 15년의 긴 세월을 꾸준히 노력하였다고 하니 그 연구한 바의 내용 여하도 가히 짐작할 수 있는 것이다. 이제 잠깐 그의 저서 제26엽頁의 장미꽃 연구에 대한 것을 엿보건대 먼저 해당화니 월계니 하여 그 종류를 들어놓고 다음으로는 조선 속요俗謠의

해당화야 해당화야!
명사십리 해당화야!
꼿진다고 슬어마라
명년춘삼월 다시 되면
입과 꽃이 다시 피리…

하는 것을

Oh roses that bloom at Myung Sa Simme

Do not be sad when your petals. fall,

Next Spring, as surely as the years do flee

You shall have new flowers with petals all.

이라고 역재譯載하였으며, 또 다시 다음과 같은 재미있는 전설도 소개하여 놓았다.

옛날 옛적 어느 바닷가에 어린 총각 하나 살았는데 하루는 바닷가에 놀러 나갔다가 용궁으로부터 나왔다고 하는 어여쁜 계집아이를 만나게 되었다. 그리하여 그는 이 바다의 처녀와 서로 사랑케 되고 가끔 모래 위에서 다시 만나기로 약속하였던 것이다. 그런데 하루는 이 총각이 그 처녀의 오기를 기다리고 있으려니까, 그는 전에 없이 슬픈 눈물을 머금고 그의 앞에 나타나 용왕님이 자기를 딴 남자와 약혼시켜 놓았다고 하소연하는 동시, 그가 용궁으로부터 도망해 나온 것을 이야기하고 있었다. 그런데 그 순간 바다 속으로부터 억세인 사나이 두 명이 나타나 어여쁜 바다의 처녀를 도로 잡아가고 말았다. 어린 총각은 너무도 슬퍼 그 다음날도 행여나 하고 전일 자기 애인과 이야기하던 그 모래사장을 찾아오니 어여쁜 그가 서 있던 그 자리에는 붉은 장미- 해당화가 곱게 피어 있을 뿐이었다.

조선의 민요와 전설이 영문으로 완전하게 번역되었나, 못 되었나 하는 점은 둘째로 여하간 저자가 이것을 모으고 이것을 자기네의 말로 번역하기에 얼마나 고심하였나 하는 것은 가히 짐작할 수 있으니 조선의 민속과 문학을 연구한다는 입장에서 그의 공헌을 일컫지 않을 수 없으며, 일면 식물학적 혹은 회화적 가치로도 사계斯界 연구가에게 일독一讀을 권하기는 충분하다. 우리네 가운데 역사를 연구하는 이 많다 하더라도 프랑스인[佛人] 달레 같은 이에게 부끄러워할 바 많은 이즈음 또 다시 일개 외국 부녀자의 손으로 이러한 저서가 나타나게 된 것은 우리네 연구를 세 번 채찍질하고도 남을 바 아니랴.

(삼성당三省堂 발행으로 정가는 10불弗이라고 하나 조선 내에서 속히 사면 10원圓에 살 수 있다고도 합니다.)

74

「이여성, 김세용 저 『수자조선연구』 제3집」(전2회)

함상훈, 『동아일보』, 1932.5.28

(1)

　서적치고 통계를 많이 인용한 서적처럼 건조한 것은 없다. 그 대신 통계를
많이 인용한 논문처럼 쓰기 귀찮은 것도 없다. 그런데 이여성, 김세용 양씨는
벌써 세 번째나 통계를 많이 인용한 저서 『수자조선연구』를 간행했다. 이와
같이 저작키 곤란하고 읽기에 거북한 저서를 제3집째나 간행할 때에는 씨등
의 심단(心膽)에 무슨 결심이 없을 수 없을 것이다. 『수자조선연구』 제3집 서언
을 보면(제1, 제2집에도 그러했거니와) "조선인으로 조선의 실사정을 밝게 알아
야 할 것은 무조건하고 필요하다. …… 그리고 (그 방법은) 당해 사물의 질량을
표시하는 숫자의 행렬과 및 그 변화의 족적을 표시한 통계적 기록을 찾아보는
것이 가장 첩경이라"고 하였다. 과연 그렇다. 사물의 진실성을 알려면 막연한
공리공론보다도 실질적 숫자의 증명이 없이는 될 수 없다. 이에 이, 김 양씨가
1회에 그치지 않고 벌써 제3회째 『수자조선연구』를 간행하고 그 인용한 통계
는 가장 정확하고 참신한 것을 염두에 두고 무체계한 나열이 아니라 종시 일
관한 어떤 방법론에 의하여 인용한 것을 보면 저간의 노력이 약간하며 학문에
대한 애호의 염(念)이 얼마나 굳은 것을 알아 경의를 표하지 않을 수 없다.

(2)

『수자조선연구』제3집은 전부 130여 엽頁, 전 6장으로 되었는데 문장 사이에는 숫자에 권태를 느끼지 아니하게 하기 위하여 8매의 삽화를 그려 넣었고, 권말에는 약 10엽의 색인이 친절하게 붙어 있다. 책의 내용은 제1장에 있어서 '조선과 외지와의 금융 왕래', 제2장에 있어서 '조선 조세제도의 해부', 제3장에 있어서 '조선 전매제도의 내막'이 취급되고, 제4장에는 '조선의 실업자 문제', 제5장에는 '조선의 사상범 추세', 제6장에는 '조선 종교 및 유사 종교계 총관'이 취급되어 있다. 일견 장과 장과의 간에 하등의 연락이 없어 산만한 맛을 느끼겠으나 저자의 머리말대로 이 저서의 목적이 방대한 일─ 체계 있는 저작을 요구한 것이 아니라 보고에 그쳤다함으로 그런 의미에서는 도리어 독자에게 권태를 느끼지 않는 제 방면의 문제를 섞어 취급한 것이 적당할지 모른다.

(3)

그런데 본 문제 취급에 들어가 제1장 '조선과 외지와의 금융 왕래'의 장에서 조선이 무역상으로 입초入超이면서 무역 외 자금으로는 입초인 것을 숫자적으로 거擧하고 이것을 식민지의 공통한 현상이라 한 후, 전자는 경제파탄을 의미하고 후자는 이윤 이양을 의미했다 본 것은 적절한 관찰이다. 또 동장同章에서 일본이 조선에서 독점적 경제의 지위를 점한 것을 지적하고 일본의 조선 총 투자액을 10억 4천여 만 원으로 추산한 것도 자미스러웠다.

제2장 '조선 조세제도의 해부'에 있어서 조선의 조세 부담액이 병합 당시보다 기십 배 증가하였다 하는 것을 지적하고 과세의 주체를 여러 곳으로 한 것은 인민의 불평을 거세하려는 목적이라 관찰한 점은 흥미 있는 관찰이며

소비세가 수위요, 수익세, 소득세가 차위인 것은 소유계급에 후하고 소비계급에 가혹한 증좌라 본 점도 흥미 있는 관찰이다. 또 수이입액의 75%를 점한 이입품의 관세가 불과 280만 원인데 25%밖에 안 되는 수입품의 관세가 780여 만 원이라 하여 조선의 식민지적 관세를 지적하였음도 밝은 관찰이다.^{상편}

(4)

제3장 '조선 전매제도의 내막'은 제1장 외지와의 금융 거래, 제2장 조선의 조세제도와 아울러 본서 중 가장 주력한 듯하며 또 흥미 있는 곳인데, 절마다 엽頁 여餘 내지 4행의 삭제를 당하였음은 애석하다. 요컨대 차此 장 중 전매제도의 의의는 재정의 발달 못 된 식민지에서 국가가 독점적 자본가가 되어 그 이윤을 남겨 국가재정을 보충하는 것이란 것을 말한 것이니 과연 국가기업도 착취냐 아니냐 하는 것은 견지에 따라 다르겠지만 저자의 관찰은 또한 자미 있다.

제4장 '실업자의 내용'은 정독치 않았다. 왜 그러냐 하면 조선의 실업자는 이루 조사한 일도 없고 있다 할지라도 그 방법은 소홀하여 신용할 정도로 되지 못한 때문이다. 즉 저자들도 말한 것과 같이 실업의 표준이 너무 제한되어 도저히 진정한 실업자를 알 수 없는 때문이니 저자들은 나의 게으름을 과□ 치 말라. 그 중 무산자의 통계는 유익하게 읽었다.

제5장 '조선 사상범 추세'는 구하기 어려운 통계자료를 구하여 인용한 만큼 유익하였다. 조선 범죄자 중 형법범刑法犯 그 중에도 치안 위반 사상범 급及 삼림령범이 가장 급속도로 증가하는 것은 식자의 일고할 바가 아닐까. 제6장 '조선 종교계 개관' 중 각 종교의 실세력을 천명하여 종래의 100만 교도니 무엇이니 하여 허장성세하던 무리에게 큰소리를 못하게 했음도 흥미 있다.

(5)

대체에 있어서 제3집은 제1, 제2집보다 더 역작이다. 그 중에도 제1,2,3의 3장은 조선의 가장 경제적으로 관련 깊은 부문을 취급하고 또 그것을 과학적 '메스'로 해부한 만큼 유익하게 되었다. 오직 유감인 것은 제1집과 제2집 사이에 긴밀한 관련이 없는 것이니 저자들의 말과 같이 즉시에 조선 전체의 문제를 체계 있게 해부할 겨를이 없었는지 모르나 제1집에는 경제적 토대, 제2집에는 정치적 관계, 제3집에는 문화적 관계, 제4집에는 민족운동…이라 함과 같이 체계 있게 발간했었으면 어떠할지? 물론 씨등의 작품이 사계斯界의 희유의 정확 차且 대규모의 저작임은 틀림없다. 오직 그만한 성력誠力으로써 더 좀 전체적 종합적 체계 있는 작품이 되었으리라고 기대하였었던 것을 말한다. 저자 등은 장차 제4집까지를 발간한다 하거니와 그것이 끝난 후 기어이 이 종합적 대작품을 간행할 것을 바란다. 망평다사.^{하편}

75

「(독서란)『조선민속』을 독함」

함대훈, 『조선일보』, 1933.2.2

    국유國有 민속자료는 하나씩 둘씩 인멸하여 간다. 시냇물 소리와 낮닭의 소리를 반주로 부르던 순박한 민요는 자동차 바람에 사라지고 말았고 초동草童의 '산영화'는 도치道治 '다이너마이트' 소리와 함께 속요 '아리랑'으로 변하였다. 이는 차라리 다시 탐채할 방법이나 있겠지마는 승계자의 생명에는 한限이 있어 한 번 타계他界로 가면 귀중한 자료는 영겁永劫이 찾아볼 바가 없는 것이다. 처용무處容舞를 전하던 유일의 노기老妓 죽은 지 오래이고 아현阿峴의 본산대本山臺 없어진 지가 또한 몇 십 년이다. 양주楊州 별산대別山臺와 율지栗旨광대도 이 길을 밟았으며 안성安城 여사당女社堂의 분산分散한 것이 예例요, 과천果川 '육흘넝이'도 사적史的 인물로 돌아갔다. 이와 같이 늦어지기는 하였지만 이제부터는 꼭 자료 채집은 해두려고 한다! 『조선민속』 제1호 창간사

    민속학의 연구는 현하 세계 민속학자의 손에 각기 자국 민족의 민속과 또 외국과 자국 민속의 비교 연구로써 성행되고 있다. 혁명 이후 러시아[露西亞]의 민속학 연구는 그의 연구 입장이 다르다 할지라도 그 연구적 태도의 진지한 것은 제 외국의 연구에 떨어지지 않을 것은 물론, 저 영국에서는 19세기 중

엽에 벌써 민속학이 그 독립적으로 학문적 입장을 선명히 하여 오늘날에는 민속학회의 창립과 한 가지로 그의 연구는 성행되고 있다.

이러한 세계적으로 연구되는 학문이 조선에서는 연구되지 않았고 또 민속학이란 민족문화 발전 단계에 있어서 그 문화의 사적 연구란 의미에서도 당연히 연구하여야 할 것임에 불구하고 조선에는 이 연구에 대하여 아무런 연구기관이 없었음은 크게 부끄러워 할 바이었다. 그러던 것이 작년에 개인적으로 조선민속 연구에 다년 적공積功한 제씨가 조선민속학회를 조직하고 "민속학에 관한 자료의 탐채 및 수집을 하며 민속학 지식의 보급 및 연구자의 친목 교순交詢을 주로 하고 병竝하여 외국 학회와의 연락 및 소개를 한다"는 주지 아래서 동원되어 최근 『조선민속』 제1호를 발간한 것은 현 단계 조선민속 연구의 커다란 의의를 갖는 것으로 귀중한 문헌이라 하겠다. 이 『조선민속』은 연 4회의 발간이라 하니 호를 거듭함을 따라 그 내용이 충실할 것을 바라거니와 이제 제1호의 내용을 살펴보기로 하자!

이 『조선민속』은 총 매수가 46페이지에 불과하다. 그러나 내용은 손진태孫晋泰 씨의 생고生考를 위시하여 아키바 다카시[秋葉隆] 씨의 「거제도巨濟島의 입간立竿 신앙」이란 흥미 있는 논문이 실렸다. 그리고는 송석하宋錫夏 씨의 「오광대五廣大 소고小考」가 오광대의 유래와 의의, 오광대와 산대山台, 오광대와 사자희獅子戲, 경개梗槪와 연출 등의 항목으로 나누어 실리었다. 이 논문은 다년多年 씨가 이에 연구한 것을 발표한 것으로 더구나 가면의 사진과 가면을 쓰고 무용하는 사진까지 넣어가면서 설명하였다.

그리고 자료로써 정인섭鄭寅燮 씨의 「진주晉州 오광대 탈놀음」과 손진태 씨의 「강계江界의 정월正月 세시歲事」 등이 게재되어 있다. 그 외에 송석하 씨의 「조선 민요에 관한 참고서 The reference Books on Korean Folklore」라 하여 제 외국에서 발행된 조선민요에 관한 문헌과 거년도 각 잡지에 게재된 '조선민속학 관계 문헌 목록'을 만들어 귀중한 자료를 제공하였다. 물론 내용의 빈약한 점이 많은 것이 사실이나 금후 꾸준한 노력 가운데서 이 조선 민속학 연구에 커다란 학적 공헌이 있기 바란다.

정가 35전, 발행소 경성 안국동 52 동회同會

76

「(독서란) 김소운 씨 편저, 『조선구전민요집(조선문)』 제1서방판」

함대훈, 『조선일보』, 1933.2.17

'민족이 있는 곳에 반드시 민요가 있다.' …… 민요는 한 민족의 정서 생활의 첫 기록, 갓난아이의 첫 울음 소리. 그러나 우리는 첫 울음부터 '으아' 하고 힘차게 소리 질러 보지를 못 하였다. …… 남들은 민요를 생활의 반주 삼아 즐겨 왔으되 우리는 민요에 매달려 살아 왔다. 민요를 북돋우어 길러왔다기보다 민요를 돛대 삼아 노 삼아 와 왔다. 백천 번 시달려 오히려 이루어지지 않는 민족 정서의 특질은 더 한층 깊은 속에 숨어 있나니 과거科擧와 등관登官 양반에 대한 동경憧憬을 들어 조선민요의 독특성을 부정하려는 이에게 부요婦謠의 한 편을 읽히고 싶다. 호소와 저주가 이같이 절박한 노래는 아마 세계 민요에도 유례가 없을 것이다. 다시 거듭하거니와 민요는 벌거숭이로 자라는 야생 아이다. 순박한 표현, 치눌致訥한 기교를 떠나 민요의 본색을 찾을 수 없다. 민요를 두고 기품을 논함은 어리석은 일이니 표현이 야비하다고 민요의 시적 정신까지 몰각한다면 그는 민요와 천 리를 격隔한 것이다.서문의 1절

민요가 민중 예술의 하나인 것은 벌써 누구나 수긍하는 것이거니와 조선의 민요의 특색은 '조선 민족 정서의 축적'이다. 그러므로 써 이 속에 조선의 마

음이 잠재해 있음을 부정할 수 없다. 나는 최근 김소운金素雲 씨의 편저編著 『언문 조선구전민요집』을 읽었다. 이것은 조선의 구전 민요 2천 편을 각 도 별로 모아 놓은 것이다. 나는 첫째로 이 책을 손에 들고 자료 없는 조선에서 이 같이 적지 않은 자료를 13도 각 지방 별로 모아 놓은 것에 대하여 경이를 감感하는 동시에 또한 그의 꾸준한 노력이 오늘날 이와 같이 커다란 서적으로써 출판되게 된 것을 기뻐하였다. 물론 그의 고심은 적지 않았으리라고 한다. 나는 나의 우인友人으로부터 김소운 씨가 밥을 굶으면서까지 그 자료 수집에 고심하였다는 말을 들었고 또한 그것을 출판하기 위하여 "신문사를 그만두고 초고를 가지고 동경에 갔으나 읽지 못할(조선문 출판이니 일본에서는 그럴 밖에 없다) 서적이기 때문에 손쉽게 결정되지 않아 …… 야나기타[柳田] 선생을 기누타촌[砧村]으로 찾아갔던 밤에는 호우豪雨 중에 오오모리[大森]까지 돌아와 젖은 외투를 입은 채로 전등 꺼진 방에 엎드려 절망의 장태식長太息까지 하였다"고 하였으니 이 책의 출판을 위하여 얼마나 고심참담하였는지를 알 수 있다. 나는 이 책이 조선문을 하나도 알지 못하는 제일서방第一書房 주主 하세가와 미노키치[長谷川己之吉] 씨가 호의로써 이 책을 출판해준 것에 대하여 찬사를 아끼지 않거니와 조선 문헌으로서 이러한 서적이 출판된 것을 무엇보다 기뻐하는 바이다.

이 서적의 내용은 각 도 각 지방 □□ 그 민요를 (판독불능-엮은이) 그 밑에 보고자의 기명記銘을 하였다. 권말에는 더구나 가나다 순으로 □□를 붙여 일목요연하게 민요의 말 한마디만 알면 그 내용을 찾아볼 수 있도록 하였다. 그러나 그 내용에 있어서 그 지방에서 유행되는 그대로 적지 않은 것이 간혹 보이는 것은 다소 유감이었다. 그리고 또 나는 프랑스[佛蘭西]의 민요 작가 바 베베르의 4권으로 된 『향토시인』이란 민요집에서와 같이 그 지방의 지리, 풍속 그 민요의 발생된 시대 또 전래된 경로를 써주었거나 또 러시아 민요집에서 보는 것 같이 그 곡보曲譜까지 첨부해 주었으면 더욱 좋았을 것이라고 믿는다. 러시아 민요는 그것이 음악적이기 때문에 순 서정적 민요도 포크-러스로 노래할 수 있는 것이어서 곡보가 난사難事가 아니건만 음악적 기초가 박약한 조선민요, 더구나 구전 민요에 있어서는 이것이 거의 불가능한 일이라 할 것이다. 그러므로 내 주문은 난사인 것이다. 그러나 이에 대한 연구도 금후 절대 필요한 것이라고 본다. 나는 이 책을 손에 들고 다시금 이러한 커다란 책에 이 가난한 서생의 고심의 결정으로 된 훌륭한 문헌인 것을 독서계에 추천하는 바이다.

구판 646엽頁, 정가 9원, 발행소 도쿄시[東京市] 국정구麴町區 일번정一番町 5 제일서방 진체振替 도쿄 64223번

77

「(독서실) 김태준 저, 『조선소설사』」

최창규, 『조선일보』, 1933.6.11

저자는 이미 『조선한문학사』를 □□하여 조선학계에 단연 혹□적 존재가
되고 따라 이에 저자에 대하여는 이미 필자가 용훼가필容喙加筆할 여지조차 없
게 되었다. 금번 상재된 『조선소설사』는 저자가 재학시대에 『동아일보』에
(판독불능-엮은이) 한 것으로서 이 단행본에 있어서는 처음 발표되었던 것과
는 전연 면목을 달리하는 점이 많다고 아니할 수 없으리만큼 정정을 가한 곳
많다. 이 점에 있어서 신문지상에서 □□한 독자라도 재독再讀할 필요가 있다
고 생각된다.

본서는 모두 7편으로 그 내용 목차를 소개하면 여좌如左하다.

제1편 서론

제2편 설화說話시대의 소설

제3편 전기傳奇 소설과 한글 발생기

제4편 임진壬辰 병자丙子 양난兩亂 사이에 발흥된 신문예

제5편 일반화한 연문학軟文學의 난숙기爛熟期

제6편 근대소설 일반

제7편 문예운동 후 40년 간의 소설관

저자는 기술記述을 앞서 특히 '조선소설'이라는 것에 대하여 다각적으로 □선을 둘러 살펴본 후 저자 스스로의 판단을 내려놓은 후에 비로소 조선소설의 기원으로부터 붓끝을 옮기기 시작하였다. 그리고 광범한 의미에서 사실소설이라고 일컬을 만한 이조시대李朝時代의 전기 소설을 □술함에 앞서 '이조의 주자학朱子學과 소설계에 던진 영향'제3편 제1절을 말하여 써 우리 문학이 유학의 억압 밑에서 얼마만큼 해독을 받았는가를 알려준다.

저자가 가장 주력하였다고 볼 것은 제5편 이하의 3편일까 한다. 이것은 물론 명대明代 소설의 □□을 받은 후 연문학의 난숙기를 맞이한 숙종조肅宗朝 이후이므로 자연 작품이 질로나 양으로나 향상된 사실도 한 가지 큰 원인일 것이나 저자의 고심의 형적도 도처에서 볼 수 있다. 그것은 무엇보다 저자는 그 수많은 작품을 거의 망라하여 일일이 그 내용을 소개하여 원작품을 읽지 아니하고도 넉넉히 그 작품의 내용을 용이하게 알 수 있게 한 점이다.

또 저자는 현대편인 제7편에서 신문학 수입 이후의 작가와 작자를 열거하여 국초菊初로부터 춘원春園은 물론 상섭想涉, 도향稻香 내지 독견獨鵑에게까지 미치었다. 다음 서해曙海, 이기영李箕永, 송영宋影, 유진오俞鎭五, 채만식蔡萬植, 그리고 최근의 일본 잡지 『개조改造』에 진출한 장혁주張赫宙에까지 미쳐 소개함을 잊지 아니하여 저자의 학구적 면밀이 일호一毫의 소홀이 없음을 □하였음을 규지窺知할 수가 있다.

근대 작품 이전에 있어서는 조선소설이 중국의 영향을 받은 것이 사실인만큼 처처處處에서 저자는 중국소설과의 관련 혹은 대조를 명시한 바 있다. 이 점은 특히 이 저자가 아니고는 지난한 일이 아닐까 라고 하면 도리어 과찬의 비방을 들을는지 모르나 필자가 생각하는 바에 있어서는 사실임에 틀림이 없을 줄 안다.

우리가 소설을 가진지도 오래고 또 근대에 이르러 허다한 작품을 가진 것은 사실이나 일찍 우리의 소설에 대한 체계 있는 저작을 가지지 못하였던 우리로서 지금 이 일저一著를 대함에 우리도 우리의 소설- 우리 문학 중에 가장 중요한 지위를 갖는 소설의 계통을 살필 수 있게 된 점만에 있어서라도 저작의 업적은 위대하다 할 바이며 아울러 우리도 우리의 소설사를 갖게 되었다고 할 것이다.

　저자는 학구의 1인인 만치 후일 다시 이 일저를 일층 광영 있게 할 줄로 믿는바 그 시時는 색인을 첨부하여 독자로 하여금 일층 편의를 돕게 하여줄 것으로 믿고 이에 감히 필자가 소중하다고 믿는바 이 일저를 강호江湖에 천薦하는 동시에 특히 조선서 문학에 뜻 둔 이에게 일독을 권하여 마지않는 바이다.

　정가 70전, 송료 6전, 발행 경성부 청진동 1번지 청진서관淸津書館 진체 경성 11368번

78

「(신간평) 이·김 양씨 공저 『수자조선연구』 제4집을 읽고」

홍효민, 『동아일보』, 1933.6.14

이여성, 김세용 양씨의 『수자조선연구』는 이미 세世에 정평이 있고 혹자는 세계의 유명한 경제 및 통계학자인 바르가에게 비하는 사람도 있거니와 실로 이여성 씨는 조선의 바르가는 될 수 있다고 볼 수 있는 것이다. 학學에 있어서 적이 힘들고 고심케 하는 것은 통계학이니 이것은 여간한 세심과 여간한 학구가 아니면 도저히 성취하기 어려운 것이다. 그렇거늘 이여성씨는 조선이란 특수사정이라는 곧 제한되고 국한된 영역 내에서 조선의 알뜰살뜰한 사정을 숫자로 나타내는 데는 범인凡人으로는 불가능의 일이라고 할 수 있다.

더욱이 조선에서 정확한 숫자를 찾아낸다는 것은 거의 모험이 아닐 수 없다. 이여성, 김세용 양씨는 이 점에 숙련된 공작을 제1집, 제2집, 제3집에서도 볼 수 있고 이에 대한 수심數氏 씨의 비평, 논전도 있었거니와 오인吾人의 보는바 이여성, 김세용 양씨의 『수자조선연구』 그것은 벌써 틀이 잡히고 규모가 짜였다고 볼 수 있는 것이다.

조선인이 통틀어 통계학에 대하여 무관심함은 그 소위 지자知者 계급이라는 사람도 조선 인구, 또는 조선의 대표적 산물인 미곡 생산고를 똑똑히 모르는 것이다. 우황又況 무식한 사람에서랴. 다만 그들은 10년 전이나 20년 전이나 조선 2천만 동포라는 그러한 관념밖에 없는 것이다. 근대 문명이 숫자에 대하여 분초를 다투는 마당에 있어서 이 원시적 숫자 상식은 드디어 조선인으로 하여금 사물에 어둡다는 것을 표명하는 것이 아닐까 생각되게 하는 것이다. 이여성, 김세용 양씨의『수자조선연구』를 내놓는 의도도 다분히는 그곳에 있다고 할 수 있는 동시에 범凡 문필가 평론 및 기타 수필을 쓰는 사람에게 이르기까지 이『수자조선연구』는 조선 통계의 사전을 비치하는 것이라 할 수 있는 것이다.

더욱이『수자조선연구』제4집은 지적 방면의 통계를 많이 수집한 것이다. 곧 말하자면 인적 동태에 대한 통계가 태반을 점령한 것으로서 적이 수십 년래의 조선에 대한 인문 발달을 측면으로 관찰하는 감이 있는 것이다. 비록 이곳에 있어서 지면, 기타 관계 사정 때문에 충분한 비평은 후일로 미루거니와 필자가 이여성, 김세용 양씨의『수자조선연구』제4집을 배독拜讀할 때에 직감적으로 느낀바 그것은 어느 모로 보든지 만근輓近 수년래의 조선 인문 발달의 측면사인 것으로 보아도 조금도 그릇됨이 없을 것이라는 것을 거듭 말하며 이여성, 김세용 양씨 근업 신간『수자조선연구』제4집의 독후감을 적는 바이다. 1933.6.10 성북에서

정가 60전. 송료 4전. 발행소 경성부 화동 42번지 세광사世光社. 진체 경성 19231번. 총판매소 경성부 견지동 32번지 한성도서주식회사. 진체 경성 7660번

79

「(신간평) 노정 김재철 저 『조선연극사』」

서항석, 『동아일보』, 1933.6.24

재작년 4월부터 동 7월까지 본지本紙에 연재되어 독자의 애독과 학계의 주목을 받은 노정蘆汀 김재철金在喆 씨 저 『조선연극사』가 이번에 기幾 부분 증보·수정이 되어 조선어문학회로부터 조선어문학총서 제3권으로 발행되었다. 제1편을 가면극, 제2편을 인형극, 제3편을 구극과 신극으로 나누고 각각 장과 절을 둔 것은 지상紙上 발표 당시의 것과 대차大差가 없다마는 권말에 꼭두각시극 각본을 부附한 것, 제3편에 각지에 일어나는 프로극의 1절節을 가한 것, 발표 이후의 극계 동정까지 적의適宜하게 편입한 것, 그밖에도 권 중 여러 군데 보철補綴·산삭刪削의 붓을 더한 것에서 저자가 이 한 권 저서에 얼마나 주도한 용의用意와 불선不尟한 심성을 다하였는지를 규지窺知할 수 있어 경의와 찬사를 금치 못하겠다.

원래도 미비한 문헌이 게다가 대부분 산일散逸까지 된 오늘날 상하 수천 재載의 조선연극의 면모와 변천을 더듬자는 것이 본래부터 지난至難의 사事인데 이 미간지未墾地에 용기 있게 첫 삽을 박았고 인토隣土의 문헌까지 박고방증博考傍證하여 기어이 호저好著를 완성하고야 말았으니 저자의 노력에 뉘 아니 감사할 것인가.

그러나 여기에 이 저서를 정당히 평가함에 있어 지적하지 않을 수 없는 두 가지 결점이 있다 하겠다. 독단과 편견이다. 이 두 가지는 사실을 왜곡하기 쉬운 병폐이어서 학자의 기론忌論하는 바이다. 그런데 저자는 저서 제1편 제2편에서는 전자를 범하였고, 제3편에서는 후자를 범하였다. 해저該著가 본지에 발표되었던 직후에 손진태孫晋泰 씨가 '처용전설處容傳說과 동경東京에 취就하여' 논박한 일도 있거니와 그밖에도 억측과 논리의 비약이 여러 군데 있다. 그러나 미비한 문헌을 가지고 첫 길을 트는 사람에게는 연구 과제의 제출, 논란의 출발이란 의미에서의 다소의 독단은 용허할 것이라 하여 이것은 간과하기로 하자.

　그러나 학자로서 학구적 냉정과 공정을 잃고 어떤 방편을 위하여 편견을 가지고 사실을 왜곡하거나 논조를 견강牽强한다면 이는 용허容許할 수 없는 일이다. 해저 제3편에서 저자는 프로극에 대한 지나친 호의를 보이기 위하여 별別로 1절을 만들고 거기에는 최근 창립의 의도만 가지고 일차의 실천도 없이 각지에 예비 선전만 하였던 각 좌익극단의 부서와 예제藝題까지 나열해 놓고는 일편 좌익극단 아닌 극단, 예하면 춘추극장春秋劇場의 전신인 명일극장明日劇場은 유령극단이라고 폄貶하고해저 148엽(頁) 신극 수립을 목표로 상당한 성과를 보이고 있는 극예술연구회劇藝術研究會의 실적에 대하여는 "상당한 효과를 보았을 것이나 … 나는 아직 비평의 필筆을 멈추고 후일을 기다리고"는 사필史筆답지 아니한 모호한 문구를 농弄하였다. 더구나 좌익극단의 동정에 있어서도 경성의 메가폰의 공연에는 언급도 하지 아니하고혹은 해저 증보 수정이 그 전에 끝났던 까닭인지는 모르지마는 이효석李孝石 작作의 「다난기多難期의 기록」은 검열 불통과인 것을 공연되었다고 하는 등 사실의 상위相違까지 있다.

　그러나 이런 것은 일점一點 하자는 될지언정 해저의 근본 가치를 말살하는 것은 아니다. 후일의 시정을 기다리는 대로 그냥 두고도 해저가 사계斯界 혹은 일반 독서자에게 일독 재독 될 가치는 충분히 있다. 끝으로 이상의 평어評語에 역이逆耳하는 구句가 있다 하더라도 그것은 이미 고인 된 저자를 편鞭함이 아니요, 일개의 객관적 존재로서의 『조선연극사』를 정당히 평가 소개함인 줄을 독자 양해하기를 바란다.

   정가 1원 50전, 송료 10전, 총판매소 경성부 견지동 32 한성도서주식회사 진체 경성 7660번

「(신간서 독후유감)『간도소사』 기타」(전2회)

여수학인,『조선중앙일보』, 1933.7.2~5

종석鍾石 유광렬柳光烈 씨의 근업『간도소사間島小史』는 일찍이 씨가『조선일보』지상紙上에 집필한 「간도의 사적 고찰」을 약간 수정하여 단행본으로 출판한 것이다. 신문지상에 연재될 때에 이미 읽은 것이건마는 이제 단행본으로 나온 것을 다시 읽어보매 또한 새로운 감상이 없지 아니하다. 씨는 소사 제2장에서 말하기를

조선인의 처지로는 그것간도이 중국 영지領地인 것을 인認치 않는다. 조선민족이 일찍이 북방으로부터 남진南進한 것은 사승史乘이 소연昭然하고 더욱 수당隨唐의 대군을 격퇴하여 그 무용武勇이 한漢 민족을 접복摺伏케 하던 고구려의 고지故地는 만주 전폭全幅 일─ 점령하여 북은 합이빈哈爾濱 이남과 서는 요수遼水에 경境하고 요수빈遼水濱에 세관稅關까지 둔 일이 있었다

하여 간도가 조선민족을 떠나서는 그 존재를 승인할 수 없음을 고조高調하였다. 씨가 이 소사를 쓴 근본 의도가 또한 이 점에 있지 아니한가 생각된다.

소사 중에 특히 감명 깊게 읽은 것은 백두산정계비白頭山定界碑를 중심으로 한

한청韓淸 양국의 국경 분쟁에 관한 서술이다. 숙종 38년에 청인淸人 목극등穆克登이 조선에 와서 국경을 정하려 하는데 조선 측에서는 접반사接伴使 박관朴權과 함경관찰사 이선부李善溥를 보내어 그를 접견케 하고 국경의 경계를 협정케 한 사건으로부터 기술하여 저자는 박관, 이선부 양인이 노병老兵으로 가지 못하겠다 하고 만호萬戶 이의복李義復과 조태상趙台相을 보내어 국경 경계를 정하게 하던 전말을 쓰고 "박, 이 양인의 통탄할 나태"를 지적하였다. 그리하여 이 정계비에 대하여 후일 김평사선金評事璿이 저술한 일절一節 즉 "앉아서 국토를 상실하되 상실한 소이所以를 알지 못하니 족히 축국蹙國으로 논란할 수도 없는 일이다" 하는 말을 인용하여 저자도 함께 분개하였다.

그 후 한청 양국의 국경 분쟁은 토문土門과 두만豆滿의 분쟁으로 의연 계속되어 내려오다가 고종제高宗帝 을유년 을유감계담판乙酉勘界談判이 청국 측의 파원派員 덕옥德玉과 조선 측의 감계사 이중하李重夏, 안변부사(安邊府使)와의 교섭으로 시작된 데서부터 정해년에 원세개袁世凱가 재차 감계담판을 제의하여 양국 대표가 회령會寧에서 회견할 때 청국 측 위원 일행이 장관 이하 병졸 40여 명으로써 불과 4명의 이중하 일행을 위협하매 이중하가 크게 노하여 "오두吾頭는 가단可斷이언정 국경은 불가축족不可蹙足이다" 하여 조선 남아의 의기를 보인 사실에 이르러 한청 양국의 국경 한계 분쟁은 '클라이막'에 달하였는데 이를 저자 일류의 감개적感慨的 필치로 기술하였다.

일찍이 민세民世 안재홍安在鴻 씨는 그의 저 『백두산등척기白頭山登陟記』 중에서 또한 이에 언급하여 "정계비 변산해비邊山海悲"라는 감개무량한 제목 하에 청에 대한 이중하의 항쟁 사실과 및 "수촌토척지雖寸土尺地, 무지견실無至見失, 즉군여백성則群黎百姓, 약봉회소지約逢回蘇之秋"라고 통론한 함북관찰사 조존우趙存禹의 말로 또한 이 근세 조선인의 눈물겨운 국경 사수의 사실을 지적하였던 것을

우리는 기억한다.[1회]

실로 근세 조선인의 국경 사수는 눈물겨운 항쟁이었다. "오두는 가단이언 정 국경은 불가축이라" 부르짖은 이중하의 심경을 살필 때- 더욱이 그렇게 부르짖은 그의 주위에 청병이 무기를 가지고 그의 생명을 위협하고 있는 당시의 정경情景을 생각할 때 조선의 일- 외교관인 이중하의 이 부르짖음은 실로 우리에게 형언할 수 없는 일종의 비장한 감개를 느끼게 한다.

"정계비 변산해비"라는 민세 안재홍 씨의 감개 깊은 글자 또한 이 비장미를 표현한 글자라 할 것이다. 소사의 저자는 이 소사 중에 간도 자치운동의 경과를 비교적 상세히 述術하고 삼일운동三一運動 이후 급격히 변천되는 제반 정세를 말한 후에 "변하는 간도의 전도가 양양하다"는 제목 아래 "새로운 아이를 낳으려는 산부産婦에게는 거대한 진통이 있는 것이다. 고구려의 간도, 발해의 간도, 고려의 간도, 이조의 간도, 통감부 출장소의 간도, 장쭤린張作霖의 간도, 장쉐량張學良의 간도! 이것은 기다幾多의 피비린내 나는 기록을 남기면서 세계의 간도로 걸어간다" 말하고 마지막으로 "대지는 공평하다. 경계를 가지고 싸우는 세대는 인류 전사로서 이 지구상에서 감추어질지 모른다. 동방의 계명성鷄鳴聲은 조선인도 세계의 신토인新土人으로 부른다. 그 부르는 소리는 전 지구에 찼다. 세계의 간도! 세계의 조선인!", "위대하여라. 영웅적 걸음을 힘 있게 걸어라" 하는 말로 결론을 지었다. 한 번 □□□□□ 추천한다.

발행 겸 판매소 태화서관太華書館 진체 경성 8734번, 정가 50전, 우세郵稅 4전
[2회]

81

「(신간평) 잡지 『철학』의 창간을 보고」

서항석, 『동아일보』, 1933.8.4

현하 조선의 잡지계를 일별하건대 그 수 본디부터 많지 못한데다가 대개가 영리나 선전을 위한 것이요, 학술의 보급, 문화의 향상을 제일의로 하는 것은 실로 오지五指를 굴屈키도 오히려 어려운 현상이다. 이것은 봉사적 출판을 감행할만한 경제적 여유가 우리에게 없다는 것도 일一 요인이 되거니와 그보다도 더 근본적인 원인은 종시終始 여일如一한 학구적 태도로 자자孜孜히 연구의 길에 정진하는 학자가 효성曉星보다 드물다는 데 있다고 필자는 생각한다. 진실로 정진의 사士가 있다 하면 비록 간난艱難한 중에서라도 때로 업적의 발표가 없을 것이 아님으로 써이다.

이제 철학연구회哲學研究會의 연 2회간 잡지 『철학』 창간호의 출래出來는 황요荒寥한 일우一隅에 오히려 연찬불이研鑽不已 하는 학도의 '그룹'이 있음을 말하는 것이매 학계 및 지계誌界를 위하여 희하喜賀할 일이라 하겠다.

본호本號의 목차를 보면 「'철학하는 것'의 출발점에 대한 일 의문」박종홍(朴鍾鴻), 「철학이란 무엇이냐, 철학의 영원성에 대하여」권세원(權世元), 「구체적 존재의 구조」이재훈(李載薰), 「외계 실재의 근거」이종우(李鍾雨), 「객관적 논리학과 주관적 논리학」안호상(安浩相), 「윤리적 평가의 이념」김두헌(金斗憲), 「'헤라클레이토스'

의 단편어」신남철(申南徹) 등이다. 이 목차로서도 곧 짐작되거니와 본 창간호는 철학의 심오한 부분적 연구의 발표라기보다도 일반론적 개설적 해설이 과반을 차지하여 우리의 기대에 십분十分 부합치는 아니한다. 그러나 이것은 잡지의 창간호로서는 일반 독자까지 염두에 둔 편집법이라 할 것이매 도리어 철학의 대중화에 노력하려는 의도의 발로라 하겠다. 일반 독자는 이러한 입문적 단계에서부터 시작하여 차차 더 높이 더 깊이 이 잡지와 함께 성장함을 따라 철학에 대한 심고深高한 이해를 얻을 수 있을 것이다.

끝으로 잡지『철학』의 금후의 발전을 위하여 한 가지 바라는 바는 차호次號보다는 한갓 동인지同人誌의 권내圈內에 국척跼蹐하지 말고 회원 이외의 집필도 수용할 것, 극히 소 지면을 할割하여서라도 내외 철학계의 소식 기타의 전달에도 유의할 것, 이리하여 사계斯界 유일의 잡지인 면목도 갖추고 임무도 다하도록 할 것이다.

경성부 원동 107 철학연구회 발행, 정가 30전, 총판매소 경성부 견지동 32 한성도서주식회사. 진체 경성 7660번

「경제사 연구의 주초柱礎」, 백남운 교수의 대저『조선사회경제사』전 5권 중 제1권 출판」

R생, 『조선중앙일보』, 1933.9.16.

조선학계에서 크게 촉망하던 연전延傳 교수 백남운白南雲 씨의『조선사회경제사』제1권이 금반 개조사改造社 출판경제학집으로 불일不日 간 저자에서 발매하게 되었다.

조선경제사가 그동안 여러 사람의 손으로 요리되어 혹은 1편의 연구 재료로 발표도 되었고 소책자로도 출판된 적이 있었으나, 전면적으로 조선의 경제사를 체계화하여 저술한 것은 교수의 저작을 처음으로 한다. 일본의 이타니 젠이치[猪谷善一] 씨가 왕년에『조선경제사』를 공간하여 사계에 공헌한 바 불소不少하였고, 경제사란 명목으로서는 이타니 씨의 것을 효시로 하였으나 이는 백 교수가 자저自著 서문에서 지적한 바와 같이 동서同書는 '계'라는 특수 문제에 관한 귀중한 문헌이기는 하였으나 전면적인 경제사는 아니었다.

그러므로 조선의 학자가 조선의 경제사를 전면적으로 요리한 것은 교수의 역작을 효시로 하는 것이니 교수의 과거 10여 년 간의 경륜의 일단이 이제 대량의 버젓한 책자로 저자에 출현하게 된 것은 우리로서 흔쾌히 생각지 않을 수 없는 것이다.

동서의 내용은 사회의 경제적 □□□□□□□□와 가튼 제 문제를 교수의 □□ 깊은 기도 하에 취급되었다.

제1 원시 민족 공산체의 양태

제2 삼국의 정립시대에 있어서의 노예경제

제3 삼국시대의 말기 경부터 최근세에 이르기까지 아세아적 봉건사회의 특질

제4 아세아적 봉건국가의 붕괴과정과 자본주의 맹아형태

제5 외부 자본주의 발전의 일정과 국제적 관계

제6 '이데올로기' 발전의 총 과정

이상의 계획 하에 교수는 제1권에 있어서 제1, 제2의 문제를 취급하였다.

제2권 이하는 축차(逐次) 출판

□□□□□□□□□□ 경제학자인 교수로서의 조선사관朝鮮史觀의 확립이다. 종래 조선의 사가, 경제사가와는 그 연구의 출발점이 전연 다르다. 종래 조선의 사가 신채호申采浩, 최남선崔南善 양씨의 단군설檀君說만 하여도 교수는 그 특수문화설을 부정하였다. 동시에 가네자와 쇼자부로[金澤庄三郎] 씨의 언어학적 견지에서 본 '일선동조론' 같은 것은 비역사적 초계급적으로 문제를 취급하였다고 가엽게 씨의 설을 일축하여 버렸다.

동서의 출현으로 조선의 경제사는 비로소 연구의 초석을 발견하였다고 할 것이다. 이를 계기로 재래在來 군소학자群小學者들의 참월僭越한 매명적賣名的 시험 따위는 그 영자影子를 감출 것이다. 이 점으로 보아서도 교수의 동서는 오류, 독단으로 혼돈한 조선사, 또는 사회경제사 영역에 일대 광명이 되지 않을 수 없다(R생).

4·6판 449엽頁, 정가 1원, 부록 '조선기구도'

83

「백남운 교수의 신저『조선사회경제사』」

김광진, 『동아일보』, 1933.9.21

최근 동양사회의 역사적 특징에 대한 연구는 동양 제민족의 급박한 변혁적 실천에 대한 제 이론적 과제와 관련하여 1927~1928년 경부터 국제적으로 급속히 발전되고 있다. 그리하여 중국, 인도, 일본에 대한 기초적 토론은 거의 종결된 듯하나 아직 조선은 그 토론에 충분히 오르지 못한 것 같다.

이것은 조선의 역사적 발전에 대한 연찬研鑽이 아직 불충분하여 따라서 자기비판에 대한 재료가 구체적으로 제출되지 못한 것이 중요한 원인이 아닐까 한다. 그러므로 조선사 ― 특히 조선민족의 과거의 사회적 발전사에 대한 연구는 바야흐로 급박히 요구되어 있던 것이다. 마침 이때에 백남운 교수의 『조선사회경제사』의 출판은 커다란 의의가 있고 그 저서가 던지는 파문은 반드시 국내에서만 멈추어 있지 않으리라고 나는 믿고 있다.

더욱이 본서는 맑스주의의 입장에서 조선사회의 발전 법칙을 과학적으로 규정한 점에 있어서 종래의 조선사에 일대 청산을 필罼한 것이라고 볼 수 있다. 조선의 종래의 역사는 그 전부가 왕조의 연대기, 군신의 언행록, 혹은 전쟁사 등 역사적 사실의 나열을 일삼아 왔던 것이다. 그러므로 종래의 역사는 민중의 생활 내지 사회기구의 발전 법칙을 설명치 못하고 다만 고담적古談的

흥미로써 혹은 골동벽骨董癖을 가진 '편력학도遍歷學徒'의 손으로 유구한 기간에 걸친 조선사는 회색의 '베일'에 감추어진 암흑사가 있었을 뿐이다.

그러나 우리들은 백 교수의 손으로 종래의 조선사의 연구방법에 일대 백선白線을 그은 것을 볼 수 있다. 그는 우리 민족생활의 역사적 과정을 과학적으로 분석하기 위하여 맑스주의적 이론을 무기로 하고 원시조선의 사회형태는 여하한 것이며 그것은 어떠한 발전 단계를 밟아 그 사회적 구성이 변천하여 왔는가를 정당히 논술하였음을 볼 수 있다.

그리고 저자는 9년간의 장구한 세월을 심혈을 경주하여 수집한 풍부한 자료를 교묘히 구사하면서 독일 학자 같은 '근본적 박력'을 가지고 조선사회의 발전과정을 분석 논단한 점은 수다數多한 조선사 중에서 도저히 발견치 못할 바이며, 특히 종래의 일반 사가의 손에서 혹은 묵살되고 혹은 인멸에 가까운 상태에 있던 귀중한 자료가 본서에 비로소 전폭적으로 동원되어 있음을 볼 때에 정正히 일대 위관이라고 하지 않을 수 없다.

본서는 저자가 금후 전부 5권으로 완성할 조선경제사의 제1권에 해당하고 그 고찰을 조선의 원시 씨족사회로부터 삼국시대에 두었다. 그러므로 금반 출판한 저서에서는 중세, 근세에 대한 논술은 볼 수 없다. 그러나 중세, 근세의 역사적 특징은 그전 수천 년간의 고대사의 경과를 이해치 못하고는 알 수 없는 것이다. 이러한 의미에서 조선 고대사의 연구는 항상 새로운 의의가 있고 또 그것에 대한 근본적 연구가 필요하다. 나는 간단히 본서의 내용을 다음에 소개코자 한다.

제1편에서 저자는 조선의 원시적 공산사회의 역사적 발전을 통관通觀하였다. 먼저 사회적 단위로서의 원시적 민족제도의 전모를 분석하고 원시농업, 목축, 수공업 등의 분화과정과 민족공산체의 붕괴기에 있어서의 내부적 변

동, 즉 사유재산 및 노예의 발생, 국가 형성의 맹아 형태 등등 일련의 생산관계의 변천을 엥겔스 저 『가족, 사유 재산 및 국가의 기원』에서 전개된 희랍希臘, 로마[羅馬]의 씨족제도와 비교연구 하였으며,

제2편 '원시적 부락 국가의 제 형태'에서는 남선南鮮의 삼한三韓, 북선北鮮의 부여夫餘, 고구려高句麗, 동옥저東沃沮 등의 제 종족의 역사적 분포를 규정하고 그 제국이 모두 부가장적父家長的 가족 제도를 사회 단위로 한 종족적 동맹 단체임을 논단하였다. 그리고 처음으로 우리 조선이 경험한 사유재산 제도와 그 기초 위에 선 생산, 교환관계를 구체적으로 분석 구명하고 맑스의 이른바 '적대사회'의 시초인 이 부족국가에 있어서의 계급적 구성 — 귀족인 '상호上戶'와 노예계급인 '하호下戶'의 제 관계를 검토하였다.

그리고 제3편 '노예국가시대'는 고구려, 백제, 신라 — 삼국이 정립한 시대를 지칭함에는 "대체로 노예 소유자 계급에 의한 노예군奴隸群의 억압을 위한 권력기관이었음이" 그 시대의 국가의 본질이고 당시의 사회 경제기구의 특징도 그러한 정치 형태에서 연역한 것 같다. 이 제3편은 저자의 이른바 "조선민족의 서광사曙光史"인만큼 본서의 대부분은 이 편이 점령하고 있다.

그러나 이 시대의 노예계급이 중요한 직접 생산자계급이었음에는 틀림없으나 그 당시의 소유관계로 보아 토지가 원칙적으로 국유로 되어 있고 일종의 대여지인 구분전口分田의 경작자노예가 아닌 직접 생산자로서 조용조租庸調의 납세를 부담케 하는 경제기구의 특징을 간단히 '노예국가'로서 단정하여 버림이 반드시 정당한 견해인가를 나는 다소 의심하는 바이나, 하여간 피착취계급의 일부인 노예군과 지배층인 귀족 계급간의 모든 관계를 선명히 하고 그 시대의 생산력의 발전을 따라 생산관계는 점차 봉건적 색채를 띠어 신라통일시대로부터 조선의 경제적 기구 '아시아틱' 형태를 가진 봉건적 사회로 전환함을

암시하여 조선 근세사의 이해에 근본적 전제를 제공하였다.

전편을 통하여 정당한 방법론으로 교묘한 자료의 구사와 박인博引으로 저자는 조선 고대사를 근저적根底的으로 검토하여 극명히 친절히 독자에게 제출하였다. 이에 나는 절대의 확신을 가지고 본서를 제위諸位에게 권하는 바이다.

도쿄시[東京市] 개조사 발행, 450엽頁, 정가 1원야也

84

「(Book Review)『조선사회경제사』」(전2회)

이천진, 『조선일보』, 1933.11.30.~12.1

개조사改造社 판『조선사회경제사』의 저자 백남운 선생을 알게 된 것은 지금
으로부터 6년 전 선생이 보전普傳 1년급年級 사회학을 강의하던 때이다. 사회
과학에 취미를 가진 나는 선생의 강의에 많은 흥미와 기대를 가졌다. 처음에
필기로 기본 개념을 가르친 후에는 고바야시 카오루[小林郁] 씨 저著『사회
학』을 교과서로 채용하였는데 그 책은 너무나 잡동사니인 감이 없지 아니하
였다. 그러나 선생은 그 무체계한 교과서를 가지고도 자기의 완성된 체계로
조리 있게 비판하여서 학생들로 하여금 도취하게 하였다. 특히 질문을 반가
이 받아서 성의 있게 설명하여 주었으며 되지 않는 질문이라고 소홀히 들어
버리는 때는 절대로 없었다.

그 후 보전 경제연구회經濟研究會 제1회 강좌에 강사로서 선생은 경제학 연구
의 필요론을 2시간 이상 역설할 때에 선생은 진리의 탐구자에게는 반드시 위
험이 따르는 법이다, 지금에는 움직일 수 없는 지동설도 400여 년 전, 즉 봉
건시대에는 이단 사설로 취급되어서 당시의 지배 계급은 이 학설의 제창자인
코페르니쿠스, 갈릴레오, 브루노 등을 사형 혹은 투옥 등 갖은 학대와 악형을
다하였으나 진리는 결국 승리하고 말았다는 것을 말씀하였으며 후세에 영원

히 남길만한 대저는 반드시 몇십 년의 연구의 결정結晶이라야 된다 하시면서 아담 스미스의 『부국론』과 칼 맑쓰의 『자본론』을 예증하던 것이 기억된다.

몇 번 선생의 사택을 방문하였으나 때마침 일요일이어서 뵙지 못하고 친구의 안내로 서재를 수차 구경하였다. 장서는 그다지 많다고 할 수 없으나 책마다 여백에 비평과 요령을 적기摘記하여 놓은 것을 보면 정독精讀하시는 것을 알수 있었다. 탁자 위에 놓인 원고를 보니 조선 노예에 대한 통계 수집이었다. 나는 직각적으로 조선 노예사를 쓰시는 줄 추측하였다. 그것이 아마 근저 『조선사회경제사』의 재료였던 모양이다. 개조사 판으로 연전年前에 『일본사회경제사』가 출판된 일이 있다. 나는 그 책을 퍽 취미 있게 보았다. 특히 노예에 대한 참상慘狀과 그들의 문화에 대한 공로를 잘 알 수 있었다. 마치 마이어의 저 고대사에 "로마[羅馬]의 사회는 금자탑과 같다. 금자탑의 상부는 찬란한 일광이 비치나 하부는 암흑함과 같이 로마의 문화의 외관은 화려하나 이것은 암흑한 노예제도 위에 건설된 문화이다"라는 사실을 여실히 방불케 하는 점에 퍽 자미滋味 있었다. 그 후부터 사회경제사라는 학문은 연구할만한 것이라고 생각하였다.

선생은 조선사관 수립을 제창한지 오래다. 물론 이 사관은 종래의 사관과는 입장을 전혀 달리함은 두말할 것이 없다. 전기前記 『일본사회경제사』는 종래의 사관에 입각하여 다만 사회경제 문제에 치중한 이외에는 아무 다른 점을 발견할 수 없었다. 선생은 "조선 민족은 특수한 전통의 자손이 아니라 생물학적으로 진화한 일반적, 정상적 인간이다. 그들이 동물과 구별될 역사는 그 육체적 조직에 의하여 조건된 생활 재료의 생산으로 시작되었다. 이 점에 있어서 이 경제사는 조선 민족의 발생사다. 또 그 생산의 구체적 내용은 노동의 부담자와 생산수단의 구성 관계를 말하는 것이나 그 구성이야 말로 사회의 기초가 되는 것인데 그것이 역사적으로 형성, 발달, 전환되는 과정에서 조선의 정치사, 문화사가 그것과 관계적으로 전개된 것이다.^{상편}

조선경제사는 그 사회구성의 기초되는 경제 조직의 역사적 진화과정을 정치 형태 내지 관념 형태의 상호관계에서 연구할 것임으로 이 의미에서 조선민족 발전의 기본사다"라고 조선경제사의 연구 대상과 방법이란 절節 처음에 말하였다. 이것으로써 선생의 사관을 알 수 있는 것이다. 서문에 "나는 조선의 인식에 대하여 자기비판을 고조하고 싶다. 그 비판의 대상은 마치 동물에 대한 골격과 같이 사회의 인위적, 역사적의 골격인 경제구성, 그것이라야만 된다. 즉 나의 조선사관은 그 사회경제의 역사적 발전과정의 본질적 분석, 비판, 총관에 집중된다"라고 하였다. 이것이 선생의 저작에 대한 태도다.

단군신화에 대한 비판 중에는 "단군왕검의 칭호는 다른 모든 문화 민족의 경우와 마찬가지로 주권자의 지배적, 계급적 존칭이요, 단군은 신화적으로는 천손, 문화적으로는 천군, 종교적으로는 주제자主祭者 등등. 여하히 다면적 특징을 부여한다 할지라도 실재적, 특정적 인격자도 아니요, 묘향산妙香山의 산신도 아니고 단목檀木의 정령精靈도 아니요, 민족의 부父도 아니며 현실적으로는 농업공산사회의 붕괴기의 원시귀족인 추장酋長의 칭호에 불과하다"는 설說은 최남선崔南善 씨의 단군론이나 오다 쇼고[小田省吾] 씨의 단군 부인론否認論과는 근본적으로 견해를 달리하는 것이다. 조선의 푸나루아식原서 가족제라든지, 원시 민족공동체에 대한 이론은 선생의 독자 견해. 저서의 전권을 통하여 가끔 보이는 "신비의 외각外殼을 벗기면", "과학적 입장에서", "어용학자" 등등의 어구는 선생의 학자적 양심의 부르짖음이다. 조선사회경제사의 황무지를 감연敢然히 걸어 나가시는 선생의 성의와 용기를 감사하는 동시에 완성에로의 꾸준한 분투를 바라는 바이다.^{하편}

「독사만록-조선학에 관한 구문歐文 저서의 미친 영향, 일역본을 중심으로 하여」(전4회)

홍순혁, 『조선일보』, 1934.2.1~4

호암湖岩 선생 족하足下

지방 칩거 7년에 천품天稟 없고 성력誠力 없고 자료 얻기 어려워 사학史學을 던진 지도 이미 오래였습니다. 우연히 선생의 사외이문史外異聞 외국 사료에 대하여 예禮 아님을 무릅쓰고 엽서를 빌어 올린 글이 귀지貴紙에 나타남은 요외料外의 광영이라 할까, 더욱 과찬에 있어서는 선생의 후학을 애호 독려하시는 겸덕謙德이시려니와 실로 자신의 금일의 업적 없음을 돌아보아 부끄러웠나이다. 이 만록漫錄을 초草하여 선생의 질정을 비는 것은 오로지 자신의 사학 연구의 갱신을 바라는 데 불과함을 용납하소서.

이 문제를 염두에 두고 생각하여 본지는 오래였으나 아직 성과를 얻지 못하여 발표하기에 주저하여 마지않습니다. 우리 최근세사를 연구함에 있어 정치상 어떠한 과정을 밟아 그 종막을 막음하였는가는 그 내용에 있어 아직 나타나지 않은 부분과 외교적 비밀이 있다 치더라도 그 골자 되는 순서만은 알고 있지 않습니까. 우리는 모름지기 그 측면사에 유의하여 일본 정객政客들은 언제부터 조선에 관심하여 왔으며 어떠한 지식을 가져 왔는가. 그들 학자들은 여기 대하여 어떠한 노력을 쌓아 왔으며 어떠한 연구를 거듭하여 왔는가. 그리하여 이 업적이 외교무대 정치 활동에 어떠한 도움이 되었으며 얼마나 한 공헌을 하였는가 고찰하여 볼 문제가 아닐까 합니다. 그런데 여기에는 구미인歐米人의 조선에 관한 저서가 일본 정객 학자에게 어떠한 영향을 주었는가 살피고자 합니다.

일본 조선의 지리상 위도가 일대의 바다를 격隔하고 있어 피차의 교통이 자못 오래였습니다. 그러나 일본이 조선을 상대로 외교 문제를 일으킨 것은 강화도사건메이지[明治] 8년이겠지요, 혹은 그 전에 메이지유신 신정부의 국서國書 불수리不受理로 인한 사이고[西鄕] 일파의 정한론征韓論 좀 더 거슬러 올라가 도쿠가와[德川] 막부의 운명이 오늘내일하던 그 즈음에 러함[露艦]의 대마도對馬島 점령을 동기로 한 정한론이 있었으나 이는 실현되지 않은 사실 이 편에서는 전연 부지不知의 사건입니다.

그러면 강화도수호통상조약을 맺기 전에 일본 측의 조선에 관한 지식은 어떠하였던가. 그들의 조선에 관한 서적, 문헌은 상당히 많습니다. 더욱 우리 사료에 전하지 않는 것이 그들의 정사正史에 있는 점들은 우리로 고사古史 연구에 일본 측 사료를 제외할 수 없게 하는 바거니와 그러나 조선에 관한 전문서는 크게 보아 도요토미 히데요시[豊臣秀吉]의 임진壬辰 정유丁酉 역역役에 대한 것, 또 하나는 그 후 도쿠가와[德川] 씨 막정幕政시대에 양국 간의 외교 회복과 동시에 교환된 소위 통신사通信使에 관계된 서적이라고 봅니다. 그들은 도요토미 씨 정한역사征韓役史를 편집코자 유성룡柳成龍의 『징비록懲毖錄』을 인용 내지 번인飜印하였고 조선 사절을 맞음에 그 역사 문물을 알고자 성종成宗 명찬命撰의 『동국통감東國通鑑』을 번각繁刻하였으니 특히 통감은 메이지 20~30년 경까지 조선사에 관한 그들의 유일무이의 지식의 보전寶典이었다 합니다.[1회]

임진역에는 평북을 제하고는 그들의 족적이 각 도에 미쳤었으며 통신사의 내왕으로 문물 교환도 자못 적지 않았는데 일문 역譯『조선팔역지朝鮮八域誌』메이지 14년 발행 서문의 일절一節에 "조선이 쇄국한 지 연구年久에 인양隣壤 청국인일지라도 함부로 내지에 들어감을 불허하여 기국其國 사정을 전하는 자 크게 드물도다. 근래 프랑스[佛蘭西] 선교사 잠입한지 수 년에 능히 그 정치 민속을 정지偵知하여 서書를 편編하고 이를 로마[羅馬] 법황法皇에 정묵하니 즉 에노모토[榎本] 군의 소역所譯『조선사정朝鮮事情』이 시是라. 차거此擧 있음으로 천하의 이 비로소 조선 정체의 여하를 알게 되었으니 그 공이 위차대偉且大하도다"라고 있어 메이지 14년 경 곧 이미 양국 간에 수호통상조약이 맺어 공사관 설치가 있은 이 때에도 그들의 조선에 관한 지식은 일반으로 부족하였던 것을 알 수 있습니다. 이 팔역지의 역자는 대리공사로 조선에 재류在留하였고 한학漢學에 능통하여『눌헌유고訥軒遺稿』라는 저서까지 있는 곤도 신스케[近藤眞鋤]입니다. 그가 일찍 부산포釜山浦에 있을 제 일一 등본謄本을 얻은 것이 팔역지였는데 조선에 관한 지식을 일반에게 넓히고자 이 책을 번역 출판한 것입니다.

여기에 우리는 곤도 대리공사의 팔역지 서문 중에 소개된 에노모토 군 소역의『조선사정』에 대하여 흥미를 가집니다. 에노모토라는 이는 중등학교 역사교과서에 메이지유신이 되자 홋카이도[北海島]에 반기叛旗를 들었었고 그 후 메이지 정부에 요용要用되어 러시아 특명전권공사로 재근하여 일러 간에 천도화태교환조약千島樺太交換條約을 맺었다고 실려 있는 해군 장교이며 난학자蘭學者입니다. 그가 주러[駐露] 중에 그의 서기관 하나부사 요시모토[花房義質], 후에 조선변리공사(朝鮮辨理公使)가 프랑스 파리에서 달레 저『조선천주교사』가 간행됨을 알고 에노모토 공사에게 청하여 이 책을 화급히 주문하였었는데 너무나 그 책의 호한浩瀚함을 번거로이 생각한 에노모토 공사는 자기가 고용하는 네덜란드인

[和蘭시] 의사 봄페에게 명하여 필요한 부분만을 적출摘出 난역蘭譯하게 하고 자기 스스로 이를 자국어로 중역重譯하여 메이지 9년 7월 원서 출판된 지 1년 후 바야흐로 일한 양국 간에 강화도조약이 맺어지려는 때에 본국에 보내어 초판을 간행케 하고 그 후 동 15년에 중간重刊되었으니 이 책의 광포廣布를 짐작할 수 있습니다. 이 책은 전게前揭 곤도의 팔역지 서문에 보임과 같이 당시 일본에 조선을 소개한 진귀한 서적이었으니 그 부족을 보족하려고 팔역지를 번각한다 하였습니다.

달례의 천주교사는 조선 관계의 오래인 또한 권위 있는 구문歐文 저서의 하나이거니와 구미 학자 저서의 거의 공통되는 관례로 달례는 그 저서의 목적인 천주교사 외에 일반 선교사의 필요 지식 될만한 조선역사, 지리, 정치, 풍속, 문화, 국민성, 각 방면에 대하여서 기술한 것을 에노모토 공사는 그 본말을 바꾸어 천주교보다도 그 외의 기술에 다대한 흥미를 느끼어 당시 일본 정계에서 알고자 하는 지식에 관계된 것만을 초출抄出 중역한 것을 보면 조선사정을 알고자 하였으며 뒤집어 우리 사정에 어두웠다는 것은 한걸음 나아가이 만록의 제목을 삼은 구문 저서의 일본에 미친 영향을 알 수 있지 않을까 생각합니다.2회

일문으로 번역 혹은 번간翻刊은 아니 되었지만 학계에 큰 공헌을 하였고 자극과 지도를 준 것은 프랑스인[佛시] 쿠랑의 『조선서지』 3책일 것입니다. 간행연대도 서력 1894, 1895, 1896년축간(逐刊)이며 본문만의 엽수頁數만 1,486페이지를 신산算하고 서문 목록 기타가 409페이지나 됩니다. 조선에 관한 일본인의 서지로는 조선고서간행회朝鮮古書刊行會의 『조선고서목록』메이지 44년 간행이 단행본으로 처음이 아닌가 생각합니다. 조선총독부의 조선 도서 해제는 다이쇼[大正] 8년 간행이매 쿠랑의 서지에 뒤지기 20유여有餘 년입니다. 『조선고서목

록』범례에는 쿠랑의 서지와『문헌비고文獻備考』,『해동역사海東繹史』등의 문예
고文藝考를 주로 하고 기타를 참조하였다 쓰여 있으며 동同 목록 총서에는 조선
서지학에 조예가 깊고 또한 장서가로 이름 있는 아사미 린타로[淺見倫太郎] 박사
의 쿠랑의 저서에 대한 좌초와 같은 평이 있습니다.

조선의 고서古書를 섭렵하여 구 시대의 제도 문물을 연구하는 것은 장래의
시정施政에 대한 기다幾多의 논결論決을 얻고자 하는 데 지나지 않는다. 프랑스
인 모리스 쿠랑의 한적韓籍 목록 3책은 서기 1890년 간행으로 1901년의 부록
이 있다. 다소 처무紕繆의 지적할 것이 있으나 조선본에 관한 최고도의 지식을
망라한 방연厖然한 대책으로 후에 간행된 서책에 아직 이에 지나는 것이 없다

고 그리고 쿠랑의 쓴『조선서지』결론을 역譯하여 아사미 씨 자신의 의견에
대하였습니다.

일본인 조선 사학자로 이 책을 이용하지 않은 이가 없음으로 보아 그 가치,
그 영향을 미루어 알 수 있습니다. 구미인의 조선에 관한 저서의 양으로는 영
문이 거괴居魁이지만 질에 있어 또한 선편先鞭을 든 점에 있어는 프랑스인을 아
니 들 수 없습니다. 오구라 신페이[小倉進平] 박사의『조선어학사』에는 쿠랑의
서목 해제를 상당히 인용하였음을 볼 수 있습니다. 박람광색博覽廣索으로 이름
있는 오구라 박사로 그 서목에 실린 책을 보지 못한 것이 무던히 있음을 보아
쿠랑의 공적을 알 수 있습니다. 영문 서적으로 일역된 것은 미인米人 그리피스
저『은선국隱仙國 조선』을 메이지 28년에 수교사水交社, 해군 관계 단체에서『조선개
화지기원朝鮮開化之起源』이라는 서명으로 초역抄譯한 것입니다. 원저가 1882년메
이지 15년 발행임에 보아 그 역본譯本은 너무도 뒤졌습니다. 이보다도 일본 학계

에 더 큰 영향을 미친 것은 영인英人 아스톤의 조선어 연구의 발표이겠습니다. 그 처음 발표는 1879년으로 일한어의 비교 연구인바 후에 가나자와 쇼자부로 박사 기타 학자의 선구가 되었습니다. 그는 일본 학계에뿐이 아니라 조선어문법 연구에 있어서는 다른 프, 영 학자들도 그 설을 잉습仍襲하게 한 것도 있습니다. 아스톤이 일본 외교계에 활약한 관계인지 그의 처녀작이라고 할 만한 도요토미 히데요시『조선정벌기』1878년가 일본에서 일역 합본으로 번간되어 영문 화역和譯의 독본讀本으로 된 것도 우연한 일이 아닌가 합니다.3회

이외에 미인米人 데니의『청한론淸韓論』이 메이지 23년에 일역되었으니 호암선생의 유사이문遺史異聞에 "한문으로 된『조선책략朝鮮策略』이 대내적으로 충동을 주었다면 영문으로 된『청한론』은 대외적으로 충동을 주었다 하겠다" 하셨음에 조금 보족이 될까 합니다. 대외적 곧 구미 이외에 일본에도 영향되었다고 봅니다. 선생의 대외적이라 하심이 일본까지 포함하신 것이라면 지당한 고견으로 봅니다.『청한론』일역본 서序의 일절에 "차서지번간此書之飜刊 기요부독재사일본인관지其要不獨在史日本人關之 소희청한인사숙찬所希淸韓人士熟讚 이유소활연어의아而有所豁然於意也"라 있고 메이지 23년 간행인 인천 주재 부영사 하야시 다이스케[林權助] 교열, 오다가리 마스노스케[小田切萬壽之助] 찬자纂者인『조선』이라는 당시 조선 외교의 실정을 기술한 서書에 데니의『청한론』이 많이 인용됨을 보아 이 책이 조선 문제에 관하여 일본 정객 간에 많은 흥미 내지 주의를 일으킨 줄 믿습니다.

시대는 훨씬 뒤떨어지나 메이지 38년에 초판을 발행하여 일한합병日韓合倂된 동 43년에 4판 발행을 보게 된 농상무성 산림국 장판藏版의『한국지韓國誌』가 있으니 이는 러시아[露國] 대장성의 조사 편찬한 것을 일문으로 초역한 것입니다. 일청역日淸役 이후 일본 관리의 조선 시찰이 빈번하여 그 복명서復命

書만도 십지十帙를 꼽고도 남는데 이 책을 초역 간행한 것을 보면 이 책의 내용이 얼마나 정확하고 참고될 만한 것이었는지를 알 수 있습니다. 구미 저서의 일역본 중 가장 후대厚大한 책입니다. 우리 신진 사가 중에 이 저서를 인용하여 외교사를 연구 발표하신 분도 있습니다.

이상은 구문 저서의 일역된 것을 중심 삼아 강화도조약이 맺어진 그 당시까지 일본인은 조선 사정에 어두워 서양인의 저서를 통하여 간접으로 조선을 알려 하였고 학적 연구도 구미인의 저서를 인馭하여 지도와 자극을 받았다고 생각되는 것을 대략 말씀하였습니다. 널리 생각하면 일본 정치 외교의 발달이 구미에 배운 것이고 일반과학이 또한 그러하매 새삼스러이 그 예증을 들출 필요가 없을 듯도 합니다.

이제 조선학의 연구에 있어 우리의 손으로보다도 그들의 업적과 열성이 얼마나 큰 것을 우리는 스스로 부끄러워하거니와 그들보다도 구미인의 선편적先鞭的 연구가 계몽 내지 자극을 주어 이것이 그들의 정치, 외교상 활동에 다대한 공헌을 하였다는 것을 알 수 있지 않을까 하는 것이 이 만록을 초하는 작은 뜻입니다. 1934년 1월 23일 고료(稿了) 4회

86

「독사만록의 보유」

홍순혁, 『조선일보』, 1934.2.9

구문 저서의 조선에 관한 일역본을 중심으로 하여 고찰한 일본에 미친 영향에 대하여는 많은 자료를 가지지 못하였으매 용두사미의 격을 이루었습니다. 일역본 중심이라는 단서만을 떼어 놓는다면 상당한 연구 제목일 것입니다. 좀 더 후일을 기다리려 합니다.

구문 저서의 일역본도 얼마나 되는지 필자로서는 과문이어서 잘 모르거니와 이미 게출揭出한 것 외에 러인[露시] 맥시모프 저『태평양과 오인吾人 문제』라는 것이 메이지[明治] 29년에 『로국동방책露國東邦策』이라는 별제別題로 역간譯刊되어 그 책 제3편에 「로서아와 조선」이라는 29페이지의 참고할 만한 기록이 있습니다. 다이쇼[大正] 14년에 역간된 『30년 전의 조선』이 영국 지리학자 비숍 여사의 『조선과 그 인국隣國』의 일부 초역임은 주지의 것입니다.

조선 사정을 구체적으로 소개한 일본인의 저서로 비교적 널리 알리운 것은 기쿠치 겐조[菊池謙讓]의 『조선왕국』메이지 29년 간(刊), 쓰네야 세이후쿠[恒屋盛服]의 『조선개화사』동 34년 초간 및 시노부 준페이[信夫淳平]의 『한반도』동 14년 간일 것입니다. 시노부 씨의 저서 서언 일절에

"조선에 관한 본방인本邦人의 저서는 비교적 많지 못한 것 같다. 도리어 이를

구미인의 손에 이룬 저작을 보면 만근 십수 년 간에 이미 기십幾十 종을 셀 수 있다. 특히 영문만을 보더라도 영인英人 존 로스의 『조선역사 및 속습』, 독인獨人 엘네스트 오페르트의 『금봉방토禁封邦土』이상 메이지 13년 출판, 미인[米시 그리피스의 『은일국 조선』동 15년 초판, 『조선내외』동 17년 출판, 영인 찰스의 『재한기在韓記』동 21년 출판, 영인 커슨의 『극동문제』동 20년 초판들은 그 세평은 그만두고라도 대체로 일독할 가치 있는 저서임에 틀림없다. 일청전역 이후 반도의 서안西岸에 비추이는 도수度數가 점차 석일昔日에 배사倍蓰하면서 조선 전반에 관한 5~6종의 신 저작이 이어 출판되었다. 특히 메이지 25년에 초권을 발행하여 일차 중절中絶되었다가 다시 동 29년으로 31년 말까지 계속 간행된 월간 『코리안 리포지토리』 잡지와 같은 것은 반도의 정치, 경제, 사회, 문학, 종교를 학술상으로 논구한 자못 유익한 편찬이라고 하겠다. 만약 본방인의 손으로 된 저서를 들자면 우인友人 기쿠치 씨의 『조선왕국』, 쓰네야 세이후쿠 씨의 『조선개화사』가 또한 얻기 어려운 가작佳作이라고 하겠지만 요컨대 이것을 비교하여 보면 구미인의 반도에 관한 연구가 왕왕 근린近隣의 방인을 능가하는 것 같다"라고 잇고 계속하여 "여予 본디 감당할 수 없지만 본서를 저술케 된 지취旨趣는 또한 기분간幾分間 차변此邊의 사정에 최촉催促된 바 없다고 못 하겠다" 하였습니다.

『조선왕국』의 참고서목 중에 구문 원서 내지 그 일역본이 다수 실렸음과 이상 일본문 3서의 내용 체재가 달레의 『조선사정』, 그리피스의 『조선개화지기원朝鮮開化之起源』을 모방한 것 같음과 『한반도』 저자의 서언을 보아 구문 저서가 직접으로 많은 지식을 그들에게 주었고 간접으로 상당한 자극이 되었음을 알 수 있습니다. 대방의 교시를 빌어 마지아니합니다. 함흥 산수정山水町 2의 93 고재서옥古齋書屋에서

87

「(사외이문)『승정원일기』」

호암, 『조선일보』, 1934.2.10

조선사를 공구攻究함에는 무엇보다도 먼저 근본 사료되는 실록이나 또는 실록의 전신인『승정원일기承政院日記』를 보지 않을 수 없다. 승정원은 말할 것도 없이 왕명의 출납을 차지하는 곳으로 일체 정령政令과 내외교섭이 여기를 거치게 되는 관계상 그 일기는 관문서 중에 있어 양으로나 질로나 가장 완비하고 정확한 것이다.

태조 원년 임신으로부터 고종 31년 갑오에 이르기까지 무릇 502년 동안 하루도 빠지지 않고 꾸준히 일기를 계속해서 왔으나 일찍 임진란 때 병화兵火에 타서 그 일기의 전반은 아주 없어져 버리고 현존한 것은 인조 원년 계해 3월로부터 고종 31년 갑오 6월까지 272년 동안의 일기이다. 소실된 부분은 궐후厥後 다시 보수하여 개수改修 일기라고 일컫는바 전부 통틀어 3,407책의 방대한 일기가 오늘날도 오히려 성대城大 부속도서관에 보존되어 있는 것은 이조李朝 문화의 한 자랑거리가 될 만하다. 그러나『승정원일기』도 정작 가서 보면 상상하던 것처럼 완비한 것은 아니다. 다른 것은 모르거니와 고종조의 것으로 논하면 근일에 가끔 가서 뒤적거리다가 어떤 때는 실망하기도 한다. 비밀한 외교관계 같은 것은 물론이오, 중요한 내정 문제에 있어서도 자세히 적히지 않은 것이 있다. 이를테면 대원군의 집정이 고종 등극 초에 있어 어지간히 큰일이건만 『승정원일기』에는 모호하기 짝이 없다. 물론 정식 발표가 없기 때문에 그리된 것이겠지만 『승정원일기』만 보고서는 대원군의 출마出馬를 알 수 없다. 이밖에도 대원군의 예와 같이 모호하여 잘 알아볼 수 없는 것이 적지 아니하다.

88

「(Book Review) 김태준 편, 『조선가요집성 고가편』 제1집을 읽고」 (전3회)

이종수, 『조선일보』, 1934.2.16~18

조선 학문에 정진하는 학자가 극히 적은 것은 조선의 큰 손실이요, 동시에 조선의 큰 차치羞恥라고 아니할 수 없다. 조선에 학자가 적은 중에도 특히 조선문화에 대하여 전문적으로 연구하는 학자는 더욱 희소하다. 조선에 5천 년 역사와 그만한 문화를 가지고 있다고 자랑을 삼지마는 과연 자랑할 만한 무엇이 있느냐고 여기 외국 사람이 와서 물어볼 때에 대답할 사람이 몇 사람이 있을까? 그 대답을 잘못하는 것은 조선 사람이 외국말을 모르기 때문이 아니다. 조선 사람 중에는 희랍어를 말할 줄 아는 사람도 있고, 독일[독국] 말을 하는 사람도 있고, 프랑스[불국] 말을 하는 사람도 있고, 노어를 하는 사람도 있고 더구나 미국 말 잘하는 사람은 대단히 많다.

왜 그러면 "우리의 자랑은 이것이오", "우리는 이러이러한 선조의 문화적 유산을 가지고 있습니다" 하고 떳떳이 대답을 하지 못하는가? 대답을 못하는 까닭은 알지 못하기 때문이다. 여하히 말을 잘하는 사람일지라도 알지 못하는 것은 말할 수 없다는 것은 명백한 사실이니까. 만일 알지 못 하고도 대답을 할 수 있다고 하면 "조선에 5천 년 문화가 있다고 하지마는 사실은 부끄러운 일이나 나는 모릅니다" 하는 고백이 아니면 엉터리 대답으로 속여 버리는 것이다. 외국 사람이 조선의 문화를 물을 때에 조선 사람이 과연 어떠한 대답을 하였는지 알 수 없으나 여하간 그때에 조선 사람이 프랑스[불란서] 사람이나 미국 사람이나 독일 사람이나 또는 일본 사람에게 감사했을 것은 의심 없다. 왜 그런고 하면 그들이 도리어 조선의 문화를 조선 사람에게 설명해 줄 조선에 대한 지식을 가졌기 때문이다.

필자가 말하는 것이 조선문화 운운을 너무 과장하는 감이 있을지 모르나 그리고 조선의 옛날 문화를 연구하는 것이 조선에 있어서 지금 무엇보다도 급선무라고 하는 것은 결코 아니나 여하간 지금 조선문화의 연구가 비조선인에게 점령되려고 하는 위기에 있다는 것은 우리가 일상 귀에 듣는 바이다. 흩어진 문헌을 수집하는 사람도 일본인 학자요, 그것을 학문적으로 연구하는 것도 일본인 학자다. 물론 학문을 연구하는 데 학자의 족적을 구별할 필요는 없겠지마는 적어도 조선문화는 조선인이 연구하는 것이 효과적일 뿐 아니라 조선 사람의 의무가 아닐까 한다.

금반今般 김태준金台俊 군이 편한 『조선가요집성朝鮮歌謠集成 고가편古歌編』 제1집의 독후감을 쓰면서 이러한 말을 길게 쓰는 것은 탈선이라는 비난이 있을지 모르나 이러한 노작을 볼 때에 이러한 느낌을 가지는 것은 오직 필자뿐이 아닐 것이다. 위에 말한 의미에서는 우리는 조선문화를 연구하는 독학자 김태준 군에게 감사하여도 좋을 줄 안다. 군은 이미 『조선한문학사』와 『조선소설사』의 저작이라는 어려운 일을 하였고 다시 이번 노작을 내놓았다. 그러면 대체 『조선가요집성』이란 어떠한 책이냐? 다음에 말하고자 한다.상편

『조선가요집성 고가편』은 신라 향가 편, 백제 고가 편, 고려가사 편, 이조가사 편의 4편과 부록자하(紫霞)의 소악부(小樂府) 50수(首)으로 되어 있다. 신라 향가는 처용가處容歌, 서동요薯童謠, 월명사도솔가月明師兜率歌 등 전부 25가사인데 이것

은 편자가 서에서 말한 바와 같이 문학박사 오구라 신페이[小倉進平] 씨의 저서 『향가 및 이두의 연구』에서 그 해석을 전재轉載한 것이고 백제 고가 편은 2편 뿐인데 그 중 정읍사井邑詞는 『고려사』 악지樂志에서, 산유화山有花는 경상북도에 서 수집하여 편자가 해석을 붙인 것이다. 고려가사는 전부 22편, 그 대부분 은 『악학궤범樂學軌範』과 『악장가사樂章歌詞』에서 전재하였고 그 밖에 고려 문집 과 전라도 방면에서 수집하여 편자가 해석을 붙인 것이 있다. 편자가 가장 노 작勞作한 것은 실로 이 고려가사 편일 것이니 이와 같은 노작은 편자와 같이 독서의 범위가 넓은 독학자가 아니고는 하기 어려운 일이다.

고려가사 편을 편한 김군의 공로는 둘로 볼 수 있으니 하나는 편자가 관계 서적을 널리 섭렵하야 고려 가사를 추려 내고 이것을 고려 가사라고 시대적 고증을 가한 것이오, 또 하나는 그 가사를 일일이 해석한 것이다. 이 두 가지 가 다 하기 어려운 일인 것은 말할 필요도 없다. 편자가 고려가사의 시대를 고증함에 있어서 얼마나 한 지식과 정력과 감각을 가지고 있었는가? 이것은 독자로서 가장 흥미 있는 문제라고 할 수 있는데 우리는 요행 이것을 가장 웅 변적으로 일류 스트레이트할 수 있는 적례로 「만전춘별사滿殿春別詞」를 들 수 있다.

만전춘은 편자의 말을 들으면 이 1편만은 계고稽考할 곳이 없어서 어떻게 할 바를 몰랐으나 결국은 그 노래의 형식과 내용의 궁정문학적宮庭文學的 기흥氣 興으로 보아 고구려 가사일 것이라고 단정하고 고려 편에 편입하였던 것인데 이 책자가 출판된 후 독서 중 우연한 기회에 김수온金守溫의 「술악부시術樂府詩」 라는 「만전춘별사」의 한역漢譯 있음을 보고 김수온이조 세종인(世宗人)의 연대를 대 조하여 보아 「만전춘별사」를 고려가사 편에 가加한 것이 잘못 아님을 알았다 고 한다. 편자는 이러한 방법으로 다수 관계 서적을 계고하여 지금까지 알지

못하던 고려가사를 발견한 것이다.^{중편}

이조가사 편은 편자가 이조가사 예언^{例言}에서 말한 바와 같이 전부 50편 중 신도기^{新都歌}, 유림기^{儒林歌}, 상대별곡^{霜臺別曲}, 화산별곡^{華山別曲}, 오륜기^{五倫歌} 등 5편은 『악장가사』에 있는 것을 이조 이후의 작품이라고 단정하여 차편^{此編}에 가한 것이고 기타는 송강^{宋江}, 노계^{蘆溪}, 호산^{弧山} 등 선현^{先賢}의 문집과 『가곡원류^{歌曲源流}』, 『청구영언^{靑丘永言}』, 『해동가요^{海東歌謠}』 등에서 그 저작 연대가 적어도 이조 숙종^{肅宗} 이하를 내려가지 않으리라고 생각하는 것으로 대표적 가사^{시조, 민요, 동요는 제외}는 전부 시대순으로 구분하여 망라한 것이다. 그런 고로 우리는 이 편만을 보면 이조시대에 어떠한 가사가 있었으며 그 문학적 정도는 여하하였는가를 일견 요연하게 알 수 있다. 부록 소악부 50수는 자하 신위^{申緯} 시조 한역^{漢譯}을 금상첨화한 것이다.

이상에서 『조선가요집 고가편』은 어떠한 내용을 가지고 있는가와 편자 김태준 군은 이 노작에서 무엇을 하였는가를 대략 말하였다. 다음에 그러면 이 저작은 우리에게 무엇을 주었는가? 이것은 위에 말한 내용과 편자의 공적으로 보아서 짐작할 수 있으나 이러한 책자는 우리가 십분으로 이용할 가치가 있다고 생각하는 까닭에 다시 이 책자가 우리에게 기여한 바를 간단히 말하고자 한다.

제1에 우리는 이 저작이 있기 때문에 신라시대부터 이조까지의 주요한 가사를 손쉽게 볼 수 있다. 물론 이 책자가 없어도 향가는 오구라 박사의 저서를, 고려가사는 『악학궤범』을 혹은 『악장가사』를, 이조가사는 각기 선현의 문집을 보면 알 수 있으나 그것은 결코 쉬운 일이 아니다. 얻으려면 손쉽게 얻을 수 있는 오구라 박사 『향가 및 이두의 연구』도 고가^{高價}이기 때문에 얻어 보기 어렵지 않은가, 황^況 기타 문헌이리오다.

제2에 이 책은 우리에게 지금까지 알려지지 않은 고려가사를 제공하고 그 해석을 주었으니 이 의미에서 이 저서는 다만 김 군의 '편編'이 될 뿐 아니라 홀륭한 저작이라고 할 수 있다. 이것은 중국의『풍아송風雅頌』, 일본의『만엽집萬葉集』,『고금책古今策』이라고 할 수 있다. 조선의 고전이다.

　이러한 책자의 당연한 결과로 제3에 우리는 여기서 문학적 유산의 자양물을 섭취할 수 있다. 더욱이 신시新詩에 힘쓰는 분은 특히 고려 편 중의 우수한 것을 골라서 한 50독 하면 시 형식에 있어서 새로운 암시를 얻을 것이다. 그 노래의 유창한 것을 보라.

　　　구스리아즐가 구스리바회예디신을 위 두어렁청, 두어렁청 다링디리고려
　가사 서경별곡의 일절

'다', '고', '데' 등 토로 머리를 앓고 있는 시인은 여기서 혹종의 암시를 얻을 수 없을까. 고려가사 외「청산별곡」에는 이런 좋은 구절이 있다.

　　　살어리살어리랏다 청산애살어리랏다 멀위랑ᄃ래락 먹고 청산애살어리랏
　다 얄리얄리얄랑청 안라리얄라살어리라는 것은 살게 되었다는 뜻이다.

　제4로 우리는 신라시대로부터 이조까지에 이르는 사회상을 이 책자에서 엿볼 수 있다. 그런 까닭에 이 책자는 문학 연구의 호재료가 될 뿐 아니라 사회사 연구의 중요한 재료가 될 것이다. 그러나 이 책자가 조선 고가 수집 주석의 완벽이라고 할 수 있는 여부는 의문이다. 그것은 전문가 아닌 필자의 알 바 못 되나 그리고 이런 종류의 저작은 많은 전문가의 다년의 노력이 있어야

만 완을 기할 수 있는 것이지마는 여하간 완, 불완은 막론하고『조선가요집성 고가편』은 그것이 출세하였다는 사실만으로 가치 있는 존재라고 할 수 있다. 시가 내지 문학에 관계와 관심을 가지고 있는 사람은 물론, 글을 아는 조선 사람이면 누구나 한 권을 궤상에 놓아둘 만하다고 권하고 싶은 책자다. 이 가요집은 국판 220여 엽頁, 고전을 글자 그대로 옮겨 놓는 이런 종류의 책자에는 오자가 많기 쉬우나 이 책은 오자도 적고 인쇄도 선명하다. 표지의 장정이 교과서와 같아서 다소 어떨까 하나 그 내용이 귀한 것과 대조하면 교과서라 하여도 좋을 것이다.

정가 80전 한성도서주식회사 발행하편

89

「(일사일언) 원한경 박사와 『조선선박고』」

장백산인, 『조선일보』, 1934.5.10

연전延專 교장 원한경元漢慶 박사는 영문으로 『조선선박고朝鮮船舶考』를 출판하였다. 박사는 연전年前에 발동선을 타고 상하이[上海]에서 실로失路한 역사를 가진 이거니와 그처럼 바다와 배에 취미를 가진 것을 『조선선박고』를 쓰게 하였는가 보다. 이 책에는 조선 선박에 관하여서 문헌과 저자 자신의 실지 관찰에서 구할 수 있는 모든 재료를 집록輯錄하고 삽화를 넣어서 설명하였다. 그중에도 이순신李舜臣의 거북선에 대하여서는 가장 소상昭詳하게 하기를 힘썼다.

일반 선박에 관한 조선인의 손으로 된 문헌으로 『순암집順庵集』과 『이충무공전서』 등 몇 가지밖에는 별로 없는 모양이다. 조선의 자연과 문물제도에 관하여서 어느 것 하나 우리 손으로 변변하게 된 것이 없지마는 선박에 대하여서도 우리 중에는 아직 연구의 흥미를 가지는 이조차 들리지 아니하는 이때에 원한경 박사가 『조선선박고』를 지은 것은 고마우면서도 일변一邊 부끄러운 일이다.

원한경 박사는 고故 원두우元杜宇 박사의 아들로 미국인이지마는 조선에 나서 그 이름 한경은 광무제光武帝가 친히 지으신 것이라고 들었다. 고 원두우 박사가 선교사업 이외에 경신학교敬信學校, 정신여학교貞信女學校, 연희전문학교의

설립자인 것이나 조선 최초의 사전 중에 하나인『한영사전韓英辭典』의 저자로
조선문화에 공헌한 은인이오, 조선 민족의 동정 깊은 벗이었던 것은 말할 것
도 없지마는 그 아들인 원한경 박사도 조선말을 잘하고 조선과 조선인을 잘
알고 사랑하는 것으로 고故 박사에 지지 아니하여 지금 아버지의 유지와 유업
을 이어서 연전의 교장으로 육영사업에 진췌盡瘁하는 홀망忽忙의 여가에『조선
선박고』를 써서 고古 조선 문명의 일단을 세계에 소개한 것이다. 이 책은 조선
사람이 읽어도 심히 유익할 것이다.

90

「(사외이문) 『조선소사』」

호암, 『조선일보』, 1934.4.24

쇼와[昭和] 6년 10월 노암기념재단[魯庵記念財團]에서 간행한 오다[小田] 교수의 『조선소사[朝鮮小史]』는 저자 자신이 그 서문에 말한 바와 같이 본서는 실로 조선 사의 요령을 간단히 서술한 것임으로 조가[朝家]의 흥폐[興廢]에 주중[注重]하고 문화의 방면에 생략된 것은 이 세상 또한 어찌할 수 없는 바나 그 내용을 열독하면 어떤 데는 너무나 생략이 되어 대사실[大史實]을 한각[閑却]한 감이 없는 것이 아니다.

이를테면 신라 성시[盛時]의 문화를 설명할 때 유[儒]의 설총[薛聰]을 들면서도 불[佛]의 원효[元曉]를 뽑은 것은 마치 용을 그리고 눈을 점치지 않은 것과 같이 신라 문화의 중심은 불교요, 불교의 중심인물은 원효이니 교리를 천명함에 있어 교세를 홍포[弘布]함에 있어 원효 그 사람을 경시할 수 없음에 불구하고 그 이름조차 적지 아니하였음은 확실히 일[一] 실수이다. 그리고 신라 문화를 운위함에 있어 후세에 미친 막대한 영향으로 보아 풍수설의 원조인 도선[道詵]에게 대하여 일언[一言]을 비비[費]하지 않을 수 없거늘 그는 여기도 실수가 있었다. 그러나 이것은 오히려 적은 문제이다.

고려에 이르러는 그 문물제도를 아주 생략해 버렸음으로 라조[羅朝]와 이조[李

朝를 연결한 문화적 교량이 끊어져 중세사의 의의가 이로 해서 적이 몰각되었다. 이조에 와서는 근세사이니만치 비교적 많은 지면을 벌리어 얼만큼 자세히 적었지만 최근세의 특징인 조선 개방에 대하여 정작 알맹이인 구미 열강과의 통교는 조금도 언급하지 아니하였으니 이것은 대세의 추이라는 정치사의 중요성을 경시한 데서 생긴 것으로 역시 실수라고 아니할 수 없다.

요컨대 『조선소사』는 대체로 보아 사실의 서술이 간결하고 삽화의 설명이 정상精詳하여 독자로 하여금 개권일람開卷一覽에 스스로 흥취가 넘침을 깨닫지 못하게 하는 바 있으나 상술한 몇 가지의 실수가 있음은 가석可惜한 일이다.

91

「(BOOK REVIEW)『보전학회논집』에 대한 독후감」(전4회)

백남운, 『동아일보』, 1934.5.1~4

이 논집은 경제, 법률, 정치, 문학, 철학 등에 관한 다방면의 전문적 논문집이므로 단독으로 모조리 논평하기는 불가능한 일인 고로 그 중에 가장 흥미 있게 읽은 수 개의 논문에 한하여 약간의 소감을 쓰려 한다.

유진오 씨의 「中世に於ける正義思想중세의 정의사상-엮은이」은 법률 이념사의 일절一節로서 중세 자연법론의 역사적 성격을 밝히려는 것이 씨의 기고한 목적이라 한다. 그리하여 법은 순수한 사유나 감정의 산물이 아니고 현실의 생활과정에 의하여 제약된 사회적, 역사적 이데올로기라는 의미의 머리말에 의하여 그 방법론적 태도가 암시되어 있고 스콜라철학의 창시자인 아우구스티누스와 기其 완성자인 토마스 아퀴나스의 자연법론에 국한한다는 말에 의하여 논술의 범위가 확정되어 있으며 스콜라철학의 정의사상과 그 세계관의 모태인 봉건적 사회조직과의 내면적 관련을 밝히려는 것이 씨의 논지의 골자인 듯하다.

씨의 방법론적 태도와 시야와 논지에 의하여 찬지贊靑로서의 기대는 심상치 않았다. 그런데 봉건적 이데올로기의 특질을 규정하는 데 이르러서는 씨의 논지는 오류인 듯하다. 씨는 일껏 중세기 세계관의 양분을 공급한 봉건적 생산관계를 대체로 정당하게 소개해놓고는 봉건적 이데올로기의 기본적 특질로서 소위 단체주의라는 것을 지적하였다. 물론 씨는 지배자 자체의 주관적 사상체계로서의 단체주의를 의미한 것이라고 말하는 동시에 진정한 의미의 단체주의는 있을 수 없다는 것을 부언한 바도 있으나, 만일 그렇다면 제1로 사회구성의 본질을 객관적으로 규정하였을진대 이데올로기도 또한 그에 조응하여 규정하는 것이 가可할 것이고 제2로 진정한 단체주의가 결여한 것은 진정한 공동사회가 아니었던 까닭이며 진정한 공동사회가 아닐진대 일반적 등질성을 요구하는 단체주의는 지배자의 주관으로도 용허하지 못하였던 것이므로 차라리 타율주의 혹은 질서주의라고나 규정하는 것이 가할 듯하다. 봉건사회의 세계관을 단체주의라고 규정하는 것은 일반 경제학자가 상품생산경제를 국민경제라고 규정하는 것이나 독점적 통제경제를 본질적 계획경제라고 분식하는 것과 다름이 없는 개념의 혼동일 것이다. 씨의 방법론적 출발점을 준하여 본다 할지라도 그러한 규정은 봉건사회의 본질과 그 이데올로기와의 관련을 통일적으로 이해하지 못한 까닭이거나 그렇지 않다면 참고서의 선택 인용에 부주의한 소치일 것이다.

하여간 씨는 봉건적 이데올로기의 특질로서 ① 단체주의, ② 불평등 원칙, ③ 의무 원칙 등 3종의 특징을 추출하여 그것이 중세 자연법 이론에 반영된 것을 구명하기에 노력하였다. 그리하여 먼저 아우구스티누스의 자연법론을 다음과 같이 소개하였다. 우주의 최고 원리는 즉 신의 이성이며 신의 이성은 우주의 영원법인 동시에 세계질서를 정제整齊하는 자연법이다. 그러므로 신의神意의 질서를 유지하는 것이 정의이며 신을 사모하고 신을 탐구하는 피안적彼岸的 노력이 또한 정의의 행동이라 한다.

그 다음에 씨가 중세 법리학의 대표자인 토마스의 자연법 이론을 상세하게 소개한바 있으나 그것을 요약하면 다음과 같다. 토마스의 근본 사상은 만유의 질서 그것이다. 즉 우주의 지배자인 신의 이성은 우주 질서의 영원법으로서 인간은 이 영원법을 인식하려는 사변적 이성과 그에 순응하려는 실천적 이성을 가짐으로써 인류 특유의 자연적 도덕법칙을 구성하는 것이며 이러한 자연적 도덕법칙의 내용은 최고선의 달성 그것이니 정의는 그 영원법에 의거한 행동에 불과한 것이라 한다.[1]회

그 다음에 인법人法 즉 제정법制定法의 필요는 인류의 원죄에 기인한 것이며, 인법의 원리는 자연법으로부터 도출되는 것이라 한다. 그리하여 자연법을 연역한 만민법과 그것을 특수화한 시민법과의 2종 인법을 열거하는 동시에 그 인법은 최고선의 달성을 조장하는 것이라 하며 지상의 국가는 인간의 이성적 자연의 산물로서 신국神國을 실현하는 전제 조건이라 한다.

이상의 자연법 이론에 대한 유씨의 결론은 이러하다.

(1) 중세의 단체주의는 개인적 권력을 옹호할 뿐이다. 왜 그러냐 하면 신은 영주 및 교회 자신의 종교적 관념화에 불과한 까닭이다. 더욱이 영원법, 자연법, 인법의 계단적 관련에 대한 판단은 지배자의 이성에 의한 것이고, 피지배자의 이성에 의한 것이 아니다.

그리하여 지배자와 농민의 법적 존재는 신의 섭리라 하나 그것은 "민족사회 몰락기의 무력적 정복"이다 운운. 지배자의 주관적 의도는 차라리 신정적이며 타율적이고 배타적이며 질서적이므로 봉건제도의 기초를 단체주의라고 규정하는 것은 본질적 이론으로 보아서 불열不劣한 점을 이미 말하였거니와 지배자 및 농민의 법률적 존재가 "민족 몰락기의 무력적 정복"의 소산이라는 말은 역사의 동력 및 계급 구성에 관한 일종의 이론(?)인 정복설 및 강력설과 다름이 없는 유견謬見으로 생각된다. 구체적으로 말하면 영주 및 교회와 농민의 법률적 지위는 생산수단主로 토지의 내적 분배와 생산물의 외적 분배

에 의하여 규정된 것이다. 그러나 무력적 정복의 부수적 역할을 전연 배제하는 말은 아니다.

(2) 봉건제도는 불평등 원칙에 입각하였다. 신, 최고선, 법은 중세 자연법론의 내용을 구성한 것으로서 아무리 부당한 것이라도 국가가 제정한 질서일진대 그것은 자연이고 선이라 한다. 이러한 자연법론과 정의관은 각인의 인격 불평등을 규정하였던 것이며 기 의무 원칙도 또한 자연법론의 필연적 귀결에 불과한 것이다 운운.

요컨대 중세기의 세계관은 스콜라철학의 자연법론일 것이며, 자연법론의 실제적 중점은 정의론에 귀착될 것이고 그 정의론은 교회적 세계관의 대표자인 토마스의 자연법론에서 가장 풍부하게 볼 수 있는 것이다. 그러나 토마스의 정의론은 실은 외재의 합리주의로서 사유재산을 기초로 한 유통적 정의와 신분적 계급에 의거할 배분적 정의와 타율적 세계관의 특질인 법률적 정의 등 3종의 정의론을 억지로 반죽해 놓은 것이므로 그것을 통일적으로 구명함으로써 비로소 자연법론의 정의사상과 봉건적 생산관계와 내면적 관련을 파지把持할 수 있을 것이다.

즉 부분 대 부분의 정의인 유통적 정의와 전체 대 부분의 정의인 배분적 정의를 제외하고 다만 부분 대 전체의 정의인 법률적 정의의 검토만으로는 중세 자연법론의 정의사상을 통일적으로 이해하기에 부족한 감이 없지 않다. 이상에 지적한 약간의 결함은 독자로서의 솔직한 감상에 불과한 것이고 기 논문의 중요성과 노작의 가치는 그 흠함을 보충하고도 오히려 남음이 있을 것이다.2회

최용달 씨의 「경제법 학설의 개관」

법률 기사技師, 변호사의 해석 기술과 일반 국가의 입법 기술의 발달이, 근세 자본주의 발전 과정에 의거한 것은 물론이다. 특히 사회정책을 목적으로 한 노동법과 경제정책을 대상으로 삼는 경제법과는 기 주법主法 기술의 동향을 암시하는 2대 법률상으로 볼 수 있을 것이다. 최 씨의 소개한 경제법학설은 다만 기 법역法域의 발전에 국한한 문제가 아니고 경제와 법률과의 내면적 결련結聯에 관한 현실 문제로서 오인의 주의를 끄는 것이다. 최 씨의 소개에 의하건대 경제법의 역사적 배경은 대체로 구주대전歐洲大戰 이래의 독점자본주의 발전과정 그것이라 한다. 다시 말하면 대전 당시 이래로 독일 기타 구주 제국의 경제적 질서는 극히 혼란 상태에 빠지게 되었으므로 그것을 유지 또는 회복하기 위하여 경제생활에 대한 국가의 간섭은 전시부터 전후까지도 속행되었고 이후의 기업 독점형태, 산업합리화, 노동관계, 소작관계 기타 신제도의 출현으로 인하여 새로운 법률 형성을 초치招致한 것이라 한다.

그 다음 경제법의 개념 구성에 관하여는 확장된 상법으로 취급하려는 소극설과 독립 분과를 요구하는 적극설과의 2종의 견해로 구분할 수 있다. 동시에 최 씨는 양종兩種의 견해를 발전적으로 고찰하였다. 우선 적극설에 있어서는 제1단段의 견해로 법률 부문 긍정론을 지적하였으니 그것은 전후 사회 경제의 질서에 관한 무수한 법령에 대한 법률상 지위를 규정하기 위한 것이라 하고 제2단의 견해로는 법률 부문 긍정론과의 대립적 견해를 지적하였다. 그러나 독립 부문의 부정론자도 현 세기의 법률 전체에 공통한 경제성을 고조한 점으로 보아서 긍정론의 발전이라 한다. 제3단의 견해로서는 절장보단折長補短하여 통일된 긍정론을 지적하였다. 다시 말하면 현대 법률의 경제성을 고조하는 것도 아니고, 개별적 법령의 수집만도 아니라 영리경제의 조직화와 경제적 이해관계에 대한 국가의 규제 방법으로 보아서 경제법은 조직화한 독점경제에 고유한 법이라 한다.

그 다음 소극설로서 가장 주목할 만한 것은 상법의 독자성을 주장함으로써 경제법의 독립 부문을 부정하는 것이라 한다. 다시 말하면 광의의 상법 중에는 종래에도 공법적 분자가 다량으로 혼입되었을 뿐 아니라 일반 경제생활에 관한 새로운 모든 규범까지도 포괄할 수 있는 신분과의 개척자로서 발전해가는 도정에 있다. 그리하여 종래의 영리경제의 규제와 금일의 소위 통제경제의 질서가 상법 중에 비교적으로 대치하고 있는데 이러한 대립적 법역을 가진 광의의 상법이야말로 명일明日의 진실한 신경제법의 배양기가 될 것이라 한다.

요컨대 적극설은 독점 조직의 지배적 존재를 고조하여 경제법의 분과를 요구함에 대하여, 소극설은 독점 조직의 저류低流가 오히려 개인주의적이라는 점을 고조하여 경제법의 독립 분과를 부정하고 광의廣義 상법이 내면적 발전성을 중요시하고 있다 한다.

마지막으로 경제법의 이념을 논하기 위하여 최 씨는 상세하게 사법私法의 역사 성격을 소개하였다. 즉각의 자유평등을 원리로 삼던 근세 자연법은 자유경쟁을 모토로 하여 유통의 정의를 실현하려는 보편화의 원리였었다. 허나 19세기 말엽 이래로 자본주의의 독점적 발전을 따라 소위 사법의 보편화 원리는 현대의 경제 사회에 적합하지 못하고 따라서 자유경쟁적 이데올로기는 부인의 운명에 빠지게 되었으므로 사법의 구각을 탈출하여 소위 경제법의 이념을 수립하게 된 것이라 한다. 그리하여 경제법의 이념은 통제의 원리이고 독점의 이념이며 분배의 정의라 한다.

그러나 이러한 경제법의 이념에 대하여 최 씨는 정당하게 독점금융자본시대의 지배적 이념에 불과한 것을 상세하게 지적하였다. 구체적으로 말하면 적극설이나 소극설을 막론하고 조직의 원리, 통제의 원리, 독점의 개념 같은 것을 경제법의 이념으로 삼는 논자들은 파시즘 경향을 대표하고, 분배의 정의를 경제법의 이념으로 삼는 논자들은 사회파시즘을 대표함으로써 결국은 양자의 논거가 다 같이 국가자본주의 이론으로 귀착된다는 점을 통쾌하게 적발하는 동시에 경제법론자들의 현대사회 변호론을 엄정하게 비판하였다. 요컨대 최 씨의 논문은 수량에 다하여 함축성이 많은 호개好個의 노작인 것을 특기하는 동시에 현대 법학의 동향을 암시하는 웅편雄篇으로서 사회과학에 유의하는 독자에게 패익稗益이 많으리라는 것을 부언하여 둔다.3회

김광진 씨의 「李朝末期に於ける朝鮮の貨幣問題이조 말기 조선의 화폐문제」는 이조 종말기의 난마 상태를 조선 경제학도의 손으로 규정하여 본 처음의 과학적 논문일 것이다. 그만큼 우리 독자로서는 더욱 기뻐하는 동시에 그 과학적 규정을 잘 살펴보는 것이 당연한 태도일 것이다. 그런데 본 논문 중에서 역사적 발전 계단을 규정한 것으로 가장 중요한 부분은 제1장 '李朝時代の貨幣經濟槪觀이조시대 화폐경제 개관'일 것이다. 그 내용을 요약하면 다음과 같다.

(1) 이조 사회의 경제적 기구는 19세기 말까지 '아시아적亞細亞的 생산양식'으로서, 불역성不易性을 반복한 생산형태다.

(2) 그러므로 제諸 노동의 생산물은 사회의 수요를 충족하는 것이 아니라 생산자 자신의 수요를 충족한 것이었으므로 임시적 교환에 의하여서만 상품화한 것이다.

(3) 따라서 조선 화폐경제는 겨우 숙종肅宗 초년 이후에야 비로소 점차 보급된 것이다.

(4) 이후 금속화폐가 보급된 결과 구사회의 기초에는 모순의 단서가 시작되었으며(?) 행전行錢의 폐지론이 관민 간에 부르짖게 되었었다.

(5) 그와 같이 구사회에서는 정확한 의미의 상업자본은 아직 발생되지 못하였고, 겨우 유치한 고리대자본만이 경성, 개성 부근에 발생하였을 뿐이다. 그리하여 다소의 화폐가 축적되었다 할지라도 그 자신의 작용으로는 전래傳來의 생산양식을 양기揚棄할 정도까지 발전되지 못하였다.

(6) 그러한 정도의 아시아적 형태가 이양선異樣船의 침입으로 돌연히 붕괴된 것이며 그 붕괴과정은 당시의 화폐 현상을 통하여 알 수 있다 운운.

아시아적 생산양식 이론을 조선경제사에 적용할 가부可否는 후일의 문제로 돌리고 우선 상품화의 과정에 대하여 생산물의 임시적 교환이라고 규정하기 전에 시장의 존재와 관련된 역사적 의의를 구명할 필요가 있을 듯하다. 그뿐만 아니라 조선 화폐경제가 숙종 이후로 시작되었다는 것은 조선 화폐제도의 단속적斷續的 특수성을 간과할 듯하며, 고리대자본만이 근기近畿 지방에 한하여 발생하였다는 견해는 찬동할 수 없다. 원래 상업자본과 고리대자본과는 사회적 생산관계 발전과정에서 발생한 쌍동雙童으로서 조선 화폐경제 발전과정에서는 상업자본의 발생을 배제할 수 없는 것이다. 그러므로 상업자본도 발생되지 못한 구사회가 이양선의 침입으로 돌연히 붕괴되었다는 견해는 지나支那에 침입한 유럽[歐羅巴]의 자본주의가 그 아시아적 생산양식과 봉착하였다는 견해와 유형적類型的 견해이므로 도저히 찬동할 수 없는 것이다. 요컨대 자기 모순의 점차적 확대로 필연적 붕괴의 과정을 밟아가는 종국에 외력의 강습으로 인하여 자력 자본주의의 계급을 결여하였을 뿐이다.

그다음에 세계자본주의의 공세와 화폐제도의 동요, 재정 파탄과 당오전當五

鑄 주조, 엽전의 유통 상태, 내정개혁과 신식화폐발행장정 등등 당시의 착잡한 화폐 현상을 조리 있게 정리한 수완과 노력에 대하여 찬탄하는 바며 더욱이 제6장 백동화 인플레이션은 실로 창의적 견해로서 가장 주목할 만한 부분이라고 생각된다. 다만 당시 정치적 국면과 사회적 정세에 대한 논술이 결핍된 점은 유감인 듯하나 그것은 아마 부득이한 사정에 의한 것으로 이해할 수 있다.

요컨대 이조말기의 착잡한 국면을 과학적으로 분석하기는 결코 용이한 일이 아니거늘 본 논문은 부분적 흠함欠陷이 있다 할지라도 그에 대한 중요한 암시를 준 것이다. 원래 화폐는 역사적으로 발전된 독자적 상품으로서 사회적으로 규정된 가치 표장表章이거늘 이조 최종기의 화폐문제는 정권을 중심으로 한 갈등의 표현이므로 당시의 화폐문제를 통하여 배후에서 너울거리던 정치상을 파악할 수 있을 것이다. 본 논문은 그러한 중요성을 가진 화폐문제에 대한 최초의 호편好篇으로서 우리 경제학계의 일대 수확일 것이다.4회

「『진단학보』를 읽고」(전3회)

무이생, 『동아일보』, 1934.12.22~27

조선과 및 인근 문화를 연구하는 학자들의 사이에 진단학회震檀學會라는 것이 결성되었다는 것은 지난 5월 8일 동아東亞 지상紙上에 보도한 바요, 또 그 익일翌日 동아지는 해該 학회의 대동적 결성이 사회적으로 보아 얼마나 유의의함을 들어 일반 인사의 열심한 후원이 있어야 할 것과 동시에 학회 자체로도 유종의 미를 가지라는 등등의 격려적 사설까지 발표하였던 것을 필자는 기억하고 있었다. 그리하였더니 이제 해회 사업의 제일성第一聲으로 독실한 6~7학자의 연구 발표가 『진단학보』라는 이름으로 그 창간호를 출간한 것을 손에 쥐매 적이 조선학계의 적막을 깨트리는 감이 없지 않다.

필자는 최근 조선의 신 현상의 한 가지로 가장 과학적 방법에 의하여 조선 지식을 재획득하자는 요구와 및 노력이 사회적으로 상당히 치열화 되어 있음을 믿거니와 이제 이러한 학보의 출현은 정표히 그 현상의 일─ 반영으로 보기에 족하며 동시에 초학에게 있어서는 절호絶好한 지도가 될 것을 의심하지 아니한다. 이로부터 이 학보의 내용을 일독하고 각 논문에 대한 필자의 소감이라기보다는 오히려 각기 요령을 간략히 소개하고자 하거니와 여기 한 가지 지면의 성질로나 필자의 본의로나 이에 대한 비평은 본시부터 뜻하지 않는 것임을 알아주기 바란다.

「삼한三韓 문제의 신고찰」

이 학보의 별두劈頭에 중요한 일 논문으로 「삼한 문제의 신고찰」이란 이병
도李丙燾 씨의 연구가 발표되어 있음에는 크게 주의를 갖게 된다. 씨의 논문은
미완결로서 그 제1회만 발표되었으며 아직 논용論容의 전부는 차회를 기다려
알게 되겠지마는 『사기史記』, 『한서漢書』 등에 나타나 있는 진국辰國 문제만은
거의 결론된 것 같다. 진국이 곧 진한辰韓이오, 진한의 지地에서 신라가 건설되
었다는 것은 금일 일반 사학도들의 상식이다. 그러나 이번 이 논문을 통하여
보인 씨의 신연구에 의하면 진국이 곧 진한이라는 점에는 이론을 가지지 않
았으나 진국의 위치에 있어서는 종래 학자간의 상식으로 되어 있던 것과 그
설을 달리하여 경주를 중심으로 한 경상도 지방이 아니오, 직산稷山 지방이 그
정치의 중심지였고 그 수도는 마한馬韓 54국 중의 하나인 월지국月支國이었다
는 것이다.

즉 이 직산은 마한 전기의 국가이던 진국의 수도이었다는 것─실로 이것은
조선 고사상古史上에 있어서의 경이적 신설新說이다. 그런데 씨가 진한 위치에
대하여 의아를 일으키게 된 문헌적 동기로는 『송본사기宋本史記』에 진번방진국
眞番旁辰國이라 한 거기에 있었던 모양이다. 진번군眞番郡은 한강 이북, 자비령慈悲
嶺 이남의 지地이므로 그 방의 진국이란 것은 도저히 경상도 지방에 비정하기
어렵고 그뿐 아니라 더구나 진왕치월지국辰王治月支國이란 기록이 있으니 월지
는 마한의 일국이라 유리부족流離部族이오, 대대로 불능자립不能自立하고 마한인
을 왕으로 삼았다는 진한이 마한의 지地에 영지領地를 점유하였을 리도 없으므
로 이것은 진국의 정치 중심이 월지국에 있었다는 의미에 불과할 것이며 또

염사치廉斯鑡가 대선大船을 타고 해로로 진한에 들어왔다는 것을 참고하면 한강 남, 마한 북의 해안 지방에 진한의 위치를 구하지 않으면 안 될 것이오, 또 그렇게 구한다고 하면 직산 이외에는 해당할 곳이 없다는 것이다.

이 신연구의 당부當否는 급거急遽히 천단擅斷할 수는 없으나 지금까지 아무런 문제가 되어 있지 않았던 삼한 위치에 대하여 한 개의 중대한 파란을 일으켜 놓은 것만은 사실이며 또 그만큼 크게 주의할 만한 점이다.상편

「서얼庶孽 차대差待의 연원에 대한 일 문제」

이 학보에는 또 이상백李相佰 씨의 「서얼 차대의 연원에 대한 일 문제」가 실리어 있다. 씨는 릿교대학立教大學의 『사원史苑』에 「서얼고庶孽考」라는 장편의 논문을 발표하여 조선 사회사에 대한 씨의 깊은 온축을 일반에 알린바 있었더니 이번 이 논문은 씨의 서얼 연구 중의 일 문제인 서얼을 차별 대우하게 된 연원에 대하여 고찰한 바다.

종래로 우리는 태종太宗 시時의 인사 서선徐選이 정도전鄭道傳에 대한 사감私感을 동기로 그 소위 서얼금고법庶孽禁錮法이란 것을 진언進言 제정케 한 것이 그 연원이라고 믿어 왔고, 또 그것이 일반적 통설이었다. 그러나 씨의 연구에 의하면 서선 이전에 벌써 왕실 내부에 있어서 왕위 계승 문제로 인하여 적서嫡庶의 문제가 성숙되어 이 문제를 해결 확립하여 두고자 하는 것이 내면적 진의이었고 서선의 진언은 실로 그 표면적 이유에 불과한 것이었다. 그리고 왕실 내부에서 이러한 문제를 야기케 한 중요한 일인一因은 당시 처첩 관념이 아직 확립치 못하였던 가족제도에 유래함이었다.

당시에 있어서는 다처多妻 제도가 공행公行하였으므로 이처二妻 삼처三妻가 반드시 첩이 아니오, 초처初妻만이 적실嫡室도 아니었었다. 태조가 이처의 소생이

오, 또 차자次子임에도 불구하고 학자들이 오직 태조만을 적자로 인정케 된 것도 호개好個의 일례다. 이러한 문제를 씨는 오로지 실록에 의하여 명쾌히 고증하였다. 중국 사회에서도 볼 수 없는 이 기괴한 서얼 천대의 법제가 서게 된 그 소자유所自由는 오랫동안 우리의 알고 싶어 하던 점이오, 또 이것은 우리 사회상 가장 흥미있고도 중대한 문제의 하나이었다. 이 문제는 정치문제뿐 아니라 노비 문제와도 심밀深密한 관련이 있는 것이오, 또 이조 문화사 및 사회사를 연구함에 지대한 간섭을 가진 자이므로 이 논문의 후에 다시 이에 대한 계속 발표가 있기를 학수고대하는 바다.

「조선 시가의 태생」

이 논문의 필자 조윤제趙潤濟 씨는 근년에 와서 시조 연구의 발표로 학계에 나타난 청년학자로서 그의 진지한 연구에 경청하는바 있어왔거니와 금번에 발생한 「조선 시가의 태생」이란 일 논문은 과연 한 번은 체계적으로 써놓아야 할 곳을 집필한 것이라 하겠다.

신라의 향가를 유존遺存한 조선 최고한 시가라고 하겠지마는 아니 그보다도 소위 '신라가악지시야新羅歌樂之始也'라 한 저 유리왕儒理王 대의 도솔가兜率歌 등 이전 인간 역사의 최초와 함께 시가가 시작되었을 것이라는 것을 서두로 하여 외국의 저명 학자들의 통설인 음악, 무용, 시가 삼자의 혼격기混隔期에 대한 것을 내체로 소개함에 이어 중토中土 사적史籍에 보인 동방 고민족의 시가에 관한 문헌 일반을 열거하고 특히 『삼국유사』 중에 있는 가락국기駕洛國記의 일절一節을 끌어와 원시시대인의 시가적 생활을 규찰窺察한 끝에 종교와 시가의 불가리不可離한 관계를 개론하였다. 물론 그 일론一論은 특이한 자료나 창견일 것은 아니라 할지로되 아직 이만큼 정돈 있는 기술이 없었던 만큼 특히 초학을 위하여서는 호개의 입문 지침이 되는 것임은 더 말할 것이 없다.

「고대의 무역 형태와 나말羅末의 해상 발전에 취就하야」

그 다음에 실려 있는 귀중한 일 논문은 김상기金庠基 씨의 「고대 무역형태와 나말의 해상 발전에 취하야」라는 논문이다.

씨는 먼저 사적 속에 있는 저 소위 조공朝貢이란 것을 정치적 의의에 반하여 거기에 경제적 의의가 있다는 것을 말하여 일종의 무역 형식으로 착의著意한 것은 심히 흥미 있는 일이다. 그리하여 중국의 육조조대六朝朝代 즉 우리 삼국시대로부터 조중 양국 간의 정치적 사실인 이 조공이란 것은 오히려 그 이면에 공리주의가 움직이고 있음을 주장하였다. 이것을 『양서梁書』에 보인 기록으로 일례一例를 증빙證하고 일찍부터 이 조공 외교란 것을 경제적 견지에서 부인하였던 송대宋代의 소식蘇軾의 논을 끌어와 자기인自己認에 대하여 인식을 깊이 가지게 하였다.

그리고 통일 이후의 신라의 내치 외교에 대한 일반적 동태를 개술하여 준비 지식을 줌과 동시에 통일 이후 신라의 문화, 산업의 발달을 따라 공적 무역으로서의 조공에 변화가 일어나게 된 것과 민간 무역의 성행하던 자취를 추구하고 이와 아울러 신라인의 해상 발전의 장관壯觀이었던 것을 상론詳論하였다. 대개 황해를 무대로 하고 활동하던 신라 상인의 자취를 본국에서보다 오히려 중국의 해안 연변沿邊의 지地에서 그 광범위로 부식扶植돼 있던 당시 신라인의 세력 일반을 엿보게 됨은 이미 주지의 사실이나, 그 중국에의 발전 시기에 대하여 전성기의 말경으로부터이었을 것이라고 생각함은 씨의 지론인 채 좀 더 심밀한 고구를 요하는 것이라 생각한다.

그리고 씨는 이어 저 신라 말엽의 대 위인이라 할 장보고張保皐에 대하여 그의 출현과 의의를 술述하였다. 이 장보고의 사적은 원래 조선 사료로도『삼국사기』와『삼국유사』에 보이어 있으나 중국 사적으로도『신당서新唐書』열전列傳에 보이고, 또 일본 사적으로도『속일본후기續日本後紀』에도 보이며 그밖에 특히 중요한 사료로 되어있는 저 자각대사慈覺大師『입당구법순례행기入唐求法巡禮行記』에도 보인다.

이제 그 성명자姓名字에 대한 각 사적의 기록을 보면,『삼국사기』에는 장궁복張弓福,『삼국유사』에는 장궁파張弓巴,『신당서』에는 장보고張保皐,『속일본후기』에는 장보고張寶高,『입당구법기』에도 장보고張寶高 등으로 되어 있거니와 씨는 장보고로 제題하였음을 보면 신당서의 기記를 중심으로 한 모양이다. 그는 여하간 씨의 논문의 핵심이 될 이 장보고의 해상 활동에 대한 연구는 그 서론에 그치고 미완으로 결結, 차회를 기다리게 되었으매 필자도 더 말할 재료를 못 갖거니와 씨의 정제된 연구론은 사계斯界에 크게 공헌하는바 있음을 거듭 말하고 싶다.

「조선 고대 산신山神의 성性에 취就하여」

조선 고대 신앙 연구의 권위인 손진태孫晋泰 씨는 이번에 또 「조선 고대 산신의 성에 취하여」 그 연구의 일단을 보이었다.

지금 우리 민간의 신앙에 의하면 산신은 백수기호白驪騎虎한 남성의 신인 것처럼 되어 있으나 기록상으로 보는 대산명은 모두 모산母山, 모악母岳, 대모산大母山, 자모산慈母山 등으로 적혀 있어 고대 산신이 여성이던 것을 짐작케 하는 바다. 또 전설상에 있어서도 산신은 모두 여성의 신으로 나타나 있음을 씨는 문헌적으로 이를 고증하였다. 그리고 씨는 고대 여권시대에는 당시 신앙상의 가장 중요한 대상이었던 산신이 여성이었으나 후세에 점점 남권이 성盛하여

짐을 따라 남신이 그 지위를 가지게 된 것을 말하여 이것을 사회사상상社會思想上으로 본 종교사상 발전상의 일례라는 것으로 결론하였다.

대개 지금 남아있는 유속遺俗 신앙이 그 어느 정도까지 외래의 사상으로 그 형식을 지어 있다 할지라도 또한 산하명에 있어서도 외래문화의 연훈煙薰을 쓰고 있다 할지라도 그 형식을 벗기고 그 연훈을 쓸고서 그 본연한 내용을 살펴보면 거기에는 조선 자유自有의 신앙상을 더듬어 알 수가 있거니와 잔결殘缺한 문헌에 의하여서도 신라의 성모聖母 신앙을 필두로 조선 고민족의 모든 생활이 여성을 중심으로 한 때가 있었던 것 또는 조선 산신의 본질이 여성이었던 것은 다시 더 부론否論할 것이 없다. 씨는 그 심오한 연구에 의하여 이것을 밝히 고증하였다고 믿는 것이다.중편

「시조의 발생과 가곡과의 구분」

시조 연구의 권위 이병기李秉岐 씨는 이번에 또 「시조의 발생과 가곡과의 구분」이라는 일一 신新 연구를 발표하였다.

대개 조선문학 연구의 중심이 되는 것이라 할 이 시조 연구는 아직 그 세밀한 부분 연구는 물론이오, 위선 그 자면字面 연구에서부터 수종數種의 이설異說을 가진 채로 완전한 결정적 연구가 없다고 보아도 과언이 아닐 것이다. 그런데 이번 씨의 연구는 '시조 명칭'의 발생에 대한 것과 및 그 음악적 고찰의 지점에서의 가곡과의 구분을 논한 것인바 위선 그 제목 한 '시조의 발생 운운'은 '시조 명칭의 발생 운운'인 것임을 주의하고 이 글을 읽어주기 바란다.

씨는 시조 명칭의 발생에 대한 종래의 수삼설數三說을 소개하는 동시에 그것의 오류를 논한 끝에 필경은 영화조인英廟朝人 신광수申光洙의 『석북집石北集』을 근거 문헌으로 하여 이세춘李世春의 명명이라고 거의 확단적確斷的 필법으로 논

하였다. 물론 이는 종래의 시조 연구계에서는 들려 있지 않던 신설이다. 또한 그만큼 연구계에 있지 아니한 주의를 환기한 것도 사실이다. 그러나 그 인용 문헌의 해석에 있어서만도 그렇게 천단할 가능성이 있을까 없을까는 아직 주저되는 점도 없지 않은 것 같다.

그러고 또 시조와 가곡의 악곡적 차이에 대하여 상론한 점은 문헌적으로만 논의되면 연구에 비하여 분명히 한 개의 신 연구인만큼 정독심고精讀審考할 호 자료인 줄 믿는다. 또한 시조의 연구는 음악적 토대 위에서 연구하는 것으로 그 완전을 얻으리라는 것도 이 논문이 더 한층 중대한 충동을 주는 것임에 틀림없다.

「풍신고風神考」

민속 연구가인 송석하宋錫夏 씨는 이 학보를 통하여 「풍신고」를 발표하였다. 씨의 소위 풍신은 남방 민속상의 '영동할머니'이며 씨는 먼저 풍신 신앙의 분포 구역이 경기로부터 제주에 미친 것을 말하며 또 그 의식儀式을 비교적 상술하였으며 이것은 전설에는 근세 신앙처럼 되어있으나 기 실은 제주의 '연등然燈'과 함께 원시신앙인 것과 또 그 소위 화간禾竿의 형태는 저 마한의 소도蘇塗와 같이 원시적이라 하겠으나 그것만은 그 연원에 대한 정확한 고증이 곤란하다고 하였다.

씨의 설에 의하면 풍신의 화간은 기농祈農, 기어祈漁, 구조驅鳥 등의 이중 기술적 의미를 가졌으며, 또 풍신은 신성으로 보아 명백히 여성에 속하며 풍성風性 그 자체와 같이 어느 정도까지 유독有毒한 요체妖體의 성질을 가진 생산에 관련된 농어황신農漁荒神이라 할 수 있고 부락적 또는 공동적 치성신致誠神이 아니오, 개호個好의 소숭所崇하는 이기적 신이라고 할 것이다.

이렇게 우리의 민속이 말하자면 민족의 일상생활에서 일어난 문화가 하나하나씩 과학적으로 연구 변증되어가는 것은 치하할 일이 아니면 안 될 것이다.

「난선蘭船 제주도 난파기」

화란인和蘭人 하멜 일행이 제주도에 난파 표착한 것은 1653년 8월 15일의 일이었다. 그들 전 선원은 64인이었으나 28인은 익사하고, 36인이 겨우 생존하여 제주 관원의 호송으로 익년 5월에 경성에 도착하였으나 재경在京 2년에 다시 전라도 각지의 병영에 감금되었다가 1666년 9월에야 겨우 하멜 이하 8인이 도출逃出하여 해변의 일선一船을 타고 나가사키[長崎]에 이르러 모국의 배를 만나 동년 10월에 귀국의 도途에 취就하였다.

언어 불통하고 풍습이 상이한 외국에서 14년의 장구한 세월에 갖은 고초를 겪은 그들의 포로 생활을 기술한 것이 이 표류기이다. 그리고 또 그 부록인 『조선국기朝鮮國記』는 우리의 지리, 풍속, 산물, 정치, 군사, 종교, 교육, 교역 기타를 실제적 견문대로 비교적 정확 명세히 기술한 것인바, 금일 우리의 알지 못하는 당시의 우리 풍속이며 또 당시의 사회 상태를 이것에 의하여 참고할 것이 많다.하편

「(작년도 학술계) 논저를 통해 본 조선학계의 수확」(전6회)

황욱, 『동아일보』, 1935.1.1~6

1. 서언

오늘 조선의 학문과 예술은 결코 손쉽게 상아탑으로 끌려 들어가지는 않을 것이다. 그것은 지난 한 해의 우리 학계의 수확을 볼 때에 우리는 얼마만치 확신을 가지고 이것을 말할 수 있는 것이다. 이도 또한 우리 학계의 큰 수확이 아니면 안 되나니 지난해 학계의 추세는 '상아탑에로!'의 방향보다는 훨씬 더 많이 현실적 방향을 달리고 있는 것 같다. 이하 학문의 여러 부문에 따라 대강 그 수확된 바를 살피어 보고자 하는바 능력과 자료가 공共히 불충분한데다 총망悤忙히 붓을 들게 되어 이 좁은 지면에서 얼마나 이 목적을 달達할는지 매우 의문되는 바이며 학계 여러 선배에게 폐弊됨과 참월僭越됨이나 없으면 오히려 얼마나 다행일까 한다.

2. 사회과학의 제諸 연구 기其 1

조선의 출판물, 신문잡지 기타에 게재되는 해설과 논문의 거의 태반이 경제, 정치 또는 법률에 관한 것임은 우리의 숙지하는 바이거니와 조선의 학문적 연구도 그 태반이 또한 이 방면의 것이며 가장 학문적 가치 있는 것도 또한 이 방면의 것이니 사회과학은 정말 조선의 총애 받는 학문이요, 또 조선 학문 중의 왕자라 하겠다.

그러면 지난 1년 동안에 이 방면에 있어서 가장 큰 수확은 무엇이었던가. 우리는 무엇보다도 먼저 『보전학회논집』을 들지 않을 수 없다. 책명이 말하는 바와 같이 이것은─이후의 것은 알 수 없으나 이번 제1집은 보성전문학교에 교편을 잡는 분들의 연구 발표 논문을 모은 것으로서 조선어문, 철학 등에 관한 연구도 있기는 있으나 일─ 소小 부분에 지나지 않고 대부분 법률과 정치에 관한 것인 바 그 논문들이 기도한 바는 대략 아래와 같다.

(1) 최태영崔泰永 씨 「희백래법希伯來法 연구」

이것은 유태인의 조상 히부류希白來족의 법률을 연구하기 위한 논문의 초두로서 이 논문은 기독교의 성경구약 등에 의하여 희백래족 초기의 사회史話 사실史實을 서술하는 동시에 그 사회와 관련하여 약간 고대 희백래족의 법률 정신을 소개한 것으로 우리에게 그다지 큰 흥미를 주지 않는다. 앞으로 어떻게 전개될는지 또는 이 연구가 우리에게 주는 이익이 무엇인지 이것은 오직 이 연구의 완성을 본 후에라야 말할 수 있을 것이다.

(2) 유진오兪鎭午 씨 「중세의 정의사상正義思想」

이 논문에는 '법률 이념사의 일절一節'이라는 부제목이 있는 것과 같이 이것은 알기 쉽게 말하면 법률 철학사의 일절이다. 한낱 이데올로기로서의 법률이 중세에 있어서는 어떻게 해석되었으며 어떠한 원리 아래 의논되었는가 하는 것을 연구하여 종래 등한시되어 오던 중세 법률사상을 구명함으로써 고대 법률사상과 근대 법률사상과의 연락선을 그으려 한 재미 있고 또 암시 있는 논문이다.

그 내용은 중세사회의 특질과 중세사상의 대강을 연구한, 중세 이데올로기의 특질이 ① 단체주의, ② 불평등의 원칙, ③ 강제의무의 원칙인 것을 논하고 이 이데올로기가 중세의 법률사상, 특히 성 아우구스티스교부 철학의 가장 우수한 사람의 법률사상과 토마스 아퀴나스스콜라 철학을 대성(大成)한 사람의 법률사상에 명백히 표현되어 있음을 지적한 것으로 초식자初識者 보기에 다소의 조대粗大한 데가 있는 듯 하나 또한 의도意圖 큰 논문이라고 생각된다.

(3) 최용달崔容達 씨 「경제법 학설의 개관」

평이간단平易簡單하게 이 논문의 목적하는 바를 적어보면 다음과 같다.

근자近者 공황과 독점자본의 강화에 따라 각국에는 여러 가지 공황 극복과 현존 질서 유지를 위하여 여러 가지 신법규와 제도가 제정됨에 따라서 종래에 널리 인정된 '인간과 시민의 영구불변의 제 권리'가 '강대한 권력과 규율' 하에 극복되지 않으면 안 되게 되었다. 이것은 비록 필요할지라도 법률 원칙상으로 보아서 일종의 모순이니 즉 이것은 종래의 법률이 인정하지 않았던 '자본에 의한 자본의 지배', '개인에 의한 개인의 지배'를 법률상 승인하게 되는 것이다.

자유경쟁을 원칙으로 하는 경제조직에 점점 비자유경쟁적 요소―독점통제―가 점점 증가되어 '생산의 사회적 성질과 분배의 사유형식'과의 모순이 커지는 것이 현금 열국列國의 경제적 고민의 원인인 것처럼, 개인의 자유 평등을 원칙으로 하는 법률 형태에 비자유평등적인 전기前記 신법들―비상시를 이유로 한 제諸 신법―의 출현은 현재 법치국가들의 모순이며 법률 원칙의 번민 재료다.

이것을 억지로 제거해보려고 소위 '경제법'이라는 신법학 부문을 만들어가지고 이 지배와 통제를 합리화하든가, 그렇지 못하면 그것을 사회적 근거에 의하여 변명하려 하는 사람들이 있으니 이것은 곧 명칭을 붙이자면 파시즘 또는 사회파시즘적 경향이다.

이상은 씨의 논문에 대한 무리한 요약이거니와 다소 어려운듯한 논문은 그 다음의 김광진 씨의 논문과 한 가지 매우 유익한 것이다.[1회]

(4) 김광진金洸鎭 씨, 「이조 말기의 조선 화폐문제」

소위 아시아적 생산양식으로서 불역성不易性을 가지고 반복되는 생산형태인 농업과 가내수공업과의 직접적 결합이 아직도 굳게 보존되어 있던 이조 사회가 전복될 때 조선의 화폐제도는 어떠한 것이었던가? 세계자본주의가 조선에 공입攻入한 결과 이조 말엽의 화폐제도는 동요되기 시작하여 당백전의 주조, 백동화 남발, 청전의 수입 남용, 어음일종의 수형의 유통 상황 등을 기술 설명하고 이러한 화폐제도와 재정 혼란의 결과로 일본 화폐가 이입 통용되어 동시에 조선 화폐를 구축하다가 일로전역日露戰役 후 조선의 화폐가 개혁되던 경과와 그 결과가 부의 축적에 어떠한 결과를 주었는가 하는 것 등 사실을 일반 정치적 사정과 관련시켜 설명한 것이 곧 이 논문이다. 이조 말 사회를 아시아적 생산양식으로 보는 것에 대하여는 이론이 있는 바이나 이것은 퍽 유익한 논문이라고 정평이 있다.

3. 사회과학의 제 연구 기 2

김광진 씨는 그 외에도 신문지상에 2~3의 대소 논문을 발표하였던 바, 그 중에서 가장 불만하다고 생각되는 것은 지난 9월 『조선일보』 지상에 발표된 「팽창 일본 경제의 정체 분석」이라는 논문이다. 이것은 지금 성盛히 외국시장에 진출하고 있는 일본 상품이 각지에서 비상히 맹렬하게 배척을 당하고 있는 일본의 무역 경제를 상론詳論한 것이다. 이외에 또 김씨의 논문으로 『동아일보』 신년호에 「인플레 진전과 조선 경제계」, 『청년조선』에 「과학의 당파성」 등이 있으나 여기에 일일이 소개하지 못하거니와 최용달 씨와 함께 김씨의 앞날에 우리는 많은 기대를 가진다.

신문 경제논문계에 이름이 있고 또 지금도 꾸준한 노력을 하는 이는 서춘徐椿 씨다. 지난해에는 비교적 발표한 분량은 적고 『조선일보』 지상에 2~3 소논문이 있을 뿐이고, 장편의 것으로는 「평가절하平價切下의 기초 지식」이 있을 뿐이다. 이것은 1월 말부터 3월 말에 이르도록 장시일 신문에 연재된 대량의 것으로 해설이라기보다는 오히려 학문적 연구에 가까운 것이니 미국의 평가절하를 전후하여 그에 관한 해설과 동시에 각국의 금화 보유 현상과 그 가격 계산법, 환산법 등에 긍亘하여 상세 논술한 것이다.

연전延傳에서 교편 드시는 이 중에서 우리는 두 분의 빛나는 연구가를 들 수 있으니 그는 곧 백남운白南雲 씨와 노동규盧東奎 씨다. 백남운 씨는 거년去年 발표한『조선사회경제사』의 계속을 연구하심에 여념이 없으신 모양으로 한두 짧은 논문 외에 발표하신 것이 별로 없다. 그 중 우리의 기억에 남아있는 것은 『동아일보』 신년호에 게재되었던 「블럭경제의 금후」와 『중앙』 신년호에 게재되었던 「이론 경제학의 재건」의 양자兩者이다. 전자의 내용을 대략 소개하면 경제블럭이라는 것은 결코 국가와 국가, 민족과 민족 사이의 경제적 결합 또는 연결을 의미함이 아니요, 강국에 의한 지배 형식을 의미하는 것임을 해명하고 현금 세계의 4대 경제블럭 ― ① 대영제국 중심의 경제블럭, ② 중동 유럽[歐羅巴] 경제블럭, ③ 미국 중심의 범미汎美 경제블럭, ④ 극동 경제블럭 ― 의 현상과 그 상호 충돌 관계를 설파한 것이 이 논문이다. 단 소련의 경제는 이것을 한 개의 블럭으로 볼 수 없다는 것도 또한 부언附言되어 있다.

다음으로 노동규 씨는 주로 『신동아』 잡지에 여러 가지 논문을 실었는바 그 중에 동지同誌 4월호로부터 7월호까지에 게재되는 「경제강좌」는 경제학 지식의 보급을 위하여 퍽 의의 있는 것이었으며, 처음의 통제경제에 대한 평명정당平明正當한 해설은 더욱이 좋았다. 그러나 제4회에 아시아적 생산양식의 해설을 시試하여 너무 전문적인 것을 취급하였고, 또 단 4회로서 끝을 막았음은 어떤 사정에선지 모르나 섭섭한 일이었었다.

연전의 이 두 분―백 씨는 이미 조선학계에 가장 빛나는 존재요, 노 씨는 또 신진기예의 연구가, 이 두 분의 앞날의 연구에 큰 기대를 가지는 것은 비단 필자뿐이 아니다. 연전 논문집의 발행을 말하는 이 있었는데 필자 아직 그 출현을 듣지 못하였음은 유감이거니와 앞으로 어떤 기관에든지 많은 발표가 있기를 바라 마지않는다.

다음으로 박문규朴文圭 씨의 조선 토지조사사업에 관한 귀중한 연구가 성대城大 논문집에 게재된 것이 있는데 지금 지면상 관계로 그 상세한 내용을 소개

할 수 없음을 한恨하며 숨은 학자 박씨의 연구가 더욱 깊기를 바란다.2회

　상기上記 이외에 각 신문에 발표되는 사회과학 연구로는 내외 정치적 사정에 대한 논문이 많이 있으나 대개 저널리즘적인 것이 많고 연구적인 것이 적다. 개중에 이여성李如星 씨의 「약소민족운동에 대한 연구」『동아일보』 신년호 발표가 가장 광범히 연구된 것이고, 김명식金明植 씨의 여러 가지 논문에 비교적 평명하게 정치적 사실을 소개한 것이 있고, 신진 제씨와 각 신문사 기자 제씨의 시사해설적 논문이 있으나 그것은 대개 외보外報 번역식의 것이 너무 많음을 한恨한다. 그 중 김정실金正實 씨, 신기석申基碩 씨 등은 가장 다산적多産的인 필자인바 두 분 다 좀 더 심각한 연구가 더 많았으면 좋을까 한다. 이상으로써 이 부문에 나타난 수확의 소개를 마쳐두는바, 상기 이외에 제 논문은 그 필자와 제목만을 제를 달리하여 본지本紙 소개하기로 한다.

4. 문학에 대한 제 연구

(1) 사실주의 시비

　예전도 그랬지만 더욱이 금년에 들어와서 각 신문의 학예면에는 나날이 그 반 이상을 문학 이론, 문학 논평에 제공하고 있음은 너무나 저명한 사실이며 보통 잡지에도 매호 몇 개의 문학상 논문이 게재되고 더욱이 문학 잡지들은 또한 반 이상을 그 이론 그 논평 등에 제공하고 있다. 신문 학예면을 보면 조선 사람은 문학만 연구하고 사는 듯한 망상조차 일어나며 조선의 문학은 정正히 그 번영기에 있는 듯도 하다. 사회과학에 있어서와 달라 이 수많은 논문들의 내용을 소개하기는 결코 불가능한 일이다. 그러므로 여기에는 대략 우선

지난 1년에 논의된 제목, 내용만을 대강 소개하고 각 개인의 연구는 극히 간단히 기술하기로 한다. 더욱이 이 예술상 문제는 금년에 들어와 예술가 이외의 사람은 알지 못한다는 논의가 많음으로 이 부분의 연구 소개는 극히 곤란을 느낀다.

지난해 벽두부터 7~8월까지 논의되던 중심 제목의 하나는 사회주의적 사실주의에 대한 논의다. 그 중에서도 가장 문제되는 것은 예술과 정치 관계에 대한 것이니 금년 논의의 발단은 『동아일보』 신년 지상의 박영희朴英熙 씨 논문이니, 박씨는 카프의 종래의 제 편향, 특히 그 섹트주의적 편향, 문학에의 정치적 지령 문제와 이것들로 하여서의 문학의 예술성 상실을 들어 카프를 공격하고 그것으로써 자기의 카프 탈퇴 이유를 누누히 변명하였다. 그와 동시에 문학의 예술성, 예술의 예술로서의 독자적 성질을 주장하여 어디까지 문학과 정치와의 분리를 주장하고 '예술의 전당'을 찾으며 소련의 소시얼리스틱 리얼리즘에 의하여 문학은 어디까지 사실주의에 입각하여 그 예술적 기술을 향상시킬 것을 주장하였고 자기의 친우親友인 신유인申唯人, 안막安漠, 추백, (萩白) 씨 등의 의견을 인용 소개하였다. 이 3인의 경향에 대하여서는 김기진金其鎭, 윤고종尹鼓鍾, 윤곤강尹崑崗 제씨의 반대 논문이 발표되었으나 박씨는 연말까지 소호小毫의 양보도 없이 자설自說의 고집에 완고하였다. 즉 『신동아』 12월호에서 박씨는 도리어 "카프 논객들도 … 깨달은바 있나보다 하였으나 곧 이 생각이 엎어져버렸음"을 한탄하였다.

그러면 이 박씨의 소론에 대한 반대는 무엇이었던가? 물론 박씨의 반대자들도 카프의 여러 가지 편향은 인정하나 그러나 결코 그 편향으로 하여 문학으로써 얻은 것은 이데올로기요, 잃은 것은 예술이라는 데까지 이르지는 않았다고 보며 또 소시얼리스틱 리얼리즘은 오직 문학이 사실주의에 의하여서만 더욱 더 소시얼리즘에 유용하게 될 것을 주장하는 것이지, 결코 문학과 정치와의 전연 분리를 주장하는 것도 아니고 순객관적 사실주의만을 주장하는 것도 아니다. 그리고 라프의 해소는 오직 보다 완전한 조직을 세우고자 함이요, 결코 조직의 폐기는 아니다. 대개 이런 것이 박씨의 반대측 주장이니 필자 보기에 암만 하여도 후자의 의견이 다분히 정당한 듯하며 우선 박씨가 소시얼리스틱 리얼리즘을 고의인가, 과실인가 지금도 사회적 사실주의라고 번역하며 마치 이 소시얼리틱이라는 형용사는 유야무한 것처럼 보는 것은 절대로 잘못이고 둘째로 박씨 자신의 수많은 변명에도 불구하고 그는 한 단체의 성원으로서 결코 정당한 태도를 가지지 못하였다(비록 그것이 미미하게만 존재하는 것일지라도 그러하고 또 그렇게 무시하리만치 미미하면 더 문제 삼을 필요가 없을 것이다). 이 논쟁의 뒤를 이어 카프의 해소론이 이갑기李甲基 씨 기타에 의하여 주장되기도 하고, 또 반대되기도 하여 이 문제는 해결 안 된 대로 모 사건의 검거를 만나 전연 중지되고 말았다.3회

(2) 제씨의 개인적 연구

김태준金台俊 씨는 금년에 또 『조선가요집성』이라는 편저를 출판하였다. 씨는 또 여름에 「조선 민요의 개념」이란 '강좌'와 가을에 「조선문학의 역사성」이라는 소론을 발표하였다. 임화林和 씨는 정초正初에 「조선문학의 제 경향과 전망」이라는 장편의 논문을 썼고, 그 후 「낭만주의의 현실적 구조」라는 논문을 써 낭만주의의 연구와 및 그 문학상의 응용을 발표하려 하였으나 불행히 병으로 하여 좌절되고, 김기진 씨는 전게前揭 박씨와의 논쟁을 전후하여 「조선문학의 현 수준」, 「조선 프로문학의 현 수준」의 두 소론을 『신동아』에 발포發布하여 조선 문사文士의 유파流派 구별을 시試하는 동시에 앞으로 조선문학의

정당한 계승자로서의 조선 프로문학을 주장하였으며, 최재서崔載瑞 씨는 『조선일보』 지상에서 누차 현대 주지주의主知主義 문학의 건설을 논하였고, 한설야韓雪野 씨는 흑인 문학에 대한 장편의 연구 및 소개논문을 썼으며, 박영희 씨는 금년 가장 많이 활동한 문예평론가로 누차 시평을 발포한 외에 「문학의 이상과 실천」, 「심미적 활동의 가치 규정」, 「민속학자 그로세의 예술 방법론 음미」 외에 각 신문 잡지에 여러 가지 적은 논문을 썼고, 백철白鐵 씨는 금년에 들어와서도 5월에 「인간 탐구의 도정道程」, 문예부흥에 대한 논문 등을 발표하여 프로문학은 진정한 인간 묘사의 문학임을 주장하였다. 해외 문학에 관한 연구 발표는 비교적 적었으며 이하윤異河潤 씨의 「외국문학 연구 서론」, 전무길全武吉 씨의 미국문학 소개, 한세광韓世光 씨의 영국문학 소개, 한흑구韓黑鷗 씨의 휘트만 연구가 있을 따름이고 세계문학 전반에 관하여서는 서항석徐恒錫 씨가 『동아일보』 신년호에 발포한 장편의 개관 「세계문학의 전망」이라는 논문이 있고 또 동시에 발표된 이헌구李軒求 씨의 「비상시 세계문단의 신동향」이 있을 뿐이나 이 두 논문은 양자 공히 무게 있는 글들이다.

상기 이외의 연구는 지면 기타 관계로 따로 그 제목과 필자를 소개하는 데 그치거니와 일반으로 보아 문학 논문 가운데는 일사천리식으로 쓰인 것이 너무 많은 듯함이 다소 유감되는 바이다. 이상은 주로 신문에 나타난 것이고, 『형상刑象』, 『문학건설』, 『문학』 등에 나타난 것을 살펴보지 못한 것은 미안한 일이다.

5. 조선어, 사학 연구

경제, 정치, 문학의 다음에 가장 활발히 논의되는 것은 조선어에 대한 것이니 더욱이 작년 10월 조선어학회의 「한글맞춤법통일안」이 발표된 후 철자법 문제를 중심으로 다시금 토론과 연구와 그리고 성명서 발표 등 활발한 논의가 전개되었다. 이 논의도 이제는 학자 대 학자의 개인적 논의에서 일 보를 변變하여 학파 대 학파의 단체적 논의에로 변하여 가나니, 즉 조선어학회 대 조선어학연구회 다시 말하면 주시경周時經씨 파 대 박승빈朴勝彬 씨 파의 대립이 그것이다. 이제 잠깐 철자법에 있어서의 양파兩派 주장의 주요한 상이점을 들어보면 다음과 같다.

(1) 경음기서법硬音記書法에 관한 것

즉 보통 '된시옷'을 어떻게 표시하느냐 하는 데 대하여 박씨 편에선 어디까지 종래의 된시옷 '까', '따' 등의 기서법을 주장하여 주 씨 설의 동종초음병서법同種初音並書法 '까', '따' 등 서법에 반대한다.

(2) 어원에 관한 문제

즉 주 씨 설에서는 어디까지 어원을 찾기 위하여 여러 가지 두 자 받침을 사용하는데 반하여 박씨 설에서는 두 자 받침의 발음 불능'앉고', '핥아서' 등에 있어서 '앉', '핥'의 발음 불능과 이런 기법의 습득 곤란을 이유로 하여 어원에 의한 기서법 신설 두 자 받침에 맹렬히 반대하고 있다.

(3)

한자음 표시에 있어서 주 씨 설이 현재 일상 발음에조차 그것을 표시하려 함에 반하여 박씨 편에서는 종래의 표시법에 의하여 '樂'자는 어디까지 '락'으로 표시하자는 것이다(주 씨 설에서는 '苦와 樂'할 때에는 '낙', '苦樂'할 때에는 락으로 쓰는 데 반대하여).

이외에도 사소한 점에 이르러 여러 가지 상이한 점이 있으나 그 주요점은 상기의 것인바 지난 1년을 통하여서의 양파의 연구 결과는 이 상이점에 통일에보다도 오히려 더욱 큰 대립에로 향하고 있는 듯하여 양파는 각기 기관지를 가지고 각자의 주장의 선전에 노력하고 있으며, 지난번 10월 조선어 연구자료 전람회만은 공동으로 하였으나적어도表面만은 이래 더욱 더 그 사이는 벌어지는 듯하다. 지난해에 있어서 조선어학회 측에서는 가령 최현배崔鉉培 씨 같은 이는『동아일보』,『신동아』등 기관지 외에도「조선어문법 술어론術語論」,「한글 난해難解에 대한 심리 분석」등의 연구 또는 주장을 발표하였으며 박승빈 씨 측에서는 별로 세상에 공표한 것이 없고, 오직 보전논집에 경음론 한편이 실려 있을 따름이다.

그리고 문사 김동인金東仁 씨의 통일안 지지와 수정에 대한 소론이『중앙일보』에 기재되자 뒤이어 어학회의 김병제金炳濟씨는 김동인 씨의 수정 의견에 반대하여 통일안을 고집하였고 이외에 양파 공히 그 기관지 또는 리플렛에 여러 가지 논문이 있었으나 그것들로 하여서도 철자법에 대한 이론은 조금도 통일되지 않았을 뿐 아니라 박씨 파의 집요한 노력에 의하여 조선어학연구회의 지설持說이 더욱 전파됨을 따라 전기한 바와 같이 이론의 대립은 오직 격화할 따름이다. 박씨 설은 그것이 한글 난해의 일반 심리를 붙잡은 것과 또 어학회 측의 일부 견강부회적인 어원 탐색, 예컨대 낡목(木), 샜색(色) 등의 결점을

잡은 것, 또 노성인사老成人士들의 종래 서법에 대한 친숙평이감을 붙잡은 것
—등의 여러 가지 원인으로 더욱 퍼지고 있는 형편이다.4회

조선어 연구에 비하여 너무나 한산한 것은 조선역사의 연구다. 원래 이 역
사의 연구는 많은 자료와 사료를 필요로 하며 또 장시일의 연구와 일정한 사
관을 요하는 만치 좀처럼 착수하는 이가 없나보다. 다만 지난해 사학계의 한
가지 새 현상은 비록 정사는 아니요, 야사野史이지만 『조선야사전집』의 간행
이다. 처음에는 순한문으로 간행되다가 난해의 평評으로 하여 조선문을 섞어
간행됨으로 사담史談의 보급을 위하여서는 한낱 기쁜 소식이라 하겠다.

지난해에 있어서 정사에 관한 연구 발포는 호암湖岩 문일평文一平 씨의 「대미
외교對米外交 50년사」와 이선근李瑄根 씨의 「조선근세사」가 있고 다소 성질 다른
것으로는 박노철朴魯哲 씨의 「조선 조의무太 화랑사花郞史」가 있을 따름인바 3편
공히 장편의 것으로 막대한 노력의 결정인 듯하다. 그 기술의 배후에 있을 이
분들의 사관에 대하여서는 감히 문외한의 말을 하지 못하거니와 좀 더 새로
운 입장에서의 조선사가 생겼으면 하는 열망은 필자만이 가지는 것이 아니리
라고 믿는다.

6. 철학·과학 연구

(1) 철학연구회의 활동

철학은 그 수많은 변명에도 불구하고 역시 어려운 학문이다. 첫째, 그 연구
는 장시일의 꾸준한 노력과 딱딱한 공부를 요하며 또 다른 부문의 연구에 비
하여 어학의 힘을 많이 요구한다. 비싼 책을 많이 사야 되고 약간의 연구로는

입을 열 수 없는 것도 이 학문이다. 어떤 학문이 아니 그러려만 이 학문에 업적을 남기기는 힘든 일이다. 따라서 이 학문의 연구자는 비교적 적은바 조선에 있어서 이 연구자들은 한 개의 연구회를 가지고 한 개의 기관지를 가지고 있는 것이 다른 부문의 연구자들과 다르다. 주요한 철학도의 거의 전부가 이 회에 가입하고 있으며 회원은 정기로 회합하여 자기들의 연구를 발표하고 있다 하며, 그 연구 발포의 내용 경향 등은 알 길이 없으나 좌우간 학계의 한 기쁜 소식이고 더욱이 춘추春秋로 공개 강연회가 있어서 그 연구를 공개하여줌은 더욱 기쁜 일이다.

동회同會의 잡지 『철학』은 그 제2호가 지난 4월에 나타난 후 아직 3호의 발행을 듣지 못하는바, 다만 한 권이나 게재된 논문들은 모두 무게 있는 논문들이다. 고故 이관용李灌鎔 박사의 「의욕론意欲論」의 초역抄譯 소개김두헌(金斗憲) 씨에 의한 가 게재되어 있는바 이것은 누구나 알다시피 고 이 박사의 독일에서의 학위 논문으로서 그 제목이 말하는 바와 같이 인류 정신의 의지적 활동에 대한 연구이다. 다만 유감인 것은 이것이 완역이 아닌 만큼 너무 조홀粗忽히 취급된 듯한 감이 있는 것이다.

이외에 7편의 논문이 게재되어 있는바 다른 논문들과도 달라 일일이 그 내용을 소개할 수 없고, 또 그렇게 할 필요도 느끼지 않으므로 여기에는 대강 이 논문들로 하여 볼 수 있는 경향을 말하여 두는 데 그치려 한다.5회

권두의 논문은 박치우朴致祐 씨의 「위기의 철학」이라는 것인데 여기서 몇몇 문구를 인용하면, "위기의 극복은 자못 실천에 의하여서만 가능하다. 위기에 있어서는 모순은 일반으로 먼저 사회적 모순으로서 사회적인 모순으로서 나타난다" 등등의 문구가 있고 끝에 가서 "이 절박한 위기를 극복하려는 노력을 대별한다면 그것은 볼세비즘과 파시즘일 것이다. 자못 우리의 주의하여야

할 점은 이 두 가지 실천 중 어느 편이 참진(眞)이며 어느 편이 거짓인가를 알아내야 한다는 점이다. 그러므로 우리의 취할 태도는 조급히 찬부贊否를 결結하기 전에 먼저 이 두 가지 실천이 가진바 로고스적인 요소에 대한 근본적인 검토일 것이다" 등의 말로 논문의 결미結尾를 삼았다.

다시 박종홍朴鍾鴻 씨의 논문에서 1~2구를 인용하면, "그러면 현대의 우리로서 철학함에는 어떠한 실천적 태도가 필요한가?" "… 가장 현실적인 사회적 실천, 다시 말하면 감성적인 사회적 활동 그대로서 가可할 것이다" 운운의 구가 있다. 이것으로서 대개 이분들의 경향을 짐작할 수 있으니 이것은 비교적 진보적인 분자들의 소론所論이요, 대다수의 철학도들은 아직도 사회적 위기에도 사회적 실천에도 굳이 오불관언吾不關焉의 태도를 취하고 교수적 연구에 몰두하고 있음이 사실이 아닌가 한다. 그러나 과연 그들만이 언제까지나 늘 장님이나 귀머거리가 될 수는 없을 것이요, 반드시 많은 사람이 보다 더 실천적이 될 것이라.

(2) 출판물에 나타난 제 연구

지난 1년 동안에 발표된 철학적 논문이라고는 열십(十)도 다 되지 못하나 그중 주요한 것은 다음 삼씨三氏 의 것인가 한다.

전원배田元培 씨는 『중앙일보』 지상에 세 개의 긴 논문을 발표하였으니 그중 두 개는 역사관에 관한 연구요, 최근 발표 중에 있는 것 한 개는 위기의 철학에 관한 것, 즉 '위기의 철학에서 철학의 위기에로'라는 것이다. 씨의 논문은 좀 학술적인 경향이 있기는 하나 철학의 위기에 있어서는 여러 가지 경제 현상도 취급하고 하여 사회 현상에도 착안하는바 있고 논술이 평이하여 읽기에 좋은 글들이다.

신남철申南徹 씨는 근래 철학 자체의 연구보다 오히려 새로운 의미에 있어서는 조선학의 연구에 더 주력하고 있는 모양이나 이 조선학은 아직 나보기에 그 개념조차 명료한 데 이르지 못한 듯하므로 그 소개는 아직 두기로 하거니와, 씨는 이 조선학에 대하여 『동아일보』 지상에 수차數次 논한 바 있었고 또 『청년조선』 지誌에도 조선학 연구의 서론을 일부 게재하였었다. 그리고 철학적 논문으로는 전게 잡지 『철학』에 '현대 철학의 엑시스턴스의 전향'에 관한 논문이 있는 외에는 나치스 철학자 하이데거에 관한 소론이 있을 따름이라고 기억된다.

안호상安浩相 씨는 보전논집에 「헤겔의 철학의 시초와 논리의 시초」라는 장편의 논문이 있으나 직역식 문구와 문체가 적이 알아보기 힘든 것이요, 『동아일보』 지상에 자아에 대한 역시 대량의 논문이 있고, 『철학』 잡지에 한 개의 번역이 있는바 대개가 순정철학純正哲學에 대한 교수적 서술이어서 많이 읽혀지지 않는 모양이다. 한치진韓稚振 씨의 「윤리학개론」, 금년에 있어서의 유일한 철학적 출판물로 내용은 별로 이렇다고 찬앙讚仰할 것이 없으나 그 출판만은 무조건하고 기뻐하고 싶은 충동은 느낀다.

다음 교육학에 대하여 이인기李寅基 씨, 신성우申晟雨 양씨 등의 소론이 있으며 내용도 충실한 것이나 결국 서양의 순수 교육학설의 소개에 지나지 못하는 우리와 인연이 먼 논문이라는 감이 있음을 어찌할 수 없다.

이상으로서 대강 지난 1년의 학계 수확의 간단한 소개를 마친다. 학문의 간단화簡單化, 평이화와 및 그 보급은 무엇보다 필요한 바이지만 그것은 열의 아홉 번은 학문의 속화俗化와 속악화俗惡化를 가져오는 것임은 필자 또한 잘 아는 바인 만치 여기에 학계 선배 제위에게 그 학문을 이처럼 속악화시킨 데 대하여 가득히 사과를 드리고 관서寬恕를 비는 바이다. 새해에 학계에 굉대宏大한 수확이 있기를 다시금 다시금 빈다.6회

「(북리뷰) 파리에서 출판된 서영해 씨의 『명경의 불행』」

이헌구, 『조선중앙일보』, 1935.1.11

파리에 체류하는 서영해徐嶺海 씨는 작동昨冬 12월 불어로 『명경明鏡의 불행』이라는 조선 전래의 야담, 고적, 전설 36편을 발췌 번역한 민요집을 출판하였다. 저자에 대한 하등의 지식이 없음으로 씨가 어떠한 의도에서 이 희생적 출판 행동을 감행하게 되었는가는 논단키 어려우나 권두에 쓰인 서문 중에서 씨가 조선을 애모하는—더 정확하게 말하면 조선이 가지고 있는 민족적, 향토적 예술의 향취와 정서를 유럽[歐羅巴] 제 국민에게 전달하려는 "의무와 양심적 충격"에서 한 개의 "모험"을 감행한다고 하였다. 그러나 씨는 민속 예술가와 같이 일일이 그 재료를 수집하여 번역한 것이 아니요, 씨가 어릴 때 조모에게서 또 숙부에게서 또는 객사에서 부친이 손님과 주고받는 이야기를 다시 기억을 더듬어 이 "물어物語"를 구성한다는 것도 부기하였다.

요컨대 단순하고도 소박한 조선적 생활이 빚어낸바 항간에 산재한 민요, 기나긴 겨울밤을 새워가며 노변爐邊에서 그들 농민이 유일의 향락적 안식에 탐닉되는 그 분위기를 이해시키려는 정성을 가진 우리들로서는 감하感賀하여야 할 노력의 일─ 표현이라고 하겠다.

흔히 현대 문명의 척도로서 조선의 비문화적 원시상을 피상적으로 간과看過

하려는 외인에게 실로 우리가 가진 바 탐탁하고도 청담淸淡한 이 땅 속에서 피어나와 이 땅의 사람들의 혈육 속에 무형의 영원한 생명으로서 잠축潛蓄되어 있고 또 생생하게 유동流動되어 있는 그 심상을 이 민요집을 통하여 그들의 심흉 속에 환기시킬 수 있다면 얼마나 경하할 일이랴?

이제 이 민요집 속에 채록된 중요한 내용을 열기列記하자.

불행의 장본인 명경이것이 이 민요집의 표제가 되었다. 시골 사는 차돌이 서울 구경 갔다가 마누라 부탁한 얼레빗 대신 명경을 사다가 주어서 일어난 웃음의 비극 이야기, 심청, 홍련, 부정한 아내, 상중喪中의 고양이묘(猫), 상가승무노인곡喪歌僧舞老人曲, 수수께끼의 혈혼조선의 대표적 전설동화 호랑이 이야기, 흥부놀부, 천안삼거리의 우는 버들, 요술공, 신기한 종鍾, 여우와 토끼, 울림건국전설 곰이 사람 된 이야기, 혹보혹 떼러 갔다가 혹 붙인 이야기, 토끼의 간, 두꺼비의 보은, 이돌이아미타불李乭伊阿彌陀佛, 치익雉弋 등 서 씨는 연전年前『조선의 생활상』이라는 저서도 출판하였다고 한다.

이 민요집은 파리 몽파르나스가 유제느·피기에르 서점에서 발간되었다.

「고전섭렵 수감隨感」(1)~(5)

천태산인, 『동아일보』, 1935.2.9~15

1. 수집과 연구의 대상

조선에 관해서 관심을 가진 이가 흔히 문헌이 적다는 탄식을 한다. 그러나 좀 더 상세히 열심으로 탐색하여 보면 결코 그런 것도 아니다. 동아에 있어서 중국에는 믿지 못한다 하더라도 그 어느 민족보다도 도리어 문헌만은 풍부한 셈이요, 특히 이조 이후의 것은 더욱 그러하다. 다만 이 많은 문헌을 한 전당에 모아 놓은 곳이 없는 것이 유감일 뿐이다. 그러므로 조선에서는 연구하는 이가 스스로 자료를 수집하지 않으면 안 되게 된다. 즉 연구 학도인 동시에 고물상 도제徒弟까지 겸하여야 한다. 그리고 그 대부분은 중국 문자한문로 쓰여 있는 것들이다. 가령 원시사회의 양자樣姿를 보려면 중국의 『이십사사二十四史』, 『동이열전東夷列傳』과 『산해경山海經』 등을 참고할 것이고 국가 성립 후 생활그룹의 분화된 사회, 즉 삼국시대는 김부식金富軾의 『삼국사기』와 승僧 일연一然의 『삼국유사』 등이 있고 신라 통일 후 이조 말엽까지 소위 아시아적[亞細亞的] 봉건제의 구명에는 우선 정인지鄭麟趾의 『고려사』, 역대 흠정欽定인 『이조실록』, 『대동패림大東稗林』, 『여지승람輿地勝覽』, 각군읍지各郡邑誌, 제기諸家 문집文集 등등 일일이 헤일 수 없이 많을 것이다. 특히 이 문헌을 참고할 때에는 항상 그 저작된 연대와 작자와 시대적 배경을 잘 음미한 후의 안목으로 임하지 않으면 그 정곡正鵠한 이해를 얻기 어려울 것이다.

문헌과 병행하여 요긴한 것은 만선滿鮮에 산재한 고분古墳, 패총貝塚, 돌멘, 명도明刀, 석기石器 등 유물의 지질학적, 고고학적 연구요, 다음은 무속巫俗, 유불儒佛, 의식儀式, 전설가요, 미언謎言, 벽지僻地의 고어古語 등의 수집이요, 또 다음은 조선을 위요圍繞한 민족 또는 조선 정치사상政治史上에 큰 관련을 가진 민족, 예컨대 퉁구스족[通古斯族], 몽고족, 토이기족土耳其族, 한족漢族 등등의 습속, 언어, 문헌 등을 참고하여야 한다.

물론 후인後人의 연구물 특히 구미인歐米人의 조선 연구에 관한 2,000종의 문헌을 등한히 할 수 없다. 그러나 이런 말은 말하기 쉽고 행하기 어렵다. 비교적 이를 풍부하게 저장한 곳은 규장각奎章閣의 14만 책이었는데 이는 경성대학京城大學에 이관되어 그 대학 관계자 이외에는 좀처럼 공개되지 아니하고 쿠랑 씨의 도서 목록에 있는 책자는 도쿄[東京] 동양문고東洋文庫에 들어 있어 조선에서는 보기 어렵고 갑오甲午 개화 전까지 서사書肆가 없던 나라인 만큼 한적漢籍 서점도 똑똑한 곳이 적다. 그러므로 이와 같은 환경에서 개인의 빈약한 경제력으로 이를 동시에 수집하며 연구하기는 여간 곤란이 아니다. 어느 부문이든지 위에서 말한 사적史籍쯤은 잘 영략領略하여야 될 것이요, 그 여餘 각 부문에 취就하여는 그 도서를 여기 일일이 말할 수가 없다. 물론 종래의 문헌을 일독하고 우선 실망할 것이다. 그 대부분이 전제군주를 중심으로 한 왕권 변혁급及 전란사, 영웅전, 군신언행록君臣言行錄 등이거나 나가서는 춘추필법春秋筆法의 서술과 강목綱目 체재體裁의 포폄褒貶에 불과한 역대 사서史書에서 역사적 법칙이라든가 민중생활의 발전된 양자樣姿라든가를 찾아내기가 용이한 일이 아

니기 때문이다. 우리는 그 편편片片의 사실을 나열한 사서에서 창해滄海의 유주
遺珠를 채취하듯 예리한 현대 과학의 안목으로 일일이 집어내서 비판하여야
하는 것이다.[1회]

2. 현실학파의 공적

백남운 씨는 그의 저『조선사회경제사』서문에 근세 조선사상에 있어서 유
형원柳馨遠, 이익李瀷, 이수광李睟光, 정약용丁若鏞, 서유구徐有榘, 박지원朴趾源 등 종래
에 실사구시의 학파라고 일컫던 일련의 우수한 학자를 현실학파라고 명명하
였는데 이 명명이 퍽 적절한 것 같기로 습용襲用한다.

조선의 학문 발전의 광망이 현저하게 사상史上에 빛나기는 아마『지봉유설芝
峯類說』의 저자 이수광1568~1628 때쯤에 비롯한 것 같다. 물론 이전에 세종世宗,
세조世祖 양조兩朝에 어정찬술御定撰述도 상당히 많았지만『지봉유설』처럼 천문
시령天文時令, 재이災異, 지리, 제국諸國, 군도병정君道兵政, 관직, 유도儒道, 경서經書,
문자, 문장, 인물, 성행性行, 신형身形, 어언語言, 인사, 잡사, 기예, 외도外道, 궁실
宮室, 복용服用, 식물, 훼목卉木, 금충禽蟲의 부문에 긍亘하여 고래古來의 일사기문逸
事奇文과 해외 열국의 종교, 습속까지 박채博採하여 필부匹夫의 사업으로 20권의
거질巨帙을 이룬 자는 확실히 조선에서는 처음이었다. 그러나 이는 중국의
『태평광기太平廣記』,『태평어람太平御覽』같은 서류의 영향 하에 간간히 일가의
견식을 섞지 않은 것은 아니나 아직도 술이부작이었다.

이수광이 몰歿하기 6년 전에 나서 호남 일우一隅의 부안에 숨어 평생 연구에
종사하던 반계磻溪 유형원1622~1673의 풍부한 저술 속에 제도에 관한 고증으

로 가장 후생의 참고에 지자資하는 『반계수록磻溪隨錄』 26권은 전제田制, 교선教選, 임관任官, 직관職官, 녹제祿制, 병제兵制, 군현제郡縣制 등 저서의 투철한 창견創見을 보여준 것이 많다.

이보다 뒤져 나서 『도동록道東錄』, 『예설禮說』 『사칠신편四七新編』, 『곽우록藿憂錄』, 『사설僿說』의 저가 있는 이익1681~1763은 영조英祖 때에 모든 벼슬을 마다하고 광주에 숨어 저술을 주主하니 천지만물, 인사, 경사, 시문의 오문五門에 분론分論한 『사설』 30권이 박흡博洽한 문견聞見과 명확한 고증으로 볼 것이 많으며 채제공蔡濟恭이 그 묘지墓志를 쓸 적에 "포도抱道, 막능치택莫能致澤하니 일세지불행一世之不幸이라"한 것이 적의適宜한 찬사라 할 것이다.

이런 분들의 가르친 영향도 있겠지마는 국가 경제력의 피폐, 인재 등용의 불균보다도, 청조 고증학의 직접 영향이라기보다도, 화폐의 사용, 소자본의 축적, 독서의 편의 등이 영정英正시대의 실사구시 학풍의 경제적 배경이 되어 정치에 득의치 못한 색벌色閥의 출신인 그들로 하여금 이 방면에 많은 공적을 남기게 한 것이다.

성호星湖 이후에는 성호의 고제高弟인 순암順菴 안정복安鼎福, 1712~1787과 순암과 동년생인 여암旅庵 신경준申景濬, 1712~1781과 이와 다소 별계인 대문호 연암燕巖 박지원1737~1805 및 사검서四檢書, 약(略) 일파가 서로 전후하여 났었다.

순암은 그 스승의 유업을 좀 더 발전시켜 동사東史, 가례家禮, 천학天學, 의례에 관한 저술을 하였거니와 신여암은 『훈음정음운해訓音正音韻解』, 『강계지疆界誌』, 『동음해소사문답東音解素沙門答』, 『도로고道路考』, 『의표도儀表圖』, 『거제고車制考』 등등 풍부한 저술이 있어서 홍양호洪良浩, 1724~1802의 박학으로도 "신순민申舜民은 천하사야天下士也라, 그 학學이 무소불통이라고" 극찬하였던 것이다. 연암과 사검서는 세상에서 벌써 너무 훤전喧傳된 사실이라 여기 약하거니와 이분

들보다 최후에 나서 이를 집대성한 이가 다산茶山 정약용1752~1836, 풍석楓石 서
유구1764~1845, 사검서의 제1인자로 유명한 이덕무李德懋의 손孫인 소운嘯雲 이
규경李圭景 제씨이다.

정다산은 누구나 아는 바와 같이 『흠흠신서』, 『목민심서』, 『경세유표』,
『강역지』, 『아언각비』 등등 『여유당집』이 지금 출판 중의 저자요, 서풍석은 『종제보種
諸譜』, 『증보산림경제』, 『임원십육지』의 저자요, 이소운은 『오주연문장전산고
五洲衍文長箋散稿』의 저자다. 물론 이 여餘에도 각 부문에 따라 상당한 고증학자가
많았겠지마는 우선 조선을 연구하는 분으로 반드시 필요하다고 생각하고 또
그들의 공적을 절실히 감사하게 느끼는바 많았으므로 일절一節을 첨한다.2회

3. 민족성에 관한 이야기

고소苦笑에 치値할 것은 종교부흥의 규함叫喊의 영향이었을까. 한방의까지 음
양오행설을 다시 내세우기 시작한 것이다. 궈모뤄[郭沫若] 씨의 팔괘주역에 관
한 연구와 호추유안[胡秋原] 씨 등의 음양오행설 성립에 관한 연구 등이 벌써 중
국의 한의철학漢醫哲學을 전도시키고 있지만 대관절 조헌영趙憲泳 씨 류의 젊은
학도가 과학의 세계에서 오행음양의 신비적 세계로 뛰어들었다는 것은 확실
히 일개一個의 호화제好話題다. 한의의 치료법과 용약用藥 자체를 무시하는 것이
아니라 그 철학의 근본이 되는 음양오행설을 그 근저로부터 주거誅去하려는 자
이다.

음양오행은 중국 원시신앙의 신비화로써 벌써 그 성립의 기원을 망각한 춘
추전국 때에는 훌륭하게 종교화 되어 특히 한대漢代에 이르러는 의학뿐 아니

라 복서종수지서ㅏ筮種樹之書는 말할 것도 없고 시서백가詩書百家에까지 이로써 해석하려고 하였던 것이다. 이는 완전히 화랑의 역사를 신비화하거나 단군의 역사를 고양하려는 것과 나름이 없다. 그러나 학문의 대상을 신비화시킨다는 것은 정치가나 종교가들의 직능이요, 진정한 학도로서 할 일은 아니다.

민족성에 관한 문제도 민족의 성립과 붕괴에 관한 고찰이 없이 경솔하게 의론하기 어려운 문제임에 불구하고 종래에 함부로 건드리는 이가 많았다. 우선 관변官邊 제공諸公들의 사관은 (그들은 진실한 학구도 없었지만) 예컨대 자유연구사自由研究社 『홍길동전』 역譯 권수卷首에 변문變文을 쓴 호소이 하지메[細井肇] 씨의 구조口調라든가, 무라이[村井] 모某의 『조선인의 생활과 문화』라는 책이라든가, 오다[小田] 씨의 사서라든가 (이런 책은 하도 많아 번거繁擧치 않는다) 어떤 사상의 일개 사실을 분리시켜 가지고 대번에 조선 사람의 보편적 사실로 엄폐하려 한다. 현재 조선인의 일부 습속도 전혀 조선인이 몇 만 년부터 전승하는 선천성이라고 타기唾棄하려 한다. 그들의 논리는 너무도 비약이 크다. 그들의 말대로 하면 조선인은 당쟁黨爭을 시사是事하는 선천적 전통이 있는 것 같이 간주한다.

그러나 당쟁은 오늘날에도 그 정도, 그 형태의 차이는 있을지언정 어느 나라에서나 볼 수 있는 것이요, 특히 조선과 같이 기생 생활하는 양반의 증가와 과두정치의 결과는 그 생활 자료를 얻기 위하여 당연히 참혹한 당쟁사를 이룬 것이 오늘 이 당쟁을 이 나라의 제반 정세에 구하지 아니하고 그저 이 나라의 아프리오리적 성질로 돌리는 것은 학술상의 범죄라 할 것이다. 문약하고 나타懶惰한 것이 흔히 이 사람들의 민족성 같이 전하지만 사람이 어떤 경우에 문약해지며 나타해지는 것을 알아서 그를 광정匡正하려는 노력이 없이 이러한 습성은 그 민족 전통의 것이라 해서 은폐하려 하며 이로써 그 민족의 운명을 규정하려는 것은 확실히 노회한 관료 학자의 상투 수단이다.

이를 그대로 인용하여 「조선 민족성의 개조」를 쓰는 것이 얼마나 위험한 것인가를 알아야 한다. 민족의 선천성이 이러하니 우리는 습성을 개조하자는 것이니, 그가 애국심의 발로로서 된 순량한 동기에서 출발하였다 할지라도 자기를 잘못하는 점에서 모든 행위의 오류를 범케 하나니 이는 종교가들이 이 현실의 비참을 숙세의 운명에 돌리는 것과 동궤의 죄악이라는 것을 알아야 한다.3회

4. 고전문학 연구에 관하여 상

무엇보다도 조선문학의 정확한 정의—라기보다 내포 또는 한계—에 있어서 때때로 공포전空砲戰을 읽은 것이 회억할수록 고소를 금할 수가 없다. K대학에서 조선문학 연습에 『격몽요결擊蒙要訣』을 쓴다는 것이 화제가 되어 이춘원李春園이 일찍 씨의 독특한 풍자로 이를 계파戒破하여 "조선문학이란 무엇이뇨, 조선문으로 쓴 문학이다"라고 한 것이 이 의논의 시초요, 필자도 때로는 춘원의 의견을 답습하여 왔고 때로는 한문으로 기록된 작품도 그대로 조선문학의 범위에 포괄시켜 왔기 때문에 이 애매한 점에 일편一鞭을 가하여 나의 미몽迷夢을 깨쳐준 것도 자못 감사하다 하겠다.

조선문학은 문학 이외의 다른 부문에 비하여 조선어문학회 동인 몇 사람을 제하고는 누가 그다지 착안하지 않던 것이다. 물론 인종학, 지리학 방면에도 서양 사람들의 연구는 볼만한 것이 많으되 아직 조선에서 누가 전공하는 이가 적었고 민속학에 있어서 손진태孫晉泰, 송석하宋錫夏 양씨와 일반 사학에 있

어서 이병도李丙燾, 김상기金庠基, 이상백李相佰 제씨의 꾸준한 노력이 있었으나 그 광범한 범위로써 따져보면 아직도 요요寥寥한 것 같다.

종교학과 조선어학에 비교적 손을 대는 이가 많았다. 양인洋人의 종교 서적은 말 말어라, 화한학구和韓學究가 얼마나 많았던가. 조선인이 이렇게 비참한 현실에 당착한 것은 다만 숙세宿世의 운명에서 나온 것이므로 이 세상에서 공수수도拱手修道하여 아무리 기한飢寒이 수사垂死라도 유유굴종唯唯屈從하여만 오는 세상에 저승인가 천당엔가 가서 다시 득의한 생활을 한다는 것이 그들의 설법이요, 결론이었던 만큼, 그는 혹세무민의 마술이나 강자철학强者哲學의 정략 이외에 아무 것도 아니었다. 아직도 세계 원시종교의 공통한 발아發芽의 일계一系로서의 조선 샤머니즘화랑도, 삼국 고려 양대兩代의 불교, 이조의 유교에 혹은 근세의 천주교 최근의 천도교, 보천교普天敎, 상제교上帝敎 등…을 그 사회적, 경제적 의미에서 본질을 토구하여준 이가 희소하였다. (종교부흥을 말하는 때라 누가 감히 그 본질을 건드릴고?) 어학은 철자법을 중심으로 시시비비가 아직도 그치지 아니하여 조선어학회와 조선어학연구회의 대진을 보고 있으되 어학 이론을 좀 더 계통, 형태, 음운에 나아가 새로운 전개를 보여준 이가 없었고 때때로 홍기문洪起文 씨의 좌충우돌식 산문이 심심치 않았을 뿐이다.

지나친 탈선을 했다. 문학 고전에 있어서도 아직 그 자료의 보급은커녕 수집도 완전치 못하다. 한문학, 소설, 희극, 미언迷諺 등은 전연 처녀지로 남아 있고, 가요 일면은 비교적 주목하는 이가 많아서 여기는 민요 작가, 사가, 연구가 등이 모두 열심으로 활발하게 의논하고 있다. 그러나 향가, 가사, 시조, 민요 등의 부분적 고구考究조차 '아, 이렇다' 할 공적이 없다.

예컨대 시조의 기원을 종래로 논하는 이가 많았는데 이번에『진단학보』에 실린 시조와 가곡의 구분도 한 가설을 세움에 있어서 그 독단이 한 '점핑 로

직'으로 만언문자萬言文字를 나열하여 "일반시조배장단一般時調排長短, 래자장안이세춘來自長安李世春"『석북집(石北集)』이라는 일구一句를 유일한 전제로 시조는 정조시正祖時 인ㅅ 이세춘의 작作이니라 한 것은 적어도 단가短歌의 분화와 및 그 성립의 사회적 근거를 무시하고 위의 일구를 일부러 곡해하여 고대부터 있던 시조 성립의 연대를 낮춘 것이니 나는 "창힐조자蒼頡造字", "여와씨이석보천女媧氏以石補天", "영륜조율려伶倫造律呂"를 그대로 믿으려는 자가 아니다. 왕년에 동양문학이라는 큰 제목을 걸고 '박연암의 일출시日出詩'를 송독誦讀하던 것과 얼마나 다른 것인가?4회

5. 고전문학 연구에 관하여 하

이렇게 말하는 필자는 자신의 기발한 독창을 내세우려는 것도 아니요, 무엇이든지 아전인수격으로 아시피비我是彼非하려는 배타심에서 나온 것이 아니라 고전문학의 진지한 연구와 또 그 성장에 있어서 유해무익한 방법, 태도를 배격하는 데 있다.

우선 각 시대의 경제의 분석에 출발하여 각 시대의 특징을 파악하여야 한다. 그리하여 사회 진전의 계단을 공통된 인류 발전의 사적 법칙에서 구하되 조선적 환경에서 배태되며 성장된 문화적 특징을 구하자는 것이다. 그러므로 여기서 예술—그보다 좁게 문학—그보다 범위 좁게 시조—를 예로 들자. 이것은 결코 기계적으로 공식을 적용하려는 데서 나온 말이 아니라 예술사는 그 자신, 예술사인 동시에 사회사요, 시조도 시조사인 동시에 사회사이기 때문이다. 시조의 예술적 일면인 음악적 감상과 언어적 연구를 등한히 볼 수 없

는 대신에 그 이데올로기의 사회사적 의미를 천명하여야 한다. 그를 제하고 시조를 논한다면 일정 시대의 소산인 시조를 갑이 지었다거나 을이 지었거나 그는 마치 한글학자와 정음파이 명명(命名)이 적당할는지 모르나가 맞춤법을 가지고 이렇게 맞추자, 저렇게 맞추자 하고 다투는 것과 무엇이 다를 것인가?

무릇 우리가 시조 또는 그 타他 고전을 연구하는 뜻은 우선 다른 역사에서와 같이 거기서 생활의 발전을 보자는 것이다. 일 보 나아가서는 그가 현실에 미치는 가치 측정을 하자는 데 있다. 그러므로 시조 문제는 어떠한 배경과 조건과의 내면적 관련 하에 배태, 분화, 성장되어 온 것이며 또 그를 어떻게 감상하며 계승할 것인가 하는 것이다. 그러므로 시조 하나를 예로 들어도 시조를 그 이외의 제 문화 또는 그의 성장한 지반인 역사와 분리시켜 생각할 수 없는 것이니 시조의 기원을 논한 이도 "이세춘이 있기 때문에 시조가 있었다"라는 단도직입적 논법은 기피하여야 할 것이다.

갑오개화 후 선진국가의 찬무燦無한 문명에 안광眼光을 빼앗긴 선배들은 일로一路 구미문화의 흡취에 골몰하여 다른 곳에 곁눈을 빌리지 않고 직진하였던 것이다. 폐허화 하려는 현실은 지나간 조선의 죄라는 감정에서 외국 문명의 급진적 기세에서 일절一切 '조선적'이라면 거절하여 버렸다. 조선의 고전 같은 것은 일문一文의 가치가 없는 것 같이 생각하였다. 조선적이라는 것 그 자체가 아무 죄가 있었던 것은 물론 아니다. 그렇다고 1도 조선, 2도 조선하고 조선에 농성하는 것도 금물이지만 우리는 지나간 조선에의 정당한 인식과 계승이 없이 즉 그를 토대로 함이 없이 직진하는 것의 위험을 깨달아야 한다.

과거의 문화운동이 그 자신의 모순과 용진기세勇進氣勢의 돈좌頓挫와 인텔리의 완전한 유리遊離를 보는 순간에 그 불리한 환경과 아울러 청년의 눈을 이 방면에 보다 더 흘겨보게 하는 것 같다. 그런지라 현실을 초월한 연구 또는 현실 이전의 상아탑적 연구로는 이 독자들의 요망하는 양식이 되지 못할 것이다. 항상 현실과의 관련 하에서만 학구의 참다운 의미가 있는 것이다. 하필 문학이리요, 모든 부문이 개연蓋然하리라 한다.5회

96

「진단학보를 읽고」(전5회)

정학모, 『동아일보』, 1935.5.8~14

　　작년 중 춘春에 진단학회가 창립되어 사회의 기대 하에 동同 학보 제1권이 금년 1월에 창간되었다. 우리는 그것을 손에 받았을 때 우리의 기대가 결코 무無가 아니었었음을 기뻐하였고, 동시에 동 학회의 건전한 발전을 심축心祝하였던 것이다. 이제 다시 그 제2권을 맞이할 때 또 다시 동 학회 회원 제씨의 노력을 심사하고 아울러 학계를 위하여 경하함을 마지않는다.

　　이 학보의 내용을 볼 것 같으면 논술란論述欄에 이상백 씨의 「삼봉三峯 인물고人物考」, 김두헌 씨의 「조선의 조혼早婚과 및 그 기원에 대한 일고찰」, 송석하 씨의 「처용무處容舞, 나례儺禮, 산대극山臺劇의 관계를 논함」, 김상기 씨의 「고대의 무역 형태와 나말羅末의 해상 발전에 취就하여전속(前續)」, 이숭녕李崇寧 씨의 「어명잡고漁名雜考」 등이 있어 모두 종래의 오신誤信을 전복하고, 혹은 새 인식을 환기한 신新 탁견으로 조선학계의 수준을 더 일층 높인 감이 있고 자료란에는 이병도 씨의 전회 계속의 「난선蘭船 제주도 난파기」 정역문精譯文이 있어 이 역시 귀중한 자료를 안전眼前에 전개하여 주었다. 이하 이들의 대강령을 살펴보는 동시에 나의 독감讀感을 적어볼까 한다.

「삼봉 인물고」 이상백 씨

이 논문은 아직 미완결로 제1회만 발표되었으므로 그 전용全容은 차회를 기다리지 아니하면 알 수 없으나 이것으로 대개 무인난설원기戊寅難雪冤記만은 논파한 것이 아닌가 한다.

여말국초麗末國初는 세인世人의 기지旣知한 바와 같이 왕조교체기인 만큼 훼예毁譽가 분운紛紜하고 유전流傳이 불소不少하여 사전史傳의 정곡을 실失한 자가 비일비재하였으니 삼봉 정도전鄭道傳의 무인란도 역亦 그의 하나로 볼 수 있다. 대체로 삼봉에 대한 종래의 평론은 모역지도謀逆之徒로만 생각하였던 것인데 이 논문은 전연 다른 입장에서 그의 인물을 논한 것이다. 실록에 나타난 정도전 및 남은南誾 등의 중요한 죄란 것은 방석芳碩을 세자로 추대한 것과 그 종친을 배척한 것으로 되어 있다. 그러나 방석을 세자로 책립冊立한 것은 태조가 신덕왕후神德王后 강씨康氏의 의사에 움직인 것이요, 삼봉은 배극렴裵克廉, 조준趙浚과 같이 다만 왕의 문의를 받았을 뿐이니 구태여 삼봉만이 그 책임을 질 이유는 없는 것이다.

다음에 모해종친謀害宗親의 음모에 대한 밀고다. 이 밀고가 무고에 지나지 못하다는 것은 씨의 정확한 논증과 추리로 충분하다. 다시 거듭 말하면 의안군義安君 화和의 밀고는 내용의 진위를 단정하기 어렵다는 것이요, 이무李茂 일파의 밀고 역시 무고에 지나지 못한 것이다. 밀고의 내용은 도전 일파가 태조의 병독病篤을 기회로 신의왕후 출왕자出王子를 입내入內시키어 모해코자 한다는 것이다. 그러나 정안대군靖安大君이 습격하였을 그 때에 불과 수십의 병노兵奴로서 반항할만한 경계의 준비도 없었다는 것과 남은이 무죄를 믿고 몸소 사로잡힘이 된 것, 상신급相臣級일지라도 음모 있음을 아는 자가 없었다던 것으로 보아서 이 밀고는 무고 아님을 누가 주장하랴. 특히 후일에 태종 자신이 냉정한 태도로 돌아갔을 때에 "여문무지언予聞茂之言, 고자유의固自有疑"이라고 후회한 것으로 보아도 이 밀고의 확실성을 의심할 것이다. 또 이애李藝의 밀고가 있었으니 이것은 남은이 한비韓妃 출왕자를 해도海島로 축출하려고 하였다는 것이다. 당시 당국자로 정책상 가히 취하였을지 모르나 이에 대한 하등 준비 공작을 논증키 난難하고 특히 이애가 한비의 서壻로 삼봉 일파와 이해가 상반하였던 것으로 보아 무고 아님을 어찌 알까. 이상 밀고가 무고 혹은 당시 삼봉을 중상시키는 반대파의 풍설에 지나지 못하다는 것을 씨는 논증하였다.

당시 삼봉으로 말하면 건국 제1 공신으로 세자를 옹호하고 왕의 심후深厚한 신임 아래에 문관으로서 병권을 장악하였다. 그러나 한씨 출出의 제 왕자는 정치적으로든지 가정적으로든지 강씨 출 왕자보다 불리한 입장에 있던 것이다. 이 점은 그들의 불평의 원인이 되었던 것이다. 그 중에도 건국의 수공首功으로 자부하는 정안군 방원芳遠 같은 이는 여기에 적잖은 불평을 품고 있었으니 일례를 들면 태조 2년 3월에 왜구 방어를 위하여 각도 절제시節制使로 왕자를 분견分遣할 때 결과로 보아 전라절제사 방원은 좌군절제사 이모異母 제弟 방번芳蕃의 막하幕下에 속하게 된 일이 있었는데 이것은 방원과 같이 자존심이 강한 이로는 견디지 못할 원한이 있었던 것이다. 그뿐 아니라 또 정삼봉의 병정 개혁이 정안군에게는 호의로 해석할 수 없었다.

그런데 거기다가 삼봉의 공로를 시기하는 자들이 있어 헛된 무고와 풍설로서 그를 중상하였던 것이다. 그중에도 명정明廷이 표문찬자表文撰者 책임자의 압송을 요구하였을 때에 삼봉이 명국明國에 가지 아니하여서 '득죄황제得罪皇帝'하였다 하나 이 문제는 당시 조정 상하를 통하여 굴욕적 분원忿怨의 기氣가 충일充溢하였을 때라 만일 그가 자신의 책임을 벗기 위하여 타인을 대송代送하였다 할지라도 이것은 삼봉 개인의 인격 문제에 지止할 뿐일 것이요, 무인난의 동기는 아닐 것이다.

그러면 무인난의 진면목은 무엇이었던가.

①세자파와 한씨 출 왕자의 대립
②정삼봉파의 독재와 무력 양성에 반감 혹은 의심을 가진 자의 대립

이상과 같이 이해 상반자의 대립에 있어 한비 출 왕자파는 항상 불리한 입장에 있었으므로 왕의 병독은 그들의 불만을 펼 호기회好機會였다. 왜 그러냐하면 만일 왕의 승하 후 강씨 출 왕자가 즉위한다면 그들의 운명은 풍전의 등화와도 같을 것을 두려워하였던 것이다. 그 중에도 가장 강의剛毅한 정안대군 방원은 솔선하여 순각瞬刻에 세자 옹호파의 초제剿除를 결의하였던 것이다.

이상과 같이 삼봉은 충직한 국초 중신重臣이었으나 후세에 애매한 오명을 썼던 것이었다. 저간의 소식을 가장 정확한 논술로써 변증한 씨는 종래에 생각지 않은 신국면을 천개闡開하여 학계에 경이적 공헌을 하고 겸하여 삼봉의 원혼으로써 편안히 쉬게 하였다.[1획]

「조선의 조혼과 및 그 기원에 대한 일고찰」 김두헌 씨

조혼이라는 것이 결혼의 본의에 어그러진 기형적 사회 현상일 뿐 아니라 허다한 폐단이 속출함에도 불구하고 아직도 이 누풍陋風이 조선에 잔존한 이즈음에 씨의 이 논문은 과연 유지지사有志之士의 관심과 찬동을 얻을 것을 믿는다.

이조李朝 혼인 법칙은 오로지 문공가례文公家禮와 당률唐律 예제禮制를 기초로 삼은 것은 주지의 사事며 이것에 의거한 이조 법전에 나타난 혼인적령 Ehemündigkeit은 세계 각국의 가혼可婚 연령의 최저한 경우보다 고율이었다. 그

러나 이 법령은 일시도 시행치 못한 것을 보아 어떠한 불가범할 사유가 사회에 잠재한 것이라 하겠다. 조선의 조혼 정도가 어떠한 것일까. 즉 현행법의 법정 가혼 연령 이하의 결혼에 대하여 씨는 근년 결혼자 수의 통계와 실례를 들어 논설하고 아직도 열국에 비하여 조혼이 많다는 것과 조혼의 폐弊를 약설하였다.

이상과 같이 과거에서도 조혼의 풍으로 인하여 누차 법이法以의 공포가 있었고 현재도 이 유풍遺風이 큰 세력을 가지고 잠재하여 있는 조혼의 기원은 어디 있을고? 고구려 때에 서옥婿屋의 제制가 있었고 동옥저의 속俗에 예부預婦, 양부(養婦)의 제가 있었으나 이 풍속은 길이 전한 모양으로 고려, 이조에 이르렀다. 예서預婿, 예부와 같은 조혼제는 가장권 제도의 발달에 의한 것이니 1. 당시 사상 신앙의 결과 가계 존속과 조선祖先 봉사奉祠를 인생의 최대 의무로 생각하던 사회에 있어서 독신과 무자無子는 죄악이었다. 가장의 독재가 강하여 자손을 구하려는 자연적 욕망과 그 독단이 이 조혼을 촉진시킨 것이다. 2. 예서, 예부와 같은 혹 종구매혼種購買婚에 있어서는 경제적 의미가 있으니 혼전婚錢을 적게 한다는 것을 무시할 수 없다. 이와 같이 조혼은 대가족 사회의 당연한 현상의 일이요, 세계 열국의 석일昔日을 회고컨대 대체로 보아 조혼이 행하였으니 과연 원시가족제도 사회의 공통된 현상이라 하겠다.

조선의 조혼의 원인의 하나로써 지나支那 예제와 매파媒婆의 제가 기인한 바 없지 않다. 지나 예제는 조혼을 좋아하는 사회의 구실을 주었고, 남녀 내외의 유별이 엄격한 사회에 직업적 매파가 출현하여 조혼의 촉진에 많은 폐단을 끼치게 하였다 함은 씨의 논술로 충분하다.

씨는 또한 조혼을 촉진한 2대 특수 사정으로 대원對元 외교상의 필요보다도 원의 강청強請에 의한 헌녀獻女 정책과 이조의 왕가 간택의 필요에 의한 금혼령을 들었다. 그러나 이 사실이 얼마만한 정도까지 조혼을 촉진시켰는지는 의문이다. 물론 이 사실이 다소 영향이 무無하다는 것은 아니나 적어도 촉진의 원동력은 아닌가 한다. 그것보다도 주자학의 영향으로 조선사회의 특수한 현상에 구니拘泥하여 결혼의 범위를 협애케 하고 가혼 연령을 고려하기 어렵게 한 사정이 조선 근세의 조혼을 촉진한 큰 힘이 아니었던가 한다. 다시 말하면 명분론이 극도로 형식화하여 동성동본同姓同本 적서귀천嫡庶貴賤 간의 결혼을 금한 것과 당론黨論이 다른 자 간이라든지 특히 상중喪中, 명궁상반자命宮相反者 간의 결혼을 금하였던 사회에 있어서는 만일 상당한 결혼 상대가 있다면 연령을 불고하고 결연하는 것은 당연한 일일 것이다.

이상과 같이 대가족 제도를 유지하여 온 우리 사회로써 여러 가지 특수사정 밑에서 조혼이 굳센 힘으로 자라 나왔으니 현재 조선사회의 두 가지 조혼이 행함을 씨는 언파言破하였다. 1은 부권계급(및 구 양반계급)에는 부유부장夫幼婦長의 경우가 다多하니 이는 석시昔時에 있어서 여자가 혼기를 실失하기 쉬웠던 사정을 말하고 2는 구매혼의 견형遣形인 예부 혹은 예서가 빈민 간에 행하여 부장부유의 경우가 있다는 순전히 경제적 조건에 의한 관계가 많다는 것이다.

요컨대 조혼 문제가 현하 사회문제인 만큼 씨의 논술은 그 영향이 다대할 것이다. 필자가 생각컨대 씨의 논문이 학술논문으로서는 다소 고려할 점이 전무타 못할지라도 뜻있는 인사의 필독할 중요 논문의 하나이라 믿는다.2회

「처용무, 나례, 산대극의 관계를 논함」 송석하 씨

다음에 일독을 요할 논문은 송석하 씨의 「처용무, 나례, 산대극의 관계를 논함」이다. 씨도 끝에 말한 바와 같이 전문학자 뿐 아니라 이 방면에 소양이 적은 이들을 위하여 집필한 것이다. 따라서 『삼국유사』, 『악학궤범樂學軌範』에

실린 처용 등에 대한 기사 전부와 곳곳에 상세한 주기註記와 논술은 많은 참고가 될 줄로 믿는다. 다 아는 바와 같이 우리 연극이라고는 원시적 색채가 농후한 처용무, 나례, 산대극과 현재 지방에서 행하는 탈춤, 오광대五廣大노름, 야유野遊 등 몇 가지가 있음에 불과하다. 이것들은 가면극이라 할 가면 무용의 일종으로 그 발생의 원인의 하나는 종교적 의식에 기원을 두었다는 것을 씨는 언급하였다.

본론에 들어가서 씨는 안확安廓 씨의 「山臺戲と處容舞と儺산대희와 처용무와 나-엮은이」의 대의大意를 들어 반박하여 처용무가 구나驅儺를 근원으로 한 것이 아니고 전연 별개의 발원發源을 가진 별 종류의 것이며 목은牧隱의 구나행驅儺行에 나타난 산대 잡극은 개괄적으로 해석해서 '백희각반百戱各般'을 지칭한 것이나 처용무의 별명이 산대극이 아니며 산대 잡극은 구나시驅儺祠와 동일한 개념으로 썼다고 말하고 끝으로 처용무가 산대극이 아닌 것을 다시 증언하였다. 씨는 또 현대 산대극과 궁중의 처용무의 유사점과 상이점을 현실적으로 벽사관념僻邪觀念, 조형미술상造形美術上, 무용동작상舞踊動作上, 음곡가요상音曲歌謠上으로 고찰하여 대체로 처용무가 산대극과 같다고 하기 어려움을 논술하였다.

처용 전설이 신라 헌강왕憲康王 시時에 났음은 주지周知의 사事나 이 전설은 능히 신라 때의 귀신사상과 화랑도 찬양 관념을 규찰할 수 있다. 조선 일반의 귀신사상보다 더 매우 적극적이고 화랑다운 도량度量과 가무를 골자로 한 이 전설이 신라시대의 벽사진경辟邪進慶의 관념의 발휘다. 그러나 이 처용 전설에서 나온 처용무는 신라 때 기사에는 발견치 못하니 아마 고려시대에 와서 그 가요가 다소 보식補飾되며 무용화하여 『악학궤범』에 보이는 것과 같은 처용무가 발생한 것 같다.

이와 같이 처용무가 신라에 기원함에 반하여 나례는 중국에서 온 것이니 고려 예지禮誌에 정종靖宗 6년과 예종睿宗 11년에 나례의 조서詔書와 창우잡기娼優雜技에 대한 기사가 있다. 이 나례는 대략 2종이 있는 것 같으니 채붕나례綵棚儺禮와 세시나례歲時儺禮로써 전자는 혹은 산대극을 말함과 같고, 후자는 제석대나례除夕大儺禮인지, 아닌지 불분명하나 의식 나례의 일종일 것이다. 다시 씨는 산대극에 언급하여 산대극의 명칭의 어원 및 개념은 이 극의 기원이 산록山麓의 지대에 있었고 혹은 산과 산대의 인연이 있음에서 온 것이 아닌가 하였다. 그리고 산대극은 관념상 여말麗末과 현대와 달라 석시에는 나례라는 명칭과 같이 각종 잡극을 총칭하고 이조 정종正宗 이후의 산대극은 체계 및 연극 조건을 구비한 특수한 극의 명칭이다.

결론으로 이렇게 말하였다. 조선연극은 연구에 다대한 불편이 있으나 물론 이것은 민속학적 방법, 문학적 방법을 겸용치 않으면 연구가 불가능하다. 여기에 안씨의 설이 오류를 범한 소이所以를 말하고, 처용무와 구례驅禮가 동일치 아니하고 나儺가 산대극의 발생 동기를 지은 것은 긍정하나 나가 산대극이라 할 수 없으며, 산대극 중에 처용무와 동 관념의 무용이 포함되었으나 결코 동일한 것이라 할 수 없다는 것이다. 이상은 씨의 논지를 약술한 바에 지나지 못하나 이 논문이 현재 학도의 갈망을 흡족시킬 것이 클 것은 다시 말하지 아니하여도 알까 한다.3회

「고대의 무역 형태와 나말의 해상 발전에 취하여」 김상기 씨

이 논문은 전호前號의 속고續稿다. 전호에서는 장보고의 출현과 그 의의를 술述하여 해상무역사상海上貿易史上의 그 존재 가치를 서론序論하였으나 이번에는 장보고의 해외 활약 및 그 세력의 위대한 것과 장보고의 그 몰락이 무역사상에 미친 영향을 논술하고 이 논문을 마치었다. 좀 상세히 논지를 말하면 다음

과 같다.

장보고가 청해靑海에 진鎭을 설設을 설한 것은 그 목적이 해상권 장악이었으나 남으로는 조선해협을 건너 일본과 무역하여 중앙정부의 금지하는 사적私的 외교 및 무역을 단행하여 일본의 물질적 수요를 만족시키고 또 규슈[九州] 치쿠젠[筑前] 지방관 등의 수익을 흡족케 하였던 것이요, 또 서로는 황해를 건너 산동山東 등주登州 문등현文登縣 청녕향적산淸寧鄕赤山에 신라인의 적산법화원赤山法華院을 설치하여 재주在住 신라인의 집합소를 만듦과 동시에 외교사外交使의 자문기관이 되게 하였다. 그리하여 장보고의 견당매물시遣唐買物使가 인솔한 교관선交關船은 왕성히 왕래하여 당습물唐什物을 무역하였다. 이 장보고의 무역이 고대 나羅, 당, 일 교통무역상에 요충적 존재이었고 당시 청해진을 배경으로 한 해상권 장악을 가지可知할 것이다.

이 해상권 장악의 확실한 증거는 당시 일본의 승려 사절이 신라인의 손을 빌고 또는 나선羅船으로써 흔히 입당入唐하였다는 것이니 구체적 일례로서는 저 승僧 엔닌[圓仁]이 당으로서 귀국할 방도에 대하여 장보고 부하 최압위崔押衛에 서신을 보내고 주선을 의탁한 것과 같은 것이다. 그러면 이와 같은 해상권력을 장악한 장보고가 어찌하여 몰락하였을까. 그의 대내적 관계를 일람하기로 하자.

장보고는 대외세력과 같이 대내적 관계에서도 또한 청해진을 배경으로 한 강렬한 세력을 가지었으니 당시 조정의 쟁육전爭肉戰에 균정均貞, 흥덕왕(興德王) 종제(從弟)이 피살되고 제륭悌隆, 흥덕왕 당질(堂姪)이 즉위하여 희강僖康이 되었을 때 균정의 자 우징祐徵은 일당을 끌고 청해진에 왔으나 조정으로서는 그에 손을 대지 못하였다. 얼마 후에 김명金明, 이홍利弘 등이 희강왕을 살해하자 우징이 장보고의 세력을 빌려 김명을 물리치고 신무왕神武王이 되었으니 왕이 우징이었을 때에 장보고의 녀女를 세자비世子妃로 납비納妃하겠다는 약속이 있었을 뿐 아니라 즉위 후 장보고는 식실봉食實封 2천 호戶 감의군사感義軍使에 봉하였고, 기其 자子는 문성왕文聖王 때에 진해장군으로 승진하여 내외의 위망威望이 넓었으니 여기에 시기하는 도徒가 출현할 것은 당연지사라. 문성왕 7년에 드디어 장보고 녀의 납비 문제에 말을 일으켜 혹은 골품으로써 반대하는 자 있고 혹은 그 세력을 시기하여 암살을 도모하는 자까지 있었다. 그리하여 장보고와 정부 간에 간극이 있었으나 물론 그에는 반역지심이 있었던 것이 아니다. 씨는 특히 이 점에 역설하여 그 증거의 없음을 고증하였다.

그런데 나중 그가 염장閻長의 손에 암살을 당하자 신라의 대외 발달은 일돈좌一頓挫를 초래하였다. 물론 염장 등 정부 일당이 청해진을 파괴하고 장보고의 여당余黨을 초감剿減하고자 한 데 기원한 것이나 그 영향은 오죽 컸다 아니 할 수 없다. 장보고 사후에도 잠시동안 그 부하와 자제에 의하여 무역 교통이 속행하였으나 염장 일파의 공박과 약탈은 이 사업의 장벽이 되었으니 회역사廻易使 일행으로 하여금 일본에 방황케 하고 또 청해 주민에게는 그 반항을 두려워하여 벽골 등지로 이전시킴과 동시에 그 도거逃去를 방해하는 등 자못 그 박해는 심하였던 것이다. 이리하여 신라인의 해외 발달은 그 정권의 몰락과정과 아울러 쇠퇴하고 말았으니 장보고의 몰락은 어떤 의미에 있어 신라 민간무역의 몰락을 의미하는 것이다.

이상으로 대략 씨의 논지를 약술하였으나 이 논술의 대상이 특히 고대인의 생기 있는 국면인 만큼 고대사에 취미 있는 이의 용심用心을 끌 줄 믿는다. 물론 고대사인 만큼 사료의 결핍으로 좀 더 추리를 요하였으면 하는 점도 없다 할 수는 없다. 그러나 대체에 있어 훌륭한 논술이라 하겠다.[4회]

「어명잡고」 이숭녕 씨

이 논술은 씨도 말함과 같이 어명을 중심으로 하여 방언에서, 어원 탐구에서, 어휘 해석에서 다각도로 본 일종 어학적 수필이다. 이 논문은 ① 방언에서 본 어명 ② 어의 어원 탐구 ③ 한자의 어명과 그 해석의 삼=구분으로 되었으니 이제 대략 그 논지를 소개하면 다음과 같다.

『아언각비雅言覺非』 권 3에 "방언어명필가치자눌치갈치方言漁名必加治字訥治葛治 ... 어름치지류於廩治之類"라 한 바와 같이 어명의 어미에 티치 형이 많다 하여 각도 별로 티치 형 어미의 어명을 예시하였다. 씨는 이 연구의 철저한 구명이 극난한 소이를 말하고 어미 티치 형의 결론으로 다음 3조를 들어

①어미 티치는 단독으로 존재하지 않은 것
②티치는 어라는 개념을 표시하는 것
③쳬어법贅語法의 예가 없는 것

이라 하였다. 다시 씨는 성어론成語論으로 본 치티 형을 예시하고 끝으로 이러한 연구는 역사적 연구를 기다리지 아니하면 안 된다 하여 새로 이 어의 어원 탐구를 시작하였다.

『삼국유사』에 나타난 어魚의 고힐高詰로써 마야시摩耶斯, 마나시摩那斯를 들어 다음과 같이 말하였다. 조선어의 일= 현상으로 rSnSj의 교체 법칙이 있다는 것을 상세히 논증하여 조선어에 있어서 야耶와 니那는 통용된다는 것과 시斯가 고서古書의 소유격 'ㅅ'로 사용된 것으로 보아 S를 머리로 한 말미음절末尾音節 혹은 말미음 S를 볼 수 있다고 말하고 결국 어漁의 고어인 마야사, 마나사는 manlja(S)라는 이름이 온당하다 하였다. 그리고 『삼국유사』 권4 이혜동진=

惠同塵에 나타난 모의천毛矣川(majas)과 관계가 있고 또 『계림유사鷄林類事』에서 어육魚肉의 명칭이 동일한 것으로 보아 어의 폐어廢語 시기는 고려 건국 시기 전후라고 추론하였다. 다시 방면을 달리하여 비교언어학적 입장에서 어의 비교 연구가 곤란함을 말하고 2절을 마치었다.

3절에 들어가서 한자의 어명을 들어 그를 해석하였다. 조선문화가 지나문화의 절대한 영향 하에 있었다는 것은 주지의 사事며, 조선어에도 한자의 영향이 중대하다 함은 거듭 말할 필요도 없다. 특히 어명에 현저히 나타났으니 씨는 『동국여지승람』 중에 실린 어명을 대략 초출하여 어학적으로 해석하였다. 그러나 이러한 고서에 나타난 어명은 동물학에 상식 없는 한학자의 손으로 된 것이니 신용할 수 없는 점이 많은 것은 결정決定의 일이다.

이상은 씨의 소론의 대략이나 물론 결론을 예기치 아니한 만큼 또한 흥미를 끄는 점이 다대한 일종 수필이고 또한 신설이다. 필자는 많은 인사의 숙독하심을 권하는 동시에 씨의 연구에 많은 기대를 가진 자의 하나임을 말하여 둔다.

「슬라빅 씨에게 답함」 이병도 씨

이것은 우리 사학계의 권위 이병도 씨가 오스트리아[墺地利國] 청년 사가史家 알렉산데르 슬라빅Alexander Slawik 씨에게 답변한 것이다.

스씨는 오국墺國 유학 중의 우리 동포 도유호都宥浩 씨를 통하여 『청구학총靑丘學叢』 제13호 소재의 이병도 씨 저著 「패수고浿水考」를 일독一讀하고 불복한 점을 반박하여 「李丙燾 著 浿水考ㅋ讀ム이병도 저 패수고를 읽음-엮은이」이라는 제목으로 소문小文을 써서 이씨에게 보내었던 것이다. 물론 스씨는 「패수고」의 생명인 패수설을 의심치 아니하였다. 그러나 「패수고」에 있어서는 지엽적이요,

부분적이라 할 『한서漢書』 지리지地理志에 보이는 서개마西蓋馬, 마자수서북입감난수서남지서안평입해(馬紫水西北入鹽難水西南至西安平入海) 운운의 주구注句에 관한 해석과 여기 보이는 마자수 급及 서개마현縣의 위치에 대한 씨의 이견을 술述하였고 또한 고지명古地名의 언어적 증명으로 자기의 설을 굳히려 하였다.

이씨의 차此 논술은 주로 스씨의 반박을 만나 자기의 설이 틀리지 아니하였다는 것을 역설한 것이다마는, 이와 같이 조선의 학자가 점차 서양에 알려져 간다는 것은 기쁜 일이다. 또 외국 학자 중에 이와 같은 독실한 조선문화 연구자가 속출하는 것으로 보아 조선문화 연구의 해외 발달은 경하할 일이지마는 반면에 우리로 하여금 우리 연구계에 반성을 촉하지 않을 수 없다고 생각한다.

이 밖에 또 이병도 씨 역주의 「난선 제주도 난파기」가 있으나 이것은 전회의 계속이니까 여기 거듭 소개함을 약하고 끝으로 열필지熱筆者 제씨에게 무사無辭 공연히 그 가치를 훼손하였음을 사謝한다. 5회

「이여성, 김세용 공저『수자조선연구』제5집에 대한 독후감」(전2회)

백남운, 『동아일보』, 1935.5.28~29

본집本輯이 현 조선을 통계적으로 연구하려는 의도인지 통계로 표시된 현 조선을 비판 연구하려는 것인지, 그 제명題名만으로는 미상未詳하다. 원래 일반 적으로는 독서자가 그 서명으로써 그 내용 여하를 논할 수 없을 뿐 아니라 문 제도 삼지 않는 것이 있다. 그러나 본집은 우연히도 제명 자체가 중대한 의의 를 가지고 있으므로 그 점을 구명하여 둘 필요가 있다.

조선의 약진을 말하는 금일에 제회際會하여 현 조선을 인식하는 방법으로써 대립되는 두 가지의 코스가 전개되어 가는 것을 지적할 수 있을 것이니 그 1 은 현 조선의 통계적 연구로서 그 약진을 실증하려는 수량적 방법이고, 그 2 는 통계적 조선의 비판적 연구로서 그 본질을 검토하려는 과학적 방법이 즉 그것이다. 이것은 현하 조선의 특수성을 연구하는 대립적 논진으로서 제2의 방법이 정당한 것은 물론이려니와, 본집의 의도가 또한 이러한 과학적 방법 에 의거한 것은 그 내용을 통독함으로써 추단推斷할 수 있다.

과학적 방법이란 통계 그것이 아니거늘 일반 인텔리는 통계라면 무조건으 로 정확한 것으로 망신妄信하는 경향이 있다. 그리하여 통계를 사용함으로써 과학적 방법인 듯이 분식扮飾하며 공정무사한 듯이 실증적 연구로 자처하는 것을 볼 수 있다. 그러나 통계란 것은 사회적 존재에 대한 대량 관찰의 결과를 표시한 집단적 숫자로서, ①그 존재의 집단성과 ②그 존재의 발전적 방향을 규정하는 표식과 ③그 존재의 사회적 공간과 ④그 존재의 시간과의 관련적 존재를 대량적으로 파악하려는 기술적 과정을 의미한 것이다. 그러므로 통계는 계산 방법과 이용 방침과 인식 방법을 따라서 통계의 성격이 달라질 수 있는 것이다. 그리하여 통계는 실재적 과학성을 부여할 수도 있고 그와 반대로 사실을 엄폐하는 기만성을 가지기도 한다. 세간의 소위 통계적 연구라든지 실증주의 연구라는 것은 본질적 이론이 없이 통계적 숫자의 행렬로써만 과학적 의상을 분식하는 점에서 신흥과학新興科學은 이것을 배격하는 것이다.

그러나 결코 통계를 무시하여서는 안 된다. 표준 되는 이론으로써 통계를 정리하고 통계를 동원하여서 사회의 내면을 구체적으로 변증할 경우에 비로소 통계의 과학성을 발휘하는 것이다. 그러므로 현 조선을 통계적으로 표준삼아 연구한다는 것은 소위 조선의 약진을 실증하려는 어용적 임무는 될지언정 현 조선을 인식하는 과학적 방법은 못 되는 것이다. 그뿐 아니라 현 조선은 통계 이상의 심각한바 있으므로 본집은 우선 숫자로 표시된 '통계적 조선'을 대강이라도 이론으로 검토하는 동시에 무언의 숫자를 발언체發言體로 윤색함으로써 현 조선을 인식하려는 이론과정의 좌표로 삼은 것 같다.상편

본집의 편성은 제1편 공업 조선의 해부와 제2편 조선 도시의 추이와 10개의 삽도揷圖로써 구성되었다. 다시 그 이론 구성의 내용을 보건대,

제1. 조선공업의 기구를 공장공업과 가내공업으로 구분하였고, 다시 공장공업의 10개 종별을 열거한 후 각기 공장 수, 사용직공 수, 생산액, 노임 지불액, 원료 소비액 등의 통계를 제시하여 공업 부문의 대량 관찰을 향도嚮導한 바 있다. 더욱이 공업별로 노임 지불액과 원료 소비액을 표시한 것은 생산액

과 아울러 이윤율을 산출할만한 암시 재료가 되어 있다.

그 다음에 가내공업에 대하여는 27종의 업별業別과 각기 생산액 및 종업호수從業戶數의 통계를 들어 공장공업의 압력에도 불구하고 그 존재한 강인성을 지적하였다. 그리하여 조선의 공업 생산기구를 공장공업과 가내공업으로 나누어 대립적으로 관찰한 듯하다. 만일 그렇다면 조선에는 매뉴팩쳐Manufacture라는 공업 형태가 완전히 결여된 것인지 혹은 통계상으로 구별하지 않고 어느 공업 부문에 편입하였는지 다소의 질의를 가지는 바이다.

제2. 조선 공업의 규모에 대하여는 자본, 직공 수, 생산액 등 기본 조건을 비교하여 대공업과 중소공업과의 현수懸殊한 우열을 백분비로 명쾌하게 지적하였다.

제3. 조선 공업의 자원으로서 농산물, 축산물, 임산물, 광산물, 수산물, 동력 등 상세한 통계를 제시하는 동시에 각기 다소의 설명을 가하였다.

제4. 조선 공업과 노동력과의 관계에 대하여는 차별적 임금의 비교표를 들어 실제의 노동효과보다도 사뭇 더 떨어트러서 노은을 주는 까닭에 막대한 이익을 얻는다는 점을 정당하게 지적하였다.38엽(頁) 그러나 타면으로는 비교적 노동력을 많이 사용하는 이유를 그 공업 수준에만 구한 것은37엽 자본의 유기적 구성과 잉여가치율과의 관계를 도외시한 감이 없지 않다.

제5. 조선 공업과 조선인 공업과의 지위를 그 생산액과 직공 사용별 공장 수를 비교함으로써 현수한 우열을 판정하는 동시에 대체로 조선인 공업의 중견적 지위를 점한 것이라고 할 만한 가내공업, 그것도 실은 전도가 한심한 것이라 하였다.

제6. 조선 공업의 특질로서 대공업 자체의 기술상 우월성과 자본의 집중과 기업의 집중을 지적하는 동시에 그 독점적 발전과 중소기업의 몰락과를 대립적으로 논술하였다.

제7. 조선 공업의 진도란 것은 결코 조선인 공업의 그것을 의미하는 것이 아니다. 그렇다면 조선인 공업의 전망은 어떠한가? 이에 대하여 그 발전의 한계를 규정하기 위하여 그 여러 가지의 역사적 특수성을 강조하였다.

마지막으로 제3편의 내용을 요약하건대 근래의 조선 도시는 자본주의적 성질을 띠고 발전되는 도중인데 그 중요한 특징으로서 인구의 집중, 상공업의 발전, 도시 경비의 팽창, 도시 자체의 시설 증가 등을 지적하는 반면에 세궁민細窮民 및 실업자의 증가와 부세賦稅 부담액으로 나타나는 소유 재산의 민족적 차등의 격화를 통계로써 확인하였고, 거년去年 6월 19일에 발포된 「도시계획령」의 영향은 다시 ① 중소상가의 한산, ② 시민 부담의 증가, ③ 소시민의 토지 상실, ④ 주택난 등 신현상을 야기할 것이라고 명쾌하게 단정하였다.

요컨대 양편을 통하여 통계적 조선의 대립성과 통계 자체의 이중성을 보여준 것이 본집의 공적이라 하겠으며, 중요한 도표를 제시하여준 것은 일반 독자에게도 편리가 크다 할 것이다. 다만 입론의 방법으로서 그러한 생산 통계의 검토에는 소비 통계를 제시함으로써 더욱 소기所期의 목적을 달할 것이고 조선의 공업 특히 산업자본의 약진을 구명하는 데는 자본의 유기적 구성과 이윤율과의 관계를 분석해야 할 것이며 부분적으로는 조선 가내공업과 상업자본과의 역사적 관련도 간과할 수 없는 문제로 되어 있을 것이다.

그러나 이러한 모든 것을 본집에 기대하기는 무리한 일이다. "본서는 한 보고報告요, 주장이 아니다"라는 서언과 같이 이론적 비판이라기보다는 현하의 '통계적 조선'에 대한 숫자적 대량 관찰의 조사 보고로서 조선 재인식의 호개好個 자료가 될 것이며 끝으로 양씨의 꾸준한 노력을 시謝하는 바이다.하편

98

「이훈구 교수의 신저『조선농업론』을 독함」(전3회)

노동규, 『동아일보』, 1935.9.3~5

(1)

지나간 6월 초순에 숭실전문학교崇實專門學校 농과農科를 대표하고 있는 농학자이요, 우리 농업문제에 대하여 특별한 연구와 조예가 깊어서 사계斯界의 권위인 이훈구李勳求 교수는『조선농업론朝鮮農業論』이라는 당당 500엽頁에 달하는 큰 저술을 간행하였다. 학구적 논저가 효성曉星과 같이 드문 우리 학계에 있어서 이러한 훌륭한 큰 저술이 나온 것은 우리가 다 같이 흔하欣賀할 일대 수확인 것은 두말할 것도 없다. 특히 우리의 현실문제에서도 가장 중대하고 절실한 농업문제에 관하여 이와 같은 체계 있는 연구가 발표되었다는 것은 더욱 그 의의가 크다고 하겠다.

필자는 이러한 감격 중에 신저新著를 일기一氣에 독파하였고 금번 하휴夏休 중에는 또 다시 정독하여 조선농업에 대하여 재인식할 기회를 얻는 동시에 많은 새로운 사실을 알게 되었다. 필자는 무엇보다도 먼저 이것을 저자에게 감사하는 바이다. 이와 동시에 박학단식薄學短識의 필자가 기인其人이 아닌 것을 자각하면서 감히 이 소개의 붓을 들게 된 것은 신량新涼이 입교入郊하여 독서기에 들어가는 이 때에 우리 독서계에 이 호저好著를 소개함으로 나의 받은 바

비익裨益을 한 가지 하자는 일념에 있다는 것을 저자와 독자는 아울러 양찰諒察하여 주기를 바란다.

(2)

저자의 서언에 의하면 이 저술은 태평양회의太平洋會議 연구부研究部의 위촉으로 저자가 조선의 토지 이용 및 농촌경제에 대하여 조사 연구하여 동同 연구부에 제출한 영문으로 된 보고서의 일부분 번역이라고 한다. 그러므로 "원문은 외국인을 상대로 하여 된 것인 만치 우리에게는 거의 상식화한 것까지 서술"되었을 것은 물론이다. 그런데 이 저술에 있어서는 "조선 독자를 상대로 하는 것이니 만치 그러한 부분은 많이는 생략하였으며" "더욱이 생활 정도에 대한 연구와 및 기타 수장數章을 전혀 약略하여 버렸다"고 한다. 그러나 "역출譯出에 있어서 부지불식간에 이런 사항이 완전히 생략되지 못한 것도 많이 있다"고 저자는 말하였다.

이상의 인용으로 우리는 이 저술이 나타난 연유를 알 수 있으며 따라서는 이 저술이 국제적 중요성을 가지고 있다는 것을 이해할 수 있을 것이다. 원문이 외국인을 상대로 하였던 관계로 우리에게 상식화한 사실도 실려 있다는 것은 저자의 염려한 바와 같이 독자에게 불필요한 것이 되지 않고 도리어 이 저술의 큰 장점이 된다고 하겠다. 즉 '제2장 조선 농촌경제에 영향을 미치는 일반적 조건'에 있어서는 조선의 농업뿐만 아니라 조선의 경제나 사회 형편을 이해하는 데 필요한 각반 사항이 가장 요령 있게 서술되었다. 가령 그 목차만을 보더라도 ① 자연적 환경, ② 기온, ③ 지질, ④ 토양, ⑤ 자연 부원, ⑥ 상공업의 현상, ⑦ 교통 및 운수, ⑧ 사회적 상황 등에 긍亘하였으니 얼마나 그 범위가 넓은 것을 알 수 있다. '제3장 조선농업의 특징'에 있어서는 먼저 조선의 주요 농작물의 재배와 가축 사양飼養 급及 양잠의 실상에 대한 상세한 서술을 하였고, 다음으로는 조선농업의 지방적 특징이며 조선 농가 및 농장의 특수한 기구며 경작 방법에 대하여 고구考究하였다.

그리고 제4장 및 제6장에 있어서는 태평양회의의 과제의 주안主眼이 되는 토지 이용에 대한 상세한 서술이 있고, 그 외 제諸 장章의 제목만을 소개하면 제5장 소작문제, 제7장 농업 투자, 제8장 농업노동문제, 제9장 농촌금융조직, 제10장 농산물 매매 및 가격, 제11장 농가의 수입과 급 그 지출 등으로 나누어 있다. 이상에서 이 저술의 대체 윤곽을 들었거니와 이것만 보아도 이 저술이 얼마나 범위가 넓고 따라서는 조선의 농업뿐만 아니라 조선의 사정을 적확히 파악하려는 이에게 일一 지침이 될 수 있다는 것을 알 수 있다. 그러므로 저자가 서언에서 "원래 본서는 조선에서의 토지 이용 상태와 및 농촌경제 제 현상을 조사 연구한 결과의 산물이다. 그러므로『조선농업론』이라고 광범한 서명을 붙이는 것이 부적당한 듯하다"라고 한 것은 기우가 아니면 겸사에 지나지 못한다.

그뿐 아니라 본서가 일반 독자에게 큰 편익을 주리라고 믿는 것은 우리에게 상식화한 사실까지라도 통계적 숫자를 들어가며 상세히 서술한 데 있다고 하겠다. 이 목적을 위하여 110개의 다수에 달하는 통계를 이용하였고 통계적 숫자를 더욱 용이히 이해시키기 위하여는 또 다시 35개의 도표 또는 도해圖解까지 이용하였다. 이것이야말로 이 저술의 일대 특장이라 하겠으며 이와 같이 다수의 통계와 도표를 이용하기는 이여성, 김세용 양씨 공저의『수자조선연구』이외에는 그 예가 없다고 하겠다.상편

(3)

이와 같이 저자는 다수의 관청 통계 및 도해를 이용할 뿐만 아니라 저자는 조선 농가의 실상을 명확히 하기 위하여 1931년 하기夏期에 다수의 조사원으로 하여금 전 조선 133개 동리에서 1,249호의 농가에 대하여 각종 사항에 취就하여 문답식으로 조사한 바가 있었다. 저자는 이 결과를 이 저술 각처에 이용하였는데 그 중에는 우리가 종래에 상상만 하였고 그 실상을 적확히 하지 못하였던 여러 가지 사실을 통계적으로 조사한 바가 적지 않다. 이제 가장 흥미 있는 몇 가지 실례만을 들어보겠다.

조선의 일― 농가의 경작지가 일처―處에 집단 되지 못하고 분산되어 있다는 것은 우리가 가장 잘 아는 사실이다. 대개 구미 제국에 있어서 농장farm이라면 집단 된 경작지와 주택을 총괄하여 말하는데 각 농가의 주택은 각기 집단 된 경작지상에 있는 것이 통례이다. 이와 반대로 조선의 농가는 촌락에 집단 되어 있고 농경지는 그 주위에 분산되어 있다. 그러므로 각 농가는 수數 필지筆地의 경지를 경작하는 것이 통례인데 이 점에 대한 저자의 조사 결과는 이러하다. 즉 "1,249호의 농가는 도합 5,374필지의 경지를 경작하며" "두 자리를 경작하는 농가 호수는 261호전수(全數)의 20.9%, 세 자리를 경작하는 농가 수는 243호19.5%요, 네 자리를 경작하는 농가 호수는 178호12.2%요", "전 조사 농가의 71% 이상이 두 자리로부터 여섯 자리의 경지를 경작하고 있다." 그러고 "열다섯 자리를 경작하는 호수는 3호뿐으로 이상 자리 수를 경작하는 호수는 발견되지 않았다." 그러고 "경지의 다대수는 농가에서의 거리가 2정町 이하에 있었다. 그러나 그 반면에 8% 이상의 필지 수는 10정 거리 이상에 있었다. 평균적으로 본다면 매 농가에서 4.3의 필지를 가지고 경작하였었고 또 농가로부터의 평균 거리는 2.9정이었다." "매 필지 평균 면적은 4반反 1무畝,

1,230평에 불과하다. 또 최소 극한은 충북지방에서 나타나고70평 최대 극한은 함북지방에서 발견되었다.300평" 이와 같이 저자가 각 농가의 경작지 필수筆數와 기其 평균면적과 및 주가住家와의 거리 등을 상세히 조사한 것은 조선에 있어서 아마 처음 되는 일일 뿐 아니라 조선 농가경제의 실상을 조사하는 데 큰 도움이 된다고 하겠다.

다음으로 가장 흥미 있는 조사는 조선 농가에서 사용하는 농용 기구류에 관한 조사다. 해該 조사에 의하면 조선 농가에서 사용하는 파종기구, 경운기구, 수확기구 등 각종 농구의 총수는 92종에 달하는데 가장 보편적으로 사용되는 중요한 농구는 지게, 가래, 낫, 호미, 장기 등이었다 한다. 그리고 1,249호의 농가에서 사용하는 농구 수는 좌표左表에서 보는 바와 같이 약 18,000점으로 1호당 평균 13.5개의 농구를 사용하는 셈이다. 그런데 1호당 농구 가격은 11원 38전에 불과하다. 이와 같이 농구 투자가 빈약하다는 것은 조선농업의 실상을 여실히 표시하는 귀중하고 또 흥미 있는 자료라고 하겠다. 그리고 농가 종별로 보면 지주, 자작농이 농구를 풍부히 이용하는 것은 물론이오, 소작농의 농구가 특별히 빈약하다는 것은 더욱 주목할 만하다.

농용기구 및 기계류원저(原著) 제82표에 의함

농가 계급별	호수(호)	기구 개수(개)	매호 당 기구 수(개)	매호 당 농구 가격(원)
지주	77	1,616	20.9	17.38
자작	308	4,254	13.8	15.80
자작 겸 소작	438	7,026	16.3	12.46
소작	428	5,082	11.8	6.29
계	1,249	17,986	13.5	11.38

저자는 이상과 같은 농가의 농구 사용의 정적靜的 현상을 조사하는 데 만족

하지 아니하고 농구 사용의 동태까지 알아보려고 하였다. 즉 농가에서는 1년 간에 기허幾何의 농구를 사는가? 또는 자가自家에서 제작하는가? 또는 수리하는가? 이상 3항목의 조사의 결과는 다음과 같다.

	농가 수(호)	농구 수(개)	동상(同上) 가격(원)	매호 당 가격(원)
농구 구입	972	5,313	4,555	4.68
자가 내 제작	269	479	313	1.16
농구 수리	776	3,628	348	0.45

이상의 조사는 더욱 흥미 있고 또는 중요한 자료라 하겠다. 그런데 저자가 매호당 가격을 산출할 때에 오직 실제로 농구를 구입 제작 또는 수리한 농가 수로만 제除한 데 그친 것은 필자로서는 찬성하지 못하겠다. 총 조사 농가 수 1,249호로 제하지 않으면 조선 농가의 일반적으로 농구를 이용하는 실정을 바로 표시한다고 할 수 없다. 이제 가령 상표上表의 조사를 1,249호로 제하면 조선 농가는 일반적으로 1년 간에 매호 당 평균 3.63원 어치의 농구를 구입하고 25전 어치의 농구를 제작하고 농구 수리 비용은 28전에 불과하다고 하겠다.중편

저자는 또한 농가부채에 대한 조사를 행하였다. 농가부채의 조사는 이미 각 방면에서 행한 바가 있으므로 이에 인용하지 않겠다. 그러나 농가부채를 연구하는 특별히 흥미 있는 조사는 그 약정 이율의 조사인데 최저 7%에서 최고 80%에 달하였다는데, "30%의 이율이 가장 보통인 것을 발견하였다"고 한다. 그러고 또한 흥미 있는 조사는 농가의 실제로 1년간 지불한 이자액 조사다. 1930년도에 조사 농가 983호가 지불한 이자 총액은 20,870원으로 1호 당 평균으로 보면 21원 83전이요, 원금 총액 180,845원에 비하여 보면

지불 이식利息은 연 약 11%에 불과하다. 이것은 흥미 있는 사실이니 농가는 실제에 있어서는 보통 30%에 고율의 계약 이식을 전부 지불하지 못한다는 것을 여실히 표시한다고 하겠다. 이것도 농가의 부채 증가의 중대 원인이 되겠거니와 저자의 조사에 의하면 1930년 중에 983호의 조사 농가의 부채 증가는 2,811원으로 1호당 평균 2원 86전의 증가다. 이 결과는 부채 증가의 속도가 너무 완만한 감이 있으나 하여간 농가부채는 증가한다는 것을 명백히 하였다고 하겠으며, 그보다도 흥미 있는 점은 지주와 자작 겸 소작농의 부채는 감소한 반면에 자작농과 소작농의 부채는 증가하였다는 것은 조선 농촌상의 일면을 가장 여실히 표시한다고 하겠다.

이외에 저자는 농가경제의 각 방면에 대하여 흥미진진한 특수한 조사를 소개하였는데 이상의 수개數個 예로 독자는 이미 그 전반을 추찰推察하였겠으므로 그 이상 더 인용하는 번잡을 피하기로 한다.

(4)

이상에서 나는 이훈구 교수의 『조선농업론』의 윤곽을 소개하였고 이것이 조선농업뿐만 아니라 조선경제를 알려는 일반 독서가에 얼마나 유익한 호저好著인가를 말하였다. 또 그 중에는 조선 농가경제를 연구하는 데 가장 유의의한 저자의 조사 결과가 풍부히 포함되었다는 것을 말하였다. 그리고 조사가 얼마나 귀중하고 흥미 있는 것인가를 소개하기 위하여는 감히 그 일부를 자유로 인용까지 하였다.

그런데 최후로 필자는 불가불 이 저술에 대한 비평이라는 것보다도 독후감을 부기해야만 소개의 책임을 다하는 것이라는 의무감을 느끼게 되었다. 이제 만일 이 저술을 일독한 후에 조금이라도 부족한 감이 있다면, 이 저술이 조선농업의 현 계단적 의의를 이론적으로 토구한 부분이 없다는 점이라고 하겠다. 즉 조선 자본주의 발전과정에 있어서의 조선농업의 발전과정이라든지, 또는 일본 자본주의의 지배과정으로서의 조선농업이라든가, 또는 조선의 농가경제의 본질이라든가 하는 무수의 이론적 문제를 독자적 토구 제목으로 채용하지 않았다는 것이다. 그러나 이것은 아마 원 저서가 태평양연구회의 조사 보고를 목적한 것이라는 데 제약되어 이러한 무수한 이론적 문제는 거론되지 않은 것이라고 추측한다.

나는 저자가 멀지 않아서 이러한 조선농업에 대한 이론문제를 중심으로 한 제2의 조선농업론을 저술하시기를 고대한다. 그러나 저술은 조선농업의 현실을 위선 체계적으로 기술한다는 가장 수고가 많은 개척자적 기초 공작을 다하였다는 것으로도 우리 농업문제 연구에 대한 큰 지도가 된다고 하겠다. 저술을 계기로 하여 우리 농업문제 연구에 많은 새로운 진전이 나타날 것을 심축하며 각필閣筆한다. 망언다사妄言多謝. 1935.8.31.하편

99

「조선 고문헌의 섭렵」(전8회)

최문진, 『조선중앙일보』, 1935.9.12~21

어느 나라를 물론하고 그 나라 문화의 수준을 알려면 무엇보다도 그 국가의 문적文籍 다과多寡로서 그 문화 정도의 고하高下를 평가할 수 있는 것이니 아무리 찬란한 문화를 가진 그들이라 하더라도 그들에게 만일 후세 사람에게 유전流傳할 만한 문헌이 없다고 하면 무엇으로 그 문화를 전승케 할 수가 있으랴. 이와 같이 문헌이란 것은 과거의 문화를 여실히 말하여주는 대변자로 볼 수 있는 것이다.

고적과 같은 유물이 어느 때든지 변치 않고 그대로 보존할 수가 있다 하면 모르거니와 이와 같은 유물도 광구曠久의 풍상風霜 속에서 언제든지 그 면모가 변치 않으리라고 누가 보증할 수 있으랴. 석면石面에 석공의 온갖 기예를 시施한 각자刻字까지라도 누년累年 풍상에는 그 형체조차 찾아볼 길이 없겠거늘, 목편木片이나 토괴土塊로 조작造作한 유물 같은 것은 풍상은 고사하고 주밀周密한 주의로써 잘 보관한다고 하더라도 그것이 용이하게 파손될 것은 너무도 빤한 일이 아니던가. 이와 같은 유물로는 도저히 우리의 소기所期하는 바 목적을 달할 수 없는 것이다.

이러한 의미에서 우리에게는 과거 우리 조상들이 남겨둔 그 유적을 기록할 수 있는 문자란 것이 있는 것이다. 문헌이란 말을 일언一言으로 요약하여 말할진대 과거사過去事나 미래사未來事를 가장 간명하게 가장 요령 있게 선인의 위적偉蹟을 후인에게 전승하게 하는 기록으로 볼 수 있는 것이다. 그러나 문헌이란 것은 미래사를 기술한다는 것보담 과거사를 기술하는 데 문헌으로서의 참다운 가치가 있는 것이다. 이같이 문헌의 가치는 미래에 있지 않고 과거에 있는 동시에 가장 많은 연대를 가진 문헌일수록 고귀한 문적으로 간주할 수 있는 것이다.

골동품의 가치가 녹슬고 좀이 나고 곰팡이 난 허름한 파편일수록 존귀한 가치가 있게 되는 것은 그것이 가장 낡은 고물古物로써 다시금 세상에서 구득求得키 극난極難한 까닭이다 그러므로 골동품의 가치가 우아하고 완미한 신조품新造品에 잊지 않고 도리어 퇴색 파손된 유산물遺産物과 같은 데 있는 것이다. 문헌도 이와 같이 우리가 잘 아는 현대사現代事를 기록한 것이라면 무엇이 문헌으로서의 고귀함을 알게 되랴. 우리가 알지 못 하는 옛날과 또한 우리가 매우 알고 싶은 일, 아무리 알고 싶더라도 그것을 알 길이 없는 이 같은 문적이라야 우리의 이상하는바, 동경하는바 문헌이 될 것이다.

고대 우리에게는 허다한 문적이 있었던 것이다. 과거 우리의 문화가 그리 손색이 없는 문화가 아닌 이상 우리에게 문적이 없다는 것은 안 될 말이다. 우리에게는 문화에 상응되는 문헌이 있었지만, 그것이 지금까지 존유存遺되지 못하고 상실된 것은 무엇보다도 유감으로 생각하는 바이다. 병란兵亂과 같은 화재나 천변天變 같은 수재水災로 혹은 유실된 일도 있었지만 대개는 국가의 변천과 역대의 저위儲位로 문헌이 손실되는 일이 우심尤甚하다고 볼 수 있다.

고려조가 망함에 이조에서는 신라를 정통으로 삼아 신라 이외의 고구려나 백제의 문화를 배거말소排拒抹消하는 폐단이 있었다. 고구려로 말하면 그 당시 동방의 일대 강국으로 강적 당唐을 제어하는 일대 간성干城이 되는 동시에 병력의 막강함과 문화의 찬란하기가 당과 필적하여 신라의 문화를 능가하리라는 것은 누구나 수긍할 만한 사실이다. 그러나 고구려의 문화는 어금於今에 안재호安在乎아, 단 고구려의 정사正史 한 책을 얻어 볼 수가 없다. 『유기留記』라는 고구려사도 허명虛名만 사승史乘에 있을 뿐이요, 기기其 실본實本은 전傳치 않았다. 사기史記 하나를 찾아낼 수 없는 그 나라에서 그 나라 문화의 문헌을 찾아볼 수가 있으랴. 이것은 확실히 신라 위정가의 편협한 야심에서 나오는 좁은 소견이라 안 할 수 없는 일이다. 국가흥망은 어느 나라에서도 찾아볼 수 있는 사실이거늘 이것을 아무리 은휘隱諱 말살하려고 하여도 냉정한 사안史眼을 가진 사가의 눈에는 안 띄울 수 없는 일이니 이것은 국가 성쇠기에서 문헌이 유실되는 예를 거擧하였지만 일 국가의 역대歷代가 변함에 따라서도 당연히 있어야 할 그 문적이 억울하게도 어느 정적의 손에서 무참하게 말소되는 일이 흔히 있는 것이다.

세조世祖로 말하면 단종端宗의 숙부로서 그 족하 되는 단종이 유군幼君임을 기회로 불의의 찬탈을 하였던 것이다. 그는 왕위를 얻기 위하여는 선조의 중신重臣들을 극형에 처하는 육신의 참화까지 생긴 일도 우리의 잘 기억하는 일이다. 당시의 사史들은 세조에게 기탄忌憚될까 두려워 정사에 바른 사실대로 쓰지 못하고 모호한 말로 사기를 초草하였을 것이다. 만일 당시의 사관이 의절義節이 있어 그 사실 여하를 하나도 숨기지 않고 솔직하게 기술하였다고 하더라도 우리는 그 사관이 기記한 사적을 다소의 의문을 가지고 보지 않아서는 안 될 것이다. 이같이 우리에게 고문헌이 많기는 많아도 모두 뒤죽박죽이 되어 선후차를 분별하기 어려우리만치 모호한 문헌이 되었던 것이다. 이제 조선 문헌 중에서 비교적 많은 연대를 가진 고문헌을 추려 각자의 참고 재료가 된

다면 필자로서는 감사하게 생각하나이다.¹회

　우리의 고문헌 중에『단군신지檀君神誌』란 것이 전래하는 것이 있다. 단군이라는 두 글자가 붙어있음을 보아서도 이것이 연대 심원深遠한 문헌임을 추단할 수 있다. 단군조선의 유적이 전傳치 않은 금일에 있어서『단군신지』라는 문헌이 전한다는 것은 좀 모호한 답변이라 않을 수 없는 일이다. 그러나「단군강단목하檀君降檀木下」하다는 기록 같은 것은 우리의 고사기古史記에서 누누히 보는 일로서 단군이라는 인물 자체가 전연 속물俗物이라고 속단할 수는 없는 것이다. 중국인이 천황씨天皇氏, 지황씨地皇氏, 복희씨伏羲氏로서 자국의 선조를 삼으려는 것이나 일본인이 천조대신天照大神으로 자국의 선조를 삼으려는 것이나 조금도 다름없는 사실일 것이다.

　그런데 이 신지神誌의 해설을 권얼權蘖의 응제시應製詩에는 사관으로 해명을 부附한 것이 있는 바 이것도 우리의 수긍할 만한 점이 보이지만 신채호申采浩씨는 이것을 수두蘇塗(소도), 임금을 보좌하는 수좌首佐인 신지臣智로 해설을 가한 일이 있었다. 신지는 즉 신지臣智(신지)의 음으로서 당시 제천할 때에 그 제사를 주사하는 제사장과 같은 것으로 처음에는 그 시대의 조선인이 신치라고 호명하였다가 그것이 한자의 음을 가차假借하여 신지臣智가 되었던 것이며 그것이 또한 일전一轉하여 신지神誌가 된 것이다. 이같이 신치란 말은 상고시대의 조선 고유한 말이 한자에 의탁이 되어 음역 혹은 의역이 된 것 같다. 우리는 이 신지라는 한자의 음역에 많은 호기심을 일으키게 하나니 지혜스러운 신이라는 뜻도 될 것이며, 또한 음역에도 부합되게 한 것이 우리의 주시할 점이라고 생각한다. 그러나 이것을 비단 신지臣智로만 역하지 않고 신지神誌라는 역을 가하게 된 것도 또한 우리의 흥미를 일으키는 문제라고 생각한다.

　신지의 신은 상고上古의 미개인들이 경천敬天하는 풍습이 있어 그들이 신앙하는 신을 지칭함이니 가령 상고 조선 민족이 10월을 상달이라 하여 제천祭天하는 풍습이 있지 않은가. 혹은 10월로써 수두蘇塗 달이라고도 하는바 매양每樣이 수두 달에는 신지 되는 제사장이 제천하는 제반 의식을 주관하게 되나니 그들이 이와 같은 기원에서 무엇을 요망하게 되는가. 그것은 우주의 창조와 조선의 건설과 산천지리의 명승과 후인後人을 감계鑑誡할 일을 들어 애원 혹은 노래나 무용의 형식으로 이것을 찬양하였을 것이다. 후세의 문인들이 그들이 구기謳歌한 그 노래를 이두문吏讀文으로 이것을 개작改作하였을 것이며 혹은 이 것을 한자의 오언시五言詩로 역등譯騰하여 왕궁에 비장秘藏한 고故로 신지비사神誌秘詞 또는 해동비사海東秘史와 같은 명칭이 붙었으리라고 생각한다. 그러나 그 내용이 제천하는 제반 의식을 기록하였다는 것보다 잠언箴言과 같은 우어寓語가 많음으로 석인昔人이 이것을 정감록鄭鑑錄과 같은 예언으로 믿어왔다.

그러나 이조에 이르러 태종太宗이 유학을 숭상하고 그 외 불교와 같은 제 학파를 배거排拒하는 바람에 이 지존유일至尊唯一의 신비조차 소각의 참화를 몽蒙한 것이나 아니던가. 혹은 이것을 이단시하여 역대 사장私葬의 대주待遇에서 한 걸음 굴러 겨우 『고려사』 김위제전金謂磾傳에서 그 면영을 들추어낼 수가 있으니, "여칭추극기如秤錘極器 칭간부소량秤幹扶蘇樑 추자오덕지錘者五德地 극기백아강極器百牙岡 조항칠십국朝降七十國 뇌덕호신정賴德護神精 수미균평위首尾均平位 흥방보태평興邦保太平 약폐삼유지若廢三諭地 왕업유쇠경王業有衰傾", 이 같이 불과 기십행幾十行에 불과한 구절로써 그 대요大要를 추단推斷할 뿐이오, 어찌 신지神誌의 전 면목을 알아낼 수가 있으랴. 만일 우리에게 이 신지의 유록遺錄이 상금尙今까지 남아있다고 하면 고문헌 연구에 호재료가 되었을 것이다.

북부여北扶餘 대에 지至하여는 왕검王儉 이후의 기其 자손들이 서로 이 같은 보장寶藏을 매우 존귀하게 생각하여 태평은부太平殷富로 이것을 자랑한 흔적이 있었으니 『진서晉書』 부여전에 거據하면 "기국은부其國殷富 자선세이래自先世以來 미상파괴未嘗破壞", 이 같은 단편적 편언으로 그 대강이 남아 추리할 수가 있다. 그 후 이것이 모용수慕容垂의 난亂에 유실이 되지 않았을까 하는 의문을 가지게 되나니 부여조가 쇠망하는 그날에 이와 같은 비록이 함께 없어지지나 않았을까 하는 의심도 없지 못하여 있는 것이다. 사승으로 최고 문헌인 『삼국사기』에 고구려는 그 국사國史를 『유기』라고 하여 보통 조선사를 고구려조에 생긴 것으로 오해하는 사가들이 있으나 삼국시대 이전 삼한시대로부터 『유기』와 같은 조선사가 있었던 것이다. 고구려시대에 비로소 역사란 말을 『유기』로 명명한 것이다.

북부여, 동부여의 세력이 쇠망하자 고구려는 신흥국으로 흥기興起되어 그 시조인 동명성제東明聖帝와 대무신왕大武神王의 제際에 사관이 조선 상고上古로부터 고구려 초엽까지의 정치 사실을 기재한 『유기』와 같은 문헌이 있었으나 위장魏將 관구검毌丘儉의 난에 피탈彼奪이 된 듯 싶으며, 『위서魏書』에 삼한 부여의 약사가 단편적으로 잔존함은 모두 위인魏人이 『유기』에서 취사한 것으로 생각된다. 그 후 고구려 말엽에 이문진李文眞 박사가 『신집新集』을 지었으며 백제 중엽에는 고흥高興 박사가 『서기書記』를 지었으며 신라에서도 진흥대왕眞興大王의 전성기에 거칠부居柒夫에게 명하여 신라 고시故事를 초草하게 하였던 것이다. 삼국이 모두 일대의 전고典故를 편編하였으나 어금於今에 그 편언척자片言隻字를 찾아볼 길이 없다.

그런데 위에서 말한 고구려의 『유기』라든가, 백제의 『서기』라든가, 신라의 『신집』 등이 모두 사승에 그 이름만 전래할 뿐이요, 그 실물□ □□지 않았다. 신지도 역시 제 문헌중에 단편적으로 그 영자만 남아 있어 미약하나마 우리는 이것으로 신지의 전 면목이 여하如何하다는 것을 추측할 수 있는 것이다.

중국의 『위서』나 『진서』와 같은 고문헌과 조선의 상고문헌 등을 일일이 채택하여 신지에 대한 연구를 좀 더 매진한다면 신지의 면목이 요연하게 나타날 가능성이 없을 것도 아니다. 이것으로 신지에 대한 전고는 소홀하나마 붓을 멈추고 다음 문헌으로 붓을 옮기려고 한다.[2회]

2. 맥수가麥秀歌와 공후인箜篌引

조선의 최고 가요를 말할 때에 이 맥수가로서 시초를 잡는 사람이 많으나, 필자는 맥수가는 본래부터 조선의 가요가 아니란 것을 말하고 싶다. 이 맥수가는 기자箕子 시절에 생긴 노래로서 사가에서는 이 기자가 조선으로 와서 교화하였다는 사실을 부인하게 되는 것이다. 중국의 사가들은 동점설東漸說, 조선으로 온 것을 주장하나 조선의 사가에서는 이것을 부인하게 되어 조선역사에서 기자조선이라는 조목까지 빼자고 주장하는 사람들도 있어 좌왈우부左曰右否의 의논이 분분한 것이다. 이것은 사가에서 취급할 문제인 고로 잠시 보류하여 두고 맥수가란 것이 여하한 내용을 가진 노래임을 말하여 보자.

맥수가는 조선 문헌에 있는 것이 아니라 『시경詩經』에 있는 노래이다. 이것은 사언시四言詩로서 시로 본다는 것보다 노래로 볼 수 있는 것이다. 『시경』이라는 그 자체가 일종 가요집으로 볼 수 있는 의미에서 이 사언고시四言古詩도 시라고 하지 않고 노래라는 명칭을 붙인 것 같다. 그런데 이 사언고시를 필자의 참고가 불충분하여 그 원문을 여기 실리지 못하게 되는 것을 유감으로 생각한다. 『시경』을 읽어 본 일이 있는 분은 잘 아실 것임으로 여기서는 생략하게 되는바 조선 문헌에 있지 않고 시경에 있는 맥수가로써 조선의 고문헌을 삼는다는 것은 아무리 생각하여도 모호한 일이라고 않을 수 없는 일이다. 기자를 조선 사람으로 생각한다면 모르거니와 기자가 조선 사람인지 중국사람인지 모르는 금일에 있어서는 이것을 조선 문헌으로 간주할 수 없는 것이다. 더욱이 맥수가가 조선 문헌에 실리지 않고 『시경』에 실린 그것을 가져다가 조선 문헌으로 행세시키려고 하는 것은 너무도 우리의 못난 짓이 아니더뇨, 이러한 의미에서 맥수가는 단연 조선 고문헌 속에서 제적除籍하여 퇴거 명령을 하고 싶다.

다음으로 여옥麗玉의 공후인에 대하여 고문헌으로서의 가치를 논하려고 하는바 이 여옥의 공후인은 인구에 회자되는 설화說話로서 이것으로 조선 소설의 시초를 삼는 일이 있지만 이것이 오직 조선 소설의 근원이 된다는 것은 너무도 연단連斷된 판정이라고 생각된다. 이 공후인 이외에 조선 소설의 근원되는 제 설화가 많지만 이 공후인으로 소설의 시초를 삼는 것은 매우 흥미 있는 이야기로 되어진 까닭이다.

여옥이라는 아름다운 여자가 있었다. 그는 아직 방년芳年에 공규空閨가 되어 자기의 청상과부가 됨을 남모르게 탄식하였던 것이다. 그는 너무도 고적한 설움을 풀 길이 없어 강 건너 저쪽 마을에 사는 어떠한 남자와 남모르는 사이에 사랑의 실마리가 엉키게 되었다. 그러나 이들의 밀회에 방해되는 것은 그들이 사는 두 마을 사이에는 저주의 강물이 흐르고 있었다. 조석朝夕으로 상봉할 수도 있는 지척지咫尺地를 목전에 두고도 사이에 가로막힌 강으로 말미암아 자기네의 밀회를 마음껏 누리지 못하였던 것이다. 그는 곁에 누워 세상모르게 자는 두 어린이를 남겨놓고 심야한 밤이면 집을 튕겨 나와 강 건너의 정랑情郎을 만나기 위하여는 길고도 찬 물을 헤아리지 않고 사랑하는 그이를 만나고는 집으로 돌아오게 되었다. 그것도 한두 번이라면 모르거니와 밤마다 그렇게 만나게 됨에 급기야 두 아들의 눈에 띄게 되었다. 그들도 어머니의 심사를 이해함이었던지 초고草藁를 엮어서 삿치줄을 만들어, 자기의 어머니를 마음대로 건너게 할 수 있는 삿치줄로 다리를 놓았던 것이다. 그러므로 이것을 공후인이라는 명명을 하게 된 것이다.

두 아들이 삿치줄로 다리를 놓으면서 부르는 노래가 한시 형形으로 된 것이 지금까지 유존되어 있는바 참고의 태만으로 이능화李能和 씨의 『화어해사花語解史』와 김태준金台俊 씨의 『한문학사』에 그 원문이 있음을 알고도 여기 실려 들리지 못하는 것을 유감으로 생각합니다. 하여간 이 공후인은 연대의 장구함과 소설의 전신인 패사문학稗史文學으로서의 가치를 다분히 가지고 있는 점으로 우리는 이것을 조선 최고 문헌 중에 존귀한 문적으로 생각할 수밖에 없는 것이다.

3. 점제비문秥蟬碑文

고문헌 연구의 유일의 길은 금석학金石學에 대한 소양이 있어야만 될 것이며, 금석학의 연구에는 상금까지 유존된 비문을 연구하지 않을 수 없는 것이다. 사기史記에 모호한 점도 비문으로 말미암아 의외의 해명을 얻게 되며, 이와 같은 비문의 해명은 고문헌 연구의 유일의 광명이 되는 까닭이다. 점선비문은 평안남도 용강군龍岡郡 해운면海雲面 노방路傍에서 우연히 발견한 것으로 그 연대의 희고稀古하기가 비문 중에서는 가장 오래된 것이라 한다. 기其 비문에 기재된 연호를 본다면 한漢의 장제章帝 때에 된 것으로 판명되었다. 지금으로부터 20년 전에 우연한 발견으로 갑자기 유명하게 된 것이다.

전문이 50자로 된 간략한 비문으로 그 필치가 전한前漢의 유풍遺風이 있다고 한다. 방비訪碑 제서諸書 중에는 이 비문의 소재가 없으나 지금까지 발견된 조선 비석 중에서는 최고 연대를 가지고 있음이 사실이다. 그런데 비명을 점제 현신사비秥蟬縣神祠碑라고 한 것을 보아서는 호태왕비好太王碑나 진흥왕순수비眞興王巡狩碑와는 그 성질이 다르다. 호태왕비와 진흥대왕의 순수비는 역사상 참고되는 비문이 되지만 이 점제비문은 고속학상古俗學上 지대한 호재료가 되리라고 생각한다.

호태왕비와 진흥대왕의 비는 사방의 강적을 물리쳐 기其 여위餘威의 보무步武로 편답遍踏하는 순적적巡蹟的 비석이라 하면 점제비석은 조선 고대의 고속을 연구함에 많은 도움이 되는 동시에 그 고속의 천명闡明으로 말미암아 원시 조선 종교의 면영을 규지窺知할 수도 있는 것이다. 이러한 의미에서 파손된 비석이 금석학으로도 지대한 보물이 되는 것은 두말할 것도 없지만 고전 연구상지존막대한 도움이 된다는 것도 망각하여서는 안 될 것이다.

4. 신라 진흥왕순수비

진흥왕순수비가 지금까지 발견된 것이 3종이나 되는바 그 1은 경남 창녕군昌寧郡 읍내에 있는 것으로 진흥왕 22년에 건립한 것이다. 전문이 퇴락頹落되어 그 자수字數의 과반수를 요득了得하기 어려웠다. 자체字體는 비부肥富하여 퇴락되지 않은 부분만은 요해하기가 용이하였으며, 그 다음으로는 경기도 고양군高陽郡 은평면恩平面에 있는 것인바 속칭 이것을 삼각산비석三角山碑石이라 한다. 그 비형碑形은 장방형으로 되었으며 문자의 체재는 선미善美하나 다년 풍상으로 구독하기 어려운 부분이 많다. 수백 년 전 조선 금석학의 권위 추사秋史 김 정희金正喜 씨가 68자를 해리解理하였다는 추가문이 비석의 측면에 기재되어 있다고 하나 그 자형조차 알아볼 수가 없음을 유감으로 생각한다. 그 잔존된 여자餘字로서 대강이나마 추리하여 본다면, 전술한 창녕비에 흡사하다는 기사 가 있을 뿐이다.3회

그 다음으로는 함경남도 함흥군咸興郡 하기천면下岐川面에 현존한 것으로 본래 황초령상黃草嶺上에 있었음으로 속칭 이것을 황초령비라고 한다. 이 비석도 장 방형으로 된 것이며 자수의 마손이 비교적 적고, 후인이 보전한 점도 있어 구 관舊觀의 손실이 적다고 볼 수 있는 것이다. 전 조선 비석 중에서도 그 위관의 장대하기가 필적할 것이 얼마 없을 것이며, 진흥대왕 순수비 중에서도 제일 두각을 나타내인 비석으로 지칭되어 온다. 이조 철종조哲宗朝에 이것을 발굴하 여 비각에 안치한 이후로 석일昔日의 그 위관이 가일층 드러나 진흥대왕 순수 비로서의 진면목을 얻어 보게 되었다. 잔존된 문자가 약 85자로서 참으로 금 석학상 지보至寶가 될 뿐만 아니라 진흥대왕대의 국위가 얼마나 세탕洗蕩하였으 며, 이와 같은 위세로 말미암아 그 당시의 조선문화가 소극적 내구內歐 문화가 되지 않고 적극적 외적 문화가 되었다는 것도 넉넉히 짐작할 수 있는 일이다.

이 황초령비에 대하여 어느 학자가 위비僞碑라고 공연히 말썽을 부린 호사 객이 있었다. 그러나 진물眞物이란 것은 어느 호사객의 구변으로 좌우되는 것 이 아니다. 그 비문의 자구라던가 또한 신라의 관명이 기입된 점을 보아서도 그것이 위물이 아님이 판이하게 드러나는 사실이니 다음으로 쿠도 후미야エ 藤文哉] 씨의 저著인 『서도사書道史』에 기재되어 있다.

북청 진흥왕순수비가 발견이 되었다는 것은 참고 미비의 수오羞惡인 것 같 다. 필자가 북청인이라 아직 북청에서 진흥왕의 비문이 발견되었다는 것은

보기는 고사하고 듣기도 처음이다. 이상 논술한 바와 같이 금석학과 고고학은 이명동체異名同體로서 전기前記와 같은 비문이 발굴이 되면 발굴이 될수록 고전 연구에 호재료가 되는 동시에 소슬蕭瑟하기가 이를 때 없는 조선 고문헌은 그 수량이 점점 증가하여 이것이 조선문화로서의 패익이 될 뿐만 아니라 일보를 진進하여는 동양문화의 정쇄精碎가 되어 세계문화에 큰 공헌이 되리란 것도 부인치 못할 사실이다.

5. 호공상마한왕서瓠公上馬韓王書

호공이 마한왕에게 상서上書하였다는 사실은 신라가 건국한지 38년 되던 해에 생긴 일이라고 한다. 호공에 대하여는 구구한 제 설이 많은바, 중국 진대秦代에 전란을 피하여 동으로 조선에 왔다고 하는바, 그가 마한으로 동천東遷할 때에 그와 함께 온 유민이 많아 마한 동편에 할거割居케 하였으며 유민 중 무자武者는 진한辰韓에 거주하였다는 고기古記를 보아서는 그가 동반하야 온 유민이 상당히 많았으리라는 것을 짐작할 수 있다.

동회東環한 그들의 위세가 점점 강대하여짐에 마침내 마한왕의 기탄忌憚에 촉觸한바 되어 호공의 목이 날아갈 뻔하다가 좌우 제신諸臣의 간諫으로 겨우 잔명殘命을 보전하였다는 고기록이 있다. 이제 원본을 소개하면 "견호공빙어마한遣瓠公聘於馬韓 마한왕양호공왈馬韓王讓瓠公曰 진변이한위아속국辰卞二韓爲我屬國 차년불수직공此年不輸職貢 사대지례事大之禮 기약시호其若是乎 대왈對曰 아국자이성조흥我國自二聖肇興 인사수사事修 천시화天時和 창름충실倉廩充實 인민경양人民敬讓 자진한견민自辰韓遣民 이지변한낙랑以至卞韓樂浪 왜인무불외회倭人無不畏懷 이오왕경험而吾王謙虛 견하신수빙遣下臣修聘 가위과어예의可謂過於禮矣 이대왕혁노而大王赫怒 겁지이병劫之以兵 시하의아是何意耶 왕분욕살지王憤欲殺之 좌우간지左右諫止 내허귀乃許歸", 이 같이 호 공을 진대의 중국인이라는 일설一說과 혹은 왜인이라는 설도 있다. 그러나 우 리 고사기 중에 일본인이 바다를 건너 마한이나 진한 땅에 거주하였다는 문 적이 없다. 만약 거주한 사실이 있다 하면『삼한고기三韓古記』와 같은 고문적에 그 흔적이 있을 터인데 그와 같은 사실은 그림자조차 찾아낼 수가 없다.『삼국 사기』본기에 호공자瓠公者는 "미상기족성未詳其族姓 본왜인本倭人 초이호계요初以瓠 계요繫腰 도해이래渡海而來 고칭호공故稱瓠公", 이것은『삼국사기』편자 김부식의 모화 여묵慕華餘墨에서 나온 출설黜說이라고 추리된다.

북벌을 적극적으로 주장하던 묘청妙淸의 난을 토평討平한 김부식은 일약 국 가에 중용되어, 사대사상의 소극적 위정가인 김부식의 손으로『삼국사기』를 초草하게 됨에 중국 위정가의 눈에 기탄이 될까 직필을 곡필로 한 김씨의 죄 과가 적다할 수 없다. 만약 호공이 동반한 유민을 진인秦人이라 하여 이것을 당시 마한의 부속국 모양으로 하였으면 이 같은 모욕이 어디 있으랴. 그러므 로 김씨는 호공을 진대의 인이라 하여 놓고, 그 말구末句에 슬그머니 "미상기 족성未詳其族姓 본왜인本倭人"이라는 구절을 추가한 것 같다. 가령 십보백보를 양 讓하여 일본인이라 하자. 조그마한 쪽백이 하나를 허리에 두르고 현대의 이기 利器로도 4~5일이 걸리는 항로를 쪽백이로 도해渡海하였다는 것이 말이 될지 좀 생각하여 볼 문제이다. 당시의 쪽백이가 그 같은 권위물이라 할진대 현대 의 문명도 고인古人에 양讓할 수밖에 없는 일이다. 도해란 말도 대호자帶瓠子라 는 말로 온 것이며 이와 같은 도해설이 일전一轉하여 왜인이라는 억설을 빚어 낸 것 같다. 호공이 마한왕에게 상서하였다는 연기年紀를 상고하여 본다면, 한 漢의 성제成帝 홍가鴻嘉 원년으로 조선 연기로는 신라 시조가 신라로 건국한 지

38년 되는 해에 해당한다. 상당히 장구한 연기를 가진 문적인 고로 고문헌 연구상 패익稗益이 될까 하여 이와 같이 추가하는 것이다.

6. 유리왕琉璃王의 황조가黃鳥歌

유리왕은 고구려 시조 동명성왕東明聖王의 원자元子로서 고구려 제2세 임금이다. 왕비 송씨松氏 훙거薨去함에 왕은 2녀를 취하게 되었다. 2녀 중 하나는 고구려 본토인인 골천인鶻川人의 녀인 화희禾姬라는 여자이며, 다른 하나는 한인漢人의 녀인 치희雉姬라는 여자이다. 왕이 양곡凉谷에 동서이궁東西二宮을 지어 별거케 한 후 두 여자에게 조금도 서로 짝짐이 없는 똑같은 사랑을 주었던 것이다. 왕이 본국인인 화희에게 사랑을 더 주었다면 모르거니와 한인의 여인 치희에게도 똑같은 사랑을 주게 됨에 본처격인 화희의 시기의 불꽃은 점점 노염으로 변하여 치희와 한바탕 싸움이 벌어지게 되었다.

하루는 왕이 기산箕山으로 출엽出獵한지 7일이 되도록 돌아오지 않았다. 왕의 재궁在宮 시時에도 화희의 사나운 눈살이 치희에게로 쏘았거든 왕이 출타한 이 기회라 잔뜩 별렀던 그 눈살로 말미암아 치희도 이에 더 참을 수 없다는 듯이 그만 맞장구를 치게 되었다. 그러나 비첩婢妾으로 왕의 총애를 받은 데 불과한 자기의 지위를 비관하고 그는 마침내 왕궁을 탈출하여 정처 없는 걸음을 옮기게 되었다. 왕이 급기야 출엽으로 돌아옴에 치희가 이미 쫓겨 간 그때이다. 왕의 낙망과 불안은 무엇에 비하였으랴. 그는 그만 달리는 말에 채찍을 가하여 불이 나게 치희를 쫓아갔다. 다시금 돌아오지 않으리라는 결심으로 떠난 거라 살같이 달려간 말의 힘으로도 끝끝내 붙잡지 못하고 그만 말고

삐를 돌이키게 되었다. 그는 맥 풀린 손으로 말고삐를 늦추어 말을 정지케 한후 노방에 외로이 서 있는 나무에 기대여 하염없는 설움에 잠겨 있었다. 때마침 그 나뭇가지에는 어디서 내려왔는지 황조 두 마리가 소리 쌍쌍이 노래를 부르고 있었다. 수심에 쌓인 그의 가슴 속은 새소리에 더욱 서러워지며 쫓겨간 치희의 환영이 눈앞에 선하게 떠올랐다. 그는 무심 중 그 새소리에 맞추어 자기의 입에서도 이와 같은 노래가 흘러나오게 되었다. "편편황조翩翩黃鳥, 자웅상의雌雄相依 넘아지독念我之獨, 수기여귀誰其與歸", 새도 자웅이 짝을 지어 저렇게 의가 좋게 노래를 부르는데 외로운 나는 누구와 함께 돌아갈고. 그가 치희를 잃은 나머지 그의 입에서는 으레 이 같은 자탄의 소리가 나왔을 것이다.[4회]

이 황조가는 매우 인구에 회자되는 노래로서 조선 사승에서는 처음 보는 노래이다. 조선 노래의 시초를 도솔가兜率歌로 삼는바, 불행하게도 사승에 도솔가라는 가명歌名만 전할 뿐이오, 여하한 내용을 가졌다는 그 가사가 전래하지 않음으로 황조가가 도솔가보다 우월하다는 점이 여기 있는 것이다. 황조가가 사언시 한자 형으로 전래하지 않고 당시 고구려인의 말로 전래하였더라면 황조가의 문헌상 지위가 더 빛났으리라고 생각된다. 그런데 이 황조가가 당시의 고구려 말로 기술한 것을 한시 형으로 의역하였으리라고 추측된다. 사승에는 한자의 수입이 삼국시대 중엽이라는바, 가령 사기史記대로 한자의 수입이 삼국시대의 중엽 설을 신뢰한다면 고구려 국초인 유리왕이 부른 그 노래가 한시 형으로 되었을 리가 없을 것이다. 이것은 당시의 고구려 방언으로 기술되었던 것을 후세 사람들이 개작한 것이 분명하다.

그러나 혹자는 황조가가 전연 후세 사람들의 위조물이라고 하나 그것은 조선 상고문화에 대한 이해가 박약한 데서 나온 억설이라고 생각된다. 단지 문제되는 것은 자초自初에 고구려 방언으로 된 것을 한자가 수입되기까지 여하한 방식으로 전래되었는지 문제의 초점은 여기 있다고 생각된다. 고구려시대에 조선 문자가 있었다는 확고한 고증이 있다면 모르거니와 이 문제가 해결되기 전에는 여기에 대한 명확한 해답을 얻기가 어려우리라고 생각된다. 그러나 사승에는 이 황조가 외에 전술한 도솔가와 같은 고가요가 있었음을 보아 구태여 황조가의 존재를 부인하고 싶지는 않다.

원래 문학의 시초는 노래에서 온 것이라 하면 소설과 같은 것은 그보다 한 걸음 후기에 생기었을 것이다. 이와 같이 가요란 것은 상고시대에 이미 소설보다 뚜렷한 윤곽을 가지고 있었다. 다만 문자가 생기지 못한 그때이라, 여하한 형식으로 그것이 표현되었을까 문제되는 일이다. 『삼국사기』에 단편적으로 개재收載되어 있는 황조가로 말미암아 상고 우리 노래가 여하한 내용을 가졌던가, 대강이 남아 짐작할 수 있는 일이다. 다만 여하한 가형歌形을 가졌는가 문제될 뿐이오, 그 노래의 내재적 정서에 대하여는 얼마만큼만 개념을 붙잡을 수 있는 것이다. 이같이 16자에 불과한 사언시로 말미암아 조선 고가요 연구상 많은 도움을 주는 것이다. 고문헌 유존의 가치란 것이 이처럼 위대하다는 것을 망각하여서는 안 될 것이다.

7. 백제 『서기』, 고구려 『유기』, 신라 찬집撰集

조선 고문헌 중 유실된 것이 허다하지만 고구려 이문진의 찬撰인 『신집』 5권과 신라 거칠부의 찬인 『국사』와 백제 박사 고흥의 찬인 『서기』 이 3책의 분실은 조선사를 연구함에 있어서 막대한 손실이라 않을 수 없는 일이다. 고구려에서는 사기의 명칭을 『유기』라 하였으며 신라에서는 사기의 명칭을 수집修集이라 하였으며 백제에서는 역사의 명칭을 『서기』라 하였다. 이와 같이 삼국이 모두 국사를 가지고 있었으나 애석하게도 『삼국사기』에 그 책명만 전래할 뿐이오, 그 책보물冊寶物이 전하지 않았다.

조선문화의 황금시대라 할 삼국시대에 국사를 기록한 사기가 없었다는 것이 안 될 말이다. 백제의 『서기』와 고구려의 『유기』가 신라가 삼국을 통일하기 이전까지 있었으리라고 생각한다. 그리하여 삼국 중 신라사가 가장 다량적으로 유존되었으리라 짐작한다. 그러나 그 후 고려의 흥기와 함께 신라사도 자연히 소멸되었을 것이다. 김부식이 『삼국사기』를 초草할 때에 신라를 정삭定朔으로 하였더라면 고구려의 사료가 충분하였을 것이다. 국가의 흥망과 함께 그 나라의 사료도 좌우되는 것 같다. 하여간 고려의 초엽까지는 조선 사료가 다량적은 되지 못하였으나 금일의 이 형상과는 퍽 많았으리라고 추측이 된다.

백제에서는 근초고왕近肖古王 대에 박사 고흥에게 명하여 백제사를 초하였다는 기록이 『삼국사기』근초고왕 30년조條에 기재되어 있다. 『서기』란 말을 지금 말에 비준比準한다면 어느 회사의 서기의 명칭과 같이 매우 우습게 들리나, 서기란 말을 재삼 음미하야 본다면 매우 흥미 있는 말이라고 생각한다. 기記는 사史라는 의미이며 서書는 기記한다는 말, 기술의 뜻일 것이다. 그렇다면 『서기』는 지금의 역사와 같은 것으로 만약 『서기』라는 이 백제사가 금일까지 유존되었더라면 당시의 백제문화를 넉넉히 규지할 수 있는 일이다.

더욱이 백제는 지리상 일본과의 교섭이 빈번하였으며 동양문화를 일본에 매개한 선진국으로 볼 수 있다. 백제가 쇠망 후 왕질王姪 복신福信이 의병을 일으키어 조국을 부흥하려고 할 때에도 일본병日本兵이 내원來遠하였다는 기록이 『삼국사기』에도 있으려니와 『일본서기』에도 이와 같은 사적이 기록되어 있다. 그런데 『삼국사기』 30년 11월조에 백제 건국 이래 사기란 것이 없다가 박사 고흥에게 명하여 비로소 백제사를 편하였다고 하나 근초고왕 이전에도 전연 백제의 사료가 없었다고 속단할 수는 없을 것이다. 그것은 백제 개국 이래 문자가 없었다가 박사 고흥에게 명하여 백제사를 편하였다는 말을 『고기古記』에서 인용하였다는 구절을 보아서는 결국 이 『고기』가 문제되는 책이다. 이 『고기』가 백제에 대한 사기를 쓴 책으로 십분 짐작할 수가 있다. 이러한 의미에서 백제의 『서기』가 『고기』에서 일전一轉하여 『삼국사기』에 단편적으로 개재되었을 것이니 고흥이 저한 『서기』가 오직 백제의 유일한 사료로 간주할 수도 없을 것이다.

고구려의 『유기』는 영양왕嬰陽王 대에 대학박사大學博士 이문진에게 명하여 『신집』 5권을 편하였다. 자초自初로부터 고구려에는 100권이라는 거질의 사료가 있었지만 이문진에게 명하여 『신집』 5권을 개편한 것이다. 그러므로 고구려사의 자초의 명칭은 『유기』이던 바, 칙찬勅撰으로 비로소 『신집』 5권을 개편한 것이다. 『신집』이라는 명칭을 붙인 것도 본래 100권이나 된 거질에다가 새로이 모은 사료를 첨가하였다는 뜻일 것이다.

고구려 영양왕시대로 말하면 고구려의 중쇠기中衰期지만 강적 수隋가 함부로 침략하지 못하는 그때라. 우리의 자랑할 만한 정치상 문화상 사료가 풍부하였을 것이니 이 『신집』 5권에는 『유기』에 미비된 점을 많이 기재하였을 것이다. 『유기』를 고구려 전반사라 하면 『신집』은 후반사가 될 것이다. 백제의 『서기』와 고구려의 『유기』는 우연하게도 그 이름이 잘 부합되는바 고구려가 『유기』 외에 『신집』 5권을 새로이 추가한 것은 백제보다 강대국인 것만큼 정치상 문화상 기재할 만한 사실이 더 많았을 뿐 아니라 장구한 역대를 가진 까닭이다. 그러나 백제로 말하면 고구려보다 먼저 망하였을 뿐 아니라 지리상

불우한 처지에 있었음으로 신라에게 망하게 되자 그 망국과 함께 그 사료도 대부분 분실 또는 탈설脫說이 많았을 것이다.5회

신라는 국사를 24대 진흥왕이 대아찬大阿飡 거칠부 등에게 명하여 편술하였다고 하는바, 전기 고구려와 백제는 『유기』와 『서기』의 명칭으로 유존하여 오지만 신라는 그 국사를 무엇으로 호명하였는지 문헌에 나타난 일이 없다. 단지 거칠부 등 제인諸人에게 명하여 수찬修撰하였다는 말이 있다. "이찬이사부주왈伊飡異斯夫奏曰 국사자기군신지선악國史者記君臣之善惡 시포폄어만대示褒貶於萬代 불유수찬不有修撰 후대하관後代何觀 왕심연지王深然之 명대아찬거칠부등命大阿飡居柒夫等 광집문사廣集文士 비지수찬俾之修撰", 이사부가 진흥왕에게 아뢰는 말이 국사란 것은 군신의 선악과 역대 제왕의 성패를 논하는 것이니 이것을 잘 수찬하지 않고는 어찌 후인의 전감前鑑이 되오리까, 왕이 이사부의 주청을 옳게 여기고 대아찬 거칠부 이외에 널리 수찬할 제 문사를 초청하여 국사를 보찬補撰케 하였던 것이다.

우右 문구 중 "불유수찬"이라는 구절이 우리의 착안할 점이다. 수찬은 이미 있던 것을 다시 고친다는 것이니 이 수찬에서 신라사가 진흥왕 이전에도 이미 있었다는 것이 증명된다. 더욱이 "불유"라는 말에서 수찬이라는 말이 더 선명하여지나니 불유라는 곧 조선말로 의역하면 '하지 않으며'가 될 터이니 수찬하지 않는다면 어찌 후인의 계감戒鑑이 되오리까, 우리는 이 "불유수찬"에서 확실히 신라도 국초로부터 신라의 사료되는 문헌이 있다는 것이 여지없이 증명이 되는 것이다. 만약 진흥왕대에 비로소 국사가 있었다면 수찬이라는 말을 쓰지 않고 초기 칙찬과 같은 문구로서 기술하였을 터인데 수찬이라는 문구를 찬택撰擇한 것을 보면 거칠부 등이 제 문사와 협의하여 수찬한 『국사』 외에 신라도 벌써 국초부터 고구려의 『유기』, 백제의 『서기』와 같은 국사

가 있었다는 것이 판명이 된다.

삼국을 통일한 신라라 어느 의미로 본다면 거칠부 등이 수찬한 국사 외에 고구려 백제보다 더 다량적 사료가 있었을 것이다. 그러나 불행하게도 고구려의『유기』, 백제의『서기』, 신라의『국사』가 모두 사승에 그 허명만 전래할 뿐이요, 그 실본이 전치 않은 금일에 있어서는 오직 우리의 개탄을 자아낼 뿐이다. 그래도 제 문헌 중에 단편적으로 개재되어 있는 고문으로 말미암아 조선사 연구에 일대 광명을 준다는 것을 또한 우리의 희하喜賀할 바이다.

8. 백제의『남제서南齊書』

동성대왕東城大王은 백제의 임금으로 대왕이 14~15세라는 소년으로 대위大位에 오르사 인접국인 고구려의 침략을 방어하는 동시에 일방으로 해외 경영을 모謀하사 위魏와의 충돌이 빈번하였으나 일거에 위의 대병을 물리친 영주이다. 그러나『삼국사기』백제본기에는 백제가 고구려의 침략을 두려워하여 사절을 위국에 보내어 위왕의 청원을 걸乞하는 장문의 봉정서捧呈書가 있을 뿐이요, 백제 건국 이래로 광대한 영토를 가진 해외 경영에 대한 사실은 조금도 없다. 도리어 이와 같은 사실을『위서』나 남양예씨南陽芮氏의 족보에서 그 대요大要이나마 채록하게 된다는 것은 퍽 우스운 일이다.

『삼국사기』에는『위서』를 초록秒錄하여 예실불芮悉弗, 고구려의 사신의 사적을 장수대왕의 자子 문자왕시대의 일로 기記하였으나 남양예씨의 족보에 거據하면 예실불이 위에 사使한 일을 장수대왕시대 일로 기하였다. 위가 백제에 침입한 사실이 장수대왕 때 일이요, 문자왕 때 일이 아닌 즉 이제『삼국사기』의 연대가 틀린 것 같으니 신뢰하기 어려운 예씨의 족보가 도리어 가신可信할 만한 문적으로 생각한다. 지나支那 대륙의 국으로 조선에 침입한 사실이 허다하나 이같은 대규모의 병화로 침략한 것은 탁발拓跋 씨의 위가 처음이라 생각되며 이와 같은 대병을 격파한 자는 오직 백제의 동성대왕일 것이다.

『위서』에는 위의 국치國恥를 휘휘諱치 아니하였으며 『삼국사기』에는 백제의 공업功業을 시기하여 이 같은 사실을 삭제한 신라의 사필史筆을 인습하였음으로 이를 기치 않은 것이다. 오직 『남제서』에 그 대개가 잔존되어 있으나 그것도 당 태종의 차휘擁毁를 입어 그 대부분은 잔결殘缺되고 겨우 동성대왕이 남제에 보낸 국서國書가 남아 있어 그 사실의 편영을 알 수 있다. 그러면 이 국서가 우리의 가신할 만한 국서이냐 하면, 이도 또한 우리가 신뢰하기에는 너무도 박약한 문적이다. 그것은 우리의 시가에서 중국을 수방원방殊方遠方이라는 명칭을 부치어도 자존 과대한 중국인들은 그 시구와 같은 자구에 이르러서도 반드시 황도대방皇都大邦의 자존적 존칭으로 개작하는 일이 많거늘 정치상에 관련되는 국서에 대하여서는 두말 할 것도 없을 것이다.

위국이 양차兩次나 대병을 거하여 백제에 침입한 사실을 『남제서』에서 볼 수 있는바, 백제의 동성대왕은 위의 대병을 격파하기 위하여 왕저근王姐謹, 부여고扶餘古, 부여역夫餘歷, 부여고扶餘固 등 4장군을 보내어 위병을 여지없이 격퇴케 하였으며 제2차 전역에는 사법명沙法名, 찬수류贊首流, 해체곤解體昆, 목간나木干那 등 4장군을 보내어 거만무쌍居慢無雙한 위병을 또한 격퇴케 하였던 것이다. 동성대왕은 이 양차의 대전에 대승리를 얻고 국서와 우격羽檄을 내외 각국에 보내어 크게 국위를 과시하였던 것이다.

조선 역대 이래로 바다를 건너 영토를 소유한 자는 백제의 근구수왕과 동성대왕의 양대이다. 동성대왕대는 근구수왕대보다 더욱 광범하였으니 『구당서舊唐書』백제전에 백제 지리를 기記하되 "서도해지월주西度海至越州 북도해지고구려北渡海至高句麗 남도해지왜南渡海至倭"라 한 바, 월주는 금今 회계會稽인 바, 회계 부근이 모두 백제의 소유로 있었으니 월왕越王 구천句踐의 고도古都를 환環한 수천 리가 모두 백제의 지역이라 함이 아마 이것을 가르침인 듯하다. 그런데 이같은 사실이 미치未治하나마 우리의 정사正史로 볼 수 있는『삼국사기』에 당연히 기재되어 있어야 할 것인데 우리에게 모욕을 당한 중국인의 손으로 된『남제서』에서 우리의 과장誇張할만한 사실을 찾게 되었으니 이런 모순이 어디 있으랴. 이러한 의미에서 고문헌이라는 것은 예리한 사가의 붓끝과 같아야 그의 직필을 일필휘지하자 왜곡의 사실도 백백청청白白靑靑 하에 폭로되고야 마는 것이다.

9. 김후직金后稷의 간렵문諫獵文

김후직은 지증왕智證王의 증손曾孫으로 진평대왕조眞平大王朝까지 역사歷事한 노신老臣으로 이찬伊湌이라는 관직에 있었다. 그는 국가의 주석지신柱石之臣으로 이찬이라는 관직에서 병부령兵部令으로 영전이 되었다. 그의 관직이 이처럼 중직인 것만큼 이전보다 그 책임감이 가일층 중대하여졌던 것이다. 그러므로 국가의 대소사를 물론하고 공사에 들어서는 추호의 사심이 없었던 것이다. 상왕에게 비행이 있다고 하더라도 조금도 두려움 없이 직간하는 것이 그의 타고난 성품이다. 하루는 왕이 정무를 제쳐놓고 전렵田獵으로 일과를 삼다시피 수종隨從과 엽부들을 데리고 야수들을 잡기에만 그 정신이 홀리었다. 이것도 한두 번이라면 모르거니와 일과모양으로 그의 손에서 활과 창이 놓여지는 일이 없었다. 충직한 김후직은 왕의 이와 같은 비행을 보고 그대로 참고 있을 수 없어서 마침내 직간直諫하게 되었다.

고지왕자古之王者 필일일만기必一日萬機 심사원려深思遠慮 좌우정사용수직간左右正士容受直諫 자자골골孜孜矻矻 불감일예不敢逸豫 연후덕정효고然後德政醇美 국가가보國家可保 금전하今殿下 일여광부엽사日與狂夫獵士 방응견축치토放鷹犬逐雉兔, 분치산야奔馳山野, 불능자지不能自止 노자왈老子曰 치빙전렵馳騁田獵 영인광심令人心狂 서왈書曰 내작색황內作色荒 외작금황外作禽荒 유일우차有一于此 미혹불망未或亡 유시관지由是觀之 내즉탕심內則蕩心 외즉망국外則亡國 불가불성야不可不省也 전하기념지殿下其念之 왕불종王不從 우절간又切諫 불견청

이 간렵문은 자고로 인구에 회자되는 명문으로 그렇게 혼군昏君이 아니라면 후직의 이 간렵문에 다소의 반성이 있었을 터인데 진평왕은 끝끝내 후직의 주청을 용허하지 않았다. 그는 공부자孔夫子의 유훈과 선철이 교훈한 바를 귀감으로 진평왕의 마음을 돌이키려고 하였으나 자기의 충간이 허지虛地에 돌아가고 말았다.

"내작색황 외작금황"의 두 구절은 진평왕의 염통을 찌르는 듯한 명구로써 그 아래 구절로써 이미 해석하여 놓은 것과 같다. 내즉탕심이요 외즉망국의 의의意義로 해이하였다. 색황의 색은 심이요, 황은 탕으로 색황은 즉 탕심 방탕한 마음을 가르침이다. 왕께서 전렵과 같은 도락道樂으로 일과를 삼게 되면 그 마음이 허랑방탕하게 되리라는 뜻이다. 외작금황의 금황은 망국의 의의로서 그 방탕한 마음은 비록 자기 일신만 망치는 것이 아니라 점점 정무에 게을리 하여 망국 비운의 혼군의 소리를 듣게 되리라는 뜻이다. 귀신까지도 감동

할만한 이 간렵문에 진평왕의 방종심은 끝끝내 돌이킬 수 없게 되었다.

그 후 후직은 병으로 장차 임종하려고 할 때에 자식들을 근측近側에 불러놓고 "내가 일국의 재상이 되어 왕의 비행을 보고도 그것을 광구匡救하지 못하는 것이 일대 유감이다.6회

여余가 지하에 간들 어찌 이 일을 망각하랴. 반드시 죽은 혼으로라도 기필코 왕을 회심시키리라"는 비장한 일언을 남겨두시고 그만 작고하였던 것이다. 그가 임종시에 자기의 유골을 대왕이 유전遊畋하던 노변에 묻어 달라는 부탁을 하였다.

진평왕이 그 후 후직의 분묘가 있는 노변을 지날 때 이상한 소리가 왕의 귓결에 들리었다. 그는 괴이하여 좌우 시신侍臣에게 하문下問한 즉 이곳이 바로 후직의 분묘가 있음을 아뢰었다. 시신들이 후직의 임종 시의 유언을 왕께 아뢴 즉 왕이 개탄하면서 전비前非를 뉘우쳐 다시금 전렵에 마음을 쏟지 않겠다고 이야기하셨다. 왕이 분묘를 지날 때에 괴이한 소리가 있었다는 것은 거짓 외우는 말이겠지요, 그가 신하들과 함께 그 분묘 있는 곳을 지나다가 저것이 충신 후직의 묘임을 회고할 때에 진평왕도 그때야 비로소 회오悔悟되는 바 있어 다시금 전렵하지 않기로 단념하였다는 말일 것이다. 김후직의 간렵문이 고문헌의 하나로 금일까지 유존하여 옴으로 신라사 연구상 다소의 패익이 있을까 이처럼 소개하여 드리는 바이다.

10. 치당태평송治唐太平頌

조선 4천 년 역대 왕 중 여자로서 왕이 된 분이 두 분이 있으니 신라의 27대

선덕왕善德王과 28대 진덕왕眞德王이다. 진덕왕의 명名은 승만勝曼이오, 진평왕의
모제母弟 국반國飯 갈문왕葛文王의 녀女이다. 여자로서 일국의 군왕 노릇을 하려면
억색抑塞한 점이 많았을 것이다. 신라에는 원래 고구려와 백제 둘 사이에 끼어
있어 지리상으로는 매우 불리한 점에 있었다. 북으로는 고구려의 위협과 남
으로는 백제의 침략이 빈번하여 국태민안의 영일寧日이 없었다. 이 같은 불리
한 환경에 있는 신라는 남북으로 협공하는 양국의 침략에 부대끼다 못하여 사
절을 당에 보내어 당의 병력으로 양국의 침입을 방어하려고 하였던 것이다.
이 태평송은 진덕왕이 당왕唐王에게 보낸 오언시로서 태평송이란 말은 후세 사
람들이 개작한 명제인 것 같다. 진덕왕이 이와 같은 호소로 말미암아 무사함
을 얻게 되었음으로 후인이 오언 태평송이라는 명제를 붙이었을 것이다.

통천숭우시統天崇雨施 이물체함장理物體含章 심인해일용深仁諧日用 무운매시강撫
運邁時康 번기하혁혁幡旗何赫赫 정고하굉굉鉦鼓何鍠鍠 외이위명자外夷違命者 전복피천
잉前覆被天殃 순풍응유현淳風疑幽顯 하이경정상遐邇競呈祥 사시화옥촉四時和玉燭 칠요
순만방七曜巡萬方 유악항재보維嶽降宰輔 유제임충량維帝任忠良 오삼성일덕五三成一德
소아당가황昭我唐家皇

진덕왕은 이 태평송을 값 많은 주단에 정성스럽게 쓴 후 춘추春秋의 자子 법
민法敏에게 주어 당으로 보내었다. 당의 고종高宗이 이 태평송을 보고 크게 기
꺼워하여 법민에게 대부경大府卿을 배拜하고 신라를 위하여서는 동병動兵이라도
주저치 않을 의사를 표시하였다. 진덕왕은 법민의 회보回報를 접하고 3대의
정삭을 고치어 당의 연호 영휘永徽를 사용하였다고 하나 이것은 『삼국사기』의
오기인 것 같다. 소약국으로 당과 같은 큰 나라에 구원을 청하였을 것은 당연

한 일이겠지만 당의 연호 영휘를 사용하였다는 것은 김부식의 출필黜筆인 것 같다.

나당 연합군이 백제의 도성 사비성泗沘城을 격파하기 위하여 덕물도德物島에서 양군이 서로 합하기로 상약相約하였던 바 신라군은 황산전黃山戰으로 말미암아 상약한 기일보다 좀 늦게야 덕물도에 이르게 되었다. 당장唐將 소정방蘇定方은 김유신金庾信에게 만도晚到됨을 문책하였다. 그러나 김유신은 조금도 굴하지 않고 경우에 따라서는 백제군과 교전하기 전에 당군과 먼저 일전을 결차決次하여 보리라는 기세를 보이었다. 소정방의 부하가 가만히 정방의 귀에다가 신라군에 동요가 생기면 대세에 불리할 터이니 장군은 기품을 낮추시고 좀 참으시라고 아뢰었다. 정방도 일시적 분노로 큰소리는 하였지만 함부로 김유신을 건드리었다가는 백제 정벌에 지장이 있을까 하여 터지는 분통을 꿀덕꿀덕 참았던 것이다. 당의 대병을 빌어 백제를 정벌하려는 신라이지만 당의 총사령 격인 소정방 보기를 아이 같이 보는 신라에서 그렇게 곰상곰상 연호를 개改하였을 리가 없으리라고 생각된다.

이 오언 태평송은 신라와 같은 소약국의 여왕이 글자 두어 자 되는 시구로서 당과 같은 대국의 청원을 얻어 백제를 정벌하였다는 의미에서 유명하다는 것이다. 만약 이와 같은 태평송을 보낸 일이 없이 당에서 동병하지 않았더라면 백제를 정벌하였을지도 의문일 것이며 삼국을 통일한 신라가 되었을지 그도 또한 의문시할 수밖에 없는 일이다. 이 태평송을 가요의 체재體裁로 당에 보내었다고 주장하는 사람이 있으나 그것은 가신可信할만한 말이 되지 못한다. 그리하여 이것을 조선 가요의 일종으로 보는 사람이 있으나 나로서는 신뢰할바 못 된다고 생각한다. 가요의 형식으로 지었다면 이두문으로 지었을 터인데 중국사람이 이두문을 안다는 것은 억설에 가까운 망론이다. 이 태평송이 조선 고시古詩의 하나로서 상당히 존경을 표할만한 문헌이 된다는 것을 망각하여서는 안 될 것이다.

자초에 본고本稿를 초할 때에는 고문헌 중에서 20종을 선택하여 해설하려고 하였던바, 이상 10종을 발췌하매 예기한 바와는 엄청난 40매라는 과다한 매수가 되고 말았다. 지면 관계도 있사옵기에 1종만 더 발회拔華하여 우견愚見을 술述하여 볼까 합니다. 지금까지 논술한 10종은 삼국시대 이전의 고문헌에서 추려온 것이지만 이하 논술하려는 일 종목은 삼국시대 이후의 문헌 중에서 가장 고문적이라 하는 최치원崔致遠의 저인 『계원필경桂苑筆耕』에 대하야 논급하려고 합니다.7회

11. 계원필경

최치운의 자는 고운孤雲 혹은 해운海雲이라 하는바, 일설에 의하면 고운은 호요, 해운은 자라는 이설도 있다. 그는 신라 왕가의 인人으로 그 세계에 관하여는 상세한 기록이 없다. 중화中和 6년, 신라 헌강왕憲康王 12년 최치원이 그 문집을 진헌進獻하던 때의 상주문에 의하면 치원이 12세 되던 해에 고국을 떠나 당에 유학하려고 하매 그 부가 이 같은 훈계로써 치원에게 하교하였다. "십년불제진사十年不第進士 즉물위오아則勿謂吾兒 오역불위유아吾亦不謂有兒 왕의근재往矣勤哉 무휴내력無隳乃力", 치원이 엄훈嚴訓을 존수면각尊守勉刻하여 학學에 면려한 지 6년만에 마침내 급제 등과하게 되었다.

그가 이처럼 영예 (판독불능–엮은이) 선주宣州 표수현위漂水縣尉로 역임케 되었다. 『삼국사기』에는 건부乾符 원년 예부랑禮部郞 배찬裴瓚의 부속部屬으로 급제된

일을 기록한 사적이 있는바, 그가 급제후여예부배상서찬상及第後與禮部裴尚書瓚狀에 의빙하더라도 그가 적확히 배상서의 부속 관리이었던 것이 어김없이 들어 맞는다. 더욱이 "초투헌태위계初投獻太尉啓"로써 이 사실이 적확하다는 것을 알수 있게 되나니 "자십이즉별계림自十二則別鷄林 지이십至二十 득천앵곡得遷鶯谷 방접청금지려方接靑襟之侶 선종황수지관旋從黃綬之官", 이 같이 그가 12세에 입당하여 13세로부터 19세까지 즉 6년 동안을 당에서 유학한 셈이 된다. 그가 선주 현위로 있으면서 공사 간에 생긴 일을 채록한 것으로 『중산복궤집中山覆簣集』이 있었으나 금일까지 전래함이 없다.

그가 재직한지 얼마 되지 아니하여 마침 황소黃巢의 난亂이 일어나 거국擧國이 소란 중에 있던 그때이다. 치원은 직을 파하고 회남淮南 땅에 우거寓居하여 있다가 회남절도사 고변高騈이 제도행영병마도통諸道行營兵馬都統이 되는 바람에 치원은 발탁되어 그의 종사관이 되었던 것이다. 그가 동이東夷의 출신으로 급제 등과하여 현위가 된 것만으로도 영예스러운 일이지만 그보다 그가 전 중원에 문명을 떨치게 된 것은 종사관의 관직에 있을 때에 「하살황소표賀殺黃巢表」로써 그 문명文名이 더 한층 빛나게 되었다. 황소표문 중에 "불유천하지인 개사현륙不唯天下之人皆思顯戮 억역지중지괴이의음주抑亦地中之鬼已議陰誅"이라는 구절에 가서는 황소가 손에 들고 보던 이 표장表狀을 땅에 떨어트리고 상상牀上에서 굴러 떨어졌다는 말이 있다. 그가 얼마나 넋이 나갔으면 상상에서 굴러 떨어졌으랴. 이 황소의 난으로 말미암아 어가御駕가 몽진蒙塵하리만큼 되었으니 그리 경홀輕忽히 볼 수 없는 내란內亂임을 알 수 있다. 이 같이 소란한 내란을 평토平討한 것이 관군의 의협에도 있었지만 적괴 황소의 간담을 서늘케 한 치원의 「격황소서檄黃巢書」에 의한 힘도 적지 않았으리라 생각된다.

황소의 난을 평토한 공이 적지 않다 하여 치원에게 도통순관道統巡官 승무랑

承務郎 시어사내공봉侍御史內供奉 사자금어대賜紫金魚袋라는 어마어마한 관작을 내리었다. 이 내란이 곧 평정되자 치원은 귀국 등로登路 시에는 회남입신라겸송국신조서淮南入新羅兼送國信詔書의 사자使者로서 귀국케 되었다. 그가 신라로 돌아와 고변의 종사 시에 자기가 친히 보고들은 사실을 기술한 것이 금일까지 상존한 20권이나 되는 『계원필경』이다. 그는 헌강왕 12년광계(光啓) 2년 『중산복궤집』 5권, 기타 시부詩賦 3권, 계 28권을 신라 왕정에 봉정하였던 것이다.

치원은 유자儒者 문사로서 또한 불교에 대한 깊은 조예와 이해도 가지고 있은 듯싶다. 그가 만년에는 세속을 떠나 산간으로 둔세遯世한 것을 보아서도 유교 외에 불교, 선교仙敎에 관한 조예가 상당히 깊었으리라 추리된다. 『삼국사기』에 거하면 그가 왕에게 시무 10조를 봉진奉進하매 왕이 이것을 가납嘉納한 후 아찬의 품위를 사賜하시었다. 아찬은 신라 작위 17등 내에 제6위에 해당하는 품위로서 진골眞骨 이외의 인으로서는 최상 품위로 가는 관작이다. 이 같은 영작榮爵도 그는 사辭하고 산림강해山林江海로 소요자방逍遙自放하여 서사書史에 침적枕籍하기도 하며 혹은 풍월을 소영嘯詠하여 지리산 쌍계사雙溪寺 등에 은신하여 속세에 나오기를 싫어 하였다. 그가 종언한 곳으로 말하면 가야산 해인사海印寺로서 모형母兄되는 승려 현준賢俊과 정현법사定玄法師로 더불어 도우道友가 되어 노년을 마치었다.

세간에 떠돌아다니는 "계림황엽鷄林黃葉 곡령청송鵠嶺靑松"의 전설이 있는바, 이것을 최치원의 유구遺句로 생각하는 사람이 많으나 후세 사람의 허구인 것 같다. 계림은 신라라는 의미요, 곡령은 고려 국도國都 송악松嶽을 지칭함이며, 황엽은 신라가 망한다는 뜻이며, 청송은 고려가 흥기한다는 말이다. 현종顯宗 왕 때에 이 전설이 조업祖業을 밀찬密贊한 공功이 있다 하여 왕 11년에 내사령內史令을 증贈하여 공자 묘정廟庭에 종시從祀케 하였으며 14년에는 문창후文昌侯를 증익贈謚하시었다.

치원의 유문 중『중산복궤집』,『계원필경』외에 문집 30권이 있어 고려 인종仁宗 왕조까지 유전되었으나 지금은 오직『계원필경』밖에 잔존되지 않았다. 『동국통감東國通鑑』에 의하면『연대력年代曆』도 그의 찬술이라 하나 그 실본을 찾아볼 수가 없다.『계원필경』은 신라인으로부터 세간에 유존된 문헌 중 가장 오랜 연대를 가진 문적이 되는 동시에 현존한 삼한 서적 중 최고의 문헌이다. 이『계원필경』이 이조에 지포하여 누차 간행한 일이 있었으나 그리 용이하게 수중에 넣을 수가 없어, 좌의정 홍석주洪奭周에게 1권이 있는 것을 순조純祖 왕 34년에 서유구徐有榘가 활자로 인행한 일이 있었다.

홍씨의 서문에 의하면

여상견근대소찬동국서목余嘗見近代所撰東國書目 유재중산복궤집자有載中山覆簣集者 편구지編求之 종불가득終不可得 유계원필경唯桂苑筆畊 이십권二十卷 위오가선세구장爲吾家先世舊藏 자동유시지진이완지自童幼時知珍而玩之 연간이어이然間以語人 수박아능문이호고지雖博雅能文而好古者 역개언미증견亦皆言未曾見 연즉시서야기호절의然則是書也幾乎絶矣

또한 서씨의 서문에 의하면,

유시집루경침인惟是集屢經錄印 판각구질板刻舊佚 탑본역절한搨本亦絶罕

우右 양씨의 서문으로 용이히 구득키 난難한 문헌임을 알 수 있다.

『계원필경』에 수록된 시문은 표表 20수首, 장狀 10수, 주장奏狀 20수, 당상唐狀

10수, 별지別紙 80수, 격서檄書 수서首書 공共 10수, 위곡委曲 20수, 거첩擧牒 55수, 제사祭詞 15수, 제문서기祭文書記 기소記疎 공 10수, 계상시啓上詩 공 65수, 별지 장서 공 20수, 계상 별지 제문 시 공 40수 등이 기재되어 있다. 그런데 불행하게도『금체부今體賦』1권,『금체시今體詩』1권,『잡시부雜詩賦』1권,『중산복궤집』5권이 전래치 않음이 무엇보다도 유감으로 생각한다. 서거정徐居正『필원잡기筆苑雜記』에 의하면 기其 당시에 이미 절본이 된 듯싶다. 성현成俔『용재총회慵齋叢話』에도 전기前記의『계원필경』은 있었으나『중산복궤집』이외『금체시』,『잡시부』는 보이지 않는다.

이 같이 치원의 시문인『계원필경』은 상존하여 있지만 문집 30권은 제서諸書에 단편적으로 개재되어 있으니 김부식의 저인『삼국사기』에 왕왕 인용되어 있는 외에 승 일연의 저인『삼국유사』에도 단편적 면영으로 잔존되어 있다. 이같이 단편적이나마 고문헌에 인용되어 있음을 보아서는 아마도 고려 말엽, 이조 초기까지 전기 문집 30권이 잔존되어 있었으리라는 것이 추상推想된다. 치원의『계원필경』이 전기 10종목의 고문헌보다 특이한 색채를 가진 점은 양으로 다수의 권수를 가지고 있는 까닭이다. 전기 고문헌은 고서 중에 단편적으로 개재되어 있거나, 그렇지 않으면 겨우 원본의 책명만 잔존되어 여하한 내용을 가진 책임을 한낱 추상함에 반하여『계원필경』은 완연히 수십 권의 거질로서 현존한 고문헌 중에서 가장 수량이 많은 고문적인 까닭으로 조선 고문헌 연구상 부여한 바 그 패익이 적다 할 수 없는 것이다.

전술한 고문헌 외에 「마한왕상온조서馬韓王上溫祚書」, 백제 책계왕責稽王 52년, 진晉 무제武帝 6년의 「왕인王仁의 논어論語와 천자문千字文」, 고구려 소수림왕小獸林王 2년, 진 문성제文成帝 2년의 「진부견송승불상秦符堅送僧佛像」, 고구려 장수왕 때

송宋 무제 때(?)의 「호태왕릉비好太王陵碑」, 백제 개로왕蓋鹵王 6년, 송 명제明帝 태예泰豫 원년의 「백제상후위서百濟上後魏書」, 백제 성왕聖王 30년, 양梁 원승성元承聖 2년의 「송일본불상서送日本佛像書」, 고구려 영양왕嬰陽王 22년, 수隋 양제煬帝 태업초業 8년의 「을지문덕여수장서乙支文德與隨將書」, 백제 의자왕義慈王 원년, 당 태종 정관貞觀 15년의 「성충악중상서成忠獄中上書」, 신라 진덕여왕 4년, 당 고종 영휘 연간의 「왕거인王巨仁의 분원시憤怨詩」, 연대 미상의 「원효몰부가元曉沒斧歌」, 「원효제경소元曉諸經疏」, 「설요薛瑤의 반속요返俗謠」, 「혜자惠慈의 서원문誓願文」, 「정법사定法師의 영고석詠孤石」, 「구려인句麗人의 인삼찬人蔘讚」, 망명亡名 씨의 비형鼻刑 「사詞」, 「소낭자小娘子의 남암투게南庵投偈」, 「악신岳神의 성간택지기聖簡擇地歌」 등 고문헌이 허다하나 지면 관계상 전술한 바와 여如히 일일이 해명하여 드리지 못함을 유감으로 생각하나이다.

후일 기회가 허락하는 대로 독자 제위께 외람되이 소개한다는 것보다, 졸자拙者의 고문 섭렵의 여묵餘墨으로 1차 발표하여 볼까 하나이다. 끝으로 한 마디 더 부언하고자 함은 전술한 제 고문헌이 역사상, 문예상으로 참고 될 만한 재료를 수집 소개한 것이지만. 조선 종교상, 민속상, 사상思想, 학술상으로 필요한 고문헌은 금후 따로 발표하여 볼까 하나이다. 망필다사忘筆多謝.8회

「『진단학보』 제3권을 읽고」(전4회)

이청원, 『동아일보』, 1935.11.9~14

지금까지 무시하여 왔던 조선의 역사적 과거를 알자! 이것은 현금 조선인 전체의 요구일 것이다. 그러나 그 요구 중에는 본질적으로 다른 두 개가 있다는 것을 지적하지 않으면 아니 된다. 금일의 기형적인 조선은 많이 왜곡되어 있다할지언정 그것은 바로 옛날의 조선의 발전한 것이었다. 물론 그 발전이라고 하는 것은 유기적 진화적인 것이 아니고, 도약적인 변화 그것이었다. 현금의 기형적인 일견 어찌할 수 없는 것 같이 보이는 위협적인 특수성의 사적 史的 발전에 있어서 과학적으로 분석하여서만이 이것의 해결적 내용의 기초적 인식과 파악이 가능한 것이다. 이곳에 조선역사 연구의 현실적 의의(!)가 있는 것이다. 그러므로 과거한 역사적 사실이 경제적 범주의 인격화한 사람들의 이익을 위하여 호화로운 약동을 치게 하는 것은 우리들 과학적 학도들의 격파하지 않으면 안 되는 것이다.

작년 중 춘春 진단학회가 이 나라의 일부 인사들의 기대 아래에서 창립되고 그 회보로서 『진단학보』가 3권까지 세상에 나왔다. 이것은 빈약한 우리 학계에 있어서는 의미 있는 일이었다. 그러나 그와 동시에 좋지 못한 결과도 산출하였다는 것을 조금도 숨겨서는 아니 된다. 사회적 운행을 초월한 순수 사유이니, 순수한 개인의 자기 사상이니 하는 따위의 늘 점차적으로라는 기분 좋은 선율멜로디에 따라가는 관념론적 사관으로, 이 나라의 젊은 학구자들께 소화불량의 결과를 주었다는 것이 즉 그것이다. 우리는 늘 이상과 같은 관점과 준비 아래서만 이 회에 대한 정당한 평가를 내리울 수 있는 것이다.

이제 이 학보 제3권의 내용을 보건대 그에는 당연히 제기하여야 할 상당히 귀중한 문제가 많이 있으며, 종래의 퀴퀴 묵은 통속사가通俗史家들보다 엄청난 발전의 자취가 보인다. 그러나 발전이라는 것은 선행자들과 전연 본질적으로 다른 발전이 아니고 오직 그들 선행자들의 제기한 명제를 일반화하고 수정하고 보충하고 다른 일면을 분리하였다는 의미에서이다. 이 의미에서 우리 학계에 남겨준 업적은 결코 과소평가할 수 없는 것이다. 더군다나 시민적 유산도 받지 못한 이 나라의 신흥사학계新興史學界에 있어서는. 이제 각 논문을 일독하고 필자의 소감을 약간 적어볼까 한다.

「역대歷代 가집歌集 편찬의식에 대하야」 조윤제 씨

조선은 유독 남달리 시가가 다른 소설, 희곡보다는 훨씬 발달하였던 것이다. 우리는 이에 대하여 약간 말하여 보자. 그것은 이 논문의 필자가 지적하는 바와 같이 시가는 신분 격식의 여하를 불구하고 뚜렷한 발전을 본 것이니 이것은 상업이라고 하는 것은 그 형태의 여하를 불구하고 구래의 생산양식을 파괴하는 것이나 조선에 있어서는 원시공산사회부터 노예소유자적 구성에로의 발전 전화는 즉 이 변혁은 상업의 미발달에 제약되어서 이상히도 불철저하였다. 이것은 원시공산사회의 유물遺物이 광범히 여명餘命을 보존케 한 역사적 조건으로 그 중 원시공산사회의 가무歌舞의 유풍은 특히 현저하였던 것으로 부여夫餘의 영고迎鼓, 고구려의 동맹東盟 등은 그의 좋은 예이다. 이곳에 조선에 있어서의 시가 발전의 사회적, 역사적 조건이 있는 것이다. 그러므로 조선 문학사상에 있어서의 시가의 지위는 '중추적'인 것이다.

필자 조윤제 씨는 근래에 와서 시가 연구의 발표로써 학계에 나타난 청년 학도로서 그는 삼국을 통일하는 데 의하여 비로소 아시아적 봉건 조선을 창설한 통일 후 신라의 역사적인 일대 전환기인 진성여왕 2년에 각간위홍角干魏弘과 화상대구和尚大矩가 칙명勅命에 의하여 『삼대목三代目』을 편찬한 것을 일본의 『만엽집萬葉集』에 비응比應하면서 조선에 있어서의 가집 편찬사업의 사적 발전의 단서라고 한 다음, 봉건 고려에 와서는 이 사업은 하등의 진전을 보지 못하였으나 이조에 와서는 커다란 진전을 보았고, 씨는 이에 대하여 "이조는 유교로써 건국의 이상을 세웠던 만큼 가락에 대하여는 특별한 용의를 한 듯하여 우선 창업 당초 국가 대강의 조직제도가 성립되자 곧 힘을 구악舊樂 정리와 신악新樂 수립에 썼으니 운운"하였는데 이것은 참으로 충실한 분석이라 하겠다. 그러나 그것은 한계적인 것으로 구체적인 것은 아니였었다. 봉건 이조의 지배자 철학으로서의 유교, 그와 이 가집 편찬의 성대盛大한 것의 내면적인 분석이 결여되지 않는가 하는 감이 있다. 즉 봉건 이조의 이데올로기적 조류로서의 유교는 이 봉건 관료양반的으로 조직된 신분제도의 강화와 및 그를 유교적인 화려한 의식에 의하여 둘러싸고 그 제도적 위엄을 민중의 달할 수 없는 지점에 놓기 위하여서는 절대로 이 화려하기 천사적天使的이며, 따라서 왕조적으로 조성된 노래와 그의 보편화가 필요하였던 것이다. 이곳에서 봉건 이조에 있어서의 가집 편찬의 성대를 본 비밀을 발견하여서만 비로소 문제제기의 정당성과 옳은 결론을 얻을 수 있는 것이다.

씨는 다시 붓을 돌려 민간에 있어서의 가집 편찬을 이조 유교사에 있어서의 사단칠정四端七情 이발기발理發氣發, 세칭 사칠논쟁 논쟁의 일방의 웅雄으로서의 이

퇴계李退溪의 문헌을 인용하고 그 외에 『악장가사樂章歌詞』에 관하여, 또 이조 중엽 이후에 편찬된 주요한 가집으로서의 『청구영언靑丘永言』, 『해동가집海東歌集』, 『금고가곡今古歌曲』, 『동가선남東歌選南』, 『동태평기童太平歌』, 『가곡원류歌曲源流』 등을 구체적인 사료에 있어서 해설하였다.

그리고 씨는 본론에 들어가 가체歌體 분류, 작가, 원작, 분절分節, 편지編者 급及 서발序跋에 대한 편찬자의 의의를 말하였다. 대관절 이 소론은 시가에 대한 근래에 드문 논색論索이라 하겠다.[1회]

「삼봉 인물고」 이상백 씨

이 논문은 금권今卷에 와서 완결된 것으로, 이씨조선 개국 초기의 봉건적, 왕조적 특권을 중심으로 한 이모異母 형제의 대난투에 있어서의, 삼봉三峰 정도전鄭道傳의 진면목을 가르쳐 주는 씨 독특한 필치로 된 논문이다. 씨는 태조와 그의 건국에 있어서의 잊지 못할 공신으로서, 도전, 남은南誾 등과의 친밀한 상호관계로부터, 이른바 세자 문제에 있어서의 그들의 이해관계의 동일을 논하고, 방원芳遠=태종의 전후 모순되는 논죄와 후세의 절대주의적 교육을 받은 사가들이, 태조와 도전, 남은 양인을 분리하여 후자에게만, 이른바 무인 변란의 죄를 부담시켜서, 태종의 행동을 정당화하려는, 태도를 누열陋劣하다 논하고, 그러므로 세상에서 정도전난이라고 하는 무인란은 방원이, 태조 세자방석(芳碩), 도전, 남은 등을 상대로 한 쿠데타이고, 태조는 최후까지 이것을 일종 반란으로 분노하였고 자존심 많은 방원과 건국공신들과의 불화를 논한 다음 최후로, 도전의 신분, 혈통 문제를 논하였다. 이 문제는 그 당시의 신분적으로 조직된 봉건관료제도에 있어서는 결정적인 문제인 것이다.

그러므로 씨는 신분 운운하는 계통으로서 단양우씨丹陽禹氏가 현보일기玄寶一

家의 소전所傳과 차원부車原頫 일문一門의 설원기雪寃記 주장을 논하고 그 전설의 진상을 규명, 그 전설의 성립되는 이유, 형상, 다른 말로 표현한다면 역사적, 사회적 조건이 흥미 있는 것이며, 따라서 이것은 자기들의 이해관계를 중심으로 성립된 것이고 또 그 전설 자체에도 의문이 있다는 것을 말하였다. 끝으로 건국의 대공신인 삼봉 정도전이 반신叛臣, 천얼賤孽 대우는 태종과의 이해관계에 기인하는 것이며 따라서 이것은 동시에 이씨조선의 본질적인 변화와 그 실력의 중심이 건국자의 수중으로부터 반대파의 장중掌中에 이전된 것을 의미한다고 논하였다. 그러나 이것은 이씨조선의 본질적 변화는 아니고 오직 봉건적, 왕조적 특권 때문에 이상理想이 다른 것이지 이씨조선의 본질로서의 아시아적 봉건적 수취는 조금도 변화함이 없었던 것이다.

「지나支那 민족의 웅계雄鷄 신앙과 그 전설」 손진태 씨

이 논문은 지나 민족의 닭 토템에 관한 것으로서 한漢 응소應劭의 『풍속통의風俗通義』한위총서본(漢魏叢書本) 권8 웅계조雄鷄條를 인용하고 청사자靑史子의 설은 도교 음양오행설이라고. 그러므로 지나 민족이 문제용계門祭用鷄를 오행설의 후라고 하나 이 문제용계의 민간신앙은 벌써 이 오행설이 존재하기 전부터 있었다는 것을 정당히도 논하고 도가 류의 해석에 가일봉加一捧한 다음 닭 토템의 기원을 닭이 울면 밤이 밝고 밤이 밝으면 귀신이 보이지 않음으로 원시시대의 인간들은 신계晨鷄가 울면 야夜 중에 횡행하던 귀류鬼類가 이 세상에서 종적을 감춤으로 처음은 귀신은 닭을 무서워하는 것이라 하고, 그 다음 닭은 귀신을 쫓는 것이라 하였다. 다시 말하면 지나 민족은 그 미개한 의식에 있어서 일종의 종교적 민족이었으므로 그들은 종교적 관념의 화신인 가지각색의 귀신을 무서워하였으며 이 귀신들은 닭이 울면 날이 밝고 마치 세상에서 자취를 감추는 듯 하였으므로 그들은 주술적 의미에서 신앙하게 되었던 것이다. 그에는 계신鷄神 전설이 있어서 조선처럼 닭 토테미즘의 유풍이 많은 우리에게 있어서는 유익한 논문이라 하겠다.

「삼한문제의 신고찰 (2)」 이병도 씨

씨의 신연구에 의하면 한韓의 칭호는 진辰의 칭호의 후이며 지나의 고문헌을 중심으로 한 이 한의 기록을 인용한 다음, 이른바 준왕準王 입해入海 이전에는 한이 없었는데, 준 입후에 '자호한왕自號漢王'은 여하히 이해할까? 그것은 준이 약간의 무리를 데리고 진국에 들어온 것은 속일 수 없는 역사적 사실이며, 동시에 준은 진의 허용을 받아 진의 일— 변지邊地에서 나라부락를 건설한 다음 한왕이라 하고, 그 나라부락의 명도 인하여 한으로 되었다.

그러므로 한의 명칭의 기원은 이곳에서부터 시작되고, 그것이 전체의 명칭으로 전화되었다는 것이다. 또 이 한의 명칭의 유래를 설명하기 위하여 "역성한亦姓韓, 위위만소벌爲衛滿所伐, 천거해중遷居海中"을 인용하고, 이것은 확실히 조선왕 준의 입해입진(入辰)사실을 말하며, 한은 왕준의 본성이 한씨였음으로, 그로 인하여, 한왕 운운하였다는 것이다. 이 설은 지금까지의 통속사가에 의하여 전개된 설을 근본적으로 전복하는 것으로, 퍽이나 주목되는 논문이라 하겠다.

「고려 화적畵跡에 대하야」 고유섭高裕燮 씨

이 논문은 고려에는 그리 큰 화적이 없다고 하는 이론에 대한 반격으로 화려한 고려의 화적을 논한 것이다. 그런데 우리가 화적을 문제 삼을 때 그것은 단순한 골동품으로서보다도 이 기념품들은 그 당시의 복잡한 사정을 거울 또는 사진적 조형 미술처럼 복사하지 않는다 할지언정 그 어느 정도까지의 반영인 것이며 따라서 그 당시의 왕조적 세계관, 또는 사정을 무언으로서 말하고 있는 때문이다. 그런데 씨는 고려의 화적에서 인물화, 종교화, 자유화, 실용화 등에 궁亘하여 구체적인 사료를 배열하고 끝으로 나대羅代의 회화관과 대조하면 회화의 객관주의에서 주관주의에로의 변천의 커다란 자취를 볼 수 있다고 하였다. 그러나 고려에 이러이러한 명화가 있고 또 이 자기의 주장을 위하여 많은 문헌을 인용하나 이것은 통속사가들의 고증욕을 만족시킬 따름이라는 것이다. 오직 문제는 그를 통하여 그 배후에서 너울거리고 숨 쉬고 있던 묻히고 왜곡된 사회의 발굴 그것이다.[2회]

「조선의 거석문화巨石文化 연구」 한흥수韓興洙 씨

이 논문은 근래에 드문 신연구라 하겠고, 씨는 서론에 있어서, 거석문화 연구의 의의를 논하고 태양 거석문화와 조선에서, 태양 숭배는 거석 문화인들의 공통한 특징으로, 거석문화 기념물 등에서 흔히 볼 수 있는 만卍은 태양 숭배 즉 태양 토템의 상징으로, 조선의 거석문화도 당연히 일반 거석문화권에 속한다고 조선 거석문화인의 생활과 사상에서는 조선 원시사회의 발전과정, 즉 수렵경제로부터 목축 = 농경경제에로의 발전을 말하고 이 농업생산의 발전은 이 농업생산을 완전히 지배하는 듯 하는 자연의 맹목적 힘에 대한 따라서 그것들을 지배하는 듯 하는 초자연력 = 천체에 대한 신비를 느끼며 이것은 태양 토템으로 나타나고 이 태양 토템은 현대종교와 본질상 측량할 수 없는 거리를 가지고 있으며 그 후 농업공동체의 붕괴과정에 들어와 주술자, 장로 등 불생산 특권자가 이 원시인의 자연현상에 대한 공포 심리를 교묘히 이용하여 애니미즘과 주술의 연합체인 원시종교를 구성하였고 이 태양 토템과 종교 신앙과는 인연이 없다고 강조하였다.

그런데 필자는 관념론자는 아니나 이 설에 동의할 수는 없다. 즉 원시인들은 인간과 자연과의 사이에 종국적 구별이 없었고 그 조건으로 그들은 종교의 제1요소로서의 초자연력, 초자연적 존재에 대한 신앙이 생겼다. 그들은 자기들의 무력을 주관적 방법에 의하여 보정하였고 토테미즘은 종교의 일 단계이었던 것이다. 태양 토템 신앙은 다른 토템 신앙처럼 수렵생활의 습관에 제약된 것이 아니고 농경경제에 들어와 이 태양은 농업생활의 암흑면 부정적 측면, 홍수, 지진, 한발 등의 배제를 장악하는 자로 등장하고 이것은 조선에 있어서는 용龍의 형태로 나타나 한발 때는 이 용에게 걸우乞雨하던 것이었다. 그러므로 원시인과 같은 농업 민족에 있어서는 농작의 원천이 되는 천天=용은 세상에 있어서 최강자의 상징이였다. 즉 태양 토테미즘 신앙은 종교 신앙의 원시적 형태이었다.

씨가 원시종교의 형성 시기라고 한 농업공동체의 붕괴기는 종교적 관념의 화신의 가지각색의 영혼이 인간적 형태 아래서 표상되었던 것이다. 조선 거석 유풍의 종류에서는 ① 선돌 ② 고인돌 ③ 칠성七星바위 ④ 돌무덤 등을 분석하였다. 대관절 근래에 드문 신연구의 성과라 하겠다.[3회]

「역사 연구의 방법론」 신남철 역譯

우리 조선에 있어서는 아직 체계 있는 역사 연구의 소개, 구명이 없는데, 이번 신씨 역의 이 논문은 역사 연구의 기술적 관점에서 문제를 제기하고 있다. 동同 논문에는 "역사에 있어서도 연구 방법이라고 하는 것이 한 개의 결정적인 역할을 연演하고 있는 것이다" 하고 그는 역사 연구에 있어서의 방법론의 결정적 의의를 말하고 있다.

참으로 이 방법론의 정확 여하는 그 역사적 서술에 있어서의 과학적 성과의 여하한 초인적 상식도 총명도 개인적 천부도 그 자체에 있어서 오류 실패를 보증하는 것은 아니다. 그 내용이 암만 풍부하다 할지언정 그릇된 사관에 있어서 쓰여졌다고 한다면, 그것의 과학적 가치는 당연히 압살되고 말 것이다. 오직 과학적 방법론에 있어서만 비로소 역사적 법칙성의 일반적 성질의 인식, 역사적 경과의 모든 구체적인 특수성의 전 기구적인 파악이 가능한 것이다.

그러나 이 논문은 사관적 문제의 제기보다도 기술적 측면이 내용 구성의 주요 부분이었으며, 이 논문에 대하여서는 필자는 만족은 느끼지 않으나 빈약하기 짝이 없는 우리 사학계에 있어서는 적지 않은 충동을 줄 것이다. 아직 이 방면의 구체적 지시가 전무함으로 독자 제군은 이 논문과 동시에 소련의 사가 부이고프스키의 『사학개론』백양사(白揚社) 판, 그의 일부분은 홍기문 씨가 금춘 『조선일보』에 '사학방법론?'이라는 제하(題下)에 소개하였다고 동同 부이고프스키 외 제씨諸氏의 합저 슴著인 『고고학개론』도쿄(東京), 백양사 판을 일독하기를 권한다.

「난박蘭舶 제주도 난파기 부附. 조선국기」

이 화란인和蘭人의 손으로 된 조선국기는 오늘날 우리들이 과거의 조선의 면용面容을 아는 데 귀중한 사료의 하나라 하겠고 그 역譯에 있어서의 조밀組密한 용의用意와 노력은 읽는 사람으로 하여금 놀라게 할 따름이다.

이 국기는 조선인의 정서 및 여러 방면에 대하여 간단하나마 왕조 연대기보다 훨씬 충실히 복사하고 있다. 이것은 금일 봉건 이조—그 시대는 벌써 중앙집권적 아시아적 봉건 이조의 외형적인 통일이 완전히 균열龜裂되고 즉 봉건제도 붕괴의 역사적 제 조건이 불가피적으로 성숙하고 또 기형적이나마 새로운 시대의 맹아가 벌써 서풍낙일西風落日의 봉토封土 안에서 성장하였던 것이다. 연구에 있어서 흥미 있는 재료를 제공하고 있다.

이만큼으로 이 학보 권을 읽은 후의 약간의 소감은 그치겠다. 그러고 요즈음에 와서 조선연구의 격화한 것은 우리들의 즐거워할 현상의 하나이라 아니할 수 없다. 이에 따라서 더욱이 과학적인 역사적 사명을 가진 진정한 의미에 있어서의 조선연구의 유일한 담당자로서의 아직 원시상태에 있는 이 나라의 신흥학계의 임무의 중대 또 긴급함을 말하여둔다. 10월 31일 도쿄에서. 4회

「『진단학보』 제3권을 읽고」(전4회)

김태준, 『조선중앙일보』, 1935.11.15~19

『진단학보』가 벌써 제3권이 나왔다. 여기에는 이 편집을 거의 독담獨擔하고 있는 이병도 씨의 공을 심사深謝치 아니할 수 없다. 일면에는 조선어 교육, 조선사 교육의 폐지설까지 생기고, 일면에는 일부의 토착 정론가들의 '조선을 천대'하는 집요한 학문 압박이 다른 그것과 합하여 이중으로 학술적 구명의 진전을 저지하고 있고 허무맹랑한 잡박한 사론이 득시횡행得時橫行하여 "수주주隋珠珠, 어목주魚木珠"기讒를 면치 못할 우려할 현상에 있다.

우리의 학술논문이 『개조改造』, 『중앙공론中央公論』, 『청구학총靑丘學叢』, 『사원史苑』에 발표되는 것만을 광영이라 할 아무 의무도 없고 이는 다만 현하의 타기唾棄할, 그러면서도 부득이한 사정인 것이다. 발표 기관을 갖지 못한 우리로서 외국 시장에 다른 글자로 써서 자가의 학술을 발수發售할 제 청년 학도들의 한탄이 한두 가지가 아닌 것이다. 남처럼 향토문화의 국가적 연구는 갖지 못할망정 언제든지 그것을 미간지未墾地에 내버려 두어야할 것인가? 아니다! 우리도 한 학술잡지를 갖자! 하는 슬러건 밑에 만인의 기대를 받으면서 이 진단은 벌써 세 아들을 낳은 것이다.

진단 3권의 목차는 「역대 가집 편찬의식」조윤제, 「삼봉 인물고」이상백, 「지나 민족의 웅계 신앙과 그 전설」손진태, 「고려 화적」고유섭, 「조선 거석문화 연구」한 흥수 등 여러 부문에 긍흡한 자彙로 과문한 필자의 노노呶呶한 췌언贅言을 기다릴 것 없이 내용 충실 그것이다. 자료란에는 '헨드릭 하멜'의 「제주도 난파기」이 병도(전호 속)이 있고 강좌란에는 '크리스티안 엘슬레브'의 저『역사 연구의 방 법』신남철 역이 있다. 종래에 베른하임의 개론서로 만족하던 우리에게 베른하 임을 비판한 덴마크[丁抹]의 사가 엘슬레브의 방법론이 얼마나 많이 참고될 것 인지 알 것이며 또 조선의 사학계처럼 역사를 소재의 나열과 현학적 고증과 피상적 관찰에 그치던 곳에는 확실히 정문頂門의 일침一鍼이 되어야 할 것이다.

「역대 가집 편찬 의식에 대하여」 조윤제

이 제목을 볼 때에는 편찬자가 가집을 편찬하게 된 시대적 압력 —— 사회적 배경이 사연하는바 —— 를 기술한 줄로 알았더니 이는 가집을 편찬한 개인의 동기에 그쳐지고 말았다. 그러나 고가요를 색다른 '문학'적 입장에서 연찬硏鑽 한 것과 가체, 분류, 작가, 원작, 분절, 편자 및 서발에 대한 고증 등 40엽頁의 특색 있는 대논문이다.

필자는 중국의 어느 노교수에게 이러한 말을 들은 적이 있다. 중국에서 고 문이 쇠퇴하게 될 때에 고문집과 고문부흥의 절규가 있고 당시唐詩가 쇠하여 송나라 때에 시화詩話가 생기고 송시宋詞가 쇠한 후 명대明代에 이르러 곡화曲話 가 생겼다는 것이었다. 조선도 이 예에 어그러지지 않는다. 일정한 어떠한 시 기를 기다려 그 시대까지 쌓여있던 시가를 총괄하여 편집하게 되는 것이니, 자연민요는 중국의 시 300편, 일본의『만엽집』처럼 조선에는『삼대목』의 편 찬이 신라 진성왕 2년서기888에 있었고 뒤이어 박연朴堧의 구악 정리와 신악 수 립 시기에 향악鄕樂 50여 성聲이 있던 것을 말하고 이퇴계李退溪와 동시同時의 인물 박준朴浚의 편집한 속가俗歌 책과 현재 전하는『악장가사』와의 동본同本 여부를 고증하고 뒤이어『청구영언』,『해동가요』,『고금가곡』,『동가선東歌選』,『남훈태평가南薰太平歌』,『가곡원류』여창유취(女唱類聚)를 포함 수종의 가사집,『가사육종歌詞六種』,『객악보고금기사客樂譜古今奇詞』 등이 편찬되었다.

씨는 이러한 고증을 마친 후 종래의 가요집을 장가집과 단가집과 장단가 합편의 세 가지로 분류하였다. 또 편찬자들이 가요를 편찬할 적에 각종의 분류법을 쓰는 것을 전부 들어 말하였다. 씨의 이 논술의 중요점은 종래에 알리지 아니한 고증이 많이 담겨 있는 것이다. 허나 이를 테면 "임진란이 그치고는 시조문학이 특히 왕성하여 시가문학의 본격적 발전을 보았으나 가집의 출현은 그러한 융성기의 후막後幕에 보이는 것"이라 하였다.p.8 그러나 필자는 무리한 주문일는지 모르나, 왜 그때에 시조문학이 왕성하였으며, 왜 융성기의 후막에 가집이 출현되었는지 그러한 입체적 해설이 듣고 싶다. 그에 의하여서만 이 논고가 좀 더 완벽이 될 것이다. 이와 관계없는 이야기지만 잡지『청량淸凉』에 누가 조선가요사(?)의 골자 같은 것을 개설하였는데,

(1) 요람시대
권근權近의 상대별곡霜臺別曲
윤회尹淮의 봉황음鳳凰吟 등

(2) 작가시대
상진尙震의 감은感恩
송순宋純의 면앙정가俛仰亭歌, 치사기致仕歌, 몽견주상가夢見主上歌, 농가農歌, 오륜가五倫歌

이황李滉의 퇴계가退溪歌

김덕령金德齡의 춘산곡春山曲

송인宋寅의 수월정가水月亭歌

허전許㙉의 고공가雇工歌

조식曹植의 강산별곡江山別曲, 권선지로가勸善指路歌

김광욱金光煜의 율리유곡栗里遺曲 14수 등

(3) 가창 급及 찬집撰集시대

권익융權益融 : 풍아별곡風雅別曲

김현중金鉉中 : 화류사花柳詞, 향산록香山錄

송계연월옹松桂烟月翁 : 고금가곡古今歌曲(상저가相杵歌, 규원가閨怨歌, 춘면곡春眠曲)

이현직李顯直 : 절창가사絶唱歌辭(맹상군가孟嘗君歌. 남초가南草歌)

모모某某(?) : 해동악海東樂, 선채별곡仙採別曲, 서상염사西廂艶辭, 농승가弄僧歌, 승답가僧答歌, 계우가誡友歌, 장진주사將進酒辭

조우각趙友慤...대명복수가大明復讐歌

(?) : 옥루연가玉樓宴歌

한산거사漢山居士 : 한양가漢陽歌

정학상丁學祥(유유游?) : 농가월령가農家月令歌

조재삼趙在三 : 송남잡식松南雜識

김좌균金左均 : 송간이록松澗貳錄

(?) : 고금기사古今寄詞 등

이라고 한 것을 보았다. 조선의 가요가 아득한 옛날부터 '가음부절歌音不絶'
이라고 하여 삼국 시절에 향가가 있고 그 후 고려의 가사들이 있는데 이조 초기를 요람시대라고 볼 것은 무엇인가? 근거 없는 학설은 항상 이와 같은 망탄妄誕과 오류를 범하기가 쉽다. 만일 상진, 송순, 이황의 시대를 작가시대라 하면 가창 찬집시대에는 그보다 더 작가가 많은데 어이할 것인가? 조씨의 논문은 마땅히 종래의 이러한 학설을 수정하며 비판하여야 할 것이다. 우리는 조씨의 권위 있는 논저가 금후 계속하여 나오기를 교수翹首하여 기다리는 자이다.1회

「삼봉 인물고」 이상백

「서얼고」를 쓴 이씨는 이와 관련 많은 삼봉 정도전의 인물을 해부하기 시작하였다. 보통 정삼봉이라면 명화鳴和의 시화詩禍로 학우學友 이숭인李崇仁을 죽이고 그의 스승 이색李穡을 출출黜하고 그의 주가主家 우현보禹玄寶의 집을 망치고 고려의 왕씨를 배반하고 이씨 제 왕자를 모실謀殺하려다가 도리어 태종에게 주실誅殺을 당한 간귀奸鬼처럼 생각하게 되어왔지만, 그러나 우리로서는 사상史上에 끼친 그의 정치적 업적실로 이씨조선의 창업 공신의 제1인자은 잠시 불문에 두고 그의 문집 7책에 나타난 학술적 공헌만 가지고 볼지라도 경제엔 『경제문감經濟文鑑』, 정치엔 『경국전經國典』, 『불씨잡변佛氏雜辨』, 『경설經說』, 『예론禮論』, 『시문詩文』 등등 고려 500년에 이러한 유학자가 없었다.

안향安珦의 "만정추초적무인滿庭秋草寂無人"의 구句도 실은 중국인의 작作이요, 그의 작이 아니며 1편의 시도 남음이 없고, 정몽주鄭夢周도 시에는 능하나 오늘날 정경, 학술에 관한 1편의 문자가 없고, 이색도 시문은 풍부히 남아있으나 아무 학술적 연구가 없는 분이며 다만 권근權近, 양촌(陽村)만이 약간의 도학道學 논술이 있을 뿐이다. 포은圃隱의 영불佞佛을 충고하던 자도 삼봉이요, 엄위嚴威한 척불斥佛 시설로써 죄악에 찬 불교를 철저히 탄압하여 재기의 여지가 없게

한 것도 삼봉이다. 삼봉은 양촌과 함께 조선 유학사의 권두卷頭 인물이요, 포부와 학행이 백세의 흠앙하는바 아니면 안 된다.

나의 이 망론妄論은 난징[南京]서 떠드는 "조조진회비간론曹操秦檜非奸論"을 효□効□하려는 망발의 심리에서가 아니요, 갑을 양파의 정치세력이 대립되었다가 을이 몰락하고 갑이 승리하면 항상 갑의 범행은 전부 선행으로 분식되고 을의 범행은 모두 죄악이요, 역적으로 되는 것을 잘 알고 있기 때문이다. 조선의 정치사상에는 몇 십 몇 만의 죄 없는 사람이 백세의 누명을 쓰고 있을 것인가 알고 있다. 언젠가 조선 정치사에 조예 깊은 신우申友가 『이조실록』을 보고 와서 정암靜庵 조광조趙光祖가 너무 실기實價 이상으로 후세의 유관儒冠들의 숭앙을 받게 되기 때문에 남곤南袞, 심정沈貞은 억울하게 혹심한 오명을 쓰고 돈저頓底에 매몰되었다는 말을 들었다. 나는 신군申君의 이러한 발표가 빨리 나오기를 바라는 자이거니와 이러한 의미에서 이씨의 「삼봉 인물고」도 종래의 사관에 적지 않은 동요를 줄 작품이라고 믿어진다.

논문의 차제次第는 이러하다. 무인란에 희생된 양아일서兩兒一婿를 위하여 태조가 태종에게 불만을 갖고 각처에 건사建寺하고 명복을 빌며 현대도피적現代逃避的 유행遊幸을 하는 한편에 조사의趙思義 등을 시켜 태종을 도모한 것을 들었으며 태종이 개국에 큰 공로가 없던 대신에 방석이가 의외에 총명하여 반드시 건성원길建成元吉의 예가 아니었음을 말하고 왕위를 노리고 있는 태종 일파와 개국공신 일군으로 된 태조파와의 대립, 나아가서는 태종 일파는 고려 유신遺臣들을 전부 자기의 수하에 넣으려고 한 것을 말하였다. 그런데 도전은 철두철미 태조의 절대적 신임을 받던 심복이요, 역굉役肱이었다. 강씨康氏가 정비正妃였고 태조에게 적자嫡子 박대薄待한 것은 없었으며 도전과 은誾 등이 제諸 왕자를 모해하려 할 아무 까닭도 없었던 것이다. 이것을 이렇게 꾸민 것은 후세

사가의 왜곡된 관찰이 아니면 가식假飾한 기록일 것이다. "무인변란은 방원이 태종 세자방석, 도전, 남은 등을 상대로 한 쿠테타이었으며 따라서 태조가 최후까지 이것을 일종 반란으로 분노케 생각한 것이다." 그래서 함흥차사를 모조리 죽였다. 당시의 사회 사정으로 보아서 도전이 그 신분의 미천을 자치自恥할 아무 이유도 없는데 자기의 미천이 드러날까 봐서 주가主家와 스승을 벌하였다는 것도 곡필이었다. 씨는 장만長漫에 지나치는 『이조실록』의 인용문으로써 빈틈없이 이를 증명하였다.

권력자에 아첨하여 자기의 주관을 굴하고 곡필을 농弄하여 남을 매장한 사승에 대해서 날카로운 메스로 임한 것은 호개好個의 연구라 하겠다. 삼봉을 사회사적으로 따져 본 인격의 적나라한 진상을 드러낸 것이니 보다 중요한 타면—정치적, 경제적, 교화적—에서 또다시 논술을 가하여 삼봉의 전면을 알려주었으면 좋으리라고 믿는다. 나는 지금 역사 소설가 또는 일부의 선진들 사이에 인물의 선악을 현실적인 인간적인 관련에서가 아니고 극히 관념적인 당자의 충의 관념—개인 봉사奉仕의 충부忠否—에 의하여 규정하고 다시 그를 자가의 정략과 결합하여 일부러 영웅화하려는 기도에 대하여 이러한 고증적 인물고人物考도 많은 기여가 될 것이라 한다.

「지나 민족의 웅계 신앙과 그 전설」 손진태

웅계는 농업사회에 들어 질병 치료의 예술에 사용하게 되어 조선에서도 전간癲癎, 마진麻疹 등을 계두혈鷄頭血로 치료하는 습속이 있고, 그 액맥이로서 "여항벽상閭巷壁上 첩계호화이양지貼鷄虎畵以穰之"『동국세시기(東國歲時記)』원일조(元日條)라 하고 고려 의종毅宗 16년조에도 화계유시설畵鷄流矢說이 있을 뿐 아니라 효자 문충文忠의 「오관산곡五冠山曲」에도 "목두조작소당계木頭雕作小唐鷄"라 하여『고려사』목계木

鷄 신앙의 일례를 보여주고 이 「오관산곡」은 그 후 황계사黃鷄詞에 인입되어 "병풍에 그린 황계…"라고 한 것 같다. 또 조선에도 계골장군鷄骨將軍, 또 계골신 이야기평북의 일례를 많이 들었다. 수탉이 높은 데 올라가 우는 이유의 천계天鷄 설화도 들은 적이 있다.

이와 같은 전설과 신앙은 고루한 학자들은 자칫하면 조선에 특유한 것인 줄로만 믿고 다시 그 전설을 부연하고 허위의 해석을 내리고 독단의 결론을 내리기가 쉬운 것이다. 그러나 어느 전설과 습속이 그 인근의 민족과 관련 없을 수가 없다. 아니 조선문화와 같이 인근 문화의 고도적高度的 건류乾溜를 받은 곳에서는 그 인근의 문화 내지 세계문화 일반에 대한 연구가 없이는 도저히 해득할 수 없는 것이 많으리라고 생각한다.2회

이러한 의미에서 손씨의 이 논문은 반드시 일독의 가치를 가진 것이다. 씨는 "한대漢代 민간에서 납일臘日에 웅계를 죽이어 문호門戶의 제祭에 착용着用한 습속"에 대해서 당시의 속설俗說, 청사자설靑史子說, 등평설鄧平說을 배제하고 응소설應劭說에 좌단左袒하였다. 왜 그런고 하면 전자에 있어서는 문제용계門祭用鷄는 화음양和陰陽 절풍우節風雨의 음양설 발전 후의 산물이라는데 귀착되고 후자대로 한다면 한 민간요법의 주술로 옛날부터 발전되어 온 것이라고 보는 것이 되기 때문이다.

이러한 주술행위의 근거는 "닭이 울면 밤이 밝고 밤이 밝으면 귀류鬼類가 보이지 않게 됨으로 미개시대의 인류는 이 현상에 대하여 이렇게 추리하였다. 신계가 울면 야중에 횡행하던 귀류는 이 세상에서 종적을 감추지 아니할 수 없다. 그러함으로 귀류는 웅계를 무서워하는 것이라고, 그리고 또 일 보를 나아가 웅계는 귀류를 구축할 수 있는 듯이 여겼다"의 원시 추리에 있다. 그리하여 중국의 제 문헌에서 예를 들고 『청구야담』과 『경도잡지京都雜誌』와 『화산

파수록華山罷睡錄』의 예까지 들어 귀신이 닭의 소리를 들으면 도망하는 것을 증證하였다.

"이 사상이 근저가 되어 역려사기疫癘邪氣를 염양禳禳하는 주술로서 문호의 제에 책계磔鷄를 저용著用하게 된 것이요, 또 귀류의 소위所爲로 얻은 제종의 병에도 웅계의 육골혈肉骨血 등을 사용하게 된 것이다. 그리고 책계를 문호에 저용한 이유는 원시사상에 있어서는 유적幽的 존재 즉 귀류가 생자生者보다 강력하였다. 그러므로 생계生鷄보다는 사계死鷄 즉 계귀鷄鬼가 귀류에 대하여 더욱 강력하리라라고 생각한 까닭이며 또 귀류도 사람과 같이 문호로 출입한다고 사유하였음으로 그것을 문호에 저용"하고 나아가 책계를 폐廢하고 그 대신에 화계畵鷄, 목계木鷄, 토계土鷄, 주계鑄鷄 등을 쓰게 된 것이다. 이것을 음양오행설로 설명하려는 것의 망妄을 폭로하고 웅계의 탁충啄蟲에 기인한 주약성呪藥性과 금계金鷄 숭배사상을 말하며 계신의 종류로서 황부전설黃父傳說, 중명조전설重明鳥傳說, 천계옥계전설(玉鷄傳說)에까지 귀외계鬼畏鷄 사상이 발전된 것을 말하였다.

종교의 발흥을 다시 전하고 백귀百鬼가 주행晝行하는 오늘에 있어서 이렇게 진지하게 미신이 되어있는 습속 신앙 일체一切를 해부하여 주는 학술이 더욱 귀엽다. 옛날 사람은 계신을 창조하고 그 앞에 굴슬屈膝하였다. 그러나 현대인은 계신을 박살하여 가치假惜가 없다. 인공적 창조물의 운명이란 반드시 역사적 법칙의 차륜車輪 하에 역살轢殺되는 것이다.

「삼한문제의 신고찰」 이병도

진단 제1권에 쓴 속고로 아직도 미완결한 것이나 하나 제목의 성질상 권두에 실었으면 좋을 중요 논문이다. 왜 그러냐 하면 이씨가 제1권의 논문에서 스스로 말한 바와 같이 "삼한 … 고조선, 한사군 … 조선 사학상의 일대 중요

문제에 속하며 또 이런 문제의 연구는 특히 조선상대사를 석명釋明함에 있어 큰 관계를 가지고 있는 것이다. 이 문제로서 어느 정도까지의 해결을 보지 못하면 조선상대사의 한 큰 중요 부분은 마치 운무雲霧와 암흑에 잠긴 바와 같이 애매혼돈曖昧混沌하여 언제든지 그 정당한 인식에 도달하지 못하고 말 것이며 인하여 진정한 조선사의 현출現出은 바랄 수 없을 것이다."

그렇다. 이는 이씨 사론私論이 아니라 일반의 공론公論이다. '진眞', '진辰', '삼한'의 방위方位, 변천, 유무, 진위가 천년 장야長夜에 오리무중에 있는 채 어이 진정한 역사를 바라리오. 아무런 방법론도 이 강역 고증이 없이는 한 개의 모험이 아니면 도로徒勞이다. 정당한 조선의 정치사 또는 사회경제사는 단군조선, 기자조선, 위만조선, 사군, 삼한 등의 강역을 선명하게 하며 그 전설을 비판하며 거기에 주거하던 부족들의 인종학 구성에서 논급하지 아니하면 안 되리라 한다.3회

씨는 제1권에 진국과 삼한과의 관계를 논할 제 중국 문헌에 나타난 진국辰國 관계 기사를 검토하여 진국의 강역에 신 탁견을 세워 종래의 관학官學 제공諸公의 고의로 왜곡시킨 주장을 일축하여버린 것은 시원하다면 시원한 일이다. 나는 이 3권에 실린 「삼한고」만을 들어 말하기로 하겠다. 사실은 제3권에 실린 것은 아직 「삼한고」의 일부분인 '한의 명칭의 기원'뿐이다. 여기 대해서는 일찍 고故 이마니시 류[今西龍] 씨와 아유카이 후사노신[鮎貝房之進] 씨의 연구가 있었지만 그들에 비하여 피아彼我의 입장이 다른 만큼 독자의 흥미를 끄는 것이 많으니 누가 보아도 이를 아전인수의 억설만이라고 하지 못 하리라.

이설李說의 대요大要 : 『위략魏略』에 "준왕해중準王海中, 자호한왕自號韓王"이란 것이 『위지魏志』에는 부연하여 "준왕해중, 거한지居韓地, 자호한왕"이라고 하고 『후한서後漢書』에는 다시 부연해서 "준왕해중, 공마한이파지攻馬韓而破之, 거한지,

자호한왕, 준후멸절準後滅絶 마한인복자립위왕馬韓人復自立爲王"이라 하였으니『위략』의 "준왕해중" 4자가 후인의 망필妄筆로서 이렇게 윤식되고 와변訛變할 줄이야 누가 알 것인가. 일패도지一敗塗地해서 쫓겨간 준의 거처는 진국과 같은 대국의 중심지가 아니라 그 일一 변지邊地의 부락이 있으리라. 따라서 한의 칭호도 극히 소지역에 한한 것이었으리라.

후한後漢 왕부王府의 저『잠부론潛夫論』에 "한서역성한韓西亦姓韓 위위만소벌爲魏滿所伐 천거해중遷居海中"의 구句를 분석하여 연燕과 접근한 한후韓侯가 준이고 그가 고조선 한씨韓氏라고 단정하여『위략』의 "모성한씨冒姓韓氏"는 근본부터 한씨이었을 것을 설파한 후 기자동래설箕子東來說, 기씨箕氏 자손 기준설, 기씨 조선설, 한씨 족보 세계설世系說 등을 통쾌하게 설왕설래하여 그 무거無據한 두찬인 것을 일소하여 버렸다. 그리하여 고조선 후준侯準은 '한준韓準'일 것을 말하고 그 '한'은 '부여夫餘'의 '해解' 신라의 '금金'과 어원이 같은 만몽어계滿蒙語系의 군장 대인君長大人=한汗, 가한可汗 또는 대大. 한의 뜻이라 하였다. 마한馬韓은 고마한韓금마한(金馬韓)의 약칭이요, 변한弁韓은 변진弁辰의 와오訛誤라는 것을 말하여 한준의 거據한 남방南方 진국의 일一 소부락인 '한韓'이 되고 다시 마한, 변진으로 확대하여 전체의 총명이 된 것이라 하였다.

「고려 화적」 고유섭

고려의 불상과 '탑자塔姿'를 말하고 고려의 미술서화를 말하는 이는 에칼트『조선예술사』의 저자가 있은 외에는 나의 기억에는 머리에 떠오르지 않는다. 더구나 회화에 있어서는『근역서화징槿域書畵徵』밖에는 선배의 모아놓은 참고서도 없다. 이러한 난경難境을 혼자 개척하여 나가는 곳에 고씨의 고심이 있다. 문외한인 필자로서 씨의 앞에 무엇을 다언할 수 있을 것인가. 세키노 다다시

[關野貞] 씨의 저에 오른 고려화는 겨우 다음 10종이다.

영주榮州 부석사浮石寺 조사전벽화祖師殿壁畫, 신우년대辛禑年代 서력 1377년

개풍開豊 수락동고분현실벽화水落洞古墳玄室壁畫

경성 이왕가박물관李王家博物館 장전藏傳 공민왕필천산대렵도恭愍王筆天山大獵圖

경성 동同

경성 이왕가박물관 장장, 원진감여필元陳鑑如筆, 이제현상李齊賢像

안동 소수서원紹修書院 안유상安裕像 충숙왕忠肅王 1318년

아이치[愛知] 대은사大隱寺 왕궁 만타라도曼陀羅圖 충선왕忠宣王 1312년

사이타마[埼玉] 법은사法恩寺 아난가엽화상阿難迦葉畫像 충숙왕 17년 1330년

와카야마[和歌山] 고야산高野山 친왕원석가설상도親王院釋迦說相圖 충정왕忠定王 2
년 1350년

나가사키[長崎] 최교사最敎寺 열반도涅槃圖

그러나 이것은 현재 남아있는 고려화로 세키노 다다시의 눈에 뜨인 것만을 기록한 것이다. 그러나 고려 때에는 벌써 정부에 도화원圖畫院이 설치되어 이 것은 이조까지 전하여 화도畫道를 리드하여 온 것이다. 그리하여 씨는 현존한 고려화만을 문제 삼으려는 것이 아니라 고려의 화도가 어떻게 발달하였으며 예전에 그린 명화로서 어떠한 것이 있었는가를 여러 문헌에서 뽑아서 순서 있게 일목요연하게 배열하여 놓았다. 씨의 논술한 순서는 다음과 같이 분류 하여 설명한 것이다.

1) 인물화

① 진전眞殿의 발달, ② 도형공신圖形功臣, ③ 기타의 초상

2) 종교화

① 불교화, ② 유교화, ③ 도교화, ④ 신도화神道畵

3) 자유화

① 산수화, ② 궁전누각도, ③ 화훼령모도花卉翎毛圖, ④ 금기도서도琴棊圖書圖,

⑤ 사군자도, ⑥ 은일도隱逸圖, ⑦ 유연계회도遊宴契會圖, ⑧ 실경사생도實景寫生圖

4) 실용화

① 천문지리도, ② 경적도經籍圖, ③ 기타 잡화雜畵

　　씨는 다시 화종畵種을 요약하여 실용화, 종교화, 감계화鑑誡畵, 문학화에 분分
하고 실용화에 시대성의 규정의 가능을 말하고, 종교화에 삼교합일三敎一의
도상圖像이 있음을 말하고 감계화에 감계용, 봉사용으로서의 초상화가 있음을
말한 후, 회화 미술의 가치의 특징은 그의 로맨틱한 문학화에 있다 하여 익재
益齋의 시화일치론詩畵一致論을 들고 결론하였다.

　　여기서 보여준 것은 고려 때도 풍부한 회화가 있었다는 것이라 하나 나는
후일 씨에 의하여 이 봉건전제의 불교 융성한 자연경제시대의 종합주의, 전
설주의적 회화가 어떻게 그 후의 인상주의, 고전주의에 영향 발전된 것인가
하는 사회미학적 서술이 있으리라고 기대한다.

「조선의 거석문화 연구」 한흥수

조선의 원시사회 — 빙하, 구석기, 신석기시대 — 의 연구는 모두 연구 중에서 가장 뒤떨어진 것 같았다. 설사 연구가 있기로 한씨의 인용어와 같이 "고조선인의 활동은 모든 것이 죄다 종교 중심이외다" 하는 류다. "이 같은 관념론자들의 과학적 근거가 없는 그릇된 주관적 관찰은 고대인의 유물을 영구히 신비의 속에 매치埋置하려 하였던 것이다."

조선 태양 거석문화도 세계 거석문화권 내의 일환에 있는 것으로 조선 특유의 것이 아니다. 농업이 발달함을 따라서 천체의 신비를 느낀 원시인의 관념 세계와 천체태양 등가 긴급해지자 자연숭배특히 태양숭배가 일어날 것이니 이 태양숭배 거석을 곧 종교 유물이라 할 수는 없다. 그와 현대 종교의 근원과는 본질상 너무 큰 거리가 있다. 선돌선석(禪石), 입석(立石)은 풍작豊作 개선凱旋 등 대사건을 기념하기 위해서 세운 것이요. 고인골탱석(撑石), 지석(支石), 탁석(卓石)은 가옥급及 제단설祭壇說을 배제하고 내부의 유골 발견, 원형의 봉쇄 1실, 평야에서의 집단적 존재 악귀에 대한 실력 항쟁 등 이유로 분묘설墳墓說을 지지하고.

칠성바위는 씨가 고심하여 발견한 황주黃州 송림면松林面 석탄리石灘里의 거석 예를 들어 제현의 연구를 기다린다 하고. 돌무덤석총(石塚), 서낭당, 산제단(山祭壇), 궁예묘(弓裔墓), 제석산(帝釋山) 마흘산(馬屹山)의 산제단도 거석문화 유물인 것 같다 하였다. 특히 선돌은 원형을 그대로 전해 오는 것도 있지만 미륵이나 불상이나 비석으로 중간에 변한 것이 많다 하여 광개토경보경안민평안호태왕비廣開土境保境安民平安好太王碑도 일찍은 선돌이었다도리이[鳥居] 박사 설는 예를 들었다. 백제탑百濟塔의 부도탑浮圖塔이 소정방蘇定方의 손에 평제탑平濟塔이 된 것과 같이 석기시대 유물이 얼마나 변하는 것인가를 알 수가 있다.

함북, 남만南滿 일대에 산재한 석기시대의 유물선돌, 고인돌 같은 거석은 전선(全鮮)에 있지만이 금후 한씨와 같은 고고학적 혜안을 기다리고 있는 것은 물론이다. 특히 구석기시대의 조선이 더욱 궁금하게 알고 싶다. 고대 문화는 원시 추리에서 오는 바도 많다. 신비는 원시인의 전당이다. 금자탑에 기문坼聞하여 보면 거기에는 일개의 송장목내이(木乃伊)이 있을 뿐이라고! 우리는 많은 역사적 소재를 갖고 있다. 하나 그를 충분히 비판할 만큼 예리한 칼이 없었다. 과학자의 유일한 무기―특수사관이 아닌 정상적 '물적 사관'―으로써 석기인의 생활을 엿보고, 고려인의 회화를 보고, 고대의 가요를 보고, 웅계 신앙을 보아서 현대와의 어떤 관련 하에 유전流傳되어 온 것인가를 보아야 한다. 나는 한씨의 연구에 일층一層의 촉망을 갖게 된다. 망언다사妄言多謝. 4회

「작년 중 일본학계에 나타난 조선에 관한 논저에 대하야」(전4회)

이청원, 『동아일보』, 1936.1.1~6

(1)

작년도 일본 내지內地 학계에 있어서는 확실히 조선 문제가 굉장히 전개되었다. 이것은 주로 일한합병日韓合倂 25년 기념을 계기로 일방一方에 있어서는 '동양 민족'의 이해의 동일성을 논하는 데 의하여 동양에 있어서의 일본의 구세주적 역할과 그 맹주적 사명의 설명에의 일련의 유리한 논증을 위하여서의 캄파니아였고, 타방他方 불안한 침체기를 과정하고 있으나 그러나 일대 역사적 시대에로 끊임없는 활동을 진행하고 있는 사람들은 자기들의 사회그룹적 동포의 역사적 행정을 밝히려 한다 하며 따라서 자기들과의 사적 현실적 이해의 공동성을 과학적으로 분석하는 데 의하여 대립물의 통일의 역사 발전의 법제를 명백히 함으로써 양자의 참다운 결합을 촉진하기 위하여서였다.

그리하여 신문 잡지가 조선 문제를 취급하고, 또 조선에 관한 단행본도 많이 출판되었다. 그러나 이 허다한 것을 전부 작년도 일본 내지 학계에 나타난 조선 문제로 보기에는 너무도 용기가 나지 않으며, 만약 이것들을 전부 학계에 반영된 조선 문제의 범주에 넣기를 강요한다면, 그것은 조금도 의심 없이 한 개의 넌센스에 지나지 못할 것이다. 그러므로 우리가 이곳에서 문제하고 있는 것은 이 범위 안에서일 것이다.

(2)『조선개국교섭시말朝鮮開國交涉始末』오쿠다이라 다케오[奧平武雄] 저

『자본론』의 저자는 말하고 있다. "시민사회의 고유의 임무는 적어도 윤획적輪劃的으로는 세계시장 및 그 기초 위에 입각한 생산을 작제作製하는 데 있다. 세계는 원형圓形이었으며 이것은 캘리포니아, 아울러 호주의 식민 및 지나 또 일본의 개방으로서 그 결과가 지어지는 것 같다." 참으로 일본 및 중국의 개방은 18세기의 영국 자본주의를 선단先端으로 한 방대한 세계시장 형성과정의 주요한, 따라서 최후의 일환을 형성한 것이었으며 우리 조선의 개방은 동양에 있어서의 세계시장 형성의 가장 최후의 비희극적인 일환이었었다.

이때까지의 조선은 자기 자신이 내포하고 있는 일체의 봉건적 제 모순을 장엄한 의용儀容과 낡은 권력 수단과를 가지고 압복壓覆한 아시아적 순수 봉건국가이었었다. 이 조선은 오래 전부터 봉건적 생산양식에 입각하고 이것의 유지와 존속과를 벌써 16세기 이래 극동에 침입한 세계시장 형성 운동으로부터 주의 깊은 원칙적 고립에 의하여 자기 자신을 보호하여 왔던 것이며, 또 이것은 구래의 조선사회를 유지하기 위하여서의 주요 조건이었으며 따라서 사회적 이상이었었다.

그러나 봉건 이씨조선이 내포하고 있는 본질적 모순은 이 이조의 재정, 풍속, 습관, 산업 및 정치기구의 전반에 궁亘하여 총괄적인 분해작용을 전개하여 그 외형적인 통일조차 완전히 균열龜裂되었으며 이 때에 천상제국 봉건 이조를 지상의 세계와의 접촉을 강요한 일본의 강력적 결과로 1895년 다액의 상금과 3항港의 자유통상, 그리하여 이름 좋은 '질서'를 행상하는 열강의 원시적 축적의 기사騎士들이 왕림하였으나, 조선 민족은 그 전통적인 미개한 밀

폐적 상태로부터 각성하기 전에 역사는 벌써 전 민족을 도취시키지 않으면 아니 된다고 하는 모양이었었다.

그러므로 이 조선 개국은 조선에 있어서의, 외래자본주의의 발달에 있어서는 주요한 과제인 것이다. 이에 성대城大 법학회 총서 1로『조선개국교섭시말』이 출판된 것은 의미 있는 일이었었다. 그 내용 구성은 서언 동양 제국諸國의 개국의 의의, 제1장 조선의 개국에 이르기까지의 전주곡, 제2장 강화조약에 의한 조일 관계의 수립, 제3장 조선과 미국과의 외교 관계의 성립, 제4장 영, 독, 프[佛], 러[露] 제국諸國의 조약 체결이 결론으로 되어 있으며, 그 전체적인 내용은 물론 관념론적으로 서술하고 있으나 귀중한 자료를 많이 제공하고 있는 것이다.

『육오외교陸奧外交』 시노부 세이자부로[信夫清三郎] 저

저자는 재작년『일청전쟁론日淸戰論』을 세상에 발표하였으나 불행히 공개되지 못하였다. 이『육오외교』는『일청전쟁론』의 개정증보판이다. 그 내용 구성은 ① 동학당란, ② 여론, ③ 청국의 출병, ④ 육오외교, ⑤ 일청전쟁의 발생, ⑥ 일청의 공동철병 교섭, ⑦ 조선 내정개혁론, ⑧ 간섭, ⑨ 조선 내정개혁, ⑩ 결별, ⑪ 개전의 결의, ⑫ 7월 23일 사변, ⑬ 일청전쟁으로 되어 있다.

그리하여 씨는 동학당란으로부터 일청전쟁에 이르기까지 '젊고' '어여쁘고' '기름진' 처녀 조선을 가운데 넣고 서로 단호히 내 것이라고 주장하는 과정을 구체적으로 과학적 방법으로 분석하여 일청전쟁의 본질을 구명함은 물론, 동학운동 즉 일방一方에 있어서는 그 당시의 외래 시민적 수취의 참다운 비판자이고 그에의 남성적 증오와 그것의 현실적 운동! 그러나 타방他方 반숙半熟한 의미 불통의 동학=유불선儒佛仙의 이름에 의한 서학 파괴, 새로운 기도

급及 의식을 채용하였던 토지로부터 중세기적 벽화를 청산하려고 한 최초의 그리고 최후의 기도이었던 동학운동의 본질까지 명백히 하였다.

이외에도 씨는 명치정치사연구회明治政治史研究會 기관지『명치정치사연구』제1편에 일청전쟁에 있어서의 영국의 외교정책을 발표하여 이 전쟁을 둘러싸고 도는 영국의 동방정책을 과학적으로 분석하는 데 의하여 국민의 배후에서 은연히 거래취인(取引)되는 현대 정치의 본질을 명백히 하였다. 또『샐러리맨サラリマン』에도 일한합병 25년이라는 단문이 있어서 보호, 지도, 지배라고 하는 현대적 질서의 전 비밀이 숨어있는 근저를 명백히 하였다.[1회]

모리타니 카츠미[森谷克己] 씨 제 논문

성대 교수로 있는 모리타니 씨는 「조선 사회와 자연 환경」『동아(東亞)』2월호, 「구래舊來의 조선의 사회경제적 구조」『사회』7월호, 「조선경제의 현단계」『중앙공론』7월호 등의 많은 논문을 발표하였다. 이에 「조선경제의 현단계」의 내용 구성을 요약적으로 소개한다면 ① 서언, ② 아시아적인 구래의 조선 사회에서 "이씨조선은 고려 말기 평의사評議使로서 정권을 장악한 이성계가, 외적의 침입을 방지하고 장원莊園의 등달登達과 중앙집권의 분해와를 극복하여 성립한 것이다." 그리하여 "이씨조선은 (…중략…) 봉건적 요소의 기지基地를 제외하고 관료주의적 히에라르키의 재조직을 기도한 것이었다. 그러므로 토지 소유의 봉건적 히에라르키의 대신에 녹과祿科가 정하여진 것이었고, 이것은 요컨대 본래는 관료주의적 위계제히에라르키-이(李)가 기도된 것이고 토지 소유의 봉건적 히에라르키-가 기도된 것은 아니다. 그러나 장원은 전연 지양止揚된 것이 아니었다"라고 말하고 있다.

그러나 이것은 조금도 의심 없이 결정적 잘못인 것이다. 봉건사회로서의 이조의 사회기구는 봉건적 수취관계를 그 내용으로 한 신분제도적, 관료적 계층기구히에라르키였으며, 이것은 그 당시의 토지제도의 물질적 기초 위에서 만이 비로소 가능하였던 것이었으며, 그 당시의 토지제도는 전국의 토지를 농노적 규모에 있어서 집중시키고 이것을 공가公家에 소속시킨 과전제도科田制度였으며 이와 같은 토지 소유의 관료주의적 교권적敎權的 편성은 그 당시의 관료주의적 위계제히에라르키를 보증하며 아울러 농노적 농민에 대한 권력을 봉건 관료로서의 양반에 부여하였던 것이다. 그리하여 이것은 그 당시의 조선인 사상의 아시아적 형태를 작제作製한 것이고, 또 조선 자신에 의한 자본적, 원시적 축적을 불가능케 한 결정적인 요인인 것이었다.

그럼에도 불구하고 모리타니 씨가 토지 소유의 봉건적 히에라르키를 부인하고 따라서 정치적 현상으로서는 봉건적 히에라르키가 존재한다고 말한다. 독자여! 경제적 기초가 없어 어떻게 정치적 현상상에만 봉건적 히에라르키가 존재할 수 있을까! 이것을 승인한다면 그것은 확실히 한 개의 기적인 것이다. 그러나 역사와 사회에는 기적이 존재하지 않는다. 만약 그것이 존재한다면 갑오개혁까지 노예제도가 존재하였다는 모리타니 교수만이 향수享受하고 있는 일대 교리도그마인 것이다.

후쿠다 도쿠조[福田德三]가 조선의 양반은 정치적 권력은 있으나 경제적 기초는 없다고 한 낡은 교리를 노예적으로 복사한 모리타니 교수의 공적은 역사 과학을 객관적으로 부인하는 데 있는 것이다. 「최근에 있어서의 조선의 사회와 경제」에서 조선의 공업화와 그와 반비례되는 대중들의 생활상태를 말하였다. 씨는 조선을 외지 또 사회구성을 사회계통 등으로 대용하고 있으나 이것은 근대에 이르러 유행하게 된 한 개의 우스운 편견이라 하지 않을 수 없다. 그리고 또 씨는 「구래의 조선의 사회 경제구조」에서 "조선에 있어서의 지배적인 생산부문인 농업생산은 본질적으로는 노예에 의하여서가 아니고 상호로 원생적原生的인 공동체적 관계를 형성하는 '전부佃夫', 즉 대체로 자가의 생활 자료의 생산에 필요한 생산수단 및 노동조건을 점유하는 비자유의 소농민에 의하여 지어온 것이었다. 그리하여 조선의 노예는 본질적으로는 가내노예 내지 사치노예에 지나지 않았다. 그렇다면 생산과정에 있어서의 사람들의 사회적 제관계에 대한 분석의 기초를 사회계통을 분류하는 한 구래의 조선은 소위 노예시대에 있었다고도 할 수 없다"라고 말하고, 아울러 봉건제의 존재하지 않은 것은 토지 소유의 봉건적 위계제가 미숙한 까닭이라고 한다.

모리타니 씨여. 씨는 필자가 씨를 '자구구니가字句拘泥家'라고 한 데 대하여 대분개하고 있으나『역사과학』 9월호「아시아적 생산양식론」씨등에 있어서는 단순한 봉건적 위계제가 한 개의 죽은 공식으로서 골속에서 관념적으로 고정화하여 토지 소유자 및 주권자로서 국가가 직접 농민에게 대응하고 있는 아시아적 봉건제도 및 노예가 직접적으로 생산의 기초를 형성하지 않고 간접으로 공동체적 가족의 일一 성원으로서 생산의 기초를 형성하고 있는 아시아적 노예제의 구체적 양상을 압살하고 있는 것이다. 모리타니 씨여! 묻나니 과전제는 토지 소유의 봉건적 히에라르키가 아니고 무엇인가, 서양적인 봉건적 영주 영유領有의 봉건적 위계제만이 봉건제의 유일한 상징은 아니다.2회

『조선산업론』 다카하시 카노키치[高橋龜吉]

이 다카하시 씨의『조선산업론』은 방대한 것으로서 우리에게 흥미 있는 많은 자료를 제공하고 있으나, 이것이 그 이상의 역할을 연출하고 있는 것은 아니다. 그러나 이곳에서는 그 검토 비판은 후일로 약約하고 이것을 요약적으로 취급한『개조』 4월호의 「조선은 갱생한다」를 검토하자. 그 내용 구성을 본다면

1) 내외 사정의 일변一變과 그것이 조선에 미치는 영향 중에서 조선은 문자 그대로 정치, 경제의 각 영역에서 경이적으로 갱생할 것이며, 그 요인은 ① 세계 경제의 일변과 조선의 영향, ②일본 경제 실력의 일대 약진, ③만주국의 독립의 외부적 요인에 의하여 조선 자신이 이 요인을 이용 발전할 소질을 구비함에 이르러 비로소 조선은 갱생할 것이라 하고,

2) 조선경제의 현 위치와 그 실정에서 조선의 생산기구를 약간의 숫자로서 설명한 다음 이 조선농업의 궁상 원인은 경지耕地의 생산력에 비하여 인구 과잉이며 기타 역사적 정치적 자연적 및 농민의 무자각 등을 말하였다.

이 조선농업의 영세성은 지금의 조선농민의 생활의 곤란을 초래하고 있는 가장 결정적인 원천으로 이 화근의 지양 없이는 농민생활의 향상은 불가능한 것이다. 그러면 이 조선농업의 궁상 즉 영세성의 원인은 무엇인가? 그것은 오직 현금의 특수적인 '동同 사회적 기구'의 가장 '내면적 비밀'이 숨어있는 '근저'인 토지의 반半봉건제적 부채 예농적隸農的 성질에 제약되고 있다는 것이다. 그러므로 모든 문제는 이 가장 결정적인 근본 문제의 현실적 해결 없이는 생명이 없다는 말인 것이다.

3) 농업국으로서의 '行詰り막다름-엮은이'와 조선 금후의 천지에서 농민의 현실적인 불안한 상태를 말하고 농민의 궁상의 원인을 ABC로 구분하여 논하고 있다.

그러나 씨는 항상 경지 생산력에 비하여 농업인구가 너무나 과잉하고 있는 것이 원인이라고 하여 문제의 본질을 말살하기에 노력하고 있으나 문제의 본질은 즉 조선에 있어서의 반半중세기적 형언할 수 없는 저임금과 반봉건적 고율 현물지대를 초래케 하는 반봉건적 토지 소유 그것이라는 것이다. 이것은 생산력의 저위와 농민의 전前자본제적 부담을 강요하는 원천이다. 3)에서 조

선공업화 조건과 그 위치, 4)에서 조선공업화의 의의를 논하고 있으나 요컨대 문제의 소재는 오직 반봉건적 토지 소유의 현실적 양기揚棄만이 모든 복잡한 문제를 자연히 해결하여 주는 것이다. 이 해결의 여명기에 이르러서만이 참다운 조선공업화, 또 전화電化가 가능할 것이다.

「고려의 사심관事審官에 대하여」 하타다 다카시(旗田巍)

필자는 이미 「조선 봉건사회에 관한 각서」 『역사와 지리[歷史と地理]』 9, 「고려 명종明宗 신종神宗시대에 있어서의 농민일규農民一揆」 『역사학연구』 2-4. 5, 「고려조에 있어서의 사원경제」 『사학잡지』 43-5 등을 발표한 경향적傾向的 사가史家로서 씨는 고려에 있어서의 장원의 발달과 중앙집권의 분권화를 촉진시킨 엄밀한 의미에 있어서의 봉건적 관료의 선구자로서의 고려의 사심관을 구체적 사료에 있어서 분석한 주목할 만한 논구이었었다. 3회

「조선 산업정책의 전망」 카나야마 이즈미(金山泉) 요미우리신문(讀賣新聞)

이것은 비약한다고 하는 조선의 배후에서 너울거리고 있는 중세기적 잔존물을 구체적인 관찰에 있어서 또 산업 조선의 정체를 명백히 한 평이한 논술이었었다.

잡지 『동양의 조선』 특집호 동양협회 기관지

그 내용을 본다면 우가키(宇垣) 총독 이하 조선 제공諸公의 시정始政 25년간의 정치, 경제, 문화의 각 방면에 긍亘한 논문이 있고 그 외에 과거 및 현재 조선의 각 관공직에 있었었던 또 있는 제공에 의한 '조선 좌담회'와 일한합병 이후 25년간의 조선의 각 분야에 있어서의 주요한 일지가 있어 자료에 궁한 우

리에게 그 결론의 일반화만 제외한다면 흥미 있는 자료를 제시하고 있는 것이다.

기타 제 논구

이외에 『개조』 11월호에 백두산인白頭山人의 「통치 25년 조선경제의 문답」은 각 방면으로 25년간의 조선경제의 변화를 고찰하고 어느 정도까지 착실한 태도로서 조선을 관찰하려고 한 흥미 있는 논색論索이었었다. 또 협조회協調會 기관지 『사회정책시보社會政策時報』 12월호에 다나베 카츠마키[田邊勝正] 씨의 「조선에 있어서의 소작문제와 그 대책」은 비록 논조는 위정자적 입장에서 문제를 제기하고 있으나 많은 자료를 제시하고 있다. 도리야마 키이치[鳥山喜一] 씨 저 『만선문화사관滿鮮文化史觀』도강서원(刀江書院)이 출판되고 총문각叢文閣 발행의 『일본의 정치』의 식민지 조선 항에 약간의 조선 기사가 있고 또 『일본경제연보』에도 약간 조선 문제가 취급되고 『돌멘』 6월호에 조선의 돌멘에 관한 논문이 실려 있다.

이상은 조선에 관련된 일본 내지인 논자의 주요한 것으로 이제 도쿄[東京] 등지에 나타난 조선인의 것을 본다면 김두용金斗鎔 씨의 「농업조선으로부터 공업조선에」『살아있는 신문[生きた新聞]』 1월호, 김정식金貞植 씨 「시정 25년」『시국신문(時局新聞)』, 이청원李淸源 「조선농촌의 계급분화에 관하여」『문화집단』 2월호, 「아시아적 생산양식과 조선봉건사회사」『유물론』 4, 5월호, 「조선 사회경제사 연구를 위하여」『사회』 7월호, 「조선 원시사회 연구」『동아』 7월호 등이라 하겠다.

(3)

이상은 필자의 아는 한도의 작년도 일본학계에 있어서의 조선 문제의 반영

중의 주요한 것들이라 하겠고, 그 추세를 본다면 조선 문제의 구명은 두 가지 본질적으로 다른 방법론 위에서 서로 부닥치면서 일본학계의 이론적 서술의 한 개의 주요한 과제가 되고 있는 것 같다. 시민학계라든가 신흥학계라든가 그 하자何者를 물론하고 그들이 자기에게 부여된 이론적 영역에 있어서의 임무를 수행하기 위하여서는 자기들의 생명선인 조선 문제의 구체적인 구명적 연관이 없이는 곤란하다는 것이 명백히 된 듯싶다.

　그러나 시민학계에 있어서는 이 조선 문제의 구명은 안기安價한 저널리즘의 세계에서 허울만 본다면 굉장한 듯이 보이나 그 사실인 즉 하등 역사적 필연성에 입각한 것이 아니었고 이 반면 신흥학계의 그것은 양으로는 적으나 그것을 본질적 관계에 있어서 관찰한다면 역사적으로 필연적 시대의 사상의 지주 支柱로서 근가根價로부터 힘있게 앙양한다고 보겠다. 12월 19일 도쿄에서. 4회

「작년 조선학계의 수확과 추세 일고」(전11회)

이청원, 『조선중앙일보』, 1936.1.1~25

국제적으로나 국내적으로나 최후 발전적 복고사상은 한 개의 열병적 조류로서 광범한 인간층을 흡수하여 천지를 진동시키고 종교적 부흥의 공허한 선동이 부동적 통계 숫자를 들고 인민의 이름으로 전개되어 지배자들 앞에 산 제사를 지내는 축문으로 변하였다. 그리하여 이런 관계는 우리 학계에도 그대로 반영되어 전前 자본주의적 사령死靈을 불러일으키는 복술적卜術的 복고사상이 한 개의 유행 사상으로 흐르고 그 반면 진정한 의미의 '조선연구'가 대중화하기 시작하였던 것이다.

편집자로부터 작년 1년간의 조선학계의 수확收穫과 그 추세를 쓰라고 명령받았는데 재래의 예를 본다면 이 학계의 수확에 대한 총결산은 단순히 무의미한 한 개의 연중행사이며 또 골동품 진열장과 같은 것을 많이 보았으나 이것들은 우리들의 취할 태도가 아니다. 우리들이 지나간 학계를 회고하는 것은 그 학문적 유산을 정당히 비판적으로 흡수 계승하는 데 의하여 이 나라 학계의 금후의 강력적 발전에 박차를 가할 터임으로이다. 그러므로 또다시 강조하나니 이 학계의 회고는 단순한 연중행사적인 총결산 보고서도 아니고 또 민족문화의 선양을 외치는 골동품 나열장도 아닌 것이다. 그리고 또 이 나라

학계라고 하여도 본질적으로 다른 두 조류가 부닥치면서 있으나 이 곳에서는 편의상 단순히 학계라고만 한다. 이하 각 영역을 따라서 그의 수획과 추세를 쓰겠다.

경제

이훈구 씨 저의『조선농업론』은 금년 우리 학계의 일대 수획이며, 따라서 다년간 조선 농업문제를 연구한 이씨에 대한 우리들의 기대는 결코 적은 것은 아니었다. 더욱 우리의 "모든 제 연구의 제1의 임무는 농업 제문제의 본질을 특징적으로 설명하기 위하여서는 자료를 확립하는데 있다"고 한다면 조선과 같이 우매와 완명頑冥과의 결과, 그들의 자료 통계가 오직 그들의 편의 목적에만 응하여 작제作製한 곳에 있어서는 자못 흥미 있는 많은 문제를 날카로이 전개하겠다는 것이 우리들의 일반적 예상이었다.

이제 그 내용적 구성을 본다면 전부 11장으로 구분되어 조선 농업문제 전반에 궁흐한 분석이었고, 그 중에서도 제3장은 '조선농업의 특징'으로 이씨는 그 중에서 "조선농민을 전반적으로 관찰한다면 이론상 당연히 토지문제 특히 토지를 농업으로부터 이용하는 제문제로부터 의논하지 않아서는 아니 된다"라고 하여 제6절까지의 제 분석 및 토지 이용론에서 제7절까지 분석하여, 이른바 조선에 있어서의 농업문제의 특징을 명백히 한 듯하다. 그런데 조선 농업의 특징은, 토지문제=토지 소유형태의 특징인 것임에도 불구하고 이씨가 토지이용 운운한 것은, 그 기도가 어디 있는지 이해하기 곤란한 것이다.

이씨는 조선 농업문제의 특징적 본질의 폭로를 무서워하여, 얼토당토않은 문제를 그에 대치하고 있으나, 조선농업의 특징은 "방대하게도 아시아적으로 정체停滯한 반半농노적 영세 경작을 그의 지반상으로 하고, 반예농주적半隷農

±的=고리대적 기생주와의 강력적으로 예속하고 있는 반농노적 영세 농민과의 대항 리裡에 세계에서 예 없을 만치 악독한 전 잉여노동 흡수의 지대=반봉건적 고율 현물 소작료를 경제외적 강제에 의하여 확보–징취徵取함으로써 반봉건적 토지 소유관계를 보증하고 있는 데 있다."[1회]

그리하여 현금의 조선에는 다음과 같은 날카로운 모순이 대립되어 있는 것이다. 즉 일방에는 전체적인 사회경제 발전의 촉진! 타방에는 반농노 지주제도! 그리고 이 조선은 업業의 특징인 후자는 기생지주적 거대 토지 소유 및 요역제도徭役制度로서 나타나 이 나라의 경제적 발전을 억지하고 일체의 공공생활에 있어서의 약언略言하면 중세적 정체 속에서 가부장적 정신의 무수의 원천이 되고 있는 것이다. 이씨가 과학적 양심이 있다고 한다면 당연히 분석하여야 할 이 중대하고 긴급한 과제에 대하여서는 일언반구도 하지 않은 것은 기괴이라 하는 것보다 필연 이상의 필연적 당연이라 할 것이다. 그의 사명은 우리 요구와 본질적으로 대립된 데에 있으므로.

그리고 제5장의 소작문제에서도 소작관계를 싸고도는 낡은 중세적 가장제의 속박과 강력은 '근대적' 기초 위에 부활되어, 아니 오히려 확대된 규모 위에서 날카로이 전개되고 있는 데 대하여는 다른 측면을 대치하고 만 것이다. 물론 우리가 이곳에서 반봉건성 운운하는 것은 결코 관념적인 유치한 환상도 아니고, 위조도 아니고, 오직 우리만이 조선 농촌의 경제생활에서 생기고 있는 제 사실을 본질적으로 기술하고 일반화한 이외의 아무것도 아닌 것이다. 자본가적 제 관계와 강고히 엉키고 있는 강력적인 반봉건적 제 관계의 구체적 제 사실은 조금도 의심 없이 이것을 웅변으로 말하고 있는 것이다.

그리고 이 소작문제의 항목은 씨의 서술적 내용 구성으로 본다면, 계급구성도 되었으나 이에는 조금도 언급하지 않고 있다. 농민은 근대사회에 있어서는 벌써 단일한 계급이 아니고 그것은 모순 속에서 헤매는 계층이다. 그러나 지금까지 농업 하는 한 사람들은 이 모순이 저술이라든가 학설이 아니고 오히려 조선의 경제생활의 모순 그것이라는 것을 늘 망각하고 있다. 즉 이 모순은 관념적으로 작제된 모순이 아니고 생생하게 살고 있는 바로 변증법적 모순 그것인 것이다. 다시 말하면 우리가 계×관계를 운운하는 것은 농촌에 있어서의 제 계층의 힘, 성질을 명료히 하여 위대한 전환에 있어서의 추진력을 정당히 평가하여야 함으로써이다.

또 제10장의 농산물의 매매 및 가격 중의 시장의 조직 중에서 가장 중요한 것이 분석되지 않고 관념적인 실증주의적 숫자가 있을 따름이다. 이 시장 문제에 있어서 중요한 것은 소상인 문제다. 농촌 조선은 개개의 적은 지방을 지배하는 적은 "분산적 시장의 체제이다." 그리하여 이런 지방 그 어떤 곳을 가든지 시장의 조절자인 사회경제 조직 일반에 고유한 모든 현상을 볼 수 있는 것이다. 그러나 재래 경제학자라고 하는 사람들이 이 시장에 결부되어 있는 소상인에 대하여서는 조금도 말하지 않는 데 놀랄 따름이다.

이 소상인이라고 하는 것은 경제학적 술어述語의 상업경영을 하는, 농업노동을 가르치고 있는 부농들이며, 그들을 특수한 낙원樂園으로 분류하여 본다면 그 집단의 전 세력, 지방 경제생활에 있어서의 역할은 참으로 큰 것이다. 상품의 교환과정을 통하여 형성된 화폐권력의 적은 집행으로서의 이 부농들은 노동자를 한 사람 한 사람씩 누르며 철쇄로 이들을 자기들에게 엉켜 매고 차차 모든 힘을 빼앗기기 때문에 이 힘은 아주 무서운 것이다. 이 힘은 이 위 같은 반농노적 조직에 고유한 저급한 노유勞幼 생산력의 미개상태 아래에서 행하여지는 수취라 단순히 노유의 수취뿐이 아니고 더욱 조선 농촌 그 어느 곳으로 가든지 볼 수 있는 현상이다.[2회]

이외에도 비판하려면 많으나 지면상 관계로 우리들의 이 귀중한 통계집에 대한 태도를 말하려고 한다. 직접 통계를 사회적으로 작제할 수 없는 우리들은 이런 분들의 통계를 이용하지 않아서는 안 되는 것이다. 우리들의 위대한 선배들은 전부 이런 통계를 이용하였던 것이다. 그러나 우리의 이용할 수 있는 통계는 모든 필요한 세심적細心的 주의를 하여야 한다는 것이다. 우리들은 이 통계들이 진실에 충실한 것과 그렇지 않은 것과를 정밀히 … 시험하여 이 자본의 변호인들의 결론의 일반에 속지 않도록 주의하여야 할 것이다.

『수자조선연구』를 통하여 이미 조선학계에 공헌이 많은 이여성, 김세용 양 씨는 이번 또 제5편을 세상에 내어 놓았다. 필요한 모든 통계를 자기 손으로 만들 수 없는, 아니 위정자들이 작제한 통계조차 정리整理할 수 없는 우리들에게 있어서는 반가운 일의 하나이다. 더욱이나 부동적浮動的 숫자를 진열하여 놓고 있는 금일에 있어서는 그 언제보다도 이런 필요를 가장 느끼고 있는 것이다. 인제 그의 내용 구성을 본다면 제1편은 '공업 조선의 해부'이고 제2편은 '조선 도시의 추세'이다. 제1편 1장은 조선공업의 구성, 규모 '스케일' 제 자원, 노동력, 조선인 공업의 지위의 순으로 문제가 제기되고, 제2장은 '조선공업의 특질'이었다. 이 문제는 참으로 중대하고 긴급한 문제다. 조선공업은 여하한 특질을 가지고 있는가? 이것의 정당한 파악은 조선에 있어서의 이식 자본주의의 발달과 계급적 구체적 구조적 특질의 이해—지금 우리들이 과학적 입장에서 조선의 역사적 과거를 연구하는 것도 결국은 이 단계를 자기의 것으로 만들기 위하여서의 준비 공작에 지나지 않는 것이다. 이 의미에서 저자의 분석은 자못 흥미 있는 문제이었다.

그는 제1절에서 대공업의 절대적 우월성, 제3절에서 재벌에 철저적으로 집중된 조선공업을 분석하였다. ××자본주의의 구조적 특징은 여하히

××××공업에 반영되고 있는가 하는 데 끊임없는 관심과 주의를 게을리 하지 않고 있던 우리들은 이 조선공업의 특징 중에서 당연히 분석하여야 할 상당히 귀중한 문제들이 소리도 못 치고 그대로 없어지고 있는 데 먼저 놀라지 않을 수 없다. 물론 이상의 제 분석들도 조선공업의 특징임에는 틀림없으나 그 이외에도 흔히 조선 공업문제 운운하는 사람들이 늘 망각하고 있는 가장 본질적 특징이 있는 것이다. 즉 "절대주의적 관념"의 권화勸化로서의 참으로 세계에 그 예를 찾을 수 없을 만큼 한 반半노예적 예종隷從과 노동자의 단순재생산도 보호하지 못하는 저임금제. 육체 마멸적 노동 조건과 감옥 같은 기숙사 제도. 십장에 의한 수인적囚人的 노동과 감시 군사기구의 통일성을 기축으로 하는 영세공업 등등.

이런 가지각색의 구체적 제 특징이 숫자적 지반 위에서 저 각기 자기들의 구체적 특징을 춤추고 노래하여서만이 호화판豪華版!의 약진의 이면에서 급박히 호흡하고 있는 생생하게 존재한 변증법적 약진의 진면용이 명료히 될 것이다. 그리고 제3절의 조선인 경영 공업의 제문제는 필자의 견해와 다른 점이 많다. 지면상 관계로 이곳에서는 기형적 산업혁명에 대하여 약간 말하겠다.

『자본론』의 저자는 상업이라고 하는 것은 그 형태의 여하를 불구하고 구래의 생산형식을 분해하는 것이나 이 상업이 어느 정도까지 근린近隣의 생산양식을 분해하느냐 하는 것은 상업 그 자체에 달린 것이 아니고 구래의 생산양식의 견고성과 내부적 조직의 여하에 달린 것이라고 하였는데, 우리가 조선에 있어서의 기형적 산업개혁을 논하려면 먼저 전前자본주의적 생산양식은 어떻게 조성되었던가? 또 이 생산양식은 일정한 한도에 있어서 어떻게 조선에 있어서의 상인자본의 발동, 따라서 자본의 원시적 축적을 방지防止하였는가? 그리고 우리 조선의 전자본주의 생산양식 아래에 있어서는 '매뉴팩쳐'적 공업형태는 있었느냐? 없었느냐? 또 있다면 어떤 형태를 취하였느냐? 없다면 왜 없었으며 '길드'적 가내수공업이 외래자본의 침입에 있어서 어떻게 분해하였는가?를 구체적으로 분석하여야만, 조선에 있어서의 외래 자본주의의 발달에 대한 기초적 자료를 확립할 수 있을 것이다. 물론 이것은 무리한 요구일는지는 모르겠다. 그러나 이것은 불가능한 문제는 아니다.3회

우리는 금후 양씨가 좀 더 본질적 분석 자료의 과학적 정리에 충실하여 주기를 욕구하여 마지않는 바이다. 제2편의 도시문제는 도시의 발달과 반비례로 진전하는 도시민의 생활을 대조적으로 논술한 흥미 있는 분석이었었다.

노동규 씨는 금년 우리 학계에 있어서 가장 많은 연구의 성과를 보여주신 분으로 노씨는 『동아일보』 신년호에 「조선경제와 통제문제」, 「미곡문제와 자치관리법안」, 「조선공업화 문제」 등등의 가장 귀중하고 긴급한 문제를 해명하였다. 그를 요약으로 소개한다면 「조선경제와 통제문제」에서 이 통제문제라고 하는 것은 독점자본의 최후 단계적 정책이며 이것은 생산과 소비와를 의식적으로 통제하는 '계획경제'와는 엄연히 구별되어야 할 것이므로 소부르주아 학자, 민주사회주의자, 파시스트 등의 굉장한 설교는 한 개의 환상이 아니면 '기만'이라고 강조한 다음, 이 독점자본의 무장화武裝化 행정行程인 통제경제를 대내적 대외적 방면으로 구분하여 분석하고 이 통제경제는 암만 공허한 '아지프로'를 대대적으로 전개하나, 그 자체로서는 자본주의의 본질적 모순 위에서 날카로이 전개되는 공황의 극복은커녕 오히려 그것을 격화시킨다하고 결론으로 식민지 조선경제의 통제성을 다각적 방면으로 고찰하여 그 문제의 본질을 쑥 찔렀다.

「조선의 인구 및 식량문제」 중에서는 "궁곤窮困은 인구 과잉으로 일어난다"

라고 호령한 맬서스 승정僧正의 '기만'적 인구론을 반격한 다음, 조선 인구의 현상, 조선인의 장래, 유소아 사망율로 본 인구의 장래를 과학적 기준 위에서 지금까지의 모든 사람들이 현상 그 놈에 잡히어 조금도 정당히 제기하지 못하던 문제를 제기, 분석, 구명한 다음 식량문제로 들어가 세상이 발달하고 생산력이 발달하면 할수록 늘어가야 할 조선인 1인 미米 소비고가 점차 규율 있게 감퇴되면서 있는 사실을 지적하고 조선에 있어서의 식량문제는 식량의 생산문제가 아니고 생산된 식량의 소비문제 즉 소비할 경제적 능력의 문제임을 증명하였다.

요컨대 조선에 있어서의 식량문제는 결국 ××문제임을 정당히 말하고 따라서 맬서스 류의 "인구는 기하급수적으로 증가하고 식량은 산술급수적으로만 증가한다"고 하는 추상적 인구 = 식량문제의 본질을 폭로하는 데 의하여 부르주아 학자들이 사회문제, 정치문제를 설명하는 최후의 구실이 되는 이 인구문제의 정체를 비판의 조상俎上에 올려놓고 횡으로 종으로 날카로운 메스로 해부하였던 것이다. 그리고 당시의 모든 기관들이 총동원하여 "농업조선으로부터 상공업 조선에로" 또는 "상공업 조선의 약진"을 외치고 있을 때 노씨는 이 현실적 과제를 그의 사회적 의존성 공산액과 공장의 발전, 투자상으로 본 상공업, 인구상으로 본 상공업, 조선공업의 장래 등을 구체적으로 논한 다음, 조선의 상공업화 과정이 조선의 인구 및 직업문제를 해결할 수 있는 성질의 것이 아니라는 것을 말하였다.

우리는 오즉 노씨의 과학적 연구로 전개된 모든 성과에 끊임없는 경의를 표하는 동시에 이 딱한 비상시를 틈타서 '단군사상檀君思想'자들이 군악을 울리면서 이 사회에 생생하게 존재하여 있는 제 사실을 열심히 왜곡하고 있는 이때 과학적 방법으로 이것들을 재음미하여 주기를 기대하며, 따라서 노씨의

과학적 연구에 우리들은 안심하여 들을 수 있을 것이다.4회

연전年前에『조선사회경제사』―필자는 방법론적으로는 많은 이론을 가지고 있으나―를 출판하여 이 학계에 커다란 충동을 일으킨 백남운 씨는 금년도 그 후의 연구로 바쁘신 모양으로 나의 아는 한『동아일보』신년호에「조선 노동자 이동문제」와 동보同報 중 하경夏頃에 니라NIRA-엮은이에 관한 논문이 발표되었을 뿐이다. 전자를 간단히 소개한다면 조선에 있어서의 자본의 축적과정, 토지의 봉건적 소유와 근대적 소유로 확대재생산 되고, 그러므로 이 노동 이동 대책을 논할 적에 이 실업자 생산의 본원인 농촌기구를 본질적으로 파악하여서만이 정당히 문제가 이해된다는 것을 강조하고 이상의 세 가지 이동 코스에 대하여 개괄적인 결론이 있었다. 조선의 반면에 광범히 존재하고 있는 암흑면을 조금도 주저하지 않고 공개하였던 것이다. 다시 말하면 조선의 명암 이중주를 명백히 하는 데 의하여 금일 조선인의 궁곤을 말하는 사람들이 철없이 이것을 천래天來의 것 운명의 소여所與로 가장하는 따위의―명백히 하였던 것이다. 우리는 백씨의 위대한 연구 성과가 멀지 않은 장래에 있기를 반겨마지 않는 바이다.

「이조말기의 조선 화폐문제」를 과학적으로 분석하여 신흥학계가 새로운 내용을 획득하게 하였던 보전 교수 김광진 씨는『동아일보』신년호에「인플레의 내면에 발전하는 제모순」과『조선일보』신년호의「블럭경제의 동향」,『신동아』7월호에「세계경제전」,『동아일보』?에 세계경제에 관한 논문이 실리었다.「인플레의 내면에 발전하는 제모순」에서 자본주의 열강이 근로대중에 대한 극도의 수수收收로 인하여 일시적 정체적 안정이 생긴 것을 가지고 그의 하수인들은 자본주의의 미신적 영구성을 찬송하고 있는 데 대하여 최후의 캄푸라 주사인 '인플레이션'의 본질적 모순과 그의 구체적 발동 양상을 통하

여 그의 반동성을 반격하였다. 「블럭경제의 동향」에서는 블럭경제를 구체적으로 분석 구명함으로써 블럭경제는 결국 "국민주의적의 팽일膨溢을 따라서 군비경쟁의 일단—端을 말하고 있는 것이다. 세계경제가 또다시 포화의 세례를 위기가 가까워간다는 것을 의미하고 있다"고 말하였다 「세계경제전」에서는 여러 가지 구체적 사실로서 이 경제전을 논하고 이것들은 세계 경제공황의 극복으로써 나타나고 있으나 결국은 경제 정치생활을 위급한 국면에로 인도할 따름이라는 것을 강조하였다.

그런데 과학적 연구로 많은 모범을 세운 김씨는 어쩐지 전년에 비하면 활동이 부족한 감이 있다. 물론 이에는 상당한 사정도 있겠으나 세계경제의 위기가 외치고 있는 이때인 만큼 우리들은 김씨의 이 영역에 관한 과학적 연구의 제 성과를 흡수하고 싶다. 다른 사람들이 대학생 노트 같은 케케묵은 신문지를 복사하고 있을 때 금후의 김씨에 대한 우리들의 기대는 가장 크다는 것을 말하여 둔다.

연전 조선에 있어서의 근대적 사회 분화의 기점으로서의 토지조사사업을 과학적으로 분석하는 데 의하여 봉건적 토지 소유관계를 폐지하고 타방 ×× 권력 하에 국민적 규모에 있어서의 토지소유의 집축集蓄, 다시 말하면 이 토지조사사업에 의하여 농민들은 토지의 봉건적 구속으로부터 해방되었고, 농민의 다대수가 명목상 토지 소유자로 전화되었으나 이것은 동시에 토지 소유 그것이 오히려 질곡이 되어서 그들의 다대수가 토지 소유 그것으로부터 해방되어 무산자 또는 준무산자들로 전화轉化할 광범한 행로도 전개되었으며 따라서 이것은 국민적 규모에 있어서의 봉건적 수취 조건의 확장재생산의 본질적 요소로서 또 자본의 원시적 축적을 가장 자유로이 전개시키기 때문에 전제조건으로서의 이 토지 소유관계의 재분배 과정을 구체적으로 분석하여 이 학계에 보다 높은 발전에 많은 업적을 남긴 박문규朴文圭 씨는 『신흥』 8월호에 「조선 농촌기구 문제의 통계적 해설」이라고 하는 훌륭한 논문이 실려 있다.

필자 박씨가 정당히 적발함과 같이 재래 조선 농업문제 운운하는 사람들이 꿈에도 생각지 않던 문제, 그들이 의식적으로 분석을 방기하고 있는 명제 — 이훈구 씨는 이것의 전형적 대표자이었다 — 이 농촌기구 문제의 분석은 우리들의 가장 당면한 긴급한 과제의 하나이다. 그리하여 박씨는 조선 농촌기구를 "일본 내지 농업생산기구의 재현 형태인 반봉건적 영세 경작으로서 파악", 이것은 이 농민의 빈궁 채무농가債務農家적 성질의 무수한 원천이 된다고 하였다. 충실한 분석이라 하겠다. 우리는 금후 박씨의 끊임없는 연구와 그 성과에 커다란 기대를 가지고 있는 것이다.5회

역사

금년에 있어서의 역사 연구는 커다란 비약을 하였던 것이다. 부르주아 학계에 있어서는 정인보鄭寅普 씨의 「오천년간의 얼」이라는 굉장한 논책이 『동아일보』에 계속적으로 발표되고 있다. 그러나 그 내용을 본다면 '얼빠진 조선'을 그리는 데 열심 하였을 따름이다. 이분들께 있어서는 원시사회부터 국가가 있었고 원시적 추장은 '님금'이었고 조선문화의 위용은 치자층治者層의 위용이었다. 원시사회에도 국가가 있었다는 데 의하여 국가의 역사성을 압살하고 영구성을 그에 대치하며 사회적 평원에로의 과도적 형태인 반半국가의 역사적 필연성을 거부하였다.

또 박노철朴魯哲 씨의 『조선중앙일보』의 「조선 조의皂衣 화랑사」와 유창선劉昌宣 씨의 『신동아』의 「신라 화랑제도의 연구」가 있으나 그것들은 전부 조선적 '샤머니즘'으로서의 화랑제도의 본질 및 그와 원시종교와의 관련 또 그 당시

의 사회기구와의 관련에 있어서 논술되지 않고 있다. 즉 노예 소유자적 구성으로서의 신라는 원시사회의 유물의 광범한 잔존에 제약되어서 그의 지배형태 및 이데올로기 일반을 특징적인 절대주의화에 인도하지 않으면 아니 되었다. 이런 일련의 조건은 조선에 있어서의 노예소유자적 구성은 고대 로마나 그리스 같은 자유민의 완전한 참정권이 없고 지배적 생산양식인 노예 생산양식과 원시사회의 잔존 생산양식과의 사이에 한 개의 안전판을 필요로 하였다. 그리하여 이 화랑제도는 그 요구로 원시 민족공산체의 평등 참정권을 종교화한 도덕화한 방면만을 흡수하여 청년의 솔직한 정치적 요구 및 영웅심을 이용하여 위로부터 선발의 형태를 취하였던 것이다. 다시 말하면 이 화랑제도는 아시아적 노예 소유자적 구성의 특징적 내용을 형성하고 있는 것이나 이 근본적 명제는 늘 관념론자들에 의하여 왜곡되고 있는 현상이다.

그리고 진단학회의 회보 『진단학보』가 제3권까지 세상에 나왔다. 이것은 빈약한 우리 학계에 있어서는 의미 있는 사업의 하나이었다. 상대적으로─ 그러나 이의 내용을 본다면 거의 전부 관념론적 사관으로 근본 명제를 왜곡하고 있다는 것이다.

금년 이 땅의 신흥사학계에 있어서 흥미 있는 많은 문제를 제기한 것은 천태산인天台山人이었다. 『동아일보』 신년호에 「춘향전의 현대적 해석」과 동보同報의 「고전섭렵 수감」, 『조선일보』의 「조선역사의 진전과정」, 『조선중앙일보』의 「정다산 연구」 등을 통하여 재래의 통속사가들이 꿈에도 생각지 못하던 것을 명백히 하기에 노력하였다.

「춘향전의 현대적 해석」에서는 조선 최고의 수준에 달한 고전으로서의 춘향전을 선양하는 동시, 그 시대성, 현실성과를 현실의 관련 밑에서 과학적으로 정당히 파악 평가, 계승할 것을 강조하고 그것을 구체적으로 분석하기 위하여 경제관계 특히 토지문제로부터 시작하여, 그 시대의 사회계층 사상 등을 본질적으로 분석한 근래에 드문 일대 논문이었다. 그러나 그 가운데는 잘못도 가끔 보이었다. 일례를 든다면 "대저, 이조의 균전제均田制는 고려의 공전제公田制의 계속" 운운하였는데 봉건 이조에 있어서의 토지 소유 형태는 조선에 있어서의 고대국가로서의 고려의 반전제班田制의 계속이 아니었다. 이조 국초의 토지제도의 대개혁, 특히 토지 사유제도의 사실상의 승인 등은 이것을 웅변으로 잘 말하고 있다. 또 씨는 고려의 토지제도를 공전제도라고 하나 이것은 좋지 못한 표현일 것이다. 왜 그러냐 하면 이 표현은 흔히 국가적 토지소유=공동체적 토지소유로 들리기 때문이다. 단순한 토지국유는 국가적 토지소유=공동체적 토지소유가 아니다. 조선에 있어서의 국가적 토지소유=공동체적 토지소유는 신라에 와서 종국을 마치고 고려에 와서는 반전제도가 지배적 형태를 취하였던 것이다.

「고전섭렵 수감」에서는 고전의 수집 연구 대상, 현실학파의 공적, 기타 기술 문제에 언급하고, 「조선역사의 진전과정」에서는 원시사회로부터 노예사회에의 발전 등을 논하였다. 그런데 이 사회구성 ― 사적유물론의 근본 명제인 ― 적 시대구분에 대하여는 동의할 수 없다. 필자도 극히 최근까지 천태산인과 같은 시대구분을 하여왔으나 그 후의 구체적 연구로 이것의 그릇됨을 깨달았다. 즉 삼국시대, 통일신라시대, 고려시대까지가 노예사회이었으며 특히 고려는 군사적 노예사회이었고 봉건사회는 이조에 와서 비로소 전개하였던 것이다. 이것은 근간될 졸고 『조선사회경제사』에 구체적으로 분석하고 있다. 또 씨는 부족국가 운운하고 있으나 이것은 좋지 못한 표현일 것이다.6회

표현이 내용의 상징이라 할진대 이 표현은 부족동맹시대부터 국가가 존재하였다는 관념을 독자 제군께 부지불식간에 주입시켜서 재래 학자 제군의 비

위를 만족시키고 있는 것이다. 이 표현은 백남운 씨가 조선사회경제사에서 사용한 선행자적 과오이었으며 한흥수 씨는 『비판』 12월호의 「조선원시사회론」에서 정당히 백남운 씨를 비판하면서도 이 표현만은 그대로 백남운 씨로부터 계승하였던 것이다. 또 이곳에서 꼭 분석하여야 할 한문화漢文化의 침입과 조선에 있어서의 국가 형성과정의 구명이 방기되고 있었다.

그리고 「조선의 지리적 변천」에서는 재래 학자 제군이 의식적으로 왜곡하고 있던 문제를 새로운 입장에서 제기하고 있으나, 비견鄙見에 의하면 아직 이 문제의 방법론적 구체적 발전은 금후에 있을 것이다. 또 「정다산 연구」는 '배달사상' 공식의 전체적인 천재와 영웅들이 정다산 정다산 할 때 과학적 안식眼識으로 봉건사회를 주저하기는 하였으나 그렇다고 근대 시민적 자유, 평등, 박애를 완전히 주장한 것도 아닌 과도기적 존재의 반영형태로서의 이 정다산 사상을 구체적으로 속학적 관념사관을 배격하면서 구명하였다. 우리는 이 천태산인의 금후의 구체적 연구 성과에 세술적世術的 복고사상이 횡행하고 있는 이때 가장 기대하여 마지않는 바이다.

한흥수 씨는 금년 우리 학계의 가장 충실한 신진학도의 한 사람으로 한씨는 『진단학보』 제3권에 「조선의 거석문화 연구」와 『비판』 11월호에 「원시사회의 연구의 중대성과 그 다음 오는 제문제」, 동同 12월호에 「조선원시사회론—백남운 씨 『조선사회경제사』의 비판을 겸하야」 등의, 주로 원시사회에 대하여 빛나는 성과를 이 나라 학계에 그야말로 '폭탄'적으로 던진 분으로 「원시사회 연구의 중대성과 그 다음에 오는 제문제」에서—「조선의 거석문화 연구」는 『동아일보』의 졸고 「『진단학보』 제3권을 읽고」에서 말하였으므로 이곳에서는 약略한다—조선연구의 현단계적 의의를 번갈아 강조하면서 정열적 조선연구의 비과학성을 밝히고 우리들은 사적유물론에 의하여서만

이 역사적 과거를 정당히 이해할 수 있을 것이라고 한다. 다음 그러므로 우리들의 역사 연구는 호고가好古家의 호기적好奇的 흥미와 회고적 취미를 만족시키기 위한 것이 아니라는 것을 발하였다.

선사학先史學 연구의 임무는 바로 역사적 발전의 계기성의 근저 부분을 구명함이라는 것을 명백히 하고 원시사회 연구의 근거에서는 1. 수학, 2. 고고학, 3. 상속학上俗學, 4. 언어학으로 구분하여 논술하였는데 4. 언어학에서 한글은 조선에 있어서의 계급사회 개시에 있어서 결정적 역할을 연출하는 한문화 침입 이전의 조선반도의 주인들이 사용하던 것을 세종 시에 정리 공포되었다고 하는데 1. 이것의 구체적 근거는 어디 있는지? 지금까지의 연구 성과를 전연 왜인歪認하므로 퍽이나 흥미 있는 동시에 주의할 바이었다. 역사과학의 당파성과 실용 문제에서 역사 연구의 궁극의 목적은 그 실용에 있으며 이것은 연구자가 의식하든, 의식하지 않든 역사학과 정치와는 친지親姉 관계가 있으므로 역사학은 당파성을 초월할 수 없는 것을 말하고 우리들의 방법론은 제일로 "인류사회 발전의 역사적 과정의 기초는 경제적 조건이다." 그것은 바로 역사의 경제적 설명 이외 인류사회 발전의 완전무결한 합법칙성을 발견할 수 없을 것이라는 것을 강조한 바 있다. 참으로 충실한 분석이라 하겠다.

그러나 이것은 완전무결한 것은 아니었다. 이곳에서는 역사적 현실을 지배하는 역사적 필연성인 경제적 조건, 계급투쟁과 인간의 의지와의 삼위일체가 변증법적으로 파악되지 않고 있는 것이다. 전 역사는 개인행동으로부터 조성되는 사회적 활동=실천 이외의 그 아무것도 아닌 것이다. 즉 소여所與의 역사 조건 앞에서 틀림없는 인간 그 자체가 역사를 창조하고 있다는 사실을 망각하고 있는 것이다. 역사적 현실을 지배하고 역사적 필연성인 사회적 합법칙성은 결코 이 인간의 능동적 역할을 부인하지 않고 오히려 그것의 변증법적 통일에 있어서만이 역사학에 있어서의 '진보적' 단계를 획득할 수 있을 것이다. 과거 조선의 진보적 학구자들은 이 근본 명제를 늘 압살하고 있었던 것이다. 대관절 이 논문은 조선에 있어서의 이 영역에의 최초의 윤채 있는 성과라 하겠다. 「조선원시사회론」에서는 백남운 씨의 방법론적인 과오를 비판함을 그의 주요 부분으로 하였다.7회

지금까지의 이 땅의 신흥학도들이 무조건적으로 백남운 씨만을 신임하고 그의 비판을 주저하고 있던 이 문제를, 아니 솔직하게 말하면 그것을 비판할 만한 수준에까지 도달하지 못하고 있던 이 우리들이 혼돈한 학계에 엄정한 역사의 발전적 노선을 닦기 위하여서는 가장 긴급한 과제—과거 몇 번이나 계획하였다가 수행하지 못한 이 중대한 과제—를 대담하게도 착실한 구체적 연구의 성과 위에서 수행하였던 것이다. 우리는 이곳에서 이 땅의 신흥학계가 확실히 일 보 전진한 것을 엿볼 수 있으며, 국제적 수준에의 도상途上에로 발전하면서 있는 데 대하여 적으나마 자신을 얻은 것이다. 물론 백남운 씨의 위대한 선구자적 문제제기 및 해결 발견을 조금도 상傷하게 하는 것이 아니고 이 비판이 발전하면 할수록 그의 피땀으로 될 노작의 위대한 역사적 가치가 점점 명료히 되는 것이다.

그러나 이것은 백남운 씨에 대한 완전한 비판을 다 수행한 것은 아니었다. 아직도 많은 문제가 그대로 손대지 않고 있는 것이다. 이것은 오직 독자 제군의 위대하고 착실한 연구에 의하여 해명될 것이다 그리하여 우리들은 당연히 구명하여야 할 귀중한 문제를 그 누구보다도 먼저 구명하는 데 의하여 이 나라의 신흥학계를 보다 높은 급계給階에로 추진시킨 한씨의 위대한 창의에 대하여 감탄하며 동시에 1936년도의 이 영역에 있어서 백남운 씨와 같이 그 누구보다도 기대가 가장 크다는 것을 말하여 둔다. 이것은 비단 필자만이 아닐

것이다. 금후 이 땅의 역사적 과거, 그 중에도 원시사회의 정당한 발전적 연구의 성과를 우리들이 전취戰取할 수 있다면, 그의 공적은 말할 것도 없이 완진히 백씨와 한씨에 돌아갈 것이다.

그리고 진정한 조선연구의 대중화의 기운에 제회際會하여, 이 조선연구의 정당한 문제제기나 될까 하는 의미에서 필자는 도쿄[東京]에서 발행하는 『유물론연구』에 「아시아적 생산양식과 조선봉건사회사」, 『동아』에 「조선 원시사회 연구」, 『사회』에 「조선사회경제사 연구 때문에」 등등을 발표하여 국제적으로 문제제기한바 있고, 『신동아』에 「아세아적 생산양식에 관하야 (1)」을 발표하여 이 중대한 과제의 의미, 국제적 국내적 문제사적 고찰 및 이론 내용을 약간 분석한바 있고 『동아일보』에 「조선인 사상에 있어서의 아시아적 형태에 대하야」를 발표하여 조선인 사상의 중세기적 정체 속에서 야만화하고 있는 아시아적 형태를, 또 새로운 의미에 있어서의 조선인 사상의 아세아적 형태를 대조적으로 약간 분석하려고 하였다.

그러나 이상의 제 논구에 있어서는 모든 문제가 구체적 분석이 아닌 추상적 일반론을 지반으로 관념론적 독단과 기계론이 사적유물론을 완전히 압도하고 있었던 것이다. 그리하여 그 후의 구체적인 연구는 이상의 제 논구에서 취한 필자의 비과학적 태도에 대한 자기비판을 시작하게 하였으며, 이 끊임없는 자기비판의 성과는 근일 출판될 졸저 『조선사회경제사』에서 흡수하여 문제를 구체적으로 제기하려고 하는 동전同前에 관념론적 사관을 배격함을 겸하여 선배 백남운 씨의 범한 과오를 구체적인 논술에서 자기비판하는 데 노력하였던 것이다.

복고사상이라고 하는 시대가 낳은 열병적 조류가 대범람하고 있는 이때 문화유산을 전승하는 데 정당한 문제제기를 한 것은 박사점朴士漸 씨의 『동아일보』신년호에 실은 「조선 문화유산과 그 전승 방법」이었다. 박씨는 문제의 해명에서 인간은 자기 스스로 해결할 문제만을 해결한다는 것을 강조한 다음, 조선 문화유산에 있어서 '무엇을', '어떻게' 하는 양 계기가 변증법적으로 통일되어야만이 과학적 해명이 가능하다는 것을 강조하였다. "조선 문화유산 인식의 방향을 규정하는 현계급적 입장"에서는 과학의 당파성과 실천만이 모든 문제를 자연히 해결하며, 따라서 문화유산의 전승의 인식 방법은 이해를 달리한 계급에 따라서 그 방법이 다르며, 우리들의 전승 태도는, 그 문화유산이 어떤 사회적 '그룹'의 것이었는가를 먼저 명백히 하여, 당시의 사회적 생활과의 내면적 관련 속에 가지고 있던 그 지위를 왜곡함이 없이 파악할 것을 말하고, 이른바 학자라는 사람들이 학문을 아카데믹한 상아탑 속에 밀봉하는 경향의 비현실성을 논하여 실천만이 일체를 해결하는 열쇠가 된다고 강조하였다. "조선 문화유산의 특수성을 시인하며 천명하는 근거"에서 세계사적 관점을 초월한 민족적 특수성을 고조하는 것의 비현실성과 또 이 역사적 현실을 완전히 지배하고 있는 발전의 구체적 특수성을 역사 발전의 일반 합법칙성에 있어서 거부하는 기계적 공식주의가 결국은 부르주아적 영향의 결정적 반영으로서의 절묘한 관념형태의 양 측면에 있어서의 표현이다.[8회]

이 조선문화의 특수성은 민족적이면서도 세계사적 노동자의 입장에서 전승하려는 것이라 하고, 전승 방법에 있어서 객관적 측면으로서는 모순의 양 계기가 변증법적으로 파악될 것과 과거 단계의 영역에 있어서의 선행자들의 걸어온 자취에 대한 총괄적 비판을 한 다음, 그들이 문헌 물질적 기념물 등을 그 당시의 사회 상태와 관련하여 생각하지 않음을 지적하며 따라서 현금 조선의 기형적인 특수문화는 바로 옛날의 문화가 지양되고 그 위에 새로 건설된 것이 아니라는 것을 즉, 지금의 이른바 조선문화는 과거 조선문화를 건설한 사람으로서의 진보층의 손에 의하여 세계에서 가장 발달하고 가장 우수한 문화를 흡수하여 과거의 문화유산을 전승할 때 진정한 의미에 있어서의 조선 문화유산이 전승될 것이며 바로 틀림없는 이때! 조선의 모든 장벽에는 역사적으로 거대한, 그리고 향기로운 '자유! 평등! 박애!'가 찬란하게 빛날 것을 암시한 근래에 드문 이 영역에 있어서의 과학적 궤도에의 일보 치진稚進을 마련한 일대 논색論索이었다.

그러나 박씨가 백남운 씨의 "특수문화를 고조한다면, 그는 감상적인 전통자만에 빠질 뿐"이라는 것을 편협한 공식주의적 속단이 아니면 다행이라고 하나, 박씨 자신이 백씨를 비판하기 전에 백씨의 『조선사회경제사』를 정밀히 읽을 열성을 전취하여야 할 것이다. 백씨는 박씨의 인용구 바로 그 위에 "… 단순히 그"라고 명백히 쓰여 있는 것이다.

철학

금년 이 철학계에 있어서 가장 많이 활동한 분은 박치우朴致祐 씨다. 「나의 인생관」『동아일보』, 「현대 철학과 인간문제」『조선일보』, 「불안의 철학자 하이데거」『조선일보』 등을 세상에 내어놓았다. 「나의 인생관」만을 간단히 소개한다면 세상에서 흔히 들리는 인간의 위기라 함은 결국 사회의 위기이며, 새로운 철학은 '문자'로서가 아니고 말하자면 '소리'로서 '호절呼折'으로서만 자신 철학됨을 요구하는 인간 철학이며, 그러므로 박씨의 인간관은 "인간에 대한 인간적인 철학"이며 이것은 박씨 자기의 인생관인 동시에 일반의 인생관이었다. 이렇다고 하고 하는 것은, 박씨 자신의 기도하는 인생관은 동시에 시대의 요구 그것이기 때문이라 하고, 박씨의 주장하는 인간다운 인간학 이외의 인간학으로서 '과학적 인간학'과 '도학자道學者 인간학'이 있다고 하였다.9회

그리하여 '과학적 인간학'은 자연과학적 인간학적 관점에서 인간의 의학적, 생물학적, 심리학적 측면만을 문제하고 있으므로 이것은 결국 비인간적인 인간학이고, '도덕적 인간학'은 인간을 무비판적인 가치로서 즉 도덕적 존재로 보고, 이 시각에서 인간에 대하여 선으로 행할 것을 강제하고 있다고 하였다. 그러므로 결국 요컨대 박씨에 있어서의 인간다운 인간학은 이상의 인간학과는 정반대의 것으로 그것은 '모순의 인간' 따라서 '싸움의 인간' 그러므로 '행동의 인간'이라고 한다.

그런데 이 인간관의 서술은 조선적 특수성의 고려가 비교적 적은 것 같아 보이며 따라서 박씨가 부르짖은 '인간다운 인간학'의 표현에는 찬성키 어렵다. 왜 그러냐 하면 우리 인간은 사회에 있어서는 단순한 동물이 아니고 '사회적 동물'—『자본론』의 저자가 늘 강조한 기본 명제—로서 사회적인 것으로서 양기揚棄된 존재이기 때문이다. 다시 말하면 인간은 자연 및 사회의 역사적 소산이나 그 본질은 사회적인 것이다. 즉 "인간적 본질은 무슨 개개인에 내재하는 추상체가 아니고 그 현실에 있어서의 인간적 본질은 사회적 제관계의 총체"「포이에르바하에 관한 테제」이므로, 결국 사회적 인간인 것이다. 그러므로 인간은 사회적으로 실천하고 있는 인간만이 정당할 것이며 따라서 실천에서 살고 있는 이상 인간은 사회적 인간인 것이다. 만약 그 표현이 필연적으로 내용의 집중적 통일적 상징이라고 할진대 이 인간학은 '사회적 인간'(맑스)학이어야 할 것이다.

이외에 박종홍 씨의 「우리의 현실과 철학」『조선일보』이 있다. 필자 박씨는 나의 기억이 정확성을 확보하였다면 철학 잡지 『이상理想』의 하이데거 특편特編에 「하이데거에 있어서의 지평地平의 문제」를 해명한 바이었다. 이 「우리의 현실과 철학」에서는 우리의 딱한 현실! 참으로 미신적 영구성도 없는 역사인 현실! ×명의 소여도 천래의 것도 아닌 바로 역사적이고 사회적인 현실! 이 현실에서 생기는 일체의 모든 문제를 철저적으로 추구 해결할 수 있는 것만이 우리의 철학이라고 강조하였다. 참으로 그렇다.

우리는 이런 철학을 스콜라틱한 상아탑 속에 있는 도그마教理로서의 철학이 아니고 현실의 진리의 조명경照明鏡인 위대한 발전의 기수인 철학을 요구하여 마지않는 바이다. 그런데 지금의 조선에서는 현실을 추상화하여 서로 이해를 달리 하는 군群이 있는 이 땅에서 사랑의 철리哲理를, 민족애의 철리를 고취하는 데 모든 모순을 통일하려고 한다.

정치

『조선중앙일보』에 실린 이희철李希哲 서강백徐康百 양씨의 「독재정치의 장래」라는 장문의 논문이 실려 있다. 이것은 시기를 얻은 논구이었다. 이씨는 독재정치의 역사적 고찰로부터 출발하여 국가는 외부로부터 억지로 사회에 강요된 것이 아니고 사회 자신의 필연적 소산이라는 엥겔스의 유명한 명제를 인용하고 이탈리아[이태리] 파시스트가 정권을 장악하게 된 원인 및 본질, 현상을 또 독일 나치스의 그것을 분석하고 결론으로서 이 독재정치, 또 그것의 현대적 특징으로서의 파시즘은 일종의 과도적 비상시적 현상이므로 그는 영구성 없는 과도적 역사적 존재라는 것을 말하였다.

그런데 이씨의 평론에는 파시즘에 대한 명확한 규정이 아직 전개되지 않은 것 같다. 또 이씨는 "그러나 국민군이 18일의 독재정치를 버리고 민주주의 정치로 옮겨간 것을 '파리코뮌'이 실패한 최대 원인이었다"라고 하나 이것은 큰 잘못이다. 파리코뮌이 실패한 최대의 원인은 승리의 전제가 될 객관적 조건은 성숙되었으나 그것을 넉넉히 담당할 수 있는 한 개의 통일 있는 준비와 결의를 가진 자기의식이다. 그리고 이씨는 이탈리아 파시스트가 성공한 원인을 13개조로 요약하고 있으나, 우리에게 있어서는 이것인가 저것인가가 아니고 그 어느 것이 가장 결정적인 것이냐!가 문제이다.

세계대전 종기終期 이탈리아의 사회 상태는 부르주아지는 지배 능력을 잃고, 국가기구는 파멸되어 있고 통치자들은 불안을 느끼고 있었으며, 노동자들은 전쟁에 격분하여 각지에서 대중운동을 일으켰다. 다시 말하면 객관적 조건은 성숙하였으나 이것을 지도하여야 할 주체적 제 조건이 이 급박한 객관적 조건에 뒤떨어지고 있었던 것이다. 이런 조건은 노동자 계급이 본능적으로 위기의 해탈구解脫口를 대중운동에 구하였으나 이런 주체적 조건의 미숙은 확실히 그들 노동자 계급의 패배의 운명을 보증하였던 것이다. 이곳에 전 문제의 중심이 가로놓여 있는 것이다. 또 이씨는 '히틀러'를 독일 중공업 자본가의 로봇이라고 하나 참으로 히틀러는 독일 중공업 자본가의 로봇일까? 독일 노동계급의 기본 조직이 히틀러가 정권을 획득한 당초 히틀러 개인을 대상으로 '털만' '막노에만' 사이에 전개된 논쟁만 상기하여도 이것이 얼마나 위험한 일일까!

서강백 씨는 연전 『신계단』, 『비판』을 통하여 많이 활동하시던 분이다. 현금의 독재정치를 경제공황과의 상호 관련에서 고찰하고 이태리 경제의 현계급과 및 독재정치와 노력자 계급과의 관계를 구체적 사실로서 분석한 다음, 현대 전쟁의 승패의 결정적 기준은 군사과학의 응용 여하에 있는 것이 아니고 국민의 국가총동원에의 참가 여하에 달린 것이며 따라서 이 국가총동원의 '불여의不如意'는 자본제도의 대립물에의 통일에로 인도할 따름이라는 것을 말하고 결론에서 우리에게 있어서의 독재정치의 문제는 결국 "유동하고 있는 발랄한 현실의 맥박 속에서 약동하는 생명을 파악하는 데 있다." 다시 말하면

"인간은 피등의 역사를 인간 자신이 창조한다는 실천적 견지에서 모든 과학적 이론을 섭취하지 않아서는 안 된다."방점-이(李) "그러므로 객관적인 상층의 위기보다 더 문제는 주체적인 하층의 역량이니 상층 위기를 포착 이용할 수 있도록 실천의 전야戰野를 통하여 앙양된 때에 있어서만이 독재정치의 적종吊鐘은 비로소 현실적으로 실천된다"고 강조하였다.

참으로 일찍이 본 일이 없는 구체적인 실현의 실천적 관점에서 문제의 핵심을 바로 잡았던 것이다. 1935년 정치학계의 최고봉이었다. 모든 사람들이 실천적 관점을 뚝 떠나서 자기의 정가定價한 약 광고식의 지식 광고에 열중하고 있을 때, 서씨는 위대한 교훈을 비판적으로 섭취하면서 실천적 견지에서 문제를 정당히 발전시켰던 것이다. 우리들은 금후 서씨의 날카로운 필봉에 안심하여 들을 수 있을 것이며 따라서 가장 커다란 기대를 가지고 있다는 것을 조금도 주저하지 않고 완전히 말할 수 있는 것이다.10회

기타 제 연구

『동아일보』 신년호에서 연애와 결혼에 대한 이종우李鍾雨, 최횡崔鐄 양씨의 논문이 있다. 이것은 우리 학계의 수확은 못 된다 할지언정 불안한 세상을 반영하여 급박한 형태로서 문제를 야기하고 있는 것만큼, 본질적으로 연구하여야 할 상당한 문제이다. 그러나 양씨의 논조로 나간다면 연애와 결혼과는 별문제라니, 무엇이니 무엇이니 하여 문제를 오히려 '교란'시키고 있는 것이다. 이외에 임화林和 씨의 「조선 신문학사 서론」『조선중앙일보』이 일찍 손을 대지 못한 이 영역에 있어서의 훌륭한 획시기적 일대 논책論策이였으며 안병주安炳株 씨의 『중앙』에 발표한 「조선 소작제도의 고찰」은 좋은 논문이라 하겠고, 김태준 씨의 「대원군의 서원 훼철령의 의의」『신흥』는 자못 주목할 논문이었고, 또 「단

군신화 비판」은 '단군으로 돌아가라!'고 외치고 있는 금일 단군신화의 정체를 구체적으로 분석 구명하는 데 의하여 '단군으로 돌아가라!'의 정체를 명료히 하였다. 이외에도 김정실金正實 씨의 「조선 근세 사회계급」「신동아」은 사관은 틀리나 흥미 있는 자료를 제공하고 있으며, 신기석申基碩 씨의 「조선 통상 교섭사의 일절」「신흥」은 일독할 논문이었다. 주관순朱寬淳 씨의 『조선일보』에 발표한 「조선잠업사론」은 좋은 논구라고 생각하나 주씨의 논조대로 간다면 이 문제는 너무나 위기한 국면으로 인도할 따름이다. 이곳에서는 허다한 독단이 있는 것 같이 보이었다. 이것은 주씨가 과학적 입장에서 구명하려고 한 그 태도를 일정한 한도로 제약하였던 것이다.

이상은 필자의 제한된 자료를 중심으로 분석한 것으로서 그 추세를 본다면 금년의 우리 조선학계는 위대한 발전을 하였다는 것보다도 위대한 발전을 마련한 준비기였다. 그와 동시에 나타난 것으로서의 열병적인 복고사상의 대유행과 참다운 조선연구의 대중화가 엄격하게 대립되어 진전되면서 있었다. 금년에 있어서의 우리 학계의 과제는 조선사회경제사의 사회구성적 시대구분, 아시아적 노예제, 아시아적 봉건제의 특질의 해명, 아시아적 생산양식, 화랑도 및 정다산 연구, 조선에 있어서의 이식자본주의의 발달 과정과 현 계급론 —특히 농업 문제를 중심으로— 등등의 분석일 것이다. 12월 8일 도쿄에서. 11회

「이청원 씨 저 『조선사회사독본』을 읽고」(전10회)

호세이대학[法政大學] 김우현, 『조선중앙일보』, 1936.7.23~8.6

1. 머리말

『조선사회사독본朝鮮社會史讀本』의 저자가 말하는 바와 같이 "과거와 현실은 모든 점에 있어 그 과학적 구명의 처녀지이고 부술斧鉞을 모르는 원시림이다" 라고 말하고 씨는 일책一冊의 과학적 역사로써 종래의 역사서 중에 우위성을 확보하고 있다는 것을 자부한다는 의미의 서언까지 있고, 또 "세계사 중 조선 에 관한 부분은 일편一片의 백지로 남아 있다"라고 썼으니 나는 이 저서가 그 백지를 채우리라고 믿고 큰 기대를 가지고 한숨에 이 책을 통독하였다. 그러 나 기대가 너무 큰 만치 나는 오히려 실망을 느끼게 되었으니 유감으로 생각 하는 바이다. 그렇다고 하여 그 저서의 가치를 전혀 무시하는 것은 아니다.

2. 방법론의 개념

나는 순서상 역사과학의 방법론에 대하여 설명하지 않으면 안 될 것이므로 먼저 방법론의 대략을 써보려 한다. 그것은 우리는 '현실적인 역사 기술'에 있어 그 방법론 여하에 따라 그 기술된 역사가 과학적이냐 아니냐를 판단하게 됨으로써이다. 재래의 역사를 보면 연대기, 전쟁의 성패를 일개 개인의 두뇌와 수완에 전적으로 의존하여 있는 것처럼 쓴 전쟁사, 왕조의 성쇠, 군신의 진퇴, 언어 행동기 등등이며 그것조차 자기가 속한 생활층의 이해를 주안으로 한 어용 역사이다.

"사회적 운동을 단지 인류의 의지, 의식 및 의향으로부터 독립하였을 뿐만 아니라 오히려 인류의 욕구, 의식 및 의향을 결정하는 법칙에 의하여 지배되는 자연사적 일- 행정이라고 한다."『자본론』 제1권 제2판 서문, 일역 개조사(改造社) 판, 13엽(頁)

그래서 과학으로서의 역사의 기술이 가능하게 된 것은 사적유물론이 확립함과 동시 이후의 일이다. 그러면 유물사관은 종래의 것에서 무엇을 어떻게 취사했나.

"유물사관은 종래의 역사 제이론의 2대 중요 흠함欠陷을 애제艾除하였다. 제1. 종래의 역사 제이론은 기껏해야 인간의 역사적 행동의 관념적 동기를 고찰의 대상으로 한 데 불과하고 이러한 동기가 무엇으로부터 생기었나 하는 것을 탐구하지 않고 사회적 제관계의 체제의 발전에 있어서의 객관적 법칙을 추구하지 않고 이러한 제관계의 근저와 물질적 생산의 발전 단계를 무시하였다. 제2. 종래의 제이론은 인민 대중의 행동을 전연 방기했다. 이것에 대하여 사적유물론이 처음으로 자연사적 정밀도를 가지고 대중의 사회적 생활 제조건과 그 제조건의 변화방점-김(金)와를 연구할 수 있는 가능적 성性을 부여했다." 아이카와 하루키[相川春喜], 『역사학의 방법론』, 9엽

그리하여서 역사가는 불가불 유물사관에 의하여 역사를 기술함에 있다. "즉 사실을 설명하고 역사적 현상과 사건과의 관련을 발견하고 그리고 그것

에 의하여 구극에 역사적 합칙성의 성질을 구체적으로 천명하여 할 요구를 지고 있다."부이고프스키, 『사학개념』, 니시 마사오[西雅雄] 역, 3엽 이것으로 보아서 명백한 바와 같이 역사가는 "사실의 의미와 의의를 이해할 필요가 있고 그 계열에 속한 다른 역사적 현상과 및 사건과의 관련에 있어 그 기원과 역할을 천명하게 하는 것이 필요하다."동상(同上) 이상이 곧 역사 연구방법으로서의 사적유물론이다.

그러면 유물사관과 역사와는 어떠하게 다른가. "그것역사-김이 후자유물사관-김와 같이 사회 발전의 일반적 법칙을 대상으로 하지 않고 이 일반적 법칙성이 각각 특수한 사회경제적 기구에 있어 취한 구체적 양태, 특수형태를 문제 삼는다는 점에 있다."나카다 히로시[永田廣志] 『유물사관강화(唯物史觀講話)』, 134엽 "사적유물론은 현실적 역사에 있어 무수한 우연성의 착종 중에 필연적인 것, 본질적인 것, 일반적 합법칙성을 발견하고 역사는 이와 같이 필연적인 것, 본질적인 것, 일반적 경향이 현실 사회생활에 있어 무수한 우연성의 복합 중에 여하방점-김의 구체적으로 현현되고 있나를 현상의 인과적 구명을 기초로 하여 묘사하는 것이다"동상라고 하였다. 이상으로써 유물사관과 역사의 상이점, 즉 역사 연구의 방법으로써의 유물론을 우리는 알 수 있다. 따라서 사적유물론이라는 것의 본질도 알 수 있다.

그러므로 역사 연구는 일반으로 그 근본적 명제를 왜곡함이 없이 방법론을 도입하여 연구가 자신의 것으로 함으로써, 역사 연구에 있어 그는 오류를 범하지 않게 되는 것이다. 그러므로 기성 역사가가 방법론을 부인함은 물론 배격하려 하지만 또 다소의 방법론 운운하는 '주관적 역사가', '객관적 역사가', '철학적 역사가'들과 같이 역사과학의 방법론인 유물사관을 왜곡하는 자도 용서할 여지가 없는 것이다. 그러하다면 여하한 내용을 가진 방법론이여야 할까. "방법론의 내용은 학자의 기대의 세대의 경험을 일반화한 것이지만 이 경험이야말로 물론 사변적인 것이 아니고 실천이 그 기준인 것과 같다."『사학개론』, 6엽 이런 의미의 내용을 가진 방법론인 사적유물의 엄정하고 과학적인 그 위엄 하에 소여所與의 대상을 분석 종합하고 그 내용적 관계, 즉 변증적물론 유물론적 관계를 살펴 기술함으로써 역사가 완성되는 것이다.[1회]

이상에서 말한 바는 진보적 역사가가 현대적 요건은 무엇보다 먼저 사적유물론의 이론의 기초적 지식에 의하여 무장할 의무가 있다『사학개론』, 27엽는 말이 되겠다. 그러면 역사의 전제 조건은 무엇인가 "일체의 인간적 존재의 따라서 일체의 역사의 제1 전제를 즉 인간은 '역사를 창조하기' 위하여는 생존이 가능하지 않으면 안 된다는 전제를 확인함으로써 시작하지 않으면 안 된다."『도이치 이데올로기』, 일역 희망각(希望閣) 판, 59엽 그러면 생활의 지속을 위하여는 "제1에 음식, 거주, 피의被衣가 가장 중요하고 기타 2, 3의 것이 필요하다. 따라서 최초의 역사적 라트행위는 이와 같은 욕망을 충족할 수 있는 수단의 생산, 즉 물질적 생활 그 자체의 생산이지만 또 이것은 인류의 생명을 유지하기 위하여 금일에 있어서도 의연히 수천 년 전과 동양同樣으로 일일 각각 수행하지 않으면 안 되는 역사적 행위이고 일일 각각 충족시키지 않으면 안 되는 일체의 역사의 근본 조건이다."동상

3. 조선역사의 중요성

다음은 세계사적 견지에서 동양사 급及 조선사의 위치와 중요성을 논하려 한다. 유럽[歐羅巴]의 상품자본이 아직 아메리카[亞米利加]를 발견하기 전에는 동

양에는 금은보화가 도처에 산재하여 그 점유자가 없는 것과 같은 신비한 창고, 전당으로 알았다. 그러나 마젤란의 예의 역사적 세계일주가 종료된 후 그 비밀의 창고 그 전당은 백일하白日下에 여실히 노출되었다.

그러면 그 비밀은 어느 곳으로 어떻게 해소되었나? 한편으로는 세계시장으로써의 동양으로, 한편은 역사의 미지수의 동양이란 곳으로 해소되었다. 그 후에 있어서도 이 동양사는 혼란과 착잡으로 아직 확연히 구명되지 못하고 오히려 이 동양사 때문에 세계사까지 혼란 상태에 빠지게 되었다. 이것은 세계사의 일환으로서의 동양사이므로 필지必至의 사실이다. 그래서 바야흐로 세계사는 동양사의 구명으로써 완성될 감을 준다.

그런데 조선사도 세계사의 일환이지만 그보다도 일찍이 동양사의 일환이고 더욱 동양문화 이동의 교착점이 되었던 만큼, 조선사는 동양사적 견지에서는 물론이지만 세계사적으로도 얼마나 중요한가는 알 수 있다. 이런 의미에서 백남운 씨는『조선사회경제사』서문 초두에 "그리고 세계사의 동향은 장차 동양에 있어 결정되려고 하는 기운을 온양醞釀하고 있는 것"이라고 하여 동양사 연구의 중요성을 말하고 계속하여 "동양사학의 역사적 임무는 실로 중차대하다." 그리고 "우리 조선은 과거의 동양문화국 일대 영역이라"고 말하여 조선 사학의 역사적 임무의 중대함을 역설하고 있는 것으로써도 알 수 있다.

동씨同氏는 조선사 연구 방법론에 있어 "조선사의 연구는 바야흐로 과거의 역사적 사회적 변동과정을 구체적으로 현실적으로 구명하는 동시에 그 실천적 동향을 이론화함으로써 임무로 할 것이다. 그리하려면 인류사회의 일반적 법칙으로서의 사적변증법에 의하여 기其 민족생활의 사회생활층적社會生活層的 제관계 및 사회체제의 역사적 변동을 구체적으로 분석하고 나가서는 그 법칙

성을 일반적으로 추상화함으로써만 가능하다"백남운,『조선사회경제사』, 5엽. 방점-김고
말하였다. 이것은 조선사의 연구에 있어 그 방법은 세계사적 그것과 같이 사
적유물론이어야 한다고 말함이요, 내가 후에 말한 바와 같이 특수성을 구명
함도 결코 사적유물론의 범주 외가 아니라는 것을 알면 이 전체적 의미는 방
법론으로서 사적유물론의 적용을 역설함이라는 것을 알 수 있다. 즉 조선사
를 유물사관에 의하여 세계사의 일환으로 해명한다고 해서 조선의 특수성,
동양적 특수성을 말살 묵과해도 관계없다는 말은 결코 아니다. 오히려 특수
성을 논함으로써 유물사관에 충실한 것이다.

　　다음은 과학으로서의 역사를 기술하려면 기존한 사료를 여하히 취급 이용
하려 하나 더욱 조선에 있어서는 역사자료의 희소 또는 그 자료의 부정확 등
이 심함이야 조선역사 연구가의 두통거리고 취급하기가 곤란할 것이다. 그러
고 조선의 역사 연구가는 기其 전문과 또 물질적 문화사가, 민속학자 등등 모
든 역사 연구에 필요한 학문의 전문을 다소간 겸하여야만 가능하다. 그 이유
는 그러한 전문가의 연구 발표가 퍽 적고 또 있다 하여도 어용학자의 그것이
라 과학으로서의 역사 연구에 도리어 방해가 될 수 있다. 이런 점에서 조선역
사 연구가의 고통은 우심尤甚하다. 연然이나 그 이유로써 사료를 임의로 비과
학적으로 취급함을 허용함은 아니다. 전사료의 취사선택 및 그 내면적 변증
법적 연관 관계를 엄정히 분석하여서 '사물死物' 동양同樣의 사료를 '생물生物'로
이용할 의무는 여전히 담당하고 있어야 하고 필연적으로 그러해야만 과학으
로서의 역사가 기술될 것이다.2회

　　하토리 시소[服部之總] 씨는 "일체의 역사상의 ××은 그것이 다만 정치상 교
육상 철학상 내지 기초이념상의 영역에서 생길지라도 실제에 있어는 그것은
사회계급의 ××의 다소간의 명백한 표현에 불과한 것이고, 그리고 그러한

계급의 존재와 따라서 그 충돌과는 다시 그 경제적 상태의 발전 정도에 의하고 기其 생산의 성질 급 양식과 이것에 있어서 결정되는 교환의 양식에 의하여 제약되는 것이다"하토리 시소,「과학적 연구법이란 무엇?」,『역사과학』제5권 제1호라고 말하였다. 즉 현상은 본질의 표현임에는 틀림없으나 기 내면적 연관관계를 구명하지 않고 다만 현상 그 자신이 곧 진리로 파악할 것이 아니고 또 모든 현상은 근본적으로 경제의 발전 정도의 제약을 받는다는 말이다.

4. 원시사회

우리는 먼저 원시사회 사가에 대하여 ① 원시사회-민족적 사회에는 여하한 경제형型이 존재하여 있나. 또 그것은 이데올로기에 여하히 반영하고 그 이데올로기는 원시인 자체에 여하한 의식을 가지고 있나. ② 재산상의 불평등이 생기게 된 원인과 따라서 계급 급及 국가의 발생 원인. 이상 2조건을 사적유물론의 역사적 방법에 의하여 밝혀달라고 요청하는 바이다.

18세기에 프랭클린은 인간은 "도구를 제조하는 동물"이라고 규정했다. 또 맑스는 "노동요구勞動要具의 유물을 만드는 것은 기왕에 있어서의 경제적 사회 형태를 판단하는 데에 중요한 □□가 된다. 경제상의 각 시대를 구별짓는 것은 무엇이 제조되느냐가 아니라 여하해서 여하한 노동요구를 가지고 제조되느냐가 문제다. 그러나 적어도 유사 이전의 시대는 소위 역사적 연구가 아니라 자연과학적 연구를 기초로 도구와 기구器具와의 재료에 의하여 석기시대, 청동기시대 급 철기시대의 3시대로 구별하고 있는 것만은 사실이다. 노동요구란 것은 다만 인간 발달 노동력 발달에 분도기分度器일뿐만 아니라 또 노동

에 의하여 행하여지는 경제적 사정관계-킴의 지표도 된다"『자본론』제1권, 151엽. 방점
-킴라고 말한 것을 보아 우리는 원시시대의 경제형을 알기 위하여는 노동요
구를 알아야 한다.

그러나 이청원 씨는 그 저서에서 노동요구의 소부분을 문헌에서 그대로 인
용하여 지시할 뿐이다. 그런데 그 문헌은 우리는 그대로 소화하지 못할 성질
의 것이 적지 않다―더욱 고대사회의 것에 이르러서야. 이 말은 문헌은 전적
으로 역사 사료가 되지 못한다는 말이 아니라 이씨가 곳곳에서 시험한 바와
같이 그 어느 부분은 허위가 있으므로 우리는 엄정한 판단에 의하여 취재 선
택하여야 된다는 말이다. 즉 우리는 무비판적으로 문헌에 있으니까 그대로
혹은 공식적으로 무리한 좌증左證 또는 맞추는 식의 방법으로 만족할 수 없다.
씨는 이곳에서 방증으로써는 김해패총金海貝塚으로부터 왕분王奔(시대)의 전錢이
발견되었다는 이외는 없으니 나는 찬동할 수 없다는 말이다.

"수렵경제 하에 생장한 원시씨족 조직은 자기들의 경제적 생활의 지역을
확보하기 위하여 다른 씨족조직과 치열한 패쟁을 행함으로써 자기의 경제적
이익을 옹호한다. 다른 모든 자에 대하여 자기의 씨족을 폐쇄하고 소격疏隔하
고 그에 대립한다―이것이야말로 원시적 씨족사회를 특징짓는 것이다"『민족
의 기원 급 기 발달』공생각판. 방점-킴라고 브로이드는 말하였다. 그런데 이씨는 이러한
것은 조금도 구체적으로 보여주지를 못하였으니 여기에도 결점이 있는 것이
다. 그리고 이데올로기에 대하여 말하면 다만 한문漢文의 침입을 말하였으나
그것의 □□□은 변혁을 주었다고 쓸 뿐이고 다른 이데올로기에 대하여는 아
무 말도 없다.

다음은 재산상 사회조직상의 불평등인데 이것은 즉 민족사회의 □□□□
일 것이나 여기에 대해서도 하등의 기술이 없다. 이상은 물론 사료의 부족과

역사가의 □□□□으로 인정한다. 그러나 좀 더 내면적 연관관계를 규명하여야만 씨와 같은 결론이 나올 것이 아닌가.

이 항을 끝내기 전에 '동서가족'에 대하여 일언하려 한다. 백남운 씨는 푸날루아 가족을 인정하는 동시에 그것이 조선에 있어서는 '동서가족'『조선사회경제사』, 62엽이라고 부르며 그것을 용어의 분석으로써 증명하려고 하고 기 방증으로써 2~3 예를 들었다. 그러한 독단적 결론에는 누구나 찬동할 수는 없을 것이다. 그런데 이씨도 푸날루아 가족을 인정하고 '동서가족'에 대하여는 "그것은 가족 급 혼인형태와 친족 호칭과를 혼동하기 때문에 이러한 할상割像을 한다"『조선사회사독본』, 16엽라 하고 일대 구제할 수 없는 오류를 범하고 있다고 하였으나 나는 이씨의 이 인용으로만은 '동서가족'의 부정은 조금도 되지 않았다고 본다.

5. 노예사회

이곳에서는 작년에 일본학계에서 치열한 논쟁이 있었고 지우금至于今 완결되지 못한 '아시아적 생산양식'과 지대론 논쟁 중 전자에 대하여 일언이 있을 줄 믿었다. 더욱 저자는 작년에 『유물론연구』 4월호와 『生キタ新聞』 5월호에, 또 조선에서도 여러 논문을 발표하며 자신이 그 논쟁 중에 중요한 발표자인 것처럼 말하여온 씨로 이 문제에 대한 태도를 명백히 하지 않는 것은 유감일 뿐 아니라 또 금일의 역사가로써 고대나 씨족사회를 기술하는 사람은 반듯이 일차 이 문제에 저촉할 의무도 있을 줄 안다. 그러나 씨는 이 문제에 대하여 자기의 의견에 자신이 있어 조금도 저촉치 않고 통변通邊하여 버렸다.3회

그러면 씨는 어느 의견을 가지고 있나. 전기前記 잡지에 의하여 씨의 주장을 알고자 한다. 이상 잡지에 공통되는 결론은 "그러면 맑스가 말하고 있는 '아시아적'은 고대사회에 선행한 원시공산체이고 그 이외의 아무 것도 될 수 없다는 것은 명백하다."『산신문(生キタ生新聞)』제1권 8호, 36엽 ; 『사회』제4제 3호, 127엽 또 "그래서 이상의 사실로 보아 우리는 맑스가 '아시아적'이라고 한 것은 원시공산체 자체를 지시한 것이고 이 '아시아적'은 우리의 논하려고 하는 '아시아적 생산양식'과는 무관계하고 인연이 전연 없다는 것이다"동상, 35엽 ; 동상, 128엽라고 하였다. 나는 지금 씨의 '아시아적 생산양식'에 대한 주장을 이 이상 더 인용할 필요가 없다. 다만 그 전체에 있어 독단론이고 추상적이라고만 부언하려 한다.

또 구체적으로는 다음에 말하겠지만 이곳에서는 씨의 말하는 아시아적 봉건사회라는 것도 불충분하다는 것을 말해둔다. 씨는 "국가의 성립에 의하여 민족원은 그 정치권력을 제공하고 의무만 남겨지는 동시에 종족 재산은 부지불식간에 국가의 소유로 변경되었으나, 그러나 민족원은 그 공동체적 세대를 보존하고 있는 한에 있어서는 근대의 소유권과 상이相異하는 무언無言의 권력을 가지고 있는 것이다. 이것은 공동체적 토지소유로써 종족 재산과 구별되고 또 개인소유와는 다르다. 레닌이 말한 아시아적 생산양식을 기초로 한 토지국유도 이 형태다"『조선사회사독본』, 49엽라고 말하였으나 '부지불식'이니 '무언의 권력'이니 이런 추상적 어구로서는 조금도 설명이 되지 안하였다고 본다. 역사는 현실적인 것이다. 이번에는 이북만李北滿 씨의 평을 빌려 그만두자. "그래서 우리는 저자이청원 씨-김의 소위 아시아적 봉건사회는 알 도리가 없다."『백양(白楊)』제1권 4호, 21엽

나는 이곳에서 설문을 하겠다. 하고何故로 『경제학비판』의 저자가 '아시아

적, 고대적…'이라고 한 이 '아시아적'이 우리의 논하려 하는 문제와는 별개 문제일까?

차항此項에서는 또 먼저 말할 것은 경제적 시대구분에 대한 것이다. 즉 백남운 씨가 말하는 "그러고 나의 조선 경제사의 기도는 사회경제적 기구를 기축으로 하야 대략 다음과 같은 제문제를 취급하게 되었다. 제1. 원시공산체의 해체, 제2. 삼국의 정립鼎立시대에 있어서의 노예경제, 제3. 삼국시대 말기부터 최근세에 이르기까지의 아시아적 봉건사회의 특질, 제4 … 제5 … 제6 …" 백남운, 『조선사회경제사』, 서문 3엽라 하였다. 이상으로 보아 백씨는 확실히 저자와는 틀리다. 즉 고려사회를 봉건사회로 본다.

저자도 작년에는 "나의 아는 한 조선에는 확연히 노예소유적 구성이 조선에 있어 부족동맹이었었다. 삼국시대부터 신라 전국통일서기 670년까지 존재하였지만 …"『산신문(生ㅕ夕신문)』 제1권 8호, 38엽하고 삼국통일 이후를 봉건사회로 보았다. 또 "… ③ 봉건적 형태는 신라 삼국통일서기 670년부터 이 말기까지 약 천수백 년 계속하였다"『사회』 제4권 제6호, 28엽라고 말하더니 금번 『조선사회사독본』에 있어서는 고려까지 노예사회의 범주 내에 포함시켰다. 나는 물론 이것에 반대다. 그러나 이것에 대하여는 순서상 후에 분석하겠으므로 이곳에서는 당분간 보류해둔다.

다음은 노예사회에 대하여 말하고자 한다. 이곳에서는 경제적 사회적=정치적 질서와 또 그것과 이데올로기와의 상호연관 관계를 밝혀주어야 한다. 그 다음은 노예사회로부터 봉건사회에로의 과정을 밝혀주어야 할 것이다. 일언으로 말하려면 저자는 이상의 요청을 만족시켜주지 못하였다. 노예사회와 봉건사회와의 구별은 그만두고라도 방법론에 있어 만족할 수 없으므로 따라서 그 결론인 역사에 있어서도 만족할 수 없단 말이다.

우리는 사건만 기술하고 그 전망의 중요성을 논하지 않는다면 그것은 일종의 반신불수일 것이고 '객관적 역사서'와 가릴 점이 없을 것이다. 구체적으로 말하면 계급사회를 논할 때 그 존재 여부만 말하고 그 존재 의의를 말 않는다면 하등의 효과가 없을 것이다. 저자와 같이 일반적 법칙에 의하여 "계급사회가 성립되었다" 이 말만 가지고야 무슨 의의를 갖는다고 하겠는지? "개인의 재산 및 그것을 보지保持하여가는 실제적 권력이 씨족이 가지고 있는 기능을 추월하자마자 씨족은 붕괴된다."『조선사회사독본』, 45엽. 방점-김

또 동엽同頁 1행 앞에서 "고씨족古氏族의 권력을 자기에 유리하게 이용함으로써 그는 재산을 보존할 수 있다"라고 쓰여 있다. 이 두 인용을 보면 알 수 있는 것과 같이 주사격主辭格과 객사격客辭格 간에 아무 경제적 연관 관계를 볼 수 없고 또 그 의의를 우리는 알 수 없다. 또 동엽 그 다음에 "이 자연적 상태는 폭력적 ×× 이외 아무 것도 아니다. 여기에 분열된 계급을 통일하여야 할 것이 필요할 것이다. 씨족제도의 파괴 위에 서는 것이 계급제도이고 즉 노예소유자 국가이다"방점-김라고 하였다. 여기에서도 아무 소기所期한 바를 찾기 어렵다.

"게발트Gewart-김는 결코 그 자신에서 새新 생산관계를 조출造出할 수는 없다. 그것은 다만 새 생산관계의 가능성이 현존하고 있을 때방점-김 현실을 매개하는 계기가 되고 새新 사회질서의 생탄生誕의 조산부助産婦 됨에 불과하다"나카다 히로시, 『유물사관강화』, 277엽라는 말을 음미하여 보면 그 오류는 알 수 있다. 필자가 오해를 범하였다면 그것은 저자 이씨의 현상現象, 정치 경제 등등의 상호연관 관계, 즉 유물변증법적 관계가 천명되지 못하였다는 점에 그 책임이 있어야 한다.4회

어느 시대를 물론하고 "사회적 제관계의 체제의 발전에 있어서 객관적 법칙성을 추구하지 않고 이러한 제관계의 근저와 물질적 생산의 발전을 무시"

하여서는 안 된다. 또 "대가大家, 방점-김의 사회적 생활의 제조건과 그 제조건의 변화와를 연구"아이카와 하루키[相川春喜], 『역사과학의 방법론』, 9엽 ; 원작(原作) 레닌, 『칼 맑스』해야만 된다. 그러나 이씨는 이러한 철칙을 과소평가함인지 물질적 생활 단계의 무시까지는 아닐지라도 확실히 경멸한 감이 있다. 즉 이 물질적은 이 경우에는 생산관계 즉 더 좀 엄밀히 말한다면 생산력과 또 계× 간의 분배 관계 따라서 대립 관계일 것이다. 본서에서 구체적 예를 든다면 노예의 공급 상태에 있어 논한 바가 없고, 있다 하여도 극소 부분이고 그것도 사료에 의거함이 적다. 또 그 다음으로 필요한 노동 편성의 상태도 역연亦然하다.

즉 씨는 가내노예가 어떻다, 화랑이 어떻다, 부곡部曲이 어떻다 하였지만 기其 반증으로 사용된 사료는 신뢰를 들 수 없고 다만 즉 인도, 중국, 일본과 같다고 하였다. 씨의 말을 들어보자. "조선이 고대 그리스[기리샤=로마와 같이 자유민의 전반의 참정권을 인정 안 한 것은 마치도 중국, 일본, 인도와 동양同樣으로 그것을 하기에는 너머도 국가를 동요시키기 때문이다."『조선사회사독본』, 49엽 아무 예증도 없지 않은가. 물론 우리는 예증이 없어도 역사의 논리적 필연성에 의하여 추리할 수 있으나 죽어도 이 경우에는 끝끝내 추리 이외의 것이 못 된다.

노예사회에 있어서 "유성기구有聲器具로서만 반성기구半聲器具인 동물과 무성기구인 사도구死道具로부터 구별되어야 할"『자본론』 개조판 제1권, 168엽 이 노예는 당시의 유일한 재산이고 유일한 노동요구勞動要具이었다. "경제상의 시대를 구별짓는 것은 무엇이 제작되느냐가 문제가 아니라 여하히 하여 여하한 노동 요구를 가지고 제조되느냐가 문제다. 노동요구란 것은 단지 인간 노동력의 분도기分度器일 뿐만 아니라 또 노동이 의거하여 행하여지는 사회적 사정관계-김의 지표도 된다"동서同書, 151엽는 말만을 볼지라도 확실히 알 수 있지 않은가?

이상의 필연적 결과로서 상업 및 화폐에 대하여서도 씨는 2엽 가량 소비하였다. 그러나 그와 같이 간단한 관계는 아니었을 줄 안다. 씨는 다만 신라 통일 이전에 대하여는 "승선왕래시매중한乘船往來市買中韓", "국출철國出鐵 한예왜韓濊倭 개종취지皆從取之", "시개부녀무판市皆婦女賣販" 또 『삼국사기』에서 "초개경사시初開京師市 이통사방회以通四方貨"『조선사회사독본』, 60엽의 간단한 인용을 하고서 상업을 보려고 하다가 자기의 의견과 틀리므로, "여기에서도 사용가치가 그 교환 과정에 있어 동량의 노동에 대한 비율로써 행해지는 정도이고 생산이 완전히 가치를 대상으로 행해지지 않았다"동상하고 단도직입적으로 재단하여 버린다. 여기 이 인용의 타당성 여하는 논외로 하고 또 통일 후의 신라에 대해서도 당唐과 조선 관계로써만 상업을 재단했다. 그리고 그것이 수공업의 급템포 발전을 말한다고 하였다.

그런데 씨는 가내공업에 대하여는 "당의 조공물朝貢物의 목록에는 소마小馬 5필, 구狗 1두, 금 2천 냥, 두발頭髮 8천 량, 해표海豹 10장張이라고 있고, 당으로부터는 견絹 1백 필, 자포금세대紫袍錦細帶를 받았다"동서, 73엽라고 쓰고, 그 이상 노예와의 관계, 노동요구에 대해서는 무언주의無言主義를 확보하고 있지 않은가? 먼저도 말한 바와 같이 여러 가지로 해석할 수 있는 문헌을 단도직입적으로 그대로 소화한 점에는 불평이 있거니와, 하고何故로 생산 제관계의 범주로써 보지 않고 또 그 다른 현상과의 내면적 관계를 보지 않는가? 로마에 있어서는 "화폐경제의 발달을 야기시킨 노예의 방대한 수출과 귀금속의 수입과는 소토지 소유자의 경제에 파멸적 영향을 주었다."『세계사교정』 제1책, 215엽. 이 말이 곧 조선에 적용된다는 의미가 아니라 이와 같이 중요한 역할을 하는 노예 관계를 씨는 평범하게 지나느냐 말이다.

씨는 노예의 ×쟁에 대하여 "모든 기도企圖의 독창성과 대담에도 불구하고 피등彼等은 지도자로서 맞은 자가 구지배자 군群의 하층이었기 때문에 필연적으로 패배 않을 수 없었다"『조선사회사독본』, 65엽라고 하여 그 조직적 결함의 특성과 경제적 기초의 법칙성을 무시하여 모든 실패를 일개 개인에게만 귀속시킴은 방법론적으로 큰 오류이다. 만약 여기서 씨가 끝끝내 고집한다면 장래에 대하여 자기의 발전과 과학적 입장의 포기 이외에 아무 것도 아니다.

다음에 종교에 대하여 씨는 불교 수입을 간단히 설명할 뿐이고 수입되게 된 조건, 또 그 의의 등을 일체 말한 바가 없다. 이 중요성을 백남운 씨에게서 들어 보자. "고구려 민족은 자연신보다 오히려 조선 및 국신의 숭배에 귀의하고 있지만, 불교의 수입서기 372년은 그 세계관을 근저로부터 변혁한 것이다. 원래 이교異敎의 수입은 이민족의 어떠한 힘을 인식하는 데 기인하고 정신적으로는 자국의 정치적 기구에 적용해야 할 필요가 있을 경우에 한하지만 고구려의 불교 수입도 이 원리에 기인한다. 즉 기其 1은 전진前秦 및 인도 문화의 동경이고, 제2는 노예국가로서의 계급적 지배의 기관으로 하기 때문이다."백남운, 『조선사회경제사』, 235엽 이씨는 일반으로 이데올로기에 대하여는 묵과 경시(?)하는 듯하다.5회

다음은 화랑제도에 대하여 씨는 그 기능을

"① 화랑 집단이란 것은 가무유오歌舞遊娛를 행하는 청년의 말하자면 사교 구락부와 같은 것이다." "② 화랑 집단은 신령과 교융交融 하는 주술적 예의禮儀" "③ 화랑 집단은 국가비상시에는 청년의 전사단戰士團이다." "④ 청년에 국가적 노예소유자적 사회적 교육을 교육시켰다"이청원, 『조선사회사독본』, 79엽라고 말하고, 그다음 ①에 대한 사교적 구락부에 대하여는 말하지 않고 금일의 중부 조선 이남의 '두레'는 화랑제도의 유풍이라고 하였다. 그러나 나의 추측을 용서한다면 화랑은 당시 하층계급귀화민 등에 속하는 자의 집합외부력에 의하여으로서 상층

계급에게 놀림감적 취급을 받는다고 본다. 왜 그러냐 하면 화랑 자체의 신분의 천대, 당시 상층계급의 방랑성에서 엿볼 수 있다.

또 화랑은 '무당'과는 몰라도 '두레'와는 다를 것이다. "봄의 파종이 종료되면 일부 낙민洛民 전부남자만가 종일 고종鼓鐘을 울리고 가무하는 풍습이 있는데 이것은 확실히 화랑제도의 유풍으로 보인다"동서, 81엽라고 썼으나 나의 견해로서는 두레는 두레길고(桔槹)에서 유래한 것일 것이다. 하고何故오 하면 두레는 현재 농작, 특히 도작稻作에 한하여만 조직되는 것이고 길고도 도작에 많이 사용됨으로써이다. 그러므로 두레는 농민 상호간의 '품앗이'의 확대로서 집단적 노동을 하게 된 것이고, 풍물 사용은 화랑과 같은 그런 고급(?)한 의미가 아니라 노동의 강화의 필요 내지 기껏해야 하층계급의 여흥에서 나왔다고 보는 것이 타당할 줄 안다.

③에 대하여는 전사단으로 보는 모양인데 그 반증으로 씨는 『삼국사기』에서 "현좌충신賢佐忠臣, 종차이수從此而秀, 양장용졸良將勇卒, 유시이생由是而生"을 인용하고 또 단재丹齋 『조선사』에서 "화랑의 설에 전쟁에 나가 죽는 자는 천당天堂의 제1위를 점하고 노인이 죽으면 혼도 노인이 되고, 소년이 죽으면 혼도 소년이 된다고 해서 화랑들이 소년 시에 전쟁에 출정하여 죽기를 좋아했다"동서, 85엽. 방점-김를 인용하여 반응하려 하나 『삼국사기』의 인용에서는 볼 수 없고 단재 『조선사』에서 '화랑의 설'의 설은 설교로 보아야 한다. 다들 "죽기를 좋아했다"는 '해라'의 의미가 아닌가 한다.

고로 나는 전사단으로 볼 수 없고 화랑은 전쟁 기분을 용출시켜 '산사山師'이거나 상층계급의 전쟁으로 인하여 우울함을 잊으려는 오락적 이외의 아무것도 아니었을 것이다. 그리고 상식적으로 생각해도 산수에 유오하는 자들이 도모지 전사될 자격이 없을 것이다.6회

6. 봉건사회

나음 조선 봉건사회에 대한 씨의 견해를 검토하고자 하나 그 전에 봉건의 본질을 규정하여 둘 필요가 있다. "잉여 노동이 직접적 생산자로부터 노동자로부터 ××하는 것의 형태만이 사회의 경제적 구성을 구별 짓는다. 그러면 봉건사회의 생산관계는 어떠하였는가. 일언으로 말하면 대토지 소유에 의하여 농노의 노동을 기초로 한 사회가 봉건사회다. 토지 소유와 따라서 빈부의 차가 원시사회의 뒤에 심하여지고 무사관리武士官吏의 상속화가 그것과 결탁하여 귀족이 대두하였다. 이런 귀족이 자기들의 가신家臣에 토지를 주어 그 대가로 군사에 복종을 강제했다. 이런 관계의 일반화가 봉건제도일 것이다. 봉건주의의 특징적 모멘트는 대토지 소유와 소농과의 결부이다. 자연발생적 농민 ××이다. 우리는 이런 경제제도를 부역賦役(귀족)경제라고 부른다. 그러면 봉건적 구성의 근본적 표식은 무엇일까. 제1은 자연경제의 군림을 예상한 것은 명백하다. 농노 영지領地는 잔여의 미르사주세계(四周世界)과의 새에 비상히 박약히 연락된 자족적 폐쇄적 일체를 형성했다. 농노법 존재의 종말 시에 당하여 특히 발전된 지주의 매출 곡류 생산은 벌써 구제도 붕괴의 전조이었다. 제2는 이 경영을 위하여서는 직접생산자는 일반으로 생산수단, 특히 토지의 분여를 받고 있지 않으면 안 된다.

뿐만 아니라 그는 토지에 긴박해있지 아니하면 안 된다. 불연不然이면 그는 지주에 대하여 노동수단을 전담하지 아니하기 때문이다. 그래서 잉여생산물의 수수受收 방법은 귀족 경영부역경제-김과 자본주의 경영과는 상호 정반대다. 전자는 생산자에 토지 분여分與에 기초되고, 후자는 생산자를 토지로부터 해방하는 것을 토대로 하고 있다. 제3은 이 경영제도의 조건은 농민의 토지에 대하여 개인적 종속이다. 만일 지주가 개인적 농민에 대하여 직접의 권리를 갖지 않으면 지주는 토지를 분여하여 자기의 경영을 수행하고 있는 사람으로 하여금 자기를 위하여 노동을 시킬 수 없을 것이다. 따라서 이 산업적 우승優勝, 전술(前述)과 여(如)히 경지(耕地)(고역(雇役))지대의 범주 하에 그것이 제시한 산업적 우세)를 특징짓는데 당當하여 말한 바와 같이 '경제외적' 강제가 필요하다. 이 강제의 형식과 정도와는 농노 상태로부터 농민의 신분적 불완전 권리에 이르기까지 가장 잡다한 것이 될 수 있다. 제4는 본 경영제도의 조건으로서 또 결과로서 극도로 저급한 또 수공적, 기술상태가 있었던 것이다. 하고오 하면 경영 수행은 결핍에 압박되어 개인적 종속과 지능적 암우暗愚에 강제되어 소농민의 수중에 있었기 때문이다." 『러시아[로시아]자본주의발달』 상권 257~258엽, 백양사 판

　이상의 인용은 너무 길었으나 봉건적 본질을 여실히 알 수 있다는 점과 봉건사회와 자본주의 사회와의 구별까지도 알게 되었으니 허노허독虛努虛讀은 아닐 것이다. 그러면 봉건제도와 노예제도는 "노예 소유자는 노예를 그 재산으로 간주하고 법률은 이 견해를 견고시키고, 노예는 완전히 노예 소유자의 소유에 속한 물품으로 간주했다. 그런데 농노인 농민에 대해 ××××××는 의연히 존속하면서 농노 소유자인 지주는 물품으로서의 농민의 소유자로서는 생각되지 않고 피등은 다만 농민에 노동을 요구할 권리를 갖고 농민으로 하여금 일정의 의무에 복종시키는 데 불과하다." 『세계사교정』 제2분책, 10엽

　이상의 두 인용으로서 봉건사회 급及 그와 다른 전후 사회와는 알 수 있다. 그러면 저자는 왜 고려를 노예제도라고 하고 나는 봉건제라고 하나. 그것은 이상의 특질과 구별에 대한 인식의 상이일 것이고 과학으로서의 역사의 방법적 상이가 아닌가 한다. 하고오 하면 이상의 복잡한 인용이 없이는 또 구체적 현실적 사료가 없다 하여도 역사적, 논리적 단계로서 고려를 봉건사회로 규

정함이 당연하기 때문이다. 여하간 현실적, 구체적으로 보기로 하자!

순서로서 그러면 신라에 있어 봉건적 우클라드가 완숙하지 못하였을까. 아니다. 씨도 『삼국사기』 신라본기에서 "문무왕 4년文武王 四年, 금인천이재회禁人擅以財貨, 전토田土, 시불사施佛寺", 『신당서』에서 "신라재상新羅宰相, 가부절록家不絶祿, 노동 3천인奴僮三仟人, 갑병甲兵, 우牛, 마馬 …"를 인용하여 "이와 같이 지방분권적 사령私領을 영유한 귀족군은 그 물질적 조건의 충족과 기其 사병私兵까지도 양성했다", "갑병은 사병을 의미하는 것이므로 즉 권력 장비를 의미한다"『조선사회사독본』, 64엽. 방점-김라고 주註하였으니 벌써 신라시대에 있어 권력적 대립, 따라서 사병의 양성이 있어 봉건성의 맹아뿐 아니라 봉건제도까지도 볼 수 있다.

또 씨는 『삼국사기』 신라본기에서 "신무왕7년5월神武王七年五月 교사문무관료教賜文武官僚 전유차田有差"를 인용하여 "사전賜田의 확대와 대토지 소유의 발전을 의미한다. 이것은 중앙집권의 물질적 기초의 파괴인 동시에 국가재정의 파탄이고 지방분권적 사령의 설정이다. 그 일례로서 사원寺院의 장원화를 기술하자" 하고 다음에서 "사원은 노예 소유자이고사원이 노예 소유 시에는 농노성이 다분-김 고로 치자계급治者階級이고 지방분권적 사령의 소유자다."『삼국사기』 신라기에서 "효소왕2년孝昭王二年, 왕납王納, 전일만경田一萬頃, 어백율사於栢栗寺"와 "혜공왕15년惠恭王十五年, 입공덕보전立功德寶田, 30결三十結, 우취선사于鷲仙寺"를 인용하고서 "이런 것은 문헌상 통일신라 통일-김 후이지만 바로 통일 전부터 존재한 것이다"동서, 63~65엽라고 하였다. 이상으로 보아 적어도 신라시대에는 그 우클라드적 존재는 충분히 완숙하였다.

또 씨는 민란民亂 등을 반증하고 있다. 백남운 씨는 여기에 대하여 철저적으로 중앙집권제의 분권화, 사원의 장원화, 지방의 반란, 도적의 봉기 등의 소제목 하에 이것을 잘 설명하고 있다고 본다. 그러나 나는 이씨의 본서 이외의 곳에서 인용할 도로徒勞를 안 할 것이다. 왜 그러냐 하면 저자의 사료로써 이 것을 충분히 증명할 수 있고 또 그러므로 씨의 사적유물론의 왜곡은 설명될 것이라고 믿기 때문이다.

다음은 고려시대를 통하여 보기로 하자. 먼저 씨는 상기 인용문의 연대로 부터 약 700년 후의 신우辛禑 14년의 기사를 인용하고 "즉 원칙적으로는 반전 제도班田制度이었지만 특수적으로는 어느 정도까지 사유私有를 허許한 사실이 있 다"동서, 91엽라고 말한다.7회

물론 인용문의 해석에도 그 원인이 있지만 문헌 그대로의 의미를 유일의 사료로 환언하면, 그 사료의 가진바 의의 즉 내포적 이면적 관계를 보지 않기 때문이다. 이런 점이 방법론적의 오류인 것이다. 씨는『송사宋史』고려전高麗傳 의 "국무사전國無私田", 『해동역사海東繹史』의 "고려속불감유사전高麗俗不敢有私田", 『경국대전經國大典』의 "사노비전지시납사私奴婢田地施納寺", 또 씨가 인용한 "공사 전적公私田籍은 다 이것을 소훼燒燬했다"동서, 93엽 등을 생각하고 고려가 노예사회 라고 하는 모양이나 이런 말을 하지 않으면 안 되게 된 내면적 이유와 이런 정책의 실지 가부 문제 등을 생각한다면 반드시 씨와 같은 결론만이 나오지 는 않을 것이다.

또 씨는 자기의 주장을 자기가 의심하듯이 "이것이 소위 고려 초기에 있어 서의 토지소유 관계이었지만 소유의 공적 성질에도 불구하고 경영을 사적으 로 위임하지 아니하면 안 되기 때문에 이 반전제도도 고려 중세 이후에는 거 의 행해지지 않았다. 일차 반급班給된 토지에는 마치도 사전과 같이 자손에 상 속되고 반전이 세습됨을 따라 이 반전 피급자被給者인 관료 승려 등과 피등에 대하여 유일의 수취 대상인 농민과의 관계는 중앙정부로부터 독립된 직접적 수취자로서 더욱 확대 강화의 일로를 취하게 했다. 이 결과로 더욱 국고는 결

핍되었다. 그리고 고려朝의 사실상의 경제적 기초를 파괴했다"동서, 91엽. 방점-김라고. 이보다도 더 심한 자기 혼란은 제6장 '중세기에 있어서의 농민항쟁'동서, 101엽. 방점-김이란 제목하에 농민이란 무엇인가, 그것은 농노가 아니던가?

나는 이상으로서 충분하다고 생각하지만 씨의 방법론의 오류임을 더 전개시켜 보겠다. 또 씨가 작년에는 고려를 봉건사회로 본 모양인데 금년에 노예사회로 보는 것은 의심을 가지고 있는 까닭이다. 그러나 씨의 사료 전부를 가지 (판독불능-엮은이)래서 그 중 몇 가지만 들추어보자. 씨는 『고려사』에서

아국가대업我國家大業, 필자제불호위지력必資諸佛護衛之力, 고창선교사원故創禪教寺院, 차견주지분수差遣住持焚修, 사각치기업使各治其業, 후세後世, 간신집정姦臣執政, 순승청알徇僧講謁, 각업사사各業寺社, 쟁상환탈爭相換奪, 절의금지切宜禁之

이제현李齊賢 『익재집益齋集』에서

기도일기현其徒一畿縣, 작일승사作一僧寺, 치준우어궁궐侈峻宇於宮闕, 모승용어국도侔崇墉於國都, 황금위탑黃金爲塔.동서, 108엽. 방점-김

을 인용하고서 "『고려사』에 의하면 현종 11년씨는 먼저 토지제도를 규정하여 써 고려의 경제적 시대의 구분 시에는 공양왕 2년 신우 14년 것을 중심으로 사용하고, 지금은 현종 11년 것을 사용한다-김에는 현화사玄化寺에 전 1,240결을 시납施納했다. 문종 18년에는 대운사大雲寺에 양전良田 100경頃을 …… 공민왕비 노국대장공주魯國大長公主의 사거死去에 제際하여 왕은 전田2,240결, 노예 46구口를 운암사雲岩寺에 기진寄進하고 그 명복을 빌었다."동서, 109~110엽

또 『고려사』에서

범인무득시납전우사원신사凡人毋得施納田于寺院神祠, 위자리죄違者理罪 세속이종
선위명世俗以種善爲名, 각수소원영조불우各隨所願營造佛宇, 기수심다其數甚多, 우유중
외승도又有中外僧徒, 욕위사주지소欲爲私住之所, 경행영조競行營造, 보권주군장리普勸
州郡長吏, 징민역사급어공역徵民役使急於公役, 민심고지民甚苦之, 원엄가금단願嚴加禁斷,
이제백성노고以除百姓勞苦 태조창립선교사사太祖創立禪敎寺社, 개이지겸상응치지皆
以地鉗相應置之, 금양반사립전당今兩班私立願堂, 휴손지덕虧損地德, 우공의사사주지又共
議寺社住持. 솔이화뢰람득率以貨賂濫得, 병령금단並令禁斷

또 『익재집』에서

여유余惟, 근세부도지류近世浮圖之流, 유소경위有所經爲, 필가세어권호지가必假勢
於權豪之家, 독민병국毒民病國, 도무극성徒務亟成, 부지종복위렴원야不知種福爲斂怨也

등등을 인용하였다.

이상의 인용은 토지의 집중과 대중大衆의 농노로서의 경제외적 강제를 당하
는 광경과 대지주의 상호 대립 등등을 다소간 각각 웅변은 아닐지라도, 충분
히 설명하고 있지 않은가. 병력에 대해서는 『고려사』에서 "우선승도又選僧徒,
위항마군爲降魔軍, 국초내외사원國初內外寺院, 개유수원승도皆有隨院僧徒, 상집노역常執
勞役, 여군현지거민如郡縣之居民, 유항산자有恒産者, 다지천백多至千百, 매국가흥사每國家
興師, 역발내외제사수원승도亦發內外諸寺隨院僧徒, 분속제군分屬諸軍"동서, 113엽을 인용
하므로 충분하고 예의 농민 일규一揆=민요民擾에 대하여는 6월 4일 전후의 『중

앙일보』에 실리는 김태준 씨의 「조선민란사회朝鮮民亂史話」를 보면 알 것이다.

나는 다른 곳에서 인용하겠다. "사전을 소유한 자는 대개 정부의 추권追權을 점거한 권귀權貴의 배배輩인 고로 개혁파 조준趙浚 등도 전연 피등의 반대를 무시할 수 없어 자기의 의견을 철저히 못한 것을 볼 수 있다. 현재 제14¹⁴조-김에 금후 대개 사전이라고 부르는 것은 그 중범重犯이 있을지라도 이것을 몰수하여 공전公田으로 함을 불허하기로 하고 반대 사상을 완화하려고 하였지만 그 결과 도리어 사전을 공인 또 보호하는 형태로 되다 ⋯."『토지제도 지세제도 조사보고서』, 59엽, 8회

또 신라시대의 소작제도를 총독부의 조사한 바에 의하면 "전술한 직전職田 사전賜田을 가진 자는 노복奴僕을 사역하여 자신이 경작하는 외에 또 기其 여유餘裕는 일반 농민에 대경代耕시켜 그 수확을 분배하는 일이 행해지고 여기에 처음으로 소작의 연원이 시작된다."『조선의 소작관습』, 63~64엽. 방점-김 이것으로 보아도 벌써 신라시대에 봉건지대의 발아, 아니 어느 정도의 성숙한 봉건시대를 볼 수 있다. 또 동서同書는 계속하여 "고려 초기의 토지제도는 신라의 취지를 계승하여 형식은 당제唐制에서 본받아 전국 토지를 다 국유로 하여 반전제를 행하고 과전, 구분전, 공음전, 공해전, 둔전, 녹과전 등을 설치하여 인민의 사유를 부인했다. 그리고 이런 각 전의 급여를 받은 자는 그 일부 혹은 전부를 타인에 경작시켜 토지 수익을 취득하는 동시에 이 토지를 상속시켜 말세末世에 지至하여는 국세國勢가 이폐弛廢되고 정부의 권력이 쇠약하여 권귀의 도徒 발호하여 공전을 사유하게 된 후로는 그 매매 양도도 자유로 해지고 점시漸時 토지 소유의 실實을 표시하고 드디어 토지겸병의 세력도 강대해지고 이런 토지 소유자도 농민을 사역하여 마치도 자기 소유의 전토의 소작인과 같이 보고 여기에 비로소 소작제도가 발생⋯."동서, 64엽 이런 것을 볼 적에 제도와 법률

즉 제도가 있은 다음에 법률화 하는 경우도 있고 법률에 의하여 ─가능성을 사상捨象한다면─제도가 생기는 줄을 우리는 명심해야 된다.

이상에서 본 바와 같이 고려는 현실적, 구체적 사실에 의하여 봉건사회임은 의심할 곳이 없고 또 역사적, 논리적으로 생각하여도 봉건사회임은 의심할 바가 없다. 물론 당시에는 노예도 많이 잔존하여 있었지만 이것으로 보아 곧 노예사회라고 본다면, 자본주의 사회에 봉건제도의 잔존물이 남아있다 하여서 곧 봉건사회라고 규정하는 유와 무엇이 가릴 곳이 있으랴.

이곳에서 주의할 것은 그와 같이 규정함은 실천에 있어─크라센캄프─중대한 의의를 가지고 있다는 것이다. 그러면 저자의 오류는 어디 인연因緣하나. 씨의 아시아적 봉건사회의 설에 제약을 받음은 물론이지만, 사적유물론의 몰이해 혹은 왜곡 또 사료의 자의적(!) 취급 사용에 기인하고, 또 사회의 ××적 입장에서의 ××성性의 부족, ××××관계의 말살 등등 참으로 중대한 의의를 가지지 안하였다 한다.

씨는 또 상업자본과 기其 쌍아雙兒인 고리대자본에 대하여 말한바 있다. 지금 내가 아는 한 봉건적 상층 계급이 그 담당자요, 또 상업은 상층 계급에 의하여만 발전된 것처럼 기술되었다고 기억된다. 그것은 그 한에 있어서만 정당하다. 그러나 그 자체 내의 발전을 보지 않음은 하고何故인가? 혹 씨는 정치의 우위성 운운할지도 모르나 이것은 결코 경제적 기반을 무시한 말은 아니다. 결코 상업의 발달은 상층 계급의 정언적·명령적 의도에 의하여서만 발달되는 것이 아니고 자기 자체 내에 벌써 발달할 요소와 가능성을 품었다고 보는 것이 타당하지 않을까? 이것은 상업과 정치, 상업과 농업, 또 다른 것과의 상호관계의 내면적 모순, 즉 발달성의 동요를 통일적으로 파악하지 못한 곳에서 나온 편견이라고 생각된다.[9회]

그리고 이조시대에 있어서는 농촌과 도시의 분리과정을 보는 것이 타당하다고 생각한다. 또 씨는 당백전當百錢의 가치의 변동 따라서 인플레이션이청원, 『조선사회사논본』, 202엽을 논하였다. 그러면 이 화폐의 문란의 의의를 말 안 해도 좋을까? 나는 그리 생각하지 않는다. 하고오 하면 이 문란이야말로 외국상품의 침입하기 쉬운 약환弱環이기 때문이고 따라서 경제적, 정치적 의의를 많이 가졌기 때문이다. 이에 대하여 김광진 씨는 "그래서 국내화폐에 대한 일반적 신용 상실은 그 가치 하락의 경향의 박차가 될 뿐 아니라 외국화폐에 대하여 맹렬한 수요를 일으켰다. 특히 일본화폐는 가치 안정된 세계화폐이었고 일본 상인은 벌써 한국에 있어서 상품 유통계의 지배권을 장악한 고로 일본은행권 및 일본의 보조화는 대량적으로 들어왔다. 이런 화폐는 각 개항장에 있는 일본제일은행 …… 유통고는 시노부 준페이[信夫淳平] 씨에 의하면 일본은행권 200만 원 내지 250만 원, 보조화 20만 원 내지 30만 원으로 추산하고 있다"『보전학회논집』 제1권, 326~327엽라고 했다. 동씨는 또 "자본가가 기其 실현하는 화폐에 있어서 손損을 면하기 위하여는, 또 동시에 이윤을 실현하기 위하여는 그는 감가減價하는 화폐당시 당백전를 피하여 가치 안정의 화폐일본화폐-김에로 도피함으로써만 이것을 달성한다. 연이나 이것을 수단 좋게 할 수 있는 것은 일본 상인이었다"동서, 329엽라고 하고, 또 동씨는 "상품유통의 장해障害"동서, 330엽, "화폐의 문란과 일본정부의 대책"동서, 332엽이란 소 타이틀에서 화폐 문란의 의의를 적절히도 논파했다. 이리 중요한 것이니 중요시함이 당연하지 않을까?

다음으로 씨는 당시의 종교에 대하여 또 어떻게 보고 있는가. "그러나 당시의 농민들은 소여所與된 사회적, 역사적 조건의 제약되기 때문에 가령 불교로부터 이탈했다 해도 불교 이외의 어느 종교에 피등농민-김의 신념을 발견하려고 기其 선택에 노력하고 있다."『조선사회사독본』, 117엽 이곳에서 우리가 보아야 할 것은 지주가 자기의 취득을 합리화하고 캄풀라지 하기 위한 수단으로써였을 것이란 점이다.^{이하 약(略)}

그러면 당시의 유교도 불교도 이 외의 종교 될 수 없다. 보라! 당시의 한문은 지배계급의 지배권을 독점하기 위하여 지배계급의 학문이 아니었던가. 저자는 "술[酒]과 내세[來世]에 대한 무용한 환상은 농민들의 유일한 위안이었다. 특히 천주교는 농민들의 신념의 적이었다. 당시의 농민들은 역사적 조건에 제약되어 피등의 이데올로기적 구주救主를 결국 종교 이외에서는 발견치 못하기 때문에 이 새 '천당', '지옥'이란 내세에 대한 희망에 의하여 현실적 고통을 겨우 위안해서 불만을 발산해소-김했다."『조선사회사독본』, 199엽라고 말하였으나 이와 같이 보는 것은 타당치 못하다. 당시의 천주교는 농민에게 경제적 조력과 아울러 감언이설로 캄풀라지한 데 원인이 클 뿐이다. 결코 유일의 위안도 아무 것도 아니었다. 결코 천주교 신자가 되기 때문에 노동의 축소는 없었던 것이다.^{이하 약}

7. 자본주의

저자는 차편此編에서 취급한 전체 내용은 사건 현상의 무계통적 나열에 불과하다. 우리는 이것으로 만족할 수는 도저히 없다. 이런 책은 과거에도 씨 이상의 구체적 내용을 가지고 있는 역사서가 있지 않은가. 그보다도 우리는 이곳에서 외래자본의 그 처녀성의 모든 상태, 동시에 그의 복잡화 따라서 변태적 자본주의의 원인 경과 전망을 밝히어야 하지 않을까.

또 우리는 반봉건제半封建制라고 하는 이상 '반'자다운 구체적, 현실적 설명이 있어야 하겠다. 이 '반'자 성질 때문에 이 땅의 현실은 다른 곳의 현실과 다른 것이 아닌가? 또 조선의 농촌과 도시의 분리 상태, 그 연관성의 특수성 따라서 그 전망을 말해야 할 것이다.10회

「(북리뷰) 최현배 씨 저『우리말본』」(전2회)

이희승, 『조선일보』, 1937.3.17~18

『우리말본』을 처음으로 받아 들고 위선 그 호화豪華한 거질巨帙임에 놀라지 않을 수 없었다. 1,200엽의 본문에 36엽의 색인이 붙은 호한浩瀚한 저작으로 조선어의 문법을 논술한 간행물로는 실로 공전空前의 대전적大典籍이다. 종래에 도 십수 종의 문법적 술작述作이 있지마는 그 양으로나 질로나 이 책과 동일의 논論이 아니 될 것이다.

저자는 사학斯學에 가장 성실 돈독한 연구가로서 그 해박한 온축을 과학적 체계 아래 명석한 논리로써 이 한 편에 실어 놓았다. 그 서문에도 말한 바와 같이 실로 그의 반생의 노력을 편집한 거룩한 결정체다. 이 책의 내용은 음성 학音聲學과 사론詞論과 문장론文章論의 3부로 되었으며 그중에도 사론에 저자의 심혈을 가장 많이 경주하여 전편의 3분의 2 이상인 824엽을 비費하였다. 그 리고 이『말본』에 나타난 저자의 독특한 견해 중 2~3을 소개하여 보면 다음 과 같다.

(1) 지금까지의 조선어문법서 류類의 대부분은 다른 어족의 문법을 번안한 것에 불과하였다. 일본 문법을 배운 사람은 그를 많이 모방하였고, 영문법을

연구한 이는 또한 그 체계에 의거하여 아직 조선어의 진수에 부닥치지 못하였으나, 이번 『우리말본』은 경지를 훨씬 넘어서서 조선어의 본질을 구명하기에 노력한 자취가 역연히 보인다.

(2) 주시경 선생 이후로 여러 문법가는 너무 분석적 방법으로 언어를 극단까지 해부하여 품사를 분정分定하였었다. 이를 터이면, 간다, 먹었오, 보겠읍니다, 주시옵소서 등을 혹은 각각 세 면의 품사라 단정하여 '가', '먹', '보', '주'는 동사로, 'ㄴ', '었', '겠', '시'는 조동사로, '다', '오', '읍니다', '옵소서'는 종결사로 나누었고, 혹은 이 말들을 각각 두 개의 품사로 나눈 이도 있다. 두 품사로 나누는 데도 또한 두 종류의 다른 견해가 있었으니 '가', '먹', '보', '주'를 동사로 보고 'ㄴ다', '었오', '겠읍니다', 'ㅅ옵소서'를 종결사로 처리한 이도 있고. 이와는 반대로 '간', '먹었', '보겠', '주시'를 동사로 보고 '다', '오', '읍니다', '업소서'를 종결사로 처리한 이도 있었나.상편

이와 같이 극단으로 분석하여 생각하던 것을 저자는 단 한 단어로 처리하여 '가', '먹었', '보겠', '주시'를 동사의 어간으로 삼고 'ㄴ단', '오', '읍니다', '옵소서'는 그 어간에 붙은 어미라 하였다. 단 '었', '겠', '시' 등은 동사의 주±되는 어간語幹, 씨의 이른바 어체(語體) 혹은 어기(語基)을 보조하는 부분 즉 보조어간이라 하였다. 그 이유를 이 제한된 지면에서 말할 수 없거니와 하여간 조선어와 같은 첨가어혹은 교착어(膠着語, Agglulinative)에 있어서는 당연한 논단이라 생각한다. 그러나 이 종합적 방법이 저 선인先人들의 분석적 방법의 소사所賜임이 물론이다. 왜 그러냐 하면 종합은 분석을 전제로 하여 비로소 되는 것이기 때문이다.

(3) 제정사提定詞라는 한 품사를 둔 일이다. 그리하여 인정지정사認定指定詞 '이다'와 부정지정사 '아니다'의 두 단어뿐이라 하였다. 즉 그것이 금이다, 착한 사람이로다, 한글은 우리의 큰 빛입니다, 저 사람이 그 사람이어요 등의 '이다'가 인정지정사요, '이로다', '입니다', '이어요'는 그 활용형이라 하였다.

부정지정사 '아니다'도 물론 여러 가지의 활용형이 있다. 그리고 받침 없는 명사 아래서는 '김유신은 신라의 이름난 장수다', '지은은 신라 시절의 효녀다'와 같이 '이다'의 '이' 없으나 이것은 다만 '이'가 생략되었을 뿐이오, 암암리에 '이'가 내재한 것이라 하였다. 이것도 씨의 탁견 중의 한 가지다. 그러나 다른 해석이 전연 불가능한 것은 아니리라 생각된다.

이외에도 불완전 명사에 대한 논증이라든지, 동사, 형용사의 활용에 대한 분류라든지, 보조어간과 보조동사, 보조형용사의 창정創定 등 기다幾多의 저자의 창견創見을 들 수 있다.

그리고 색인을 붙인 일이다. 외국에서 되는 학술적 술작에서는 거의 예외 없다시피 보는 일이지마는 조선어문법서에 있어서는 첫 시험이다. 독자에게 막대한 편의를 줄 것이며, 이것을 제작한 고심이야말로 상상하고도 남음이 있으리라.

하여간 이 『우리말본』은 저 야마다 쇼유오[山田孝雄] 박사의 『일본문법론』과 비견할만한 쾌저快著로서 조선어학계를 위하여 경하를 마지아니하는 동시에 사학에 대한 저자의 공로를 다多타 아니할 수 없다. 3월 12일 이野.하편

「(신간평) 조선시가의 정리 독『조선시가사강』」

이은상, 『조선일보』, 1937.5.29

독학篤學 조윤제 학사의 역저力著『조선시가사강』이란 일서一書가 공간되었다. 이것은 실로 사계의 학자가 서로서로 다 시험하려던 바요, 또 학계 전체가 오래 기다리던 바다. 현대 조선은 고문화를 정리할 책임과 신문화를 수립할 책임을 아울러 지고 있는 점에서 역사상 어느 시대보다도 중대한 시기라고 보는 것이 옳을 것이다. 그러나 일一 민족문화의 정리 내지 수립은 일조일석에 성취될 것이 아니요, 그 위에 졸拙한 선비의 손을 빌릴 것도 못 되는 것이다.

그러므로 이 시대적 희구에 대하여 상부相副됨이 극히 더디고 모자람에는 서로서로가 탄식을 거듭할 뿐이나 그러하기 때문에 일 부문, 일 단락의 정리를 볼 때에 우리 문화 책임자들의 눈에는 여간 반갑고 기쁜 바가 아니다.

신라의 향가鄕歌, 고려의 가곡歌曲, 이조의 단기短歌를 통하여 수백이 넘는 작가와 수천이 넘는 시집詩什을 단편적으로 연구 발표해오기는 이미 여러 학자의 손에 의하여 10년이 넘는 세월을 헤아릴 수 있는 일이라 하겠으나, 거기 그 전체에다 시대의 구별과 함께 한 체계와 정리를 주어 일서一書로서 그 요람을 얻게 하기로는 근간近刊된 이 책이 처음이겠다.

이 책은 전 8장 61절에 분分히고 삼국 이래 각 시대의 시가를 그 인물과 함께 논구하여 국판 450엽에 긍亘하게 된 대저. 물론 전문적으로 이 일서를 비평한다고 하면 다소의 사견이 없지도 아니하다. 그 전체에 있어서 각기 시대의 특유한 사실과 아울러 그 작가 및 시품詩品에 대한 역사적 배경, 즉 시대적 관련을 좀 더 명료하게, 좀 더 심각하게 해설해주었으면 좋았겠다는 점, 또는 이것이 문학사이니 만치 허다한 수천 작품 중에서도 자료의 대상을 추출하되 역사적 입장에서만 구하지 말고 문학적 형안炯眼으로도 그 자료에 임하였으면 더욱 더 진실한 정서사情緖史를 피력할 수가 있었겠다는 것 등이나 이것은 너무나 득롱망촉得隴望蜀의 과욕이다.

이미 이 일서는 각 시대에 특색 있는 작가, 그리고 진즉부터 인구에 회자되어 온 저명한 작품 등은 거의 유루遺漏 없이 수존收存되었고 또 거기 가장 진지하고 정직한 태도의 주해적註解的 논구를 겸하여 놓았으니 이것은 무엇으로 보든지 역사적 사업이라 하여 의심치 아니한다.

그의 학구적 열성과 인격적 노력에는 치하와 감사를 거듭하거니와 나는 이에 그보다도 이 일서가 학도들에게 탐독되고 그리하여 뒤를 잇는 진실한 학자가 배출하여 이보다 더 크고 깊고 완전한 연구가 생겨지기를 바라는 것이다.

정가 4원, 발매소 동광당서점東光堂書店, 진체 경성 16121번

「(북리뷰) 조윤제 씨 저 독『조선시가사강』」

서두수, 『동아일보』, 1937.6.25

　　예로 이제까지 몇 세기 동안 이루어지고 쌓여온 조선시가란 대양大洋의 해도海圖가 되어 나왔다. 조윤제 씨의『조선시가사강』이라 이름 된 역작이 바야흐로 이것이다. 무더운 여름 찌는 듯한 연구실에서 진종일토록 어느 임금의 실록, 어느 문장의 문집하고 안두案頭에 잔뜩 쌓아두고 겨우 한 구절 발췌가 될락 말락 이러하기를 몇 해이었던고? 이를 잘 보아온 필자에게 이 책 한 권이 갈피갈피의 감회를 자아내거든, 황況 각고刻苦 근 10년 조선시가사의 체계화에 전념하여 온 저자의 흉간胸間에랴.

　　저자는 자초지종 연구와 및 서술의 방법의 성찰을 게을리 하지 아니하고 있다. 이런 종류의 저작에는 흔히 갸륵하고도 두서 못 차리는 진부 파렴치한 자기도취가 가져오는 공연한 흥분이 많음을 보나, 이 점이 책에는 퍽 저자의 가진 조심성이 번뜩인다. 물론 천행일득天幸一得으로 하나 있는 문헌을 무의식하게 버린다는 것은 그 문헌을 죽이는 것이라고 야단도 치고 혹은 규중가도閨中歌道를 말하여, 그 예를 최송설당崔松雪堂까지에 미치게 하는 등, 또는『삼국유사』 소재 향가명을 불러서 한 마디 소유를 밝힘 없이 일률一律하게 무슨 가歌, 무슨 가 하여 버린 것 같은 천행일득의 문헌에 대한 자의적 구사욕의 발현이 보이기도 한다. 마침내 이러한 사소한 것은 저자 자신 알지 못한 사이에 흘러 나온 열혈의 '플러스'에 소연所緣하다면 미고소微苦笑가 띠어진다마는.

이 책은 종내終乃 저자의 서술의 역점을 시가의 형식 방면에 보이고 있는 상 싶다. 그리고 이 형식 방면도 이 시가의 역사가 가지고 있는 내재적, 이념적 휴지休止를 구획 삼아 시대구분을 꾀하고 있다. 가로되 모든 조선문화의 태반기 로서 아직 외래문화의 영향이 희박한 조선미의 처녀시대를 살피는 조선시가 의 발생시대, 다음 이 시기의 외래문화를 소화하고 또 불교 수입이 있고 이어 서 이두문자가 표현 수단이었었던 향가시대, 신라문화의 결정이라고도 할 향 가 문자가 일반의 인식권 외로 몰려나오게 되어 오로지 한역漢譯의 힘으로 시가 생명의 유지를 도圖하게 된 고려 일대의 시가 한역시대, 이조초기에 들어와서 태조조로부터 연산조까지의 구악舊樂 청산시대, 8·8 가사조歌辭調를 이어 그때 그네들의 단조유장單調悠長한 생활을 표현하기에 가장 알맞은 가사체 시가의 송 영諷詠을 보는 가사 송영시대, 임진壬辰의 난리가 반도 풍물에 더 진한 큰 모멘트 인 양반의 자기 무력無力 인각認覺, 평민의 자겁自怯 반성이 시조의 융성을 가져온 시조문학 발휘시대, 대소간 자기에 대한 엄정한 성찰 인식을 가진 자自 경종조 景宗朝 지至 정조조正祖朝의 시가 찬집撰集시대, 이러하게 논술한 나머지 제8장의 막음을 순조조純祖朝 이후의 소조낙막蕭條落寞하고 오직 창곡唱曲만이 대두한 창곡 왕성시대에 두어 저자의 시대구분에 대한 고심이 성과를 거두고 있다.

이렇게 전편이 비록 저자의 남다른 열과 성이 재래하는 조급, 이를 테면 위 에도 말한 바이거니와 그 외에도 현現에 알려져 있는『해동가요』본本 중 최남 선 씨 본을 그 건편乾篇, 이희승 씨 본의 무명씨부無名氏部를 천계적天啓的으로 그 곤편坤篇이라 단정하여 버리는 용맹도 불무하나 어쨌든 무엇보다 한 편에 치 우치지 않으려는 용의가 이 한 권에 보여지는 가장 보패寶貝로운 학적 태도일까 생각된다. 예컨대 사리부재적理不載的 철두철미한 한문 한시 숭상을 어여삐 여기면서도 유교를 무조건하게 조선문화에의 이독자貽讀者라 보는 데는 저자 삼가고 있다.제4장

물론 고산孤山 윤선도尹善道의 조선시어미朝鮮詩語美 발현을 못내 기리기도 하고, 혹은 용비어천가체의 지나시支那詩 모방임을 불쌍히 보기도 하고 있으나 이럴 때라도 정당한 학적 냉정을 곧 살피곤 찾곤 하고 있다. 장가長歌 형식 이어서 소위 경희체기景戲體歌 — 이 점에 있어서도 저자는 냉정히 십전十全의 찬의贊意로 선배의 만든 술어를 칭송하며 쓰는 금도襟度를 가지고 있어 잇겁다 — 등의 논술이라든지 각 시대의 사적 전개를 주도한 용의로 그 시대 호칭의 이유와 아울러 그 시대의 개관을, 즉 그 시대의 시가를 배경하는 시대 양자樣姿를 솜씨 능란하게 보이곤 하였다.

또 가인歌人 각 개의 생애 신축新築과 상호관계 등 귀한 선물들이 간조런하다. 그리고 이들이 자초지종 한 덩어리의 명기銘記되어야 할 사실을 회상하기에 노력하고 있어 흔히 빠지기 쉬운 단순한 연대적 기록이 되기를 면免하고 현재에선 조선시가의 산 교사 노릇을 할 만하게 장만되어 있다. 저자가 조선시가의 현재를 잘 이해함으로 그 역사를 잘 이해시켜 성공하였다고 본다. 오인은 모름지기 이 역사의 옳은 이해로 우리네의 시가의 현재를 바르게 살필 필요가 있을 것이다. 거저 지나가버린 시가의 되풀이가 시가의 역사가 아니라 이제에 상기 작용하고 영향하고 있음을 그리기에 만전을 다하려 하는 의도를 가지고 저자는 높디높게 거수巨樹될 그의 학문의 수간樹幹을 발버둥하며 바야흐로 오르고 있다. 이 나무를 심술로는 흔들지 마라. 이 나무에 열매 있기 위한 거름을 오히려 제공할 이가 마땅히 있거라. 우리 학계는 이 심술이 아주 질색인 동시에 이 거름이 참말 절실히 필요하다.

108

「(독서여향, 신추등하에 읽히고 싶은 서적 1) 민속학도들에게」

손진태, 『동아일보』, 1937.9.2

학도 여러분으로부터 민속학 입문서는 무엇이 좋으냐고 항상 물음을 받으면서도 언하言下에 이 책이 좋다고 답할 만한 양서가 없음을 우리들은 늘 고통으로 생각하고 있다. 민속학에 관한 문헌이나 저서는 수없이 있지마는 개론식으로 된 책은 극히 적고 몇 책 기간旣刊된 것은 극히 불충분한 내용의 것일 뿐더러 특히 우리 민속을 연구코자 하는 학도 여러분들에게는 읽지 않는 것보다는 낫겠다는 정도의 서적들이므로 이것을 적당한 책이라고 해서 얼른 소개할 수는 없는 터이다.

예하면 영국 Burne살롯 반-엮은이의 여사의 *Hand Book of Folklore*는 벌써 오래된 책이기도 하려니와 저자의 의도가 선교사들에게 미개민족의 민속을 탐사 고구함에 당하여 이러한 이해와 이러한 방법으로서 행하라는 교도敎導에 있으므로, 말하자면 식민지에 있는 선교사들에게 민속 자료를 여사如斯한 방법과 정신으로 수집할 것이라고 한 지도서다. 그러나 이 책도 일독의 가치는 있다.

Van Gennep아놀드 반 겐넵-엮은이 씨의 *Le Folklore*는 매우 요령을 얻은 입문서라 하겠으나 설명이 너무 간략하고 또 그 재료가 대부분 유럽[歐洲]의 것, 특

히 프랑스[佛蘭西]의 것이므로 우리 학도들에게는 그다지 적절하리라 생각되지 않는다. 그러나 이 책은 민속학의 영역에 대하여 초학자로 하여금 얼른 알 수 있도록 설명한 것이 취할 점이다. 종래의 서書가 신앙, 신화, 전설, 민화, 결혼, 제례 등에만 치중하였던 것을 이 책에서는 그 밖에 주가住家라든가 음식, 의복이라든가 농구, 완구, 가구, 기타 일용사물, 유희, 연극, 무용, 민요 등에 이르기까지 모두 이것을 포괄하였다. 일독을 권하고 싶은 책이다. 가격은 전자가 약 10원, 후자가 약 3원이며, 역서는 バーン『민속학개론』 오카 마사오[岡正雄] 역이 3원 가량, ヂユネツプ『민속학입문』 고토우 코우젠[後藤興善] 역본이 1원이다. 그런데 오카 씨 역에는 오역이 상당히 있는 모양이오, 고토우 씨가 쥬네브라 한 것은 불어류로 잘못 읽은 것이오, 실상인 즉 씨는 네덜란드인[和蘭]시이므로 반 헤넵이라고 하여야 될 것이라 한다.

조선민속을 연구코자 하는 이들에게 나는 입문서를 권하기보다 차라리 권위 있는 전문서를 권하고 싶다. 그중에도 특히 프랑스 사회학파의 저서를 소개하고 싶다. 예하면,

① L. Levy-Bruhl[뤼시앵 레브브륄-엮은이], *La Mentalite Primitive*, Trans by L.A. Clare, *Primitive Mentality*

② Levy-Bruhi, *Les Fonctions Mentalespans Les Societes Inferieures* 등은 필독의 서다. 독일 학자의 저서는 잘 모르겠으나 Wundt[빌헬름 분트-엮은이], *Elements of Folk Psychology*는 사계의 권위 있는 저서다. 영국의 것으로는 인류학의 비조라고 하는 E.B. Tylor[에드워드 타일러-엮은이], *Primitive Culture* Vol 2, 및 동씨의 *Anthropology* 2서書가 민속학도로서는 좌우에 두지 아니할 수 없는 책이다. 전자는 신화, 철학, 종교, 언어, 예술, 풍습 등의 기원에 관한 연구이오, 후자는 인류의 기원, 인종, 언어, 문자, 의식주, 문학,

미술, 공예, 과학, 종교, 신화, 사회 등 인류 문화의 모든 부분을 통하여 그 시원 및 발전을 개론한 것이다. 19세기 말의 사람이니만큼 그 설은 비록 비난할 점이 많지만 사학斯學의 기초 공작은 씨에 의하여 성취된 것이다.

Frazer 경卿, 제임스 프레이저-엮은이의 *Golden Bough*는 사계에 유명한 저서로 26책이나 되는 대부의 저서이며 그 학설에는 별로 취할 바가 없으나 재료의 한 없이 풍부한 것이 보배로운 점이다. 말하자면 민속학의 보고이다. 이 저서는 1책으로 발쇄拔刷된 것이 동명同名으로 간행되어 있다. A. Lang앤드류 랭-엮은이, *Custom and Myth*라든지 동씨의 *Myth Ritualand Religion* Vol 2도 권위 있는 저서다.

최후로 특히 소개하고 싶은 것은 러시아[露國]의 M. A. Czaplicka마리아 차플리카-엮은이 양의 저서인 시베리아 원주민의 사회인류학적 연구 *Aboriginal Siberia, A Study in Social Anthropology, 1914*이다. 차플리카 양은 러시아인[露]시으로 일찍 영국에 건너가 옥스포드대학에서 동교 교수이오, 영국 민속학 회장인 R. R. Marett로버트 마레트-엮은이 씨의 지도하에 공부를 하다가 당시의 인류학계나 민속학계가 시베리아 주민에 대하여 하등의 지식도 갖지 못함을 통한하여 조수 몇 사람과 죄인 정배지인 서아리아西亞利亞의 빙원氷原을 찾아들어가 온갖 간난을 다 겪으면서 여자의 몸으로 능히 장년의 탐사 연구에 공을 거두게 되어 전기한 책 외에 *My Siberian Year*라는 책을 저술하였다.

내가 이 책을 특히 소개코자 함은 양孃의 학자적 인격에 감동되어서 그런 것도 아니오, 또 이 저서에 특별한 권위를 느끼어서 그런 것도 아니다. 실상인즉 내 자신이 가장 재미있게 읽었고 가장 쉽게 읽었고 가장 이 책에서 암시를 많이 받았음으로써이다. 시베리아 원주민은 우리와 동일한 인종이오, 지리적으로 가까우므로 민속상 유사한 점이 허다하며, 더구나 그중에 퉁구스[通古斯]

민족 같은 것은 고대의 우리와 동일한 종족이었으므로 그들의 민속은 특히 우리에게 흥미를 주는 것이다. 그리고 차플리카 양은 러시아인이오, 또 여성이므로 그의 영어는 극히 평이하였다. 그래서 서미鼠尾 정도의 영어력밖에 없는 나에게 환영을 받았던 것이다. 그 다음 시베리아 민족의 민속은 그 대부분이 우리 상고 민속 그대로인 데다가 저자의 기술과 인증이 매우 정확하고도 풍부하여 일사일구一事一句가 모두 소홀히 간과하지 못할 참고자료가 됨을 깨달았으므로 나는 이 책을 읽는 동안 몇 번이나 침식을 잊은 일이 있었다.

이 책은 4장으로 되어 제1장에서는 시베리아의 지리와 종족을 말하고, 제2장에서는 사회조직, 결혼, 출산에 관한 신앙과 풍속, 사장死藏 후세생활, 조선祖先 숭배 등을 기술하고, 제3장에서는 무격巫覡, 제신諸神, 정령精靈, 영혼, 제례 등을 상술하고, 제4장에서는 무격의 병리학적 연구를 발표하였다. 그리고 부록으로 인용서목, 인용서 해설, 단어, 색인, 도판, 지도 등을 첨부하였다. 옥스퍼드대학[牛津大學] 출판으로 가價 약 12원. 비록 입문서는 아니오, 또 민속학의 다방면에 긍亘한 조사 연구도 아니지마는, 우리 민속 연구에 귀중한 참고서가 될 것을 믿고 감히 이 책을 추장推奬하는 바이다.

109

「(독서여향, 신추등하에 읽히고 싶은 서적 6) 최근세사 연구서」

이선근, 『동아일보』, 1937.9.9

조선 사람으로 조선사에 대한 과학적인 연구가 과거와 현재를 막론하고 빈약한 것만은 숨길 수 없는 사실이다. 그러나 삼국시대로부터 이조 중엽까지의 사실은 『삼국유사』, 『삼국사』, 『고려사』, 『동국통감』, 『문헌비고』, 『해동역사』 등등의 정평 있는 사료가 일반으로 알려져 사학斯學에 뜻을 두는 학도로하여금 어떠한 꼬투리라도 잡을 수 있게 하는 것이지만, 당론黨論과 사화士禍의 진구렁에 빠지게 된 이조 중엽 이후 최근세까지의 사실에 대하여는 사료라고 일컬을 만한 자著도 변변치 않거니와 몇 가지 있다손 치더라도 그 갈피를 찾으며 그 정오正誤를 밝히기가 어려운 터이니 초학初學, 선학先學을 가릴 것 없이 누구나 곤란과 혼미를 느낄 것이다.

따라서 근세 조선사를 연구하려는 학도라면 최초부터 처녀지에 발을 들여놓는 개척자로서의 준비와 각오가 필요한 것이다. 모름지기 내외의 사료를 가릴 것 없이 많이 모으고 많이 읽어야할 것이니, 우선 모두 헤아려야 열 손가락에 찰까 말까하는 조선 사가들의 저술해놓은 바를 통독해야 할 것이다. 그러나 한말韓末의 사실을 무엇으로써 그 개념이나마 얻게 할 수 있느냐 반문한다면, 얼른 내세울 것이 드문 터이니 『대동기년大東紀年』쯤이나 소개할까?

이 역亦 탐탁지 않은 터요, 외교 관계로 국한한다면『통문관지通文館志』쯤이 빼놓은 수 없는 사료라 일컬을 것이며, 그 이외에는 보통 학도가 입수하기 어려운 정부의 기록밖에 없을 것이다.

따라서 우리는 선진 사회의 학자들이 연구해놓은 바를 우선 빌어볼 수밖에 없는 터이니 일반사로는 명치사단明治史壇의 중진인 하야시 다이스케[林泰輔] 저『조선통사朝鮮通史』나『조선근세사』혹은 구보 덴즈이[久保天隨] 저『조선사』등을 일독해 보아야 할 것이요, 다음으로는 오다가리 마스노스케[小田切萬壽之助] 저『조선』도 양저良著의 하나라 할 수 있으니 이 책은 메이지[明治] 23년 발행으로 상당히 묵은 저술인 바,

제1 일본 관계

제2 청국 관계

제3 노국露國 관계

제4 영英, 미美, 법法, 독獨, 백白 제관계

제5 조선반도의 미래, 조선정략朝鮮政略

등 5장으로 분分하여 그 당시까지의 조선 외교관계를 논술한 것이다. 이 밖에 현現 와세다대[早大] 교수로 일찍이 인천 영사관으로 내주來駐하였던 시노부 준페이[信夫淳平] 박사의『한반도』도 등한시할 수 없는 사료라 일컬을 것이니, 이 책은 저자가 메이지 30년 이래 4년간 조선에 와있으며 친히 수집한 자료를 정리한 것으로 내용을 일별해 본다면 제1장 '부산 급及 인천'에서 양 개항장을 중심으로 일어난 무역, 외교, 거류민 문제 등의 갖은 파란을 논술하였고, 제2장 '경성'에서는 호구 면적으로부터 상업, 금융기관 등을 이야기해 내려가다가 육의점, 보부상, 보부상과 만민공동회, 인화문仁化門 전前 혈전血戰, 돈례문敦禮門 외 어친유御親諭, 독립관 및 독립문, 붕당, 동학당, 활빈당 등 한말 풍

운의 가지가지를 견문수록見聞收錄하였으며 다시 제9장 '국제관계의 사력[國際關契の事歷]'이라든가 제10장 '각국의 이익선[各國の利益線]', 제11장 '반도에 관한 제 통계[半島に關する諸統計]' 등에 있어서는 근세 자본주의 열강이 은둔국 조선의 문호를 개방케 한 이래 정치 경제 양 방면으로 활약해온 바를 넉넉히 짐작케 하고도 남는바 있다.

이상의 몇 가지 저서와 아울러 일청전역 전후의 사실을 연구함에는 지나측 사료로 청인淸人 찰이강察爾康, 미인米人 영 알렌[林樂知]의 공저『중동전기본말中東戰紀本末』이라든가 왕운생王芸生 저『일지외교60년사日支外交六十年史』같은 양저가 있고 일본 측으로는 당시의 외무대신 무츠 미네미츠[陸奧宗光] 저『건건록蹇蹇綠』이라든가, 박문관博文館 발행의『일청전쟁실기』등 흥미진진한 사료가 많이 있다. 그러나 근세 조선사를 좀 더 과학적으로 연구하자면 반도를 중심한 극동의 역사적 변천에 대하여 어느 정도 객관적 입장을 지켜온 구미 학자의 저서를 살피지 않을 수 없는 것이니 프랑스인[佛人] 달레의 저『조선기독교사』같은 것은 일반 사료로도 훌륭한 저서이며 미인 헐버트의 편집인 *Korea Review*나 그의 저 *Passing of Korea* 등도 저자가 한국 정부의 고문관을 역임하였던 만큼 일독할 가치가 충분한 것이다.

이 위에 일찍이 도쿄제대[東京帝大]에 와있던 미인 그리피스의 *Corea the Hermit Nation*도 일독을 권하고 싶은 터이니, 저자가 비록 조선사정에 실제 체험은 갖지 못하였다 하더라도 진지한 학자로 각 방면의 문헌을 상당히 참작하여 상고上古의 부분은 간단히, 근세에 올수록 상세하게 논술한 것이요. 다시 영인英人 롱포드의 *The Story of Korea*라든가, 미인 맥켄지의 *The tragedy of Korea* 등도 한말 비사祕史의 일단을 엿보기 충분한 사료로 어느 저서에나 손색이 없는 것이다. 그러나 이러한 구미 학자의 저서는 절판, 혹은 기타의 관계로 일반 학도들이 좀처럼 입수키 어려운 터이니 대학 연구실에서는 얻어 볼 수 있을까?

여하튼 근세 조선사를 연구하려는 학도라면 서두에 말한 바와 같이 개척자로서의 각오를 가지고 손을 내외 학계에 뻗쳐 애써 찾으며 많이 읽을 수밖에 없을 것이다.

110

「(독서여향, 신추등하에 읽히고 싶은 서적 7) 독서근감 수칙數則」(전3회)

양주동, 『동아일보』, 1937.9.10~12

브론테 자매라면 영문학사상英文學史上 시 여與 소설로 유수有數한 여류 문인이다. 이 자매의 문학과 생애에 관한 후인의 저술 중 매우 흥미가 있는 것은 무어 여사Virginia Moore의 근저『에밀리 브론테전傳, *The Life and Eager Death of Emily Bronte*』이란 1권이다. 여사는 이 대저에서 에밀리 브론테의 생애의 한 중대사를 발견 보고한 것이다. 즉 저자는 대영박물관에 보존하여 있는 에밀리 브론테의 어떤 원고 중에서 전기적 의의가 있는 일자日字 기입과 3편 미발표 시고詩稿 외에 시 위에 연필로 쓴Louis Parensell이라는 흥미 있는 미지의 인명이 있음을 발견하였다. 저자는 그리하여 연구에 연구를 거듭한 결과 이것이 에밀리의 애인의 이름이라 추단하였고, 이 필적은 무어 여사의 면밀한 연구에 의하건대 에밀리가 쓴 것이 아니오, 그의 형부인 니콜스가 쓴 것도 아니오, 정표히 그의 매妹 샬롯트 브론테의 필적인데 에밀리가 루이스 패런셀과 그윽이 연애하다가 실연을 당하고 몹시 고민하는 것을 그의 매가 보고 동정하여 그의 시고 위에 메모로 연필 기입한 것이 분명하다고 논단하였다.

여사의 연구는 이에 그치지 않는다. 이 연필 기입의 미지未知 남자의 발견으로 말미암아 여사는 에밀리의 시 중 "Last Words"란 시가 1838년 10월 17

일에 지은 실연애창失戀哀唱인 줄을 황연대각恍然大覺하게 되고 또한 에밀리 궐녀厥女가 요절한 것은 이 실연의 결과에 의한 사실상 자살이라 논단하여 그의 전기傳記 제명題名에도 eager death란 1자字를 특서하여 영국의 독서자의 비상한 흥미를 끌었다.

여사는 그 밖에도 다시 연구를 거듭하여 당시 브론트 자매가 거주하고 있던 하워스Hawarth 근방 일대에 살던 사람을 열심히 조사하여 보았으나, 루이스 패런셀 씨라는 색남色男은 100년 전에 도무지 존재하였던 것이 증명되지는 않았다. 그러므로 여사는 아마 샬롯트가 그 남자의 이름을 잘못 기억하였던가보다고 결론하였다.

무어 여사의 이 대저大著의 파천황破天荒의 신발견은 그 후 여러 비평가들의 여러 가지 의론을 야기하였는데, 여러 비평가들이 한참 떠들은 나머지 어디 그러면 좌우간 문제의 그 원고 필적을 조사하여 보자 하여 그 복사본을 정사精査한 결과는 예의 Louis Parensell은 여사의 오독이오, 실은 Love's Farewell사랑의 고별이었다 한다. 그리하여 이 여류 문인의 전무후무한 애인 루이스 패렌셀은 섭섭히 존재의 이유를 잃고, 무어 여사의 비상한 연구의 성과인 대저는 태반이 휴지로 돌아갔다. 근자 무엇을 좀 알아보려고 고서를 대하는 경우에 늘 머리에 떠오르는 것은 이 1편의 실화다. 1자의 오독, 반구半句의 착해錯解가 이처럼 실지의 큰 영향을 주는 것이다.

누구나 아는 바와 같이 우리가 독서하는 경우에는 두 가지 방식 —즉 섭렵식 독법과 정독식 독서가 있다. 전자는 자기와 직접 간접 관계되는 문헌을 될 수록 광범위에 긍亘하여 많이 넓히 읽어두는 것이오, 후자는 그 중의 직접 연구 대상 혹은 참고가 되는 약간 권의 서적을 1자 1구도 허술히 함이 없이 엄독, 숙독하는 것이다. 연구를 위한 독서에 있어서 이 두 가지 방식이 꼭 병행하여 나가서 지식의 광화廣化, 심화를 도모하여야 할 것은 물론이거니와 나는 특히 나의 경험으로 보아 정독, 엄독, 숙독을 경고하고 싶다.

쉽게 예를 들어 우리가 무슨 동양학東洋學의 일 분과를 연구한다 하자. 위선 한문에 대한 충분한 소양이 없이 될 수 있을까. 텍스트도 충분히 독료讀了하지 못하고 무슨 사상, 문법을 논할 수 있을까. 더구나 사학史學 방면의 고서한적이나 조선 고판본이나를 읽는 경우에는 문제는 숙독, 정독 지경을 지나, 거위 교감학적校勘學的 안광眼光과 견식見識을 가져야 할 필요에까지 도달한다. 되는대로 문자나 연속하여 대의大意나 췌마揣摩하다가는 별별 야릇한 희비극을 연출하게 되기가 비일비재다.상편

교감이라면 얼른 생각나는 것이 예의 '삼시도하三豕渡河'일 것이다. "자하子夏, 상견독사지자운嘗見讀史志者云, 진사벌진晉師伐秦, 삼시도하三豕渡河, 자하왈비야子夏曰非也, 기해이己亥耳, 독사지지讀史志者, 문제진사問諸晉史, 과왈기해曰果己亥."『가어(家語)』 기해년에 진사晉師가 도하하였다는 것을 돼지 세 마리가 물을 건넜다고 읽었으니 엄청난 상위相違도 상위려니와, 착어錯語, 탈락이 많은 고서를 대상으로 하는 연구 학도에게 자하子夏만한 안광이 없으면 종종 이 모양은 될 것이다.

『노자老子』 31장에 "부가병자夫佳兵者, 불상지기不祥之器"라는 일절이 있다. 석문釋文에 "가선야佳善也"라 주註하고 예의 『노자』를 장구章句한 유명한 하상장인河上丈人도 "가佳, 식야飾也"라 주하였을 뿐이다. 아무리 양가의 주석이 권위가 있다 하더라도 '가병佳兵'이란 소리는 도대체 뜻이 애매하고, 어쩐지 문자가 미타未妥하다. 그러나 이 애매와 미타는 수천 년을 그대로 내려오다가 저 희대의 교감학자 왕염손王念孫의 안광으로써야 비로소 밝히 된 것이다. "염손안念孫按, 가자당작佳字當作 가唯, 자지오야字之誤也. 가고유자야唯古唯字也. … 상언부유上言夫唯, 하언고下言故, 문의정상승야文義正相承也." 부가夫佳가 아니라 부유夫唯다. 부유란 말

은 『노자』서 도처에 산견散見되는 그의 관용어다. "부유부쟁夫唯不爭, 고무우故無尤"8장, "부유불영夫唯不盈, 고능폐불신성故能蔽不新成"15장 등등. 콜럼버스의 계란 이야기와 같이 일러놓고 보면 아주 쉬운 일이나, 이만한 안광이 2천년 래에 없었다.

말이 났으니, 왕염손 그는 교감에 있어서는 아닌 게 아니라 천재다. 『묵자墨子』 소취편小取篇에 있는 유명한 다음 1구 "벽야자辟也者 거야擧也 물이명지야物以明之也." 벽은 물론 비譬라 하더라도 이 1행은 의미 불통이다. 필원畢沅은 생각다 못하여 '야'자를 '연衍'이라 보고 '벽야자, 거물이명지야擧物以明之也'로 읽었다. 딴은 어지간한 설이다. 그러나 우리 왕씨의 탁설卓說을 보라. "야여타동也與他同, 거타물이명차물擧他物以明此物, 위지비謂之譬." 일러 놓고 보니 또 분명하지 않은가.

"벽야자辟也者, 거타물이명지야擧他物以明之也." 무엇 때문에 이런 세쇄細瑣한 소리를 늘어놓는가 하면, 무릇 연구를 위한 정독식 독서에는 반자척구半字隻句를 허술히 범연泛然히 간과하지 않고, 일일이 자세 면밀한 전색銓索과 검토를 하여야 하겠다는 것을 역설키 위함이다. 더구나 그것은 고판본을 상대로 하는 경우에 그러하다. 이만한 세심의 주의를 요하는 독서임에도 불구하고, 대체 연구를 위시爲事하는 학자나 학도들의 논문 중, 왕왕히 원저도 자세히 독료讀了하지 않고서 일거에 무슨 사상, 문장 등을 설왕설래하려고 드는 조분자류粗笨者流를 발견하게 되며 심지어 문자를 오독하고, 구독句讀을 턱없이 잘못 떼고… 이런 폐단은 얼마든지 있다. 고전을 대상하는 연구 학도들에게 정독식 독법, 내지 교감적 독법을 주문하는 것은 대개 연구적 독서라는 것이 얼마나 지난至難한 것임을 말하기 위함이다.

지난한 일이기에로 원문의 오독, 구독의 착오 같은 것이 종종 일가를 이룬 대학자의 논문 중에서도 산견됨을 본다. 더구나 그것이 1자 혹은 1구의 오독으로 말미암아 전론全論의 파탄이 생긴 실례가 된 것을 종종 볼 때에 가석可惜한 염念을 금할 수가 없다. 항우項羽도 칡넝쿨에 걸린다는 속언은 이를 두고 한 말일까. 이제 내가 본 몇 가지의 실례를 들어본다.

『삼국유사』에 도솔가라는 향가가 있다. 경덕왕 19년 4월 삭朔에 이일二日이 병현並現함으로 일관日官이 왕께 청하여 연승緣僧을 데려다가 '산화공덕散花功德'을 베풀어 양재禳災를 하기로 하여 마침 월명사月明師가 지나다가 「산화가散花歌」를 부르게 되었는데 그 향가의 한역漢譯 제1구 "용수차일산화가龍樓此日散花歌, 도송청운일편화挑送青雲一片花." 이 시 중의 '도挑'자를 저 향가 연구의 권위인 오구라[小倉] 교수가 '도挑'자로 오독하여 "산화에는 도화桃花를 사용한 것까지 알 수 있다"고 주註한 것은 오독 중에도 기독奇讀에 속한다 할 것이다. 원판에 분명히 '도挑'로 되었으니 말할 것도 없으나 설령 '도桃'로 오기하였더라도 '도송桃送' 운운의 영어식 한문은 원래 없는 법인 즉 누구나 '도挑'자로 교감이라도 할 수 있음직한데, 이렇게 오독한 결과 '도화산화'의 기설까지 부附한 것은 참으로 조화造化다. 하기는 『유사』 개권開卷 벽두에 단군이 단군壇君으로 쓰여진 것을 얼른 발견하는 독서자가 얼마나 될까. 이렇게 말하는 나도 육당六堂의 '단군론壇君論' 용자례用字例를 본 뒤에야 악연愕然히 『유사』를 뒤져 보았다.중편

경남 창녕 읍내 현존인 신라 헌덕왕 원년에 된 「석불조상기石佛造像記 중편」란 일문一文 중, "모년모사종성某年某寺鍾成, 모년모사탑반치某年某寺塔半治, 모년모사상성某年某寺像成", 이렇게 내려가다가, "계미년癸未年 인양사仁陽寺 탑조사층□塔弔四層□이곳의 □는 원문-엮은이"이란 일구가 있다. 결일지缺一字는 물론 '성成'자려니와, 이 불배佛裏에 있는 글을 '탑조塔弔' 운운이라 판독한 것은 『조선금석총람朝鮮金石總覽』이오, 이 '탑조'란 기괴한 문자 때문에 비상히 고심한 이는 아유카이[鮎貝] 씨다. 씨는 『잡고』 6집(輯) 상(上), 35엽에서 위선 "조상弔喪"의 '조'로서는 불성不成

의미인 것을 말하여 놓고, 『통아通雅』의 "문건왈정적門鍵曰釘吊" 및 "적통吊桶" 등의 '적'으로서도 탑과는 상관이 없음을 말하고, 다시 조吊가 궁弓자의 이체異體가 아닌가 하여 궁은 궁窄과 통할 수 있다는 말이며, 『주례周禮』, 『설문說問』 내지 『강희자전康熙字典』까지 끄집어내어서 결국 "궁弓, 개□아蓋□也"로부터, 탑조塔吊, 탑궁塔弓, 탑궁塔窄, 탑개석塔盖石, 이 모양으로 누누縷縷 수백언數百言의 우여곡절을 극極한 험기險奇한 논단을 내리었다. 아지 못게라알 수 없어라의 뜻-엮은이창녕 석불기를 쓴 기자記者는 그렇게도 『주례』, 『설문』에만 보이는 벽자僻字를 사용하였을까. 아무런 설명이 있음에도 불구하고 『금석총람』 판독判讀인 탑조塔吊로서는 말이 애초부터 되지 않는다.

나의 억단에 의하건대 원문의 조吊자는 반드시 '□' 즉 '신身'자의 초체艸體약자인 것이다. 즉 일견 탑조로 보이는 이 괴어는 아주 손쉽게 '탑신塔身'으로 읽을 것이다. '탑신사층' 운운식의 문자는 조선식 한문이면 용혹무괴容或無怪다. 창녕 읍내의 실물 석불을 가보아야 더 분명하겠지마는 가보지 않아도 이 논단에는 착오가 없으리라 함이 나의 자신이다.

근간近刊 『청구학총靑丘學叢』 제26호를 이즈음 열독하였는데 권두논문은 이케우치 히로시[池內宏] 박사의 「동래東萊 안락서원安樂書院과 부산釜山 동래 이성二城 함락도」 였다이케우치 박사는 다 아는 대로 조선 사학의 태두요 도쿄대[東大] 교수다. 해당 일문一文의 내용은 동래 안락서원 소장인 동래, 부산 함락도 각 1폭임진역(壬辰役), 송상현(宋象賢), 정발(鄭撥) 2인 순절도(殉節圖)과 관련된 것인데, 해당 도圖는 숙종 35년에 된 것으로 당시 동래부사東萊府使 권이진權以鎭의 『화기畵記』가 있어 화도의 유래와 구도의 내용을 설명하였는데, 기문記文은 이케우치 박사에 의하건대 "행문行文이 극히 졸렬하다" 한다. 그런데 박사는 처음 그 『화기』 중의 "벽기옥지좌우壁其屋之左右, 명공화제인사의지장命工畵諸人士之死義之狀." 이 일구에 의하여 그 그림이 벽화인 줄 알고 그 근저『문록경장역文祿慶長役 별편別編 제1』 중에 벽화라 말하였었는데, 급기야 안락서원에 와서 실물을 본즉 벽화가 아니오, 괘축掛軸인 것을 알게 되었고 그『화기』와 실물간의 상이에 대하여 많은 의아와 주저를 가지면서도 기타의 어구, 사실 등에 비추어 권이진의 원도原圖가 아무래도 벽화가 아니요, 괘축이었다고 논단하였다. 이 모순을 설명하기 위하여 허다의 논란과 설명이 첨가되었음은 물론이다.

그러면 과연 동래부사 권이진은 괘축 그림을 벽화라고『화기』에 썼는가. 박사는 권씨의 화기에는 분명히 벽화라 하였는데 실물은 그렇지 않으나 어인 곡절인가 하여 여러 가지 설명을 가하였는데 이제 그 문제의 화기를 박사의 인용에 의하여 보면 이러하다. "… 금여권이진, 今余(權以鎭) 어고성남문내於故城南門內, 매일극지買一隙地, 위사옥爲祠屋 … 이기비移其碑, 빈지정實之庭, 위지옥爲之屋, 이복비以覆碑, 벽기옥지좌우壁其屋之左右, 명공命工, 화제인지사의지상畵諸人之死義之狀, 병급반(이각)도주지형치並及班(李珏)逃走之形置, 기간우득성함후기의자이십사인성명其間又得城陷後起義者二十四人姓名, 서지방書之傍." 박사의 이 인문引文에 의하여 보면 아무래도 벽화다. 즉 비를 옮겨 지붕으로 덮고, 좌우에 벽을 만들어 공인工더러 제인諸人의 사의死義한 모양과 이각의 도망하는 꼴을 그려서 두고, 그 동안에 또 24인의 성명을 얻어 그 곁에 썼다 운운으로 박사는 읽었다.

그러나 이 원문의 뜻은 과연 그러한가. 단적으로 이 인문의 박사의 구독법은 옳은가? 부否다. 원문의 구독은 다음과 같은 것이다. "… 벽기옥지좌우壁其屋之左右, 명공命工, 화제인사의지상畵諸人死義之狀, 병급각도주지형並及珏逃走之形, 치기간置其間, 우득이십사인성명又得二十四人姓名, 화지방書之傍." 즉 좌우에 벽을 바르고 그림을 그려다가 그새벽간(壁間)에 두었다는 것이니 이『화기』에는 원래 조금도 벽화라는 말이 없고, 다만 괘축을 벽간에 걸어두었다는 것뿐이다. 일러놓고 보니 이케우치 박사가 "병급반도주지형치"라 하여 '치'자를 맨 끝으로 구독한 것은 실수 중에도 터무니없는 실수다. 고 금석문 조선식 한문에 '형지形止'란 말은 본 적이 있거니와, '형치'란 괴한문은 실로 이에서 처음이라 할 것이다. 박사는 이 한곳의 구독을 그릇함으로써 공연한 모순에 괴로워하고, 무용한 수천언의 설명을 중간에 삽입하지 않았는가. 그러는 서슬에 애꿎은 권씨의 『화기』가 "졸렬을 극하게"까지 되었다. 더구나 실물이 유존하였기에 해도가 괘축이었지, 만일 없었더라면 내부萊府에는 하나의 없는 벽화가 생길 뻔하지 않았는가.

이상에 열거한 몇 가지 실례는 모두 쇄소한 오독 때문에 전론이 저어하게 되는 수가 대가의 논저 중에서도 없음을 면치 못한다는 것을 보이기 위함이다. 하물며 후배인 학도로서는 무릇 고문헌을 대하는 경우에 엄독, 정독을 첫째 관심으로 삼아야 할 것이다.

(부기) 나에게 부촉俯囑한 문제는 나의 근래 연구하는 부면部面의 필독 문헌을 소개하라는 것이나, 개개의 서명을 열거하는 것보다 일서一書라도 정독함이 더 한층 간요한 것임을 내 자신이 심절히 느끼는 터이므로 주어진 논제 외의 이 소문小文을 초草하였다.

「최근의 발견과 학계의 수확」

『동아일보』, 1938.1.5

난재득難在得의 문화유산과 탐색된 자연계 비장秘藏

선인先人의 수택手澤 어린 귀중한 진본 희서稀書 고문화의 풍모가 역연!! 찾는 희서 출토품

학문이란 언제든지 새것을 찾아내고 새것을 만들어 내는 데서 더욱 빛나는 것이다. 그러나 하늘 아래 새것은 없는 것이니, 있어도 있는 줄 모르는 것을 찾아냄이 곧 새것을 찾아냄이오, 있던 것으로 종적을 감춘 것을 다시 찾아냄이 또한 새것을 찾아냄이라 할 것이다. 이렇게 찾아낸 새것이 다시 지금까지 없던 새것을 만들어 냄에 좋은 본보기가 되고 힌트가 되는 것이다. 그러므로 학계에서는 언제나 새로운 발견에 주력하나니, 이 발견이 없는 곳에서는 학계는 침체되고 마는 것이다. 최근 조선학계는 탐색의 눈과 손을 혹은 아득한 상고로 돌려보기도 하고 혹은 미지의 자연계로 던져보기도 하여 적지 않은 수확을 얻고 있다. 이것은 우리 학계의 금일과 명일을 위하여 기쁜 일일 뿐 아니라 나아가 세계의 학계에도 기여함이 적지 않은 것이니, 이제 한 데 묶어놓고 보매 흩어졌던 구슬을 다시 끈에 꿴 듯 귀엽고 자랑스러움이 비길 데 없다.

그러나 우리는 이것으로 만족하는 것이 아니다. 아직도 찾아내야 할 것이 얼마든지 있다. 사적에는 나타나 있으되 현본을 가지지 못한 전적도 많이 있거니와 우리를 위요한 자연계는 여전히 일종의 불가사의의 비고祕庫가 아닌가. 과학적 정신이 더욱 앙양되고 과학적 방법이 좀 더 주밀周密한 때에 우리 학계의 소득이 더 많을 것을 예상하면서 이제 우선 이것을 모아 보았다.

조선은 반만년의 역사가 있다. 따라서 그에 따른 위대한 문화가 있다. 그러나 오랫동안 내려오는 그 간에 선인의 유물이 너무나 없어진 것이 많다. 이에 조선의 고대문화를 다시 찾아보자는 열의와 분투가 일어나게 되었다. 이에 산일되고 누락된 진서, 희본 중에서 작금에 탐색된 것이 얼마나 되는가 알아보았다. 아직 오인으로서는 이만한 발견에 만족할 수 없으나 하여간 이만한 귀중한 문헌과 물품이 발견된 것을 알았다. 이에 그 괴요槐要만을 알리는 바이다.

(1) 동궐도東闕圖

동궐도라는 것은 지금에 창덕궁 일원을 그 당시에 궁중 화원들이 전 정력을 다하여 그린 것으로 이 사본이 있는 것은 일찍부터 알았으나 찾아내지 못하였다. 그러던 것이 우연히 모씨가某氏家에서 세전世傳해 내려오는 고서화 중에서 발견되어 그것이 모씨가에 있는 줄 알았으나 이것이 공개되기는 모씨가가 영체零遞해져서 그것을 팔기로 하기 비롯한 때부터 이 희본稀本이 세世에 알려졌다.

이것은 회畵가 아니라 도圖이며, 따라서 도인만큼 그 섬세, 치밀함이 여간 아니다. 예하면 도는 척尺을 가지고 하는 것으로서 거의 근대의 제도製圖 비슷하나 청사진이 아니며 그림으로는 훌륭한 것이다. 그리기는 약 100회, 50년 전 모양이고 축척을 사용하여 개와瓦장 하나 또는 장독대 하나도 빼어놓지 않고 그대로 그것을 축척으로 몇 배 해가지고 실물이 얼마라고 할 수 있도록 오밀조밀하게 그린 귀중한 물품이다. 이것의 폭은 모두 16개로서 장은 9척이오, 폭은 19척 2촌에 상당히 고급한 채색을 사용하여 진실로 전 심력을 다하여 그린 것이라는 것이 규시窺視다.

전 조선 안에 '동궐도'라고 하면 오직 이것 하나로서 사본이나 부본副本은 없는 것이다. 시가로 하면 만 원이 나간다고 하나 만 원을 주어도 살 수 없는 것이 또 지금의 사실이다.

(2) 『고상서주古尚書註』

이 책은 신작申綽이란 분의 저작으로 신작의 자는 재중在中, 호 석천石泉, 정다산丁茶山 학우, 부父 대우大羽 고문古文 명가名家로 정순간正純間 석유碩儒인데 청조淸朝 박학대사樸學大師와 비견할 만한 증고기證考家다. 그 저작으로는『시차고詩次故』,『상서고주尙書古註』,『조수충어초목명鳥獸蟲魚草木名』 등이 있다. 그런데『상서고주』는 면밀 근엄한 대저이니 타인으로 말하면 자의를 가하여 해석하는 데 일치하던 때 이분은 고古는 고古로써 해解하여야 그 실實을 얻으리라 하여 일자일구를 모두 고경전古經典에 거據하여 해하였음으로 일언이 억측에 범犯한 적이 없다.

(3) 『보만재총서保晚齋叢書』

보만재라고 하는 분은 누구냐 하면 이조 정종대왕 시時 인人으로 당시 영의정을 역임한 서귀천명선공徐歸泉命善公의 형님으로 명은 명응命膺이요, 자는 군수君受요, 호는 보만재라는 분이다. 보만재 서공은 당시 성명 있는 학자로 대제학大堤學을 역임하고 학문을 일세를 진동하는 중에도 더욱이 경제학에 뛰어난

조선 근세 경제학자다. 이 집안은 3대가 다 경제학에 정통하여 나중에 유구有
榘라는 보만재 손자 되시는 분에 이르러『임원경제지』를 저하여 대성하게 되
었다.

이『보만재총서』라는 것은 보만재 공이 저한 것은 아니다. 찬수撰修한 것으
로 조선경제에 대하여 종횡으로 연구 및 검토한 것으로 말하자면 일종 경제
총서다. 방대한 것이고 역시 궁중에 있는 사자관寫字官을 시키어 사서한 정사
본精寫本이 금년 중에 발견된 것이다. 시가는 약 3,000원 되리라 하나, 역시 이
것도 수사본手寫本인 만큼 전 조선 안에 또 있을지가 의문이라 한다.

(4)『한불사전韓佛辭典』

원명은 *Dictionnaire Coreen Francois*라는 것으로 1880년 요코하마[橫
濱]에서 출판한 것으로 꼭 거금 59년 전의 것으로 근대적 활자를 사용하여 깨
알같이 된 포인트 판쇄인 것이다.

이 사전이 가톨릭 계통으로 있는 줄 알았으나 프랑스인[佛시 선교사에서도
가장 노인 측側인 사람들이 갖고 있어 최근에는 거의 얻어 볼 수 없어 희본으
로 되었는데, 이것도 금년 중에 발견되어 진실로 약 반세기 전에 얼마나 프랑
스어[佛語]와 조선어에 대하여 찾아볼 수 있는 어휘 및 자역법字譯法을 여실히
말하고 있다. 가격은 세칭 300원이라고 하나 역시 세世에 또 있는지 없는지
알 수 없는 것이라 한다.

(5)『불한문전佛韓文典』

원명은 *Grammaire Coreenne*라는 것으로 프랑스어[佛蘭西語]로 된 조선
문법책인데 역시 1881년 꼭 거금 58년 전에 된 것으로 요코하마[橫濱]에서

『한불사전』과 함께 외국 선교협회 조선선교회에서 발행한 것으로 저작 당시
는 대원군이 천주교도를 학살할 때이므로 한편으로 이런 박해를 받으면서도
이런 거대한 출판이 되었던 것이다. 역시 희본으로 시가 500원이라고 하나
구할 수가 없다.

(6) 『용비어천가』

『용비어천가』는 세에서 주지하는 바와 같이 이조 세종시대에 제작된 것으
로 아직까지 원본은 찾아내지 못하였으나 원본에 가까운 약 300년 전의 것이
금년 중에 모씨에게 의하여 발견되었다. 책 수는 범凡 5권으로 조선어학을 연
구하는 데는 이만한 것이 없으리라 하며 시가는 약 1,000원이나 역시 또 이
런 원본에 가까운 이 있을지 의문이라 한다.

(7) 『고려사』

『고려사』는 이조 세종대왕시대에 세종대왕께서 그때 학자로 지목받은 정
인지鄭麟趾 공을 명하여 찬수하게 한 것으로 여기에 대한 일화도 많이 있는 유
명한 진서다. 이 책은 내각판內閣版으로 세에 많이 있는 듯이 되었는데 그 실
희본인 것이 알려져 연래로 이것을 찾던 것이 금년 중에 발견되었다. 책 수는
자그만치 68책이라는 방대한 그것에 활자도 좋은 것으로 시가 1,000원 가량
이라 한다.

(8) 『대동지지大東地志』

이조 철종시대에 고산자古山子라는분이 면면촌촌을 쫓아다니며 『동방여지
도東方輿地圖』를 만드는 동시에 『대동지지』를 만들었는데 이 수사본이 발견되

었다. 책 수는 약 28책으로 책을 펴면 얼마나 고심한것을 알 수 있다. 이 책도 전 조선에 단 한 벌밖에 없다 한다.

(9) 『자산어보慈山魚譜』

이것은 연대 미상의 정전丁銓이란 분이 저술한 것으로 단권 책인데 여간 주밀하게 물고기 명칭을 보아놓았는지 조선어 물명을 아직도 다 연구 못 한 학도들에게는 호자료인 것은 두말할 것 없다.

(10) 『초목충어금수명고草木蟲漁禽獸名考』

이 책은 『시차고』, 전기 『상서고주』 저자로 유명한 신작이라는 분의 저서로 바로 저자가 친필로 쓴 원고본이 나왔는데 물명物名을 정확히 적은 것은 이만한 것이 없어 오늘까지 근세의 초목충어금수명을 이것에 의하여 불러졌는지도 모른다. 이것은 시가로 말하면 1,000원은 되리라 하나, 역시 수사본인 관계로 다시 얻을 수 없다는 것이다.

(11) 『접성열군도鰈城列郡圖』

조선 360여 군을 상세히 채색으로 그린 것으로 상당히 희귀한 진본인데, 아직까지도 이것을 누가 그렸는지 모르는 것이 한 유감이며 이것만을 펴면 전조선의 면과 동을 일목요연하게 알 수 있는 것이다.

(12) 팔만대장경八萬大藏經

해인사海印寺의 장판藏板으로 이것은 8만 개의 목판으로 된 것인데 고려 고종高宗 때 몽고군이 침입하여 개성을 방기放棄하고 강화도에 들어가 40년 있는 동안에 불력佛力으로 수호국가守護國家 하겠다는 데서 만들어진 판본인데 연전 만주국滿洲國 황제 폐하께서 한 벌을 미나미[南] 총독에게 주문하는 바람에 불전佛專에서도 한 벌을 얻게 되었다는데 비용이 한 벌 박아내는 데 약 13,000원이 든다 한다.

(13) 『선현간독先賢簡牘』

교토[京都]에서 발견되었는데 이 진본이 어째서 그곳까지 갔는지는 모르나 하여간 희귀한 것으로, 송동춘준길宋同春浚吉, 송우암시열宋尤庵時烈, 민노봉정중閔老峯鼎重, 민단엄진원閔丹嚴鎭遠, 권수암상하權遂庵尙夏, 정장암호鄭丈岩澔, 김몽와창집金夢窩昌集, 김농암창협金農巖昌協, 이도암재李陶菴縡 등 제 선현의 왕복한 서간이 10폭이나 되는 것으로 가격은 1,000여 원이라 한다.

(14) 세종대왕어필世宗大王御筆

세종대왕어필은 궁중에도 드문데 전의이씨全義李氏 구보舊譜에서 어필을 발견하였는바, 세종대왕 시에 유명한 노령 재상으로 색동저고리를 입고 새를 잡아 가지고 놀아 어머니로 하여금 노령임을 잊어버리게 하였다는 이정공孝靖公 이정간李貞幹 선현先賢을 모신 충북 청주 송천서원宋泉書院에 있는 동同 서원 행록行錄에 「세종대왕 서사書賜, "가전충효(家傳忠孝), 세수인경(世守仁敬)" 8자」로서 이는 대왕께서 친히 이정공에게 내리신 어필로 약 490여 년 전의 것이다. 이런 것은 시가도 칠 수 없는 것으로 진실로 희본 중에도 희본이라 할 수 있는 것이다.

혼천의渾天儀

일명은 선기옥형璿璣玉衡이라는 것으로 서양 지구법을 응용하여 만든 시계

비슷한 것이다. 제작 연대는 약 100년 전후의 것으로 지금 보전普專 도서관에 비장되어 있으며 사가史家 모씨의 말을 빌면 청국 왕실에서 조선 왕실로 보내어 온 것인 듯하다 하며 시계술이 그때에도 전혀 없었던 것이 아닌 것을 잘 알 수 있다 한다. 시가는 역시 5,000원 가량이라 하나 구할 수 없는 것이라 한다.

찾는 희서稀書

세상에 있기는 있는 줄 알면서 여태껏 찾아내지 못한 서적과 물품이 많다. 그런데 그를 찾아내지 못한 것 중에 찾아낼 듯 낼 듯하면서 아직 찾아내지 못한 것을 한 번 참고해보기로 한다. 『임원경제지』이것은 일명 『임원십육지林園十六志』라고 하는데 정묘조正廟朝 시時 인人 서유구 선생의 찬으로서 모두 53책이나 되는 경제총서를 찾는 중이며, 『이상국집李相國集』고려시대에 유명한 재상 이규보李奎報의 문집인데 여태껏 찾지 못하였으며, 『훈민정음』이 책은 너무 많아서 원본이 어떤 것인지 모를 만큼 되었는데 역시 원본은 아니고 가본假本들이 원본 행세를 하고 돌아다니어 역시 원본을 찾는 중이며, 『대동여지도』고산자 김정호金正浩라는 분이 국금國禁에 걸리기까지 하면서 만들어낸 것인데 여태껏 발견되지 아니하였으며 그 다음 『삼국사기』, 『삼국유사』, 『용천어천가』, 『훈몽자회訓蒙字會』, 『동국여지승람東國輿地勝覽』, 『고려사절요』, 『노걸대老乞大』, 『박통사언해朴通事諺解』, 『대명률언해大明律諺解』, 내각판으로 된 『이충무공전서李忠武公全書』등등이 사가와 어학자 기타 조선학을 연구하는 사람의 대상이라 한다.

출토품

조선에서 출토품은 년년年年 늘어가고 있는 중에 있으나 금년에는 이렇다 할 사학상으론 문제될 출토품은 없고 항다반恒茶飯 있는 것으로 충북 청주군 강서면江西面 용정리龍井里에 사는 이장훈李章薰 씨가 동면 송절리松節里에서 임야를 개간하다가 석검石劍을 발굴하여 감정시킨 결과 약 2,000년 전의 백제시대 유물인 것이 나타났고, 그 다음 경기도 안성군 대덕면大德面 소현리蘇峴里 사금 광砂金鑛에서 금을 캐다가 석탑과 불상을 발굴하였는데 전체가 대리석과 납석蠟石처럼 생긴 것으로 조각이 극히 미술적으로 된 것인데 그것은 마치 경주 불국사 석굴암의 불상의 조각 수법과 흡사한 것으로 보아 추정 제작 연대가 약 1,500년은 되리라 하며 유감인 것은 불상은 두부와 양수兩手가 절단되었는데 그곳에서는 암만 찾아도 찾을 수 없었다 하며, 그 다음 발굴된 것은 조선총독부 박물관 촉탁囑託 노모리[野守], 가야모토[榧本] 양씨가 강동군 만달면晩達面 승호리勝湖里에서 고려시대의 고분이라고 인정되는 곳에서 순금제의 귀걸이이환(耳環), 금, 도금한 쇠줄고리환와 금, 도금한 팔목걸이와 약 3촌 직경의 거울 같은 둥근 철제품의 단지 2개를 발견하였고, 그 다음 낙랑토성지樂浪土城地 발굴대의 다카하시반[高橋班]은 석구石臼를 발견하였고, 또 만주국 펑톈[奉天]에 있는 엔도[遠藤] 박사와 대륙과학원 하얼빈[哈爾賓] 분원의 협력으로 하얼빈 교외에 있는 고적에서 포유동물 화석 골기류骨器類가 발견되었는데 그 중에는 특히 30만 년 전의 것이라고 추정되는 물소서(犀)의 치아를 얻어내었고, 또 만주국 민생부民生部 박물관에서는 수년 전부터 통화성通化省 집안현輯安縣 부근에 있는 고구려의 도읍지 근처에 산재한 고분에서 고구려시대의 예술품인 벽화를 발굴하였는데 그것은 약 1,600년 전의 고구려 최성기의 벽화로 옛 사람들의 놀랄 만한 예술적 안식眼識이 역력히 나타나고 있었다.

「(신간평) 김윤경 씨의 노작『조선문자 급 어학사』」

홍기문, 『조선일보』, 1938.1.27

신년 벽두 김윤경金允經 씨의『조선문자 급及 어학사』가 간행을 보게 된 것은 우리의 출판계와 아울러 어문학계를 위하여 한 쾌사快事가 아닐 수 없다. 위미萎靡한 우리의 출판계요, 그 중에서도 더구나 소조蕭條한 우리의 어문학계로서는 평범한 저서라도 양으로나마 많이 나오기를 바라려니 하물며 우리의 문자와 언어를 체계 있게 연구한 노작이랴. 근래 조선어에 대한 일반의 관심이 높아가는 동시, 학도의 수도 늘어남에 불구하고 그것을 사적史的으로 연구하는 분은 비교적 적었고 또 그 방면의 저서는 더구나 결핍되었었다. 김씨의 이 책 한 권이 우리 어문학도들에게 새로운 자극을 끼치는 그 점만으로도 그 공적을 어찌 가볍다고 할까 보냐.

그 책의 내용을 간단히 소개한다면 제1편에 있어서는 우랄·알타이어족의 분파와 고려 이전 제종족의 언어 관계를 기술하고, 제2편에 있어서는 정음正音 이전의 각 문자로부터 정음의 제작과 그 이후의 변천을 소개하여 최근의 어문 활동에까지 미치었다. 이 간략한 경개梗槪로서만 보더라도 그 내용이 얼마나 호한浩瀚한지를 알 수 있거니와 그만큼 호한한 내용을 정밀하고 상세하게 취급한 데 대하여 다시 한 번 저자의 수고를 고가高價로 평가치 안 할 수 없다.

물론 전문적 저서로서는 좀 평이한 느낌을 주나 현하 계몽의 급무로 보아서 결코 책망할 수 없고, 인증고거引證考據에도 다소 논의될 점이 있으나 본래 그 연구 대상되는바 일 개인으로써 곧 완벽을 기期키 어려운 것이다. 만일 백옥白玉에 일하一瑕가 있다면 제1편의 군혹을 붙임으로써 제목상 어학의 두 글자를 넣은 것이니 차라리 조선 문자사란 이름아래 제2편만을 실었다면 좋지 않았을까도 생각한다.

하여튼 어문학계에 종사하는 사람들은 물론이요, 조선어에 관심을 가진 사람으로써는 다함께 일독을 필요로 하는 저서다. 한편으로 김씨에게 감사한 뜻을 표하고 다른 한편으로 이 책이 보급되기를 바라서 마지않는다.

(조선기념도서출판관朝鮮記念圖書出版館의 제1회 추천 간행으로서 비매품이다. 그것을 얻고자 하는 분은 경성 화동정花洞町 129번지의 동 기념관으로 문의해 주기 바란다.)

113

「이희승 근저『역대 조선문학 정화』」

이극로, 『조선일보』, 1938.5.5

문화인으로서 모어母語의 문학에 상식을 가져야 될 것은 긴 말을 할 필요도 없다. 이제 우리는 일반으로 보아서 문학 상식이 부족한 것은 사실이다. 이것은 여러 가지 원인이 있겠지마는 그 중에 큰 원인의 하나는 그 상식을 얻을만한 적당한 책이 없는 것이다. 제 아무리 총명한 사람이라도 바른 지도를 받지 못하면 흔히 그른 길로 들기가 쉽고, 또 마침내 바른 길을 찾아 갈지라도 얼마나 헛된 노력과 긴 세월을 허비한 뒤에 비로소 제 목적한 바에 달하게 될 것이다. 그러므로 우리는 모든 일에 지도자를 요구하게 된다. 그런 때 이제 조선문학 연구의 지도자는 곧『역대 조선문학 정화精華』가 될 것이다.

우리는 모든 사물의 평가를 할 때에는 먼저 질과 양과의 관계를 살핀다. 이제 실례를 들면 문짝같이 크고 구들장 같이 두터운 길바닥에 까는 유리 한 장의 값은 단 몇 원으로 논하지마는, 이와 반대로 콩짜개만한 현미경의 렌즈 유리 한 조각에는 그 값을 몇 천원으로 논하는 것이 있다. 이와 다름이 없이 저서의 내용에 들어서도 평가를 하면 그러하다. 요사이 무책임한 서적상의 상품으로 지어낸 책과 학자적 양심 또는 교육자적 책임감으로 지어낸 책, 그것과 견주어 본다면 내용 가치에 있어 비교의 문제부터 아니 될 것이다.

이제 독후감을 논하게 된『역대 조선문학 정화』는 그 이름과 같이 조선문학의 여러 백 년 동안에 세련되어온 가장 우아한 재료를 채용한 정수이다. 많은 물건 가운데 몇 개를 가려낸다는 것은 여간한 감별력이 아니면 아니 되는 일이다. 글을 가려 뽑는 데 있어서는 더욱 그러하다. 타고난 소질 많은 독서의 경험이 아니면 불가능한 일이다. 이제 말하는 이『문학 정화』는 주로 전문학교의 조선문학 교과서로서 편찬하면서도 일반 독서가의 편의도 충분히 고려하였다. 과거의 조선문학 작품 중에 소설, 시조, 가요, 수필, 번역물 등 가장 문학적 가치가 있는 수粹를 망라한 것만큼 원만한 종합적인 것이 특색이다. 그 다음에는 난마와 같이 어지럽게 된 철자를 쇼와[昭和] 8년 10월에 반포된 조선어학회의 제정인 '한글 맞춤법 통일안'의 철법撤法을 쫓아서 정리한 것이 책으로서 가치가 있는 것이다.

교재 배치에는 시대적으로 역소逆溯하여 근세 작품으로부터 점차 중고, 상고에 급及하여 독자의 고전 독해력의 점진 계도주의를 취한 것이나, 또 교재 중에 난해의 어구를 필요하다고 인認하는 경우에는 주석을 각 장 말에 시施한 것은 확실히 저자 이희승李熙昇 선생의 다년 실대實隊 교육자의 경험을 엿볼 수 있다. 채용한 재료의 원전을 어느 한 가지에만 전의專依하지 아니하고 될 수 있는 대로 수삼 내지 십수 종을 상호 대교對較하여 와오訛誤를 시정하여 그 완벽을 기한 것은 저자의 과학자의 태도와 학자적 양심으로 노력한 것이 그대로 나타나 보인다. 끝으로 한 말씀 할 것이 이 책의 깨끗한 인쇄와 아름다운 제본은 독자의 정신을 상쾌하게 하여 독자의 능률을 돕는 것도 책으로서는 중요한 한 가지 특색이다.

정가 1원 20전, 경성부 광화문통 광화문빌딩 인문사人文社 출판 진체 경성 28633번

114

「이희승 편 『조선문학정화』」

조윤제, 『동아일보』, 1938.5.6

나는 지난 토요일 밤 늦게야 먼지를 털고 서실書室을 들어설 때 주인 없는 책상 위에 놓인 한 책을 보고 놀랐다. 더욱이 그것이 수년래 기대되고 있던 아우 이희승 군의 역편力編인 『역대 조선문학 정화』인 것을 알았을 때는 자못 감격하였을 뿐이었었다.

군은 이 책을 편찬하기 위하여 실로 수삼 년 혹은 그 이상의 세월을 보냈음을 나는 안다. 그나마 군은 그동안 만연히 시간을 보내어 오늘이 있기를 기다리고 있었던 것이 아니다. 널리 문헌 텍스트의 수집과 다시 그 비교, 그리고 그 중에서 냉정한 문학적 비판 하에 그 수粹를 발췌 수록하고 또 하여 왔었던 것이다. 더욱이 이 수록, 발췌에 대하여는 편자의 조밀한 성격과 학자적 양심의 가히 도도한 바가 있었으니 수차의 취사 교수를 아직 아끼지 않고 그래도 미심未審다우면 마침 편자의 교편생활을 이용하여 이것을 실제 교단에 연습하여 학도의 그 감격을 보는 등 실로 알뜰한 정성이 그 가운데 있었던 것이다.

그리하여 군은 이것을 상하 2권에 분찬分纂하여 위선 그 상권을 일전日前에 인문사에 의탁하여 공간하였다. 근래 희문稀聞의 출판계의 쾌보요, 조선학계의 경사로서 나는 이것을 맞이하고자 하거니와 이 기회에 간단히 본서의 내용을 소개하여 감히 강호 독서가 제현에 일독을 천하려고 한다.

본서는 그 범례에 주로 전문학교 조선문학 교과서로서 편찬하되 일반 독서가의 편의도 충분히 고려하였다 하고 또 그 교재 배치는 대체로 시대적으로 역소逆溯하여 근세 작품으로부터 점차 중고, 상고에 급하여 제자의 고전 독해력의 점진 계도주의를 취하였다 이른바와 같이, 소설, 시가, 수필 중에서 발췌, 수록하여 이를 비교적 쉬운 데서 어려운 대로 순상順上하여 교과서 본의로 편찬하였으므로 적어도 조선문학에 입문하려 하는 이에게는 둘도 없는 호好참고서가 될 것을 의심하지 않거니와 그 내용을 일별하면 시조 150수, 가사 및 속요 16수, 동요 및 민요 8수, 소설 10편, 수필 3편을 수찬收纂하였는데, 시조는 이를 산촌수곽山村水廓, 충성초색蟲聲草色, 설니홍조雪泥鴻爪, 행운유수行雲流水, 한운야학閑雲野鶴, 애모상련愛慕想戀, 천석고황泉石膏肓, 고정신미古情新味, 단심여석丹心如石, 토운생풍吐雲生風, 사군자四君子, 설월화雪月花 등 12항목에 분류하여 적으나마 시조 전폭을 일람하는 감이 있고, 소설은 춘향전, 심청전, 토끼전, 장화홍련전, 장끼전, 흥부전, 박씨전, 홍길동전, 사씨남정기, 구운몽 등에서 각 1절씩을 발췌하였으나 그 1절을 통하여 그 소설 전체를 전망하는 감이 있다.

문학적 가치를 발휘하고도 이만한 효과를 거둘 수 있는 것은 용이히 기대할 일이 아니건마는 본서는 이 점에 십분 성공하였다 할 수 있어 편자의 고심을 엿볼 수 있다. 또 편자는 속요, 민요에까지도 그 수록의 손을 떼지 않았음은 가히 편자의 문학에 대한 애호의 열정과 장래 조선문학 연구의 수립에 암시함이 있는 것 같다. 이상 간단히 본서를 소개하였으나 요컨대 본서는 논자가 다년을 두고 쌓은 적공積功의 결정이요, 근세 조선문학의 한 축도가 될 것으로 생각하고 동일한 방면에 선 나로서는 편자의 고로苦勞에 대하여 충심으로 그를 사謝하고 싶으며 또 이것을 일반 독서계에 천薦하여 감히 부끄러워함이 없음을 기뻐한다.

  사육판, 270여 엽頁 미장본美裝本, 경성 광화문통 210번지 인문사 발행, 정
가 1원 20전

「(신간평) 문세영 씨 역저 『조선어사전』 평」

방종현, 『조선일보』, 1938.7.22

말은 생명을 가지고 있다. 때에 따라서 새로 나기도 하고 더욱 성하기도 하고 간혹 죽기도 하는 일이 있다. 생명을 가진 자는 본능적으로 혹은 의식적으로 생에 대한 욕망을 가지고 있다. 말이 만일 생명이 있다고 하면 사전은 이 모든 생명이 총집된 한 덩어리이다. 이제 문세영文世榮 씨의 열성과 끈기 있는 노력의 결정으로 일찍 한 번도 못 가져본 우리말의 사전을 가져보게 되는 기쁨을 우리가 나누게 되었다.

본보의 사설에서 이미 말한바 있음을 보았거니와 우리말에 있어서 금일까지에 사전의 변천을 대략 살펴보면 아래와 같다. 서기 1880년에 프랑스[佛蘭西] 선교사들의 손에 된 『한불자전』이 요코하마[橫濱]에서 출판되었으니 이것이 연대로 보아 최초의 것이오, 내용에 있어서도 퍽 정비되어 이후에 나온 모든 사전이 이것을 참고하지 않은 것이 없다. 『한영자전』은 서기 1890년에 언더우드 씨의 저작으로 영미인英米人이 조선어를 학습하는 편의를 도모코자 만든 것과 합하여 3종의 사전이 있다.

『나한소자전羅韓小字典』은 서기 1891년에 홍콩[香港]에서 출판되었으니 조선인이 라틴어[羅甸語]를 배우는 데 필사하게 되었고 단어 하에 숙어를 열기[列記]해

놓은 것이 재미있다. 다이쇼[大正] 8년에는 후나오카 겐지[船岡獻治] 씨의 저로 『선역鮮譯국어대사전國語大辭典』이 생기고 다이쇼 9년에는 조선총독부에서 편찬한 『조선어사전』이 있으니 재래의 것 중에서는 제일 나은 것이었다. 이상에서 말한바와 같이 13~14종의 사전이 점차 어휘 수를 증가하면서 진보되어 왔다고 보겠다.

그러나 이번 문세영 씨의 서언을 빌려보면 우리는 수많은 말을 가지고 있고 배우기와 쓰기 쉽고 아름다운 글이 있으면서도 이에 가장 요긴한 사전이 없었던 것이 사실이다. 이에 느낌이 간절한 저자는 안타깝고 애타는 마음을 하소연할 곳이 없으므로 10년이란 긴 세월에 가재를 전부 비용 삼아 금일에 이 『조선어사전』을 내었다고 한다. 이것이 조선인으로서 『조선어사전』을 지은 제일 처음이다. 내용에 있어서 우리말 외에 한자어, 외국어도 포함하고 학술어, 고어, 방언까지 기입된 어휘 수가 실로 10만 어휘요, 1,700엽頁의 분량을 가진 사전이다.

사전의 편찬이 곤란함은 이 일에 직접 경험하지 않은 이로서는 도저히 알기 어려운 것이니 이것이 말의 번역이 아니고 주해註解인 점에서 더욱 심하다. 10년이란 오랜 세월을 오로지 이 편찬에 전력하고 가재를 전부 이 비용에 기울이었다고 하니 이것이 이 저자의 열성의 소치所致가 아니고 무엇이리요. 그리고 이 수집을 필畢한 후에 3년간이나 출판비를 위하여 두루 분주하였으나 종시 여의치 못하여 한 많은 시일을 보내다가 이제 청년학자 노성석盧聖錫 군을 만나서야 비로소 그 뜻을 이루게 되었다고 하니 이것이 노군이 도서 출판에 대한 이해의 깊음이 아니고 무엇이리요.

이와 같은 내용을 가지고 열성 있는 저자가 이해 깊은 노군을 만나서 오늘에 이 아름다운 책이 우리의 눈앞에 나타나게 되니 오직 기쁨과 감사가 있을 뿐이다.

문세영 저『조선어사전』정가 7원, 송료送料 47전, 발행소 경성부 종로2정
목 86, 박문서관博文書館 진체 경성 2023번

「(신간평) 『진단학보』 평, 그 9호 간행을 보고」

노성석, 『조선일보』, 1938.8.14

이번에 출간된 『진단학보』에 게재된 논문은 「삼별초와 그의 난亂에 취就하야(1)」 김상기, 「이조 초기의 건도建都 문제」 이병도, 「조선 향약의 성립」 유홍렬(劉洪烈), 「조계선종曹溪禪宗에 취하야」 김영수(金映遂)의 4편으로 그 모두 주옥에 견줄 역작 아님이 없고 그 논술하는바 또한 정론 탁견 아님이 없다. 이제 간단히 각 논문의 경개만을 따서 소개하고자 한다.

(1) 「삼별초와 그의 난에 취하야」 김상기

본 논문은 고려 중기에 최우崔瑀의 손에 의하여 창설된 특수 병단兵團인 삼별초의 성립 과정과 그의 직능과 또한 그들이 일으킨 반란의 전말에 관한 논술일 것이나 금회에는 다만 삼별초의 성립과정과 직능만이 논술되어 있다. 그러므로 씨의 논문의 전모는 차회를 기다리지 않고는 엿볼 수 없으므로 자세한 것은 알 수 없으나 금회의 논거된 것만으로 본다면 그 서술하는 바가 대체로 온당하나 같은 문제를 취급한 이케우치 히로시[池內宏] 박사의 「고려의 삼별초에 대하여, 부. 삼별초의 난에 대하여高麗の三別抄について, 附. 三別抄の亂について」 『사학잡지』 제37편 9호 소재라는 논문과 내용적으론 그리 큰 차이는 없어 보인다. 연然이

나 씨의 논문의 서언에 의하면 씨의 논고의 핵심은 삼별초 그 자체의 구명보다도 그의 난의 전말을 밝히는 데 있는 듯하니, 차호의 논술이야말로 크게 기대되어 마지않는다.

(2) 「이조 초기의 건도 문제」 이병도

이조 초기에 있어서 건도 문제를 중심으로 여러 가지 복잡다단한 문제가 첩출疊出한 것은 이미 주지의 사실이니 본 논문은 이병도 씨가 일찍이 이 문제에 관하여 『조선학보』방문(邦文) 제1, 2호에 연재하다가 동 학보의 폐간으로 말미암아 부득이 중단한 것을 다시 수정하여 발표한 것으로 이조 초기의 건도 문제의 전말을 밝혀냄이 있다. 즉 이병도 씨는 이를 논술함에 있어 태조조의 건도 문제와 정종 및 태종조의 천도 문제의 두 부분으로 나누고, 이를 또한 여러 갈래로 쪼개서 서술하였으나 즉 태조조의 건도 문제의 장에 있어서는 태조 초의 이도移都 경영으로부터 계룡산鷄龍山 신도新都 문제와 모악母岳 천도설을 거쳐 한양 전도奠都에 이르기까지의 관계를 논하고 정종 및 태종조의 천도 문제의 장에 있어서는 정종조의 개경 이도로부터 태종조에 다시 한양에 정도하기까지의 전말을 샅샅이 캐어 서술하였다. 씨의 세細에 들어가고 미微에 이른 논술의 태도와 씨의 독단장獨斷場이라고도 볼 수 있는 풍수지리적 고찰은 진실로 학도 필독의 호 논문임을 의심치 않는다.

(3) 「조선향약의 성립」 유홍렬

향약이 조선의 옛 사회에 가진바 지위에 대하여는 필자의 누누한 설명을 기다리지 않더라도 이미 숙지의 사실이거니와, 이번에 유홍렬 씨의 손에 연구 발표된 본 논문은 실로 국판 60페이지에 가까운 방대한 역작으로 실로 본 논문은 동同 제題의 내용으로 보든지 그 수량으로 보든 본 학보 소재 논문 중의 가장 주목할 만한 것이라고 생각한다. 씨는 조선향약퇴계, 율곡의 손에 빚어 나온 조선 민정(民情)에 맞는 향약의 뜻인 듯의 성립을 논함에 있어 향약 성립의 중대한 소인素因의 하나인 유향소의 유래로부터 여씨향약呂氏鄕約이 실시되기까지의 경로와 그 후 소위 조선향약이 성립되기까지의 변천을 서술하였다. 씨의 논문을 배독拜讀하건대 자못 귀를 기울일 곳이 불소不少하다.

(4) 「조계선종에 취하야-오교五敎 양종兩宗의 일파一派, 조선불교의 근원-」 김영수

오교 양종에 대하여는 일찍이 김영수 씨가 본 학보 제8권에서 발표한 것이 있거니와, 본 논문은 전호에서 논급치 않은 오교 양종의 일파인 조계선종에 취하여 김씨가 그의 해박한 온축을 기울여 쓴 것이나 한 가지 유감스러운 점은 서술에 당當하여 출전出典을 명시치 않은 것일 것이다.

끝으로 동 학보의 건전한 발전과 이에 대한 사회 제위의 물심양면의 원조 있기를 빌며 각필하기로 하자. 망언다사

국판 178엽, 정가 70전, 송료 6전, 발행소 경성부 성북정 232 진단학회 진체 경성 23190번

117

「(신간평) 우리 문장 궤범인『조선문학독본』」

이헌구,『조선일보』, 1938.10.23

집필자의 한 사람으로서 이 독본의 신간평을 쓰기에는 자화자찬의 감이 없지 아니하다. 그러나 나는 할 수 있는 한의 독자의 입장을 가지고 간단한 소감을 쓰기로 하겠다.

어느 민족, 어느 사회를 물론하고 어려서부터 참다운 심령心靈의 교재로서 제여提與되고 고귀한 문학적 성서聖書가 있는 것이다. 이것이 더 나아가 교육기관에 있어서는 반드시 언어와 문장에 대한 감상과 능력을 키워주는 이른바 독본으로서의 불후의 명저를 가리켜 준다. 설사 그것이 불후의 명저까지는 아니라도 당대를 대표하는 명작의 일절一節을 교수하는 것이다.

그러나 불행히 우리에게는 이러한 혜택 받은 교육이 없어왔다. 아마도 이 세대의 어느 누구에게서나 애송되고 칭송되어 이것쯤은 누구나 외울 수 있는 또 외우고 있는 조선문학의 대표적 문장이 있느냐? 하면 필자 내 자신도 송구스러워 대답할 말이 없을 것이다. 이런 점으로 보아 이번 춘원春園 이하 47씨의 가장 대표적인 문장을 엮은『조선문학독본』은 문학 이전의, 그러나 조선 문장 개척의 역군으로서 높이 평가되어야 할 것이다. 말하자면 현재 교육을 받는 학도에게 있어 조선문학—문장—의 전모를 엿보게 할 수 있는 유일한 매개체이기 때문이다.

우선 이 한 권을 들고 펼쳐 보면, "조선 사람처럼 술을 애호하는 이가 있으랴? 소나무집에 소 나무 때고 소나무 관에 담겨 술밭 속에 묻히는 이는 조선 밖에 없을 것이다. 소나무의 탈속脫俗하고 귀고貴高하고 한아閑雅한 기상을 사랑함이다." 이 일절에서 우리는 조선을 표현한 춘원의 인생관의 일편을 넉넉히 엿볼 수 있거니와, "생활의 일이라면 촌음을 아끼고 가령 뜰을 정리하는 것도 소비적이니 비생산적이니 하고 멸시하던 것이 도리어 생산적 사사些事에 창조적, 생산적인 뜻을 발견하게 되는 것은 대체 무슨 까닭일까? …" 효석孝石의 이 일문에서 우리는 오늘의 우리 현실적 진실면의 일단을 붙잡을 수도 있다.

그러다가 다시 "온 천하가 얼어붙어서 찬돌과 같이도 딱딱한 겨울날의 한가운데 대체 어디서부터 이 한없이 부드럽고 깨끗한 영혼은 아무 소리도 없이 하늘하늘 춤추며 내려오는 것인지 … 가령 우리가 아침에 자고 일어나서 추움으로써 열고 싶지 않은 창을 가만히 밀고 밖을 한 번 내다보면 이것이 무어랴 …" 이러한 김진섭金晉燮 씨의 「백설부白雪賦」를 읽으면 홀연히 조선 문장의 상쾌하고도 황홀恍惚에 찬 매혹을 느끼지 않을 수 없다.

단 한마디 조선 문장의 체계와 향기를 맛보려는 이는 모름지기 이 한 권을 안두案頭에 간직할 일일까 한다.

정가 1원 20전, 송료 22전, 발행소 경성부 태평통 1의 61 조선일보사 출판부, 진체 경성 5878번

118

「(북리뷰) 훌륭한 고전 『조선명보전도록』」

이태준, 『동아일보』, 1938.12.13

조선미술관朝鮮美術館 주‡로부터 『조선명보전람회도록朝鮮名寶展覽會圖錄』을 받았다. 전람회장에서 하루 종일 바라보던 서화들이다. 내 시력것은 잊어버리지 않으려 좋은 작품 앞에서는 10분, 20분씩 머물렀었으나 마치 그리운 사람의 얼굴일수록 생각해보려면 이지러져 버리듯이 도무지 인상이 붙잡히지 않았었다. 한 번 만이라면 다시 볼 수 있었으면 하고 안타까이 여기던 차에 그 명서 명화들이 선명한 실영實影 그대로를 안전에 번득여 볼 수 있음이야 말로 작약雀躍하지 않을 수 없다.

이 『명보도록』에 오른 것이 거개 명보일 리도 없고 조선의 명보적 작품들이 이뿐일 리도 없는 것이다. 완전한 의미에서 조선의 명보적인 서화를 일당一堂에 진열하는 것이다. 일서一書에 수록하는 것은 워낙 개인의 힘으로는 계획부터 할 수 없는 종류의 일일 것이다. 다만 조선미술관 주 오봉빈吳鳳彬 씨의 힘이 아니고는 이만치도 진열이나 수록을 할 수 없는 일임에 그 전람회에 대한 감사와 이 도록을 예찬하는 의의가 있는 것이다.

총독부 편찬의 『조선고적도보』 중에 회화편이 비교적 대집성으로 있기는 하나 비매품일 뿐 아니라, 그 한 편만을 입수하려도 최소한도로 40~50원은 던져야 할 것이다. 일반으로 서화를 즐길 길이 너무도 없는 조선이다. 단원檀園 그림이니 추사秋史 글씨니 너무도 말만 듣고 사는 우리다. 문화의 고전이란 문학에만 국한될 바 아니다. 문학에보다는 차라리 서화에 더 찬연한 고전이 솟아있음을 깨달아야 할 필요까지도 있는가 한다.

이『명보도록』은 적은 국판 책자이나 고려 불화는 그만두고라도 안평대군으로부터 성삼문, 퇴계, 율곡의 서書와 연담蓮潭, 공恭 · 겸謙 · 현玄 삼재三齋, 호생관毫生館, 표암豹庵, 고송유수관도인古松流水館道人, 단원, 오원吾園, 심전心田, 관재貫齋에 이르기까지 대소 화품畵品과 눌입訥入, 추사, 자하紫霞, 이재彝齋, 석파石坡, 고균古筠의 당당한 서폭들이 망라되어 있다. 책이 적은 것은 구매자에게 부담이 적을 뿐 아니라 무엇보다 가벼워서 앉아서나 누워서나 한 손에 들고 편히 번질 수 있게 되어 좋다. 이런 책이 널리 퍼지어 우리의 예술 고전에서 얻고 자신하는바 크기를 바란다.

「독『조선무속연구』, 무속 수집의 효시본」

방종현, 『조선일보』, 1939.2.2

『朝鮮巫俗の硏究조선무속의 연구-엮은이』라고 명칭된 책이 상하 2권에 분하여 출판되었다. 상권은 579엽으로 되어 여러 신가神歌며 축원문 등의 무사巫詞를 자료 그대로 수집하여 이에 해석을 달았고, 하권은 본문이 114엽과 참고 도록이 106매 첨부되어 그 분량에 있어서도 실로 거대한 2권 책이다.

필자 자신이 이 무속 방면에 전문가가 아닌 만큼 이 대저작에 관한 내용을 일일이 구명하여 그 가치를 논단코자 하여서 이 붓을 들게 되는 것이 아님은 중언重言을 요要치 않는 바이다. 그러나 이 방면에 대한 취미만은 벌써부터 가지고 왔었으며 지금도 퍽 흥미를 두고 있는 것이 사실이다. 특히 이번 이 책에 관하여는 필자가 대학원 재학시대에 그 상권이 시작되었던 만큼, 내용 교정은 물론이고 흥미가 있었으므로 그 인쇄 교정 삼아 수차 독파할 기회가 있었던 터이다. 이와 같은 경로로 인하여 자신이 가진 흥미와 또 이 책을 읽을 기회를 얻었던 관계로 그 내용에 있어서도 거의 이해할 수 있게 된 정도이므로 여기에 그 독후감 삼아 수언數言을 기록해보고자 하는 바이다.

이 책의 저자는 그 표지에도 명기되어 있거니와 경성제국대학 교수 문학박사 아카마쓰 치조[赤松智城] 씨와 동학同學 교수 문학사 아키바 다카시[秋葉隆] 씨의 공저로서 상하 2권에 책가 18원으로 되어있다. 이 무속 방면 연구의 필요는 양 교수가 이미 그 저의 서문에도 논급한 바거니와 민간의 신앙과 그 사회상을 이해하려면 실로 이것이 큰 자료임은 재론의 필요조차 없다. 유구한 이 사실의 역사를 가지고 환경이 특수한 사정 아래서 오늘날까지 전래해오는 만큼 그 문화적 발달 관계를 논구코자 함에는 실로 불가결의 자료이다. 여기서 이 방면 연구가 필요함을 재삼 고론皷論하여 마지않는 바이다. 다른 모든 방면 민요도 그렇고 이언俚言도 그렇고 방언方言에 있어서도 다 그러하거니와 특히 이 무속에 있어서는 그 자료 채집이 가장 곤란한 것 같다. 필자가 본보本報 향토문화조사 위원으로 되어 각 지방으로 자료 수집을 하여본 경험에 비추어보면 이것이 가장 곤란하다.

첫째로는 근년에 이것이 미신의 일종인 만큼 각 경찰 방면에서 적극적으로 타파하고 있는 중이다. 그러므로 생소한 지방에서 언어도 상수相殊한데 내용 모르는 초면 방문객을 대하여 의심 없이 자료를 제공해줄 리는 만무하다 그보다도 무격巫覡의 얼굴조차 보기가 힘드나니 열이면 열 번 실패에 귀歸하고 마는 것이다. 둘째로 곤란한 것은 무격이라는 현저한 계급의 차이로 인하여 지방에 간다 할지라도 이 방면에 정통한 사람을 얻기가 어렵고, 또 정통은 못한다 할지라도 이 방면을 소개할만한 매개인媒介人을 얻기가 퍽 곤란하여 실패하게 되나니 곧 양반 보고 소개하래서 될 리 없고 유자儒者 보고 안내하래서 될 리도 없다. 도무지 이들 만나기라고는 참으로 어렵다. 셋째로 이 글은 교정난校正難이요, 넷째로 이 글은 해석난解釋難이다. 이 방면의 참고서가 없는 만큼 그 뜻 모를 자를 가고可考할 곳이 없다. 여기서 양 교수의 고심이 여간한 것이 아님을 나는 나의 경험에 비추어서 역력히 추측할 수 있다.

끝으로 제석노래가락제석신가(帝釋神歌)이나 일절一節 부치어 종결코자 한다.

뎨석삼불오시는길에

츙암절벽에 올베갈고

상이삭 끗을 골라

증편삼자를 괴엿드니

뎨석님감하신후에칠성마지

금강산조타는말듯고

팔만대중생구경가오

방방은구비마다

념불소리가순재로다

동자야시왕이어대이냐

산양수비개인후에

문수산성이새로낫소

산마다물이로다

골골단풍이옥수로다

동자야물줄을잡어라

허씨양위명줄복줄

「(북리뷰) 최초의 문화조감도 『조선문예연감』」

이종수, 『동아일보』, 1939.4.12

나는 신문 잡지에 나는 작품을 읽는 것보다는 고전을 읽는 것이 더 유익하다는 생각으로 근년에는 잘 아는 친고親故의 쓴 것 몇 편을 제하면 문예작품이라고는 거의 읽지를 못하였다. 그렇기 때문에 작금년昨今年의 문학의 경향과 작가의 활동 상태에 관해서는 전무식이 되고 다만 과거를 미루어서 추측하는 데 불과하게끔 되었다. 그러나 무식이라든가 막연한 추측으로 아는 척하는 것은 재미없는 일이라 근일에는 이러한 것, 즉 조선 문인들은 무엇을 생각하고 있는가? 그리고 각기 생각하고 느끼는 것을 작품화하기 위하여 어떠한 정진을 계속하고 있는가? 그들의 문화 활동은 우리의 문화와 생활과 여하한 관련을 가지고 있는가? 또는 누구누구가 지금 조선문단에서 어떻게 활동하고 있는가? 이러한 것을 그 아웃라인이라도 알고 싶은 마음이 부쩍 일어나고, 될 수 있으면 대표 작품을 읽어보았으면 하는 생각이 불무하였다. 그런데 이번 인문사에서 출판한 쇼와[昭和] 14년판 『조선작품연감』과 그 별책부록인 『조선문예연감』은 이러한 요구를 완전히 만족시켜주고 이런 것을 알기 위하여 쓸 시간과 정력을 경제經濟하여 주었다.

『문예연감』은 158엽이나 되는 단행본인데 5부로 나뉘어있다. 제1부는 창작계, 평론계, 조선어학계, 음악계, 영화계, 레코드계 등 12부문의 개관인데 이것은 각계의 전문가라고 볼 수 있는 사람이 집필했고, 제2부는 쇼와 13년도에 주요한 신문 잡지에 게재된 창작, 번역, 평론, 학술 및 시사 논문, 수필 등의 목록과 출판 도서목록인데 이 휘보가 학자의 호 연구 자료가 될 것이다. 제3부는 차此 언론기관, 서원書院, 출판사, 연극단체 등 여덟 문화기관의 편람이고 제4부는 문필가 주소록, 제5부가 출판 관계 법규 및 서식을 모아 놓은 것이다.

『조선작품연감』은 김남천金南天, 이원조李源朝, 임화林和, 백철白鐵, 안회남安懷南, 최재서崔載瑞 씨 등 6씨의 공동편집으로 쇼와 13년에 신문 잡지와 단행본에 발표된 여러 가지 경향의 대표적 작품-시 15편, 시조 3편, 창작 11편, 평론 10편, 수필 및 기행문 20편, 합하여 59편을 작품 본위로 하여 선택한 것인데 여기에 동원된 작가가 약 50명, 총 엽수가 420여 엽이다. 두 책이 다 편집도 잘되었고 표장表裝도 좋다. 이와 같은 문예연감은 문예에 관심을 가진 사람이면 누구나 원하는 바라 잡지사에서들은 이미 부분적으로는 시험해본지 오래나, 이와 같이 종합적으로 완전한 형태로 나오기는 이 『조선문예연감』이 처음이라고 생각한다. 더구나 작품연감은 다른 데는 많았지만은 조선서는 처음 보는 연감이다. 우리는 지금까지 연말연시에 신문 잡지에 게재되는 창작계 혹은 평론계의 개관은 볼 수 있었으나, 거기의 인용된 작품을 일일이 구체적으로 상고相考해보는 것은 대단히 곤란하였다는 것보다 거의 불가능하였다. 그러나 지금은 이 작품연감 한 책으로 이러한 요구는 대부분 만족할 수 있게 되었다.

그런데 연감과 같은 서적의 양부良否는 편집자의 식견과 교양에 달렸다고 할 수 있는데, 이 연감은 그 공동편집자가 전기前記 6씨인 것으로 보아, 그리고 그 내용이 충실한 점으로 보아, 나는 안심하고 이 책을 친한 친구에게 권할 수 있다. 누구나 한 권 가져둘만한 근래의 쾌저작물이다.

경성 광화문통 광화문빌딩 내 인문사 발행, 정가 1원 50전

「(북리뷰) 진귀한 수확 『조선민요선』을 읽고」

여상현, 『동아일보』, 1939.5.24

민요란 민중의 생활감정을 그대로 이야기해놓은 것, 이 이야기는 누구 한 사람의 입을 빌려 한 것이 아니고 그네들 자신들의 입과 입을 통해서 나온 한 마디 한 구절의 감정어가 한 개의 이야기가 되고 이야기가 다시 외워지고 펼쳐지는 곳에서 또 다시 노래로 화化한 것이다. 그러고 보니 둘째로 그 국민성을 알 수 있는 것 내지는 지방적 전통을 한걸음 더 나가서는 당시의 풍속, 세태, 인정, 지어至於 언어를 알 수 있으므로 해서, 셋째로 어느 방법보다도 더 정확한 그 시대성을 인식할 수 있는 것이오, 넷째로 이것이 민중의 공동작에다가 자연발생적인 운율이 부가되어 가장 순수한 음악성을 엿들을 수 있다는 것 등이다. 그러므로 이와 같은 것이 모두 생활의 반영일진대 우리는 여기에서 문학적인 가치뿐만 아니라 언어학적, 음악적 내지는 무용적 가치까지 찾을 수 있고 온갖 역사적 사실을 또한 추지할 수 있는 것이다. 이와 같은 생각이 이미 준비되었던 나의 생각이 아니요, 이 책을 읽는 도중에 솟아오르는 생각이므로 호말毫末의 거짓도 없을 것이다.

우선 이 선집의 내용을 일별하면 서정가, 결혼, 가정에 관한 가요, 사친가思親歌, 자탄가自嘆歌, 서경요敍景謠, 풍류가, 노동가, 서사가요, 잡요 등 아홉 종류로 나누어져 있는데 총 150편의 방대한 양인 것이다. 이 분류에 대하여는 다소의 이의와 의문이 없는바 아니나 아무튼 그 친절한 태도에만은 감사하지 않을 수 없다. 서정 편에 수록된 것을 보면 모두가 이 땅 고유의 겸양주의적인 소박한 애정을 노래한 것이요, 그다음 결혼, 가정에 관한 가요 편에는 봉건적인 가족제도와 유교관념이 배태하여 놓은 온갖 폐해, 갈등, 그중에서도 특히 시집살이고苦가 그려져 있고, 사친가 편에는 어버이에 대한 효심의 윤리보다도 오히려 사死에 대한 의혹, 공포, 추구 또는 불가피적인 것에서 오는 극히 야생적인 인생문제의 소묘가 엿보인다.

그 다음 자탄가편에는 예의 대륙적인 유연한 호소적 비애의 기분이 농후하고, 풍류가 편에는 어구의 묘미와 아울러 조선적 체질 속에서는 드물게 보는 풍자적 요소가 많이 있어 여러 문화 방면에 대한 일종의 침술鍼術로서 좋은 것이었고, 노동가 편에는 옛날부터 농업을 주로 한 조선인만큼 원시농업, 가내공업을 주제로 하는 직접 생활의 노래로서 그러나 덮어놓고 노동가라고만 할 수 없는 여러 가지의 감회적 사실이 내재하여 있다. 이밖에 서경요, 서사가요, 잡요 등에는 금수초목 혹은 전래의 기담奇談 잡설을 가지고 조선적 정서를 표현하여 놓아 재미있는 것이 많다.

이상과 같은 내용에다가 또 다시 부록으로 제주도 민요 300수와 이재욱李在郁 씨의 「조선민요 서설」이라는 논문이 실려 있다. 전자는 우리들의 생활과는 좀 색채가 다른 도서민島嶼民들의 생활감정을 음미하기에 적호진귀適好珍貴한 수확품의 하나요, 후자는 민요 연구가 및 애호자들에게 좋은 참고 재료라고 할 수 있다. 그리고 구송口誦한 것을 가급적 그대로 옮긴 것이라든지, 재래에 간행되었던 몇 개의 이런 종류의 책자에는 들지 않은 새 자료만을 실은 것이라든지, 각 노래의 미말尾末마다 채집 지방 명名을 밝히어 준 친절이라든지, 이 모든 것이 모두 현명한 편집 태도라고 생각한다.

끝으로 이 책이 비록 소책자일망정 조선에 있어서는 아직 반^半처녀지인 민요의 수집, 연구, 및 그 보급에 많은 자극과 공헌을 끼쳐줄 것이오, 누구나 한 번 읽으면 많은 얻음이 있을 것을 믿는다.

「고문헌의 일 수난-김태준 씨의 근저 '여요주석'」(전5회)

양주동, 『조선일보』, 1939.5.28.~6.4

만근輓近 조선어문학계는 극히 부분적이나마 다소의 괄목할만한 학적學的 진전이 있어서 사계斯界 2~3자者의 약간 노작에 의하여 이미 상당한 '레벨'이 형성되어 있다. 그런데 학계의 이만한 수준과 안목을 전연 무시, 혹은 망각하고 만연히 학적 명목 밑에서 자못 소홀무계疏忽無稽한 술작述作을 솔이率爾히 공간하여 식자로 하여금 학계의 진실성을 의아케 하는 일이 있음은 매우 유감된 일이다. 최근에 나는 불행히 그러한 일례를 학우 김태준金台俊 씨의 근저에서 발견하였다.

씨는 나의 평소 추중推重, 존경하는 학우이다. 그런데 이번에 그가 주석하여 간행한 『고려가사高麗歌詞』는 실로 의외에도 씨에 대한 나의 평소의 기대와 신뢰를 저버림이 너무나 심하였다. 그것도 다소의 오류나 우연한 착오쯤이면 차종此種 고문학의 통속화를 도모한 해당該 저著의 간행을 희하喜賀하는 나머지 구태여 미하微瑕를 운위할 필요도 없겠으나 전편을 통람한 결과, 그 주석의 다부분이 엄청난 두찬杜撰과 황당으로 일관되었을 뿐 아니라 그 원문까지 수처에 망의개찬妄意改竄이 감행된 것을 보고 글자대로 일경一驚을 끽끽喫하였다. 고문학의 보급은 어디까지나 좋은 일이나 차종 두찬의 주석과 원문의 망개妄改는 도리어 착오된 고문학 지식을 일반에게 수여할 뿐 아니라 연쯔하여는 고문학 자체의 면모를 손상하고 그 평가를 저하케 할 우려가 다분히 있다. 더구나 그 주석자가 김씨와 같은 학자임에서 그 영향은 심대함이 있을 줄 안다. 솔직히 말한다면 씨의 해 저의 내용은 정正히 사학斯學의 일— 모독冒瀆이 아니랄 수 없다. 나는 실로 우금껏 사학에 있어서 이렇듯 무계난폭한 내용을 가진 술작이 학문적 저서로서 공간될 줄은 일찍이 상상치 못하였다. 우선 나는 저자가 무슨 생각으로 하등의 어학적 지식이 없이 차종 서의 주석을 기도하였는지 알 수 없다.

소위 '저작'이란 것이 단순한 Book maker의 일시적 유희나 기분의 산물이 아니오, 어디까지나 면밀한 고구와 충실한 공부 밑에서 글자대로 '노작'이 되어야 할 것은 저자가 숙지할 일이다. 영쇄零瑣한 필요 때문에 되는대로 주어진 제목 밑에서 책자를 작성함인가. 두렵건대 단연코 아닐 것이다. 그러면 자명自名으로 된 저작을 모쪼록 한 권이라도 다수히 공간하려는 학문적 Ambition에서 인가. 그렇다면 자가의 득의得意인 제목을 선택하여 도도滔滔 수만數萬 언言이라도 설왕설래할 것이지 하필 아무런 예비지식이 없이 도리어 전문적 지식을 필수로 하는 차종 고문학을 주석할 것이 아니다.

고려가사만 하여도 고어학적 지식이 없이 누에게나 만연히 석독釋讀되는 것은 아니다. 그 중의 대부분은 꽤 전문적 지식을 요하는 자요, 그중의 또 어떤 부분은 현재 사학의 최고 수준으로서도 완전한 해석을 기필期必치 못할 곳이 있다. 그런데 씨는 조선고어학—아니 조선어에 대한 극히 초보적인 소양을 가짐이 없이 솔이히 주석을 기도한 듯하다. 그리하여 얻을 것은 무엇인가. 일반에게는 오전誤傳된 고문학, 스스로에게는 실로 학계에 희한한 일 두찬서를 공간한 '영예'밖에 돌릴 것이 없을 것이다. 이것은 실로 '학'을 운위하는 우리들로서는 심히 난해의 일에 속한다. 학문 더구나 저작이란 다른 것과도 달라서 일시의 호도나 당석當席의 허구를 결코 허용치 않는다. 무릇 목전 일반의 무지를 상대로 하여 학문적 이름 밑에서 임시로 수수작성隨手作成된 황탄무거荒誕無據한 술작을 일견 학자의 노작연하게 제시함은 얼른 생각하면 재치인 듯하나 기其 실 무위한 노릇이오, 일언으로 진실한 학도의 취할 길은 아니다.

씨는 지금부터 4~5년 전에 『조선가요집성』이란 일서一書를 저한 적이 있다. 해 저 역시 그 소수所收 가요의 무표준無標準, 오탈誤脫의 태심太甚, 주석의 황탄이 심한바 있었으나 나는 기 실 무엇보다도 고가요를 일책一冊에 집성하여 그것을 일반에 보급케 하려는 씨의 열의를 찬성하기에 급급하여 여타를 논할 생각이 없었다. 그것은 아마 저작에 익지 않은 씨의 초기 업적이니만치 가혹한 비평을 가할 것이 아니오, 그보다는 다음에 학적으로 진솔한 노작이 있기를 성심으로 기대하리라 하였다. 나는 무엇보다도 씨가 근본적으로 한 학도요, 그의 술작이 결코 항간의 Book maker가 아니기를 은근히 믿고 바랐었다.

그런데 이번에 씨가 재차 공간한 이 일서는 전자에 비하여도 가일층 심한 것이 있다. 단순한 고가사의 집성이라면 이미 전저로써 충분하니 이번에 '교주'란 명목 밑에서 공표한 신저는 다소의 무슨 학적 의의가 있는 것이라야 할 것이다. 그러나 그 성과는―학적 의의는 고사하고, 학의 모독에까지 가까운 학계 희유稀有의 매우 불성실한 일 실례를 보여주었다. 나는 이에서 씨의 학풍, 학문과 저작에 대한 근본적 태도를 의평疑評하지 않을 수 없다. 그래서 나는 일종 사학에 관한 공분公憤 밑에서 본의 아닌 실로 쓰기에도 괴로운 차종의 일문一文을 초草한다.[1회]

무릇 고문학 주석의 전제는 먼저 소여所與의 '텍스트'를 주자註者 자신이 완전히 지해知解하는 것이다. 자기도 분명히 알지 못하는 것을 어떻게 주해하여 남에게 전할 것인가. 그러면 통틀어 『고려가사』의 교주자 김씨는 고려가요 10여 수의 가의歌意와 그 '말'을 아는가? 통편通篇은 말고 어느 임의의 일편, 한 편은 말고 어느 수일隨一의 일장一章을 이해하는가? 씨에게 만일 학적 양심이 있다면 단연코 일연一聯 수행數行도 모른다 함이 오히려 솔직하리라 생각한다 (만일 씨로서 나의 이 말이 너무 과혹過酷하다 생각한다면 시험하여 통편 중의 어느 임의 의 일장을 들어 학적으로 서로 엄정히 응수함으로써 나의 말을 실증하여도 가하다). 씨 의 주석을 보건대 씨는 전혀 조선어학의 완전한 일 '소인素人'이다. 지금부터 10여 년 전 우리는 영불어英佛語를 도무지 지해치 못하는 이의 도도한 영불문 학론을 읽은 적이 있다. 10년 후 오늘 우리는 다시 조선어학을 모르는 조선 문학자와 그의 조선 고문학 주역을 대하게 되었다. 이것은 참으로 기이한, 그 러나 웃지 못 할 일 사실이다.

통틀어 전편의 주석 다부분과 대의까지 수처에 오류요, 두찬이고 보니 논 란을 하려야 어디서부터 실지로 착수할는지, 나부터 망지소조罔知所措이다. 띠 엄띠엄 아연실색할 것만 약간 조條를 적어보자.

우선 개권벽두 '동동動動'가의 초연初聯을 씨는 이렇게 읽는다.

　　　덕이여 복이라호
　　　늘나ᅌᅵ라 오소이다

이게 대관설 무슨 말인가씨의 구저 『가요집성』에도 이와 꼭 같다. 주석에는 "덕이여 복 이여 나에게로 오소서"라 하였으니 학우여! "복福이라호"의 '호'가 무슨 감탄 사!이며 "늘나ᅌᅵ라"가 어찌 하여 '내게로 오소서'인가씨는 '늘'을 '나를'과 혼동한 모양 이다. '나'아(我)를 'ᄂ'와 혼동한다면, 조선어학의 ㄱ, ㄴ도 모르는 것이 아닐까. 이 2행은 『악학궤범』

원문에는 줄달아 써놓은 것을, 씨는 어디서 얻은 착상인지 "덕德이여 복福이라
호 늘나오라"로 별행을 만들었으니 천하에도 희한한 기독寄讀이다. 비견에 의
하면 이 1행은

> 덕德이여 복福이라호늘
> 나오라 오소이다

로 읽을 것이다. '호늘'은 곧 '혼올', '혼것을'의 의義요, 'ㄴ오라'의 원어는 'ㄴ
ᅀ,라', 곧 '진상하려'의 의이다. '호'는 'ᄒ'의 아어체雅語體, '혼'은 '호'에 지정
과거조사 'ㄴ'을 가한 형미래형 '홀', 이 '혼'이 고어법에 있어서

> 혼이 호니주격
> 혼은 호ᄂ지정격
> 혼을 호늘목적격

등으로 되는 상대어법의 해설은 여기 간단히 설명한대야 씨와 같은 어학적
소인으로서는 졸졸간卒卒間에 이해될 것이 아니다이 향가 이래의 고어법에 대한 근본적 고
찰은 『진단학보』 제10호 소수 졸고 중에 이미 그 체계적 논술이 있다. 요컨대 이 1행은 "덕이여 복
이라 하는 것을 진상하려 오소이다"의 의에 불외不外한다.

원문을 무위하게 별행으로 갈라놓고 무근거한 주석을 감행하는 씨는 원문
의 글자도 임의로 개정하고 수의隨宜로 처리한다. 이리 되면 문제는 주석의 정
부正否보다 한 걸음 더 나아가 원문 자체에 대한 모독이 되는 것이다. 유명한
'정읍사井邑詞'의 제2연은 원문이

(후강後腔) 전全져재 녀러신고요

이다. 그런데 씨는 또 이 1행을 웬 셈인지

(후강전後腔全) 져재 녀러신고요

라 하였다. 독자는 너무나 의외임에 혹은 활자의 오입誤入이라 할 것이다. 그
러나 씨의 '대의'에도 '전져재'의 '전'자는 의구依舊히 보이지 않으니 그것은
분명히 오식은 아니다. 그러면 대관절 '후강전'이 무엇인가. 악곡의 전강, 후
강은 누구나 아는 바요, 여요麗謠 중에도 '삼진작三眞勺', '처용가處容歌' 등에 그
용례가 산견散見되는 것이나 여기 '전강전'이란 희대의 기문자를 주출한 것은
저자의 공덕!이다. 그러나 '후강'은 의연히 '후강'뿐이오, '전'자는 의구히 원
문대로 '전져재'에 속한다. '전져재'는 당시 전주全州의 속칭.『여사麗史』악지
해제樂志解題에 "정읍井邑, 전주속현全州屬縣"을 주의하여 읽었으면 본가의 작자의
남편인 행상인이 전주에 갔었던 줄은 알 것이다. 씨는 '전져재'를 모르겠음에
마음대로 '전'자를 올려붙여『악학궤범』의 개찬을 도모하여 예의 '후강전'을
만든 것이다.

'동동' 3월조의
만춘滿春돌 욋고지여

를 씨는 또 "만춘돌 욋 고지여"로 갈라놓고 주에 왈 "만춘달의 꽃이여"라 한
다. 원문엔 '욋'자가 아니오, '욋'자다. 묻노니 고어엔 소유격에 '욋'자도 사용

한 적이 있는가? '만춘들 읏고지여'다. 너무 어이가 없어서 붓이 잠깐 멈춰진다.2회

또 원문을 개찬한 실례 —동가同歌 4월조의 원문은 분명히

4월아니니지 오실셔 곳고리새여

인데 씨는 또 '아니니지'를 '아니니저'로 망의개찬 하였으니 생각건대 씨는 원문의 고어법 '니지'를 알 길이 묘연하므로 알기 쉬운 현대어 '니저'로 원문을 고친 것이다! 이렇듯 수처 수시에 고문학 원문을 자기가 알 수 있는 쉬운 말로 임의개지任意改之하여 놓고 주석을 가함은 이 저자의 관용수단이나, 애꿎은 피해자는 고문학 자체이다. 물론 여기는 '니지'가 옳다. '니지'는 '닛+이', '닛'망(忘)의 부사형이다. '홀리', '업시', '니지'….

동가 11월조에는

슬흘ᄉ라온뎌 고우닐 스싀옴 녈셔

란 1행이 있다. 씨의 주에 의하면

슬할사 : 슬퍼

ᄉ라온뎌 : 나라온다

스싀옴 : 생각슷겨 보면서

'슬흘'이 어찌 하여 부사이며, 'ᄉ라온'이 어찌 하여 '나라온다'며, '스싀옴'

이 또 어찌 하여 '생각슷겨보'인가. 이런 조선어는 도무지 자自 삼한三韓이래 지至 우금 있은 적이 없다. 'ㅅ'는 현대어에 '기쁠 사, 가소로울 사'하는 추상명사이 말에 대한 근본적 고찰은 전게『진단학보』제10호 졸고 참조요. '라온'은 '보드라오' 등의 '라오', '슬홀', '스라온뎌;'는 '설흘일이로구나'의 의이다. '스싀옴'이 '스싀로재(自)란 부사 어근 '스싀'에 '곰'이란 첨미어의 음변형 '옴'을 가한 것임은 장제長提할 필요도 없겠다.

'서경별곡西京別曲' 제3연에 '배내여노혼다'의 '노혼다'를 씨는 '놀은다유야(游也)'로 주하였으니, 씨가 현대 조선어에조차 등한한 것이 요연하다. '놓'방(放)이란 동사와 '놀'유(游)이란 동사가 상이함은 소학생도 구별한다. 단어의 해석도 이 모양이니 하물며 전연全聯의 대의는 영원히 포착할 길이 없겠다. 해該 연聯 중의 '시럼난디', '녈비', '연즌다' 등 어語의 씨의 주석은 이번에는 또 모조리 '부지도不知道'로 일관한다. 차등此等 간이한 말도 모르면서 어떻게 주석을 시작하였는지 거듭 놀랄 만큼이다. '시럼난디'는 '시름이 생겼는지'요, '녈비'는 '갈배'거주(去舟)요, '연즌다'는 '얹은다'이다.

'처객가'는 씨에 의하면 "문장이 평이하기로 해석은 약略함"『가요집성』에 속하는 모양이나, 사실은 정반대이다. 그 제일 용이한 '처객가'만 완전히 주석하려도 아마 자자孜孜 10년의 전공이 필요하리라. 우선 그 제1행의

　　　천하태평天下太平 나후덕羅侯德

을 씨는 '신라왕의 덕'이라 한다! '나왕羅王'을 언제 '나후羅侯'라 하였으며, 또 신라왕이 본가本歌와 무슨 상관인가. 무책임한 두찬은 갈수록 심함이 있다. '나후羅侯'는 '나후羅睺'의 약체略體요, '나후羅睺'는 곧 '나후리羅睺羅'범(梵, Rahula)의 약

이니, 그는 바로 불佛의 적자로서 재태在胎 6년, 출가 후 아라한과阿羅漢果를 이룬, 10대 제자 중의 밀행密行 제일이 되는 이로써 특히 인욕忍辱에 장長한 이다. 말할 것도 없이 처객이 자기의 처와 역신疫神의 동침하는 것을 보고도 모른 체하고 노래 부르며 나온 것을 밀행, 인욕이라 찬讚하여 '나후羅睺'에 의擬한 건이다.

나후라밀행羅睺羅密行 유아능지지唯我能知之 법화(法華)・인기품(人記品)

성문법중聲聞法中 밀행제일密行第一, 註維摩經 3

성현밀행聖賢密行 내지외환內智外愚 (淨心誡觀)

여요 주석에 난 데 없는 불전佛典 지식이 필요함에 씨는 또 놀랄 것이다. 그렇다. 불전이 크게 필요하고 주역도 필요하다.

'이상곡履霜曲'을 씨는 전연 이해치 못하였는데, 그중에 '열명길'이니 무엇이니 하는 말은, 씨에겐 전연 미지의 벽어僻語이나, 불전의 지식이 약간만 있으면 용이히 지해될 것이다. '열명'이란 '십명十明'의 당시 속칭이오, '십명'은 '십분노명왕十忿怒明王'의 약칭, '열명길'은 십분노명왕과 같이 흉험한 상을 가진 곧 '무시무시한 길'을 의미한다. 말이 났으니 '이상곡' 해제에서 씨는 "『주역周易』의 이상견빙지履霜堅氷至란 말로 굳은 약속을 말함이다" 운운 하였으니, 씨의 두찬벽은 드디어 애꿎은 『주역』의 오주誤註에까지 미치려 한다. 과문한 나로서는 이 곤괘초육坤卦初六의 효사爻辭가 음陰의 점성漸盛, 내지 소장유상消長有常의 이理를 말한 것뿐이지, 무슨 굳은 약속의 뜻이라는 것은 씨의 전무후무한 진설珍說에서 금시초문이다.

불전, 『주역』, 통틀어 씨의 한문 지식은 진석珍釋이 많다. 전기前記 '나후덕羅睺德' 운운 바로 밑에 "이천인생상불어以是人生常不語"라는 원문으로 씨는 "이시인생상

불어以是人生相不語"로 예例에 의하여 망개하여 놓고는 그 주에 왈 "사람이 이로부터 별剕한 말이 없게 되니"! 하도 기가 막혀 말이 안 나온다. 이 일구는 그 나후羅睺와 같은 공덕을 가진 처객의 제악불어諸惡不語의 인욕 밀행을 말한 것이다.

'처객가' 중에 내려가다가 '어와 아븨즈이여 처객아븨즈여'를 씨는 아주 용이하게 본 모양이다. 씨는 '아븨즈이'를 '아버지'라 주한다. 고려인은 모두 혀설(舌)가 꼬부라져 '아버지'란 말을 일부러 '아븨즈이'로 발음하였는가. 조선의 고어 및 고문학은 씨와는 기其 소홀한 학적 소인이 손을 대기에는 너무나 숭엄하다. '아븨'란 말은 '부父'의 원어형 '압'의 소유격 곧 현대어 '아버지의'의 고형古形이오, '즈이'는 그 원형이 '즈싀', 곧 '얼굴이, 모양이'의 의義, 따라서 '아븨즈이여'는 '아비의즛이여'이다. 아무런 예비지식이 없이 쉽사리 그렇게 고전이 읽혀지는 것은 아니다. 더구나 씨에게는 어학적 소양 외에 우선 또 무엇을 치밀히 보는 공부가 필요할 듯하다.[3회]

동가同歌 중의 '나리어다 머즌말'을 씨는 또 예에 의하여 '나리어다 머즈말'로 자의로 개작하여 놓고, '머즈말'이란 씨가 열조捏造한 기어奇語는 씨 자신에 의하여 "최후의 선언"이란 말이라고 주 되었다. 그런 뜻이 있을 리도 없거니와, 그런 뜻인 것은 어느 고전에서 보았는가. 황당도 분수가 있다. '머즌말'의 '머즌'이 '악惡'의 뜻의 일 고어인 것은 사학의 초보자로서도 아는 말인데 씨는 이 '머즌'의 해석에 궁하여 'ㄴ' 1개를 삭거刪去하여 놓고 '마즈막'이란 현대어로 착각한 모양이다. 이야말로 '나리어다 머즌말'!

동가 말단의 '산山이여 미이여천리외千里外예'란 일구가 있다. 소홀한 씨는 또 '미'를 '뫼'와 혼동하여 '산山'이라 주 하였다. 그러면 '산山이여 미히여'는 결국 '산이여 산이여'가 되는가. 고어에는 일점一點 일서一書가 큰 문제다. 공부에 조솔粗率한 이는 아예 사학엔 뜻하지도 말 것이다. '미'는 '산'이 아니라, 뜻밖에 '들'야(野)이다.

'야운野雲 미해'두언(杜諺) 14·12□, '정과정鄭瓜亭'의 '삼엽三葉' 2행을 온통 모른
것은 이 저자로서는 용혹무괴容惑無怪지만 '흐마'란 말까지 몰라 '공외恐畏컨대'
로 주한 것은 또 일경一驚에 치値한다. '흐마'가 '이믜'기(旣)의 의인 것은 주자注
者를 제하고는 공외컨대 누구나 알 것이다.

'정석기鄭石歌' 제2연의

    삭삭기 세몰몰애별헤 나는

을 씨는 '세細모래가에는'으로 주 한다. 씨는 이 '나는'을 '몰애별헤나는'으로
연독連讀한 모양이다. 더구나 '가시리' 중의

    가시리잇고 나는 부리고 가시 잇고 나는 위증즐가

등의 '나는'을 씨는 '이我는'의 의로 해하였다. 그렇다면 동가 말연末聯의

    설흔온님 보너압노니 나는 가시는듯 도라오소서

의 '나는'은 어떻게 처리할까. 좀 더 자세히 고구할 것이다. '나는'을 '별헤나
는'이라 연속한 것이나 또는 '이我는'의 의로 해解한 것이나 모두 착오이다.
'나는'은 단순히 성조聲調를 돕기 위하여 악률樂律에 맞추어 삽입하는 무의미
어이다. 씨는 고려가요에 형식에 대하여도 하등 면밀한 고구 없는 모양이다.

'상화점霜花店'의 '드레우믈'의 '드레'를 '드러난·내노혼·노출露出'의 의로

주한 것은 기奇 중에도 기奇이다. 씨는 필경 현대어에도 어둡다. 물 긷는 '드레'를 모른다면 더 할 말이 없다. 제3연에서는 더구나 절창絶唱이다. 원문의 '술풀지븨'술을 팔 집에 · 매주가(賣酒家)를 '술풀지븨'라 또 망개하여 놓고 '술과 풀을 겸하여 파는 집'!이라 터무니 없는 주를 붙였으니, 이런 진주珍珠는 가위 세계에도 무류無類일 것이다. 기막힌 어학이오, 기막힌 문학자다. 그러나 이것이 과연 웃고 말일일까.

'청산별곡' 제2연의 '널라와'를 '너와 같이'로 해한 것이 또 '소인'의 짐작의 탈이다.

히요미 누니라와 더으더니백승설(白勝雪), 두언 1·5

'라와'는 '보다'의 뜻이다. 동가 제3연의 '믜리도 괴리도 업시'를 '밀 사람도 괴일받을 사람도 없이'라 주한 것에 이르러는 그 기상천외의 착상에 파안일소를 하였다. 소위 '대의'를 보니 '누가 메어주거나 부호扶護하여 줄 이도 없는' 이곳에서 유출유기愈出愈奇의 진석珍釋이다. 씨는 같은 '믜'를 가지고 혹은 '밀'추(推) 혹은 '메'담(擔), 변환자재變幻自在로 호도하려고 애쓴다. 그러나 요술은 결국 요술에 그친다. 이 '믜'는 '증憎'의 '믜'니 딱한 노릇이다. 전게 구는 '미워하리도 사랑하리도 없이'의 뜻이다.

동가 6~7연은 씨로서 도무지 대의도 짐작치 못하였으니 말할 거리도 없다 (특히 그 말연과 하문下文에 상술詳述할 '서경별곡' 말연은 현재 내외학계 수준에서 그 주석이 용이치 않음을 단언한다). '조롱곳'을 '박아지'라 하였으니 '곳'자는 무엇이며 '누로기미'를 '국자麴子'라 하였으니 '미'자는 왜 붙었는가. 모두 곡절이 있으나 좀 더 공부할 것.

'예종睿宗, 도이장가悼二將歌'를 씨는 대담하게 석독하려 하였다. 무모한 석독이 결코 가능할 리가 없다. '정읍사' 중의 '어느이다노코시라'의 '노코시라'를 '노시다가'로 해하였으니 씨는 두 번째나 '놓'방(放)와 '놀'유(游)과를 구별치 못한다. '졈글셰라'를 '침浸'의 의로 해한 것은 또 어느 출전에선가. 천박한 추상으로 문제가 해결되지 않는다. '졈글'은 '일모日暮'의 의다. 도대체 '정읍사'를 아주 쉬운 줄로 알지만 그 벽두에

　　　　들하 … 머리곰 비최오시라

의 '오시라'를 정당히 해석, 추구할 이가 현금 어학계에 몇이나 있는가. 나는 그 근근 10행 10수어의 '정읍사' 주석이 뜻밖에 40~50매의 논고를 요하는 실제 경험을 가졌다. 고문학이란 그리 쉽게 소홀한 공부로써 해독되는 것은 아니다. 그 일자 일화에 비상한 안광과 노력을 요한다. 이러한 경계를 도무지 짐작도 못하고 일야지간一夜之間에 무엇이 되는 줄로 솔이명필率爾命筆, 홀연히 일 책자를 만들어 세상에 내어놓는 씨의 대담, 그 황당성을 오히려 부러워할까.

　이상은 씨의 망주 중의 극소 일부를 거예擧例하여 본 것이다(솔직히 말하자면 나는 상문上文을 난초亂草하여 오면서, 곳곳이 붓이 멈춰지는 것을 느꼈다. 웬만하여야 비평도 하고 논란도 할 것이지, 너무 어이가 없어서 이 글을 쓰는 나조차 자조自嘲될 만큼이다). 고려가요 하여 통계 14~15수에 불과한 것인데 씨의 주석을 보건대 가의歌意를 제대로 이해한 것은 거의 1수도 없고, 모조리 오해, 망단, 두찬, 그렇지 않으면 난폭한 원문의 개찬이다. '이상곡' 전편, '청산별곡' 하반수연下半數聯, '정읍사' 말연, 기술한 '서경별곡' 말연 등은 그 대의조차 포착치 못한 것을 구구히 동문서답식 해설을 붙여 놓았다. 그도 그럴 것이 일례로 '서경별곡'

말연을 든다면 그 가의를 이해함에는 첫째로 어학적 면밀한 고찰이 필요하고, 둘째로 그 문학적 감상이 깊어야 비로소 가능한 것인데, 씨는 후자는커녕 그 말부터 통히 이해치 못하니 부복하언夫復何言이랴. 시험하여 이 1연을 해석하여 보자.

> 대동강大同江 너븐디 몰라셔 비닉어노혼다 사공아 네가 시럼난디 몰라서 녁비예연즌다 사공아 대동강 건넌편 고즐여 빗타들면 것고리이다

너븐디 : 넓은지

노혼다 : 노핫느냐

시럼난디 : 시름난지수심이 생겼는지

역비 : 갈비거주(去舟)

연즌다 : 언젓느냐

고즐여 : 꽃을. '여'는 영탄조사咏嘆助詞

것그 : 꺽느

그러면 이 1연의 대의는 무엇인가.

> 대동강 넓은지 몰라서 배내여 노헛느냐 사공아 네가 (내 맘 속에) 시름난지 몰라서 갈배엿 (내님을) 언젓느냐 사공아 대동강 건너편 꼬츨여! 배타들면 꺽그리이다[4회]

예까지 해석하여도 씨는 아직도 전체의 가의를—더구나 그 말행末行의 뜻

을 전연 모를 것이다. 이 일연一聯이 '별곡' 중에도 무류의 절조인 것을 이해하려면 무릇 이 노래를 300편 쯤 낭영朗咏하여 문학적으로 감상할 일이다.

'대동강 넓은지 몰라서' 여기서 '넓다'함은 참으로 대동강의 폭이 넓다 함이 아니다. 님이 한번 대동강을 건너 남南으로 가시면 님은 다시 날 찾아 돌아올 길이 없으려니 대동강이 불과 수백 척 폭이건마는, 나와 님 사이에는 수만 리보다 더하다. 대동강은 참으로 좁은 양, 넓지 않느냐. 그런데 사공아, 너는 대동강이 그렇게 넓은 줄을 모르고 내 님을 실으려고 배를 내어 놓았느냐. 『모시毛詩』에 "숙조하광孰調河廣, 일위항지一葦杭之"란 가구佳句가 있다. 그러나 이 구는 그 뜻이 반대인 채로 그보다도 더 처절凄切, 묘절妙絶한 가조佳調이다.

제2행은 비교적 용이하다. 사공아, 너는 내 마음속에 이렇듯 무한한 시름이 난지도 모르고, 차마 내 님을 갈 배에다가 앉았느냐. 너는 어찌도 그리 잔인하냐. 예까지 해석하여도 말행은 의연히 오리무중이리라. '대동강 건너편 꽃을 꺾으리이다' 하니 대관절 이별곡을 부르다 말고 꽃은 무슨 꽃을 꺾는단 말인고. 이 기상천외의 결구는 전혀 씨의 문학 감상 정도로서는 상상도 못할 별유천지別有天地의 또 일一 가경佳境이 있다.

본연 제1행은 아직도 님이 배를 타기 전의 애상을 서敍한 것이오, 제2행은 님이 바로 배를 타는 순간의 정경이오, 말행은 님이 정작 배를 탄 뒤에 일어나는 정사情思요, 애원이다. 여기의 '꽃'은 정말 식물학적 '꽃'이 아니오, 그야말로 '노류장화路柳墻花', '화심경절花心輕折' 또는 '미인여화美人如花'의 '화花', 한마디로 말하면 '님'을 의미한 '꽃'이다. '꼬즐, 꺾'는단 말은 딴 님을 만든다는 말이다. 님은 한 번 배를 타고 남방으로 가시면, 강북에 있는 이 옛 꽃을랑 씻은 듯이 잊어버리고 대동강 건너편 강남의 딴 꽃을 꺾겠습니다 그려! 하등何等 애상! 하등 치정癡情! 하등 애원인가! 실로 애절, 처절, 여원여소如怨如訴 이 결구의 묘미를 무엇에다가 비길까. 여요는 어느 것이나 편편이 절조이오, 가창이다. 그러나 그것을 이해, 감상함에는 상술上述한 바와 같이 어학적, 문학적 면밀한 고찰, 함영涵泳을 요한다. 그런데 이 궁고불후亘古不朽의 일대 걸작인 여요 10수數 수首의 Gems는 불행히도 그 황당한 주해자를 만나 여지없이 와력瓦礫·안물贗物로 화化하였다. 내가 이 문을 초하면서 학적으로 공분과 모독을 느끼는 점이 여기 있다.

씨의 주석에 있어서 비교적 정해처正解處가 간간 산견되는 것은 그나마 '동동' 1편이다. 수월數月 전에 언젠가 씨를 해후하였을 때 화제가 여요에 미쳐 그 중 난해처에 대한 나의 소견을 묻기로 개 중의 수십 조條 — 특히 '동동'의 수 조예컨대 3·4·6·11·12월초 등를 해설하였던 기억이었다. 그 뒤에 들으니 씨는 여요 주석의 원고를 작성 중이었다 한다. 이제 '동동' 각 조의 주를 보건대 비설卑說로 당일에 언급되었던 부분만은 대의는 통하여 있다. 그 때에 씨가 주석에 착수한 것을 솔직히 나에게 말하여 비견을 물었다면 내 딴에 여요 전편에 대하여 좀 더 자세한 해설을 드려 모처럼 공간하는 해 저에 일보一補가 되기를 바랐을 터인데 일언도 주석 중임에 언급치 않고 어차語次인 양 물었기 때문에 나도 범연히 수답酬答하여 정확한 해설을 드리지 못한 것이 지금에 생각하면 해 저를 위하여 유감이다.

'동동' 1편조차도 그때에 비견을 면밀히 해설치 못하고 그 대의 안으로 종시하였더니 그 흔적이 역력히 나타나 있다. 전술한 바와 같이 '만춘달 윗고지여', '4월아니니지' 등을 씨가 오해한 것도 그것이오, 동가 6월 조의 대의는 나의 소견을 어지간히 전하였으나 '격곰'을 '제각금'이라 오주誤註한 것은 비견을 오문誤聞한 결과이다. 또 12월 조의 '나울반盤'을 씨는 '납일반臘日盤'이라 주하였으나 '납일臘日'이 '나울'될 리는 없다. 그런데 이 '나울반盤'이 '진상進上

하는 반盤'의 뜻인 것은 그때에 요행히 씨에게 말씀을 드렸으나 그 원어가 '나술'임은 미처 말하지 않았었다. 그랬더니 씨는 대의에는 제대로 '진상반進上盤'이라 하고 본주에는 부득이 '납일반鑞日盤'이란 괴주를 붙일 수밖에 없었다.

이상으로써 씨의 해 저에 대한 나의 소감과 견해를 약설略說하였다. 이 일문 중에서 나는 학문적 시비 이외에 일절 감정적, 과장적 언사를 피하려고 애써 왔다. 만일 문 중에 혹시 그러한 문구가 사용되어 있다면 그것은 전혀 나의 본의 아닌 표현의 부족이다.

끝으로 나는 김태준 씨에게 이하의 수언을 드리고자 한다. 씨는 나의 아는 바로서는 조선 근세 문학의 개관적 방면 특히 그 사회적 연관에 있어서의 사론史論 방면에 누구보다도 우수한 소양을 가진 이다. 씨로서 그 전문적 방면인 개관적 문학사, 내지 그 사회사적 해석 방면에 그의 평소의 온축을 기울여 한 체계적 노작을 발표한다면 그의 소설所說은 반드시 존경과 추복推服에 값하고도 남음이 있으리라 생각한다. 사실 그러한 방면의 전문적 술작이라면 나 같은 부분적, 고증적 학도로서는 무조건하고 씨의 견식에 경복, 추종이 있을 뿐이겠다. 그런데 씨가 그 득의한 수많은 논제와 광범한 학적 분야를 그대로 두고 일종의 부업적 의식으로써 전혀 소인의 자격으로 순수 어문학 방면에 누누히 손을 대어보는 것은 식자의 취하지 않는 바이다(듣건대 씨는 다시 '이조가요'를 편술한다 하니 원컨대 집성集成과 대교對校에만 노력을 경주함에 그치고 제발 어학적 주해는 그만두기를. 모처럼인 노작이 그 황당한 주기註記 때문에 온통 그 면목을 손상할 우려가 있다).

아무리 우리 어문학계가 지지부진 소조삭막蕭條索寞의 감이 있으나 전문적, 학적 분과는 그대로 은연중 형성되어 있고 개리個裏에는 간혹 상당한 학문적 수준에 도달하여 있는 전문가적 식자가 없음이 아니다. 씨와 같은 개관적, 응용적, 해석적, 사회사적 학풍을 가진 우수한 학도로서 잠시 조그마한 탈선을 한 것이 도리어 나와 같은 번쇄한 일 고증자류의 구구한 논박을 부득이하게 한 것은 나로서도 심히 미안쩍은 일이오, 씨로서도 자못 본회本懷는 아닐 것이다. 그러나 그 조그마한 탈선의 미치는바 영향을 진실히 생각할 때 나는 아무래도 묵연히 간과할 수 없었다. 번쇄한 어학적 고증이나 구구한 주석 같은 것은 나 같은 조충학도彫蟲學徒에게 맡겨두고 좀 더 그 본 천장인 대관적大觀的, 사론적史論的 방면에서 금후 속속 노작을 발표하여 주었으면 사학斯學을 위하여 만행萬幸이라 하겠다. 그러한 학적 기대와 추중推重이 있음으로써 나는 여상如上의 번잡한 일문을 초하고 다시 구구한 고언을 기탄없이 학우에게 바치기로 하였다.5회

「역사 연구가에게 주는 각서, 특히 초학자의 색인을 위해서」(전7회)

김상기, 『동아일보』, 1939.6.9~17

서적에 관한 지식은 학문 연구에 기초적 준비 조건이 되는 것이니 이러한 준비 공작이 없이는 방향을 모르고 길 떠나는 것과도 같아서 그의 연구 행정은 결국 미로에서 방황하는 결과를 나타낼 것이다. 역사 연구에 있어서도 한낱 박람주의博覽主義가 능사能事가 아니라 먼저 읽어야 할 서적의 계경谿徑을 추려보는 것이 입문의 도정道程이라 할 것이다. 사승史乘과 사료는 원래 한우충동汗牛充棟이라 할 만큼 호한浩瀚한 것으로서 그 해설도 또한 몇 매의 제한된 지면으로는 그의 일반이나마 나타내기가 어려운 바이다. 그러므로 본고에서는 우선 내외 사적 가운데에서 가장 오리지널한 것과 일반적인 것을 몇 가지 들어 상고, 중고, 근세에 나누어 해설을 시試할까 한다. 그리고 편의상 우리의 재래 사승을 갑류라 하고 외부의 것을 을류라 하여 이하 양목에 나누어 서술하기로 하자.

1. 상고신라 말에 관한 사적

(1) 갑류

『삼국사기』: 고려 인종조仁宗朝의 유신儒臣 김부식이 집현전集賢殿 태학사太學士 감수국사監修國史의 직을 겸하여 동왕 23년서기1145에 왕명을 받들어 찬진撰進한 것이니 기전체의 사서로서 신라 본기12권, 고구려 본기10권, 백제 본기6권, 연표3권, 제사祭祀, 거복車服, 지리地理, 직관등지職官等志 9권와 열전10권으로 되었다. 본서는 『구삼국사舊三國史』, 『해동고기海東古記』, 『삼한고기三韓古記』, 『고려고구려고기』, 『신라고사』, 『선사仙史』, 『화랑花郞』, 『세기世記』, 『계림잡전鷄林雜傳』 등 고대로부터 전해오던 본국의 사승과 한漢으로부터 5대에 걸쳐서의 각 정사正史와 『자치통감資治通鑑』, 『책부원구冊府元龜』 등 지나 사적의 본국에 관한 자료를 기초로 하여 편찬한 것이다. 그리하여 고대의 허다한 사승이 인멸한 오늘에 있어 본서를 가장 오랜 것으로 들게 되나니 이 점으로도 그의 가치가 어떠함을 알 수 있으며 또 상고사에 있어 본서가 유일한 정사이니만큼 후세의 전거하는 바가 자못 많은 것이다.

그러나 본서 찬자 김부식은 유자이며 한문화漢文化의 숭앙자이었던 만큼 임□淋□한 그의 한식 필치에는 윤색과 분식이 빈번頻繁하여 도리어 사실의 본 면목이 흐리게 된 혐이 적지 아니하며 화이華夷에 관한 그의 그릇된 견해는 주객전도의 착오를 범하여 유교사상으로 보아 황탄 괴란한 것이면 취하기를 즐기지 아니하며 한토漢土 양식에 어그러지는 습속, 제도라면 들기를 부끄러워한 것은 본서 중에 보이는 그의 논평이라든지 주설註說에 명료히 나타나는 바이다. 그리하여 그의 필삭筆削은 상략詳略이 종작이 없어 "소략상실疏畧爽實", "기차유피난어삼고야記此遺彼難於參考也"라는 평을 받게 되는 것이다.

이같이 소루疏漏한 가운데에도 비교적 힘을 들인 것은 신라사이며 백제에 이르러는 말할 나위가 없이 조략하여 그의 날린 필치는 자못 천마비공天馬飛空의 개概가 있어 백제의 정체조차 파악키가 어려울 만큼 되었다. 원래 김씨는 신라의 후예인 관계로 보아도 신라사에 보다 많은 힘을 기울일 것도 추상할 수가 있거니와—신라 사료도 여제麗濟 양국의 것에 비하여 보다 많이 잔존하였던 관계도 있을지나— 백제에 관하여서는 너무나 용력用力치 아니한 형적이 역연하니 우선 동서同書 가운데에 서로 당착되는 기사의 일례를 들어보면, 벽골지碧骨池, 김제의 개착을 흘해왕訖解王 21년서기 330 조에 "시개벽골지운운始開碧骨池云云"이라 하여 신라기의 기사로 넣었다. 신라의 세력이 완산주完山州, 전주까지 미쳐오기도 220여 년 후 진흥왕 16년서기 555년경의 일이거늘 흘해왕 시대에 신라인이 몇 백리를 월경하여 벽골지를 개착하였을 리가 없을지매 이 기사는 당연히 백제기에 넣어야 할 것은 세인이 공인하는 바이다.

다음 발해는 고구려인 대조영大祚榮이 고구려와 말갈의 여중餘衆을 수합하여 고구려 고토故土에 세운 것임은 지나 측 사적에도 뚜렷이 나타나는 바이며 고구려에서도 그것을 동족의 국가로 알아왔고 발해가 멸망한 뒤에 그의 왕족과 귀족 등이 모두 고구려에 들어와 일국인一國人으로 활동하던 것을 김씨 자신도 모를 리가 없을 것이거늘 발해사를 본서에 거두지 아니한 것은 삼국사로서의 일대 결함이라 할 것이다.

원래 사적의 비판은 그것이 곧 역사 연구의 출발점이 되는 것이다. 오인은 본서를 읽을 때에 모름지기 이러한 안목으로써 대하여야 할지니 이에서 우리 사학의 발전이 기대될 것으로 믿는다. 이러한 의미에서 이상의 몇 가지 견해를 든 데에 불과하거니와 그렇다고 해서 본서의 가치를 운운한 것이 아니라 본서를 보다 더 활용 발양發揚을 하자는 말이다. 고대 사승이 거의 인멸한 금일에 있어 고대 사실의 유주遺珠가 많이 담겨 있는 것은 오직 본서와『삼국유사』뿐이니 고사 연구에 근본적 재료가 되는 보전寶典임은 물론이며 또 본서 지리지는 고어古語에 관한 많은 재료를 포함하고 있는 것도 잊어서는 아니 될 것이다.1회

『삼국유사』: 고려 중말경中末頃, 희종(熙宗)~충렬왕(忠烈王)의 인각사麟角寺, 경북 군위군(軍威郡) 고로면(古老面) 화수동(華水洞) 승僧 보각국사普覺國師 일연一然, 서기 1206~1289이 찬수한 것이니『삼국사기』와 아울러 우리 고대사전古代史典의 쌍벽이다.

본서는 태고시대로부터 신라 말까지의(고려 중경까지의 사항도 연관적으로 왕왕이 나타나 보이나) 사실史實, 유문遺文, 일사逸事, 설화, 전설, 불교사료 등을 망라한 것이니 제1권에는 왕력王歷, 삼국과 가락(駕洛), 후고려, 후백제의 왕대와 연표를 실은 것이니 그의 주소(註疏)에는 왕왕히 귀중한 재료가 보임과 기이紀異, 고조선 이하 상고 제국의 흥체(興替)와 신라 조국(肇國)으로부터 태종 무영왕대까지의 요사유문(要事遺文)을 수록한 것으로서 합 36편로 나뉘었으며 제2권에는 신라 문호(무)왕文虎(武)王으로부터 말왕末王 김부대왕金傳大王까지의 단사일문斷史逸聞과 전후前後 백제 급及『가락국기』등 24편을 수재收載하였으며 제3권 이하 5권에 걸쳐서는 대개 불교 관계의 기사로서 홍법興法, 불법(佛法) 동류(東流)의 사실을 신라 중심으로 수록한 것, 37편, 의해義解, 나대(羅代) 고승전기(高僧傳記) 등 14편, 신주神呪, 밀교(密敎) 신승(神僧) 사적(事蹟) 3편, 감통感通, 감응에 관한 고전(古傳) 10편, 피은避隱, 은둔고승전기 10편, 효선孝善, 효행과 보응에 관한 것 5편 등 항목에 나뉜 것이다.

본서는 내외 사승 전적典籍을 널리 수취하여 이것을 근거로 편찬한 것이니 본국 측의 문헌으로는『단군기檀君記』,『신지비사神誌祕詞』,『고려고기高麗古記』,『신려고전新麗古傳』,『삼국사기』,『고기』,『고전기古典記』,『향기鄕記』『고기』이하는 약칭인 듯함, 제기諸家 전기, 김관의金寬毅의『왕대종록王代宗錄』, 최치원의『제왕연대력帝王年代曆』, 각종의 고승 전기 급及 찬집, 사지寺誌, 비갈碑碣, 안독案牘, 기타 전

문전문^{聞傳聞} 등 실로 광범위에 긍흘하였으며 다시 한토의 전적으로는『사기』,『양한서^{兩漢書}』,『혼지혼지^{魂志}』,『위서^{魏書}』,『북사^{北史}』,『신구당서^{新舊唐書}』, 가탐^{賈耽}의『군국지^{郡國志}』, 두우^{杜佑}의『통전^{通典}』,『책부원구』,『시장도^{指掌圖}』,『찬고도^{纂古圖}』,『주례』,『논어정의^{論語正義}』,『회남자주^{淮南子注}』며 각종 승전 및 찬집 등을 참호^參ㅎ하였으니 참고 재료의 엄박^{淹博}함을 알 수 있는 동시에 기사에 대개 출전을 밝힌 것은 더욱 가치 있는 점이라 할 것이다.

다시 본서의 내용에 들어가 살펴보면 종으로는 삼국시대에 한^限한 것이 아니라 상고시대 전체에 걸쳤으며 횡으로는 고대 제국^{諸國}의 흥망융체^{興亡隆替}와 정치, 종교, 신앙, 상속^{上俗}, 습상^{習尙} 등 가위 고대 생활의 전 부면을 건드렸다 할 것이다. 고조선의 기사는 왕력 밑에 개권벽두에 실려 있는 것으로서 단군에 관한 구체적 기록도 현존한 사승 가운데에서는 본서로서 최고^{最古}한 전거를 삼는 것이며(단군 기사는 사^師와 동 시대의 인스 이승휴^{李承休}의『제왕운기^{帝王韻記}』중에도 보이나), 더욱이 부여와 고구려도 단군 계통을 받은 것임을 보여준 것은 고대 제국의 체계를 밝히는 데에 있어 지중지대한 지침이 되는 것이다.

그리고 본서에는 수많은 설화, 전설이 수록되어 있으니 이것이 본서에 있어서는 일대 생명이며 특색이라 할 것이다. 본서가 자래로 황탄 무잡하다는 악평을 받아오기도 이 까닭이거니와 그러나 이러한 설화 전설은 고대의 생활상과 사상 체계를 반영하는 것인 만큼 그 가운데에는 고대 사편^{史片}의 금립왕설^{金粒王屑}이 끼어있는 것이다. 오인은 이것을 통하여서만 우리 고대사회의 논리, 사상, 신앙, 토속 내지 생활 동태를 엿볼 수가 있는 것으로서 여기에는 또한 자료에 대한 엄밀한 분석과 합리적 해석을 필요로 하는 바이다.

다시 본서는 불교 문헌으로 보아도 가장 종합적의 것이니 동방 불교사의 연구는 본서로서 출발점을 삼을 것이며 더욱이 고대 가요와 언어에 관하여는 타서의 추수를 불허하는 바이니 본서에 수록된 향가 14수는 실로 우리의 국풍國風으로서 고가의 형식과 내용 내지 고어문의 유일한 전거가 되는 위에 고대인의 감정과 정조를 맛볼 수 있는 무상無上의 보전寶典이라 할 것이며오구라 신페이[小倉進平], 『향가 및 이두의 연구(鄕歌及吏讀の硏究)』참고, 본서에 산견되어 있는 지명과 사물 명칭의 주해는 고실古實 고어 연구에 호재료가 되는 것이다. 그밖에 고대 동방문화의 일 중심이며 중계 지점이었던 가락의 연혁과 사전史傳도 오직 본서에 수록되어있는 『가락국기』에 의하여 대강이나마 짐작할 수가 있는 것이다.

이로 보면 본서는 문사文辭가 비록 졸렬하다 하며 내용이 비록 황잡荒雜한 것이 많다 하나 고대의 전승을 그대로 거둔 것으로서 상고 문화 연구에 일대 보전이라 할 것이다. 그러나 본서는 사전에 있어 신라의 것이 대부분을 점하였으며 종교에도 불교 중심의 혐이 있는 바이다. 그리하여 본서를 읽을 때마다 고구려 백제의 사전과 신도神道 화랑제에 관하여도 보다 많은 자료를 거두웠으면 하는 염원도 일어나는 바이나 원래 일연 사師가 불도이며 경주 장산군인章山郡人인만큼 불교사 또는 신라사에 치중한 것도 차라리 자연한 일이라 할 것이다. 그리고 본서 중에는 일연의 문도門徒가 1~2의 가필을 한 곳도 있으니 전후소장사리前後所將舍利 조와 관동풍악발연수석기關東楓嶽鉢淵藪石記의 말末에 무극기無極記, 무극은 일연 사의 고족보감국사혼구(高足寶鑑國師混丘)의 호라 한 것으로 알 수 있는 바이다.

이밖에 삼국시대의 사료로서 광개토왕비廣開土王碑와 진흥왕비眞興王碑, 창녕, 북한산, 황초령, 마운령의 4종이 있음가 가장 저명한 것이니 이는 모두 당시 고구려인 및 신라인의 손으로 된 것인 만큼 비록 부분적이라고는 하나 근본적 사료가 되는 것이다. 광개토왕시대의 고구려와(시조 추모왕鄒牟王 즉 동명왕의 기사도 자세히 나타나 있으나) 진흥왕대의 신라의 발전을 추워볼 수 있는 동시에 지명, 직명, 인

명특히 진흥왕비 등을 고구하는 데에도 확호한 자료가 되는 것이다. 그러나 여기에서는 지면 관계로 해설을 약하기로 한다.2회

(2) 을류

『사기』: 한무제漢武帝 시인時人 사마천司馬遷의 찬술한 것이니 서기 전 109년으로부터 동전(同前) 91년 사이에 된 것, 사서의 기전체는 이것이 효시로서 지나에 있어서도 소위 정사의 조祖가 되는 것이다. 본서는 황제로부터 한무제 원수 원년에 이르기까지의 지나 역사를 서술한 것이나 상고 조선사와도 지대한 관계를 가진 것이다.

본서 열전 중의 「조선전」은 위만조선본전에는 조선왕만(朝鮮王滿)으로 보임의 연혁과 그 영역의 범위획미하나바와 진번, 임둔, 진국 등, 위씨조선의 동남 제국諸國의 위치 및 국제관계 등을 어느 정도까지 보여주고 있으며, 당시 조선과 한무제과의 충돌 시말이며 사군 설치의 기사가 자못 자세히 나타나 있다. 원래 고조선에 관한 편단적 기사는『모시毛詩』,『관자管子』,『산해경山海經』,『전국책戰國策』등 선진 문헌에도 산견하는 바이나 구체적 사실이 또렷이 나타나 보이기는 본서로서 최초를 삼을 것이다. 그리고 기자의 동래설과 및 그에 관한 여러 가지 설화도 본서 송미자세기宋微子世家에 비로소 나타나는 바이다.

원래 은殷 기자의 동래설은 상식적 판단으로도 있을 수 없는 것으로서 고조선의 기자와는 별개 문제일 것은 근래 내외 사학계에 정설로 되어있는 바이다. 그러나 2,000년래에 기자의 동래설이 널리 내외 후세에 전신傳信케 된 것은 실로 본서가 그의 장본을 이룬 것이니 생각컨대 이 전설은 전국시대 말에 한족과 조선과의 교섭이 빈번함을 따라 와전된 것으로서 사마천이 특히 수록하여 한사군 설치에 역사적 관련을 붙이려 한 것이 아닐런가 한다. 어쨌든 본

서의 「조선전」만은 그가 직접 이문목도耳聞目睹한 당세의 사실을 적은 것으로서 십분의 가치를 가진 것이며 따라서 후세 사적의 전거가 되는 귀중한 문헌이다.

『한서』: 후한後漢 초에 반고班固 일족이 중심이 되어 찬수한 것인데반고가 부표(父彪)의 뒤를 이어 대부분을 편술하고 다시 그의 매소(妹昭)가 속수(續修)한 위에 마속(馬續)이 보수를 가하였음, 전한前漢 12대의 역사이다. 본서는 『사기』와 아울러 지나 정사의 쌍벽이라 하는 것으로서 기사도 자못 정확 간결하다. 본서의 「조선전」은 대개 『사기』의 것을 답습하였으나 요동, 현토, 낙랑 등 군의 속현의 명칭 수효 및 호구의 수며 지리적 위치의 표시중요한 지방의 등이 기재되었고 또 「왕망전王莽錢」에는 왕망의 신新과 고구려와의 충돌한 기사가 보이나니(이 기사 중에는 지나 측의 과장적 색채도 띄웠으나) 이것이 고구려가 신흥국으로서 지나사支那史에 나타난 처음이다. 그리고 전거前擧 지리지에는 기자조선의 문화에 관하여 자못 자세한 기록이 있으며 유명한 범금팔조犯禁八條(3조밖에는 쓰여 있지 아니하나)도 이 가운데에 수록되었다. 이와 같이 본서에는 고조선에 관한 중요한 사료가 적지 아니한 것으로서 『사기』보다도 오히려 이용 가치가 많다고 할 것이다.

『삼국지』: 본서 찬자는 진수陳壽이니 지나 삼국시대에 촉蜀에 사仕하다가 뒤에 진晉에 귀사歸仕한 사람이다서기 233~297. 당시 고구려 한예韓濊와 지나와의 관계는 그가 친히 문견한 바로서 본서 위지魏志 본기와 오지吳志 등에 약간의 재료를 수록하였거니와 그것보다도 가장 귀중한 것은 위지 동이전東夷傳이다. 본전에 비로소 부여, 고구려, 동옥저, 읍루, 예, 한, 진한, 변진의 각 전이 기재되어 고조선 제 부족읍루. 옥저는 별로 하고의 지역적 분포, 정치 조직, 생활 상태 내지 신앙, 습속, 산물 등 문물의 각 부면이 비교적 자세히 나타나 있으며 배송지裴松之의 주注에도 진귀한 자료가 많이 실려 있다. 오인은 본서에 의하여 3세기

중말경 이전에 있어서의 조선 각 부족의 문화 상태를 살필 수가 있으며 후세 지나인에게도 본서는 동방에 관한 그들 지식의 원천이 되리만큼 귀중한 전적이다.

이상에 든 3종의 사적은 상고 조선에 관한 지나 측 기록 가운데에 가장 근본적의 것이거니와, 다시 지나 측의 정사로서는 『후한서後漢書』유송(劉宋)시대 범엽(范曄)의 찬이니 『삼국지』보다 100여 년 뒤에 된 것임에도 「동이전」이 있으나 대개 『삼국지』의 것에 약간의 새 자료를 가한 것에 불과하며 다만 본서 군국지에 요동, 현토, 낙랑 등 군의 속현 및 호구 수가 보이나니 아래의 『진서』 지리지와 아울러 『한서』와 비교 연구해보면 동방 일대에서의 한족 세력의 성장을 숫자적으로 구명할 수가 있는 것이다.

『진서』당(唐) 초(初) 방교(房喬) 등의 찬이니 서기 646년경에 된 것「사이전四夷傳」중의 부여국, 마한, 진한 등 전傳은 대개 『삼국지』의 동이전을 답습한 것이거니와 동진東晉 효무제孝武帝 태원太元 5년서기 380 조에 백제백제는 이에 앞서 간문제(簡文帝) 시(서기 372)에 진과 통교를 행하였음, 신라에 대한 기사가 나타나 있으니 이로써 당시 백제와 신라가 대두하여 지나와 교섭을 가지게 된 것을 알 수 있으며, 『송서』서기 488년경에 제(齊)의 심약(沈約)이 찬수한 것「이만전夷蠻傳」중에 고구려, 백제전이 실려 있나니 특히 백제전이 지나 사서史書에 나타나기는 이것이 처음이다. 『남제서南齊書』양(梁)의 소자현(蕭子顯) 찬 「동남이전」중에는 고(구)려, 백제전 이외에 가리加羅, 가락駕洛국의 기사가 보이는 것이 흥미 있는 바이며 『양서梁書』서기 629년경에 당의 요사염(姚思廉)이 찬한 것「제이전諸夷傳」중의 고구려, 백제전은 자못 참고 재료가 많은 위에 신라전이 처음으로 나타나 있다. 동전同傳에 의하여 오인은 비로소 법흥왕대의 신라가 문화와 세력이 여제 양국에 뒤떨어진 후진국이 어떤 사정을 살필 수가 있는 것이다.

『위서』서기 554년경에 북제(北齊)에 위수(魏收) 찬와 『주서周書』당의 영호덕분(令狐德棻, 서기 582~666) 등 찬의 고구려 백제전에는 각각 정치, 문화 양 방면의 자세한 기사를 실었으며, 그 다음 『수서隋書』서기 636년경에 당의 위징(魏徵) 등 찬와 『구당서』후진(後晉)의 유후(劉煦, 서기 887~946) 찬, 『신당서』서기 1057년 북송의 구양수(歐陽修) 등이 『구당서』의 유류를 보정하기 위하여 찬수한 것 등의 「동이전」은 각 본기의 기사와 아울러 특히 정치적 관계에 있어 중요한 사료로서 『삼국사기』도 차등 서에서 자료를 취한 것이 심히 많으니 수당隋唐과 조선의 삼국과의 정치적 교섭 및 성망소장盛望消長의 관계는 주로 이에 의거치 아니할 수 없는 것이다.3회

이상으로써 상고 조선에 관한 지나 측의 정사를 들었거니와 이밖에도 『자치통감』서기 1084년 경에 북송의 사마광 찬은 편년사로서 정사에 들어 있지 아니하나 본서에는 왕왕 정사에 수록되지 아니한 진귀한 자료가 섞여있어 사료로 많이 이용되는 바거니와 상고 조선에 관한 사실을 통괄적으로 참고하는 데에 매우 필요한 것이며 당의 두우서기 735~812의 『통전』가운데에 변방문동이邊防門東夷조도 상고조선 제 부족 및 제국의 정치와 문화 상태를 개찰槪察하는 데에는 편리한 문헌이다.

다시 상고 조선과 관계를 가진 일본 측 사서에 나아가 몇 가지 들어보면 『일본서기』원정천황양로(元正天皇養老) 4년 즉 서기 720년에 도내리친왕[舍人親王]과 오노 야스마로[太安萬侶] 등이 찬수한 것인데 신대(神代)로부터 지토천황[持統天皇]~신라 효소왕대(孝昭王代)까지의 전설과 사실을 기술한 편년사임, 『속일본기』환무천황(桓武天皇) 연력 16년 서기 797년 관야진도(菅野眞道) 등의 찬인데 『일본서기』의 뒤를 이은 것이다, 『일본후기』인명천황(仁明天皇) 승화(承和) 7년 서기 840년 후지와라노 후유츠쿠[藤原冬嗣] 등의 찬수한 것이라고 전하는 바로서 『속일본기』를 이은 것, 『속일본후기』청화천황(清和天皇) 정관(貞觀) 18년 서기 876년 후지와라노 요시후사[藤原良房] 등의 찬으로서 『일본후기』를 이은 것 등과 『신선성씨록新選姓氏錄』사가천황[嵯峨天皇] 홍인(弘人) 6년 서기 814년에 만다친왕[萬多親王] 후

지와라노 오츠구[藤原緖嗣] 등의 찬수한 것인데 일본성 씨의 출처 등을 기(記)한 것으로서 총계 1,182씨를 수재한 것임이 가장 중요한 것이다.

취중就中 『일본시기』는 상고 조선에 관한 기사가 가장 많은 것이니 정치적 관계의 것은 비판할 여지가 십분 있을 줄로 생각하거니와 특히 문화 방면에 있어서는 귀중한 재료가 적지 아니하다. 박사 왕인王仁이 한학을 전한 후로서기 216 오경박사, 역박사, 의박사, 역박사 등과 혜자惠慈, 관륵觀勒, 담징曇徵 등 고승이며 기타 백공百工의 도거渡去로 말미암아 한학, 불교, 천문, 지리, 의약, 복서卜筮, 공예 등이 발흥케 되고 그밖에 문물의 전파가 왕성하였다는 기사로써 백제를 필두로 고구려, 신라의 문화가 어떠하였음을 간접적으로나마 추구할 수 있는 것이니 이러한 기록은 상고문화에 관한 이편 사승의 조루한 것을 얼마간이라도 보족할 수 있을 것으로 생각하며 그밖에 관명, 인명에 관하여도 참고 재료가 많은 것이다.

그리고 『속일본기』, 『일본후기』, 『속일본후기』 등에도 신라에 관한 호재료가 적지 아니하며, 『신찬성씨록』에는 특히 조선계 씨족의 소몽所蒙을 밝힌 곳에 시조의 씨명, 관직명 기타 참고 재료가 또한 적지 아니하다.

2. 중고고려에 관한 사적

(1) 갑류

『고려사』: 정인지鄭麟趾 등의 봉명奉命 찬이니 기전체에 의한 것으로서 세가 46권, 지 39권으로 되었다. 처음 이 태조가 정도전 등에게 명하여 고려 역대 실록을 기초로 편년체 고려사 37권을 편찬케 하였다가 태종 시에 다시 정수訂

修에 착수하였으나 마치지 못하였으므로 세종 때에 이르러 정인지 등에 명하여 체재體裁를 정사체기전체로 고쳐 전서를 개수케 한 것으로서 문종 원년1451에 완성되었다.

이로 보면 『고려사』는 적지 아니한 시일과 많은 사람의 손을 거쳐 비로소 완결된 것임을 알 수 있으며 권질이 호한한 만큼 어느 부분을 제하고는 내용도 비교적 정비되었다(고려 현종 2년에 거란의 침구侵寇를 받아 사승과 도적圖籍이 소실되었으므로 황주량黃周亮이 태조로부터 목종에 이르기까지 7대의 사적을 개수한 만큼 원래 고려의 사료는 상기의 것이 매우 소략하였거니와). 여조 실록이 남아있지 않고 당대 문헌도 희소하게 된 금일에 있어서는 본서가 고려사 연구에 근본적 사료가 되는 것이며 체재상으로 보아도 『삼국사기』와 아울러 2대 정사라고도 할 것이다.

그러나 이씨혁명李氏革命을 곡호曲護하려는 정인지 등은 부질없이 우왕禑王, 창왕昌王에게 애매한 신성을 덮어씌워 가지고 열전으로 끌어내린 결과, 양 왕 시대의 사실이 많이 소략된 혐이 있으며 따라서 사실을 추워보는 데에도 불편이 적지 아니하다. 그들은 『한서』 「왕망전」의 예에 의방하여 전거 양 왕을 열전에도 반역문叛逆門에 넣은 것이라 하였으니 대체 한실漢室을 모탈蟊奪한 왕망과 우왕과 창왕이 같다는 말인가. 이는 한갓 그들의 후안무치한 것을 폭로한 데에 지나지 못한 것이다.

어쨌든 본서는 기전체이니만큼 한 가지 사실을 들추는 데에 있어서도 그에 관련된 각 부문의 기사를 상호 참조치 아니하면 아니 되는 것이니 이에서 사료 운용의 기능 여하가 나타나게 되는 것이다.

『고려사절요』: 춘추관春秋館(김종서金宗瑞 등이 중심으로서)의 찬수한 바이니 문종 2년 즉 『고려사』보다 1년 늦게 된 것이다. 본서는 고려시대의 편년사로서

35권으로 된 것이나 고려사를 기본으로 하여 간발簡拔한 것이 아니라 고려사高麗史 조條에서 이미 서술한 이조 초의 편년체『고려사』를 역시 근거로 한 것이다. 다시 말하면『고려사』는 편년체의 것을 기전체로 개편한 것이며 본서는 편년체의 것을 그대로 수정한 것인 듯하다. 이와 같이 본서는『고려사』와 동일한 재료를 기초로 하면서도 독립적으로 편찬한 것으로서 사료의 가치에 있어도『고려사』에 내리지 않는 것이다.

본서는『고려사』에 비하여 기사가 조금 간략한 대문도 있으나『고려사』에 보이지 아니하는 기사도 수록되어 있으며, 또『고려사』에는 연월일이 불명한 사실도 본서에는 명백히 나타난 것이 있으니, 본서의 귀중한 소이所以도 또한 이러한 곳에 있는 것이다. 그리고『고려사』와 본서를 비교하여 보면 원래 기전 편년의 사체는 서로 일장일단이 있는 것으로서 기전체인『고려사』는 사실의 유취類聚를 개별적으로 하여 부문이 다기多岐에 궁亘하고 권질이 호한하여 열독에 불편한 점이 있으나 본서는 편년체로서 연월의 순으로 기사가 배열되어 있어 각개 사실의 전말을 따지는 데에는 조금 불편한 점도 있지마는 사실의 순차를 영회領會하는 데에는 매우 편한 것이 있다. 어쨌든 본서는『고려사』와 아울러 여대麗代 연구 사료의 쌍벽이라 할 것이다.4회

『동국통감東國通鑑』: 서거정徐居正 등의 봉명 찬이다. 세조 시에 유신儒臣에게 명하여 편수케 한 것이 완결되지 못하고 성종 때에 속찬하여 그의 15년서기1484에 서거정 등이 완성한 것이다. 본서는 사마광의『자치통감』의 체재에 방倣한 것으로서 상고로부터 중고까지 즉 외기外紀 1편에는 단군조선, 기자조선, 위만조선, 사군四郡 이부二府 삼한三韓 등의 연혁을 기하고 뒤이어 삼국기, 신라기, 고려기에 궁한 57권의 편년사이다.

본서는『삼국사기』,『삼국유사』,『고려사』,『고려사절요』, 기타 사료와 지

나 사적의 자료를 연차 배열한 것이나 이러한 여러 사료를 정사精査치 아니하고 채록한 곳도 있기 때문에 오류가 적지 아니하며 『삼국유사』에서 취한 기사와 같은 것은 원본에 연월이 없는 것도 무리하게 특정의 연월 하에 채입採入한 곳도 있다. 그리고 특히 고려의 부분은 거의 『고려사절요』를 그대로 전재한 것이라 하여도 과언이 아닐 만큼 된 것으로서 사료로는 그다지 귀한 것이 되지 못한다. 그러나 고조선으로부터 삼한에 긍亘하여는 본래 계통적으로 편찬한 사적이 적으며 『삼국사기』, 『고려사』 등은 열독하기에 호번浩繁한 점이 있나니 본서는 편년체로 태고로부터 서열敍列해놓은 만큼 요령을 얻기에 편한 바가 있다. 이 점이 본서가 가진 한 가지 가치라 할 것이다.

『동사강목東史綱目』: 순암順菴 안정복安鼎福, 1712~1786의 찬이니 상고로부터 고려 말까지의 사실을 주희朱熹의 『통감강목』에 체례體例에 의하여 편년체로 꾸민 것으로서 사료 처리에 포폄의 의를 붙인 것이다. 본서는 『삼국사기』, 『삼국사략』, 『삼국유사』, 『고려사』, 『동국통감』 외 30여 종의 본국 사승과 17종의 지나 사적에서 자료를 취한 것이니, 권수卷首에는 전수도傳授圖, 지도, 관직연혁도 등을 싣고 부록으로서 고이괴설考異怪說, 잡설, 지리고, 강성고정疆城考正, 분야고 등을 붙이어 합 20권으로 되었다.

본서는 비교적 가까운 근세의 것이나 성호星湖 이익李瀷, 순암의 사(師)을 중심으로 한 실증 실용의 학풍에서 나온 만큼순암은 본서 찬저에 있어 성호의 지시를 받은 바가 많음 자료도 내외 사승에서 널리 취하였으며, 자료의 취사도 자못 근엄히 한 일대 노작이다. 다만 기자箕子로부터 기사를 시작한 것은(권수의 역대 전수도에는 단군부터 비롯하였으나) 한학자의 누습을 벗지 못한 것이라 할지나, 발해 사실을 첨기添記한 것으로 보면 그의 식견이 또한 뛰어난 것을 알 수 있는 바이다. 그리고 특히 부록은 찬자의 고증과 의견을 수록한 것으로서 그 중에는 왕왕히 오류도 있으나 참고 재료가 적지 아니한 것이니, 요컨대 본서는 사찬私撰 사적史籍 중의 백미라고도 하겠다.

『동문선東文選』: 정속正續 2편에 나뉜 것이니154권 정편은 성종 9년서기 1478에 서거정 등이 찬집한 것이며, 속편은 중종 시에 신용개申用漑 등이 정편 이후 40여 년간의 제술製述을 선집한 것이다. 본서는 신라시대로부터 이조 초기에 이르기까지의 시문을 모은 것이다. 특히 고려시대의 부분이 주요한 것으로서 『고려사』와 중복된 것도 있으나 사적에 보이지 아니하는 재료도 적지 아니하여 사료로서의 가치가 많음은 물론이거니와 고대인의 사상과 정조 내지 문화의 수준까지도 엿볼 수가 있는 양서이다.

(2) 을류

고려와 지나의 관계를 살피는 데에는 우선 『송사宋史』, 『요사遼史』, 『금사金史』, 『원사元史』 및 『신원사新元史』 등 각 정사의 고려전을 보지 아니하면 아니 되는 것이니와 특히 지나 측의 고려에 관한 저술로는 『고려도경高麗圖經』과 『원고려기사元高麗紀事』를 들고자 한다.

『고려도경』: 송 서긍徐兢의 저니 서긍은 고려 인종 원년송 휘종(徽宗) 선화(宣和) 5년 서기 1123년 6월에 국신사國信使 노윤적路允迪의 종사관으로서 고려에 건너와 월여 동안 체재하는 사이에 그의 이문목견耳聞目見한 사물을 문자로 기록하는 위에 비범한 화필원래 그는 화가도 저명함로 도성, 궁전, 이하 각종의 물건을 도사圖寫 첨부하여 본서를 저작한 것이다. 본서의 내용을 들어보면 고려의 건국, 세차世次, 성읍, 문궐, 궁전, 관복, 인물, 의물儀物, 복위伏衛, 병기, 기치, 거마, 관부, 사우, 도교, 석씨釋氏, 민서民庶, 부인, 조례早隸, 잡속, 절복節伏, 수조受詔, 연례燕禮, 관사館舍, 공장供帳, 기명器皿, 주즙舟楫, 해도海道, 동문同文 등의 항목에 나누어 40

권을 저작하여『선화봉사宣和奉使 고려도경』이라는 이름으로 그 익년 8월에 송제宋帝의 참고에 공供코자 진헌한 것이다.

본서는 비록 단시일의 관찰을 기초로 한 것이나 그의 저술 목적이 송제의 고考에 공하려는 데에 있던 만큼 진지한 탐사와 정확한 관찰에 의하여 된 것임을 알 수 있는 바로서 고려 문화에관한 재료로는 매우 진귀한 것이다. 그러나 당시 고려의 구형적具形的 문화도라 할 그 그림은 불행히도 망실된 지 이미 오래요, 다만 문학의 기록만이 남은 것은 천고千古의 가한사可恨事라 할 것이다. 그러지마는 기록의 부분만이라도 남아 있어 각 부문에 긍한 자료를 전하게 된 것도 불행 중 행이라 할 것이다. 요컨대 본서는 고려의 각종 제도, 풍속, 종교, 의식, 지리, 산물 내지 기구 등 문화 연구에 일대 보전이라 할 것이다.

『원고려기사』: 청淸의 문정식文廷式, 서기 1856~1904이『영락대전永樂大全』잔본殘本에서본래는 원(元)『경세대전(經世大全)』중 정벌 류에 고려의 일문(一門)으로 있던 것 초출鈔出한 것이니 원의 태조太祖로부터 제6대 성종成宗 때까지의고려 고종~충렬왕 원과 고려의 관계를 기록한 것으로『원사』「고려전」도 이 기록을 원거元據로 한 것이나 너무나 소루疏漏한 관觀이 있다. 원래 고려와 원과의 교섭은 이 동안이 제일 중요하거니와 본서에는 당시 양국 관계가 자못 자세히 수록된 위에 고려의 국내 사정에 관하여서도 왕왕히 귀중한 자료가 섞여있다.

다시 본서와『고려사』를 대조해보면 양국 관계의 기사가 거의 일치하는 것이니 이어서『고려사』의 정확성이 더욱 인증케 되는 동시에 오인에게 '혹 이 기록은 고려에서 얻어간 것이나 아닌가' 하는 생각까지 품게 하는 바이다. 그리고 본서 중에는 간간히『원사』의 기사로써 보충한 곳도 있으나 이것은 문정식의 필筆에 의하여 된 것이며 끝으로 탐라耽羅(제주)의 기사가 부재附載되었으므로 탐라 지방과 원과의 관계에도 일종의 참고가 되는 것이다. 요컨대 본서는 원 측의 자료로서 고려와 원과의 관계를 우리의 대외 관계에 있어 가장 중대한 의미를 가진 것임 연구하는 데에 귀중한 자료라 할 것이다.5회

3. 근세이조에 관한 사적

(1) 갑류

근세 사적은 실로 다종다양의 것이 있다. 재래로부터 관부官府의 비장秘藏으로서 역대『실록』태조로부터 철종까지『승정원일기』,『일성록』등은 일반에 이용되기 어려운 것이며, 특히 역대『실록』은 연전에 성대城大에서 경인복각景印覆刻을 행하였으나 배분본配分本 수가 극히 적은 위에 권질이 호대1,716권하고 사항이 번쇄하여 열독하기도 자못 곤란한 바가 있다. 그밖에 야사, 잡승, 기타 특수 사적을 친다면 실로 한우충동의 정도이나 내용과 체재가 그다지 시원한 것이 적으며 더욱 근세기의 사실을 전반적으로 서술한 것도 극히 드물다. 그러므로 이하에 가장 일반적으로 읽게 되는 몇 가지 사적을 들어 해설을 시試할까 한다.

『국조보감國朝寶鑑』: 이조 역대의 사적을 기재한 편년체의 사서이니 왕명에 의하여 찬수된 것이다. 세조 2년서기 1457에 태조, 태종, 세종, 문종 4대의『사조보감四祖寶鑑』을 찬수하고 숙종 시에『선조보감』을 영조 시에『숙종보감』을 찬하고 정조 시에『진종보감眞宗寶鑑』을 찬수한 다음에 다시 정종, 단종, 세조, 예종, 성종, 중종, 인종, 명종, 인조, 효종, 현종, 경종의 12보감을 찬제撰製하고 이상 제 보감 68권을 통합하여『국조보감』이라 하였다. 다시 헌종 시에 이르러 정조, 순조, 문조의 3보감을 순종 2년서기 1908에 헌종, 철종 2보감을 속

수하여 기성 보감에 합입合入한 것으로서 합 90권으로 되었다.

본서는 역대 군주의 사적 중에서 모범될 만한 것을 발록拔錄하여 후세의 귀감을 삼으려는 목적에서 나온 것으로서 소위 교훈적 역사 범주에 벗어나지 못한 것이다. 따라서 자료는 비록 역대 『실록』 중에서 채취한 것이나 동일 군규君圭의 치적이라도 교훈적 목적에 합치 아니하는 것은 취取치 아니하였으며 사실의 윤색도 또한 허다하여 시대상을 파악키가 자못 어려운 것으로서 사료로서의 가치는 크지 못한 바가 있다. 그러나 편찬이 근엄하고 또는 이조 일대一代에 긍亘한 편년사임으로 일반적 사실의 추이를 통람하는 데에는 또한 적지 아니한 가치가 있는 것이다.

『연려실기술燃藜室記述』: 이긍익李肯翊의 편수이니 정조 21년서기 1797경에 완성된 것이다. 기사본말체에 의방倣倣한 것으로서 원집 20권, 속집 8권, 별집 19권으로 되었다. 원집은 이태조李太祖로부터 현종까지며, 속집은 숙종 1대의 사실을 거둔 것이니 각 대의 고사 본말을 기재한 다음에 각각 인물전을 붙였으며 별집에는 이조의 국조 전고, 사전祀典, 사대事大, 관직官職, 정교政敎, 문예, 천문, 지리변위地理邊圍 급及 역대 등等 전고를 수재하였다.

본서는 역대 『실록』, 『국조보감』을 비롯하여 약 400종의 야사, 수필, 일기, 문집 등에서 널리 자료를 채취한 것으로서 가위 사료의 일대 집성이라 할 만하며 사료도 원문대로 채입하고 일일이 출전을 밝혀 일언일구를 자의로 가천可撰치 아니한 데에 본서의 가치가 더욱 있는 것이다. 당시 당론이 치성하여 당인의 저작은 대개 편당에 기울지 아니하는 것이 없으나 본서 저자는 당인 이소론(少論) 찬수한 것이다.

다만 본서는 기사본말체로서 각개 사실에 나아가 각각 전후 기사를 망라한 것이니 각 기록의 시대별에 주의를 게을리 하여서는 아니 될 것이며 동시대의 사실도 개별적으로 유취하였기 때문에 동시에 일어난 다른 여러 사실과의 맥락을 찾는 데에도 자못 노력을 요하는 경우도 있는 것이다. 그러나 타면에 있어서는 복잡한 사실을 개별적으로 통괄하였으므로 각 사실을 파악하기가 매우 편리한 점도 있으며, 각 대에 붙인 인물전은 인명사전과 같이도 이용할 수가 있는 것이다. 요컨대 본서는 사료적 가치가 자못 큰 것으로서 근세 연구에 좋은 계제階梯가 되는 최량의 사서라 할지니 만일 본서의 뒤를 받아 이조 말까지의 부분을 같은 체재 밑에서 쓴 사서가 속출되었다면 더욱 본서도 전사로서 빛을 내었으리라고 생각한다.

『대동기년大東紀年』: 영인英人 흘법紇法(헐버트)이 조선인사朝鮮人士에게 촉탁하여 찬수한 것이니 고종 42년서기1905에 상해上海에서 출판되었다. 이태조 원년으로부터 고종32년 을미서기1895 11월에 이르기까지의 이조 일대의 편년사5권이다. 본서의 인용 사료는『국조보감』,『선원보략璿源譜略』,『연려실기술』이외에 7~8종의 야사와『조보朝報』,『한성신보漢城新報』등에 불과하여 사서로서는 완전한 것이라 하기 어려우나 사실의 배열이 비재적比載的 근엄 공정하며 더욱이 영정英正 이강以降으로 최근세에 관한 사적이 희소한 오늘에 있어서는 아직 본서 따위로써 대요나마 통람하는 것이 좋은 줄로 생각하는 바이다.

『통문관지通文館志』: 본서는 숙종 46년서기1720에 김경문金慶門이 처음 찬저한 것이니 이조 초로부터 행해 온 외교상의 전례 고사와 외교적 사실을 기재한 것으로서 말하자면 일종의 외교사라 할 것이다. 통문관은 원래 고려 충렬왕 시에 역관 양성의 목적으로 설치된 한어漢語 교수 기관이었다. 그리하여 이조에 들어서는 사역원司譯院으로 되었으나 김경문이 역관 출신이요, 또 오랫동안 외교의 충衝에 당하고 있으므로 서명을 이리 붙인 것이다. 김경문이 찬수한 부분은 9권으로서 숙종 46년까지의 사실에 그쳤으나, 그 뒤 정조 2년에 증보를 가하는 동시에 속기년 1편을 붙여 10권으로 중간을 행하였고, 고종 18년 서기1881에 11권으로 증보하여 출판하였으며 동 25년에 다시 추가하여 12권으로 간행하였다. 본서의 목차는 제1권에 연혁, 제2권에 권상勸賞, 제3, 제4권에 사대, 제5, 제6권에 교린, 제7권에 인물, 제8권에 고사, 율속率屬 등 제9권에 기년紀年, 인조14년~숙종46년, 제10, 제11, 제12권에 기년 속편경종 원년~고종 25년으로 되었다.

특히 대외관계에 있어서도 청과의 교섭을 비롯하여 서양 제국諸國과의 관계를 상고하는 데에는 본서 기년의 부部를 열독閱讀하는 것이 첩경이라 할지니 인조 이후 최근세에 이르기까지의 외교 사항을 통람하는 데에 매우 필요한 문헌이라 할 것이다.

(2) 을류

근세 조선에 관한 외국측의 기록으로는 전기의 것에 『명사明史』「조선전」과 동월董越, 성종 19년에 명의 사절로 건너왔음의 『조선부朝鮮賦』 등이 필독의 서라 할 것이며, 후기에 관한 문헌도 또한 허다한 중에 서양인의 저술도 적지 아니하다. 본고에서는 다만 서양인 측의 저술 중에서 가장 저명한 프랑스인[佛]시 달레의 『조선교회사』를 들어볼까 한다.6회

『조선교회사朝鮮敎會史』Ch. Dallet, *Histoire de L.Eglisede Coree* : 본서는 1874년 파리에서 출판된 것이니 조선 천주교사에 중요한 전적이 될 뿐 아니라 특히 서론 1편은 이조 말기의 사회 내지 문화에 관한 귀중한 기록이다. 원래 서양인의 이러한 종류의 기록은 본서 이전에도 약간 종이 있으나, 대개는 그들의 주관적 유견이 많아서 신용키 어려운 것이 적지 아니하다. 그러나 본서는 저자가 선교사로서 조선에 와있으면서 이문목견한 당시 사회의 여러 가지 사정

과 문화에 관한 재료를 비교적 충실히 기록한 것이니 개중에는 물론 착오된 것도 없지 아니하나 전적으로 보면 서양인의 기록으로서는 가장 정확성이 있는 것이다. 그러므로 달레의 이 대저는 서양인의 조선연구에 기초 재료도 되는 것이다.

본서의 서론은 190여 엽에 긍하는 것으로서 조선의 지리, 역사, 국왕, 왕족, 환관, 문무관제, 재판, 과거, 학교, 언어문자, 사회계급제, 여자, 상제, 종교, 토속, 도덕, 조선인의 결점, 습관, 유희, 연예, 각종 행사, 가옥, 의복, 풍습, 과학, 공업, 상업, 국제, 관계 등에 관한 기록이니 특히 당시 세태를 적은 곳에 참고 될 만한 자료가 많은 것이다.

끝으로 조선의 문물제도와 전고, 고사, 역사, 지리에 관한 전적을 몇 가지 들어 본고를 맺으려한다.

『증보문헌비고增補文獻備考』: 영조 46년서기 1770에 홍봉한洪鳳漢 등이 송의 마단임馬端臨의 『문헌통고文獻通考』에 의방하여 『동국문헌비고東國文獻備考』로 찬수하였다. 다음 정조 시에 이르러 이만운李萬運이 왕명을 받들어 증보하고 고종 시에 박용대朴容大 등에게 명하여 정정을 가加케 하니 이에 『증보문헌비고』가 완성케 되었으며 순종 2년1908에 중간이 있었다. 본서는 상위象緯, 여지輿地, 제계帝系, 예禮, 악樂, 병兵, 형刑, 전부田賦, 재용財用, 호구戶口, 시적市糴, 교빙交聘, 선거選擧, 학교學校, 직관職官, 예문藝文 등 고考 250권으로 되었다. 그리하여 각종의 제도 전고와 역사 사항을 상고하는 데에 있어 개념을 얻고 꼬투리를 찾는 데에 필요 불가결할 문헌이다.

『신증동국여지승람新增東國輿地勝覽』: 이조에 들어 지리서 찬수의 풍이 자못 왕성하였으니 세종 6년서기 1424에 변계량卞季良에게 지지地誌 급及 주부군현州府郡縣의 연혁 찬진撰進을 명한 결과 각 도로부터 재료와 보고를 수집하였다. 그리하여 동 14년에 윤준尹濬, 신장申檣 등이 찬진한『신찬팔도지리지新撰八道地理志』금(今) 일망(逸亡)와 단종 2년서기 1454에 찬수한 유명한『세종실록지리지』는 모두 이에 근거한 것이어거와 세조는 다시 그의 원년에 양성지에게 지지의 찬수와 지도의 첨부를 명하였다. 이 결과 동 9년에 양성지, 정섭鄭涉 등은 우선 팔도의 지도를 진헌하기에 그쳤고 지리지는 성종 8년서기 1477에 성취된 것으로서, 각 도를 각 권에 나누고 도별 지도를 각 권 수首에 붙여 그 익년에 진헌케 되었다.

성종은 다시 노사신盧思愼, 양성지 등에 명하여 그 지리지에 시문詩文을 첨재케 하여 동 12년에『동국여지승람』50권이 드디어 이루어진 것이다. 그 익년에 다시 성현成俔, 김종직 등에게 수정을 명하여 55권으로 증편케 하였고 연산군 3년에 다시 성현 등으로 하여금 교□를 가게 하더니 중종 23년서기 1528경에 이행李荇 등이 여지승람輿地勝覽 첨록添錄의 명을 받들어 각 관계 조하에 '신증'의 목目을 설하여 정와보루訂訛補漏의 분을 삽입하여『신증동국여지승람』의 명名이 드디어 붙여지게 된 것이니, 이와 같이 본서는 하루에 된 것이 아니라 수대에 걸쳐 수많은 명인의 손을 거쳐 비로소 완성된 것이다.

본서는 2경京 8도道의 각 주부군현에 건치建置 연혁, 군명의 변천, 성씨풍속, 형승形勝, 산천, 토산, 성곽, 봉수, 누정樓亭, 학교, 역원驛院, 교량, 부방部坊, 공해公廨, 불우佛宇, 사묘능묘祀廟陵墓, 고적, 명환名宦, 인물, 효자, 열녀, 제영題咏 등 각 조에 나누어 상세한 기록을 실은 것이다. 이러한 기사 가운데에는 상고로부터 편찬 당시까지의 역사적 사실과 전문 등도 자못 많이 적혀 있는 것으로서, 단순한 지지 또는 지리서가 아니라 실은 인문지리와도 같은 것이니 역사 지리는 물론이거니와 고사古事, 고실故實 내지 고어에 관한 자료로서 오인의 좌우의 보寶가 되는 것이다.

다음 역사 지리의 연구서로는 구암久庵 한백겸韓百謙, 선조 시 인의 『동국지리지』1책를 들지 아니할 수 없는 것이니 역사 지리를 체계적으로 연구하기 시작하기는 아마 한백겸부터서의 일일 것이다. 본서는 『전한서』「조선전」, 『후한서』「동이전」선유(先儒)들은 대개 찬수 연대가 백여 년 앞섰고 근본적 사료를 실은 『삼국지』「동이전」을 제쳐놓고 다만 역대순으로 앞선 『후한서』를 많이 이용한 것은 유감이다과 기타 4군 2부 2군 고구려, 백제, 신라, 고려 등의 지리에 관한 기록을 근거로 하여 자신의 의견을 붙여 고대의 지리를 쓴 것이다. 본서에는 오류도 없지 아니하나 그 가운데에는 탁견이 또한 적지 아니하다. 그 다음 다산茶山 정약용丁若鏞, 1762~1836의 『강역고疆域考』『여유당전서(與猶堂全書)』 중에 수재되었음도 내외 각 사승을 널리 섭렵하여 고증적으로 연구한 것이니 본서의 목차를 보면 조선고, 사군총고, 낙랑고, 현토고, 임둔고, 진번고, 낙랑별고, 대방고, 삼한총고, 마한고, 진한고, 변진고, 변진별고, 옥저고, 예맥고, 예맥별고, 말갈고, 발해고, 졸본고, 국내고, 환도고丸都考, 위례고, 한성고, 팔도연혁총서八道沿革總敍, 패수변, 백산보白山譜, 발해속고, 북로연혁속北路沿革續, 서북로연혁속, (부附) 구연성고九連城考 등 광범위에 긍하여 4권으로 되었다. 본서는 재래로 널리 행하여 온 것으로서 그 중에도 착오된 관찰과 비판을 요할 점이 왕왕히 있으나 역사 지리의 대저임은 췌언을 불요하는 바이니, 역사 지리를 연구하는 데에 또는 고사를 상고하는 데에 있어 필독의 양서라 할 것이다.7회

「찾아진 연극고전『조선연극사』를 읽고」

유치진,『동아일보』, 1939.6.30

학계나 독자층에서 만근輓近 우리 문화유산에 관한 탐구 모색의 열이 대단히 창일漲溢하여 있다. 더구나 조선의 연극 문화에 대해서는 그 유산이 있는지 없는지 혹간或間에는 조선에는 고전 연극이 없다고까지 극언하리 만큼 저간의 연구가 조홀히 되어 있었다. 따라서 여기에 대한 일반 독자층의 궁금한 생각은 다른 문화 부문에 비하여 심하였으면 심하였지 결코 뒤떨어지지 아니하였었다. 이렇게까지 된 현상은 우리의 부끄러운 현상의 하나가 아닐 수 없다.

그러던 것이 김재철 씨의『조선연극사』가 나오므로 말미암아 이 방면에 대한 우리의 의혹과 굴욕이 일시에 풀렸다. 일반이 주지하는 바와 같이 이 저서는 수년 전에 이미 단행본으로 세상에 나온 적이 있었다. 그러나 저자의 겸손한 탓이었는지 그 판로 발탁이 퍽이나 소극적이었다. 따라서 이 방면에 유의하는 극소의 지식층밖엔 이 책자의 은공을 입은 사람은 없었다. 그러던 것을 금반에 학예사學藝社에서 이 저서를 '조선문고' 속에 넣어서 대중적으로 넓히 읽히려는 의도로써 간행한 것은 학계나 독자층을 위하야 경하할 일이라고 아니할 수 없다. 이 저서를 남겨놓고 지금은 벌써 고인이 된 저자도 지하에서 안도하리라.

『조선연극사』는 그 내용을 순간 들여다보면 3부로 분류되어 있다. 즉 제1편이 가면극, 제2편이 인형극, 제3편이 구극과 신극이 그것이다.

제1편과 제2편의 가면극과 인형극에 관해서도 삼국시대 이전으로 소행溯行하여 조선 연극의 기원으로부터 따져 내려와서 고구려, 신라, 고려, 이조까지 그 변천을 탐구함에 노력하였고 더구나 인도, 지나, 서장西藏, 일본 등 조선 고전문화와 직접 간접으로 관계가 깊은 이웃 민족들의 연극 문헌과 그 유산을 비교 연구함으로써 조선연극의 전모와 특색을 밝히려 하였다. 그와 같은 넓은 범위에 긍하면서도 독단을 피하고 일일이 선대 학자의 문헌으로 예증하려던 학자적인 진지성에 대해서는 경의를 표치 않을 수 없다.

그러나 제3편 구극과 신극 조에 와서는 다소 조루粗漏한 점이 있음이 유감이나 이는 아마 제1편과 제2편인 고전연극 편에 너무 주력한 탓인 듯 생각되고 사실 이 저서는 그 생명이 고전연극 편에 있는 것을 생각할 때에 그다지 문제시 하지 않아도 좋을 듯하다. 그러나 나의 욕심으로는 여기서 구극이라고 명칭 된 창극에 대해선 좀 더 깊은 연구가 있어 주었으면 생각된다. 대체로 이『조선연극사』는 조선 연극 발전의 한 아웃라인만을 그렸다.

조선 연극의 사적인 보다 깊은 연구는 도저히 이 적은 페이지 수로는 다할 수 없을 것이다. 가면극 조에 있어서도 송석하 씨 등으로써 이미 소개된 오광대, 봉산탈춤 등 중요한 사료가 빠진 것도 있으나 앞으로의 보다 완성된 저서는 이 책을 토대로써 보정될 것이다. 실로 이 책은 조선 연극 연구의 앞잡이요, 안내자다. 더구나 권미에 부재附載한 조선 인형극의 유일한 존재인 꼭두각시극 각본을 채취하야 놓은 것은 김재철 씨가 남긴 귀중하고도 감격할 만한 공적이라 안할 수 없다. 지금은 흔적조차 찾기 어려운 꼭두각시극을 활자로서 그 각본을 영원히 보전하고 감상할 수 있음은 얼마나 감사한 일이랴. 이 각본을 읽으니 인형극의 독특한 해학미와 상징성을 동시에 맛볼 수 있다. 조선 인형극도 인형극 특성인 이 두 가지 요소를 이렇게 아담스럽게 구비하고 있다는 것은 놀라지 않을 수 없는 일이며 이 각본은 세계의 어느 나라의 고전 인형극 각본에도 지지 않을 우수성을 가졌다. 희곡을 공부하는 이는 물론이오, 조선문만을 연구하는 이에게도 일독을 권하고 싶다.

김재철 씨는 훌륭한 사업을 남겨 놓고 떠났다. 『조선연극사』를 대할 때마다 나는 그런 생각이 새로워지며 고인에 감사한다.

정가 50전, 송료 6전, 경성 경운정 101 학예사 발행 조선문고

「조선말과 니시무라 씨─『보리와 병정』의 역저를 읽고」

홍종인, 『조선일보』, 1939.7.22

히노 아시헤이[火野葦平] 군조軍曹의 『麥と兵隊』가 총독부 통역관 니시무라 신타로[西村眞太郎] 씨에 의하여 조선어역 판 『보리와 병정』이 나왔다. 히노 군조의 『麥と兵隊』는 너무도 유명하다. 사변事變이 낳은 전쟁문학의 기린아로 그 문명은 이미 구미歐米에까지 떨치고 있는 터이라. 지금 그 내용 여하를 말함은 새삼스럽다. 그러나 우리 니시무라 씨의 『보리와 병정』의 역저를 읽고 나서 그 내용을 조선말과 조선의 생활을 통하여 다시금 음미케 되었고 나가서는 '조선말과 니시무라 씨'란 것을 생각케 되었다.

니시무라 씨가 본서의 조선어역에 착수하리라 할 때, 반드시 니시무라 씨 그 이가 아니고 조선 문사의 어느 누가 맡아 한다고 하면 어떨 것이냐 하는 것도 생각해본 바 있었다. 국가의 발전이라는 광대한 '테마' 밑에 끝없는 지평선의 대륙을 무대로 전체군또는부대의 승패 또는 개인의 생사란 절박감을 종횡무진하게 실감 그대로 점점이 묘출하는 데 이 대목은 어떻게 하고 저 대목은 어떻게 할 것이냐? 능문달필이면서도 어디까지든 소박한 가운데 '휴머니티'가 절절구구에 스며있는 그 전체의 공기를 토막토막 말과 말로 잇고 엮기를 원화原畵를 모사하듯 번역이 잘 될까 용이치 않은 사업임을 십이분 느끼었었다.

그런데 이같이 '용이치 않은 사업'임을 느꼈다는 것을 이번 『보리와 병정』의 역본을 읽고 다시 생각케 되었다. 그 용이치 않다는 것은 한 개의 문학으로서의 『보리와 병정』을 어떻게 반추 소화할 것이냐 하는 것과, 조선의 언어와 문장으로 이를 옮기는데 어느 정도의 묘를 얻을 것이냐 하는 이상 아무 것도 아닌 평범한 데서 나온 느낌에 불과하였다. 대개 번역에 있어서 원작에 충실한 것이 명역이라고 한다면 문장과 사상을 그대로 그릇 없이 옮겼느냐가 문제되는 듯하나 이런 것은 실상 보통 있을 노릇이고, 역譯이 역으로서 탁월하려면 원작을 원작대로 살리는 동시에 역본을 역본대로 또한 살릴 길이 열려져야 할 것이다.

　다시 말하면 규슈[九州] 모처 출신의 군조 히노 모某가 본 대륙 작전을 조선말로 옮기는 것만이 능사가 아니고 일단 히노 군조로 하여금 조선 출신으로 만들어 가지고 대륙 작전을 보고 쓴 듯한 감상을 독자에게 주어야 할 것이 조선역의 목표이었다. 니시무라 씨의 『보리와 병정』의 역저가 용이치 않은 사업에서 비범한 효과를 얻었음을 나는 여기에서 발견한다. 이는 물론 씨의 해박한 조선어 지식과 문필력에 의한 것이라 하겠지만 반드시 그것만으로가 아니라 평소 조선연구에, 조선 생활에 깊이 젖어있는 씨인 까닭에 능히 거둘 수 있는 수확이었음을 새삼스럽게 느끼지 않을 수 없었다. 즉 『보리와 병정』은 니시무라 씨에 의하여 조선의 풍토와 생활 속에 깊이 깃들인 것이다. 이 책자를 권하고 싶은 것은 일반 독자에게 제1선 장병의 노고를 알리기 위해서 뿐이 아니라, 일부 문필가에게도 권하고 싶은 점은 우리 시대의 청년으로서는 흔히 싸우지 않기 때문에 자칫하면 기억의 밑바닥에 깔려서 잊혀져가고 있는 단어가 많이 쓰여 있어서 그만큼 지나간 조선어의 새로운 회고의 쾌미快味를 느낄 수 있기 때문이다.

생각하면 니시무라 씨는 통역관이라는 총독부 관리로서 총독부 내의 격별格別한 존재이거니와 조선어 연구가로 조선 생활에 이해 깊은 이임을 이 기회에 말하고 싶다. 조선문 신문 검열관으로 14~15년간 하루같이 말하자면 조선문 신문 생활을 어느 각도에서 엄격히 해오는 동안 누구보다도 조선을 잘 알 수 있는 지위에 있기도 했다. 사무적 입장으로서 그뿐이 아니라 조선어 연구가로, 조선어문 옹호자로서도 잊을 수 없다. 연전 보통학교 아동용 조선어 독본에 신철자법을 채용하려 할 때 반대자가 상당히 있는 중 중추원의 노인들이 또 무엇이라고 반대를 했다. 당시에 씨가 직접 신철자법의 설명 역을 맡아 보았던 일도 있다. 근래에는 고대 내선어의 공통점을 탐구함에 또한 격별한 열의를 가졌다. 이런 점으로 보아 관리 니시무라 씨를 떠나서 '조선말과 니시무라 씨'를 생각게 하는 바가 있다. 오늘의 『보리와 병정』의 명역을 낸 것도 결코 우연이 아님을 알 것이다. 씨의 역저로 성전聖戰의 인식이 조선인 간間에 더욱 깊어질 것을 믿고 일독을 천하의 독자에 권한다.

조선총독부 발행, 정가 30전, 송료 6전

「고 문일평 씨 유저『호암사화집』」

이병도,『조선일보』, 1939.7.28

　　고 호암 문일평 씨는 우리 사학계의 일 선진으로 일찍부터 조선사에 뜻을 세워 수십 여 년 한결 같이 연구에 자자孜孜 긴 글, 짧은 글, 무수히 지상에 발표하여 대중의 역사적 지식 계발에 기여 공헌함이 많았음은 물론 초창기에 있는 우리 사학에 개척의 공이 또한 적지 아니하던 바, 수년 이래 자못 건강을 해하여 금춘에 이르러 홀연 세상을 떠나니 우리 학계의 큰 불행이요, 손실이었다. 씨는 본래 정상신밀精詳愼密한 성격의 소유자라 평소 저술에 있어 1자1구를 정사靜思 고심하여 그야말로 심혈 경주의 태도였고, 더구나 저서 출판에 이르러서는 여간 신중을 극極하던 터가 아니라 마침내 생전에 일서의 간행을 실현치 못하고 말았던 바, 이번 인문사人文社에서 이원조 씨를 촉囑하여 고인의 유고의 일부분을 편차編次하여『호암사화집湖岩史話集』이란 이름으로 1책을 간행하니 이는 비단 고인을 위하여 미거일 뿐 아니라 우리 학계를 위하여 성사라 하겠다. 듣건대 본서의 간행 계획은 이미 작년 저자 재세在世 시에 있었던 것인데 신중한 저자는 구고의 수정을 이유로 용이히 원고를 내놓지 아니하여 드디어 그 생전에 간행을 보지 못하였던 것이라 한다.

　　본서의 내용은 3부문으로 나뉘어 제1은 인물 편, 제2는 고적 편, 제3은 사실 편이라 하여 인물 편에는 동명성왕전, 혜초전, 대각국사부, 율곡선생부, 원당선생부를 싣고 고적 편에는 강화, 송도, 한양 등 3도에 관한 글월을 거두고 사실 편에는 신라소사, 고려의 국가적 웅도, 조만간朝滿間의 3전역戰役, 조선 사상의 을해년이란 제문誌文을 실은 후 말미에는 저자의 약력과 이원조 씨의 발문을 부치었다.

저자와 필자는 오랫동안 교류의 관계도 있고 또 그 전공이 서로 같은 까닭에 저자의 성격, 식견조예에 대하여는 평소부터 잘 아는 터이지만 이번 이 유저를 손에 들고 읽어보매 다시금 그 식견 관찰의 탁월함에 놀라지 아니할 수 없다. 본서에 취就하여 일일이 논평할 겨를은 없으나 요컨대 그 기사의 정확함이라든지, 견해의 탁월함이라든지, 문장의 간명함이 그 정상신밀한 성격을 그대로 읽는 것과 같은 느낌이 있다. 이 점은 보통 통속사가와 동일에 어語할 바 아니라고 나는 생각한다. 본서 중에도 혜초전, 대각국사전과 같은 것은 가장 웅편으로 저자의 치력致力과 고심이 일층 더하였던 것이라고 생각되거니와 저자의 사가로서의 재학식才學識 3장長은 본서에 있어서는 이 두 웅편에서 더 발휘하였다고 나는 본다.

여하간 이러한 서는 조선사에 뜻하는 초학자에게는 더욱 독본으로 삼아 애독하지 아니하면 아니 될 것이다. 단지 취미로만 읽을 책이 아니라 지식의 양을 삼는 데 가장 적절한 책이니 이 점에 있어 필자는 강호 제지諸子의 일독을 역권하는 바이다.

발행소 경성부 광화문통 인문사, 정가 1원, 송료 10전

「(북리뷰) 문일평 씨의 유고 『호암사화집』」

이윤재, 『동아일보』, 1939.7.28

호암은 이미 가셨다. 그의 유저가 『호암사화집』이란 이름으로 이제 처음으로 세상에 나왔다. 내가 이 책을 한번 대할 때에 호암이 완연히 내 곁에 있는 듯, 추모의 정이 배나 더 심절하였다. 이는 그의 성격, 그의 사상이 온통 이 적은 책 속에 머물러 있음으로써이다.

호암은 그 일생을 오로지 조선사 연구로 종시하였나니 그의 전 심혈을 이를 위하여 쏟고, 그의 전 생애를 이를 위하여 바치었다. 자래로 이른바 조선 사학자란 그 사안이 소범위에 국한되어 다만 자아 몰각의 비열한 모화사상에 흐르지 아니하면 한갓 망자존대의 편협한 애국주의에 젖었을 뿐으로, 그 표현의 방법이 거의 다 편파사곡偏跛邪曲과 견강부회에 그치고 말았다. 그러므로 독사자讀史者로 하여금 신뢰할만한 진정한 사실을 찾아보기가 심히 어려운 바이다.

호암은 일찍 낙탁犖卓한 식견과 고결한 지조로 재래의 사학의 통폐를 절실히 느끼어 오직 그 학적 양심으로써 사학을 사학답게 연구하여 보리라는 것이 그의 사관이었다. 조선사의 황무지를 개척하려면 물론 사료의 수집이 귀한 것이다. 그는 이래 수십 년간 단순히 여기에 뜻을 두어 거의 망손폐침忘殖廢

蒐하고 고문헌 중에 감추어 있는 편언척구에서나 향곡 간에 흩어져있는 유사 일화에까지 손대지 않는 데가 없이 종시일관 오늘에 이르렀으니 그 고심과 비력이 과연 어떠하였으랴. 그리고 진귀한 사료가 입수되는 대로 또 새로운 발견이 있을 때마다 반드시 이것을 신문 혹 잡지의 지면을 빌어서 발표하였던 것이다. 이러한 발표에는 심오한 학설이나 번쇄한 고증은 일체 피하고 될 수 있는 대로 일반 대중이 잘 이해할 수 있는 통속적 문장으로 쓰기를 힘썼으며 앞으로 장차 이에 거하여 한 체계 있는 조선전사를 편성하여 조선사의 완벽을 기하였던 것이다. 이것이 곧 오늘에 발간되어 나온 『호암사화집』의 유래일 것이다.

『호암사화집』은 그 유고의 일부로서 그의 업적을 유달리 아까워하는 인문사에서 출판하였다. 그 내객內容에 대하여 일일이 비평하기 불황不遑하거니와 인물, 고적, 사실의 3편으로 나누었는데 얼른 보기에 그 취재함이 너무나 초율草率하지 않나하는 감이 없지 아니할 것이다. 그러나 어느 것이나 다 역사상 중요성을 가진 것으로 정치, 문학, 종교, 예술, 군사, 학술 각 방면에 걸치어 고루 배치된 점으로든지, 세속 다른 사책에서 얻어 볼 수 없는 특수한 사실이 많이 수록되어 있는 점으로든지, 어느 한 쪽에 편의하거나 아유阿諛함이 없이 그 의론이 정당 차且 확실하다 함을 믿을 수 있는 점으로든지 이러한 것이 다이 책에서 자랑하기에 넉넉한 것이다.

또 책 이름이 사화집인 것만치 한 단편적 이야기거리에 지나지 않다고 보겠으나 조선사상 가장 정수한 부분을 기췌技萃하여 상대로부터 근대까지의 중대한 사실이 거의 포함되어 있으므로 조선사를 통관하기에 족하며, 그다지 필요하지 않은 호한한 문적을 저작함보다 꼭 알아야만 할 정확한 사실 몇 토막이라도 기억하여 두는 것이 역사의 지식이 부족한 이에게는 도리어 낫다고 보는 때문에 이 책이 어느 점으로는 통사 이상의 필요성이 있음을 알겠다.

호암의 유고가 다만 이뿐이 아니라, 이밖에도 아직 많이 남아있을 것으로 믿으며, 내가 아는 바로도 그가 만년에는 거의 전력을 다하다시피 조선 근세 외교사의 사료를 얻기에 무한히 노력하였음에 불구하고, 그것이 이 책에 같이 수재 못 됨이 적지 아니 유감으로 안다. 이것이 또 제2차로 속간하는 날이 있기를 바라서마지 않는다.

『호암사화집』 정가1원, 송료 10전 경성부 광화문통 210번지 인문사 발행, 진체 경성 28633번

「(신추 학술강좌) 상고사 연구의 근본사료」(전4회)

황의돈, 『조선일보』, 1939.9.27.~10.4

"조선사를 연구하려면 먼저 무슨 책을 읽어야 될까요?"

이는 요새에 흔히 듣는 말이다. 서신으로도 혹은 면대하여서도 종종 이러한 질문을 받는다. 나는 그때그때마다 일일이 상세히 설명치 못하였었다. 혹은 시간의 관계로 혹은 지면의 관계로 그러하였었다. 그의 잘못을 대속하기위하여 이에 고루하나마나의 경험한 일부를 약술코자 하는 바이다. 역사를 연구함에 필요한 사료가 여러 가지 종류이지만은 제일로 중요한 것이 세 가지이다.

① 서적, ② 금석문, ③ 유물

이상의 세 가지는 역사를 연구하는 재료로 꼭 필요한 기본인 동시에 없어서는 안 될 것이다. 그러므로 이에 조선 상고사를 연구함에는 어떠한 서적, 어떠한 금석문, 어떠한 유물이 필요한가? 이를 순차로써 볼까 한다.

근본 사료라 함은 곧 사실 발생의 당시 또는 그와 가까운 시대에 신빙할 만치 기록된 문헌을 가리켜 이름이다. 그러므로 상고사를 연구함에는 상고시대 또는 그와 가까운 시대에 저작한 서적이 필요하다. 동일한 서적 중에서도 될 수 있는 대로 고사본古寫本 또는 고판본古板本이 가장 필요하다. 조선의 상고시대라 하면 곧 삼국, 양조兩朝 이전으로서 그때에 저작된 사책으로는 고구려 『유기』, 『신집』, 백제『서기』, 『신라사』거칠부저 등 서書가 있었다 하나 그의 면영은 불행히 하나도 남아있지 않다. 그리고 그 외에 원효 저『불서』, 혜초 저 『왕오천축기』, 최치원 저『계원필경』 등 서가 있으나 그는 다 조선 사료와는 인연이 먼 기록이다.

조선 사람의 붓으로 지은 조선 상고사로서 지금껏 남아있는 중에 가장 오래된 것을 들자면 『삼국사기』, 『삼국유사』, 『제왕운기』 등 2~3종에 지나지 못한다. 그러나 그도 다 삼국, 양조의 뒤로 몇백 년을 지나서 고려 중기에 된 책이다. 불행히도 정말로 조선사의 최고 기록은 지나 사람이 써놓은 문헌 중에서 찾아보게 되었다. 조선의 이름을 처음으로 써놓은 글은 무엇일까?

『산해경』에 "동해지북북해지우東海之北北海之隅　유국명왈조선有國名曰朝鮮"이라 하였고, 『관자管子』엔 "발조선지문피發朝鮮之文皮"라 하였으며, 『전국책』엔 "연동유조선요동燕東有朝鮮遼東"이라 하였다. 이 세 책의 저자와 저작 연대에 대하여서 이설異說이 분분하나 대체로 지나 전국시대 곧 지금으로부터 2,200여 년 전에 저작된 것이라 보아서 틀림없을 듯하다. 이것이 곧 조선의 이름이 처음 나타난 최고의 기록으로서 불행히 조선의 문헌이 아니오, 이웃에 있던 지나인의 방관적 기록이 되었음은 유감 되는 바이다. 그리고 조선사의 일부가 정말 사적으로 기록되기는 『사기』「조선전」이 처음이다.

1) 『사기』는 서한西漢 무제武帝 정화征和 2년거금 2,030년 전에 문호요, 사가로 천추에 이름이 높은 사마천의 저로서 지나 상고로부터 한무제 때까지의 사적을 망라하여, 본기제왕사, 세기제후사, 열전개인사, 지천문지, 지리지 각 부문사, 연표연대표의 5

부문으로 나누어서 상세히 기술한 바 130권의 거질이 되었고, 지나 역대 정사체正史體의 창안과 모범이 되었으므로 이래 24대의 정사가 다 이로부터 발원이 되었다 할만하다. 그 중에 「조선전」은 한무제가 위만조선을 공멸攻滅하고 낙랑, 임둔, 진번, 현도의 4군을 둔 지 약 10여 년 후에 저작되었으므로 조선에서 약탈하여 간 문헌 혹은 조선을 치러 왔던 장군의 구비口碑로부터 사실을 모아 지은 듯하다.

그러나 그의 벽두에 "조선왕만자朝鮮王滿者"는 5자를 먼저 썼을 뿐, 그 이전의 기록이 전혀 쓰여 있지 않고 위만조선의 87년간 역사 중에서도 한병漢兵과 전쟁한 기록 이외에는 아주 간단하여 그때의 진상을 알기 어렵다. 동 전에 "자시전연시상약속진번조선自時全燕時嘗略屬真番朝鮮"이라 하였음을 보면 위만이 점거하기 전 곧 전국시대에 조선이 있었던 것은 사실인 듯하나, 담엔 위만 이전의 조선에 대하여는 상세한 기록이 없으므로 막연하여 알기 어렵게 되었다. 기자와 조선의 관계에 대하여도 「조선전」에는 일구도 언급치 안 하였고 오직 동서 송세가宋世家에 "어시무왕내봉기자어조선이於是武王乃封箕子於朝鮮而 불신야不臣也"라 한 일절이 있을 뿐이다. 이 일절一節의 남상濫觴으로부터 후세에 기자와 조선에 관한 전설이 크게 부연케 된 것이다. 그러나 본서는 지나사상支那上에 가장 처음이요, 또는 중요한 가치가 있음과 같이 조선사상에서도 아무리 간단할지라도 처음으로 기록된 정사인 만치 매우 중요한 위치에 있는 기본 사료적 문헌이다. 조선사를 연구하려면 먼저 이 『사기』「조선전」을 읽지 않아서는 안될 것이다.1회

그러나 『사기』도 지나와 조선을 통하여 간인刊印하기 누차屢次이므로 어떠한 판본을 선택하여 읽어야 옳을까 함이 가장 큰 문제이다. 세간에 유행하는 본서의 판본으로 보면 다종다양이다. 조선간본朝鮮刊本에서 흔히 유행하기는 명

인明人의 비평한 『사기평림史記評林』이다. 과거 조선 사람의 눈에는 『사기』를 사학적 가치로 보이지 않고 오직 한문을 수학하는 문장적 가치로만 보아왔다. 그러므로 사적 연구에 가장 필요한 집해集解, 색은索隱, 정의正義, 삼가주三家注를 빼내버리고, 오직 문장적 가치로 비평한 평림뿐 취하여 간인되었으므로 조선에서 많이 유행하는 『사기평림』은 아무 가치가 없는 본이라 하여도 과언이 아니다.

지나간본으로 보면 근래에 많이 유행하는 석인본石印本은 의논할 여지도 없이 열악하거니와 청조 이전에 간인된 본 중에서도 매우 선택할 필요가 있다. 상하이[上海] 상무인서관商務印書館에서 근년에 경인 24사본史本으로 인행印行한 본이 있어서 본서 연구에 가장 필요하게 되었다.

2) 『한서』 : 본서는 동한인東漢人 반고의 저술한 서한 일대사로서 그의 생전에 완성치 못한 부분을 그의 매妹 반소班昭, 일명 조대가(曹大家)가 종성踵成하여 120권에 이른 거질의 사서이다. 그의 문장과 사안이 사기와 병구竝驅할만함으로, 혹은 반마班馬, 혹은 사한史漢이라 병칭하여 동양 사서의 백미로 지목하는 바이다.

본서에 실린 「조선전」의 내용은 『사기』 「조선전」과 대동소이하여 특수한 점이 적으나 본서 지리지에 나타난 요동군의 18현, 현도군의 3현이며 낙랑군의 25현은 조선 고대의 지리상 윤곽이 차차로 명확하게 된 것이며 동 지리지에 "북극오환부여北隙烏丸扶餘, 동진진번지이현도낙랑東賈眞蕃之利玄莵樂浪, 무제시치武帝時置, 개조선皆朝鮮, 예맥濊貊, 구려만이句驪蠻夷"라 하여 진번, 조선 다음으로 부여, 예맥, 구려의 이름이 처음으로 사단史壇에 등장케 되었으며 더욱이나 조선과 같이 예맥, 구려도 무제의 현도, 낙랑 2군을 설치하기 전부터 있었던 것을 암시하였음은 조선사 연구상에 가장 큰 사료이다.

그리고 현도군 3현 중에 고구려의 이름이 나타났었으며 「왕망전」에 "시건국4년始建國四年, 선시망발고구려병先是莽發高句麗兵, 당벌호불욕행當伐胡不欲行, 군강박지군강박지郡强迫之 …… 요사대윤전담추격지이소실遼四大尹田譚追擊之爲所殺, 주군귀구어고구려후추州郡歸咎於高句麗侯騶, …… 우우, 유고구려사추誘高句麗使騶, 지이잠언전수장안至而斬焉傳首長安"이라 하여 고구려와 충돌이 있었음을 기록하였었다. 삼국 중에 가장 먼저 계발된 고구려의 구체적 사실이 차차로 명확히 사단에 나타나게 됨이 본서로부터 처음이라 할만하다. 그리고 기자와 조선에 관한 기록이 『사기』엔 송세가에 일절이 있었을 뿐이었었으나 본서 지리지엔 그에 일층-구체적 전설을 부연케 하였었다.

"은도쇠기자거지조선殷道衰箕子去之朝鮮 교기민례의출잠직직敎其民禮儀出蠶織作 낙랑조선민樂浪朝鮮民 범금팔조犯禁八條 상살이당시상살相殺以當時償殺 상상이곡상相傷以穀償 상도자남몰입위기가노여자위비相盜者男沒入爲其家奴女子爲婢 욕자속인오십민欲自贖者人五十萬 수면위민雖免爲民 속유수치俗猶羞之 가취무소수시이기민종불상도嫁取無所讎是以其民終不相盜 무문호지폐부인정신불음벽無門戶之閉婦人貞信不淫辟 기전민其田民 음식이변두飮食以籩豆"라 하여 당시에 동국東國에 유행하던 순후질직淳厚質直한 미풍을 들어서 자기네의 상상하고 숭배하던 한민족의 조선인 기자箕子에 귀공歸功한 전설로 화현化現케 되었었다. 이러한 여러 점으로 보아서 본서가 조선사 연구상에 지대한 관계가 있는 고문헌 중에 하나라 할만하다. 본서의 판본은 조선판엔 『사기평림』과 같이 문장 독본의 필요로 『한서평림漢書評林』이 유행해 왔었다. 그러므로 사학적 견지보다는 한문학적 입장에서 필요한 책이다. 이도 또한 근래에 상무인서관에서 인행한 경인景印 24사본史本이 필요하다.2회

3) 『후한서』와 『삼국지』: 『후한서』는 후한동한(東漢) 1대, 200년간의 정사

로서 한망漢亡 후에 다시 200년을 지나서 송육조시대(六朝時代)인스 범엽의 손으로 저작된 바 본기, 지, 열전 등 120권으로 이루었으며, 『삼국지』는 삼국시대 약 50년간 사史로서, 서진西晉 저작랑著作郞 진수의 지은바 『위서』, 『촉서』, 『오서』의 3부 65권으로 된 책이다. 시대순으로 보면, 후한의 뒤에 삼국이 있었으므로 보통으로는 『후한서』가 먼저 되고 『삼국지』가 뒤에 되었을 것으로 알기 쉬울 것이다. 그러나 실상은 그 반대로, 『삼국지』가 저작된 뒤로 약 150년을 나서야 『후한서』가 저작되었었다. 그러므로 사료의 가치로는 차라리 『삼국지』를 더욱 신빙할 만하게 되었다.

이러한 의미에서 우리 조선사에 가장 관계가 많은 『삼국지』 「동이전」과 『후한서』 「동이전」과를 일시에 변거辨擧하여 의논코자 하는 바이다. 이서二書 동이전에 열거한 동국東國의 이름을 보면 다음과 같다.

『후한서』 동이전	『삼국지』 동이전
부여	부여
읍루	고구려
고구려	동옥저
동옥저	읍루
한 : 마한 진한 변한	한 : 마한 진한 변한

거금 2,020년 전에 저작된 『사기』엔 조선, 진번, 진국의 이름이 보일 뿐이었고. 그로부터 200년 후에 된 『한서』엔 부여, 진번, 조선, 예맥, 구려의 명칭이 순차로 나타났으며 다시 150여 년 후에 된 『삼국지』며 또 그 뒤로 150여 년을 지나서 저작된 『후한서』엔 전기와 같이 여러 나라가 열서列書되면서 점차로 그의 내용이 충실하고 윤곽이 명확하게 되어 왔었다. 열국의 제도와 풍속이 어느 정도까지 상세히 써 있으며 더욱이나 고구려엔 5부의 대립이며 태조왕궁太祖王宮의 영무英武와 백국伯國, 이이모伊夷模, 위궁왕位宮王 등의 구체적 사실

이 기록되어 있음을 보아서 고구려의 국력이 얼마나 발전되었었음을 알 만하다. 그러나 백제, 신라 양국은 아직도 이름이 나타나지 안하였고 오직 그의 전신인 백제, 사로 등, 소추장국小酋長國의 이름으로 삼한 78국 중에 부속되어 있을 뿐이었다. 이로부터 보면 그는 아직까지도 독립의 국가를 완전히 형성치 못하였던 것이다. 아무려나 조선 고대사를 연구하려면 이 이서二書의 동이전을 숙독치 안하여서는 안 될 것이다.

이조의 중엽 이후로는 사서도 오직 한문학적 독본으로 대하였을 뿐이오, 사학의 연구적 관념이 적었으므로 본서를 간인할 필요를 그다지 느끼지 안하였던 것이다. 그래서 조선간본은 잘 유행치 못하였었다. 이도 또한 상무인서관 경인본을 구독하는 것이 필요할 듯하다.

위에 열기한 『사기』, 『한서』, 『후한서』, 『삼국지』는 지나 역대 정사인 24사의 첫머리에 있는 4사이다. 이밖에도 24사 중에서 조선 고대사와 관계있는 부분을 들어보면 다음과 같다.

『진서晉書』130권, 당, 방현령(房玄齡) 저, 『송서宋書』100권, 양, 심약(沈約) 저, 『남제서』59권, 양, 소자현(蕭子顯) 저, 『양서』56권, 당, 요사렴(姚思廉) 저, 『진서陳書』36권, 당, 요사렴 저, 『후위서』24권, 북제, 위수(魏收) 저, 『북제서』50권, 당, 이백약(李百藥) 저, 『주서』50권, 당, 영고덕분(令孤德棻) 저, 『수서』58권, 당, (위징魏徵) 저, 『남사』80권, 당, 이연수(李延壽) 저, 『북사』100권, 당, 이연수 저, 『구당서』200권, 후진, 유후(劉煦) 저, 『신당서』225권, 송, 구양수(歐陽修) 저, 『구오대사舊五代史』152권, 송, 설거정(薛居正) 저, 『신오대사』75권, 송, 구양수 저

이상에 열서한 여러 사서 중에 부여, 고구려, 백제, 신라에 관한 기록이 적지 않게 실려 있다. 그러나 고구려는 벌써 『한서』에서 나타났으되 백제는 『진서』에 처음으로 국사國使의 왕래한 일절一節이 기록되었고 다음으로 『송서』 「이만전」에 간단한 백제전이 나왔으며 신라는 『양서』 「제이전諸夷傳」에 처음

으로 실리기 비롯하였었다.

이로부터 보면 삼국의 건국과 발전의 순서를 짐작할 만하다. 고구려는『삼국사기』의 건국 연대보다도 더 나아가서 지금으로부터 약 2,000년 이전에 건국이 되었었고, 따라서 국력과 문화의 발전도 매우 조속히 된 동시에 1,900여 년 전에 있어서 이미 한족과 생존을 다투었던 것이다. 그러나 백제는 그로부터 400여 년을 지나서 근초고왕 시에야 처음으로 해외에 활동하였었으며, 신라는 그보다도 100여 년을 더 지나서 법흥왕 시에야 지나와 교통케 되었었다. 이로 보면 양국의 발전이 고구려에 비하여 얼마나 뒤졌으며 근초고왕 이전의 백제와 법흥왕 이전의 신라가 얼마나 미약하였던 것을 이에서 알 만하다.

그리고 남북에 대립하여 300여 년간 싸워오기에 여념이 없던 한민족漢民族도 새로 통일이 되면서 그의 여세를 몰아 인국隣國을 침략하려던 수당隋唐과 만주와 반도에서 웅비하던 삼국과의 국제관계가 매우 복잡하여지면서 혹은 간과干戈로 상대하고 혹은 옥적玉帛으로 회동하여 왕래가 잦았으므로『수서』「동이전」과『신구당서』「동이전」이며 그 밖으로도 동서同書의 본기, 열전을 통하여 여, 제, 라 삼국의 사적史的 기록이 가장 풍부하게 실려졌다. 그러므로 조선 고대사를 연구함에도 지나인의 손으로 기록된 24사의 일부를 먼저 읽지 않아서는 안 되게 되었다. 이 밖으로『자치통감』,『태평어람太平御覽』,『책구원부』,『두씨통전杜氏通典』등 서에서도 왕왕이 필요한 기록을 얻어 볼 수 있다.3회

위에 말한 바와 같이 조선 상고사에 대한 사료로서 상황 곧 삼국 양조시대에 조선 사람의 손으로 직접 기록된 사서는 하나도 남아있는 것이 없다.『유기』,『신집』, 백제『서기』, 거칠부 저 사史 등 서가 다 없어졌음은 물론이거니와『이상국집』에 인용한『구삼국사』도 얻어 볼 수 없게 되었음은 통탄치 아

니할 수 없는 바이다. 동집同集 동명왕시편주東明王詩篇註에 인용된 사료를 통해 『구삼국사』의 내용이 얼마나 풍부하고 고아古雅하였었음을 짐작할 만하다.

그러나 그의 면영이 중간에 인멸되고 유전치 못하였으므로 부득이 김부식 저『삼국사기』뿐 읽지 아니할 수 없게 되었다. 그의 내용을 검토하여 보면 지나의 정사 곧『사기』의 체제를 본받아서 본기, 열전, 지, 연표로 분문分門하여 고구려, 백제, 신라의『삼국사』를 서술한 50권의 책으로서 사실이 너무 소략한 점으로 보든지, 지나를 숭배하는 사대사상의 넘치는 기록만 써있으므로 보든지, 연표 서序에 단군을 제외하고 기자로부터 기시起始한 것으로 보든지, 고구려의 뒤를 이어서 북방에서 웅비하던 발해사를 제외한 점으로 보든지, 그가 다 중대한 결함이라 아니할 수 없는 사서이다. 그러나 본서 이상의 정확한 사서가 없는 이상엔 부득이 본서를 정독치 않아서는 안 될 것이다.

본서의 판본은 저작 당시로부터 고려 일대를 통하여 몇 번이나 간행되었는지 알기 어려우나 이태조 3년 갑술甲戌 간刊 김거두金居斗 발跋에 "삼국사三國史, 인본지재계림자印本之在鷄林者, 세구이민歲久而泯"이라 하였음을 보면, 태조 갑수 이전 곧 고려시대의 인본이 있었던 것을 알 만하다. 그러나 지금엔 고려간은 물론이고 태조 갑수 간본도 얻어 볼 수 없게 되었다. 현재 유행본은 목판본과 활인본 등, 수십數十 종이 있으며 근래에 방간坊間에서 인행한 양지본洋紙本도 5~6종에 이르렀다.

다음으로는『제왕운기』니, 본서는 고려 충렬 13년에 유명한 학자 이승휴가 저작하여서 충렬왕께 진정한 사시史詩로서 그 시구 하에 첨부한 주해는 왕왕이『단군본기』,『동명본기』등 독특한 문헌을 인용하였으며, 그의 저작 연대가『삼국사기』보다는 100여 년 후였으나『삼국유사』보다는 조금 앞선 듯하다. 그리고 단군사는 재래에 최고의 기록으로 알아오던『삼국유사』보다도 더 앞서고 더 상세하게 기록되어 있으며, 동명왕 본기에『이상국집』동명왕 시편에 인용된『구삼국사』와 거의 동일한 문구가 다수 쓰여 있음을 보면 그 때까지도『구삼국사』가 있었던 것을 짐작할 만하다. 그러고『사기』와『유사』에 제외되었던 발해사를 본서에서는 본기에 편입하였음은 더욱이나 창견 있는 사안史眼으로서 그의 위공偉功을 찬탄치 아니할 수 없다.

재래에 미상하던 발해의 건국 연대를 다시 알게 됨과 서경西京이 마한의 왕 검성이었던 것과 백제기에 온조溫祚의 형 은조殷祚의 입국 후 5월에 병졸病卒한 기록 등은 다른 사서에서 얻어 보지 못하던 진珍문헌이라 할 만하다. 그러고 그 다음으로는 충렬왕 시에 승 일연의 지은『삼국유사』이다. 그의 내용은 잡박雜駁 기사본말체의 사서이다. 정치적, 군사적, 고급 사회의 기록으로는『삼국사기』가 당연히 앞선 것이로되 풍속, 생활 등 저급 사회상을 기술한 점으로 보아서는 본서도 또한 필요한 기록이다. 그러고 이밖에도『계원필경』,『동국통감』,『고사기』,『일본서기』등 서도 다 두루 참조할 필요가 있다하겠다.

4) 고대사를 연구함에는 서적 다음엔 금석문이 가장 필요하다. 어느 점으로 보면 서적보다도 차라리 금석문을 신용함이 더 정확하다 할 만하다. 그래서 왕왕이 사서에서 착오된 바를 금석문으로부터 정정하는 수도 있는 것이다. 조선의 금석문을 들어 말하면 근래에 평양 부근 낙랑 유허遺墟에서 출토한 진과한종秦戈漢鍾 등에 새긴 문자가 곧 최고한 기록으로서 금석학상으로 보아서 진전한예秦篆漢隷의 대표적 표본인 동시에 가장 귀중한 재료이다. 많은 문자의 기록이 너무 간단한 만치 사료의 가치로는 그다지 중시키 어려울 것이다.

그러고 그 다음엔 용강군에 있는 점선현신사비를 들어 말하고자 한다. 이 비는 지금으로부터 850여 년 전에 낙랑 유민의 손으로 세운 조선 최고의 비문으로서, 그의 내용은 '세화연풍歲和年豊'을 기원한 축원문이다. 사적 가치가 그다지 풍부치는 못하나 유래로 오리무중에서 이설이 분분하여 오던 점선현의 위치를 이 비로부터 확지케 되었음과 지나에서도 가장 희소한 한예漢隸의 면영을 득견케 되었음은 역사 또는 금석학상으로 자못 중대한 의미가 있는 바이다.

다음으로 가장 풍부하고 독특한 사료를 제공하는 비는 만주 집안현에 있는 광개토왕의 능비다. 그는 거금 1496년 전에 세운 비로 "국강상광개토평안호태왕國罡上廣開土境平安好太王"이라 쓰여 있으므로 『삼국사기』엔 광개토왕이라 하였고 근래의 학자 사이에는 혹 '호태왕비'라고도 하며 또 동 비문 중에 "호위영락태왕號爲永樂太王"이라 쓰여 있으므로 혹 '영락태왕비'라고도 한다. 고高 22척, 폭 6척 5촌으로 그의 내용의 요점을 들어보면 다음과 같다.

① 추모왕의 건국 사적, ② 광개토왕의 위업, ③ 백제, 신라, 동부여, 일본과의 관계, ④ 성명城名과 지리, ⑤ 국연간연國烟看烟의 한예등략래민족韓濊等略來民族

이상과 같이 중요한 제재를 중심하여서 장편의 문자가 새겨있는 비다. 사적 가치로 가장 진귀함은 물론이거니와 금석학으로도 점선현신사비와 같이 한비漢碑의 쌍벽이라 할 만한 것이다.

다음엔 거금 1,390여 년 전에 세운 신라 진흥왕의 국경 순수비이다. 이는 신라 중흥의 영왕인 진흥대왕께서 국경을 남북으로 넓혀놓고서 득의得意의 국경 순시를 하면서 요소마다 세웠던 비로서 현존한 것은 다음과 같이 넷이다.

① 창녕군 읍내, ② 경성부 북한산, ③ 함주군咸州郡 하기천면下岐川面, ④ 이원

군리원군郡利原郡 용산龍山

이상의 4비와 진평왕 13년에 세운 경주남산성비는 다 신라사상에 광명을 비춰줄 만한 진기록이 될 뿐 아니라 금석학상으로도 경건고졸勁健古拙한 육조체六朝體의 서법으로서 지나에서도 드물게 보는 진품이다. 이밖에도 삼국 양조 시대를 통하여서 다수한 금석이 있지만, 남아있는 중에 『조선금석총람』에 수재된 것만으로도 50여 종에 이르렀다. 고대사를 연구함에는 이를 일일이 정독지 않아서는 안 될 것이다.

다음엔 유물이 또한 필요하다. 기록은 죽은 역사요, 유물은 산 역사이다. 고대 사람의 손으로 된 유물은 곧 그 시대 사람의 정신과 기예를 표현하는 동시에 그 시대 그 사회의 문화를 추측하기에 가장 좋은 재료이다. 그러므로 이에 상고사 연구에 필요한 대표적 유물의 몇 가지를 들어 설명코자 하는 바이다.

1) 낙랑 대방시대의 유물 : 근년 조선총독부 고적조사대의 발굴로부터, 낙랑 유허인 평양, 대방 유허인 봉산 등지에서 출토한 고와古瓦, 고전봉니古磚封泥, 칠기漆器, 진괴秦戈, 한종漢鍾 등의 유물은 420여 년간 반도사 북부에 반거하였던 한민족漢民族의 문화와 생활의 모양을 추측하기에 가장 필요한 재료이다.

2) 고구려시대의 유물 : 이 시대의 유물은 만주와 반도 북부를 통하여 금金, 석石, 와瓦, 전磚, 기器, 구具, 성城, 묘墓 등 다수의 종류가 분포되어 있다. 그러나 그 중에도 가장 대표적이라 할 만한 것은 강서고분의 벽화다. 1400~1500년 이전의 작품으로서 지금껏 지하에 묻혀서 원형, 원색 그대로 보존하여 온 것도 희귀한 일이다마는 더욱이나 웅혼 경건한 사신상四神像의 활약이며 섬실정세纖悉精細한 비봉주린飛鳳走麟, 기화琪花, 요초가선무녀瑤草歌仙巫女의 모양은 대고구

려의 숭고한 이상과 웅위한 정신을 표현하는 예술품이다.

3) 백제시대의 유물 : 백제의 국도國都가 초기 400여 년간은 한강 연안에 있었고, 후기 200년간은 금강 유역에 있었으므로 그의 유물도 또한 이 부근에 잔존할 것이로되 당년當年에 여, 라, 당 삼국의 침략을 받아서 참혹한 전화의 파괴를 입었으므로 유물이 삼국 중에 가장 적게 남아있다. 한강 유역엔 소수의 성지城地와 편와片瓦를 얻어 볼 뿐이오, 금강 유역엔 익산왕궁탑益山王宮塔, 부여에 능산리고분陵山里古墳, 평제탑平濟塔, 근년에 출토한 고기古器, 고불古佛 등, 약간의 유물이 있어서 당대의 면영을, 어렴풋이 추측케 할 뿐이다.

4) 신라시대의 유물 : 신라는 1,000년의 역사를 통하여서 한 번도 중대한 약탈의 화를 입지 않았으므로 그의 유물이 지금껏 적지 않게 남아있어 왔다. 반도 남부에 다수히 분포되어 있는 중에서도 더욱 그 수도이던 경주 일원에 집중이 되었다. 1,200년 전 석조품으로서 지금도 온 세계의 예술가를 놀라게 하는 석굴암의 벽불, 위풍이 늠름하여 당년의 호기를 추상케 하는 괘릉掛陵 전前 문무석인文武石人, 정기精氣가 발발勃勃하고 생명이 뛰노는 듯한 석사자石獅子, 무열왕비구武烈王碑龜, 봉덕사奉德寺 범종梵鍾, 불국사 석계石階, 왕릉 출토 금관, 이밖에도 금은의 장신구, 와전의 문양 등 수없는 진적일품眞蹟逸品은 모두가 신라 국민의 위대한 정신적 예술적 문명의 표현품이다.

이에서 기록에 빠진 고문화 문자로 표현할 수 없는 진정신眞精神을 찾아볼 수 있는 것이다. 그러므로 역사는 죽은 기록이오, 유물은 산 역사이다. 역사의 백 페이지를 읽는 것보다도 한 개의 유물을 찾아보는 것이 도리어 많은 감명을 주게 되는 때가 없지 않다. 이러한 의미에서 조선 고대사를 연구하려면 그 땅의 유물을 조사하고 연구함이 또한 필요할 것이다.4회

129

「(학생과 독서) 『호암전집』 제1권을 읽고」

황의돈, 『조선일보』, 1939.10.30

호암 문일평 씨는 개결介潔한 인격자요, 진지한 연구가로서 우리 사회에서 그의 존재가 명성같이 뚜렷하여 왔었다마는 씨의 나이 겨우 지명知命의 연年으로 한참 연구에 열중하는 때에 쌓아오던 연찬의 수확도 완전히 다 발표치 못한 채 불행히 고인이 되었음은 적지 않게 유감 되는 바이다. 더구나 수십 년래로 조모상종朝暮相從하여 지기의 벗으로 믿어오던 필자로서는 창연悵然한 정을 무엇이라 말할 길이 없었다. 이제 그의 협사篋笥 중에서 유고遺稿를 수집하여 『호암전집』을 간행케 되면서 위선 제1권이 나오게 되었음은 저윽이 고인의 망령을 위안하는 동시에 우리 학계에 한 다행한 일이다.

그 내용을 읽어보면 『대미관계 50년사』는 조선 근세 외교사상에 매우 중요한 저술이다. '쉬어만'호의 문제와 오페르트의 굴총사건掘塚事件을 가장 간명히 서술하였으며, 신미양요의 진상이며 쇄국주의의 근본 이유를 다 적절하게 설명하였다. 그리고 당시에 조선 정계에서 암투하던 보수 개화 양당의 정체이며, 연미방아聯米防俄의 외교책을 부르짖게 된 국제적 정세를 여실히 묘사하였고, 청국의 대신으로서 조선의 외교를 전폭적으로 지도하던 이홍장의 국교상 문서와 천진天津에 주재하면서 미청 양국에 대한 외교를 전담하여 오던 영선사領選使 김윤식金允植의 신필적信筆的 기록으로부터 한미조약韓米條約의 예비적 교섭인 천진회담의 경과를 상세히 썼으며, 미국에서 발표된 '씨 오 플린' 씨의 조선 개방론을 요역要譯하여 한미 교섭에 대한 미국의 여론과 사정을 일반에게 소개하였음도 또한 적지 않은 공적이라 할 만하다.

난산의 관문을 겨우 돌파하여 한미조약에 조인하던 광경과 미국의 초대공사 푸트의 활약이며, 보빙대사報聘大使 민영익閔泳翊의 도미渡米 상황과 처음으로 임명된 주미공사 박정양朴定陽의 일기는 다 자미스러운 한말 외교의 활극을 여실히 표현한 바이다. 이『대미관계 50년사』는 200여 엽에 이른 대저술로서 그의 양으로든지 질로든지 근래 우리 사단에 드물게 보는 큰 논문이라 할 만하다. 혹 전문적 고증의 인용이 적고 너무 통속적 담화체에 기울어졌다 할 이가 있을는지 모르나 이는 무슨 전문적 학술 잡지에 게재함이 아니요, 일반 독자를 상대로 하는 신문지상에 발표케 된 글이므로 저절로 평이한 통속체가 되지 아니할 수 없게 된 바이다.

그리고 이밖으로도 「한말 외교」, 「정묘호란」, 「정치가 군상」, 「사상史上의 기인奇人」 등 여러 가지 단편의 논문이 다 기발한 사안의 평론과 유창한 재필의 종횡으로 되지 않은 것이 없다 할 만하다. 정확하고 상세한 근세 외교 사료의 일부로, 취미가 진진津津한 사화적史話的 독물讀物로 본서를 들어 강호 독자 제위에게 추천하는 바이다.

발행소 경성 태평통 1정목 조선일보사 출판부, 정가 1책 1원 80전, 송료 26전

130

「두어잡록, 엽서여담」(전7회)

홍순혁, 『조선일보』, 1939.11.2~11

1. 동영문고변東瀛文庫辯

필자의 약간 수장收藏하여 가지고 있는 조선학 중심의 서실書室을 가군家君이 명명하여 동영문고라 하니 일찍이 관동팔경關東八景의 하나인 강릉 경포대에 놀아 부사 한광□韓光□의 작作인 "십이난간벽옥대十二欄干碧玉臺 동영춘색경중개東瀛春色鏡中開 녹파담담무심천綠波淡淡無深淺 백조쌍쌍자거래白鳥雙雙自去來 만리귀범운외적萬里歸帆雲外跡 사시객자월중배四時客子月中杯 동비황학지오의東飛黃鶴知吾意 누상배회고불최樓上徘徊故不催"라는 시를 절찬絕讚한 나머지에 동영이란 두 자를 떼어 이름 지었다 한다. 반도를 중심으로 관계 인근 제방諸邦의 문화유산의 자료와 연구업적을 모아 보려는 또 문고명으로 매우 적당한 양하여 그 명명에 좇았다. 더욱 필자가 가장 큰 관심과 경의를 가져 그 사업에 추수코자 하는 도쿄[東京] 동양문고東洋文庫의 명칭에 비슷함이랴.

2. 광문회光文會 조선총서

다이쇼[大正] 3년1914 7월 S도 A교 재학 시 하휴로 귀성한 나의 눈에 환희의 호기심을 가득히 던져준 것은 R씨가 도미渡米 시에 맡기고 갔다는 조선광문회 간본刊本 조선총서 30여 책이었었다. 가전家傳하는 고서가 몇 책 안 되어 늘 애달파하던 나는 이 총서를 애지중지하여 마지않았다. 혹은 R씨가 성업成業 후 돌아와 찾아 나가게 되면 어떻게 하나 하는 조바심까지 났었다. R씨는 아직도 귀국하지 않았을 뿐더러 그 후 나는 정식으로 위양委讓을 받았다.

후에 알고 보니 가친은 R씨의 도미 여비旅資에 충당코자 모회某會 공금을 융통한 것이 그의 불여의不如意로 기한 안에 갚지 못하매 그만 인책引責 사직치 않을 수 없게 되었고, 그 여파로 당시 S전문학교에 입학하였던 나는 1학년도 한 학기를 남긴 채 그만 퇴학치 않을 수 없었으며 이래 3년 3개월을 봉급생활에 시달리며 인간학人間學의 시련을 맛보게 되었었다. 그러나 언제나 나는 R씨를 원망치 않고 고맙게 생각한다—씨는 내게 조선총서를 주어 조선학 연구에 뜻 두게 한 은인임으로 후에 결본을 채워 완질에 가까운 조선총서를 만들었음은 물론이다. 육당 최남선 선생의 사업 중 가장 큰 공적은 이 조선총서의 간행일 것이니 메이지[明治] 44년으로 다이쇼 4년에 이르기까지에 약 28종 42책 2매의 고전을 중간重刊하였다. 나의 소장 목록을 열거하여 일부 미장자未藏者의 참고에 공供코자 한다.

(간행순서 부동不同) 『삼국사기』 2책, 『동국통감』 6책, 『연려실기술』 6책, 동同 별집 3책, 『해동역사』 5책, 『해동역사속』 1책, 『대동운부군옥大東韻府群玉』 2책, 『중경지中京誌』 2책, 『임충민공실기林忠愍公實記』 1책, 『해동명장전海東名將傳』 1책, 『동국세시기東國歲時記』 1책, 부附 『열양세시기列陽歲時記』, 『경도잡지京都雜誌』,

『동국병감東國兵鑑 1책』,『해동속소학海東續小學』 1책,『상서보전尙書補傳』 1책,『아언각비雅言覺非』 1책,『훈몽자회訓蒙字會』 1책,『동경잡기東京雜記』 1책,『기보棋譜』 1책,『당의통략黨議通略』 1책,『연암외집열하일기燕巖外集熱河日記』 1책,『택리지擇里志』 1책,『도리표道里表』 1책,『산경표山經表』 1책,『승경도陞卿圖』 1매,「고구려광개토왕비탁본 일부」 1매1회

3. 조선고서간행회 조선군서대계朝鮮群書大系

조선광문회 간 조선총서와 아울러 조선학에 많은 기여를 끼친 것은 조선군서대계 70여 책이다. 교정의 엄밀, 가격의 저렴이 전자의 특색이면 간행의 앞선 것, 책 수의 많은 것이 후자의 자랑일 것이다. 군서대계의 처음 출판은 메이지 42년으로 광문회본 근자의 조선사학회본 규장각총서 등의 속출로 그 가치를 얼마쯤 덜었겠으나,『대동야승大東野乘』,『동문선東文選』 기타 달리 쉽게 볼 수 없는 것들이 있는 이상 아직도 일반 학자에게 주는 편의는 불소不少한 것이다.

다이쇼 13년 8월 하순 W대학 본과 편입시험 준비를 위하여 약간 참고서를 사고자 도쿄 간다神田 고본점古本店을 뒤지던 나는 야마모토山本 서점에서 뜻밖에 군서대계 72책을 보았다. 그 후 전차로나 도보로나 그 서점 앞을 지날 적마다 그 책이 그대로 있고 없는 것을 염려하여 가슴을 두근거린 지 기십 일, 어느 친우에게서 약간의 금전을 취대取貸하여 가지고 담판한 결과 ① 대금은 일금 65원1책 평균 90전 2리厘 8모강毛强, ② 1개월 이내에 찾아갈 것 등 조약이 체결. 계약금 20원을 내어 놓은 즉 선골학신仙骨鶴身의 촌부자 같은 점주의 말씀

이 또한 그럴 듯하였다 ─ 언제 다시 진재가 있을지 압니까. 계약금은 그만 두시오. 또 이런 책은 쉽게 팔리는 것은 아니니까 ─ 라고. 까다로워 보이는 그의 태도는 너무도 관대하였었다. 10월 초순 편입시험을 무사히 마친 날 72 책 군서가 내 손에 들어와 밤새워 가면서 낙정落丁 유무를 살피어 본 그 즐거움. 하룻밤 쯤 새었다고 괴로웠을 리는 없었던 것이다. 이것도 그 후 별집 7책을 채워 거의 완전한 총서를 만들었다. 이제 그 목록을 집별集別로 열거하면

정집正集 : 『삼국사기』 1책, 『대동야승』 13책, 『조선미술대관』 1책, 『팔역지八域誌』 『군현연혁표郡縣沿革表』 『사군지四郡志』 『경도잡지』 『북한지北漢誌』 『동경잡기』 1책, 『중경지』 『강화부지江華府志』 1책, 『파한집破閑集』 『보한집補閑集』 『익재집』 『아언각비』, 『동인시화東人詩話』 1책, 『해동역사』 3책, 동同 속續 1책, 『용비어천가』 1책

속집續集 : 『기년아람紀年兒覽』 1책, 『문헌촬요文獻撮要』 1책, 『동국통감』 3책, 『동국여지승람』 5책, 『연려실기술』 6책, 동 별집, 『통문관지』 1책, 『대전회통大典會通』 1책, 『동국이상국집』 2책

속속집續續集 : 『징비록懲毖錄』 1책, 『해동명신록海東名臣錄』 1책, 『해행총재海行摠載』 4책, 『가재연행록稼齋燕行錄』 1책, 『동문선』 7책, 『동사강목』 2책, 『성호사설유선星湖僿說類選』 2책, 『지봉유설芝峯類說』 2책, 『동환록東寰錄』 1책, 『삼은집三隱集』 1책

별집 : 『퇴계집退溪集』 4책, 『삼봉집三峰集』 1책, 『남한지南韓志』 1책, 『흠정만주원류고欽定滿洲源流考』 1책

이밖에 『조선고서목록』 1책이 있다.

4. 무명 씨의 조선관계 서적

다이쇼 14년 3월 초순, 도쿄 간다[神田] 십자옥[十字屋] 점주에게서 무명 씨의 조선사 관계 서적 59책을 받고 그 목록을 보여 달라 하여 33원에 결정하여 구입한 일이 있었다. 주로 내지인의 저서로 방간[坊間]에 흔히 다니는 서책들이다. 그러나 당시 나의 적은 안목으로는 처음 보는바 적지 않았다. 늘 고본옥을 뒤지고 목록을 벗하기 10여 성상에 아직도 다른 데서 얻어 보지 못한 것도 있음을 보아 단 60책이 못 되는 것이나마 수집이란 그리 용이한 일이 아님을 느끼고 있다. 어떤 동포가 어떤 부득이한 사정으로 필자에게 그 애써 모든 것을 양여하였는지는 모르겠으나 이 책들이 내 손에 들어온 후로부터 조선관계의 서책을 힘써 모아 문고를 만들어보겠다는 흥미와 결심을 갖게 된 것만은 사실이다.2회

5. 『조선』과 『청한론』

다이쇼 15년 6월말 『조선』이라는 조선 외교관계 논문 1책을 샀다. 국판 지표화철[紙表和綴] 163매 페이지 23년 간[刊]. 오다가리 마스노스케[小田切萬壽之助]라는 이의 저로 시바야마 나오노리[柴山尚則], 하야시 다이스케[林權助]의 협력으로 된 책이다. 비매 기증서이었던 관계인지 희본[稀本]의 하나인 것 같다. 목록을 보면, "제1 일본의 관계, 제2 청국의 관계, 제3 로국의 관계, 제4 영, 미, 법[法], 독[獨], 백[白], 제국[諸國]의 관계, 제5 조선반도의 본래 조선정략"으로 되어 있어 조선외교사 연구자에게는 일독의 가치가 있는 책이다. 그런데 이 책에 인용된

외교문서 기타 저서 중에 미국인 데니의 『청한론淸韓論』이 자주 실리었으므로 나는 우에노[上野] 도서관을 비롯하여 원문으로나 역문으로나 읽어보고자 힘 있는 데까지는 찾아보았건만 얻어 보지 못하였다.

그 이듬해 2월말. 도쿄에서도 제일 크다는 일성당一誠堂 고본점 전람회에 갔다가 1, 2층을 순력巡歷하였으나 사고 싶은 책은 가고價高하여 엄두를 못 내이고, 실심하여 2층 계단을 내려올 제 진열에 참석 못 한 허접쓰레기 한 무더기가 한 편에 쌓여 있음에 혹시나 하는 호기심으로 장난삼아 뒤져본바 그 중에 『청한론』 역본이 들어있었다. 퇴색한 자색포의紫色布衣 사륙판 95엽의 소책자로 메이지 23년 11월 출판이다. 1년 너머를 찾다가 우연히 입수케 된 것을 다행히 여기어 점주에게 사의를 표하였더니, 자기 역시 그런 책인 줄 몰랐노라 하고 자기 상점 목록에 올리겠노라 하였다. 나의 가진 변변치 않은 몇 권 책 중에 여러 동료에게 많이 빌림을 받던 것이 이 책이었다. 아직도 원서를 구하지 못함이 유감이나 담본謄本만은 모우某友의 후의로 가지고 있다.

6. 만·선역사지리와 지리역사연구보고

내가 W대학 사학과에 입학하여 T박사의 강의를 들을 적마다 자기의 이미 발표한 학설에 관하여는 재술을 피하고 무슨무슨 책을 참조하라고 하는 데는 참으로 질색하였다. 강의가 끝나자 도서관에 들어가 보면 흔히는 대출 부재인 까닭이었다.3회

다이쇼 13년 5월 말 어느 날 주머니에는 전차 왕복권 1매와 일금 40전의 자금을 가지고 간다 고본옥 순례의 길에 올랐었다. 40여 집을 뒤져나가다가

유구당悠久堂이란 서점에서 『만주역사지리』 1·2 부도, 『조선역사지리』 1·2를 찾은 나는 콜럼버스의 신대륙 발견 이상의 대광희이었다. 더구나 표지도 포의인 장식본으로 신책 동양同㨾임이랴. 정가 25원, 전 자본 40전을 내어놓고 싫어하는 점원 군을 달래어 1주간 안에 찾아 간다는 계약을 하고 기뻐 돌아와 가족에게 급신을 띄우고 날마다 전환轉換 오기만 눈이 빠지게 기다렸다. 기한은 닥쳐왔다−돈은 아직도 오지 않았는데 나의 당시 가지고 있는 유일의 귀중품 월삼 금측시계金側時計를 전당포로 가지고 가서 일금 15원을 만들어서 다시 서점에 가서 1주간 연기에 성공하기에는 무던히 힘들었다. "일금 40전에 25원짜리 그나마 있는 대로 잘 나가는 책을 예약하는 놈이 어디 있느냐"고 주인에게 톡톡한 꾸지람을 들었다. 두 번째 약속한 기한보다는 2일 앞서 그 책들을 사게 되었다.

『만주역사지리』, 『조선역사지리』는 남만주철도회사에서 역사조사실을 두고서 일류 학자를 망라하여 만선에 관한 사학상 조사를 하게 한 연구 보고서로서, 그밖에 『문록경장의 역文祿慶長の役 정편正編 제1』 한 책이 있다. 이 사업은 그 후 도쿄제국대학에 인계되어 만철의 보조 하에 『만선지리역사연구보고』라는 서명으로 순차 계간되어 있다. 관동대진재 전까지 제9책이 발행된 바 진재에 발행소 고본옥들의 가지고 있는 책 늪이 소실되고 그 잔부殘部가 극히 적어 진재 후에는 상당한 고가로 매매되어 온다. 전기 만·선역사지리를 입수한 나로서 계쇄케인 연구 보고를 탐내지 않을 리 없을 것은 물론이다. 한 권, 두 권, 사서 모은 것이 거의 차기는 찼으나 제6만이 구하기 힘들었다. 그러던 차 거래 있던 십자옥 서점에서 1~9 기간旣刊 전부가 나와 일금 38원에 산 기억이 있다. 1책 결본의 기구分救分은 희망자가 많았으나 나는 모교, 모 전문교에 기증하였다. 조선 사학 관계 논문집으로는 최고 권위서의 하나이다. 금춘 제6이 모 고본古本 목록에 실렸었는데 일금 25원이었었고 모두 나온 다면 300원 이상인 것 같다. 그 목차 중 조선관계의 분을 거舉하여 미독未讀하 신 분의 참고에 공코자 한다.

『만주역사지리 제1권』다이쇼 2년 9월,『한대의 조선漢代の朝鮮』시라토리 구라 키치[白鳥庫吉] 야나이 와타리[箭內亙],『수당 이조 고구려 원정의 지리隋唐二朝高句 麗遠征の地理』마츠이[松井] 등,『발해국의 강역渤海國の疆域』마츠이 등, 동서 제2권 다이쇼 2년 5월,『동진국의 강역東眞國の疆域』야나이 와타리,『조선역사지리朝鮮歷史 地理』제1권·제2권 쓰다 소우키치津田左右吉, 다이쇼 2년 11월, 상고로부터 이조 초까지의 지리적 고찰인 바 목차 략,『문록경장의 역文祿慶長の役 정편正編 제1』, 이케우치 히로 시[池內宏], 다이쇼 3년 8월,『만선지리역사연구보고滿鮮地理歷史研究報告』제1 다이쇼 4년 12월,『물길고勿吉考』쓰다 소우키치,『안동도호부고安東都護府考』쓰다 소우키치, 『발해고渤海考』쓰다 소우키치, 동同 제2 다이쇼 5년 1월,『선초의 동북경과 여진과 의 관계鮮初の東北境と女眞との關係』1, 이케우치 히로시, 동 제3 다이쇼 5년 12월. 동 제4 다이쇼 7년 4월,『몽고의 고려 경략蒙古の高麗經略』야나이 와타리,『선초의 동 북경과 여진과의 관계』2, 이케우치 히로시, 동 제5 다이쇼 7년 12월,『고려 성종 조의 여진 및 거란과의 관계高麗成宗朝に於ける女眞及び契丹との關係』이케우치 히로 시,『선초의 동북경과 여진과의 관계』3, 이케우치 히로시, 동 제6 다이쇼 9년 3 월, 동 제7 다이쇼 9년 6월,『고려 태조의 경략高麗太祖の經略』이케우치 히로시,『고 려 현종조의 거란의 침입高麗顯宗朝に於ける契丹の侵入』이케우치 히로시,『선초의 동북경과 여진과의 관계』4-완, 이케우치 히로시, 동 제8 다이쇼 10년 3월,『백 제에 관한『일본서기』의 기재百濟に關する日本書記の記載』쓰다 소우키치,『조선 고 려조 동여진의 해구朝鮮高麗朝に於ける東女眞の海冦』이케우치 히로시, 동 제9 다이쇼

12년 3월, 『『삼국사기』 고구려기의 비판三國史記高句麗紀の批判』 쓰다 소우키치, 『완안 씨의 갈라전 경략과 윤관의 9성의 역完顔氏の曷懶甸經略と尹瓘の九城の役』 이케우치 히로시, 동 제10다이쇼 13년 6월, 『몽고의 고려 정벌蒙古の高麗征伐』 이케우치 히로시, 동 제11다이쇼 15년 9월, 동 제12쇼와 5년 8월, 『조위의 동방 경략 부. 모구검의 고구려 정벌에 관한 『삼국사기』의 기사曹魏の東方經略 附. 母丘儉の高句麗征伐に關する三國史記の記事』 이케우치 히로시, 『고구려 멸망 후 유씨의 반란 및 당과 신라와의 관계高句麗滅亡後の遺氏の叛亂及び唐と新羅との關係』 이케우치 히로시, 동 제13쇼와 7년 6월, 『숙신고肅愼考』 이케우치 히로시, 『부여고夫餘考』 이케우치 히로시, 동 제14쇼와 9년 6월, 『백제 멸망 후의 동란 및 당·신라·일 3국의 관계百濟滅亡後の動亂及び唐 羅 日三國の關係』 이케우치 히로시, 동 제15쇼와 12년 1월, 『물길고勿吉考』 이케우치 히로시4회

이밖에 만주에 관한 것, 쓰다 박사의 지나 사상사 연구에는 간접 직접 조선사의 참고 되는 바가 많다.

대학 재학 중에 만·선역사지리, 지리역사연구보고를 입수한 후 무엇보다 기쁜 것은 동학의 벗들이 도서관에 다투어 들어가 이 책들을 읽으려 함에 나만은 그리할 수고가 없었음이었다.

7. 『동양학보』

조선 사학 관계 전문 잡지로는 『조선사학』월간, 다이쇼 15년 1월 창간, 쇼와 3년 폐간, 『조선학보』쇼와 5년 8월 발간, 2호? 폐간, 『괴기』최남선 편, 조선 중심 인문과학 통속잡지, 쇼와 4년

5월 창간, 동년 12월 2호로 폐간, 『조선민속』송석하 주간, 쇼와 8년 1월 창간, 2호로 폐간, 『청구학총』쇼와 5년 8월 창간, 동 12년 8월 제29호로 휴간, 『경성제국대학사학회보』쇼와 6년 7월 창간, 속간 중, 『진단학보』쇼와 9년 11월 창간, 속간 중 등을 들 수 있다. 그 중에『조선사학』, 『청구학총』은 권위 있는 발표기관이더니 그만 폐간 혹은 휴간 상태로 있음은 유감이며, 오직 조선문 잡지인『진단학보』가 재정상 기초가 아직도 확립치 못하였으나마 부정기로 속간됨은 주간 이병도 씨의 열성에 의함이다. 이외에 『조선어문학회보』, 『한글』, 『정음』등 조선어 중심의 잡지가 있어 혹은 폐간, 혹은 속간 중에 있다.

　이상은 거개擧皆 경성서 발행된 것이거니와 도쿄에서 발행된 잡지 중에 비교적 조선사 논문을 다수히 실은 것으로『사학잡지』와『동양학보』가 있다. 『사학잡지』는 메이지 22년 11월 도쿄제국대학 문과대학 사학 관계의 교수, 졸업생들을 중심으로 조직된 사학회 기관 잡지로 가장 오랜 역사를 가진 것이고, 『동양학보』는 동양협회조사부 연구 보고 기관 잡지로 메이지 44년 1월 창간 이래 권위 있는 순학술 잡지로 세계적으로 명성을 나타내고 있다. 전자는 월간, 후자는 계간으로『사학잡지』는 발행 부수가 많은 관계인지 관동진재 이후에도 고본 서점에 합본미장合本美裝으로 가끔 나오는데 400원 이내로 비교적 용이히 구할 수 있으되, 『동양학보』는 발행 부수가 비교적 적고 또한 범위가『사학잡지』에 비하여 동양사에 국한되어 진재 후 고본 시장에 나오는 바 적고 나오더라도 전부가 드물다. 금년 6월 도쿄 일류 서사書肆 기타자와쇼텐[北澤書店] 고서 목록에 일금 400원으로 실리었으나 8책의 결호가 있었으니 진재 전 것을 채우기 어려운 까닭이다. 이제 조선 관계의 중요한 논문을 인명별로 거擧하여 보고자 한다.무순

시라토리 구라키치 씨 : 「한의 조선 4군 강역고」, 「조선어와 URal-Altai어와의 비교 연구」, 「고려사에 보인 몽고어의 해석」

이케우치 히로시 씨 : 「이조 4조祖의 전설과 그 구성」, 「고려 신우조辛禑朝에 엇서서의 철령鐵嶺 문제」, 「고려 공민왕조의 동녕부東寧府 정벌에 취就한 고考」, 「공험진公嶮鎭과 소하강蘇下江」, 「대화궁大和宮과 소위 왜성倭城」, 「발해의 건국자에 취하여」, 「고려 공민왕의 원에 대한 반항운동」, 「신라 말의 진례성進禮城에 취하여」, 「새로 발견된 열반경涅槃經의 소疏」, 「고려조의 대장경」, 「고려에 주재한 원元의 달로화적達魯花赤에 관하여」, 「고려에 있어서의 원의 행성백강 行省白江 급及 탄현炭峴에 취하여」, 「신라의 화랑에 취하여」, 「당의 고종의 고구려 토멸역討滅役과 열도列道」, 「다곡도多谷道・해곡도海谷道의 칭稱」

마에마 쿄사쿠[前間恭作] 씨 : 「진흥비에 취하여」, 「신라왕의 세차世次와 그 명名에 취하여」, 「약목석탑기若木石塔記의 해독」

이마니시 류[今西龍] 씨 : 「신라 구도 경주의 지세 및 그 유적 유물」, 「정풍正豊 주풍峻豊 등의 연호」, 「대동강남의 고분과 낙랑 왕씨와의 관계」, 「신라 승통 高僧通諡에 취하여」, 「조선에 있어서의 국왕 재위의 칭원법稱元法」, 「고려 태조 훈요십조에 취하여」

오다 쇼고[小田省吾] 씨 : 「『삼국사기』 칭원법 및 고려 이전 칭원법의 연구」

이나바 이와키치[稻葉岩吉] 씨 : 「김추시金秋史에 관하여」

오기야마 히데오[荻山秀雄] 씨 : 「『삼국사기』 신라기 결말의 의의」, 「고려 현종의 즉위에 관한『고려사』의 곡필을 논함」

오구라 신페이[小倉進平] 씨 : 「조선에 있어서의 일・한・만몽어 독본」, 「조선의 어학자 최세진崔世珍」

쓰다 소우키치 씨 : 「고려악高麗樂에 관한 1,2의 억설臆說」

다보하시 키요시[田保橋潔] 씨 : 「조선국 통신사 역지행빙고易地行聘考」

세노 우마쿠마[瀨野馬態] 씨 : 「고려 묘청의 난에 취하여」, 「조선 폐사군고廢四郡考」

우메하라 스에지[梅原末治] 씨 : 「북조선 발견의 고경古鏡」

가쓰라기 쓰에하루[葛城末治] 씨 : 「신라 갈문왕고」

스가노 긴파치[菅野銀八] 씨 : 「신라 흥녕사興寧寺 징효대사탑비澄曉大師塔碑의 찬자撰者에 취하여」

오야 토쿠시로[大屋德城] 씨 : 「조선 해인사 경판고經板攷−특히 대장경보판大藏經補板 병並 장외잡판藏外雜板의 불교문헌학적 연구」

이이지마 타다오[飯島忠夫] 씨 : 「『삼국사기』의 일식日蝕 기사에 취하여」

이병도 씨 : 「권양촌權陽村의 입학도설入學圖說에 취하여」

조선 사학을 중심으로 하고 귀중한 논문이 많이 실리어 있음을 알겠다.5회 다이쇼 14년 6월 말. 거래 있는 도쿄 혼고[本鄕] 쿄쿠에이도쇼텐[玉英堂書店]에 들렀다가 막 제본소에 보내려고 내어있는 중에 있는 제1권~제13권을 뜻밖에 발견하고 『동양협회조사보고東洋協會調査報告』 1책을 아울러 일금 120원에 사기로 약속하고 온 나로서는 대담도 하였거니와 운도 좋았다. 제2학기 금金을 당기어 가져오고 그 달 기숙사비 기타를 긁어모아 지불하기까지에는 모든 일이 순조로웠다. 그러나 제3학기 금으로 제2학기 분을 납입하고 2월 모일까지 제3학기 금을 납입하지 않으면 학년 말 진급시험을 불허한다는 게시를 보고는 가슴이 걱정스럽지 않을 수 없었다. 일면식 있는 L치마본포齒磨本舖 K사장에게 속달로 학기금 보조를 간원하고 익일 오전 6시까지에 그의 자택을 당도하여 벌써 공장에 출근하였다는 하인의 말을 들었을 적의 낙심하였던 것, 이윽고 그의 부인이 뒤쫓아 나와서 품속에서 종이에 싼 것을 내어 주면서 "주인이 바빠서 실례한다고 하면서 이것을 오시면 전하여 달라고 하였습니다" 하고 은각慇懃한 태도로 돈을 줄 때에의 그 기쁨 눈물이 흐르려는 것을 겨우 참고 "고맙습니다"고 사례하고 문을 나와 싼 것을 펴보니 의외에 학기금을 지불하고도 남게 되어 도중 어느 서점에 들러 책 몇 권을 샀었다. 『동양학보』를 읽을 제마다 아니 바라다 볼 제마다 K씨에게 대한 감사한 생각을 금치 못한다. 성업成業 귀향할 제 인사하러 갔더니 그도 기뻐하면서 축하로 양복 일습一襲 지어준 것을 10여 년을 입었고 그만 해어져 부득이 야간복, 작업복으로 입을 때마다 그의 겸손한 대인적 인격을 늘 사모하여 마지않는다.

8. 경쟁, 양보

나보다 W대학에 1년 앞서 입학한 한 분의 선배가 있었다. 같은 과, 같은 기숙사에 있어 그에게 많은 지도와 교시를 받았다. 그러나 책 사는 데에는 간혹 경쟁이 불무하였다. 내가 전람회에 가느라고 새벽 5~6시경에 가만히 기상하여 장지를 열고 나와서 신을 신으려면 어느 틈엔가 그도 따라 나섰다. 둘이 같은 책을 쥐고 서로 사려고 하는 적도 있으므로 할 수 있는 대로 충돌을 피하지만 그에게 두 번 양보치 않으면 안 된 서책이 있었다. 그 하나는 그 후 경성에서 같은 값이므로 입수하였지만 현 경성제대 교수 도리야마 기치[鳥山喜一] 씨의 졸업논문인 「발해사고渤海史考」만은 도무지 살 수가 없었다.

은사 이치무라[市村] 박사의 권독勸讀도 있었지만 그가 사고, 내가 못 샀다는 점에서 늘 잊혀지지 않았었다. 연전 도리야마 교수가 함흥에 졸업생 취직 알선 차 왔을 적에 잔부殘部가 있거든 1책 양도하여 달라고 배심 좋게 교섭하였으나 자기에게도 한 권 밖에 없다는 대답이었었다. 그 대신 성대城大 출판물로 비매품인 것을 보내주어 감사히 받은 일이 있었다. 그 후 도교東京서 온 고본 목록에 의하여 사기는 샀다. 그러나 물경勿驚하라. 당시 1원 50전에 ○씨에게 양보한 것이 5배인 고가高價 겨우 입수함이랴.6회

9. 천주교 관계서

나의 변변치 않은 문고에 약간 천주교 관계 서적이 있다. 그 중의 하나는 달레의 명저 『조선천주교사』 2권이니 물론 불문佛門 원서이다. 쇼와 6년 10월. 경성제대에서 열린 조선활자인쇄자료전관에 출석하였다가 바로 2주일 전에 열린 조선천주교사료전관에 참석 못한 유감을 얼마간이라도 풀어볼까 하고 명치정明治町 천주교당을 찾아가 당시 일반에게 반포한 전관展觀 목록을 얻고서 장난삼아 달레의 저서를 살 수 없겠는가 물어본 것이 "어떤 젊은 신부 한 분이 팔겠다는 말이 있었습니다"라는 대답에 엽서대葉書代를 두고 왔더니 과연 10원이면 팔겠다는 회답이 있어 K우에게 부탁하여 찾아온 일이 있었다. 그 후 한불문법韓佛文法을 이와 같이 시험하였으나 성공하지 못하였다.

『한불자전』1880 간, 『납한소자전拉韓小字典』1891 간은 둘 다 조선어사전 서지사상 희구본稀購本 중에 드는 진서인 바 『한영자전 초판』1897 간과 아울러 나의 동영문고의 비장본이다. 쇼와 8년 여름 함흥상품진열관현재 公會堂 앞에 조그마한 고본 노점이 있었다. 서적광인 내가 노점이라고 경의를 표하지 않았을 리 없었겠으나 아오야기[靑柳] 씨의 조선연구회 본 2~3책이 뜨일 뿐으로 나의 문고

에 사둘만한 서적이 없었음은 유감이었었다. 그 후 2차 혹시나 하고 보았으나 마찬가지였으므로 다시는 돌보지도 않았었다. 그 후 10월 초순 볼 일을 보고 집에 돌아가다가 문득 잊은 것을 생각한 나는, 돌아서 가는 길에 좌측을 통행한 나는 그 노점 앞을 지나지 않을 수 없었다. 버릇이란 용이히 고치기 어려워 보잘 것 없다고 인정한 노점이나마 그 앞에 지나게 된 이상 자연히 시선을 그리로 향하지 않을 수 없었다. 이제까지 보지 못하던 배피背皮 사륙배판의 양서, 혹은 게일 씨의 『한영자전 초판』이 아닌가 하는 호기심으로 점두店頭에 가까이 가서 자세히 아니 볼 수 없었다(나의 가지고 있는 『한영자전』에는 서문이 떨어져 나갔으므로써이다. 재판에 초판 서문이 실리어 이것을 소장하였으나).

그러나 놀라지 말라. 일금 3원 50전의 정가표를 붙인 『한불자전』이 아닌가. 이 책을 손에 든 나의 마음이 얼마나 두근거렸을 것을 독자는 짐작하실 것이다. 그러나 다년의 엽서葉書의 신산감고辛酸甘苦를 겪은 나로서 환희의 표정을 노골적으로 나타나 보일 리는 절무한 일이다. 낙정落丁의 유무를 뒤적뒤적하니 점주 공益 어떻게 보았는지 "3원도 좋습니다" 한다. 사기로 의사를 표시한 즉 "또 한 권 보시지오" 하고 내어 보이는 것이 금시초문은 아나 초견인 『납한소자전』의 사륙판이다. 정가 1원 50전. 두 권에 4원만 달라는 점주의 간청이다. 이렇게 되면 파는 이의 무지도 무지려니와 사려는 나도 낯이 화끈화끈한다. 평소의 빈낭貧囊이 그날에 한하여 두둑하였을 리 없었다. 겨우 1원(학창시대나 봉급생활시대에 하등 다름이 없는 생활의) 전 재산을 맡기고 잠깐만 기다리라 하고, 이웃상점에서 황망하게 지우에게 전화를 걸어 부족금을 가져오게 하여 샀던 것이다. 너무도 싸게 산 양심상 가책이 매주賣主의 신원을 알게 되고 그가 천주교에 상당한 지위에 있던 분으로 영락함에 동정하여 그가 가진 천주교 관계 서적 잡지를 전부 상당한 가격에 인수하여 점포를 빌어 개점케 하였었다. 그가 가진 철학 관계의 불문 원서가 약간 있었건만 나의 문고의 구입 범위 이외의 것으로 사두지 못하였음이 유감이었었다. 추후 구입한 것 중에 「황사영백서」의 영인과 경성 명치정 천주교당 발행의 『경향잡지』1906창 간 26년분 기타가 있다.7회

131

「학계 1년 보고, 조선학의 독무대」(전2회)

박치우, 『조선일보』, 1939.12.15~16

먼저 호암 문일평 선생의 서거에 대하여 독자와 함께 심심한 조의를 표하고 싶다. 필자의 관견에 대오大誤가 없다면 선생은 사학자라기보다도 사론가로서의 풍수風手를 한결 더 많이 가지신 분이 아니었을까? 사료의 디테일만 만지작거리는 골동 취미를 뛰어넘을 줄을 모르는 요즘의 범백 사가들과는 달라, 선생은 언제나 사료의 배후에 흐르고 있는 역사의 정신을 붙잡는 데에 노력했고 또 그렇게 함에 의해서 역사를 과거를 위해서가 아니라 현재와 장래를 위해서 쓰려고 노력한 ― 이 의미에서 정正히 사론가였다. 사관에 있어서는 왈가왈부도 혹은 있을는지도 모르나 어쨌든 단재를 잃은 후에 영성하던 차에 이제 호암마저 잃고 보니 이 골수의 사론가로서는 이로써 마지막이 아닌가 생각되어 감회가 한결 더 깊다. 다행히 전집 3권본사 出版部과 사화집人문사이 어떻든 연내로 나오게 된 것을 독자와 함께 반기고 싶다.

지난 1년 동안의 학계를 본다면 역시 '조선학' 방면이 가장 활기가 있지 않았던가 싶다. 먼저 『진단학보』의 공을 금년도 또 높게 사주어야 되겠다. 단명이 관례인 조선 학술 잡지계에 있어 동 보는 드디어 제10호를 내었다. 거의 혼자 힘으로 살려나가는 이병도 씨의 노력을 다多타 않을 수 없을 게다. 이번호에는 귀중한 논문들이 한둘이 아니었다. 개중에서도 초백제初百濟의 건도 문제를 취급한 이병도 씨의 사성蛇城 위치에 관한 고증이며, 고유섭 씨의 조선탑자塔恣의 연구, 그리고 자료로서 『신충일申忠一의 건주기정도기建州紀程圖記』이인영 씨 소장의 발견 등은 특기할만한 것이었다는 것이 이 방면 전문가들의 정론이 아닌가 한다.

조선사 방면에 있어서 북한산 진흥왕순수비가 무엄한 일부 등산배의 손에 걸려 파손을 입었다는 사회면 기사를 발단으로, 건비 연대의 문제를 싸고서 『동아일보』에 최익한崔益翰 씨와 김윤경金允經 씨와의 사이에 논전이 거듭되었었는데, 어디쯤서 결말을 짓고 말았는지는 지금 기억 안 되나 연대가 10년이 앞섰느니 20년이 뒤졌다느니 하는 문제도 다툴만한 제목이 아닌 바는 아니지만 이왕 진흥왕순수비를 문제 삼을 바에는 논전을 천비설遷碑說 시비에까지 진전시키는 편이 하염직한 일이 아니었을까. 이케우치[池內], 마에마[前間] 양씨를 비롯한 내지 학자들의 일치된 주장으로서는 신라 국토의 광대성을 증證할 이 비석은 본래는 철원이나 멀리 갔댔자 그 정도 밖에는 못 간 곳에 세워져있던 것이 후인의 손으로 혹은 북한산에 황초령에 심하면 멀리 마천령까지 옮겨간 것에 지날 것 없다고들 보고 있느니만치, 연대가 어느 것이 옳으냐는 것보다도 이들의 천비설이 정말이냐 어떠냐가 우리로서는 먼저 알고 싶은 것이다. 신라의 세력이 국경이 과연 어디까지 뻗쳤던가를 결정지어 줄 문제이니만치 새해에는 제목을 바꾸어 가지고 이 방면을 시원스레 밝혀주기를 단單히 이상 두 분 만에 아니라 널리 우리 사학계에 부탁하고 싶다.

다음으로 생각되는 것은 어학 방면에 있어서의 고가요古歌謠 주석에 관한 논쟁이다. 논쟁의 발단을 지은 것은 김태준 씨 편으로 시장에 나오게 된 소책자 『고려가사』학예사였다. 제일 먼저 들고 일어선 이는 양주동 씨였다. 씨는 본보

학예면에 전기 소책자를 들어 주석의 두찬을 논란 지적하고 편자 김씨는 여기 응하여 답변하였었다. 여기 다시 조윤제 씨가 '가사'라는 말부터 잘못이고 마땅히 '가요'라고 불러야 한다는 예의 가요론을 들고 뛰어들게 되면서부터, 이 논쟁은 한결 더 복잡성을 가하여 갔는데 양씨는 이 논쟁의 결말을 뒤돌 새 조차 없이 '정읍사' 이하 고가요의 거의 전부를 목표로 종래의 제 해석의 재편성에 착수하여 동아, 조선 양지兩紙를 무대로 연속적으로 논문을 발표하여 보는 사람으로 하여금 온축과 정력에 당목瞠目케 하였다. 씨를 중심한 '정읍사' 관계의 논전에는 안자산安自山, 전몽수田夢秀 양씨까지 참가하여 이채를 더한 느낌을 주었었는데, 그 중에서도 전씨의 글본은 순어학적 입장에서 양씨에게 제출한 의문이었던 점에서 흥미 있는 것이었다.상편

민속 방면에서는 손진태 씨가 금년은 웬 셈인지 별반 이렇다 할 발표가 없는 것이 섭섭하였고, 송석하 씨는 강령康翎 춤에 관한 소개문동아이 눈에 띄었고 민속과는 다소 성질을 달리하나 방언 연구에 전념 중이던 방종현 씨가 속담 수집에 손을 벌려「팔도속담 스크랩」본보를 줄곧 연재하고 있는데 아직도 언제 끝날 지 알 수 없다고 하니 상당한 장편이 됨직하다. 같은 특수 연구로서 유자후 씨의「조선화폐사」동아가 있었다. 이것 역시 상당한 장편으로서 근근 책으로 되어 나올 모양이라는 소문을 들었는데, 특히 자료 수집에 있어 놀랄만한 것이 있다는 것이 이 방면 전문인들의 정평인 듯하다.

출판 방면에서도 조선학, 특히 고전 방면이 상당히 활발하였었다.『호암전집』과『호암사화집』의 간행은 위에서 말했지마는, 이외에도 김태준 씨 편『고려가사』학예사, 동 씨 편『춘향전』학예사, 조윤제 씨 편의『춘향전』박문서관, 김태준 씨 편『청구영언』학예사 등 결코 적은 숫자는 아니라 하겠다. 어떻든 고전부흥의 기운이 상당히 농후했던 것만은 의심 없다. 이것이 한편 또 고서수집

열, 골동 취미를 부채질하기에 이르렀다는 것은 당연의 귀결이어서 이원조 씨의 말마따나본보 소재 '문화시평' 사람 속에 고전이 살지 못하고 고전 속에 사람이 들어가 사는 경향도 적어도 일부에는 없지 않았었다. 경계할 필요가 있는 경향이 아닐까.

이상에 적은 외에 철자법 관계의 여러분이 있다. 조선어학회에서는 여전히 『한글』을, 그리고 조선어연구회에서도 『정음』을 꾸준히 내어왔는데, 이것 이외에는 이렇다 할 것이 볼 수 없었던 것이 적적하다. 이극로 씨를 비롯한 여러분들이 몸과 마음을 바쳐서 해오고 있는 예의 '조선어사전' 일은 어떻게 되었는지. 나온다는 지는 벌써 오래인데 원고는 완비되었어도 가령 경비 때문일까. 궁금하면서도 슬픈 일이다.

철학 방면에서는 전에도 별반 다를 것은 없었지마는 그래도 철학연구회의 동인의 손으로 『철학』이라는 잡지까지 가져왔던 것이 동회同會가 해체되면서부터 별반 이렇다 할 논문 하나 얻어 볼 수 없게 된 것은 섭섭하다. 신남철 씨가 『인문평론』에 「문화창조와 교육」을 썼고, 박종홍 씨가 역시 같은 지에 「현실 파악의 길」을 썼을 뿐이고, 구 철학연구회원들의 활약이 시원치 못하여도 반면에 동회와는 관계가 없이 이들에 댄다면 야당출野黨出에 비할 만한 서인식 씨의 활약은 특기할 만하였다. 『역사와 문화』라는 무게 있는 저서를 내었을 뿐만 아니라 신문에, 잡지에 평론을 연달아 발표하여 우리 평단에 이채를 던졌는데, 새해의 씨의 활약이야말로 기대된다.

자연과학 방면에서는 금년도 의학에 의박醫博 여러분을 내었는데, 의박을 많이 낸다는 것이 의학계에서 얼마만한 학적 공헌으로 취급되는지 이 방면의 관습에 어두운 필자로서는 무어라고 짚어서 말하기가 곤란하다. 하나 어떻든 그것이 우리네의 경사인 것은 어김없는 일이고 보매 새해도 많은 의박이 나와 주기를 바랄 따름이다.

이공학 방면에서는 특히 이승기李升基 씨의 존재가 '클로즈업' 되었었고 그 외에도 대용품 연구에 전진 중인 안동혁安東赫 씨의 존재도 잊어서는 아니 된다. 색다른 방면으로는 석주명石宙明 씨의 방대한 저서『조선접朝鮮蝶의 연구』가 있다. 대체 자연과학 방면은 아직도 몹시 떨어진 느낌이 있는데, 이 방면에 금후 계속 유능한 일꾼들이 진전하여 과학 진흥에 헌신하여 줄 필요가 있다고 생각된다. 우리네가 가장 떨어진 것이 이 방면이다. 부질없이 남의 입 흉내만 내어 가지고 과학문명을 저주하며, 더구나 과학이라면 서양사람 고유의 못된 연장이나 되듯 고의로 멸시연蔑視然 하려는 경향이 농후한 이때 과학에 몸을 던진 분들의 직책은 한결 더 크다.

해마다 몇 개씩의 호논문을 게재하여 우리 학계에 적지 않은 기여가 있어 온『보전학보』가 금년에는 소식이 두절되어 적적한 느낌을 가지게 하며 나온다 나온다 소문만 전해오던 '연전학보'는 어찌 되었는지. 새해는 연전로서는 창립 25주년이라는 돌맞이도 되고 하니 응당 여러 가지의 기념행사가 있을 줄로 아나 세속적인 가지가지의 호화로운 절차들도 있어 해 될 리는 없다 쳐도 이런 기회에 기념논문집 하나쯤 경영해보는 것도 학원다운 갖고 싶은 행사의 하나가 아닐까. 우리의 자랑인 이 두 학원이 새해에 둘이 다 두툼한 논문집 하나씩을 들고 나설 날을 우리는 바라고 또 믿어 의심치 않는 바이다.^{하편}

「(학생과 독서) 『조선무속의 연구』 아카마쓰, 아키바 양씨의 저서를 읽고」

방종현, 『조선일보』, 1940.2.12

무속에 관해서는 누구나 일종의 미신으로 간주하여 일고의 가치조차 없는 것으로 알아오는 터이다. 그러면서도 미신, 이 저급한 신앙을 완전히 그 각자의 신앙심에서 떼어버린 사람은 아무도 없다는 것이 기이한 일이라고 하겠다. 여기서 미신이라고 하여 식자층에서는 덮어놓고 빈척하는 이 미신이란 사실과, 또 그처럼 저급한 신앙인 줄을 알면서도 불구하고 문명한 세상에서 오히려 행하면서 있는 이 기이한 사실, 이 전후의 양 사실이 우리로 하여금 이 무속을 좀 더 알고 싶게 하는 것인가 한다. 즉 이 무속이 과연 미신에 그칠까 또는 신앙에 속할 수 있는 것일까 고사하고 판단하여서 학문상의 결론을 얻고자하는 바이다.

경성제대의 종교학, 사회학의 아카마쓰 치조[赤松智城], 아키바 다카시[秋葉隆] 양 교수는 이번에 다시 『조선무속의 연구』의 하권을 공편 출판하였다. 전일에도 본보에 이 상권이 처음 나왔을 때에 간단히 소개한 일이 있었거니와 이번에 그 하권이 참고 도록을 부록으로 하여 호한한 대저로 완결하게 된 것을 봄에, 오늘에 있어서 이 미신은 이것이 우리에게 주는 바 큰 것이 있음을 또 한 번 알게 한다. 양 교수는 문헌상으로 고금을 통하고 지역적으로 13도를 답사하여 남으로 제주도 끝에서 북으로 경성, 회령, 서로 정주, 곽산, 영변, 희천 등까지 아니 간 곳이 없이 일일이 순회하며 이 방면의 재료를 수집하여 혹은 논문에 혹은 사진을 나타내었다.

만일 미신이란 것이 다른 것이 아니고 세대가 연해 바뀌고 인지가 차츰 달라짐에 따라서 전에 있었던 일이 후인으로 하여금 기이감, 그보다도 그런 일이 있었을 리가 있나 하는 일종의 의아의 염을 품게 하는 것이 만일 미신이라고 하면, 즉 현대인의 지혜를 빌어서 해석할 수 없는 저급의 신앙을 가리켜 만일 미신이라고 한다면 우리는 이것에 의하여 전대前代의 사회상을 아는 일면이 될 것이고, 또 이 미신 자신의 변천과정에 있어서 내외로 관계되는 사정을 아울러 규지할 수 있는 것이라고 보겠다.

이제 이 『조선무속의 연구』의 하권에서 그 목차를 따라보면 제1장이 '무조巫祖의 전설'이오, 그 제2장이 '무의 호칭과 종류'로 되어 있으니, 무조의 전설에는 성모 무조 전설, 왕녀 무조 전설, 귀녀 무조 전설을 순서로 세론하여 전설에서 3개 특징을 파악하고 이 특징에 따르는 조선 사회상을 엿볼 수 있으니 보수주의요, 평화 이상을 찾아낼 수가 있다. 무의 호칭으로 무당이라는 칭호에 있어서는 『고려사』와 『이조실록』에 있는 무당이란 한자와 『내훈內訓』 같은 언해서諺解書에 있는 무당이라는 기록과는 '과연 그 양자가 동일의 것일까'가 일고一考의 여지가 있다. '우랄알타이' 민족간에서 여무女巫의 호칭이 '우타간'이란 말로 일치된다고 하는 사실은 반드시 그 기원에 있어서 동일한 것이 아니었는가 하는 생각을 갖게 하는 것이오, 또 그러므로 조선어의 무당이 타는 말도 이 '우라간'의 와전이 아닐까 하는 생각도 가지게 되는 바이다.

일일이 목차를 따라서 세론하는 것을 피하거니와 이 무속과 불교와는 어떠한 관계가 있는가, 또는 도선교道仙敎 내지 유교와는 전연 거리가 먼 것일까 혹은 고려조에 성행하던 연등然燈이며 제주도에서 금일에도 오히려 영등하머니로 행사가 되어 있는 것과는 얼마나 한 관계가 있을까. 또 팔관회八關會와는 전연 관계가 없는 것일까. 무는 불교와 도교와 유교와 내지 민간 행사와도 직접 혹은 간접으로 서로 영향할 것이 사실이다. 나는 우리의 민간신앙이 뿌리 깊이 박힌 곳을 찾으려면 무엇보다도 이 무속의 연구에 의하여야 할 것이 가장 많고 또 가장 쉬운 것일 줄로 안다. 그러므로 양 교수의 이 상·하 양 권의 연구는 실로 전에 없는 큰 저술임을 거듭 거론치 않을 수 없다.

「(북리뷰) 정광현 저, 『성씨논고』」(전2회)

경성복심법원 판사 김준평, 『조선일보』, 1940.4.13~16

(1)

지난 2월 11일부터 시행된 개정 조선민사령은 여러 가지 방면에서 보아 획기적 법령이며 조선 사람으로서는 법률가이고 아님을 불구하고 누구든지 알아두어야 할 중대한 법령이라 하겠다. 이 법령이 시행된 지 기旣 위영爲迎 2개월이며 씨氏 설정의 막음이 불과 수개월 후인 8월 10일로 박두하여 있는데 아직까지 이 법령에 대한 세간의 이해가 부족한 것 같이 보임은 유감스러운 일이라 하겠다. 법령은 벌써 시행이 되고 있으니 조선 사람으로서는 누구든지 이 법령은 각자에게 관계없는 것이라고 하지 못 할 것이며 누구나 알아두고 연구해두어야 할 것이다. 이 때를 당하여 정광현鄭光鉉 씨 저『성씨논고姓氏論考』가 세상에 나타나게 된 것은 대단히 의의 있는 일이며 세상에 패익稗益 되는 바 많을 줄로 생각하는 바이다.

정광현 씨는 십유 여 년 전에 도쿄제대[동경제대] 법학부를 마치고 그 후 다년간 모 전문학교에서 교편을 잡으며 친족 상속법을 전공한 독학자이니, 이 책의 저자명과 제목만 본다 할지라도 누구나 이 책의 진가를 추측하여 알 수 있겠지마는 한 번 그 내용을 읽어볼 때에 저자가 얼마나 사학斯學에 조예가 깊으며 또 이 책을 얼마나 진지한 태도로 썼는가를 알 수가 있다.

개정 민사령에 관하여는 지금까지 대소 저서와 논문이 수많이 세상에 나타났으나 이 책과 같이 상세하게 또 법리적으로 써 있으며 이 책과 같이 참고문헌으로 무려 수십 종을 인용하여 그에 대한 저자의 의견을 기재하는 동시에 이 책 한 권만 읽으면 군서群書 수십 권의 중요 부분을 읽은 것과 같은 효과를 나타나게 하는 얌전하고 꾀 있게 쓴 책은 그 예를 보지 못하는 바이다. 그러나 이 책은 결코 법률학도를 위하여 법리적으로만 쓴 것이 아니고, 오히려 일반 사회를 위하여 친절을 다하여 상세히 쓴 것이며 일반이 오해하기 쉬운 점을 들어서 일일이 해답한 것이라고 볼 수 있다.

(2)

지금 일일이 그 내용을 적기할 수는 없으나 그 1~2의 예를 들자면 항간에 혹 우리의 성은 우리 조선이 수천 년 전부터 사용해온 것인데 지금 성을 세상 통용의 명칭으로 쓰지 않고 씨를 설정하여 이것을 사용함은 조선에 대한 관념상 할 수 없는 일이라고 생각하는 사람이 많이 있는데, 이 점에 대해서 저자는 고 이마니시 류[今西龍] 박사 유저遺著 『조선 고사古史의 연구』를 인용하여 "신라왕조시대가 되어 당 문화의 영향을 수受하여 성姓을 부부附한 자, 비록 비교적 많으나 지나인에게 접하는 자, 혹은 지나 취미를 가진 자가 지나를 모방함에 지나지 않는다. 왕씨 고려에 지至하여 정명政命으로써 처음 인민에게 성을 부여한 것 같다. 임연臨然이나 기其 당초에는 그리 보급되지 못하였다. 고려 초기의 비碑를 검檢하건대 기 비음碑陰에 제명題名한데 명名만을 서書하고 성姓은 기記치 않는 것이 있다. 그러나 얼마 후에는 일반으로 행하게 된 것 같다"라고 하여 세상의 오해에 답하고 있다.

또 세상에는 씨의 설정을 개성改姓과 마찬가지로 생각하는 사람이 아직 많이 있는데 이 점에 대하여 저자는 "또 이미 말한 바와 같이 당국은 씨를 설정한다 하고, 성을 변變한다거나 성 대신으로 씨를 만든다고는 말한 바 없다. 그러므로 '성'과 '씨'의 관계는 마치 소유권상에 저당권이 설정되어 있는 것과 상사相似하다. 즉 저당권을 설정하였다 하더라도 소유권 자체는 여전히 남아 있는 것과 같이 '씨'가 새로 '가家'에 설정되더라도 재래의 성은 다음 같은 법률적 의의를 여전히 가지고 있는 것이다"라고 말하여 자미스러운 설례設例로써 오해의 일소에 노력하고 있다.

물론 소유권은 자기에게 소속하는 것이고 저당권은 타인에게 소속하는 것이며 성과 씨는 모두 자기에게 소속하는 것이니 이 점으로 보면 양자가 다른 것이나 성을 폐지하는 것이 아니요, 성은 그대로 가지고 그 위에 씨를 설정하여 두 가지를 다 가지게 된다는 안案에 있어 소유권 위에 저당권을 설정하는 것과 동일하지는 않지만 상사하다고 하겠으며, 이러한 의미에 있어 저자의 설례는 적당하다고 하겠다.

(3)

또 신문지상에 간혹 우리 문중에서는 종회宗會를 열어 '이렇게 씨를 설정하기로 결의하였으니 종회에 참가하지 않은 종중원宗中員도 모두 동일한 씨를 계출屆出케 하시오'라고 광고하는 일을 볼 수 있는데, 이 점에 대해서도 저자는 "종회 내지 문회門會에서 선정한 씨는 회원이 좇아야 될 종약상宗約上 의무도 없다고 본다. 호주戶主인 이상 임의로 다른 씨를 선정 계출해도 무방하다. 환언하면 종회 내지 문회에서 선정한 씨를 종족에게 강요할 수는 없는 바이다. 그러나 종회에 의하여 단체적으로 씨를 협정하는 것은 내지인식內地人式 씨를 다량으로 생산시키는 일 방법이라고 볼 수 있다"라고 말하여 이 점에 대한 오해 없기를 기하고 있다.

이상 말한 외에 '지나의 성씨의 기원', '조선인 현재의 성의 종별', '조선 성에 어떠한 자字를 가하면 현재 내지인의 씨가 되는가' 등의 각 항목은 매우 자미스러운 설화이며, 권말에 부록으로 최신 조선 가족법 관계 중요 법령집을 첨가한 것은 금상첨화지之격이라 하겠고, 특히 개정 조선호적령을 위시하여 각 법령을 개정 법령에 의하여 정리한 것은 이러한 정리된 법령집이 아직 세간에 나타나지 않은 금일에 있어 재조在朝 재야在野의 법조는 물론이요, 사법서사, 부읍면 직원 기타 일반 인사에게 대단히 편리한 것이라고 하겠다.상편

끝으로 필자는 이 책에 대한 기탄없는 의견을 생각나는 대로 2~3점 말하여 보려고 한다. 개정 민사령에 의하여 조선 사람은 내지인식의 씨를 설정하여 이를 세간 통용의 명칭으로 할 수가 있게 되었지마는, 이것이 개정 민사령의 시행 내지 씨 제도 창설의 이유의 전부는 아니다. 다른 중대한 이유의 하나로는 서양자壻養子와 이성양자異姓養子 연조緣組의 가능이라 하겠다. 서양자와 이성양자 연조의 가능은 벌써 오래 전부터 식자의 요망하는 바이며, 이러한 제도가 없어 단지 동족만 찾는 까닭으로써 친여식親女息에게는 한 분의 유산을 상속시키지 못하고 촌수 먼 동족을 양자로 삼아 이 양자에게 상속권을 주는 까닭에 인정人情에 어그러지는 일이 많고 또 그 결과로 여러 가지 송사訟事가 일어나서 유산을 거의 송소訟訴 비용에 소모케 하고 마는 일이 허다히 있다.

혹 자기는 상속할 남자를 많이 가졌으니 서양자와 이성양자는 자기에게는 불필요한 일이고 따라서 씨를 설정할 필요는 없다고 말하는 사람이 있겠지마는, 자기는 남자 상속인을 가졌다 할지라도 자기 자손의 어느 대에 가서 남자 상속인이 없고 여아만 있다든지, 혹은 자녀가 전연 없다든지 하는 일이 절대

로 없으리라고 누가 보장할 수 있을까. 그러면 이러한 경우에 이르러 서양자나 이성양자를 할 필요가 생길 때에 만일 씨의 설정이 없고 래ㅊ 8월 10일을 도과過하여 현재의 성인 '김'이나 '박'이 씨를 겸하게 되어 있다면 서양자나 이성양자의 연조는 거의 불가능할 것이다. 그는 물론 타가他家의 양자 되는 내심의 목적이 양가의 재산이나 지위의 취득에 있겠지마는, 그렇다고 김씨가 박씨의 양자 되어 장래에 박씨로서 통칭하고자 하는 사람은 거의 없을 것이며, 그에 반하여 양가의 성은 박씨라 할지라도 씨가 내지인식으로 되어 목촌木村이라고 되어 있다고 하면 양자가 성을 변하는 것은 아니라는 관념이 명확히 표현하게 되어 김씨가 박씨의 양자되려 하는 사람은 많을 것이다. 그러므로 씨의 설정은 내지인식의 씨를 설정할 수 있는 것 외에 서양자와 이성양자 연조의 가능이 그 이유일 것이다.

그런데 이 책의 '씨 제도 창설의 이유 내지 이상'이라는 항목에는 전자에 대해서만 말하였지, 후자에 대해서는 전연히 말한 바가 없어 마치 후자는 씨 제도 창설의 이유가 아닌 것 같이 독자에게 인상 주기 쉽게 되어 있다. 물론 이 책의 '성과 씨는 다른가'라는 항목 아래 "조선민사령의 일부 개정으로 인하여 기왕에 없던 내지인식의 '씨' 제도와 서양자 제도가 새로 생기고 기왕에 금지해왔던 이성양자를 또 법률상 시인하게 되었다. 금반의 개정이 불과 3항목에 궁亘한 것이나 조선 가족제 사상史上 획기적 개혁을 포장하고 있는 것이다"라고 설명하고 그 다음에 이에 대한 상세한 해설을 하고 있지마는 적어도 '씨 제도 창설의 이유'에 대해서 일반에게 오해하기 쉽게 기록되어 있는 것은 유감이라 하겠다.

다음에 이 책 중 '재래의 호적은 어떻게 변하는가'라는 항목 아래에 호적의 각종 정정 양식 예를 기재하고 그에 의하여 '성 및 본관'의 기재가 잔존되어 호적에 기재되는 것은 명확히 하고 예컨대 이규철李圭徹이라는 사람이 갑야甲野라고 씨를 설정하였을 때에 그의 호적 씨명 란에는 갑야규철甲野圭徹이라고 기재되고 성 및 본관 란에는 함흥咸興이라고 기재되는 것은 이해하게 하여 있지마는, 씨 설정을 할 수 있게 하는 동시에 성 및 본관의 기재를 잔존케 하는 이유에 대해서는 설명한 바가 없다. 그런데 이 점에 대해서는 항간에 혹 조선인의 호적에 씨를 설정하여도 성 및 본관을 잔존케 하여 어디까지든지 조선인인 것을 표시하게 하니 이는 내선일체의 구현 방법으로서는 불철저한 일이며 이 정도의 개정으로서는 내지인식의 씨를 설정할 필요가 없다고 말하는 사람도 있다. 그러나 호적에 성 및 본관을 잔존케 하는 것은 조선인인 것을 표시하려 함에 그 목적이 있는 것이 아니라 동성동본 불혼의 원칙이 아직 우리 조선 사람에게 준수되어 있고 또 일조일석에 조선 사람의 감정에서 소멸되지 못할 것임으로 부득이 잔존케 하는데 그 목적이 있다. 단지 이 책의 '성은 과연 변하는가'의 항목 아래에 "연이然而 금반의 민사령 개정에는 여기에 대한 규정이 없다. 이것은 이와지마[岩島] 법무국 사무관의 담화와 같이 이 점은 아직 보류되고 있는 것이므로 동성동본 간의 혼인을 인정한다는 법령이 공포 실시될 때까지는 씨 제도 실시 후라도 여전히 동혼동본 간은 혼인할 수 없다"라고 설명하고 있으나 이것이 호적에 성 및 본관을 잔존케 하는 이유라는 것은 설명한 바가 없으니 이 역亦 유감이다.

끝으로 이 책 중 '창씨로 인하여 어떠한 사회적 현상이 일어나는가'라는 항목 아래에 "재래의 종회 대신 동씨동성동본의 새 친족단체가 등단케 되며 씨 제도 실시로 조선의 가족제도는 일층 더 개별 가족 형태로의 분화과정을 촉진시키는 것으로 생각한다"라고 쓰여 있으나 이 후반의 설명은 이의 없는 바이지마는, 전반의 설명은 오해가 아니면 붓이 너무 미끄러진 결과라고 보겠다. 종회는 종중의 회합으로서 단체가 아니고 또 종중은 동족의 친족단체로서 자연적으로 형성되는 것이지 인위적으로 성립되는 것이 아님으로 씨 제도 실시로서 재래의 종회 내지 종중이 소멸되는 일은 절대로 없을 것이다. 그러므로 같은 종중의 여러 호주가 각각 자기의 임의 선정으로 씨를 설정하여 종회 때에 통성通姓인 씨가 각각 다른 여러 호주가 집합하게 된다 할지라도 재래의 종중의 기구에는 하등 변경됨이 없고 또 공통 조선의 제사와 그 제사를 위한 위토位土의 권리 관계에는 씨 설정에 의하여 하등 변동함이 없을 것이다.

이상을 요약컨대 정광현 씨 저 『성씨논고』는 출판의 시일을 급히 한 관계상 정리가 미만未滿한 점이 약간 있으며, 이 점은 후일의 개판改版 시에 보정하는 바 있을 것을 기대하는 바이나 조선 사람의 가장 급박한 공통의 문제인 씨의 설정에 대한 상세하고 친절한 해설서로서 누구나 일독할 필요가 있는 호저인 줄로 생각하는 바이다.

경성부 재동정 동광당서점 발행, 정가 1원 50전하편

「고 문일평 선생 1주기 기념논문, 호암의 유저에 대하여」

홍벽초, 『조선일보』, 1940.4.16

호암이 이 세상을 버린 뒤 어느덧 1년이 지났다. 이 1년 동안에 호암의 전집 3책과 사화집 1책이 유저로 출판되고 유저에 대한 세인의 찬양이 자자하였다. 호암은 조선사학자라 그 유저 중의 논문과 수필이 거반 다 조선사에 관계있는 문자나 학술적 논문은 적고 단편적 수필이 많으니 이것은 호암의 저술이 대개 문필로 호구하는 동안 색책塞責하듯 쓴 것이요, 학자로 연구 결과를 발표한 것이 아닌 까닭이다.

호암이 일찍이 학문에 뜻을 두고 그 뜻을 일생 꾸준히 버리지 않고 시간과 물질이 여유 곧 있으면 연구를 자자히 하였으니 발표하여 좋을 복고腹藁가 많았으련만 학자적 양심은 강하고 매명술賣名術은 졸拙하여 항상 연구의 철저치 못한 것만 한恨하고 조급한 발표는 우습게 여기다가 조선사 중 가장 연구 깊은 중세사와 최근세사의 풍부한 지식도 다 정리하여 발표하지 못하고 마침내 이 세상을 버렸다.

우리 연배 중의 조선사를 연구하는 사람이 수가 원 많지도 못하였지만 그 중의 바른 견지로 연구한 조선사를 저술할만한 사람은 참으로 새벽하늘의 별보다 더 드물었다. 나의 본 바론 전前에 천분탁월天分卓越한 무애無涯가 있었고 후에 연구 독실한 호암이 있었다. 그런데 무애의 탁월한 것이 사학계에 약간 문제를 제출하는 데 그치고 호암의 독실한 것이 문헌상의 약간 재료를 정리하는 데 그쳤었으니 이 어찌 통한할 일이 아니랴. 나는 무애 저서에 뿌리던 쓰라린 눈물을 또 다시 호암 유저에 뿌리지 아니치 못하였다. 무애는 말할 나위도 없고, 호암 역시 학구 생활로 안온한 일생을 보내게 되지 못한 것이 생각할수록 못내 통한한 일이다.

호암 저술에 색책하듯 쓴 글이 많은 건 사실이로되, 호암은 천성이 무슨 일이고 색책으로 건듯건듯 할 줄을 모르는 사람이라 비록 쓰기 즐기지 않는 글이라도 한번 쓰기 시작하면 자구 퇴고에까지 전심력을 다 들이었었다. 호암의 글을 세인은 대개 아순雅醇하다거나 간결하다고 평한다. 호암의 글이 금수錦繡와 같이 미려하지 못하고 춘화春花와 같이 번화하지 못하니 아순하다, 간결하다 하는 것이 족히 적평適評이 됨직하다. 그러나 호암의 글의 놀라운 곳은 아순 간결한 것이 아니요, 글과 사람과 일치하여 그 사이에 틈이 없는 것이다.

손에 익은 글자를 늘어놓아서 글이라 하고 입에 발린 말을 옮겨 적어서 글이라 하여 사람은 사람대로 글은 글대로 각각 다르고 심하면 사람과 글 사이가 천리만리 되도록 서로 배치하는 예도 종종 있는데 호암의 글은 글자를 늘어놓거나 말을 옮겨 적지 않고 사람을 그려낸 듯하여 그 글을 보면 마치 그 사람을 대한 것과 같다. 그러므로 호암의 유저는 곧 유상遺像과 다름이 없다. 호암의 글을 많이 보고 익히 아는 나로서 그 유저를 볼 때에 새삼스럽게 놀라움을 깨달았다.

당 시인의 시에 "천추만세명千秋萬歲名 적막신후사寂寞身後事"란 구가 있다. 그렇다. 이 세상의 이름이 저 세상에 무슨 일이 있으랴. 유럽[歐洲] 문인의 공상이나 이 세상의 기억이 저 세상의 수면을 깨운다니 이 세상에서 떠드는 이름이 저 세상의 고히 든 잠이나 깨울 거리가 될까. 무슨 일이 있으랴. 적막이란 것이 이 세상에서 보는 바로 가장 잘 형용한 말이다. 호암이 조선 사학계에 위대한 공적을 끼쳐서 이름이 천추만세에 떨치게 되었더라도 저 세상에서 알음이 있으면 적막을 느끼려니 하물며 기념적紀念的 출판에 대한 일시적 찬양이야 더 말할 것이 있으랴.

호암의 주년기週年忌에 추사도석追思悼惜하는 사람의 회합이 당연히 있을 것인데 없어서 추도하는 정을 속에만 품고 있게 되었던 차에 본보 학예부에서 추도하는 글 한 편을 써 보내라 하기에 처음에 나는 앉은 자리에서 백 편이라도 쓸 듯이 바로 붓을 잡았었다. 그러나 백 가지 감회가 머리속에서만 소용 돌고 붓 끝에는 한 줄 글도 써지지 아니하여 잡았던 붓을 할 일 없이 다시 놓았다. 호암에 대한 여러 가지 기억으로 한 편 읽어보기도 하고 또 나의 답답한 회포를 호암에게 하소듯 한 편 읽어보기도 하였으나 다 마음에 차지 아니하여 나중에 와서 호암 유저에 대한 감상을 솔직히 써서 내 속에 품은 정이 남달리 깊은 것을 보이려고 마음을 먹었다. 그러나 글이 마음먹은 대로 수월히 되지 아니하여 초고를 내었다. 찢었다하는 중에 호암의 기일이 지나갔다. 내가 망우亡友에 대한 정성이 부족하여 짧은 글에 많은 일자를 허비하였다고 학예부 여러 친구는 말 말고 우선 호암의 영윤令胤이 책망하면 나는 발명할 말이 없다. 이만 글 한편이나마 내가 시종 정성들인 것을 호암은 다 알리라. 호암이 과연 아는지 모르는지 알길 없으나 나 스스로 그렇게 믿을 따름이다.

「(북리뷰) 자산 안확 저『조선무사영웅전』」

유자후, 『동아일보』, 1940.5.9

이『조선무사영웅전』은 춘성만점春星萬點 가운데에 무곡성武曲星의 출현이다. 우리 저술계에 있어서 육속陸續하는 진본珍本과 해주海湊하는 양적良籍이 날로 남사南肆에 압가壓架하며 때로 북시北市에 한충汗充하는 현상이 실로 만점춘성의 쟁광爭光과 같다. 그러나 그 모든 군기群記와 그 온갖 상록象錄의 찬찬燦燦한 부대의 속에 들어가서 이리저리 지점持點하여 보아도 무사 영웅에 대한 저전著傳은 실로 멸여영성蔑如零星한 것이다. 더구나 만근에 와서는 적적 무문寂寂無聞하였었다. 이러한 때에 사서斯書가 이름과 같이 영웅 무사의 보세步勢로 등장하였음은 실로 북천무곡北天武曲이 파암휘광破闇輝光하고 당당 출현함과 같은 느낌을 자아내는 바가 있다.

이『조선무사영웅전』은 급고인금汲古引今하여 거무고용擧武鼓勇의 양서라 하겠다. 방금 구아歐亞의 풍운이 종횡 중첩하여 우내宇內는 정비鼎沸하고 사해四海는 무녕無寧하다. 그리하여 서에서도 비상시국, 동에서도 비상시국이라는 고함대성이 연타호형連咤互鄕하여 아침에는 고용鼓勇의 정신을 연견鍊堅하고 저녁에는 양무揚武의 주의를 지려砥礪하여 일거 전세全世가 인고단련하는 이 면무勉務의 판국에 있어서 누구나 할 것 없이 원하여 보고싶어 하며 원하여 알고싶어 하는 바는 육도혈약肉跳血躍하는 무사와 영웅의 전류傳流와 유풍이 아니면 아닐 것이다. 이러한 기희企希가 방농方濃한 때에 사서斯書가 호응적 기세로 엄연 출현하였음은 만천하 서창書窓의 등촉을 배명倍明케 하지 아니하고는 마지아니 할 것이다.

이『조선무사영웅전』은 뇌심腦心의 전서傳書로 익인건세益人健世가 클 것이다. 무릇 저술에는 구口의 저술과 수手의 저술과 심心의 저술과 뇌腦의 저술이 있는 것이다. 구수의 저술이란 사소표다思少表多하고 의단술장意短述長하여 이해利害에는 밝고 이의理義에는 어두운 것으로 굴屈할 곳에 굴이 없고 사捨할 곳에 사가 없는 것이다. 그리하여 일시 이해로 현미眩靡하다가 단수短壽를 가져오는 것이다. 그러나 심뇌의 저술은 그와 반대로 사다표소思多表少하고 술단의원述短意遠하여 이해에는 불구하고 이의에는 밝은 것으로 굴할 곳에는 반드시 굴하고 사할 곳에는 반드시 사하는 것이다. 그리하여 영원의 이의로 군림하여서 장수를 가져오는 것이다.

사저斯著를 일견하면 욕취欲取하려다가 선사旋捨한 곳이 없지 아니하고 욕신欲伸하려다가 잠굴暫屈한 곳이 없지 아니하다. 그러나 지취知取에 능사能捨하고 욕신에 반굴反屈함은 사굴捨屈이 취신取伸보다 묘미와 심취를 일층 포장함이 아니면 아닌 까닭이었을 것이다. 즉 이해적 기록을 표외表外로, 이의적 기록을 실구實求한 것이었을 것이다. 여기에 심심心心과 뇌뇌腦腦의 호상互相 자인自印을 강대하게 요구하여 각자의 뇌리의 백련百鍊과 심구心區의 만단萬鍛을 후기온회喉起溫會케 하려는 필자의 고심이 역력히 드러나는 바이다. 이 필자의 이경의위理經義緯는 만뇌억심萬腦億心에 반드시 계계繼啓의 조직을 가져올 것이다.

이『조선무사영웅전』은 열렬맹강熱烈猛剛의 질질質에다가 우아풍류의 선율이 고선鼓宣되어 무겸문풍의 감이 있다. 기치창검旗幟槍劍과 병마궁시兵馬弓矢로 생사를 일척하여 건곤을 도박하는 추풍과 열일烈日이 아니면 전뇌와 벽력같은 간불용일발間不容一髮하는 석권의 기상을 임리淋漓하게 극기劇記하여 오다가도 청산백수青山白水와 진두명월陣頭明月을 우아하게 화영和詠하는 춘풍만리 같은 영웅심 중간일월中間日月하는 무사無邪의 태도로 전환하여 모사摹寫하여온 곳에는 신패안위身佩安危하고 심계흥망心繫興亡하여 호령천하하던 고古 무사 영웅들의 무강문화武剛文和한 그 기매의원氣邁意遠한 그 면모와 심사心事의 풍류와 기상을 그대로 진사적眞寫的으로 우리 안전에 활동시켜 오는 것 같은 느낌이 팽배 왕양汪洋하는 바가 있다.

이 『조선무사영웅전』은 환영幻影의 역사로 동기를 실현케 하는 감이 있다. 산불로山不老 수무궁水無窮한 이 우주 사이에 우리 인생의 탁생托生이란 실로 묘창해지일속渺滄海之一粟이 아니면 홀생홀멸忽生忽滅하는 초로草露와 포영泡影에 불과한 것이다. 100년의 타생은 일순一瞬의 용기에 순殉함만 못하다 함은 고인古人의 무언誣言이 아니다. 사서斯書의 출현은 실로 100년의 타생을 배척하고 일순의 용기를 환성喚醒하는 전령이오, 명탁鳴鐸이다. 사서斯書를 일독하면 과거의 흥망치란과 성쇠소장이 용덕勇德의 연마 여하와 무도의 수양 여하에 있음을 잘 알 수가 있는 것이다. 어떠한 대경세가大經世家이든지 어떠한 대입지가大立志家를 물론하고 비상시국에 있어서 일기가성一氣呵成으로 무용의 정신을 연마 단련치 아니하면 진전進展이 격화하는 세운世運에 있어서 참오參悟의 견영見榮을 보지 못 할 것이다. 그러므로 사서斯書의 사명은 시대적 진무振武의 요구와 시대인의 고용鼓勇의 지원을 순응 계도하려는 일관一管의 대동맥으로서 무수한 맥박을 연락 왕성케 하려는 느낌이 흉해胸海에 부지 중 도도하게 창일하여 오는 바가 있다.

이 『조선무사영웅전』은 독서계에 최고의 지남指南의 감이 있다. 보지 아니하려 하여도 저절로 보고 싶고, 친치 아니하려 하여도 저절로 친하여진다. 참으로 선우善友가 아니면 양사良師일 것이다. 태서泰西의 석학 소크라테스는 말하되 지금 온 천하의 서적을 다 쇄멸분기鎖滅焚棄함에 있어서 꼭 1권 책만 보존함을 허락한다 하면 나는 『플루타르코스 영웅전』을 취하겠다 하였다 한다. 이 말을 빌려 하면 나는 오직 『조선무사영웅전』을 취하겠다 말하고 싶다. 또 이탈리아(伊太利)의 시인 페트라르카는 말하되 나는 양우良友가 있다. 그들은 다 명사名士요, 대가로서 누구를 물론하고 위업을 대성한 사람들뿐이다. 내 그들에게 도움을 빌려 하면 그들은 기쁘게 나의 청을 들어줄 것이다. 그들은 양서의 가운데에 있는 영웅들이라 하였고 미국의 짠닝크는 말하되 우리가 탁월영걸한 마음과 서로 말할 수 있는 것은 책이다. 가장 귀한 사상을 우리에게 준다 하였고, 영국 시인 밀톤은 말하되 전기는 준걸의 귀중한 생혈生血이라 하였다. 이들의 말을 다시 한 번 더 빌려 말하면 이 『조선무사영웅전』은 조선의 고 무사 영웅들의 귀중한 생혈로서 한없는 귀한 사상을 우리에게 부어 주며 말하여 주며 청을 들어주는 유일무이의 지남이라 하겠다. 의의와 가치를 더 말할 필요가 없는 어떠한 대저술에 손색이 없는 것으로 우리들의 서가에 선우 양사로 항상 비치시켜 날로 장려를 받아 고용하며 때로 지도指導를 빌려 진무振武하는, 즉 무용의 조선으로 나아가는 길에 있어서 누구나 할 것 없이 오직 일람을 할 지남침이라 절실히 느끼는 바이다.

발행소 경성 명륜정 1정목 33의 42호 명성출판사明星出版社, 정가 1원 20전

우리 연구소는 '근대 한국학의 지적 기반 성찰과 21세기 한국학의 전망'이라는 아젠다로 HK+ 사업을 수행하고 있습니다. '한국학이 무엇인가' 하는점은 물론 관점에 따라 달라 질 수 있을 것입니다. 하지만 개항과 외세의 유입, 그리고 식민지 강점과 해방, 분단과 전쟁이라는 정치사회적 격변을 겪어온 우리가 스스로를 어떤 존재로 규정해 왔는가의 문제, 즉 '자기 인식'을 둘러싼 지식의 네트워크와 계보를 정리하는 일은 반드시 필요한 작업이라고 생각합니다. '자기 인식'에 대한 탐구가 그동안 없었던 것은 아니지만, 현재 제도화되어 있는 개별 분과학문들의 관심사나 몇몇 지식인들을 대상으로 한 제한적인 논의였음을 부인하기는 어려울 것 같습니다. 이러한 현실에서 '한국학'이라고 불리는 인식 체계에 접속된 다양한 주체와 지식의 흐름, 사상적 자원들을 전면적으로 복원하고자 하는 것이 바로 저희 사업단의 목표입니다.

'한국학'이라는 담론/제도는 출발부터 시대·사회적 영향을 강하게 받아왔습니다. '한국학'이라는 술어가 우리의 입에 오르내리기 시작한 것도 해외에서 진행되던 지역학으로서의 '한국학'이 반향을 불러일으키면서부터였습니다. 그러나 '한국학'이란 것이 과연 하나의 학문으로서 성립할 수 있느냐하는 질문에 답을 얻기도 전에 '한국학'은 관주도의 '육성' 대상이 되었습니다. 이에 대응하여 실천적이고 주체적인 민족의식을 강조하는 '한국학'은 1930년대의 '조선학'을 호출하였으며 실학과의 관련성과 동아시아적 지평을 강조하기도 하였습니다. 그 가운데 근대화, 혹은 근대성은 서로 다른 맥락에서 '한국학'을 검증하였고, 이른바 '탈근대'의 논의는 의심 없이 받아들여지던 핵심 개념이나 방법론에 문제를 제기하기도 하였습니다.

'한국학'이 이와 같이 다양한 맥락에서 논의되어 온 것은 그것이 우리의 '자기인식', 즉 정체성 문제와 관련되어 있기 때문일 것입니다. 대한제국기의 신구학 논쟁이나 국수보존론, 그리고 식민지 시기의 '조선학 운동'은 물론이고 해방 이후의 '국학'이나 '한국학' 논의 역시 '자기인식'에 대한 시대적 요구에 응답하려는 노력이었을 것입니다. 우리가 '한국학'의 지적 계보를 정리하는 것에 만족하지 않고 21세기의 전망을 제시하고자 하는 이유도, '한국학'이 단순히 학문적 대상에 대한 기술이나 분석에 그치지 않고 우리의 현재를 성찰하며 더 나아가 미래를 구상하고 전망하려는 노력에 직간접적으로 연결된다고 보기 때문입니다. 주지하듯 근대가 이룬 성취 이면에는 깊고 어두운 부면이 있습니다. 그리고 이 명과 암은 어느 것 하나만 따로 떼어서 취할 수 없는 한 덩어리일 가능성이 있습니다. 21세기 한국학은 근대에 대한 성찰을 통해 이 질곡을 해결해야 하는 시대적 요구에 응답해야만 하는 과제를 안고 있습니다.

연세근대한국학 HK+ 학술총서는 이러한 과제를 수행하는 과정에서 나오는 성과물을 학계와 소통하기 위한 시도입니다. 학술총서는 연구총서와, 번역총서, 자료총서로 구성됩니다. 연구총서를 통해 우리 사업단의 학술적인 연구 성과를 학계의 여러 연구자들에게 소개하고 함께 논의를 진정시키고자 합니다. 번역총서는 주로 외국인들에 의해 이루어진 조선/한국 연구를 국내에 소개하려는 목적에서 기획되었습니다. 특히 동아시아적 학술장에서 '조선학/한국학'이 어떻게 구성되고 작동하여 왔는지를 살펴보려고 합니다. 또한 자료총서를 통해서는 그동안 소개되지 않았거나 불완전하게 알려진 자료들을 발굴하여 학계에 제공하려고 합니다. 새롭게 시작된 연세근대한국학 HK+ 학술총서가 소기의 목적을 달성할 수 있도록 여러 연구자들의 관심과 격려를 부탁드립니다.

2019년 10월

연세대 근대한국학연구소 인문한국플러스(HK+) 사업단